駿台

京大入試詳解 20年

世界史 第2版

2022~2003

問題編

駿台文庫

目　次

2022年

I　世界史B問題　　　　　　　　　　　　　　　　　　　　　　　（20点）

　　マレー半島南西部に成立したマラッカ王国は 15 世紀に入ると国際交易の中心
地として成長し，東南アジアにおける最大の貿易拠点となった。15 世紀から
16 世紀初頭までのこの王国の歴史について，外部勢力との政治的・経済的関係
および周辺地域のイスラーム化に与えた影響に言及しつつ，300 字以内で説明せ
よ。解答は所定の解答欄に記入せよ。句読点も字数に含めよ。

II　世界史B問題　　　　　　　　　　　　　　　　　　　　　　　（30点）

　　次の文章（A，B）を読み，□□□□□□の中に最も適切な語句を入れ，下線部
⑴～㉖について後の問に答えよ。解答はすべて所定の解答欄に記入せよ。

A　歴史的「シリア」とは，現在のシリアのほか，レバノン，ヨルダン，イスラエ
　ル，パレスティナの領域を含む，地中海の東海岸およびその内陸部一帯を指す
　地域名称である。地中海との間を 2 つの山脈で遮られたダマスクスはシリアの
　内陸部に位置する古都であり，有史以来じつに様々な勢力がこの町の支配を巡
　り争った。

　　前 8 世紀の後半，ダマスクスはアッシリア王国の支配下に入るが，以後，前
　　　　　　　　　　　　　　　　⑴
　7 世紀に新バビロニア，前 6 世紀にアケメネス朝がこの町を征服し，続いて前
　　　　　⑵
　4 世紀後半，町はアレクサンドロスの勢力下に入った。以後，ダマスクスは約
　千年の長きにわたりギリシア，ローマの支配下に置かれることになった。

　　7 世紀はこの町の歴史にとって一大転換期であった。この世紀の初め，シリ
　アには一時ササン朝が進出するが，間もなくビザンツ帝国がこの地の支配を回
　　　　⑶

復する。しかし，636年に新興のイスラーム勢力がビザンツ軍を撃破し，シリアの支配を確立すると，この町はイスラーム世界の主要都市の一つとして歩み始めるのである。656年に<u>アリー</u>が指導者の地位に就くと，建設後間もないム
(4)
スリムの国家は内乱の時代を迎える。この動乱の中でアリーは暗殺され，彼に敵対したシリア総督の　 a 　は，ダマスクスを首都としてウマイヤ朝を創建した。けれども，750年にアッバース朝が成立すると帝国の中心はシリアからイラクへと移り，同朝のマンスールはイラクに新首都<u>バグダード</u>を建設す
(5)
る。

　9世紀になると早くもアッバース朝の求心力には衰えが見え始め，以後，帝国内の各地に<u>独立王朝</u>が次々に成立するようになる。こうした状況の中，
(6)
10世紀後半から<u>ファーティマ朝</u>が，さらに，11世紀後半にはセルジューク
(7)
朝がシリアに進出し，ダマスクスを含むシリアは動乱の時代を迎えるが，
12世紀後半，アイユーブ朝の創建者　 b 　がエジプトとシリアの統一を果たすと，この地には再び政治的安定がもたらされた。1260年，モンゴル軍はダマスクスを征服するが，同年，新興のマムルーク朝がこれを撃退してこの町の新たな支配者となる。<u>1401年には，西方に遠征したティムールもこの町</u>
(8)
<u>を一時占領している</u>が，<u>1516年，オスマン帝国のセリム1世がこの町を征服</u>
(9)
<u>する</u>と，以後，ダマスクスはほぼ四世紀に及ぶオスマン帝国の支配を経験することになった。

　19世紀に入ると，シリアは再び動乱の時代を迎える。オスマン帝国から自立したエジプトのムハンマド＝アリー朝は<u>シリアの領有権</u>を要求してオスマン
(10)
帝国と戦い，1833年にはこの町を含むシリアを支配下に収めた。しかし，
<u>1840年にイギリス主導で行われた会議</u>の結果，ムハンマド＝アリー朝はシリ
(11)
ア領有を断念せざるを得なくなった。また，第一次世界大戦中の1916年にはメッカの太守，フセインがアラブの反乱を開始し，1918年10月に反乱軍はダマスクスに入城する。戦後の1920年，シリアはフセインの子<u>ファイサル</u>を国
(12)
王として独立を宣言するが，<u>フランスはこれを認めず</u>同年7月にはダマスクス
(13)
を占領し，1922年には国際連盟でフランスのシリア委任統治が承認された。

歴史的シリアの一部を領土としこの町を首都とするシリアという国家が独立を果たすのは，第二次世界大戦後の 1946 年を待たねばならなかった。

問

(1)　紀元前 7 世紀にこの王国の最大版図を達成した王の名を答えよ。

(2)　この国の最盛期の王であるネブカドネザル 2 世に滅ぼされ，住民の多くがバビロンに連れ去られたヘブライ人の国の名を答えよ。

(3)　これに先立つ 6 世紀に，ササン朝のホスロー 1 世が突厥と結んで滅亡させた中央アジアの遊牧民勢力の名称を答えよ。

(4)　この人物および彼の 11 人の男系子孫をムスリム共同体の指導者と認めるシーア派最大の宗派の名称を答えよ。

(5)　この町は大河川の河畔に位置している。この河川の名を答えよ。

(6)　9 世紀後半から 10 世紀初頭にかけてエジプトに存在し，シリアにも領土を広げた独立王朝の名を答えよ。

(7)　アッバース朝に対抗するため，この王朝の君主が建国当初から使用した称号を答えよ。

(8)　この時，ティムールはダマスクス郊外で当時の著名な知識人と面会している。『世界史序説』の作者として名高いその人物の名を答えよ。

(9)　この直前の 1514 年，セリム 1 世は以後オスマン帝国のライヴァルとなるイランの新興勢力との戦闘に勝利している。この勢力の名を答えよ。

(10)　1820 年代，オスマン帝国は領内のある地域の独立運動を鎮圧するためムハンマド = アリー朝の軍事支援を得ており，これが同朝によるシリア領有権要求の一因となった。この独立運動の結果，独立を達成した国の名を答えよ。

(11)　ムハンマド = アリー朝にシリア領有を断念させたこの会議の名を答えよ。

(12)　この人物は後の 1921 年，当時イギリスの委任統治領であったある国の国王に迎えられている。1932 年に独立を達成したこの国の名を答えよ。

(13)　大戦中の 1916 年，イギリス，フランス，ロシアが戦後のオスマン帝国領

の処理を定めた秘密協定の名を答えよ。

B　中国の歴代王朝の人口は，のこぎりの歯状に増減を繰り返し，多くても 8,000 万人ほどであった。王朝の安定期には人口が増加したが，戦争や反乱，王朝交替，伝染病の流行などが起こると，人口は大きく減少したからである。そして<u>明代後期</u>に至ると，ようやく 1 億人を超えて，1.5～2 億人ほどにまで
(14)
到達した。長江下流域は，<u>南宋の時には「蘇湖(江浙)熟すれば天下足る」と呼ば
(15)
れる穀倉地帯</u>であったが，<u>明代後期には人口の増加とともに，新たな農地(低
(16)
地)開発のフロンティアが消滅し，次第に家内制手工業へとシフトしていっ
た</u>。また，南の福建省は海岸線まで山が迫り，平野が少ないという地形的な特
徴から，海外へと乗り出し，<u>東南アジアに移住する者</u>も出現した。その後，
(17)
17 世紀半ばに至って，<u>2 つの民衆反乱</u>をきっかけとして明朝が倒れると，四
(18)
川省では飢饉(きゝん)や虐殺のために大幅に人口が減少したとされ，のちに湖北省や湖
南省からの多くの移民が流入することになった。

　　清朝が成立した後，<u>康熙・　c　・乾隆の 3 皇帝</u>の時に全盛期を迎える
(19)
と，人口は順調に回復し，18 世紀前半には 1.5 億人，18 世紀後半には 2.8 億
人，18 世紀末には 3 億人と，まさに「人口爆発」と呼びうるような状態を呈し
た。その要因としては，<u>支配が安定し確実に人口が掌握できるようになったこ
(20)
と</u>，大規模な戦争や反乱のない「清朝の平和」が続いたこと，稲作技術が改良さ
れたこと，<u>アメリカ大陸伝来の畑地作物</u>が導入されたこと，<u>漢民族の農耕空間
(21)
が台湾</u>・<u>モンゴル</u>・<u>新疆</u>・<u>東北</u>などへ拡大したことなどがあげられる。清朝後
(22)　　　　　　　(23)
期に入っても，人口は着実に増加したと考えられ，19 世紀前半には 4 億人に
到達した。19 世紀後半から 20 世紀前半には，<u>国内は政治的な混乱に見まわれ
(24)
た</u>が，人口はゆっくりと増加し，中華人民共和国が成立した 1949 年には約
6 億人を抱えるようになった。

　　戦後中国はいわゆる「第 1 次ベビーブーム」の到来によって，人口がさらに大
きく増加したが，毛沢東が 1958 年，　d　の号令を発すると，<u>政策の失
敗や自然災害などが重なり，少なからぬ人びとが餓死したと推定</u>されている。
(25)
その後は再び増加に転じて「第 2 次ベビーブーム」を迎え，人口は 9 億人に迫る

が，1980 年以降には，いわゆる「1 人っ子政策」が開始され，国家による厳し
(26)
い人口統制が実施されていくことになった。少子高齢化が極端に進み，中国が
高齢化社会へと突入するようになると，2014 年に 1 人っ子政策は廃止され，
2 人目まで子供をもうけてよいとされ，現在では 3 人目まで認められている。
ただし現代の若者はこうした政策に，中国政府が期待したような反応を示して
おらず，出生率は高まっていないようである。今後，中国の人口がどのように
推移するかは，世界の未来を見据えるうえでも無視できない問題である。

問

⑭　この頃，各種の税と徭役（義務労働）を一本化し銀納させる新しい税制が設
けられた。その名称を答えよ。

⑮　この頃，長江下流域では，湖沼や河道など低湿地を堤防でかこい込み新た
な農地を開拓した。その名称を答えよ。

⑯　徐光啓は明代後期に中国の農業技術や綿などの商品作物を解説し，ヨー
ロッパの農業に関する知識・技術を導入した農書を編纂した。その書物の名
を答えよ。

⑰　このように明代後期から清代にかけて，東南アジアの各地に移住した人々
は何と呼ばれるか。その名称を答えよ。

⑱　2 つの民衆反乱のうち，明朝最後の皇帝を自殺に追い込んだ農民反乱軍の
指導者は誰か。その名を答えよ。

⑲　この皇帝の時，人頭税を廃止し，土地税に一本化する税制が始まった。そ
の名称を答えよ。

⑳　この時代に治安維持や戸籍管理のために行われていた制度は，名称の上で
は，北宋の王安石が行った新法の一つで兵農一致の強兵策を引き継いだとい
われている。その名称を答えよ。

㉑　サツマイモとともにアメリカ大陸から伝来し，山地開発にも重要な役割を
果たした備蓄可能な食物をカタカナで答えよ。

㉒　福建や広東から台湾へと移住した人々の中には，客家と呼ばれる集団が
あった。この客家出身で 1851 年に太平天国をたてた人物は誰か。その名を

答えよ。

(23) 1644年，清は中国本土に入ると北京に遷都した。その直前まで，清が都を置いていた東北地方の都市はどこか。その当時の名称を答えよ。

(24) 19世紀末には，華北の山東省において武術を修練し，キリスト教排斥をめざす宗教的武術集団が勢力を伸ばし，宣教師を殺害したり鉄道を破壊したりした。この集団が掲げた排外主義のスローガンを何というか。

(25) この時，集団的な生産活動と行政・教育活動との一体化を推進するために農村に作られた組織を何というか。その名称を答えよ。

(26) 同じ頃，鄧小平の指導のもとで行われた外国資本・技術の導入などの経済政策を何と呼ぶか。その名称を答えよ。

Ⅲ　世界史B問題　(20点)

民主政アテネと共和政ローマでは，成人男性市民が一定の政治参加を果たしたとされるが，両者には大きな違いが存在した。両者の違いに留意しつつ，アテネについてはペルシア戦争以降，ローマについては前4世紀と前3世紀を対象に，国政の中心を担った機関とその構成員の実態を，300字以内で説明せよ。解答は所定の解答欄に記入せよ。句読点も字数に含めよ。

Ⅳ　世界史B問題　(30点)

次の文章(A，B)を読み，下線部(1)〜(24)について後の問に答えよ。解答はすべて所定の解答欄に記入せよ。

A　(1)ヨーロッパで今日の「大学」の原型が誕生したのは，12世紀から13世紀にかけてのことである。当時，ヨーロッパの各地には，カトリック教会の司教座や修道院に付属する学校や，法律や医学を教える私塾が存在した。イタリアのボローニャでは，法律を学ぶ学生たちが出身地ごとに「ナチオ」(同郷会)と呼ばれ

る自律的な団体を組織し，やがてこれらの「ナチオ」が結集して「ウニヴェルシタス」(大学)が形成された。他方，ヨーロッパ北部のパリやオックスフォードでは，教師たちが自治組織を結成し，これが大学の起源となった。中世ヨーロッパの大学では，自由七学科(文法，修辞学，論理学，算術，幾何学，音楽，天文学)を基礎的な教養として身につけたうえで，神学，法学，医学などを学んだ。
(2)　(3)

　14 世紀以降もヨーロッパ各地で新たな大学の創設が進んだが，ルネサンス
(4)
期の人文主義者のなかには，大学で教えられる伝統的な学問に批判を唱える者もあらわれた。古典古代の原典に立ち返って新しい解釈をおこなう営みは，し
(5)
ばしば大学の外で展開された。16 世紀以降になると，大学は，政治権力の影響をより強く受けるようになり，学生や教師たちがもっていた自治的な権限は弱められていった。宗教改革以降の宗派間の対立も，高等教育のあり方に影響
(6)
をおよぼした。既存の大学はプロテスタント，カトリックいずれかの立場に分かれ，新しい大学もそれぞれの宗派の布教方針にしたがって設置された。他方
(7)
で，ヨーロッパ諸国の一部では，大学の外で新しい学術団体が組織された。フランスでは，1635 年にフランス語の統一などを目的としてアカデミー・フランセーズが，1666 年にはパリに王立科学アカデミーが創設された。イギリス
(8)
では，1660 年にロンドンで民間の学術団体が設立された。この団体は 2 年後に国王の勅許をえて「ロイヤル・ソサエティ」(王立協会)と呼ばれるようになる。

　18 世紀にヨーロッパの高等教育はさらなる変革の時代を迎えた。ドイツでは，1730 年代にハノーファー選帝侯領にゲッティンゲン大学が創設された。
(9)
領邦国家の意向に沿って新設されたこの大学では，歴史学，応用数学，官房学などの新しい科目が開講され，ゼミナール形式の授業が導入された。国家が主導するこのような大学教育のモデルは，1810 年にプロイセン王国で創設され
(10)
たベルリン大学でさらなる発展をとげ，19 世紀から 20 世紀にかけて日本を含む世界各国の大学で採用されていった。このように，大学という制度には，歴史的にみて，学生・教師の自治的団体としての起源に由来する自由・自律と，国家権力や宗教的権威による管理・統制という 2 つの側面が存在する。ヨーロッパで生まれた大学制度は近現代にグローバルに普及していくが，この制度

を受け入れた多くの地域で，大学は，この 2 つの側面のあいだに生じる緊張関係のもとで揺れ動く歴史を歩むことになるのである。

問

(1)　「大学」の成立の背景のひとつとして，この時期，ヨーロッパの各地で商工業の拠点として都市が発展したことがあげられる。

　(ア)　イタリアでは，神聖ローマ皇帝の介入に抵抗してミラノを中心に都市同盟が形成された。この都市同盟の名称を記せ。

　(イ)　カトリック教会では，13 世紀から，フランチェスコ修道会やドミニコ修道会のように，都市の民衆のなかに入って説教することを重視する修道会が活動を始める。これらの新しいタイプの修道会を総称して何と呼ぶか。その名称を記せ。

(2)　中世ヨーロッパの法律学において重視されたのは，6 世紀に東ローマ帝国の皇帝が編纂させた文献であった。今日，この文献は総称して何と呼ばれているか。その名称を記せ。

(3)　(ア)　中世ヨーロッパの医学は，イスラームの医学から大きな影響を受けている。ラテン語に翻訳されてヨーロッパの医学教育で教科書として用いられた『医学典範』を著したムスリムの医学者の名を記せ。

　(イ)　イスラーム世界を介して古典古代から中世ヨーロッパに伝えられた医学理論に対して，17 世紀にはいると，解剖や実験をふまえた新しい学説が唱えられるようになった。イギリスの医学者ハーヴェーが古代ギリシア以来の生理学説に反論して発表した学説の名を記せ。

(4)　ヨーロッパ東部では，1348 年にプラハに大学が創設された。この大学の創設を命じた神聖ローマ皇帝の名を記せ。

(5)　15 世紀のフィレンツェでは，フィチーノらの人文主義者を中心とする学芸サークルが活動し，前 5 世紀から前 4 世紀に活躍した古代ギリシアの哲学者の著作のラテン語訳をおこなった。『ソクラテスの弁明』や『国家』などの著作で知られるこの哲学者の名を記せ。

(6)　九十五カ条の論題によってカトリック教会の悪弊を批判したルターは，ドイツ中部にある大学で神学教授を務めていた。この大学が所在した都市の名を記せ。

⑺　16世紀以降，アメリカ大陸の植民地にも大学が創設されている。

　　㋐　アメリカ大陸で最初の大学は，インカ帝国征服後の1551年にリマに建設された。インカ帝国を征服した人物の名を記せ。

　　㋑　ハーヴァード大学の起源は，イギリス領北米植民地で最初の高等教育機関として1636年にマサチューセッツ州に創設された「ハーヴァード・カレッジ」である。17世紀にマサチューセッツ州を含むニューイングランド植民地に入植したのは，ピューリタンと呼ばれる人びとであった。彼らは宗教的には総じてどのような立場にたっていたか，簡潔に説明せよ。

⑻　㋐　この団体に勅許を与えた国王は，父王が処刑されたために大陸に逃れていたが，1660年に帰国してイギリス国王に即位した。この国王の名を記せ。

　　㋑　『プリンキピア』を著して力学の諸法則を体系化した科学者が，この団体の会長を務めている。近代物理学の創始者とされるこの科学者の名を記せ。

⑼　1714年からハノーファー選帝侯がイギリス国王を兼ねたため，イギリス史ではこの時期の王朝はハノーヴァー朝と呼ばれる。この王朝の最初の2代の国王の時代に，実質的な首相として，内閣が議会に責任を負う体制の確立に貢献した人物の名を記せ。

⑽　ベルリン大学の初代学長となった哲学者フィヒテは，1807年から翌年にかけて，ナポレオン軍占領下のベルリンで，教育による精神的覚醒を訴える連続講演をおこなったことで知られる。この講演の題目を記せ。

B　石炭は近代ヨーロッパの歴史に大きな影響を与えてきた。

　　燃料としては薪や木炭が古くから用いられているが，経済発展に森林の再生が追い付かず，その枯渇を招くことも歴史上少なくなかった。ヨーロッパでは商業が拡大する16世紀ごろから木材が大量に消費されるようになり，石炭も本格的に利用されはじめる。18世紀前半に石炭を乾留したコークスによって高純度の鉄を精錬する技術が開発されると，石炭の重要性が増大した。18世紀末には石炭をガス化する技術も登場し，19世紀になると大都市では石炭ガスが街灯や暖房にも使われるようになった。

　　蒸気機関の普及によって石炭の需要はさらに高まった。18世紀イギリスの綿工業においては，紡績機や織布機の開発による作業の効率化が進んでいた。

　それらの機械の動力として蒸気機関が採用されると，綿織物の生産量はさらに拡大した。19 世紀になると，イギリスは綿織物の輸入国から輸出国へと変貌する。他の産業分野でも蒸気機関の利用が一般化し，蒸気機関車や蒸気船は人や物の流れを加速させた。
(14)

　石炭はヨーロッパ各地で採掘が可能である。特にイギリスには豊富な石炭資源が存在していた。イギリスの毛織物工業や綿織物工業の中心地帯で石炭が容易に採掘できたことは，蒸気機関の普及に寄与した。他国の工業化が進むと，
(15)
イギリスの炭鉱業は輸出産業としても発展した。例えばフランスは，国内産の石炭だけでは工業化で増大する需要を満たせず，イギリスなどの石炭を輸入し
(16)
ている。中欧には多数の炭鉱があり，ドイツの工業化を支えた。

　木炭の製造は，周縁的な産業として，衰退しつつも存続した。19 世紀初頭の南イタリアでは，ある秘密結社の成員が「炭焼き人」を名乗っている。当時の
(17)
炭焼き人は山林地帯で独自の共同体を維持しており，その結束力ある組織が模倣されたのである。立憲主義と自由主義を掲げるこの結社の運動はイタリア半島各地に，そしてフランスにも広がった。だが炭鉱に乏しいイタリアも 19 世紀後半には燃料をイギリスからの石炭輸入に依存するようになっていく。

　19 世紀後半，内燃機関の実用化などによって石油が石炭に替わるエネルギー源として台頭した。1859 年からのオイルラッシュを引き起こしたペンシ
(18)
ルヴェニアなどがあるアメリカ合衆国と，バクーやグロズヌイなどで石油を産
(19)
出するロシアは，20 世紀に世界を二分する超大国となった。だが石炭も重要な資源でありつづけた。現在でも製鉄にはコークスを用いるのが主流である。電気エネルギーの利用も 20 世紀に急速に拡大するが，石炭も火力発電の燃料として利用されつづけている。

　石炭や鉄の産出を背景に発展した鉱工業地帯が国家間の係争の対象となることもあった。フランスが普仏戦争で喪失した地域もそのひとつであった。第一
(20)
次世界大戦後には，ドイツの鉱工業地帯のひとつが国際連盟の管理下に置か
(21)
れ，15 年後の住民投票で再びドイツに編入されている。ヴェルサイユ条約で課せられた義務の不履行を口実に，フランスとベルギーによって鉱工業地帯を
(22)
抱えるドイツの一地域が占領されたこともある。

　第二次世界大戦後，フランスやイギリスは石炭産業を国有化した。また1952 年には，西ヨーロッパの石炭等の資源を管理するために 6 か国からなる組織が発足している。発足の背景には西ヨーロッパにおける戦争の再発を防止
(23)

する意図もあり，この組織はその後のヨーロッパ地域統合の基礎のひとつと
なった。一方，イギリスでは，その後石炭産業の民営化が提唱され，20 世紀
末までに民営化と一部炭鉱の閉鎖が進められた。
(24)

問

(11)　この技術を開発した父子の姓を記せ。

(12)　炭鉱の排水などに使われていた蒸気機関を効率的で汎用性の高いものに改
良した技術者の名を記せ。

(13)　蒸気機関が導入される前の，これらの機械の主要な動力は何か。

(14)　18 世紀のイギリスが輸入した綿織物の主要な生産国はどこか。

(15)　この地域の中心的な工業都市の名を記せ。

(16)　鉄道会社の整理統合や金融機関の育成によってフランスの工業化を上から
推進した統治者の名を記せ。

(17)　この秘密結社の名を記せ。

(18)　ペンシルヴェニア州の一都市は独立革命期に政治的中心となっており，ワ
シントンに連邦議会が設置されるまで合衆国の首都として機能していた。こ
の都市の名を記せ。

(19)　この油田のある地域では 19 世紀中ごろロシア支配に対する反乱が起こ
り，ソ連崩壊後にも紛争が 2 度発生している。この地域の名を記せ。

(20)　この地域の名を記せ。

(21)　この地域の名を記せ。

(22)　この地域の名を記せ。

(23)　(ア)　この機関の名を記せ。

　　　(イ)　6 か国のうち 2 国はフランスと西ドイツである。その他の国を 1 つ挙
げよ。

(24)　民営化を主導した首相の名を記せ。

解答時間：90分

配　　点：100点

Ⅰ 世界史B問題　　　　　　　　　　　　　　　　　　　　　　　　（20点）

16世紀，ヨーロッパ人宣教師による中国へのキリスト教布教が活発化した。この時期にヨーロッパ人宣教師が中国に来るに至った背景，および16世紀から18世紀における彼らの中国での活動とその影響について，300字以内で説明せよ。解答は所定の解答欄に記入せよ。句読点も字数に含めよ。

Ⅱ 世界史B問題　　　　　　　　　　　　　　　　　　　　　　　　（30点）

次の文章(A，B)を読み，　　　　　　の中に最も適切な語句を入れ，下線部(1)～(26)について後の問に答えよ。解答はすべて所定の解答欄に記入せよ。

A　関中盆地は，中原から見れば西に偏しているが，遊牧世界と農耕世界が接するユニークな位置にあった。紀元前4世紀半ばに盆地の中央部，渭水北岸の　a　に都を置いた秦は，(1)他国出身者を積極的に登用して富国強兵政策を断行し，中央集権的な国家体制を指向して，急速に国力を高めていった。また秦は，早くから騎乗戦術を導入したが，これは(2)騎馬遊牧民との接触・交戦を通じて獲得したものとされる。(3)始皇帝による天下統一は，こうした基礎の上に成し遂げられた。

(4)始皇帝の没後，各地で反乱が起こったが，この混乱を収めてふたたび天下を統一した漢は，新たに長安に都を定めた。武帝の時，漢は匈奴を撃退し，その勢力を(5)西域にまで拡げ，長安は東西交易でも栄えた。　a　とは渭水をはさんだ対岸に位置するこの都は，王莽の時代には「常安」と名を改めた。王莽

は，儒教の理念に基づいた国制の実現を試みたが，急激な改革は大きな混乱を
　　(6)
招いた。紀元後18年に起こった　　 b 　　の乱を契機に，各地で農民や豪族
の反乱が起こり，王莽は敗死，常安も戦乱により荒廃した。

　後漢が　　 c 　　に都を置いて以後，長安が政治の中心となることはほとん
どなかった。この都市がふたたび政治史の舞台となるのは，4世紀半ばのこと
である。氐族がたてた前秦が長安を都とし，華北統一を達成したのである。し
かし，苻堅がいだいた中華統一のもくろみは，淝水の戦いに敗れたことにより
　　　　　　　　　　　　　　　　　　　　　　　(7)
敢えなく潰えた。前秦の滅亡後，長安には，羌族のたてた後秦も都を置いた。
　　　　つい　　　　　　　　　　　　　　　　　　　　　(8)
　その後，華北は北魏によって統一されたが，6世紀前半，　　 c 　　から逃
れてきた孝武帝を武将の宇文泰が長安に迎えたことが契機となって，北魏は東
西に分裂した。宇文泰は西魏の皇帝を奉じつつ，事実上の統治者として国力の
　　　　　　　　　　　　　　　　　　　　　　　　　　　　　　　　(9)
充実に努めた。彼の死後，禅譲によって成立した北周も長安を都とした。北周
　　　　　　　　　　　　　　　　　　　　　　　　　　　　　　　(10)
の武帝は，対立していた北斉を滅ぼして華北を統一したが，その直後に急死
し，程なく皇帝の位は外戚の楊堅へと移る。
　　　　　　　　(11)
　北周を滅ぼした楊堅は，前漢以来の長安城の一隅で即位するが，その直後に
新都造営を命じた。　　 d 　　と命名されたこの都城は，旧都の南東に位置す
る台地上に建設された。この都こそ，平城京・平安京の範となったものであ
る。

問

(1)　前4世紀，他国から秦に移り，孝公の信任を得て法家思想に基づく政治改
　　革を行った人物の名を答えよ。

(2)　古代ギリシアの歴史家ヘロドトスは，黒海北岸を中心とする地域に遊牧国
　　家を形成した騎馬遊牧民のことを記録に残している。特有の動物文様をもつ
　　金属工芸品や馬具・武具などの出土遺物で知られるこの騎馬遊牧民は，何と
　　呼ばれているか。その呼称を答えよ。

(3)　始皇帝は天下を統一すると，秦の貨幣を全国に普及させるよう命じた。こ
　　の貨幣の名称を答えよ。

⑷　これらの反乱勢力のリーダーのうち，漢をたてた劉邦と覇を競った，楚国出身の人物の名を答えよ。

⑸　中央アジアの大月氏との連携を求め，武帝が使者として西域に派遣した人物の名を答えよ。

⑹　後漢時代，儒教経典の字句解釈についての学問が発達した。この学問は何と呼ばれているか。その呼称を答えよ。

⑺　383 年，この戦いで前秦を破った王朝は何と呼ばれているか。その呼称を答えよ。

⑻　後秦のとき「国師」として長安に迎えられ多くの仏典を漢訳した，中央アジア出身の人物の名を，漢字で答えよ。

⑼　宇文泰が創始した兵制で，のち隋唐王朝でも採用された制度は何か。その名称を答えよ。

⑽　北周の武帝は，北斉を滅ぼしたのち，北方の遊牧勢力への遠征を企図していた。6 世紀半ばに柔然を滅ぼしてモンゴル高原の覇者となり，北周・北斉にも強い影響力をもったこの遊牧勢力は，中国史書には何と記されているか。その名称を漢字で答えよ。

⑾　「外戚」とは何か。簡潔に説明せよ。

B　西アジアとその隣接地域は歴史上様々な人間集団が活動した空間であり，そこでは外来の文化と現地のそれが融合し，新たな文化が形成されることもあった。

　紀元前 4 世紀後半，アレクサンドロス大王は東方遠征を行って，ギリシア，および，エジプトからインド西北部に至る大帝国を建設した。彼の死後，その領土は 3 つの国へと分裂したが，これらの地域ではギリシア的要素とオリエント的要素の融合した文化が成立した。

　のち，7 世紀初頭には，アラビア半島のメッカでイスラーム教が誕生した。アラブ人ムスリムは，予言者ムハンマドの死後まもなくカリフの指導のもと大規模な征服活動を開始し，1 世紀余りの間に西はイベリア半島，北アフリカか

ら，東は中央アジア(17)に至る空間をその支配下に置いた。征服者の言語であり，聖典『コーラン』の言語でもあるアラビア語(18)は，やがて広大なイスラーム世界の共通語としての役割を担うようになる。

初期のムスリムは軍事活動にのみ熱心だったわけではない。ウマイヤ朝期に始まったギリシア学術の導入は，続くアッバース朝期に本格化し，9世紀にはバクダードに設立された研究機関(19)を中心に，ギリシア語の哲学・科学文献(20)が次々にアラビア語に翻訳された。これらギリシア語文献の翻訳に最も功績のあった人物の一人，フナイン＝イブン＝イスハークがネストリウス派(21)キリスト教徒であったことは，イスラーム文化の担い手が多様であったことを象徴する事実といえるだろう。また，アッバース朝期にはイスラーム世界固有の学問も発展した。これには法学，神学，コーラン解釈学や歴史学(22)などが含まれる。こうして，外来の学術の成果も吸収しながらイスラーム世界の伝統的な学問の体系が形成されていった。

11世紀後半以降イスラーム世界各地で盛んに建設された学院(マドラサ)(23)では，とくに法学や神学の教育が重視されたが，その「教科書」にあたる文献の多くはアラビア語で著されていた。イスラーム世界の東部では9世紀半ばまでには近世ペルシア語(24)が，そして，15世紀末までにはチャガタイ語やオスマン語といった各地のトルコ語(25)も文語として成立していたが，それ以降の時期にあってもアラビア語は変わらず学術上の共通語であり続けた。19世紀後半以降，イスラーム世界各地にイスラーム改革思想が広まるが，その伝播にあたってはアラビア語の雑誌(26)も大きく貢献したのである。

問

(12)　紀元前333年に，アレクサンドロスがペルシア軍を破った戦いの名を答えよ。

(13)　この時期，エジプトのアレクサンドリアには自然科学や人文科学を研究する王立の研究所が設立された。この施設の呼び名をカタカナで答えよ。

(14)　この文化は何と呼ばれているか。

⒂　622 年，ムハンマドは信者とともにメッカからメディナへと移動した。この事件をアラビア語で何と呼ぶか。

⒃　この地に進出したムスリム軍が 711 年に滅ぼしたゲルマン人の王国の名称を答えよ。

⒄　この地に進出したムスリム軍は 751 年，唐の軍と交戦して勝利した。製紙法の伝播をもたらしたともされる，この戦いの名称を答えよ。

⒅　この言語と同じ語族・語派に属し，紀元前 1200 年頃からダマスクスを中心に内陸交易で活躍した人々が使用した言語の名称を答えよ。

⒆　アッバース朝のカリフ，マームーンが創設したこの翻訳・研究機関の名称を答えよ。

⒇　アラビア語に翻訳された古代ギリシアの文献は，のち 12 世紀以降，ラテン語に翻訳されてヨーロッパに逆輸入された。このとき，アラビア語からラテン語への翻訳作業の中心地となったスペインの都市の名を答えよ。

㉑　ネストリウス派は唐にも伝わった。唐でのネストリウス派の呼称を答えよ。

㉒　アッバース朝期に活躍し，天地創造以来の人類史である『預言者たちと諸王の歴史』を著した歴史家の名を答えよ。

㉓　マドラサやモスクの運営を経済的に支援した，イスラーム世界に特徴的な寄進制度をアラビア語で何と呼ぶか。

㉔　アラビア文字を採用し，アラビア語の語彙を大量に取り入れることで成立した近世ペルシア語の最初期の文芸活動の舞台は，9 世紀から 10 世紀にかけて中央アジアを支配した王朝の宮廷であった。この王朝の名称を答えよ。

㉕　ティムール朝王族で，ムガル帝国の初代皇帝となった人物はチャガタイ＝トルコ語で回想録を著している。歴史資料としても名高い，この回想録のタイトルを答えよ。

㉖　イスラーム世界各地のみならずヨーロッパでも活動し，パン＝イスラーム主義を提唱して，1884 年にパリでムハンマド＝アブドゥフとアラビア語雑誌『固き絆』を刊行した思想家の名を答えよ。

Ⅲ　世界史Ｂ問題　　　　　　　　　　　　　　　　　　　　　（20 点）

　　1871 年のドイツ統一に至る過程を，プロイセンとオーストリアに着目し，
1815 年を起点として 300 字以内で説明せよ。解答は所定の解答欄に記入せよ。
句読点も字数に含めよ。

Ⅳ　世界史Ｂ問題　　　　　　　　　　　　　　　　　　　　　（30 点）

　　次の文章（Ａ，Ｂ）を読み，　　　　　　の中に最も適切な語句を入れ，下線部
⑴〜⑳について後の問に答えよ。解答はすべて所定の解答欄に記入せよ。

Ａ　古代ギリシア人は，独自の都市国家であるポリスを形成し発展させた。ギリ
シア本土やエーゲ海周辺に数多く誕生したポリスは，同盟（連邦）を形成するこ
とはあっても，ひとつの領域国家に統一されることはなかった。前 5 世紀中頃
⑴
のアテネのペリクレスの市民権法のように，市民団の閉鎖性を強めたことも
⑵
あった。一方で，古代ギリシア人は自らをヘレネスと呼び，出自や言語，宗
教，生活習慣を共有する者としての一体感を有していた。そして，異民族を
⑶
「聞き苦しい言葉を話す者」という意味でバルバロイと呼んで区別した。やがて
このバルバロイには，アテネの帝国的発展とペロポネソス戦争の苦難の経験を
⑷　　　　　　　　　　⑸
通じて，他者への蔑視など否定的な意味がまとわりつくようになる。

　　古代ギリシア人とともに高度な文明を築いたことで知られるローマ人は，集
団の定義や自己理解の点ではギリシア人と異なっていた。ローマ人の歴史は，
イタリア半島に南下した古代イタリア人の一派が半島中部に建てた都市国家
ローマに始まる。しかし，ローマ人は国家の拡張の過程で，都市ローマの正式
⑹
構成員の権利であるローマ市民権を他の都市の住民などにも授与し，市民団を
拡大していった。前 1 世紀の初めにはイタリアの自由人にローマ市民権が与え
られ，イタリアの外の直接支配領である属州でも，先住者へローマ市民権が付
⑺　　　　　　　　　　　　　　　　　　　　　⑻

与されたので，市民権保持者の数は急速に増加した。こうして，ローマ市民権を保持する者としての「ローマ人」は，故地である都市ローマやイタリアを離れて普遍化していったのである。

　また，故地ローマ市を抽象化し，「ローマ」という名称に普遍的な意義を見出そうとする思想は，その後長く影響力を有し，とくにローマの支配の正統性やその賞賛をともなう帝国理念となって展開した。そうした考え方は初代皇帝ア
ウグストゥスを内乱からの秩序の回復者としてたたえることから始まっている。ローマ市そのものは，3世紀の　　a　　時代と呼ばれる帝国の危機の時代を経て首都としての役割が低下し，人口も減少していったが，帝国東部の拠
点都市コンスタンティノープルが4世紀の終わり頃から首都的機能を果たすようになると，これが「新しいローマ」とみなされるようになった。

　コンスタンティノープルは，ローマ帝国を帝国領東部で継承したビザンツ帝国の首都として存続した。ビザンツ帝国では，共通語がギリシア語になってからも皇帝は「ローマ人の皇帝」を称していた。コンスタンティノープルはオスマ
ン帝国の攻撃によって陥落したが，この頃台頭してきたロシアのモスクワ大公国において，ビザンツ帝国最後の皇帝の姪と結婚していた大公イヴァン3世がラテン語の「カエサル」に起源を持つ　　b　　の称号を初めて用いた。この
後，モスクワを「第三のローマ」とみなす思想が形成されていったのである。

問

(1)　数あるポリスの中でもスパルタは，近隣地域を征服してその住民を隷属農民として支配した。この隷属状態に置かれた先住民は何と呼ばれたか。その名称を記せ。

(2)　この法律の内容を簡潔に説明せよ。

(3)　古代ギリシア人が最高神ゼウスの聖域で4年ごとに開催した民族的な行事の名を記せ。

(4)　アテネはペルシア戦争後に結成した，諸ポリスをとりまとめた組織によって他のポリスを支配した。その組織の名を記せ。

⑸　ペロポネソス戦争の経過を描いた歴史家の名を記せ。

⑹　ローマと条約を結び，兵力供出の義務を負いながらもローマ市民権を与えられない地位に置かれた都市は何と呼ばれたか。その呼称を記せ。

⑺　ローマがイタリアの外に初めて直接的な管轄地域（属州）としてシチリア島を得ることになった出来事の名を記せ。

⑻　小アジアのユダヤ人の家庭の出身で，ローマ市民権を持ち，伝道旅行を重ねてキリスト教が普遍的な宗教となることに大きな貢献をした人物の名を記せ。

⑼　内乱を収束させたアウグストゥスは共和政の復興を宣言したが，実際には新しい政治体制を創始したのであった。彼の始めた政治体制は何と呼ばれるか。その名称を記せ。

⑽　コンスタンティノープルがローマ帝国の首都的機能を備えるようになったのは，4 世紀末のテオドシウス 1 世（大帝）の時からである。この皇帝が行った宗教政策で，その後の欧州に強い影響を与えたものを簡潔に記せ。

⑾　5 世紀から 6 世紀にかけて戦場に赴くことが少なかったビザンツ皇帝が，6 世紀後半になると親征することが多くなったのは，東で接する国家と抗争することになったからである。ビザンツ帝国と争ったこの国家の名を記せ。

⑿　コンスタンティノープルが陥落してビザンツ帝国が滅亡したのとほぼ同じ頃に西ヨーロッパで生じた出来事を，次の⒜〜⒟からひとつ選んで，その記号を記せ。

　⒜　ドイツ王ハインリヒ 4 世が教皇グレゴリウス 7 世に赦免をこうた。

　⒝　ウルバヌス 2 世がクレルモンの公会議で十字軍を提唱した。

　⒞　イングランド軍がカレーを除いて全面撤退し，英仏間の百年戦争が終結した。

　⒟　ローマとアヴィニョンに教皇がたつ教会大分裂の状態に陥った。

⒀　ローマ皇帝とその帝国の理念は，西ヨーロッパでも継承され，キリスト教世界の統治と教会の保護が任務とされたが，962 年に神聖ローマ皇帝としてその役割を担うことになった国王の名を記せ。

B　人類史上，動物が果たした役割，そして動物が被った影響は，非常に大きい。

　西洋では，中世の支配層は，馬を大規模に飼育していた。海や船と結びつけ
られがちなヴァイキングも，馬を戦争や運搬に利用した。また，イベリア半島
などでは，牛や羊が土地を疲弊させるほどに過放牧された。牧畜の隆盛は耕地
面積を圧迫し，そのために中世ヨーロッパでは慢性的に食糧が不足していたと
いう見方もある。15 世紀末以降，新世界では，ヨーロッパ人は船に載せて持
ち込んだ馬を駆って征服を進め，獲得した土地で，ヨーロッパから輸入した牛
や羊や豚を大規模に飼育した。これに伴い，先住民はヨーロッパ人や動物がも
たらした病気に罹患したり，暴力や経済的な搾取を受けて，大幅に人口を減ら
すことになった。

　北米大陸の大平原に広範囲に生息していたバイソンは，白人，そして馬と銃
を使いこなすようになった先住民によって，19 世紀末までに，ほとんど狩り
つくされていく。そして，先住民が　　　c　　　に強制的に移住させられる一方
で，白人の牧畜業者は畜牛の放牧地を経営することになる。南米大陸でも放牧
地は拡大し，生産された畜牛は，たとえば，世界の工場として経済的繁栄を享
受していたイギリスなどに，生きたまま，船に載せられて輸出され，到着後に
業者の手に引き渡された。これは，その 100 年前に隆盛を極めていた，アフリ
カの黒人を新大陸に運ぶ奴隷貿易と同様に，苦痛を与えるとして非難された。

　西洋人は動物の毛皮も欲した。北米大陸に生息するビーバーの毛皮は，近世
から紳士用帽子の材料として人気を集めた。ビーバーを追って内陸への進出が
果たされた側面もある。他方で，ロシアからもたらされる，シベリア産のクロ
テンなどの毛皮のほか，太平洋沿岸に生息するラッコの毛皮も，人気の商品で
あった。19 世紀にはダチョウの羽根が西洋の婦人用帽子の装飾として珍重さ
れた。太平洋の島々に生息するアホウドリの羽根も同じ用途で高い需要があ
り，これに目を付けた日本の業者によって乱獲された。

　19 世紀には，象もインドやアフリカで大規模な狩猟の対象となった。トラ
ンスヴァール共和国では，金やダイヤモンドが発見されるまでは，象牙が最大

の輸出品であった。象牙はナイフの柄やビリヤードのボールやピアノの鍵盤などに加工されるのであった。1900年の一年間だけでヨーロッパは380トンの象牙を輸入したが、これは約4万頭の象の殺戮（さつりく）を意味した。捕鯨も19世紀に(24)「黄金時代」を迎えた。それを牽引したアメリカ合衆国は、19世紀半ばの最盛期に、世界の捕鯨船約900隻のうち735隻を擁したとされる。1853年、同国の捕鯨船団は8000頭以上の鯨をとった。主たる目的は鯨油とヒゲで、肉は廃棄された。

問

(14) 1000年頃からしばらく続く西ヨーロッパの内外に向けての拡大運動においても馬は活躍した。

　(ア)　この頃の修道院を中心とした経済的かつ領域的な拡大の運動を何と呼ぶか。

　(イ)　この運動の先頭に立った主な修道会の名をひとつ答えよ。

(15) フランス北部のバイユーで制作された刺繍画（ししゅう）には船と並んで馬が頻出する。この刺繍画の主題である1066年のヘイスティングズの戦いでクライマックスを迎える出来事を何というか。

(16) とりわけ中世後期は疫病や飢饉（ききん）などが頻発し、社会的な不安が高まったのだが、黒死病の大流行以降、人口減少により農奴に対する束縛は緩められる傾向が顕著であった。このとき社会的上昇を果たした独立自営農民のことをイギリスでは何と呼ぶか。

(17) (ア)　16世紀前半に騎馬の兵を率いるコルテスによって滅ぼされた帝国の首都の名は何か。

　(イ)　また、ここはその後何という都市になったか。

(18) ラテンアメリカが産出した銀は、ヨーロッパだけでなくアジアにも輸出された。

　(ア)　その積出地と、(イ)　銀を運んだ船の種類を答えよ。

(19) 19世紀前半に、先住民の移住政策を推進したことや民主党の結成を促し

たことで知られるアメリカ合衆国大統領は誰か。

⑳　19世紀末にこの輸送法は用いられなくなる。しかし，南米からイギリスなどへの牛肉の輸出は増加した。それが可能となった技術的理由を述べよ。

㉑　この奴隷貿易とは別に，アフリカ東海岸では長らく，インド洋貿易の一環としてムスリム商人が奴隷貿易を行っていた。アラビア語の影響を受けて成立し，17世紀以降この海岸地帯で共通語となった言語は何か。

㉒　この動物の毛皮は，アジアとアメリカ大陸の間に派遣された探検隊によって持ち帰られ，ロシアによる北太平洋の毛皮貿易が発展するきっかけとなった。シベリアとアラスカを隔てる海峡の名にもなっている探検隊のリーダーの名を記せ。

㉓　これらの産品への注目が南アフリカ戦争へつながった。この戦争に踏み切った当時のイギリス植民地相の名を答えよ。

㉔　これを題材にした小説『白鯨（モビーディック）』の作者は誰か。

解答時間：90分
配　　点：100点

I　世界史B問題　　　　　　　　　　　　　　　　　　　　　　(20点)

　　6世紀から7世紀にかけて，ユーラシア大陸東部ではあいついで大帝国が生ま
れ，ユーラシアの東西を結ぶ交通や交易が盛んになった。この大帝国の時代の
ユーラシア大陸中央部から東部に及んだイラン系民族の活動と，それが同時代の
中国の文化に与えた影響について，300字以内で説明せよ。解答は所定の解答欄
に記入せよ。句読点も字数に含めよ。

II　世界史B問題　　　　　　　　　　　　　　　　　　　　　　(30点)

　　次の文章(A，B)を読み，□□□□の中に最も適切な語句を入れ，下線部
(1)～(28)について後の問に答えよ。解答はすべて所定の解答欄に記入せよ。

A　ムスリムと非ムスリムとは，史上，様々に関わり合ってきた。

　　ムスリムと非ムスリムとのあいだには，様々な形態の，数多(あまた)の戦争があっ
た。ムスリム共同体(ウンマ)は，預言者ムハンマドの指揮のもと，彼の出身部
族である□□a□□族の多神教徒たちと戦った。正統カリフ時代には，アラビ
ア半島からシリアへ進出したのち，東は<u>イラク</u>，イラン高原，西は<u>エジプト</u>，
　　　　　　　　　　　　　　　　　　　　(1)　　　　　　　　　　　　　(2)
北アフリカへ侵攻し，各地で非ムスリムの率いる軍と干戈(かんか)を交えた。その後
も，イスラーム世界のフロンティアで，ムスリムと非ムスリムの政権・勢力間
の戦いが度々起こった。たとえば，現在のモロッコを中心に成立した
□□b□□朝は，11世紀後半に<u>西アフリカのサハラ砂漠南縁にあった王国を</u>
　　　　　　　　　　　　　　　　　　(3)
襲撃，衰退させたうえ，イベリア半島でキリスト教徒の軍をも破った。19世

紀，中央アジアのあるムスリム国家は，清朝への「聖戦」を敢行した。また，非
(4)
ムスリムの率いる軍がムスリムの政権・勢力を攻撃した例も数多い。
(5)

　ただし，ムスリムの政権・勢力は，常に非ムスリムを敵視・排除してきたわ
けではない。たとえば，初期のオスマン家スルタンたちは，キリスト教徒の君
主と姻戚関係を結んだり，キリスト教徒諸侯の軍と連合したりしながら，バル
カン半島の経略を進めた。その際の敵対の構図は，ムスリム対キリスト教徒と
(6)
いう単純なものではなかった。また，16世紀以前のオスマン朝では，君主が
ムスリムでありながら，重臣や軍人の中に，キリスト教信仰を保持する者が大
(7)
勢いた。

　ムガル朝では，第3代皇帝アクバル以来，ムスリム君主のもと，非ムスリム
に宥和的な政策が採られ，ムスリムのみならず非ムスリムの一部の有力者も，
(8)
支配者層のうちに組み込まれた。彼らは，位階に応じて，俸給の額と，維持す
べき騎兵・騎馬の数とを定められた。しかし，第6代皇帝アウラングゼーブ
は，非ムスリムにたいして抑圧的になり，ヒンドゥー教寺院の破壊さえ命じた
と言われる。ただし，一方で彼は，仏教・ヒンドゥー教・ジャイナ教の寺院群
であるエローラ石窟を，神による創造の驚異のひとつと称賛した。のち，イギ
(9)
リス統治下のインドでは，ムスリムと非ムスリムとが協力して反英民族運動を
(10)
展開することもあった。

　ムスリムと非ムスリムとが盛んに交易を行ってきたことも，両者の交流を語
る上で見逃せない。ムスリム海商は，8世紀後半には南シナ海域で活動してい
たといわれる。9世紀半ばに書かれたアラビア語史料によると，ムスリム海商
たちのあいだで，現在のベトナムは当時，良質の沈香を産することで知られて
(11)　　　　　　　　　　　　　　　　じんこう
いた。ムスリム海商の活動は，やがて東南アジアにおけるイスラーム化を促し
(12)
た。

　ムスリムと非ムスリムとのあいだには，イスラーム化以外にも，多様な文化
的影響があった。イスラーム教とヒンドゥー教との融合によってスィク（シク）
(13)
教が創始されたことは，その一例である。ムスリムと非ムスリムとは，宗教を
異にするが，いつも相互に排他的であったわけではない。その交渉の歴史は，

今日の異文化共生を考えるためのヒントに満ちている。

問

(1)　当時この地に都を置いていた王朝は，642 年（異説もある）に起きたある戦いでの敗北によって，ムスリム軍への組織的抵抗を終え，事実上崩壊した。その戦いの名称を答えよ。

(2)　この地には，ファーティマ朝時代に創設され，現在はスンナ派教学の最高学府と目されている学院が存在する。この学院が併設されているモスクを何というか。

(3)　この王国は，ニジェール川流域産の黄金を目当てにやって来た，地中海沿岸のムスリム商人との，サハラ縦断交易で栄えた。この王国の名称を答えよ。

(4)　この国家は，後にロシアによって保護国化ないし併合されてロシア領トルキスタンを形成することになるウズベク人諸国家のうち，最も東に位置した。この国家の名称を答えよ。

(5)　2001 年，アメリカ合衆国は，当時アフガニスタンの大半を支配していたムスリム政権が，同時多発テロ事件の首謀者を匿っていたとして，同政権を攻撃した。この首謀者とされた人物の名前を答えよ。

(6)　19 世紀，オスマン朝は，バルカンの領土を次々に失っていった。1878 年にはセルビアが独立した。この独立は，オーストリア＝ハンガリー帝国やイギリスなどの利害に配慮して締結された，ある条約によって承認された。この条約の名称を答えよ。

(7)　オスマン帝国内に居住するキリスト教徒は，自らの宗教共同体を形成し，納税を条件に一定の自治を認められた。このような非ムスリムの宗教共同体のことを何と呼ぶか。

(8)　この支配者層を何と呼ぶか。

(9)　この石窟の北東にある，アジャンター石窟には，特徴的な美術様式で描かれた仏教壁画が残る。その美術様式は，4 世紀から 6 世紀半ばに北インドを

支配した王朝のもとで完成された。この美術様式のことを何と呼ぶか。

⑽　この運動の一方を担った全インド゠ムスリム連盟の指導者で，後にパキスタン初代総督を務めた人物は誰か。

⑾　9世紀にベトナム中部を支配していたのは，何という国か。

⑿　東南アジアをはじめ，ムスリム世界の辺境各地で，イスラーム化の進展に寄与した者としては，ムスリム商人のほか，「羊毛の粗衣をまとった者」という意味の，アラビア語の名称で呼ばれた人々を挙げることができる。彼らは，修行を通じて，神との近接ないし合一の境地に達することを重んじた。このような思想・実践を何と呼ぶか。

⒀　この宗教の創始者は誰か。

B　現在，中国の海洋への軍事的進出はめざましい。中国における近代的な海軍の構想は林則徐や魏源らに始まる。林則徐は「内地の船砲は外夷の敵にあらず」
（14）
と考え，敵の長所を知るために西洋事情を研究した。彼の委嘱により『海国図志』を編集した魏源は，西洋式の造船所の設立と海軍の練成を建議している。

彼らの構想がただちに実を結ぶことはなかったが，太平天国軍と戦うために
（15）
郷勇を率いた曾国藩，左宗棠，李鴻章は，新式の艦船の必要性を認識してい
（16）
た。左宗棠の発案により福州に船政局が設立され軍艦の建造に乗り出す一方，
（17）
船政学堂が開設され人材の育成に努めた。西洋思想の翻訳者として後進に大きな影響を及ぼした厳復もこの学校の出身者である。
（18）

しかし，日本の台湾出兵後にも，内陸部と沿海部のいずれを優先するかとい
（19）
う論争が政府内に起きたように，海防重視は政府の共通認識にはなっていなかった。

そうしたなかで，李鴻章は海軍の重要性を主張し，福州で海軍が惨敗した
清仏戦争を経て，1888年に威海衛の地に北洋海軍を成立させた。北洋海軍は
（20）　　　　　　　　　　　　　（21）
外国製の巨艦の購入によって総トン数ではアジア随一となり，日本，朝鮮，
（22）
ロシアなどに巡航してその威容を示した。
（23）

しかし，その一方で軍事費の一部がアロー戦争で廃墟となった庭園の再建に
（24）

流用され，また政府内には北洋海軍の創建者である李鴻章の力の増大を恐れる
者もあって，軍艦購入は中止された。

　そして，日清戦争により，北洋海軍は潰滅した。海軍はやがて再建されて，
(25)
民国期へと受け継がれ，その存在は国内政局に影響を与えたが，かつての栄光
(26)
を取り戻すことはなかった。

　1949 年に誕生した中国人民解放軍海軍は，1950〜60 年代に中華民国と台湾
海峡で戦い，1974 年には西沙諸島(パラセル諸島)でベトナム共和国と戦っ
(27)
た。さらに，1980 年には大陸間弾道ミサイルの実験にともなって南太平洋ま
で航海し，2008 年にはソマリア海域の航行安全を確保するために艦船を派遣
(28)
するなど，アジアの海域や遠洋においてその存在感を高めている。

　現在の人民解放軍海軍にとって，北洋海軍の歴史は日清戦争に帰結する悲劇
として反省材料であると同時に，自らのルーツに位置づけられている。20 世
紀末に就役した練習艦が，福州船政学堂の出身で，日清戦争で戦死した鄧世昌
を記念して，「世昌」と名付けられているのもその表れであろう。

問

(14)　林則徐が 1839 年に派遣され，アヘン問題の処理にあたった都市の名を答
　　えよ。

(15)　太平天国の諸政策のうち，土地政策の名を答えよ。

(16)　郷勇が登場したのは，従来の軍隊が無力だったためである。漢人による治
　　安維持軍の名称を答えよ。

(17)　当時，定期的に福州に上陸して，北京に朝貢していた国の名を答えよ。

(18)　厳復の訳著の一つに『法意』がある。原著の作者である 18 世紀フランスの
　　思想家の名を答えよ。

(19)　1871 年にロシアに奪われ，1881 年に一部を回復した地方の名を答えよ。

(20)　フランスのベトナムへの軍事介入に抗して，劉永福が率いた軍の名を答え
　　よ。

(21)　19 世紀末に威海衛を租借した国の名を答えよ。

⑳　ドイツ製の戦艦「定遠」などが中国に向けて出航した港は，のちにドイツ革命の発火点となった。その港の名を答えよ。

⑳　北洋艦隊が立ち寄った極東の軍港都市の名を答えよ。

⑳　この時，この庭園とともに円明園も焼かれた。その設計に加わったイタリア人宣教師の名を答えよ。

⑳　下関条約で，日本に割譲された領土のうち，遼東半島はすぐに返還されたが，そのまま日本の手に残ったのは，台湾とどこか。

⑳　奉天軍閥の首領で，1927 年に中華民国陸海軍大元帥に就任したのは誰か。

⑳　この国の首都の名を答えよ。

⑳　この海域にこれより約 600 年前に進出した中国船団の司令官の名を答えよ。

Ⅲ　世界史Ｂ問題　　　　　　　　　　　　　　　　　　　　　　　（20 点）

　第二次世界大戦末期に実用化された核兵器は，戦後の国際関係に大きな影響を与えてきた。1962 年から 1987 年までの国際関係を，核兵器の製造・保有・配備，および核兵器をめぐる国際的な合意に言及しつつ，300 字以内で説明せよ。解答は所定の解答欄に記入せよ。句読点も字数に含めよ。

Ⅳ　世界史 B 問題　　　　　　　　　　　　　　　　　　　　　　（30 点）

　　次の文章（A，B）を読み，□□□□□の中に最も適切な人名を入れ，下線部
⑴～㉑について後の問に答えよ。解答はすべて所定の解答欄に記入せよ。

A　戦争には正しい戦争と不正な戦争があるとし，正しい戦争とみなされる理由
　や条件を考察する理論を正戦論という。西洋における正戦論の起源は古代ギリ
　シア・ローマに遡る。アリストテレスは戦争が正当化される場合として，自己
　防衛・同盟者の保護の二つに加えて，「自然奴隷」としてのバルバロイの隷属化
　　　　　　　　　　　　　　　　　　　　　　　　　　　　⑴
　をあげた。共和政末期のローマで執政官であったキケロは，敵の撃退・権利の
　　　　　　　　　　　　　　　　　　　　　　　　⑵
　回復・同盟者の保護のいずれかに加えて宣戦布告を正戦の条件として掲げた
　が，アリストテレスの自然奴隷説は省いた。

　　キケロの世俗的正戦論に宗教的な正当性の議論を付け加えたのが，北アフリ
　カのヒッポ司教であった□□a□□である。元来，キリスト教では隣人愛が説
　かれ平和が志向されたが，ローマ帝国で公認され，ついで国教となったことで
　　　　　　　　　　　　　　⑶
　状況は変化した。□□a□□は「神によって命じられた戦争も正しい」と述べ，
　皇帝の戦争とキリスト教徒の戦争参加を条件付きで容認した。その背景にあっ
　たのは，北アフリカで問題となっていた異端ドナトゥス派を弾圧しようという
　　　　　　　　　　　　　　　　　　　⑷
　意図である。

　　古代の正戦論は，12 世紀の『グラティアヌス教令集』等を経て，□□b□□
　によって引き継がれ体系化された。□□b□□は『神学大全』において，戦争を
　正当化する条件として君主の権威・正当な事由・正しい意図の三つをあげ，
　私的な武力行使を否定した。
　⑸
　　中世の正戦論は聖戦の理念と結びついていた。ホスティエンシスらは異教徒
　の権利を強く否認したが，ローマ教皇インノケンティウス 4 世らは慎重な立場
　　　　　　　　　　　　　　⑹
　をとり，対異教徒戦をめぐる議論では後者が優位とされていた。コンスタンツ
　　　　　　　　　　　　　　　　　　　　　　　　　　　　　　　⑺
　公会議（1414～18 年）では，ポーランド代表が武力によって異教徒を征服し改
　宗させようとするドイツ騎士修道会の方法を厳しく批判した。

　　だが，西アフリカ沿岸部において探検が進むと，ローマ教皇はキリスト教世

界の拡大を念頭に，異教徒に対する戦争を正当化する立場を鮮明にした。
1452〜56 年の教皇勅書で，西アフリカからインドまでの征服権がポルトガル
王および　　c　　王子に与えられ，コロンブスの航海後は西方における征服
権がスペインに与えられた。

　新大陸の征服が進行し，エンコミエンダ制が導入されると，アメリカ先住民
　　　　　　　　　　　　　　(8)
の権利や征服戦争が議論の的となった。サラマンカ学派の始祖とされる神学者
ビトリアは征服戦争の正当性に疑問を呈したが，神学者セプルベダは自然奴隷
(9)　　　　　　　　　　　　　　　　　　　　　　　(10)
説を援用して征服正当化論を再構築した。さらに 17 世紀のグロティウスはサ
ラマンカ学派の理論を継承しながらも，自然法を神学から自立させ世俗的自然
法のもとで正戦論を展開した。

問

(1)　バルバロイに対置される古代ギリシア人の自称は何か。その名を記せ。

(2)　この人物の代表的著作を一つあげよ。

(3)　キリスト教はミラノ勅令によって公認された。この勅令を発した皇帝の名
　　を記せ。

(4)　ネストリウス派を異端として追放した公会議はどこで開催されたか。その
　　地名を記せ。

(5)　1495 年，マクシミリアン 1 世が招集した帝国議会において永久ラント平
　　和令が布告され，フェーデ(私戦)の権利が廃絶された。マクシミリアン 1 世
　　は何家の出身か。その名を記せ。

(6)　この教皇によってモンゴル帝国へ派遣されたフランシスコ(フランチェス
　　コ)会修道士の名を記せ。

(7)　この会議の結果について簡潔に説明せよ。

(8)　この制度について簡潔に説明せよ。

(9)　ビトリアは 1533 年のインカ皇帝処刑等の報に接してアメリカ征服の正当
　　性に疑義を表明した。インカ皇帝の処刑を命じたスペイン人の名を記せ。

(10)　セプルベダの論敵で，『インディアスの破壊についての簡潔な報告』を著し

たのは誰か。その名を記せ。

B　およそ 5000 年前のこと，人類は経済活動を記録するために文字を創案した
(11)
と考えられている。それだけでなく，為政者の命令を民衆に知らしめるために
も，そして知識を蓄積し後世に伝えるうえでも，文字は革新的な発明品であっ
た。地球上には無文字文明の例も多くあるが，文字の発明は，いくつかの文明
(12)
の成立と関わっている。

　文字は，さまざまな材質の媒体に記されてきた。古代メソポタミアでは粘土
板が，古代エジプトではパピルスが，それぞれ記録媒体として用いられたの
(13)　　(14)
だった。

　文字の成り立ちはさまざまである。漢字やラテン文字(ローマ文字)など，国
家・民族を越えて文明圏共通の文字となったものや，旧来の文字から新しい文
字が考案されることも多々あった。仮名文字やキリル文字などである。
(15)

　文字情報の伝達技術は時とともに発展し，それが人類史上のさまざまな変動
の呼び水となることがあった。16 世紀のドイツにおいて，宗教改革が諸侯だ
(16)
けでなく民衆のあいだにも支持を広げた背景には，こうした技術発展が関わっ
ていた。

　18 世紀以降，文字情報の伝達媒体として新聞が重きをなすようになった。
そして 19 世紀，技術革新にともない大部数化が進み，新聞社間で販売競争も
激化し，民衆の関心をひくために，画像を組み合わせた扇情的な記事で紙面が
埋められていくことになる。19 世紀末のアメリカ合衆国で，ある国に対する
(17)
好戦的世論が形成されるが，その要因の一つには，こうした新聞メディアの動
向があった。

　19 世紀末から 20 世紀前半の時代に入ると，これまでの文字とならんで，新
しい情報伝達手段が重要な地位を占めるようになる。とりわけ第一次世界大戦
後，アメリカ合衆国を中心にして映画などの大衆文化が広がっていくが，これ
を促進したものの一つが情報伝達手段の革新であった。　　　　　　　　(18)

　20 世紀後半になると，情報伝達手段にいっそう劇的な変革が生じ，人びと

は家にいながらにして世界中の出来事を，大きな時間差なく，あるいは同時にさえ視聴できるようになった。そして，こうした変革が世界政治に影響をおよぼすようにもなる。1960年代から1970年代にかけて，ある戦争の実相が，この新しい情報伝達手段を通じて世界中で知られるようになり，それが国際的な反戦運動をうながす一因になったのである。また一方で，この情報伝達手段によって事実の一部が歪曲されて広がり，戦争容認世論が強まることもあった。

　1980年代以降に生じたIT（情報技術）革命は進化のスピードを速め，今日の人びとは軽量でコンパクトな端末機器を操作することで，家庭内ではもちろんのこと街頭においても，多様な情報を即座に入手し，さらには自身が不特定多数の人びとにむけて情報を簡単に発信できる時代に入った。そして，こうした端末機器が，「アラブの春」と呼ばれる民主化運動に際し，運動への参加を市民に呼びかけるツールとなり，さらには，強権的な政府が管理する報道とは異なる情報を人びとに提供した。

問

　⑾　文字によって記録が残されるようになる以前の時代は，それ以降の，「歴史時代（有史時代）」と呼ばれる時代と区別して，何時代と呼ばれるか。

　⑿　㋐　インカ帝国で使用された記録・伝達手段は何と呼ばれているか。

　　　㋑　それはどのようなものであったか，簡潔に説明せよ。

　⒀　『聖書』の創世記にみえる洪水伝説の原型となったとされる詩文が，粘土板に記され現在に伝わっている。その叙事詩は何と呼ばれるか。

　⒁　パピルスに記され，ミイラとともに埋葬された絵文書で，当時の人びとの霊魂観が窺えるものは何と呼ばれるか。

　⒂　キリル文字が考案された宗教上の背景を簡潔に説明せよ。

　⒃　この関わりの内容を簡潔に説明せよ。

　⒄　アメリカ合衆国は，この世論に押されるかたちで開始した戦争に勝利し，敗戦国にある島の独立を認めさせたうえで，それを保護国とした。その島の

名を記せ。

⒅　アニメーション映画もこの時代に発展した。世界最初のカラー長編アニメーション映画『白雪姫』(1937年)を製作した兄弟の姓を答えよ。

⒆　この戦争の名を記せ。

⒇　1991年に中東で勃発した戦争の際には，戦争当事国の一方が自然環境を損壊した，と印象づける映像が報道された。この戦争の名を記せ。

㉑　「アラブの春」において，20年以上にわたる長期政権が崩壊した国を二つあげよ。

Ⅰ　世界史Ｂ問題　　　　　　　　　　　　　　　　　　　　　　　　　（20点）

　　マンチュリア（今日の中国東北地方およびロシア極東の一部）の諸民族は国家を樹立し，さらに周辺諸地域に進出することもあれば，逆に周辺諸地域の国家による支配を被る場合もあった。4世紀から17世紀前半におけるマンチュリアの歴史について，諸民族・諸国家の興亡を中心に300字以内で説明せよ。解答は所定の解答欄に記入せよ。句読点も字数に含めよ。

Ⅱ　世界史Ｂ問題　　　　　　　　　　　　　　　　　　　　　　　　　（30点）

　　次の文章（A，B）を読み，　　　　　　の中に最も適切な語句を入れ，下線部⑴〜㉕について後の問に答えよ。解答はすべて所定の解答欄に記入せよ。

A　西アジアで最初の文字記録は，メソポタミア（現在のイラク南部）でシュメール語の楔形（くさびがた）文字によって残された。シュメール人の国家が滅亡した後も，シュメール語は文化言語としてこの地域を支配したセム語系の民族（アムル人）によって継承・学習された。シュメールの文化や言語を受け継いだ古代メソポタミアの社会構造を知る手がかりとなるハンムラビ法典碑は，アムル人が建て(1)たバビロン第1王朝時代のものである。この王朝は，前2千年紀前半アナトリアに興ったインド＝ヨーロッパ語系の言語を使用していたヒッタイト人の勢力(2)によって滅ぼされた。

　　前2千年紀後半になると，アラム人，ヘブライ人，フェニキア人などのセム(3)　　　(4)　　　(5)語系民族の間で表音文字アルファベットの使用が始まり，前1千年紀に入ると，この文字体系が西アジア，ヨーロッパ地域に広まっていった。ギリシア文

字の使用は前 9 ～ 8 世紀に始まり，やがてイタリア半島でもラテン文字が使用
されるようになった。前 6 世紀ペルシアに勃興して西アジアとエジプトにまた
　　　　　　　　　　　　　　　　　　　　　　　　　(6)
がる大帝国を建てた　　a　　朝では，王の功業などを記録する楔形文字と並
んで，行政や商業にはアラム文字が使用されていた。マケドニアのアレクサン
ドロス大王の東方遠征の結果，前 330 年この大帝国は滅亡し，西アジアやエジ
プトでも一部ではギリシア文字が使用された。古代エジプトで使用されていた
ヒエログリフが記されたロゼッタ゠ストーンは，エジプトを支配していたプト
　　　　　　　　　(7)　　　　　　　　　　　　　　　　　　　　　(8)
レマイオス朝時代に作成された石碑で，ギリシア語の文章が併記されていたこ
とがヒエログリフ解読の契機となった。

　アラム文字は西アジアや中央アジア地域でその後使用された多くの文字の原
型となったが，紀元後 7 世紀にアラビア半島に興り，その後 1 世紀余のうちに
イベリア半島から中央アジアにまで拡大したイスラーム勢力の支配領域におい
　　　　　　　　　　　　　　　　　　　　(9)
て使用されたアラビア文字は，その最も繁栄した後裔と呼ぶことが出来よう。
　　　　　　　　　　　　　　　　　　　えい
アラビア文字は，イスラーム教徒（ムスリム）にとっての聖典『クルアーン（コー
ラン）』を記す文化的な核心を成す文字とされ，その使用はムスリムの活動範囲
と重なって拡大した。イスラームに改宗したイラン系，トルコ系の人々も，ア
　　　　　　　　　　　　　　　　　　(10)　　(11)
ラビア文字の表記をそれぞれの言語に合わせて少しずつ改変して使用した。
　　b　　帝国を廃して成立したトルコ共和国では，1928 年からラテン文字
　　　　　　　　　　　　　　(12)
に基づくトルコ文字の使用を法律的に義務付けた。中央アジアやアゼルバイ
　　　　　　　　　　　　　　　　　　　　　　　　　　　　　　(13)
ジャンで独立したトルコ系民族を主要な構成要素とする諸国の多くも，現代で
はラテン文字やキリル文字を基礎とする各国文字を使用している。

問

(1)　この法典碑は 1901～02 年にイラン南西部の遺跡スーサで発掘されたもの
　　である。当時イラン（国名はペルシア）を支配していた王朝は何か。その名を
　　記せ。

(2)　ヒッタイト人の国家は前 2 千年紀の後半エジプトと外交関係を持ち，それ
　　は 1887 年エジプトで発見された楔形文字によるアマルナ文書にも記録され

ている。この文書が作成された時代に，従来のアモン神からアトン神へと信
仰対象の大変革を行ったとされるエジプトの王は誰か。その名を記せ。

⑶　アラム人は大きな国家を形成することなく，シリアの内陸部ダマスクスな
どの都市を拠点に交易に従事していたとされる。前1千年紀前半，これらの
アラム人を支配下に置き，西アジアで大きな勢力を持つようになった国家は
何か。その名を記せ。

⑷　前6世紀，新バビロニア（カルデア）王国の攻撃でヘブライ人の王国（ユダ
王国）の首都イェルサレムが陥落，王族や主要な人物はバビロンへ連行さ
れ，捕囚となった。これを行った新バビロニアの王は誰か。その名を記せ。

⑸　フェニキア人は海洋民族として活躍した。彼らの活動の根拠地となった現
在レバノン領の港市の名を一つ挙げよ。

⑹　前7世紀にカルデアやリュディアと並んで強力となったイラン西部に本拠
を置いた国は何か。その名を記せ。

⑺　ロゼッタ゠ストーンは，ナポレオンのエジプト遠征の際，イギリス軍の襲
来に備えてロゼッタ（ラシード）の城塞を修復中に偶然発見されたものであ
る。1822年にこの石に刻まれた銘文を参照してヒエログリフの解読に成功
したフランス人学者は誰か。その名を記せ。

⑻　この王朝は前30年ローマによって滅ぼされた。ヘレニズム時代，この王
朝に対抗してシリアを中心とした西アジアを支配し，前1世紀前半に滅亡し
た王朝は何か。その名を記せ。

⑼　この宗教は南アジアを経て東南アジアへと伝播し，この地域で多数の信者
を獲得するまでになった。1910年代の初め，現在のインドネシアで結成さ
れた，この宗教を基盤とする民族運動組織は何か。その名を記せ。

⑽　11世紀の初め，アラビア文字を用いたペルシア語で，神話・伝説・歴史
に題材を採った長大な叙事詩『王の書（シャー゠ナーメ）』を書いたイラン東部
出身の詩人は誰か。その名を記せ。

⑾　この民族の一部は，中央アジアを中心に国際的な交易に従事するイラン系
民族と密接な関係を持ち，その民族が用いていたアラム系文字を使用するよ
うになった。そのイラン系民族は何か。その名を記せ。

⑿　この国の成立に当たって，アンカラに本拠を置く政府が 1923 年に第一次
　　世界大戦の連合国と締結し，国境を画定した国際条約は何か。その名を記
　　せ。

⒀　16 世紀初頭，現在のイラン領アゼルバイジャン地域で建国し，その後，
　　現在のアゼルバイジャン共和国領まで支配領域を拡大し，十二イマーム派を
　　奉じた王朝が，16 世紀末から首都を置いた都市はどこか。その名を記せ。

B　16 世紀半ばをすぎると，明朝は周辺の諸勢力との抗争によって軍事費が増
　　　　　　　　　　　　　　　　⒁
大したため，重税を課すようになり，天災や飢饉なども相俟って，各地で反乱
　　　　　　　　　　　　　　　　　　　あい ま
が頻発し，次第に支配力を失っていった。1644 年，　　　c　　　の率いる軍が
北京を陥落させると，最後の皇帝であった崇禎帝は自殺し，270 年あまり続い
　　　　　　　　　　　　　　　　　　⒂
た明朝の命運はここに尽きることになった。

　その後，中国本土を支配したのは清朝であった。1661 年に即位した康熙帝
は，呉三桂らによる三藩の乱を鎮圧した。また，オランダを破り台湾に拠って
　　　　　　　　　　　　　　　　　　　　　　　⒃　　　　　⒄
清に抵抗していた鄭氏政権を滅ぼした。これによって雍正帝・乾隆帝と三代つ
づく最盛期の基礎が築き上げられた。対外的には，ジュンガルを駆逐してチ
ベットに勢力を伸ばすとともに，東方に進出してきたロシアとのあいだにネル
　　　　　　　　　　　　　　　　　　　　　　　　　　　　　　　　⒅
チンスク条約を結んで国境を取り決めた。また国内では，キリスト教（カト
リック）宣教師の一部の布教を禁止したほか，字書や類書（事項別に分類編集し
　　　　⒆　　　　　　　　　　　　　　　⒇
た百科事典）の編纂など文化事業を展開した。

　雍正帝のときになると，用兵の迅速と機密の保持を目的に，政務の最高機関
である　　　d　　　が設置された。1727 年にはロシアとキャフタ条約を結び，
清とロシアの国境を画定した。

　乾隆帝の時代には，「十全武功」と呼ばれる大遠征が行われた。西北ではジュ
　　　　　　　　　　　　　　　　　　　　　　　　　　　　　　　　　(21)
ンガルを滅ぼし，天山以北の草原地帯と以南のタリム盆地を征服した。一方，
南方では台湾・ビルマ（現ミャンマー）・ベトナム・大小両金川（今日の四川省
　　　　(22)　(23)
西北部）にも出兵した。これらの遠征は必ずしもすべてに勝利を収めたわけで
はなく，ビルマ・ベトナムではむしろほとんど敗北に近かったのであるが，そ

れでも清朝はユーラシア東部の大半をおおうような巨大な版図を形成すること
になった。

　この頃のユーラシア東方世界を考えるとき，注目すべきなのは，チベット仏
教が急速に浸透していったことであろう。たとえば1780年，乾隆帝とチベッ
トの活仏パンチェン＝ラマ4世の会見が実現すると，元朝の帝師 ［　e　］ と
世祖クビライの関係を再演してみせようとして，パンチェン＝ラマはみずから
を ［　e　］ の転生者と称し，乾隆帝を転輪聖王と称揚した。つまりモンゴ
ル・チベット・東トルキスタン・漢地などをふくむ「大元ウルス」の大領域を
「大清グルン」の名のもとにほぼ完全に「復活」させた乾隆帝は，クビライの再来
として転輪聖王と認識されたと考えられる。チベット仏教に基づく権威によっ
て王権の正統化が図られたといえよう。

　しかし嘉慶帝・道光帝・咸豊帝の頃になると，清朝の勢力は次第に衰え，19
世紀半ば，アヘン戦争とアロー戦争（第二次アヘン戦争）が相次いで発生する
と，ヨーロッパ列強との間に南京条約など不平等条約の締結を強いられた。

問

⒁　このような諸勢力のうち，明の北方辺境を侵したモンゴルの君主は誰か。
　　その名を記せ。

⒂　この皇帝の祖父の時代，各種の税と労役を一括して銀で納入する方法が広
　　まっていった。この税制は何か。その名を記せ。

⒃　当時オランダがヨーロッパにもたらした中国の陶磁器は世界商品であっ
　　た。その陶磁器の生産で名高い中国江西省の都市はどこか。その名を記せ。

⒄　台湾は日清戦争の結果，1895年に日本に割譲され，第二次世界大戦後に
　　は中国国民党の率いる中華民国政府が移転してきた。2000年には総統選挙
　　によって初の政権交代が行われた。この国民党に代わって政権を担った政党
　　は何か。その名を記せ。

⒅　この条約を結んだときのロシア帝国の皇帝は誰か。その名を記せ。

⒆　フランス出身でイエズス会に所属し，ルイ14世の命令でこの時期に訪中
　　した宣教師らが測量・作製した中国全土の地図は何か。その名を記せ。

⒇　康熙帝のときに編纂が開始され，雍正帝のときに完成した類書の名を記せ。

⒇　1884 年，これらの地に設置された省は何か。その名を記せ。

⒇　18 世紀半ばに内陸のビルマ人勢力が建国し，ほぼ現在のミャンマーの国土と等しい領域を支配し，さらにタイのアユタヤ朝を滅ぼした王朝は何か。その名を記せ。

⒇　当時ベトナムでは，北部の鄭氏と中部の阮氏が対立していたが，18 世紀後半に起こった反乱によって両者はともに滅亡した。この反乱は何か。その名を記せ。

⒇　クビライは日本遠征を行い，その軍には高麗軍も参加していた。現在は朝鮮民主主義人民共和国の南部に位置する高麗の首都はどこか。その名を記せ。

⒇　これらの戦争に敗れた清は列強に対して大幅な譲歩を余儀なくされ，国内体制の「改革」をせまられることになった。これを洋務運動という。この運動に見られた，儒教などの精神を温存しつつ西洋の技術を導入するという考えは何か。その名を記せ。

Ⅲ　**世界史 B 問題**　　　　　　　　　　　　　　（20 点）

　15 世紀末以降，ヨーロッパの一部の諸国は，インド亜大陸に進出し，各地に拠点を築いた。16 世紀から 18 世紀におけるヨーロッパ諸国のこの地域への進出の過程について，交易品目に言及し，また，これらのヨーロッパ諸国の勢力争いとも関連づけながら，300 字以内で説明せよ。解答は所定の解答欄に記入せよ。句読点も字数に含めよ。

Ⅳ　世界史Ｂ問題　　　　　　　　　　　　　　　　　　　　　　　（30 点）

　　次の文章（A，B）を読み，　　　　　　の中に最も適切な語句を入れ，下線部
⑴〜⑿について後の問に答えよ。解答はすべて所定の解答欄に記入せよ。

　A　人類は，結婚や相続といった枠組みを通じて，有形無形の財産や権利を受け
継いできた。

　　　古代ギリシアのポリスでは，参政権は成人男性市民が有し，女性の発言力は
家庭内に限られた。これに対して，アテナイの喜劇作家　　a　　は，『女の
平和』という作品で，女性たちが性交渉ストライキで和平運動に参画する姿を
描き，時事風刺を行った。

　　　古代ローマでは，カエサルの遺言で養子になったオクタウィアヌスが元首政
を開始した。そしてこの帝位を継がせる者として，　　b　　を同じく養子と
した。ヘブライ人の王の子孫とされるイエスに対する信仰は，社会的地位にお
　　　⑴
いて劣るとされた女性や下層民を強くひきつけた。この信仰を中心とするキリ
スト教は，後の欧州世界を大きく規定した。

　　　古代末にドナウ川中流のパンノニアを本拠としたフン人の中では，伯父から
王位を共同で継承した兄弟王権が成立した。兄ブレダの死後，単独支配者と
　　　　　　　　　　　　　　　　　　　　　　　　　　　　　　　⑵
なった王は大帝国を建設したが，その死亡に伴い帝国は瓦解した。東ゴート人
は，テオドリックを指導者とし，ラヴェンナを首都とする東ゴート王国を建設
　　⑶
した。この国はローマ由来の制度や文化を尊重したが，後に東ローマ皇帝によ
　　　　　　　　　　　　　　　　　　　　　　　　　　　　⑷
り滅ぼされた。

　　　フランク王国は，分割相続を慣習とし，カール大帝を継承したルートヴィヒ
１世が死亡すると，３人の子の間で闘争が激化し，王国は３つに分割された。
　　　　　　　　　　　　　　　　　　　　　　　　⑸
その後，中部フランクが東西フランクに併合され，イタリア・ドイツ・フラン
スの基礎が築かれた。

　　　ノルマンディー公国では，フランス貴族との通婚により生まれた次男・三男
以下のノルマン騎士が，傭兵や征服者として欧州各地に出かけた。イタリアで
は，半島南部とシチリア島の領土を継承した王が，両シチリア王国を誕生させ
　　⑹

<u>た</u>。

　この時期，封建貴族に支配された農奴は，地代として生産物の貢納と，領主の農地を耕作する賦役とを課された上に，結婚税を労働力移動の補償として，死亡税を保有地相続税として支払うなど，<u>多岐にわたる負担</u>を義務づけられた。
(7)

　ローマ＝カトリック教会は，修道士を通じて民衆教化を進めた。教会には，国王や諸侯から土地が寄進され，聖界諸侯が政治勢力となったが，現実的には教会は世俗権力の支配下にあり，また腐敗も進んだ。こうした世俗化や腐敗を批判する教会内部の動きは，フランスのブルゴーニュ地方にあった　　c　　修道院が中心であった。司教職などを相続や取引の対象とすることや，戒律に反する妻帯慣行も非難の対象であった。

　イングランドでは王位を巡る混乱が生じた。結果的に，<u>フランスのアンジュー伯がヘンリ2世として即位したが</u>，アキテーヌ女公と結婚しフランス西部を領有するに至り，大陸とブリテン島にまたがる大国が建設された。他方でフランス側では，カペー王家の断絶に伴い，ヴァロア家のフィリップ6世が即位すると，大陸におけるイングランド勢力の一掃を図ったが，これに対してイングランド王エドワード3世は，<u>フランスの王位継承権を主張した</u>。
(9)

　中世後期のイタリアには，ローマ教皇領の北に，コムーネと呼ばれる自治都市が成立した。フィレンツェでは，商人や金融業者などの市民が市政を掌握した。やがて，<u>有力家系が，その後数世代にわたり寡頭政を敷いた</u>。
(10)

　北欧では，混乱を平定したデンマークの王女マルグレーテが，ノルウェー王と結婚し，父王と夫との死亡により，デンマークとノルウェー両国の実権を掌握した。さらにスウェーデン王を貴族の要請で追放すると，<u>3国を連合すること</u>となった。これはデンマーク主導による連合王国を意味したが，後にスウェーデンとの連合は解消された。
(11)

問

(1) 『マタイによる福音書』によれば，イエスはヘブライ人の王の子孫とされる。息子ソロモンと共に王国の基礎を築いた王は誰か。その名を記せ。

⑵　この王は，カタラウヌムの戦いで西ローマ・フランクなどの連合軍に撃退され，イタリアでは教皇レオ１世との会見を経て撤退した。この王の名を記せ。

⑶　テオドリックは，フランク王の妹と結婚した。このフランク王はキリスト教（アタナシウス派）に改宗したことで知られるが，その王は誰か。その名を記せ。

⑷　この皇帝はその后テオドラとともに，北アフリカを征服するなど，地中海帝国を再現させた。この皇帝は誰か。その名を記せ。

⑸　この王国の分割を決定した条約は何か。その名を記せ。

⑹　伯父と父より継承し，南イタリアとシチリアにまたがるこの王国を作った王は誰か。その名を記せ。

⑺　教会は，農奴からも税として収穫の一部を徴収した。この税は何か。その名を記せ。

⑻　ヘンリ２世が開き，２世紀余り続いた王朝は何か。その名を記せ。

⑼　エドワード３世がフランスの王位継承権を主張した血縁上の根拠を簡潔に説明せよ。

⑽　金融業で資金を得て，学芸を庇護し，政治権力を維持した一家は何か。その名を記せ。

⑾　マルグレーテはデンマークとの国境に近い町に３国の貴族を集め，養子のエーリック７世のもとに３国が連合することを承認させ，その実権を握った。この連合は何か。その名を記せ。

B　世界史の中で 19 世紀は「ナショナリズムの時代」と言われるように，様々な地域で国民国家の形成が目指された時代だった。しかしそれは同時に，かつてない規模の人々が生地を離れて新天地に向かった「移民の時代」でもあった。工業化に伴う社会経済的な変動を背景とするこの時代の移民は，<u>16 世紀以降盛んになった大西洋を横断する強制的な人の移動と移動先での不自由な労働</u>との
⑿
対比で，「自由移民」と呼ばれることがある。

　　ヨーロッパから海を渡った「自由移民」の代表的な行き先は，アメリカ合衆国（以下，合衆国）であった。合衆国はそもそも移民によってつくられた国であっ

— 46 —

たが，19 世紀半ばごろから急拡大した労働力需要は，新たな移民をひきつ
け，世紀後半には中国や日本からも多くの移民を迎えた。しかし，これらの新
しい移民と旧来の移民やその子孫との間には，摩擦も生まれた。同じころオー
ストラリアや南アフリカにも様々な地域から多くの人が移民として向かった
が，いずれにおいても白人至上主義の体制が敷かれた。

　19 世紀以降の大規模な人の移動を物理的に可能にしたのは，鉄道や蒸気船
などの交通手段の発達だった。合衆国では 1869 年には大陸の東西が鉄道に
よって結ばれ，大西洋側と太平洋側のそれぞれの港に到来する移民の動きは，
国内での移動と連結された。同じころスエズ運河も開通し，地球上の各地はま
すます緊密に結びつけられるようになった。しかし，こうした陸上および海上
の交通網の発達は，人々の自由な移動を推し進めただけではなかった。列強は
帝国の拡張や帝国主義的進出のために各地で鉄道建設を進め，原料や商品の輸
送のために鉄道を利用するばかりでなく，軍隊を効率的に移動させ抵抗を鎮圧
するためにも利用した。それゆえ，鉄道はしばしば，帝国主義に抵抗する民衆
運動の標的ともなった。

　20 世紀に入ると新たに飛行機が発明され，長距離の移動はさらに容易にな
る。ただし，発明からまもない時期の飛行機の実用化を促したのは，旅客機と
しての利用ではなく，軍事目的の利用だった。飛行機を使った空中からの爆撃
が広範に行われたのは第一次世界大戦中であったが，歴史上最初の空爆は，
1911〜12 年のイタリア＝トルコ戦争においてイタリア軍によって実行され
た。

　国境を越える人の移動が拡大すると，それぞれの国家は，パスポートを用い
た出入国管理の制度を導入して人の動きを管理しようとした。また，大規模な
人の移動は感染症の急速な伝播などの危険を増すものでもあったため，各国は
港での近代的な検疫体制を整備した。こうした出入国管理や検疫の制度は，そ
の運用の仕方次第で，移民を差別あるいは排斥する手段ともなった。

　このように，19 世紀以降に拡大する人の移動とそれを支えた交通手段の発
達は，単純に人々の自由な移動の拡大を意味したのではなかった。第二次世界

大戦期およびそれに先立つ時期にも，「不自由」な移動は大規模に発生した。その極端な形は，ドイツ国内やドイツの占領地におけるユダヤ人をはじめとする人々の強制収容であったが，「亡命」を余儀なくされ国を出る人々も多数あった。たとえば，著名な物理学者アインシュタインは，この時期に合衆国に亡命
(20)
した１人である。

　第二次世界大戦後も，戦争や内戦により，世界の様々な地域の人が「難民」と
(21)
いう形で望まない移動を強いられてきた。アジアでは 1970 年代後半から 80 年代に，インドシナ半島で多数の難民が生み出され，多くは合衆国などに向か
(22)
い，一部は日本にも向かった。

　以上のように見るならば，19 世紀以降，今日に至る時代は，大量の「強いられた移動」に特徴づけられた時代とも言えるのである。

問

(12)　この強制的な人の移動について，欧米では 18 世紀末から 19 世紀に入るころに反対の気運が高まる。1807 年にそのような移動を廃止したのはどこの国であったか。その名を記せ。

(13)　(ア)　1840 年代から 50 年代にかけてヨーロッパのある地域は合衆国に向けてとくに大規模に移民を送り出した。この地域とはどこであったか，そしてこの地域が大量の移民を送り出した事情とは何か。簡潔に説明せよ。

　　(イ)　1840 年代後半から移民を多くひきつけた合衆国側の事情について簡潔に説明せよ。

(14)　合衆国におけるこのような動きは 1924 年の移民法に一つの帰結をみた。この法の内容を簡潔に説明せよ。

(15)　これら両国が 20 世紀初めにイギリス帝国の中で得た地位はどのようなものであったか。その名称を記せ。

(16)　ロシアがアジアへの勢力拡大の手段としたシベリア鉄道は，ある国の資本援助を受けて建設された。その背景には，その国とロシアの同盟関係があった。この同盟は何か。その名称を記せ。

⒄　19 世紀末の中国山東省で生まれ，鉄道の破壊を含む運動を展開した集団は何か。その名を記せ。

⒅　この戦争でイタリアが獲得した地域は，今日の何という国に含まれるか。その国名を記せ。

⒆　1918 年から翌年にかけて，インフルエンザが世界中で大流行し，多数の人が命を落とした。この時期にこの伝染病を世界規模で急拡大させた要因の一つとして，大規模な人の移動があった。その移動はなぜおきたのか。簡潔に説明せよ。

⒇　第二次世界大戦下の合衆国で活動したアインシュタインは，その経験を踏まえ，戦後，哲学者ラッセルらとともに一つの運動を提唱した。この運動は何を目指すものであったか。簡潔に答えよ。

㉑　第二次世界大戦後，イギリスの委任統治の終了を機に急増し，現在も世界で最大規模の難民集団をなす人々は何と呼ばれるか。その名を記せ。

㉒　この難民が生まれた背景には，1970 年代半ばのベトナムの状況の変化があった。この変化について簡潔に説明せよ。

解答時間：90 分

配　　点：100 点

I　世界史 B 問題　　　　　　　　　　　　　　　　　　　　　　　　（20 点）

　内外の圧力で崩壊の危機に瀕していた，近代のオスマン帝国や成立初期のトル
コ共和国では，どのような人々を結集して統合を維持するかという問題が重要で
あった。歴代の指導者たちは，それぞれ異なる理念にもとづいて特定の人々を糾
合することで，国家の解体を食い止めようとした。オスマン帝国の大宰相ミドハ
ト＝パシャ，皇帝アブデュルハミト 2 世，統一と進歩委員会（もしくは，統一と
進歩団），そしてトルコ共和国初代大統領ムスタファ＝ケマルが，いかにして国
家の統合を図ったかを，時系列に沿って 300 字以内で説明せよ。解答は所定の解
答欄に記入せよ。句読点も字数に含めよ。

II　世界史 B 問題　　　　　　　　　　　　　　　　　　　　　　　　（30 点）

　次の文章（A，B）を読み，□□□□□ の中に最も適切な語句を入れ，下線部
⑴〜㉔について後の問に答えよ。解答はすべて所定の解答欄に記入せよ。

A　秦王嬴政（えいせい）は，前 221 年に斉を滅ぼし「天下一統」を成し遂げると，「王」に代わ
　　　　　　　　　　　　　　⑴
　る新たな称号を臣下に議論させた。丞相らは「泰皇」なる称号を答申したが，秦
　王はこれを退け「皇帝」と号することを自ら定めた。以来二千年以上の長きにわ
　　⑵
　たって，「皇帝」が中国における君主の称号として用いられることとなった。
　　「皇帝」は，唯一無二の存在と観念されるのが通例であるが，歴史上，複数の
　皇帝が並び立ったことも珍しくない。たとえば「三国時代」である。220 年，後
　　　　　　　　　　　　　　　　　　　　　　　　　　　　　　　　　⑶
　漢の献帝から帝位を禅譲された曹丕が魏王朝を開き洛陽を都としたのに対し，
　　　　　　　　　⑷

漢室の末裔を標榜する　　a　　は成都で皇帝に即位し（蜀），次いで孫権が江南で帝位に即いた（呉）。蜀は263年に魏軍の侵攻により滅亡，呉も280年に滅び，中国は再び単独の皇帝により統治されるに至るが，魏も265年，司馬炎が建てた晋に取って代わられていた。

　晋による統一は八王の乱に始まる動乱の前に潰え去り，江南に難を避けた華北出身の貴族らが晋の皇族を皇帝と仰ぐ政権を建康に樹立，その後，門閥貴族が軍人出身の皇帝を奉戴する王朝の時代が百数十年の長きにわたって継続した。華北では，「五胡十六国」の時代を経て，鮮卑による王朝が5世紀半ばに華北統一を果たした。
(5)
(6)

　隋末の大混乱を収拾し中国を統一した唐王朝は，第2代皇帝太宗の時，北アジア遊牧世界の覇者であった東突厥を服属させ，太宗は鉄勒諸部から「天可汗」の称号を奉られた。統一を果たしたチベットに対しては，皇女を嫁がせて関係の安定を図った。
(7)
(8)

　唐の第3代皇帝高宗の皇后となった武照（則天武后）は，690年，皇帝に即位し国号を「周」と改めた。中国史上初の女性皇帝の誕生である。後継者に指名されたのは彼女が高宗との間にもうけた男子であったが，彼の即位直後，国号は「唐」に復された。
(9)
(10)

　10世紀後半に中華を再統合した宋王朝は，失地回復を目指して契丹（遼）と対立したが，1004年，両国の間に講和が成立した。「澶淵の盟」と呼ばれるこの和約では，国境の現状維持，宋から契丹に歳幣をおくることなどが取り決められた。両国皇帝は互いに相手を「皇帝」と認め，名分の上では対等の関係となった。
(11)
(12)

　12世紀前半，女真の建てた金に都を奪われ，上皇と皇帝を北方に拉致された宋では，高宗が河南で即位したものの，金軍の攻撃を受けて各地を転々とした。やがて杭州を行在と定めると，高宗は，主戦派と講和派が対立する中，金との和睦を決断する。この結果，淮水を両国の国境とすることが定められたほか，宋は金に対して臣下の礼をとり，毎年貢納品をおくることとなった。
(13)
(14)

問

(1)　戦国時代，斉の都には多くの学者が招かれ，斉王は彼らに支援の手を差し伸べたとされる。「稷下の学士」と称されたこれら学者のうち，「性悪説」を説いたことで知られる人物は誰か。

(2)　このとき彼は，自らの死後の呼び名についても定めている。その呼び名を答えよ。

(3)　この時代，ある宦官によって製紙法が改良された。その宦官の名前を答えよ。

(4)　彼が皇帝に即位した年に創始された官吏登用制度は何か。

(5)　この時代，対句を用いた華麗典雅な文体が流行する。その名称を答えよ。

(6)　華北を統一してから約半世紀後，この王朝は洛陽への遷都を行う。この遷都を断行した皇帝は誰か。

(7)　彼の治世に陸路インドに赴き，帰国後は『大般若波羅蜜多経』などの仏典を漢訳した僧侶は誰か。

(8)　7 世紀前半，チベットを統一した人物は誰か。

(9)　仏教を信奉した彼女は，5 世紀末から洛陽南郊に造営が始められた石窟に，壮大な仏像を造らせた。その仏教石窟の名称を答えよ。

(10)　皇帝とはならなかったものの，朝廷で絶大な権力を振るった女性は少なくない。このうち，清の同治帝・光緒帝の時代に朝廷の実権を掌握した人物は誰か。

(11)　ここで言う「失地」とは，契丹が後晋王朝の成立を援助した代償として譲渡された地域を指す。その地域は歴史上何と呼ばれているか。

(12)　歳幣として宋から契丹におくられた品は絹と何か。その品名を答えよ。

(13)　文化・芸術を愛好し，自らも絵筆をとったことで知られるこの人物が得意とした画風は何と呼ばれているか。

(14)　高宗を金との和平に導いた講和派の代表的人物とは誰か。

B　現在，中華人民共和国には4つの直轄市が存在する。北京市を除く3つの直
　轄市にはかつて租界が存在した。

　　最も早くに租界が置かれたのは1842年の南京条約によって開港された上海
　であった。1845年にイギリス租界，1848年にアメリカ租界，1849年にフラン
　ス租界が設置され，1854年にはイギリス租界とアメリカ租界が合併して共同
　租界となった。租界はもともと外国人の居住地であったが，太平天国の乱に
　　　　　　　　　　　　　　　　　　　　　　　　　　　　　　　　(15)
　よって大量の中国人難民が流入したことを契機として，中国人の居住も認めら
　れることになった。共同租界には工部局，フランス租界には公董局と呼ばれる
　行政機関が置かれ，独自の警察組織や司法制度を有していた。租界は中国の主
　権が及ばず，比較的自由な言論活動が可能であったことから，革命活動の拠点
　　　　　　　　　　　　　　　　　　　　　　　　　　　　　　　　(16)
　の一つとなった。

　　上海は中国経済の中心でもあった。1910年代から1930年代にかけて，上海
　港の貿易額は全中国の4割から5割を占めた。また，上海には紡績業を中心に
　　　　　　　　　　　　　　　　　　　　　　　　　　　　　　　(17)
　数多くの工場が建てられた。上海の文化的繁栄はこうした経済発展に下支えさ
　れていた。1937年，日中戦争が勃発すると，戦火は上海にも及び，租界は日
　本軍占領地域のなかの「孤島」となる。1941年12月，日本軍が上海の共同租界
　に進駐した。1943年に日本が共同租界を返還すると，フランスもフランス租
　　　　　　　　　　　　　　　　　　　　　　　　　　　　　　(18)
　界を返還し，上海の租界の歴史は幕を閉じた。

　　直轄市のうち最も人口が少ない　　b　　市は，1860年の北京条約によっ
　て開港され，イギリス，フランス，アメリカが租界を設置した。次いで，
　日清戦争後の数年間にドイツ，日本，ロシア，ベルギーなどが次々と租界を開
(19)　　　　　　　　　　　　　　　　　　　　(20)
　設した。この前後の時期，直隷総督・北洋大臣の李鴻章や袁世凱が　　b
　　　　　　　　　　　　　　　　　　(21)
　を拠点に近代化政策を相次いで実施した。　　b　　は政治の中心地である北
　　　　　　　　　　　　　　　　　(22)
　京に近いこともあって，数多くの政治家，軍人，官僚，財界人，文人が居を構
　えていた。　　b　　には最も多い時には8か国の租界があったが，1917年
　　　　　　　　　　　　　　　　　　　　　　　　　　　　　　　　(23)
　にはドイツとオーストリア＝ハンガリーの租界が接収され，1924年にはソ
　連，1931年にはベルギーの租界が返還された。さらに，1943年には日本租界
　を含むすべての租界が中国側に返還された。

　　直轄市のうち人口も面積も最大の　　c　　市に租界があったことはあまり

知られていない。というのも，　c　の租界は，上記の 2 都市とは違って，政治的，経済的影響力をほとんど持たなかったからである。　c　で唯一の租界である日本租界は 1901 年に設置されたが，1926 年になっても　c　に居留する日本人は 100 名余りで，このうち租界に居住していたのは 20 名余りにすぎなかった。　c　の日本人居留民は中国人による租界回収運動により，たびたび引き揚げを余儀なくされた。1937 年の 3 度目の引き揚げ後，国民政府は日本租界を回収した。翌年，国民政府は　c　に遷都し，抗戦を続けた。
(24)

問

(15)　(ア)　太平天国軍を平定するために曾国藩が組織した軍隊は何か。

　　　(イ)　太平天国軍との戦いでウォードの戦死後に常勝軍を指揮し，のちスーダンで戦死したイギリスの軍人は誰か。

(16)　1921 年に上海で組織された政党の創設者の一人で，『青年雑誌』(のちの『新青年』)を刊行したことでも知られる人物は誰か。

(17)　日本人が経営する紡績工場での労働争議を契機として 1925 年に起こった反帝国主義運動を何と呼ぶか。

(18)　日本の圧力を受けてフランス租界を返還した対ドイツ協力政権を何と呼ぶか。

(19)　日清戦争の契機となった甲午農民戦争は，東学の乱とも呼ばれる。東学の創始者は誰か。

(20)　フランドル(現在のベルギーの一部)出身のイエズス会士で，17 世紀半ばに中国に至り，アダム゠シャールを補佐して暦法の改定をおこなった人物は誰か。

(21)　(ア)　李鴻章と伊藤博文は朝鮮の開化派が起こしたある政治的事件の処理を巡って 1885 年に条約を締結した。この政治的事件は何か。

　　　(イ)　(ア)の政治的事件は，対外戦争での清の劣勢を好機と見た開化派が起こしたものである。この対外戦争とは何か。

㉒　この都市の日本租界で暮らしていた溥儀は，満洲事変勃発後に日本軍に連れ出され，1932 年に満洲国執政に就任した。それ以前に中国東北地方を支配し，のち西安事件を起こした人物は誰か。

㉓　中国が連合国側に立って第一次世界大戦に参戦したことがこの背景にある。同年，アメリカも連合国側に立って第一次世界大戦に参戦した。アメリカ参戦の最大の契機となったドイツ軍の軍事作戦は何か。

㉔　(ア)　1938 年 12 月にこの都市を脱出，1940 年に南京国民政府を樹立して，その主席に就任した人物は誰か。

　　(イ)　1919 年に上海で樹立された大韓民国臨時政府は，1940 年にこの都市に移転する。大韓民国臨時政府初代大統領で，1948 年に大韓民国初代大統領となった人物は誰か。

Ⅲ　世界史Ｂ問題　　　　　　　　　　　　　　　　　　　　　　　(20 点)

　　中世ヨーロッパの十字軍運動は 200 年近くにわたって続けられた。その間，その性格はどのように変化したのか，また，十字軍運動は中世ヨーロッパの政治・宗教・経済にどのような影響を及ぼしたのか，300 字以内で説明せよ。解答は所定の解答欄に記入せよ。句読点も字数に含めよ。

Ⅳ　世界史Ｂ問題　　　　　　　　　　　　　　　　　　　　　　　(30 点)

　　次の文章(Ａ，Ｂ)を読み，　　　　　　の中に最も適切な語句を入れ，下線部(1)～㉕について後の問に答えよ。解答はすべて所定の解答欄に記入せよ。

Ａ　エジプトに，都市　　a　　が建設されたのは紀元前 4 世紀のことであった。地中海世界の東西南北から文物の集まるこの都市に開設された図書館は名

高く，膨大な蔵書を誇った。エジプトがローマ帝国の支配下にあった紀元 2 世紀半ば，　　a　　で，この知的伝統の上に立って，『天文学大全』でも知られる　　b　　が『地理学』を書いた。同書は天文学と幾何学を用いて地球の形態や大きさを測り平面地図に表現する方法を記し，既知世界の 8,000 以上の地点を経度・緯度で示した。オリジナルは失われているが，後にビザンツ帝国で作られた写本には，地図が付されている。

　12 世紀の半ばには，コルドバに学んだイドリーシーが，キリスト教，ユダヤ教，イスラーム教の共存するシチリア王国の国王のために，南を上にした数十葉の地図を付した『世界横断を望む者の慰みの書』を著した。　　b　　やラテン語の地理書に加え，この頃すでに数百年の伝統を築いていたアラブの地理学のエッセンスを吸収した成果であったが，キリスト教世界，イスラーム世界双方で影響は限定的だった。

　中世ヨーロッパの地理的世界観をよく表すのは，1300 年頃の作とされる，イギリスのヘレフォード図である。中心に聖地を置き，上部にアジア，右下にアフリカ，そして左下にヨーロッパが配される。

　新しいタイプの地図は近世に生み出された。1512 年に東フランドルの小都市に誕生したメルカトルは，ルーヴァン大学などで人文主義教育を受けた。1536 年には卓越した銅版彫刻の技術を駆使して，地球儀の製作にかかわった。順調に評価を高めていったが，1544 年にはルター派の異端として一時投獄された。その危機を乗り越え，1569 年には，彼の名を後世にとどめることになるメルカトル投影図法による世界地図を発表した。これは，球体を円筒に投影して平面に展開したところに特徴がある。目指す方角を正確に示すこの地図を，彼は，当時世界の海にのりだしていくようになった航海者たちのために作成した。

　1666 年，ルイ 14 世は科学アカデミーを設立し，翌年パリ天文台を建てた。ここで 4 代にわたり天文台長をつとめたカッシーニ家は，天文学の技術を地図作成に応用し，三角測量によって，内政や軍事に求められるフランス王国の正確な地図を徐々に完成させていった。1793 年，こうして作られた地図一式

は，カッシーニ家から没収され国有化される。それ以降，カッシーニの地図
は，王の版図ではなく単一のフランス「国（国民）」を象徴するものとなり，カッ
シーニの科学的測地法は他の国々に採用された。地図は，19 世紀以降の国民
国家や海外植民地帝国の形成に大きな役割を果たし，「ラテンアメリカ」や「中
央アジア」のような新たな地域概念は，現代まで世界認識を規定している。

問

(1)　この学問の祖と言われる人物の名を記せ。

(2)　11 世紀頃から行われ始め，この社会に大きな変容をもたらしたプロノイ
　　ア制について，簡潔に説明せよ。

(3)　この地出身のイブン＝ルシュドは，ある哲学者の作品に高度な注釈を施し
　　たことで知られる。その哲学者の名前を記せ。

(4)　13 世紀末にこの国から分離独立した王国の名を記せ。

(5)　この頃の大きな出来事であるアナーニ事件の概略を説明せよ。

(6)　「人文主義の王者」とも称せられた，ネーデルラント出身の学者の名を記
　　せ。

(7)　この製作を依頼したのは，東フランドルを含む広大な地域を支配したカト
　　リックの皇帝である。その名を記せ。

(8)　彼に数年遅れ，1519 年にチューリヒで宗教改革を始めた人物の名を記
　　せ。

(9)　この時代に行われたマゼランの大航海が目指した，香料の特産地の名を記
　　せ。

(10)　フランスにおけるアカデミーは1635 年設立のアカデミー＝フランセーズ
　　をもって嚆矢とする。ルイ 13 世の宰相でこれを設立した人物の名を記せ。

(11)　この呼称は，19 世紀後半にアメリカ大陸への進出をねらうフランスで用
　　いられるようになった。1861 年にナポレオン 3 世によってなされた軍事介
　　入の対象となった国の名を(ア)に，この介入を撃退した大統領の名を(イ)に，そ
　　れぞれ記せ。

B　近現代史家エリック＝ホブズボームは，産業革命とフランス革命という「二
重の革命」に始まり第一次世界大戦で終わる時代を「長い19世紀」と位置づけ
た。ホブズボームによれば，「長い19世紀」とは，「二重の革命」を経て経済
的・社会的・政治的に力を蓄えていったブルジョワジーという社会階層と，ブ
ルジョワジーの地位向上とその新たな地位を正当化する<u>自由主義イデオロギー</u>
₍₁₂₎
の時代であった。

　イギリスの産業革命は，イギリスの対アジア貿易赤字に対応するための輸入
代替の動きを大きな契機として始まった。イギリスではそれに先行する時代
に，私的所有権が保障され，<u>農業革命が進行する</u>など，工業化の条件が整って
₍₁₃₎
いた。綿工業から始まった産業革命は，19世紀が進むにつれて，鉄鋼，機械
など，重工業部門に拡大していった。この過程で，<u>資本家を中心とするブル</u>
₍₁₄₎
<u>ジョワジーが経済的・社会的な力を強め</u>，新たな中間層の中核を形成する一
方，<u>伝統的な中間層の一翼を担った職人層はその少なからぬ部分が没落し，新</u>
₍₁₅₎
<u>たな下層である労働者層に吸収されていった</u>。

　フランス革命は，貴族層の一部，ブルジョワジー，サンキュロットと呼ばれ
た都市下層民衆，および農民という，多様な勢力が交錯する複合革命であっ
た。「第三身分」が中核となって結成された議会は，封建的特権の廃止や人権宣
言の採択，および立憲君主政の憲法の制定を実現したが，憲法制定後に開催さ
れた議会では，<u>立憲君主政の定着を求める勢力</u>がさらなる民主化を求める勢力
₍₁₆₎
に敗北した。<u>対外戦争の危機の中で新たに構成された議会</u>の下で，ブルジョワ
₍₁₇₎
ジーとサンキュロットが連携し，王政が廃止された。まもなく急進派と穏健派
の間に新たな対立が生じ，急進派が穏健派を排除して恐怖政治のもとで独裁的
な権力を行使するようになったが，対外的な危機が一段落し，恐怖政治に対す
る不満が高まると，<u>権力から排除されていた諸勢力はクーデタによって急進派</u>
₍₁₈₎
<u>を排除した</u>。しかし，穏健派が主導する新政府は復活した王党派とサンキュ
ロットの板挟みとなって安定せず，フランスを取り巻く国際情勢が再び緊迫す
る中で，ナポレオンが台頭する。<u>民法典の編纂（へんさん）や商工業の振興に代表される彼</u>
₍₁₉₎
<u>の施策</u>は，おおむねブルジョワジーの利益と合致するものであった。

　「二重の革命」の影響は広範囲に及んだ。フランスにおいて典型的に実現されたとされる「国民国家」は，ヨーロッパ内外を問わず政治的なモデルと見なされるようになった。これが近現代の世界におけるナショナリズムの大きな源流のひとつである。1848 年にハプスブルク帝国内に噴出した民族の自治や独立を求める動きや，イタリアとドイツの統一国家建設は，「国民国家」という新たな規範がヨーロッパの政治に与えたインパクトを物語るものであった。また，多くの欧米諸国では，国民の権利意識や政治参加を求める主張が強まり，一定程度の民主化が進展した。民主化の潮流は，一方では，労働者層の権利意識を高め，ブルジョワジー主導の自由主義的秩序の変革を目指す社会主義思想の普及につながったが，他方では，拡張的な対外政策への大衆的な支持の高まりや，「国民」とは異質な存在と見なされた集団への差別にもつながった。「長い 19 世紀」を終わらせることとなる第一次世界大戦は，こうして蓄積されていたナショナリズムのエネルギーの爆発という側面を有した。

　一方，ヨーロッパとアメリカ合衆国で工業化が進展した結果，欧米世界は，世界の他地域に対して圧倒的に強力な経済力と軍事力を獲得していった。欧米以外の多くの地域では，工業化した諸国に経済的に従属する形で経済開発が行われ，19 世紀以前とは大きく異なる貿易パターンが出現した。国民国家の建設および工業化を進めた諸国とそれに遅れた諸国との間の力関係は，前者の後者に対する圧倒的な軍事力の行使や，不平等条約として表面化した。19 世紀中葉から後半にかけて，欧米以外の諸国における上からの改革の動きは，経済や軍事の面で欧米諸国に追いつくことを大きな目標としていたが，その多くは挫折することとなった。のちにフランス革命前の「第三身分」になぞらえて「第三世界」と呼ばれるようになる地域の多くは，19 世紀末までに欧米諸国の植民地や勢力範囲に分割されることとなる。これらの地域に台頭する反植民地主義的ナショナリズムは，ホブズボームが「短い 20 世紀」と呼ぶ時代の世界史を大きく動かす原動力のひとつとなっていく。

問

⑿　主著『経済学および課税の原理』で，比較優位に基づく自由貿易の利益を説いた人物の名を記せ。

⒀　18 世紀から 19 世紀初頭にかけて，イギリスにおいて議会主導で行われた農地改革を何と呼ぶか。

⒁　1830 年代末から 1840 年代にかけて，イギリスでは，ブルジョワジーがみずからの利益を実現するために，ある法律の廃止を要求する圧力団体を結成し，法律廃止を実現した。この法律の名称を記せ。

⒂　イングランド北・中部の手工業者や労働者が起こしたラダイト運動とは，どのような運動であったか。

⒃　この勢力を何と呼ぶか。

⒄　この議会の名称を記せ。

⒅　この事件を何と呼ぶか。

⒆　19 世紀前半のフランスでは，工業化をめざす政策が採用されたにもかかわらず，実際の工業化の進展は緩慢であった。その理由を述べよ。

⒇　このときに，ある民族集団は，一時的にハプスブルク帝国から独立した政権を樹立した。この民族集団の名を記せ。

(21)　1886 年にアメリカ合衆国で結成された，熟練労働者を中心とする労働組合の名称を記せ。

(22)　19 世紀末のフランスで発生したある事件は，反ユダヤ主義を反映するものであるとして，ゾラなどの知識人から批判を浴びた。この事件の名を記せ。

(23)　19 世紀前半に，イギリス，インド，中国の間に出現した三角貿易を通じて，イギリスは対アジア貿易で黒字を計上するようになった。この貿易黒字は，どのようにして実現されるようになったのか。イギリスとインドの貿易商品に言及しつつ，簡潔に説明せよ。

(24)　19 世紀後半に清で行われた富国強兵をめざす改革運動を何と呼ぶか。

(25)　1925 年にホー＝チ＝ミンが結成し，のちにベトナムの独立運動を中心となって担っていく組織の母体となった団体の名称を記せ。

| I | 世界史B問題 | (20点) |

　中央ユーラシアの草原地帯では古来多くの遊牧国家が興亡し，周辺に大きな影響を及ぼしてきた。中国の北方に出現した遊牧国家，匈奴について，中国との関係を中心にしつつ，その前3世紀から後4世紀初頭にいたるまでの歴史を300字以内で説明せよ。解答は所定の解答欄に記入せよ。句読点も字数に含めよ。

| II | 世界史B問題 | (30点) |

　次の文章（A，B）を読み，□□□□□の中に最も適切な語句を入れ，下線部(1)～(19)について後の問に答えよ。解答はすべて所定の解答欄に記入せよ。

A　梁啓超は，近代中国において多方面で活躍した人物で，史学の分野においては「新史学」を提唱した。大学での講演をもとにして1922年に刊行された『中国歴史研究法』に，彼のいう史学の革新を見て取ることができる。

　彼は，中国の史学は二百年前までは世界で最も発達していたとするが，伝統
(1)
的な史学を評価していたわけではなく，歴史家　a　が始めた，王朝史（断代史）のスタイルを厳しく批判した。また，唐朝の『晋書』編さんによってそ
(2)
れ以前の「旧著十八家」がすたれたとして，正史の弊害を指摘する。旧来の史書
の中でほめたのは，通史である「両司馬」の作品などわずかだった。
(3)
　彼が目指したのは，死者への評価を主としてきた旧来の史学を，現に生きている国民の為の新しい史学に改造することだった。具体的には，時代精神の推
(4)
移の把握や，史学以外の学問の導入などを主張するとともに，とくに史料の収
(5)
集・鑑別に注意を払った。文献だけではなく，遺跡・遺物の重要性を説き，5
(6)

世紀に開削された雲崗石窟や，元代の天文観測器などを例に挙げる。そして，
(7)
史料保存の必要性を説き，三十年前に外務省にあたる　　b　　から借覧し
た，康熙帝の時代にロシアと交わした往復文書の存否に思いを馳せている。ま
(8)
た，外国文献のユニークさに注目して，彼が近時の外国人排斥運動にちなんで
「千年前の　　c　　」と呼んだ黄巣軍の外国人殺害がアラビア語の記録に残さ
(9)
れている例を挙げる。

　　梁啓超の「新史学」は，日本を介して西洋史学の影響を受けており，本書でも
西洋の中国研究の進展に注意しているが，日本の研究に対する評価は低い。だ
が，同時代には国外の中国研究の中心としてパリとともに京都を挙げる中国人
(10)
もいたし，梁自身かつては日本の研究成果を高く評価していたのである。

　　当時の代表的な東洋史家の一人である桑原隲蔵は本書に対する書評におい
じつぞう
て，日本の研究に対する評価の変化に触れつつ，史料論における欠陥を痛烈に
批判した。外国の史料に目を向けるのはよいが，なぜ日本や朝鮮の史料に注目
(11)
しないのかという指摘は，彼一流の皮肉と言えよう。

　　本書さらには梁啓超の学問全体について，中国でもその欠点が指摘されてき
たが，彼が個別の学問を越えて近代中国に与えた影響は否定すべくもない。

問

⑴　梁啓超は清代を学術復興の時代と評する一方，史料の欠乏は清代ほど甚だ
　　しいものはないとしている。そうなった理由を簡潔に述べよ。

⑵　唐の太宗は『晋書』において，愛好した書の名人の伝記の賛（末尾のコメン
　　ト）を自ら著している。その名人の名を答えよ。

⑶　「両司馬」の作品のうち，一つは司馬遷の『史記』である。もう一つの作品名
　　を答えよ。

⑷　梁啓超は，対立するかに見える儒教と仏教の発展に共通項があることを指
　　摘し，六朝隋唐時代にはともに経典注釈が流行したが，宋代に入ると儒教で
　　は内省的な「新哲学」がおこり，仏教においてもある宗派が他を圧したとす
　　る。その宗派の名を答えよ。

(5)　梁啓超が重視した学問の一つが心理学である。たとえば，ヴェルサイユ条約締結の過ちには戦勝国の首脳の心理が作用したとしている。中国がこの条約に調印できなかった国内事情について簡潔に述べよ。

(6)　この石窟はインドの仏教美術の影響も受けている。当時，インド北部を支配していた王朝の名を答えよ。

(7)　元代にイスラーム圏の天文学を取り入れて暦を作ったのは誰か。

(8)　康熙帝の時代にロシアとの間で締結された条約名を答えよ。

(9)　外国人殺害がおきた，南海交易の中心都市の名を答えよ。

(10)　フランスで中国研究が盛んになったのは18世紀以降である。盛んになった理由を簡潔に述べよ。

(11)　桑原は実例を挙げていないが，康熙帝の時代に南方で起きた出来事に際しての清と朝鮮の関係が，朝鮮史料に豊富に残されているということがある。その出来事とは何か。

B　現在エジプト国民の約1割がキリスト教徒とされ，その起源は非常に古い。キリスト教は3世紀頃までにローマ帝国全土に広まり，エジプトにおいても4世紀末の国教化以前から優勢となっていた。ところが，451年の　d　公会議で単性論やネストリウス派の主張が退けられると，エジプト・シリアなど
(12)
で反発がおこった。離脱した者たちは独自に教会を組織し，エジプトにはコプ
(13)
ト教会（コプト正教会）が生まれた。コプトとはエジプトのキリスト教徒を指す言葉である。その後コプト教会はときに東ローマ帝国から弾圧された。

　7世紀前半アラビア半島におこったイスラーム国家は，政治力・軍事力を強めて領土を拡大し，第2代正統カリフ　e　の指揮下にエジプト・シリ
ア・イラクを征服して軍営都市を建設した。このときエジプトやシリアのキリ
(14)
スト教徒からは激しい抵抗はなかったという。迫害を受けていたコプト教会の信徒たちはイスラーム教徒の支配下で「啓典の民」として安定した法的地位を得ることになった。その後エジプトはウマイヤ朝，アッバース朝，アッバース朝
(15)
から事実上独立した諸王朝に支配されてイスラーム化が進行し，10世紀後半

にはシーア派を奉じるファーティマ朝の支配を受けることになった。ファー
　　　⑯
ティマ朝はキリスト教徒やユダヤ教徒に対しておおむね寛容であった。

　12 世紀後半にファーティマ朝を滅ぼした　　ｆ　　朝はスンナ派を復興す
るとともに十字軍に反撃し，1187 年イェルサレムを奪還した。この時期を含
む，十字軍とイスラーム勢力との長期的な戦いは，イスラーム王朝の下でとき
に弾圧されてきたコプト教会の立場をさらに苦しいものとした。13 世紀半ば
エジプトに侵入した十字軍は，　　ｆ　　朝にかわったマムルーク朝によって
撃退された。このとき頭角を現わした　　ｇ　　は，1260 年モンゴル軍をや
　　　　　　　　　　　　　　　　　　　　　　　　⑰
ぶった後に即位し，マムルーク朝繁栄の礎を築いた。

　16 世紀前半にマムルーク朝を滅ぼしたオスマン帝国の支配下では，納税を
条件にキリスト教徒やユダヤ教徒に慣習と自治が認められた。しかし，この頃
すでにコプト教会信徒の人口は，現在と同じくエジプトの総人口の 1 割程度と
なっていたようだ。オスマン帝国では強力な中央集権体制がとられたが，18
世紀までには　　ｈ　　制（軍事封土制）が徐々にくずれ，またエジプトほかの
属州に中央権力が及びづらくなった。18 世紀のアラビア半島では預言者ムハ
　　　　　　　　　　　　　　　　　　　⑱
ンマドの教えに立ちかえる運動や神秘主義教団の改革運動がおこり，19 世紀
後半にはイスラーム圏全域に広まった。

　1805 年エジプトではムハンマド＝アリーがオスマン帝国から総督に任命さ
れた。彼は対外的な軍事行動でオスマン帝国の要請に応える一方，国内では近
代化政策をおしすすめた。エジプトは近代的な世俗国家への道を歩み始め，コ
　　⑲
プト教会の信徒たちはその後アラブ民族運動に積極的に貢献した。

問

　⑫　㋐　これに先立つ 431 年の公会議では，ネストリウスが異端とされた。こ
　　　　　の公会議はどこで開かれたか。都市名を記せ。

　　　㋑　その後ネストリウス派はある王朝の下で活動し，メソポタミアで勢力
　　　　　を拡大した。この王朝の名を記せ。

⒀　このような教会は，エジプト・シリア以外でも組織された。かつてソ連に属し，現在，教会の総本山の建造物・遺跡で有名な地域はどこか。現在の国名で記せ。

⒁　この頃の征服活動にともなう軍営都市を意味したアラビア語の単語を記せ。カタカナ表記でよい。

⒂　アッバース朝のトルコ系軍人がエジプトでトゥールーン朝をおこした頃，中央アジアにはイラン系の王朝が成立した。この王朝の名を記せ。

⒃　ファーティマ朝はシーア派の中のイスマーイール派に属したが，現在シーア派最大の宗派は何か。その名を記せ。

⒄　このときイル＝ハン国君主フラグはモンゴル帝国皇帝の死去にともない前線を離れていた。死去したモンゴル帝国皇帝は誰か。その名を記せ。

⒅　19 世紀前半にメッカで創設され，のちにリビアに進出して植民地支配への抵抗の核となった神秘主義教団は何か。その名を記せ。

⒆　㋐　ムハンマド＝アリーはオスマン帝国の要請に応じてアラビア半島に出兵し，1818 年ある王国を一度は滅ぼした。その王国の名を記せ。

　　㋑　1839 年オスマン帝国でも近代化改革の指針となるギュルハネ勅令が出された。このときのオスマン帝国皇帝の名を記せ。

Ⅲ　**世界史 B 問題**　　　　　　　　　　　　　　　　　　　　　（20 点）

　社会主義世界は，1980 年代に経済面および政治面で大きな変革をせまられた。ソ連，東欧諸国，中国，ベトナムにおける当時の経済体制および政治体制の動向を，それらの国・地域の類似点と相違点に着目しつつ，300 字以内で説明せよ。解答は所定の解答欄に記入せよ。句読点も字数に含めよ。

Ⅳ　**世界史Ｂ問題**　　　　　　　　　　　　　　　　　　　　（30 点）

　　次の文章（A，B）を読み，□□□□□の中に最も適切な語句を入れ，下線部
⑴〜⒃について後の問に答えよ。解答はすべて所定の解答欄に記入せよ。

A　歴史上において，人はしばしば集団をなし，大規模な移動を行ってきた。西
　洋の前近代においても，移動の顕著な例がいくつも見られる。それらには，強
　力な武器を持った戦士集団が周囲に拡大するように移動した事例が含まれては
　いるものの，生命の安全と生活の糧を得るためにやむなく集団で移動するに
　至った，近代以降の移民や難民に似た事例も少なくない。

　　西洋史上で注目される最初の大規模な移動として，前 2000 年頃より北方か
　らバルカン半島に南下したギリシア人のケースをあげることができるだろう。
　彼らは<u>ミケーネ文明</u>の担い手となり，<u>さらに東地中海地域に広く分布して，ポ</u>
　　　　⑴　　　　　　　　　　　⑵
　<u>リスと呼ばれる独自の都市国家を多数形成した</u>。また，西方のイタリア半島に
　も前 1000 年頃に古代イタリア人が南下したが，その一部であるラテン人がテ
　ヴェレ川の河畔に建てた<u>都市国家ローマ</u>が，やがて帝国を築くに至った。
　　　　　　　　　　　　⑶
　　こうした地中海周辺地域での動きとは別に，アルプス山脈の北側では別の移
　動があった。ヨーロッパの中央部では，前 8 世紀頃から鉄製の武具を装備した
　戦士集団が拡大するように東西に移動し，西はイベリア半島，東は小アジアま
　で達した。彼らは　　a　　人と総称されるが，前 1 世紀にローマがアルプス
　山脈の北にも征服を進めると，ガリア地方に居住する　　a　　人はその支配
　下に組み込まれ，次第に同化した。しかし，<u>彼らと接してその北東のゲルマニ</u>
　　　　　　　　　　　　　　　　　　　　　　　⑷
　<u>ア</u>に住んでいた人々は，一部はローマ帝国の支配下に置かれたものの，多くは
　帝国の外に居住し，ローマと交易をしたり，掠奪（りゃくだつ）のために帝国領に侵入した
　りした。

　　4 世紀後半になって，東方から　　b　　人の移動に押されたゴート人が，
　生命の安全と生活の糧を求めて移動を開始し，ローマ帝国に救いを求めて 376
　年にドナウ川を渡った。しかし，帝国領に入った人々に対してローマ帝国側が

苛烈な取り扱いをしたため，移住者たちは反乱を起こして，ローマ軍を撃破
し，皇帝を戦死させるに至った。これ以後，ゲルマニアやその東方に居住して
いた人々が集団をなして続々と西へ移動を始め，5世紀になるとローマ帝国の
西半は大混乱に陥った。

　この大移動の結果，長らくローマ帝国統治下にあった西ヨーロッパでは，政
治秩序が大きく変化した。イタリアは東ゴート人が統治する国となり，イベリ
ア半島には西ゴート人が王国を建てた。アルプス山脈の北でも，　　 c 　　 人
の諸集団がクローヴィスによって統合されてガリア北部に王国を形成し，さら
に南へと勢力を拡大していった。ブリテン島では，ローマ帝国の支配が終わっ
た後，島外からの来襲が繰り返されるようになり，アングル人やサクソン人の
定住と支配が進んでいった。

　こうした古代の終焉期の大規模な移動によって大きく変化した西ヨーロッパ
は，9世紀初めにカール大帝によってその大部分が統一された。大帝は，数
世紀前よりヨーロッパ中央部に移動して強勢をなしていた遊牧民を制圧しても
いる。しかし，この頃，新たな移動が本格化した。ユトランド半島やスカン
ディナヴィア半島を本拠とするノルマン人は，8世紀後半からヨーロッパの各
地に来航し掠奪や交易を行っていたが，次第に内陸部に到達するとともに，定
住を開始し，国家建設も始めたのである。そして，西北フランスにノルマン
ディー公国を建て，イングランドをも征服した。シチリアにも王国を建て，ロ
シアにノヴゴロド国，次いでキエフ公国を建てた。

問

⑴　ミケーネ文明の実態を知ることができるようになったのは，出土した粘土
　　板に書かれた文字をイギリスのヴェントリスらが解読したからである。この
　　文字は何と呼ばれているか。

⑵　ギリシア人は方言の違いからいくつかの派に分けられるが，アテネを築
　　き，小アジアの西岸にもポリスを数多く建てた一派は何人と呼ばれるか。

(3)　都市国家ローマは，その初期，イタリア半島の先住民の王によって支配されていた。ローマの国家形成や文化に大きな影響を与えたこの先住民の名を記せ。

(4)　ローマ人の記録によれば，ゲルマニアの住民は，集団にとって重要な決定をある機関で行っていた。その機関の名を記せ。

(5)　この皇帝の敗死後に即位し，ゴート人を帝国領内に定住させて混乱を一時的に収めたローマ皇帝は，キリスト教を帝国の国教とする政策も実施した。この皇帝の名を記せ。

(6)　イタリアに進撃して東ゴート人の王国を建てた王は，ローマ帝国の統治と文化の継承をはかったとされる。この王の名を記せ。

(7)　クローヴィスが行った宗教的な措置は，その後の　　c　　人の国家発展の基礎となった。この措置の内容について，簡潔に説明せよ。

(8)　カール大帝は，広大な領土を集権的に統治するためにどのような行政上の措置をとったか。その内容を，役職名を示しつつ，簡潔に説明せよ。

(9)　この遊牧民の名を記せ。

(10)　キエフ公国に最盛期をもたらしたウラディミル 1 世は，ギリシア正教を国教とし，ある国の専制君主政治をまねた。ある国とはどこか。

B　16 世紀以降，バルト海周辺地域の覇権をめぐって諸国の争いが繰り返された。

　　スウェーデンとデンマークの対立によってカルマル同盟は解体し，両国はともにルター派を受容しつつ戦争を続けた。　　d　　を中心都市とするドイツ騎士団領でも，騎士団総長がルター派に改宗し，1525 年にプロイセン公としてカトリックのポーランド国王に臣従した。さらに 16 世紀後半にはロシアも，バルト海への出口を求めて争いに加わった。

　　1625 年，デンマークは三十年戦争に参戦したが，神聖ローマ帝国の皇帝軍に敗北した。スウェーデンは 1630 年に参戦し，フランスと同盟を結んで皇帝軍を破った。スウェーデンはデンマークとの戦争でも勝利を重ね，17 世紀後

半には「バルト海帝国」と呼ばれる権勢を誇った。

　1700年からの北方戦争では，デンマーク，ポーランド，ザクセン，ロシアが同盟してスウェーデンと戦った。スウェーデン国王カール12世は各国の軍を撃破したが，1709年にウクライナのポルタヴァでロシア軍に敗れ，南に敗走して　e　に亡命した。ポーランドやロシアと対立していた　e　は翌年にスウェーデン側に立って参戦するが，スウェーデンの劣勢を挽回するには至らなかった。その後，ロシアによる黒海沿岸の　f　併合に　e　が抗議して1787年にロシアと開戦すると，翌年にはスウェーデンもロシアに宣戦布告している。

　北方戦争の結果，ロシアは今日のエストニアとラトヴィアの一部を獲得した。戦争中にロシアは新首都ペテルブルクをバルト海沿岸に建設し，バルト海経由の交易を増大させた。また，1701年にプロイセン公国は王国に昇格したが，国王フリードリヒ1世は　d　で戴冠式を挙行している。その後，ポーランド分割でロシアはリトアニアなどを，プロイセンは港湾都市　g　などを獲得した。ロシアの発展にバルト海沿岸在住のドイツ人が大きく関与するようになり，また，プロイセン領　d　の大学からは重要な思想家や作家が輩出した。
(13)

　1756年に始まる戦争で，スウェーデンは当初中立を保ったが，イギリスによる中立国船舶の拿捕政策に抗議し，デンマークとともに武装中立を提唱し，
(14)
のちに対英戦争に参戦した。1780年の武装中立同盟の結成も，1778年にスウェーデンが戦時中の中立国船舶の保護を訴えたことに端を発している。これ
(15)
は国際法における中立国の権利に関する考え方を発展させるきっかけになった。

　フランス革命勃発後，スウェーデンとロシアは革命の波及を恐れ，ともに1805年の第3回対仏大同盟に参加したが，ロシアはナポレオン軍との戦闘で敗退を重ね，1807年にフランスと講和を結んだ。その後ロシアは一転してスウェーデン領　h　に侵攻し，　h　は1809年にロシア皇帝が大公を兼任する大公国となった。

　ナポレオンの没落以降，第一次世界大戦までバルト海沿岸をめぐる大きな国境の変更はなかった。第一次世界大戦に際しスウェーデンは中立を維持した
(16)
が，バルト海南岸はロシアとドイツの戦場となった。ロシア革命が勃発すると，バルト3国はロシアから独立した。独立を回復したポーランドも，いわゆるポーランド回廊でバルト海に接することとなり，また　　g　　は自由都市となった。ドイツ系住民が大多数を占めていた　　g　　のドイツへの返還要求が，ドイツのポーランドに対する宣戦布告の名目の一つとなった。

　1939 年，ソ連は　　h　　に侵攻し，1940 年にはバルト3国を軍事的圧力のもとに併合した。翌年からの独ソ戦でバルト3国の住民は両陣営に分かれて戦うこととなった。　　d　　とその周辺は，大戦末期の凄惨な包囲戦と戦後のドイツ系住民追放を経てソ連領となり，市名もカリーニングラードと変えられた。

問

(11)　ドイツ騎士団がこの地域の植民を進めたのは，13 世紀前半以降である。12 世紀末の結成当初の活動目的を答えよ。

(12)　スウェーデンとフランスとの同盟は，三十年戦争の性格の変化を端的に示しているといえる。なぜそのようにいえるのか，簡潔に説明せよ。

(13)　この大学の総長も務め，『純粋理性批判』などを著した哲学者の名を記せ。

(14)　(ア)　この戦争の名称を記せ。

　　　(イ)　この抗議の思想的根拠として，17 世紀オランダの法学者の議論が参照された。『海洋自由論』などを著したこの法学者の名を記せ。

(15)　中立国船舶の航行の自由などを宣言した 1780 年の武装中立同盟は，誰がどのような目的で提唱したか，簡潔に説明せよ。

(16)　(ア)　第一次世界大戦の開戦当初は，多くの国が中立を宣言したが，その後いくつかの国が参戦に転じた。1917 年に参戦した国名を一つ挙げよ。

　　　(イ)　その後もスウェーデンは独自の外交政策を展開した。一方，スイスは19 世紀に国際会議で永世中立を認められている。この会議の名を記せ。

解答時間：90分
配　　点：100点

I　世界史B問題　　　　　　　　　　　　　　　　　　　　　　　　　　(20点)

　西暦8世紀半ば，非アラブ人ムスリムを主要な支持者としてアッバース朝が成立したことを契機に，イスラーム社会の担い手はますます多様化していった。なかでも9世紀以降，イスラーム教・イスラーム文化を受容した中央アジアのトルコ系の人々は，そののち近代に至るまでイスラーム世界において大きな役割を果たすようになる。この「トルコ系の人々のイスラーム化」の過程について，とくに9世紀から12世紀に至る時期の様相を，以下の二つのキーワードを両方とも用いて300字以内で説明せよ。解答は所定の解答欄に記入せよ。句読点も字数に含めよ。

マムルーク　　　　　　　　　　カラハン朝

II　世界史B問題　　　　　　　　　　　　　　　　　　　　　　　　　(30点)

　次の文章(A，B)を読み，　　　　　　の中に最も適切な語句を入れ，下線部⑴～⒅について後の問に答えよ。解答はすべて所定の解答欄に記入せよ。

A　中国歴代王朝は自らの正統化を図ってさまざまな瑞祥を演出した。3～6世紀における粛慎の朝貢はそうした瑞祥の一つである。

　戦国時代の文献には，周王朝開国の際に，粛慎が「楛矢石砮」(ハナズオウの矢柄と石の鏃)を貢納したという伝説が見える。粛慎は「海内」の中国と大海で隔てられた「海外」に住む神話的な存在ともされ，したがって，その朝貢は，天子の徳が世界の果てにまで及んだことの証として，第一級の瑞祥となる。

　後漢末の群雄割拠に際し，遼東郡では公孫氏が自立した。曹丕が後漢の禅譲
(2)　　　　　　　　　　　　　　　(3)
を受けて魏を建国すると，劉備・孫権も蜀・呉を建国した。呉が遼東公孫氏・
高句麗と結んだため，魏は遼東公孫氏を滅ぼし，高句麗に出兵した。魏の進出
にともなって，東北アジアに関する豊富な知見が獲得された。このことを反映
して，『三国志』の烏丸鮮卑東夷伝には，東北アジア諸民族に関する現存最古の
まとまった記述が見える。これら諸民族の一つが挹婁である。『三国志』の本紀
には，粛慎の朝貢が見えるが，これは伝説上の粛慎と同じく「楛矢」と石鏃を用 (4)
いていた挹婁を「古の粛慎氏の国」として朝貢させ，粛慎朝貢の瑞祥を演出し
　　　　　　　　いにしえ
たものである。前漢・後漢あわせて 400 年にも及ぶ漢帝国が崩壊したのちの分
(5)
裂に際して，魏は自らの正統性を喧伝するための瑞祥を切実に必要としたので
ある。

　その後，　　　a　　　（西晋の武帝）が魏の禅譲を受けて晋を建国した際や，西
晋滅亡後，江南において東晋が成立した際にも，粛慎が朝貢している。一方，
華北でも後趙の石勒・石虎，前秦の苻堅のもとに粛慎が朝貢している。これら
(6)　　　　　　　　　　　(7)
も挹婁を粛慎と称したものである。

　『三国志』についで東北アジア諸民族のまとまった記述が見えるのは，鮮卑
　　b　　　部が建国した王朝を扱った『魏書』である。『魏書』によれば，勿吉が
　　　　　　　　　　　　　　　　　　　　　　　　もつきつ
北魏・　　c　　　に 29 回朝貢し，うち 7 回「楛矢」を貢納している。勿吉を「旧
の粛慎国」として瑞祥を演出したものだが，頻繁な朝貢が瑞祥の希少価値を減
　　　もと
じたためか，「楛矢」の貢納は 517 年が最後である。高洋が　　c　　　の禅譲を
受けて北斉を建国すると，粛慎が朝貢しているが，勿吉に代わって『北斉書』に
登場する靺鞨をとくに粛慎と称し，建国の瑞祥としたものであろう。
(8)　まつかつ

問
⑴　戦国時代の鄒衍はこうした地理認識を発展させた「大九州説」を唱えた。鄒
　　すうえん
　　衍は諸子百家のうち，何家に属するか。
⑵　この時期，黄巾の乱を起こした張角が創唱した宗教結社の名を記せ。
⑶　戦国時代，中国北辺の諸国は長城を築き，郡を設置して遊牧民の侵攻に備
　　えた。遼東郡を設置した国の名を記せ。

(4) (ア) 本紀と列伝を中心とする歴史書の形式である紀伝体を創始した人物の
名を記せ。

(イ) 『三国志』の本紀において「大月氏」と称された，1～3世紀に中央アジ
アから北インドを支配した王朝の名を記せ。

(5) 前漢の禅譲を受けて新しい王朝を開いた人物の名を記せ。

(6) (ア) 石勒は五胡のうち「匈奴の別部」とされる民族の出身である。この民族
の名を記せ。

(イ) 亀茲(クチャ)に生まれ，4世紀前半，石勒の帰依を受けた仏僧の名を漢字で記
せ。

(7) 苻堅は淝水(ひすい)の戦いで東晋に敗れた。この時の東晋軍の主力である北府軍の
下級軍人から立身した劉裕が，東晋の禅譲を受けて開いた王朝の名を記せ。

(8) (ア) 靺鞨の一部は高句麗遺民とともに渤海を建国した。今日の黒龍江省寧
安市の東京城遺跡にあった渤海の国都は，当時何と呼ばれたか。

(イ) 靺鞨の一部である黒水靺鞨の後身が女真である。12世紀，女真は金
を建国した。金が女真人に対して採用した行政・軍事制度の名を記せ。

(ウ) 17世紀，女真は後金を建国した。この建国者の名を記せ。

B　20世紀初頭までの中国では，「党」とは，官僚やその予備軍である知識人が，
個人的な交友や一定の政治理念を基に結んだグループのことを指した。だが，こ
うしたグループの形成は王朝の禁じるところであり，史書では非難や弾圧の文脈
で登場している。

例えば，後漢の時代には二度にわたる「党人」に対する弾圧が行われたし，唐王
(9)
朝では，二つの官僚グループが数十年にわたって「党争」を繰り広げている。10
世紀に　 d 　(太祖)が打ち立てた王朝は，官吏登用試験に皇帝が試験官とな
る出題を加えたが，これはそれまでにあったような，試験官と合格者が私的な関
(10)
係を取り結ぶことを防ぐためであった。しかし，この王朝でも，ある政治家が提
起した諸政策の是非をめぐり，「党争」が何十年も続いた。このほか後年の王朝
(11)
で，17世紀初め設立の　 e 　書院を基礎に形成された政治グループが，や

はり「党人」として弾圧されたし，弾圧した側の宦官にくみした官僚たちは，史書で「閹党」（宦官党）と呼ばれている。

　　したがって，中国では「党」とは決して良いイメージの言葉ではなかった。20世紀初め，知識人や留学生たちが共和国樹立を目指し，国外で近代的な政治結社を結成した時にも，彼らはその名称に「党」を用いることはなかった。やや後の，彼らと違って立憲君主制を主張して組織された政治団体にあっても，そのことは同様である。

　　こうした状況が一変するのは，共和国が成立したのち，中国史上初の国会議員選挙が行われる過程においてである。中国の政治家たちはこの時，以前から近代政治結社を「党」と称していた近隣国家の例にならい，共和・統一・民主などの語と「党」を結びつけたのだった。そして，共和国樹立を目指した前述の結社は　　ｆ　　と改名してこの選挙に勝利し，国会で多数を占めたのだが，時の共和国臨時大総統の暴力の前に，政権掌握を阻まれた。同党の政治勢力はその後，党名と組織形態の変更を繰り返したのち，国際的な共産主義組織の働きかけで，別の政党との協力関係樹立に踏み切る。以後，この二つの政党の協力と対立が，中華人民共和国成立までの中国政治の一つの軸を構成することになる。

問

　(9)　この弾圧は，中国の歴史上どのように称されているか。

　(10)　この皇帝が試験官となる試験は，何と呼ばれるか。

　(11)　この「諸政策」のねらいを，農民・中小商人の保護のほかに二つ挙げよ。

　(12)　中国からその近隣国家に赴いた留学生の数は，20世紀初めに急増したが，このことは1905年に行われた中国政府の政策決定と関係している。この決定とは何か。

　(13)　この「近代的な政治結社」は，政治主張を三つにまとめたことで知られる。この三つの主張のうち，漢民族の独立（少数民族による支配の打破）以外の二つの主張を記せ。

　(14)　19世紀末に中国が対外戦争に敗れた際，知識人によって立憲君主制導入を中心とする制度改革が主張された。この改革は当時何と呼ばれたか。

⒂　「共和国が成立した」ことの背景の一つに，政府がある事業を国有化しよう
　　とした結果，中国のさまざまな階層が広く反発したことが挙げられる。この
　　事業とは何か。

⒃　この「共和国臨時大総統」は，対内的には政党を解散させて独裁権力を握る
　　一方，対外的には近隣国家による大規模な権益拡大の諸要求を承認したこと
　　でも知られる。この諸要求は何と呼ばれるか。

⒄　この「二つの政党の協力」のうち二回目のものは，1930 年代半ば，中国の
　　内陸のある都市で起こった事件を契機に成立している。この都市の名を記
　　せ。

⒅　この国家では 1960 年代，党の最高指導者が自らの党組織に対する攻撃を
　　呼びかけ，大規模な政治運動が始まった。この運動は何と呼ばれるか。

Ⅲ　世界史 B 問題　　　　　　　　　　　　　　　　　　　　　　　（20 点）

　18 世紀のヨーロッパでは，理性を重視し，古い権威や偏見を批判する啓蒙思
想が有力となった。イギリスとプロイセンの場合を比較しながら，啓蒙思想がど
のような人々によって受容され，また，そのことがどのような影響を政治や社会
に及ぼしたか，300 字以内で説明せよ。解答は所定の解答欄に記入せよ。句読点
も字数に含めよ。

IV　世界史B問題　　　　　　　　　　　　　　　　　　　（30点）

　　次の文章（A，B，C）を読み，□□□□□□の中に最も適切な語句を入れ，下線部(1)～(23)について後の問に答えよ。解答はすべて所定の解答欄に記入せよ。

A　古代以来，西洋では船が運輸と軍事で重要な役割を果たした。フェニキア人は二段櫂船（かい）などを用いて海上輸送を行い，地中海沿岸に植民市を建設した。ギ(1)リシア人は衝角を備えた三段櫂船などの艦隊を用いて，前480年　a　　の海戦でペルシア艦隊に勝利した。ローマ人も軍事用に櫂船を用いたが，前1世(2)紀頃までに地中海がほぼ平定され，遠隔地交易が活発になると，帆船が発達した。

　　9～11世紀の地中海では，ビザンツ帝国の艦隊とシリアやアンダルスなど(3)から出撃するムスリムの艦隊が，ともに三角帆を備えた櫂船などで覇権を争ったが，イオニア海以西ではしだいにイタリア諸都市とノルマン人が勢力を伸張(4)させた。7回に及んだ十字軍の遠征では，第1・2回においてその主力は陸路でシリア・パレスチナへ進軍したが，第3回以降は海軍と海上輸送される兵士が中心となった。兵士や馬に加え，多くの巡礼者と物資を輸送するため，ヴェ(5)ネツィアやジェノヴァでは多くの櫂船と帆船が建造された。

　　13世紀末，ジェノヴァの櫂船がジブラルタル海峡経由でフランドルへ到達し，　b　　と地中海という二つの海域を結ぶ航路が開設された。この頃，　b　　・バルト海間の通商では，ハンザ同盟の盟主　c　　とハンブルクをつなぐ河川路・陸路が主軸であったが，15世紀以降，　b　　とバルト海をむすぶエーレスンド（ズント）海峡の通航量が増大し，バルト海沿岸から(6)西欧へ生活物資が大量に帆船で運送されるようになった。地中海でも商用帆船は発達したが，軍事用では櫂船が16世紀に至るまで支配的であった。

問

⑴　フェニキア人が北アフリカに建設した代表的な植民市の名を記せ。

⑵　地中海をかこむ諸地域を支配下に入れたオクタウィアヌス（アウグストゥ
ス）の知遇をえて，ローマの建国伝説をテーマとする一大叙事詩を書いた人
物の名を記せ。

⑶　8世紀半ば以降，コルドバを首都として，この地域を支配していた王朝の
名を記せ。

⑷　12世紀前半，ノルマン人が地中海域に建てた国の名を記せ。

⑸　巡礼者の保護などのために設立された代表的な宗教騎士団の名を二つ記
せ。

⑹　15世紀，この海峡の両側を支配していた王国の名を記せ。

B　支配的な権力や勢力に強制されて，あるいはよりよい機会を求めて，故地を
出て各地に離散した人々やその状態をあらわす，ディアスポラという概念があ
る。この切り口から見ると，ヨーロッパ近世・近代史は，たえずディアスポラ
を生みだす歴史であった。

コロンブスがサンサルバドル島に到達した年，数万人のユダヤ人がスペイン
から追放された。彼らは西欧諸国およびオスマン帝国へと移住し，商業などで
目覚ましい活躍をする者もあらわれた。また，同じくスペインから，モリスコ
（キリスト教に改宗した元イスラーム教徒）が，1568～71年の反乱の鎮圧を経
た後の17世紀初頭，約30万人追放された。そのうちの大部分はモロッコなど
北アフリカに逃れた。

　宗教改革の影響で，新教・旧教の双方からディアスポラが発生した。ヘンリ
8世によって国教会体制が敷かれたイギリスでは，カトリック教徒が厳しい制
約の中でひそかに信仰を守ったが，一部は国外へ逃れ，故郷の同宗信徒との関
係を保った。フランスでは，16世紀後半の宗教内乱を経てしばらくはユグ
ノーの信教は許容された。しかし，1685年にナント王令が廃止されるなどし
たため，多くのユグノーがイギリスやスイス，オランダやプロイセンへと逃

れ，共同体をつくり，またフランスで迫害に遭っている仲間の救済に尽力した。

　政治闘争の敗北者たちが一種のディアスポラを形成することもあった。名誉革命で王位を追われたジェームズ 2 世はフランスにわたり，やがてパリ西方のサン＝ジェルマン・アン・レーに亡命宮廷を構えたが，ここは，<u>ジェームズの王統をなおも信奉する人々，ジャコバイト</u>(12)にとって物心両面での拠り所となった。また，<u>フランス革命</u>(13)の際にはエミグレ（亡命貴族）が発生し，異郷で反革命を画策し，帰還の機会をうかがった。

　経済的要因が強く作用したディアスポラの例もある。たとえば，ヨーロッパ人が深く関与した奴隷貿易によって<u>膨大な数の黒人がアフリカから離散した。</u>(14)また，<u>南ロシアで 1881 年に大規模なポグロム（ユダヤ人に対する襲撃）が生じ</u>(15)たことも手伝って，その後，<u>多くのユダヤ人が住んでいた場所を捨て，西方の</u>(16)<u>ヨーロッパ諸国やアメリカ合衆国に移民していった。</u>

　このような各種のディアスポラは国の枠を越えて拡大し，ヨーロッパ諸国にとっては，これらの人々をどのように処遇するにせよ，つねに憂慮すべき要素となった。

問

　⑺　この語は古代ギリシア語に起源を持つが，もっぱらパレスチナ地方を追われたユダヤ人と関連付けられてきた。19 世紀末になると，各地に散ったユダヤ人の間で民族的郷土の建設を求める運動が活発化した。この運動を何と呼ぶか，記せ。

　⑻　この追放令が発せられた時のスペインの女王の名を記せ。

　⑼　これと同じ時期にスペイン王を悩ませる大規模な反乱を開始し，十数年後に独立を宣言した国がある。その国の中心都市で，17 世紀に国際金融の中心となった都市の名を記せ。

　⑽　そのような状況にもかかわらず，彼らは 16 世紀半ばの一時期，イギリスで復権した。その理由を簡潔に記せ。

⑾　この頃プロイセンを統治していた家門名を記せ。

⑿　彼らは 18 世紀初頭にイギリスで王朝交代があったその翌年に，ジェームズ 2 世の息子を奉じて反乱を起こした。これを撃退したイギリスの新しい王朝の名を記せ。

⒀　反革命の動きに対抗して，革命政権は 1792 年に戦争に踏み切った。このとき最初に宣戦した相手国の名を記せ。

⒁　彼らが輸送先のプランテーションで栽培に従事した主な作物を二つ記せ。

⒂　1881 年にある人物が暗殺されたことがきっかけで，農民たちは農奴制が復活するのではとの恐怖に駆られ，それがポグロムの引き金となったとされる。この人物の名を記せ。

⒃　ユダヤ人など多くの移民を生み出したロシア・東欧と並んで，1880 年代にエリトリアを植民地化したある国からも，アメリカ大陸への移民が増大した。この国の名を記せ。

C　第二次世界大戦後に出現した，アメリカ合衆国とソ連を頂点とする二極構造の国際システムは，時間の経過とともに，より多極的な構造に移行していった。

　非共産主義世界では，西ヨーロッパ諸国と日本が急速な経済成長を遂げたことで，アメリカの経済的地位は相対的に低下した。ベトナム戦争の長期化により，アメリカの経済的疲弊はさらに深まった。1970 年代初頭，アメリカが自国の経済的利益を優先する政策を採用したことを契機に，ブレトン・ウッズ体制は大きく変容することとなった。

　社会主義国よりなる東側陣営では，1956 年にソ連のフルシチョフが新たな政治路線を打ち出したことを大きな契機として，陣営内でさまざまな変動が生起した。中国はフルシチョフの新たな路線を批判し，中ソ関係は国境をめぐる軍事衝突が発生するまでに悪化，最終的に中国は東側陣営から事実上離脱した。一方，東ヨーロッパでは，抑圧的な国内政治体制とソ連の支配への批判が高まり，ポーランド・ハンガリー・チェコスロヴァキアで政治的自由化に向かう動きが断続的に発生した。

　かつて植民地や半植民地などとして経済的に従属的な地位に置かれていた地域は，政治的独立を果たした後にも，低開発に苦しむことが多かった。しかし，このような地域の中からも，韓国・台湾・シンガポール・香港・ブラジルなど，比較的早い段階から急速な経済成長に成功する国や地域が現れた。これらが，のちに<u>新興工業経済地域(NIES)</u>と呼ばれる地域のさきがけとなった。
(22)
(23)

問

(17)　ヨーロッパ石炭鉄鋼共同体が結成される契機となった提案を行ったフランス外相の名を記せ。

(18)　ベトナムからのアメリカ軍の撤退を定めた和平協定が締結された都市はどこか。

(19)　1971〜73 年にブレトン・ウッズ体制に生じた変化を，それに関連するニクソン政権の政策と合わせて，簡潔に説明せよ。

(20)　このときフルシチョフが打ち出した新たな路線を，国内政策と対外政策について，簡潔に説明せよ。

(21)　1969 年 3 月に，ソ連と中国の間で領有権をめぐって大規模な戦闘が起こったのはどこか。

(22)　1988 年に総統に就任し民主化を推進した人物の名を記せ。

(23)　新興工業経済地域(NIES)の主要な国々が 1960〜70 年代に急速な経済発展を実現した際に採用した経済政策の特徴を，簡潔に説明せよ。

解答時間：90分
配　　点：100点

| I | 世界史B問題 | (20点) |

　東アジアの「帝国」清は，アヘン戦争敗戦の結果，最初の不平等条約である南京条約を結び，以後の60年間にあっても，対外戦争を4回戦い，そのすべてに敗れた。清はこの4回の戦争の講和条約で，領土割譲や賠償金支払いのほか，諸外国への経済的権益の承認や，隣接国家との関係改変を強いられたのである。この4回の戦争の講和条約に規定された諸外国への経済的権益の承認と，清と隣接国家との関係改変，および，その結果，清がどのような状況に陥ったのかを，300字以内で説明せよ。解答は所定の解答欄に記入せよ。句読点も字数に含めよ。

| II | 世界史B問題 | (30点) |

　次の文章（A，B）を読み，□□□□□□の中に適切な語句を入れ，下線部(1)～(19)について後の問に答えよ。解答はすべて所定の解答欄に記入せよ。

A　黄河流域では紀元前6000年ころまでには雑穀の栽培がはじまっており，現在のところ存在を確認しうる中国最古の王朝，殷は黄河中流域に形成された。
(1)
この殷を滅ぼした周王朝が，やがて都を東に遷してその影響力を弱めると，各地の諸侯が互いに覇を競うようになる。その中心にあったのも黄河流域の諸勢力であった。降水量の少ない地帯を流れる黄河は，流域の農業生産を支える重要な水資源である一方で，しばしば氾濫を起こし，流域に甚大な被害をもたら
(2)
した。
　一方，長江流域にも農耕文明が形成されたが，総合的な経済力・政治力においては黄河流域の勢力に従属するものであった。だが長江流域の人口が増加す

るにつれて，農業開発が進められる。まず，その画期となったのが三国時代における<u>呉の建国</u>である。次いで晋が<u>南遷して都を</u>　　a　　に定めると，より
(3)　　　　　　　　　　　　　　　　　(4)
多くの移民が首都やその周辺に流入し，貴族・豪族による主導の下，荘園経営が広い範囲で展開された。

　南北の分裂状態から，ふたたび中国を統一した<u>隋王朝が大運河を開鑿し</u>，南
(5)
方の経済力を自己の下に取り込もうとしたのは，いわば当然の趨勢であった。だが南方からの物資は洛陽までは水路で運ばれたが，洛陽以西への水運は黄河の難所，三門峡が大きな障害となって，滞ることもあった。そこで五代の
　　b　　王朝は，都を大運河に直結する開封に遷し，宋も引き続きこの地に都を置いた。

　宋の時代，中国南北の人口比はすでに南が北を上回るようになっており，さらに<u>金の侵攻</u>が人口の南への移動に拍車をかけ，経済力における南方の優位は
(6)
決定的なものとなった。だが，明王朝の初期を除けば，その後中国全土を支配した王朝の首都はいずれも北中国に置かれ，それらの統一王朝にとって，南の物資を北に運搬する漕運制度の維持が重要な課題となった。

　都を大都に置き，南宋を滅ぼした元は，会通河などを新たに開鑿し，大運河による漕運を試みた。だが，水深不足のために会通河はしばしば利用できなくなったので，主に用いられたのは海上運送であった。当時，モンゴル諸政権のもとでユーラシア全体を結ぶ<u>陸上・海上交易が活性化しており</u>，南中国と大都
(7)
とを結ぶ海運の利用は，こうした交易ネットワークのなかに南中国を連結するものでもあった。

　続く明王朝は　　c　　帝の時に都を北京に遷し，この地を拠点にして当初は北方のモンゴル勢力に対し積極的に攻撃をしかけた。だが，その後<u>オイラト
部に大敗を喫すると</u>，守勢に立たされる。これらの軍事活動を支えるべく，南
(8)
方の物資が北へと運ばれた。明は　　d　　政策をとったため，大運河が再びその主要な輸送ルートとなり，会通河が改修され，漕運制度も整えられた。清も継続して大運河を利用するが，19世紀以降には海運も発達し，さらに<u>鉄道
の敷設</u>も始まった。かくして運河による漕運に代わり，鉄道による運送が新た
(9)

に南北の物流を支えることとなった。

問

  (1)　この王朝よりも前に存在し，殷によって滅ぼされたとされる伝説上の王朝
    の名を記せ。

  (2)　紀元前132年に起こった黄河の決壊は，その後23年間にわたって修復さ
    れず，当時の王朝の政治・経済に大きな影響を与えた。

    (ア)　このときの皇帝は誰か。

    (イ)　洪水の被害や度重なる外征によって財政難に陥った王朝は，かずかずの
      財政再建策を打ち出した。その１つとして，物資を貯蔵して価格が高騰す
      ると売り出し，下がると購入するという新政策があげられる。その名を記
      せ。

  (3)　この王朝の建国者であり，初代皇帝となった人物の名を記せ。

  (4)　晋では帝位をめぐって一族の争いが起こり，それが王朝南遷のきっかけと
    なった。この内乱の名を記せ。

  (5)　このとき開鑿された運河のうち，黄河と涿郡を結ぶ永済渠は，当時朝鮮半
    島の北部に都を置いていた国への遠征に用いられた。この国の名を記せ。

  (6)　金は北宋の都を占領すると，皇帝とその父である前皇帝を捕らえ北方に連
    れ去った。

    (ア)　この事件を何というか。

    (イ)　金のさらなる南下を防ぐべく，宋は黄河を決壊させ，これがきっかけと
      なってそれまで渤海湾に注いでいた黄河は南流し，のちに金と南宋の国境
      とされた川に流れ込むこととなった。この河川の名を記せ。

  (7)　モンゴル統治下で繁栄し，『世界の記述』（『東方見聞録』）のなかでは「ザイ
    トン」の名で紹介された福建省の港湾都市はどこか。その名を記せ。

  (8)　1449年，土木堡で明軍は敗れ，皇帝が捕虜になった。この時にオイラト
    部を率いていた指導者の名を記せ。

(9)　中国における鉄道建設は洋務運動期に始まる。湘軍を率いて太平天国の平
　　定にあたり，この運動の中心ともなった人物の名を記せ。

B　アラビア半島西部，　　e　　の町で生まれたアラブ人，クライシュ族に属
　するムハンマドは，610 年ころ，自らを唯一神アッラーの啓示を受けた「神の
　預言者」と意識するようになった。ムハンマドはその後の生涯を，自らが開祖
　となった一神教イスラームの教えを説き，信徒に伝えることに捧げ，アラビア
　　　　　　　(10)
　半島にイスラームを広めることにほぼ成功していたが，後継者を定めることな
　　　　　　　　　　　　　　　　　　　　　　　　　　　　(11)
　く，632 年に病死した。そのため，ムハンマドが基礎を置いたイスラームの共
　同体（ウンマ）は，その後の指導者を誰とするかで，たびたび政治的・宗派的な
　問題を抱えることになった。

　　　ムハンマドの死後，共同体の多数の人々は，「神の使徒の後継者」（カリフ）と
　して，彼の宗教的・政治的な活動を献身的に支援してきた共同体の長老を 4 代
　にわたり，正統カリフに選出した。その後も共同体の多数を占めるスンナ派の
　　　　　　　(12)
　人々は，ウマイヤ朝とアッバース朝のカリフたちを共同体の政治的指導者とし
　　　　　　　　　　　　　(13)
　て認めてきた。

　　　これに対して，本来，第 4 代正統カリフの　　f　　（預言者ムハンマドの
　従弟であり，ムハンマドの娘ファーティマの夫）とその子孫たちが，共同体の
　指導者（イマーム）になるべきだとの考えを持つ信者たちが「　　f　　の党派
　（シーア）」として活動を始め，政治権力を掌握していたウマイヤ朝やアッバー
　ス朝にしばしば反抗し，その権力や体制に挑戦した。

　　　ウマイヤ朝第 2 代ヤズィードの即位に反対して，　　f　　家による共同体
　指導の権利を主張する人々は，　　f　　の次男フサインを指導者として招
　き，ウマイヤ朝体制への反抗に立ち上がったが，武力で鎮圧され，フサインと
　その家族も殺害された。イラク南部のカルバラーで起こったこの事件は，シー
　　　　　　　　　　　　　(14)
　ア派を支持する人々の間で，現代まで長らく記憶され，フサインとその家族一
　行の「殉教」を追悼する行事が行われている。

　　　シーア派の王朝としてイスラーム史上に最初に登場したのは，8 世紀後半に

現在のモロッコを中心に建国されたイドリース朝である。この王朝は

　　　f　　　の子孫の一人がアラビア半島からモロッコへと逃れ，現地の遊牧民
　　　　　　　　　　　　　　　　　　　　　　　　　　　　　　　(15)
の支持を得て建てられた。次にシーア派の王朝として建てられたのが，現在の

　　　g　　　に興った，シーア派の中でもイスマーイール派を奉じるファーティ

マ朝である。ファーティマ朝は969年にエジプトを征服して，本拠を遷し，東

方を支配するアッバース朝やそれを支持する勢力と激しく対立した。

　イラン方面でもシーア派の影響力は大きく，北部の山岳地帯を本拠としてい

たダイラム系のブワイフ朝はイラン南部からイラクに進出し，946年にはアッ

バース朝の首都バグダードに入城して，スンナ派のカリフを軍事的庇護下に置

いた。ブワイフ朝は11世紀後半，ファーティマ朝は12世紀の後半に滅亡する
　　　　　　　　　　　　　　　　　(16)
が，その後もシーア派の勢力はイスラーム世界の各地で存続し，スンナ派が優

勢な支配体制に抵抗した。

　16世紀初めにイラン西北部を中心として勃興したサファヴィー朝は，十二

イマーム派を奉じる王朝で，強力にシーア派化政策を推進し，周辺諸国との緊

張が高まった。サファヴィー朝は中央アジアのウズベク族王朝と鋭く対立した
　　　　　　　　　　　　　　　　　(17)
が，インドを支配するムガル朝と宗派的な対立が先鋭化することはなかった。
　　(18)
18世紀前半にサファヴィー朝が弱体化し，やがて滅亡してからも，イランで

はシーア派が圧倒的な支持を得て政権を掌握し続ける状況は変わらず，1979
　　　　　　　　　　　　　　　　　　　　　　　　　　　　　　　　　(19)
年のイスラーム革命を経て現在もシーア派イスラームが国家統治の基盤とされ

ている。

問

⑽　イスラーム教の教義実践は，「五行」にまとめられている。信仰告白，礼

　拝，断飲食，喜捨に次いで実行が望ましいとされている行為は何か。

⑾　622年以来ムハンマドが居を定めてその活動の中心地とし，イスラーム教

　徒が参詣に訪れる彼の墓廟がある町の名を記せ。

⑿　第2代正統カリフとなり，イスラーム勢力による大征服を指導した人物は

　誰か，その名を記せ。

⒀　1258 年にバグダードを攻略し，アッバース朝を滅亡させたモンゴル軍を指揮していた，チンギス＝ハーンの孫に当たる人物は誰か，その名を記せ。

⒁　1802 年，この町はアラビア半島中部に興った復古主義的スンナ派に属する人々の襲撃を受け，フサインの墓廟を中心とするシーア派の聖地であった場所が略奪などの被害に遭った。

　　⑺　この事件を引き起こした復古主義的スンナ派に属する人々は何派と呼ばれるか，その名を記せ。

　　⑻　上記の復古主義的スンナ派思想を基に，1932 年アラビア半島に建国された国家は何か，その名を記せ。

⒂　北アフリカの代表的な遊牧民で，イドリース朝やファーティマ朝建国の支持基盤となった民族は何か，その名を記せ。

⒃　ファーティマ朝を滅亡させ，エジプトを中心に新たなスンナ派王朝を創建した人物は誰か，その名を記せ。

⒄　このウズベク族王朝は 16 世紀初頭までに，かつて中央アジアから西アジアにかけての地域を広く支配していた王朝を滅ぼした。

　　⑺　滅ぼされた王朝の名を記せ。

　　⑻　ウズベク族によって中央アジアを逐われ，1526 年北インドでムガル朝を建てることになった人物は誰か，その名を記せ。

⒅　この王朝の第 6 代君主で，厳格なスンナ派政策を採り，デカン地方に領土を拡大した人物は誰か，その名を記せ。

⒆　この革命の結果，打倒された王朝の名を記せ。

Ⅲ　世界史Ｂ問題　　　　　　　　　　　　　　　　　　　　　　　　　（20 点）

　　ローマは，イタリア半島の小さな都市国家からその国の歴史を始めたが，次第
に領土を拡大して，前 1 世紀後半にはついに地中海周辺地域のほとんどを領有す
る大国家となった。この過程で，ローマ国家は都市国家の体制から大きく変化し
た。前 3 世紀から前 1 世紀にかけて生じたローマ国家の軍隊と政治体制の最も重
要な変化を，300 字以内で説明せよ。解答にあたっては，下記の 2 つの語句を適
切な箇所で必ず用い，用いた箇所には下線を施せ。解答は所定の解答欄に記入せ
よ。また，句読点も字数に含めよ。

　　　　　　　　　　私兵　　　　元老院

Ⅳ　世界史Ｂ問題　　　　　　　　　　　　　　　　　　　　　　　　　（30 点）

　　次の文章（A，B，C）を読み，下線部(1)～(24)について後の問に答えよ。解答は
すべて所定の解答欄に記入せよ。

A　ヨーロッパでは中世半ばから，政治や社会においてさまざまな団体の形成と
　その活動が重要になる。

　　11 世紀以後，イタリアの北部や，ライン川流域からフランドル地方，フラ
　　　　　　　　(1)　　　　　　　　　　　　　　　　　(2)
　ンスの北部では商工業者を中心に，自治都市共同体の形成が活発化し，しばし
　ば都市領主の支配に対して闘争が起こった。また成立した自治都市内部では，
　手工業者や商人の同職組合が結成され，組合は様々な営業上の特権を獲得し
(3)
　た。こうした手工業者の団体は，富裕な商人による都市行政に反発を強め，14
　世紀には多くの都市で蜂起して改革運動を行い，彼らの市政参加が実現される
　こともあった。
　　農村部でも賦役を中心とした古いタイプの荘園制が崩れ，一定の自治権を持

つ村落共同体が農業経営と農民生活において重要な意味を持つようになった。こうした村落を単位として共同で行う，牧畜と穀物栽培を組み合わせた三圃農法の普及により，生産力は飛躍的に向上した。
(4)

　政治においても集団的な活動が重要性を増した。政治的危機に対応した都市同盟は 13 世紀にも見られたが，14, 15 世紀には貴族たちは封臣として君主との個別的な関係を結ぶのみならず，王の課税要求や領邦君主の相続をめぐる混乱などをきっかけに横の連帯を強め，議会で結束して王に対抗し，自分たちの財産や権益を守ろうとした。早くも 13 世紀に，イングランドでは国王と貴族の対立が激しくなり，その中で開かれた議会は後の二院制につながる構成を示していた。神聖ローマ帝国の帝国議会では，選帝侯を中心とする諸侯の影響力が強く，その他の貴族や市民の発言力はきわめて弱かった。
(5)
(6)
(7)

　フランスなど，絶対主義が成立した国では議会が招集されなくなることもあったが，身分団体や職能団体などの特権団体は，王権の下で一定の権限を認められて存続した。
(8)

問

(1)　11, 12 世紀にイタリア都市の繁栄を促した要因を記せ。

(2)　この地方の都市発展の最も重要な基盤となった産業は何か。

(3)　ギルド，ツンフトなどと呼ばれる手工業者の同職組合の正式構成員は，何と呼ばれたか。

(4)　三圃農法の成立にとって重要な役割を果たした農具の名を記せ。

(5)　1250 年代に，ドイツ（神聖ローマ帝国）における政治的混乱に直面して諸都市や貴族はライン都市同盟を結成した。この混乱に始まる危機の時代を何と呼ぶか。

(6)　1295 年の「模範議会」には大貴族・高位聖職者のほか，後の下院議員に相当する代表が出席した。この代表はどのような人々か。

(7)　七選帝侯による皇帝選挙などを定めた 14 世紀の皇帝文書の名を記せ。

⑻　フランス絶対王政下で，特権を守ろうとする貴族の抵抗の拠点となった司
　　法機関の名を記せ。

B　11 世紀の中ごろに東西キリスト教会が決裂した後も，カトリック教会は
　ヨーロッパの広い範囲で信仰を集めた。しかし，「普遍」を意味する名をもつこ
　の教会も，決して単一であったわけではない。中世にはいくつもの異端運動が
　発生したし，教皇庁がフランス王権の圧力によってローマ以外の都市に移転
　　　　　　　⑼
　し，さらには教会が大分裂したこともある。

　　16 世紀前半，信仰によってのみ救済されるとして教会を批判し，宗教改革
　の火ぶたを切ったドイツの修道士ルターは，教皇から破門されただけでなく，
　神聖ローマ皇帝からも喚問を受けたが，自らの信仰を放棄することを拒んだ。
　帝国内の領邦君主の中にはルター派に帰依するものも現れ，同盟して皇帝と争
　い，政治的な抗争が宗教の装いをまとうことになった。1555 年のアウクスブ
　　　　　　　　　　　　　　　　　　　　　　　　　　　　⑽
　ルクの和議で，領邦教会制が確認され，帝国領内では両派がモザイク状に入り
　くむことになったが，特にドイツ南部やオーストリアでは，カトリック教会が
　　　　　　　　　　⑾
　勢力を維持した。

　　ジュネーヴで宗教改革を指導したカルヴァンの教えは，やがてフランス国内
　でも支持を集め，さらにネーデルラントやスコットランドへも広がった。フラ
　　　　　　　　　　　⑿
　ンスにおけるカルヴァン派はユグノーと呼ばれ，貴族，市民の間に支持を広げ
　たが，王権はこれを弾圧し，16 世紀後半にはユグノー戦争と呼ばれる内戦が
　　　　　　　　　　　　　　　　　　　　　　⒀
　長くつづいた。16 世紀末に，ヴァロア家の断絶を受けて王位についたブルボ
　ン家のアンリ 4 世は，ユグノーからカトリックに改宗するとともに，王令に
　よってユグノーの信仰の自由を承認したが，この王令は後にルイ 14 世によっ
　て廃され，国外に亡命するユグノーも多く現れた。

　　一方カトリック教会側も対抗宗教改革を実施し，トリエント宗教会議で教義
　の確認を行うとともに，イエズス会士ら宣教師による海外布教を積極的に展開
　　　　　　　　　　　　⒁
　した。

　　イギリスでは，1534 年に議会が定めた法によってイングランド教会(国教

会)が成立し，国家が主導するかたちで宗教改革が実施された。国教会は初め，旧来のカトリックの教義や教会統治の方式を多く受け継いだ。後には大陸の改革者の教説の影響を受けたが，なおも飽き足りない人々は，国教会を離れて多くの改革的宗派を形成した。

17 世紀半ばに起きたイギリスの内乱は，教会指導者に対する改革派の強い反感が背景にあり，内乱後に成立した共和政は，独立派出身のクロムウェルの政教一致の政治を特徴とした。18 世紀には世俗化と宗教的寛容の進行が見られたが，強い反カトリック感情は存続した。英仏間では戦争が繰り返されたが，そのたびにイギリスでは，背後にあってカトリック住民の多いアイルランドがフランスと連携することへの危機感が高まった。ジェームズ 1 世の時代に本格化したアイルランドへのプロテスタント系住民の移住は，アイルランドにおける，民族と宗教の問題が一体化した深刻な事態の原因となり，イギリスは 1801 年にアイルランドを併合することでこれを国内問題としてさらに抱え込むことになった。

問

(9)　南フランスにあるこの都市の名を記せ。

(10)　アウクスブルクの和議で確認された領邦教会制とはどういうものか。簡潔に説明せよ。

(11)　19 世紀後半のドイツ帝国の宰相ビスマルクは，ドイツ南部を基盤とするカトリック教会を，国家の統制下に置こうとする政策をとった。この政策は何と呼ばれたか。

(12)　ネーデルラントでは，16 世紀後半，スペインによる宗教弾圧に対し，独立戦争が起きた。南部 10 州は鎮圧され帰順したが，北部 7 州は同盟して戦争を継続した。この同盟の名を記せ。

(13)　ユグノー戦争中の 1572 年，多数のユグノー派の人々が殺害された事件を何というか。

⑭　中国で布教にあたったイエズス会と他の修道会との間に，布教の方法をめ
　　ぐって論争が生じた。この論争(問題)を何というか。

⑮　こうした宗派に所属した人々の中には，1620 年にメイフラワー号に乗船
　　して，北米大陸に移住したものもあった。この人々は後に何と呼ばれたか。

⑯　1689 年，前王のジェームズ 2 世が，フランスの軍隊を率いてアイルラン
　　ドに上陸し，翌年にかけてイギリス側の軍隊と戦った。このイギリス側の軍
　　隊を戦場で率いたイギリス国王の名を記せ。

⑰　プロテスタントの人々が多く入植したアイルランド北部地方を何という
　　か。

C　19 世紀から 20 世紀，世界の様々な地域で，「パン＝ゲルマン主義」や「パ
　ン＝スラヴ主義」のように，特定の民族，人種，地域，宗教などに属するとさ
　れる人々の一体性を強調する考え方が現れた。それらのすべてが初めから領土
　拡張主義の主張として生まれたわけではないが，第一次世界大戦に至る過程で
　は，ドイツが「パン＝ゲルマン主義」を，ロシアが「パン＝スラヴ主義」を，自国
　の勢力拡大のための論理とした。
　　アメリカ合衆国では，1889 年に「パン＝アメリカ会議」が開催された。「パ
　ン＝アメリカ主義」もまた，元来はラテンアメリカ諸国の独立の動きの中で生
　まれた連帯の思想であったが，この会議ではアメリカ合衆国がラテンアメリカ
　諸国に対する干渉を強めようとする意図が示された。これに続く時期，アメリ
　カ合衆国は，ラテンアメリカに対する経済的・軍事的な影響力を増していった
　ばかりでなく，カリブ海や太平洋において新たな領土も獲得した。
　　一方，特定の民族，人種，地域，宗教などに属するとされる人々の一体性を
　強調する考え方が帝国主義に対抗する思想として現実の政治・社会の変革と結
　びついた例もある。19 世紀後半に活躍したイラン出身のアフガーニーは，全
　世界のムスリム(イスラーム教徒)の団結を説き，専制政治に対する政治・社会
　改革の重要性を訴えた。アフガーニーのこの「パン＝イスラーム主義」の思想
　は，近代的な交通網の発達にも助けられ，西アジアはもとよりインドやその他

の地域にも広がり，多大な影響力を持った。<u>1880 年代初めのエジプトにおけるウラービー(オラービー)の運動</u>も，1870 年代に長くエジプトに滞在したアフガーニーの活動抜きには考えられない。

　19 世紀末，アメリカ合衆国やカリブ海地域のアフリカ系(黒人)の知識人たちの中からは世界中のアフリカ系の人々の地位向上と連帯を目指す「パン＝アフリカ主義」の思想が生み出され，1900 年にはロンドンで最初の「パン＝アフリカ会議」が開かれた。「パン＝アフリカ主義」の思想と運動は 20 世紀を通じて発展し，1960 年前後のアフリカ諸国の独立に一つの結実を見た。<u>ガーナの独立を指導したンクルマ(エンクルマ)</u>は「パン＝アフリカ主義」の運動の中心人物であり，<u>独立を遂げたアフリカ諸国は 1963 年に「パン＝アフリカ主義」の理想に基づきアフリカ統一機構(OAU)を結成した</u>。一方，「パン＝アフリカ主義」の思想は，その後も抑圧された地位に置かれ続けた南アフリカ共和国の黒人たちの解放運動にも大きな影響を与えた。

問

(18)　1810 年代から 20 年代にかけてのラテンアメリカ諸国の独立に先立ち，カリブ海では 19 世紀初めに黒人共和国が生まれた。この共和国の成立の経緯について簡潔に説明せよ。

(19)　アメリカ合衆国のラテンアメリカに対する強い影響力を象徴するのがパナマ運河の建設であった。アメリカ合衆国は 20 世紀を通じてこの運河に対してどのような関係を持ったか。簡潔に説明せよ。

(20)　アメリカ合衆国は 19 世紀末の米西戦争の結果，カリブ海と太平洋にあったスペインの植民地を獲得した。それ以外にも，アメリカ合衆国は同じ時期に太平洋で領土を拡大し，のちに自国の一州とした。その場所の名を記せ。

(21)　アフガーニーの影響を受け，19 世紀末のイランで発生したナショナリズムの運動は何か。

(22)　ウラービーの運動は，エジプトのどのような現状を批判し，何を目指したものであったか。簡潔に説明せよ。

⑵3　ガーナは独立するまでどの国の植民地であったか。

⑵4　アフリカ統一機構は，21 世紀に入り，地域統合を目指す新たな組織に改変された。その際にモデルとされた地域統合組織の名を記せ。

解答時間：90分

配　　点：100点

| I | 世界史B問題 | （20点） |

　中国の科挙制度について，その歴史的な変遷を，政治的・社会的・文化的な側面にも留意しつつ，300字以内で説明せよ。解答は所定の解答欄に記入せよ。句読点も字数に含めよ。

| II | 世界史B問題 | （30点） |

　次の文章（A，B）を読み，□□□□の中に最も適切な語句を入れ，下線部(1)～(15)について後の問に答えよ。解答はすべて所定の解答欄に記入せよ。

A　渭水流域に興った周王朝は，紀元前11世紀に殷王朝を滅ぼすと，東方地域に対する統治拠点を現在の河南省洛陽市に建設した（洛邑，成周）。西方の黄土高原と東方の華北平原の中間に位置するこの都市は，地理的にも「土中」（天下の中心）と呼ぶにふさわしい位置にあり，以後，いくつもの王朝がこの地に都を置くこととなる。

　　梁の　　a　　によって編纂された詞華集『文選』には，『漢書』の撰者として名高い　　b　　が作った「両都賦」なる作品が収められている。作中，「天下の中心に位置し，平らかに四方に開け，万国が集い来る」とうたわれた「東都」とは，後漢の都洛陽に他ならない。南北9里・東西6里の城郭を有したことから「九六城」とも呼ばれるこの都城の規模は，周囲60里とされる「西都」長安にくらべればかなり小さなものであった。

　　2世紀末に黄巾の乱が起こると各地で群雄が割拠し，洛陽も戦乱の渦中に巻
　　(1)

き込まれたが，後漢の献帝に代わって皇帝の位に即いた ［ c ］ は，やはり洛陽に都を定めた。魏に続く西晋もこの地を都としたが，その後起こった八王の乱をきっかけに国内は混乱し，五胡のうち山西で挙兵した ［ d ］ によって西晋は滅亡，江南に難を逃れた皇族が王朝を再興する。
(2)

4世紀末，鮮卑の拓跋珪は，華北に勢力を伸張すると皇帝を名乗り ［ e ］ を都としたが，5世紀末，漢化政策を進める孝文帝が洛陽遷都を敢
(3)
行した。6世紀初頭，東西20里・南北15里の城郭が従来の城郭の外側に新築され，洛陽城は面目を一新する。城内には宮殿や官庁，貴族の邸宅のほか，王
(4)
朝の保護を受けた仏教の寺院が1000以上も並び立っていたという。しかしその繁栄も，王朝末期に起こった内乱によってわずか40年ほどで終焉を迎える。

洛陽が王城の地として復活を遂げたのは，隋の煬帝の時である。父の文帝が前漢長安城の南に造営した大興城とは別に，煬帝がこの地に新都を造営したことは，江南と華北を結ぶ大運河の建設と密接に関連している。
(5)
唐王朝は長安と洛陽の両方に都の機能を置き，「西京」・「東都」と称されたが，7世紀末に帝位に即いた ［ f ］ は洛陽を「神都」と改称し，自ら建てた王朝の首都と位置づけた。唐代の長安・洛陽については，清代の考証学者徐松の手になる『唐両京城坊攷』が詳細な情報を提供してくれる。
(6)

9世紀末，［ g ］ の密売人黄巣が起こした反乱を契機として，唐王朝は統治能力を失い滅亡した。10世紀半ばに成立した宋王朝は洛陽を「西京」としたものの，その実態は，規模においても繁栄ぶりにおいても「東京」開封には遠
(7)
く及ばぬ地方都市にすぎなかった。「新法」と呼ばれる王安石の改革に反対した ［ h ］ が，閑職につきながら『資治通鑑』の編纂に没頭したのも，この時代の洛陽であった。

問

⑴　この反乱を起こした宗教結社の指導者の名を記せ。

⑵　江南で再興した晋王朝に仕え，「女史箴図」の作者として知られる人物の名を記せ。

⑶　孝文帝は内政の充実につとめる一方で，南朝に対する親征を行っている。その時の南朝の王朝名を記せ。

⑷　インドのグプタ朝でも仏教は保護され，教義研究のための施設が王により設置された。玄奘や義浄も学んだというこの施設の名を記せ。

⑸　隋の煬帝が建設を命じた大運河のうち，黄河と淮河を結ぶ運河の名を記せ。

⑹　徐松が参画した国家的文化事業の一つに『全唐文』の編纂がある。唐から五代にかけて作られたあらゆる文章の集成を目指したこの事業では，15 世紀初めに勅命を受けて編纂された中国最大級の「類書」が大いに活用された。この書物の名を記せ。

⑺　唐王朝を滅ぼし，開封を都として王朝を開いた人物の名を記せ。

B　イラン(ペルシア)の歴史や文化は，決してイラン系民族のみが築いたものではない。また，イラン系民族の活動や広義のイラン文化の繁栄は，現在のイランの領域をはるかに越えている。

　　前 6 世紀中頃イラン高原におこったアケメネス朝はオリエントを統一し，東は　　i　　川流域に達する大帝国を築いた。このアケメネス朝期にイランの民族的宗教ゾロアスター教が栄え，また楔形文字を用いてペルシア語を記すようになった。前 330 年アケメネス朝がアレクサンドロス大王に滅ぼされると，イランとその周辺においてヘレニズム文化の影響が顕著となったが，3 世紀前半におこったササン朝では，ペルシア語が活発に用いられ，ゾロアスター教が国教とされた。
⑻
　　　　　　　　　　　　　　　　　　　　　　　　　⑼

　　651 年ササン朝が滅びると，イランのイスラーム化が進行する。750 年アッバース朝成立の原動力となったのはホラーサーン駐屯軍であった。ホラーサー
⑽
ンは，現在のイラン東北部・アフガニスタン西北部・トルクメニスタン東南部をあわせた地域で，歴史的なイランの東北部にあたる。9 世紀前半このホラー

サーンにターヒル朝，9世紀後半には，ホラーサーンの南接地域にサッファール朝，中央アジアにサーマーン朝と，次々にイラン的なイスラーム王朝がおこった。サーマーン朝は，10世紀にはホラーサーンをも支配し，領内でイスラーム化されたイラン文化を発展させた。また，946年バグダードを占領したイラン系の　　j　　朝はシーア派を信奉し，ササン朝の末裔と称した。サーマーン朝のトルコ系マムルーク出身の武将が建てた　　k　　朝や，11世紀半ばに　　k　　朝を破り12世紀半ばまでイランを支配したセルジューク朝のもとでは，イラン＝イスラーム文化，特にペルシア文学が盛んになった。
(12)

　13世紀前半モンゴルの侵攻が始まり，イランを含む西アジアでは，1258年アゼルバイジャンを拠点とするイル＝ハン国が成立した。イル＝ハン国のモンゴル支配階級はイスラーム化し，領内ではイラン＝イスラーム文化が復興した。イル＝ハン国滅亡後の1370年トルコ系のティムール朝がおこり，旧イル＝ハン国領と旧　　l　　＝ハン国領を広く支配した。ティムール朝期中央アジアのサマルカンドやホラーサーンのヘラートでは学芸・都市文化が著しく発展した。16世紀初頭アゼルバイジャンにおこったサファヴィー朝は当初トルコ系諸部族に支えられていたが，君主はイラン的なシャーの称号を採用し，シーア派を国教として周辺のスンナ派諸国と対立した。後にホラーサーンにおこったアフシャール朝や　　m　　を首都としたカージャール朝の王族は，かつてサファヴィー朝を支えたトルコ系部族の出身であった。

問

(8)　ヘレニズム時代当初，アレクサンドロス大王没後にイランとその周辺を支配した王朝の名を記せ。

(9)　ササン朝期にゾロアスター教の聖典が編纂された。その名を記せ。

(10)　アッバース朝の成立とともに広大な領土を誇ったイスラーム王朝が滅んだ。

　(ア)　このイスラーム王朝の名を記せ。

　(イ)　この王朝の首都はどこか。その名を記せ。

⑾　この頃のサーマーン朝の首都はどこか。その名を記せ。

⑿　セルジューク朝に仕えたある人物は，ペルシア詩人・天文学者・数学者であり，ペルシア詩だけでなく，精密な暦の共同作成でも知られている。

　㋐　この人物は誰か。その名を記せ。

　㋑　19 世紀に英訳された，この人物のペルシア詩集の名を記せ。

⒀　13 世紀末にイスラーム教徒となり，イスラームを国教化したイル゠ハン国君主は誰か。その名を記せ。

⒁　サマルカンド郊外に天文台を建設し，その観測結果にもとづいた『天文表』作成に自ら参加したティムール朝王族（後に君主）は誰か。その名を記せ。

⒂　現イラン東アゼルバイジャン州の州都であり，イル゠ハン国の首都にもなった，サファヴィー朝初期の首都はどこか。その名を記せ。

Ⅲ　世界史Ｂ問題　　　　　　　　　　　　　　　　　　　　　（20 点）

　第二次世界大戦終結から冷戦の終わりまでの時期におけるドイツの歴史を，ヨーロッパでの冷戦の展開との関連に焦点をあてて，300 字以内で説明せよ。解答は所定の解答欄に記入せよ。句読点も字数に含めよ。

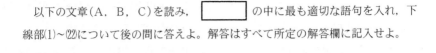

Ⅳ　世界史Ｂ問題　　　　　　　　　　　　　　　　　　　　　　（30 点）

　　以下の文章（A，B，C）を読み，□□□□□の中に最も適切な語句を入れ，下
線部(1)～(22)について後の問に答えよ。解答はすべて所定の解答欄に記入せよ。

A　11 世紀のイベリア半島ではアル゠アンダルス（ムスリム支配地域）が政治的
　　に分裂し，キリスト教諸国が軍事的に優位に立った。以来レコンキスタ（国土
　　回復運動）は，マグリブ（北西アフリカ）のベルベル系ムラービト朝とそれに続
　　　　　　　　　　　　　　　　　　　　　　　　　　　　　(1)
　　く　□a□　朝によるアル゠アンダルス遠征のために一時停滞したものの，
　　12～13 世紀に急速に進展した。この間にキリスト教諸国ではナバーラ王国の
　　優位が崩れ，カスティーリャ゠レオン王国・アラゴン連合王国・　□b□　王
　　国の三国が強勢となった。なかでもカスティーリャ゠レオン王は一時「皇帝」の
　　　　　　　　　　　　　　　　　　　　(2)
　　称号をローマ教皇から許され，キリスト教諸国への宗主権を主張した。カス
　　ティーリャ゠レオン王国は分裂・統合を繰り返した後，1230 年に再統合され
　　た。それに先だって，カスティーリャ王を中心とするキリスト教諸国軍は
　　1212 年の戦いで　□a□　軍を破っており，その後南進を加速させ，1240 年
　　代までに　□c□　王国を除いて半島内のレコンキスタをほぼ完了させた。
　　　この後キリスト教三国のなかでいちはやく海外進出を果たしたのはアラゴン
　　連合王国である。同国はバルセローナ伯領を中心とするカタルーニャ地方とア
　　ラゴン王国を束ねた同君連合国家で，ピレネー山脈の北側にも支配を及ぼして
　　　　　　　　　　　(3)
　　いたが，13 世紀初頭にこれを喪失した。ハイメ 1 世はバレンシア征服でレコ
　　ンキスタに区切りをつける一方で，地中海への進出を目指してバレアレス諸島
　　を征服した。1282 年「シチリアの晩鐘」事件がおこると，ペドロ 3 世はこれに
　　　　　　　　(4)
　　乗じてシチリア王位を獲得した。後にサルデーニャとアテネ公領などもアラゴ
　　ン連合王国に組み込まれた。こうしてアラゴンの地中海帝国が形成された。
　　　アラゴン連合王国の政治と経済において牽引役を果たしていたのはカタルー
　　ニャであった。カタルーニャ，とくにバルセローナの商人は東地中海からシチ
　　リアを経て南フランス，マグリブ，北大西洋に及ぶ広範な海上貿易で活躍し

た。その基軸は毛織物などをマグリブに輸出し，マグリブで得た金によってベイルート，エジプトの　d　やカイロでアジア産の香料を入手し，それを
(5)
ヨーロッパにもたらすことにあった。この地中海貿易は14世紀に頂点に達し，海上保険や為替制度などの発展，海事法典の整備が促された。

　しかし，黒死病の影響による生産力の低下や海洋帝国を維持するための軍事的負担増はアラゴン連合王国の将来に暗い影を落とした。金融危機や反ユダヤ暴動などを背景に，14世紀末以降同国は全般的な危機に陥り，海上貿易もジェノヴァ人やカスティーリャ人との競合の激化で縮小に転じたのである。

問

(1)　ムラービト朝は西サハラを縦断するキャラバン交易を支配し，ニジェール川上流およびセネガル川上流産の金を入手した。

　(ア)　金と引きかえにサハラ以南にもたらされた商品のうち代表的なものは何か。その商品の名を記せ。

　(イ)　サハラ南縁で「黄金の国」として繁栄したが，ムラービト朝の攻撃を受けて衰退した国はどこか。その国の名を記せ。

(2)　皇帝アルフォンソ6世は1085年トレドを奪回したが，ムスリム支配以前にトレドを首都としていた国はどこか。その国の名を記せ。

(3)　14世紀末の北欧でも同君連合が成立したが，その実権を握ったのは誰か。その人物名を記せ。

(4)　この事件で住民暴動の標的となった王家は何か。その王家の名を記せ。

(5)　14世紀末までにこの香料貿易を支配することになったアドリア海の港市国家はどこか。その国家の名を記せ。

B　国家の構成員が政治に参加する仕組みはいかにあるべきか，という問題をめぐって，ヨーロッパでは，古代以来，さまざまな議論が行われ，また，多様な制度が生み出されてきた。たとえば，古代のアテネでは，紀元前6世紀初めの
(6)
改革によって血統ではなく財産額に応じて市民の政治参加の道が開かれたの

ち，前 508 年に指導者となったクレイステスによって民主政の制度的な基礎
が築かれた。その後，アテネでは，前 5 世紀に無産市民の発言力が強まり，民
会が政治の最高機関となった。民会には，18 歳以上の市民権をもつ成人男子
が参加を認められたが，女性，在留外人，奴隷には参政権が与えられなかっ
た。古代ローマにも，市民が直接参加する政治集会が存在した。前 287 年に
は，護民官によって招集される民会（平民会）の決議が，元老院の承認なしで国
法と認められるようになった。しかし，帝政期にはいると，民会は立法上の機
能を失い，形骸化していった。他方で，ローマ帝国の周辺部の諸民族のなかに
は，自由人が集会を開いて共同体の問題について決定する慣習をもつ集団が存
在した。

　中世から近世にかけてのヨーロッパでは，君主が新たな課税や立法を行うさ
いに諸身分と交渉する場として，身分制議会が成立した。身分制議会の構成員
は，自らが所属する身分の利益を君主に対して代表していたが，議会を構成す
る身分の範囲は地域によってさまざまであった。諸身分が君主の政策に同意し
ない場合には，議会と君主のあいだで激しい対立が生じ，君主が議会の招集を
停止することもあった。18 世紀後半のイギリスでは，議会の権限をめぐっ
て，本国と北米植民地のあいだで議論が起こった。本国側の政策に不満を抱い
た北米植民地は，やがて本国から独立して，独自に近代的議会制度を発展させ
た。

　1789 年にフランスの国民議会が採択した「人権および市民権の宣言」は，「す
べての主権の根源は，本質的に国民のうちに存する」（第 3 条），また，「法は，
一般意志の表現である。市民はすべて，自分自身で，あるいはその代表者をつ
うじて，その形成に協力する権利をもつ」（第 6 条）と認めている。しかし，19
世紀をつうじて，欧米諸国においても，選挙権を行使する集団の範囲は，財産
や性別によって，なお限定されたものであった。ヨーロッパ諸国やアメリカ合
衆国で，女性に国政に参加する権利が認められたのは，ようやく 20 世紀に
なってからのことである。こうした参政権の獲得も含めて，財産や人種や男女
の違いを越えて，より多くの人びとに国民としての権利が保障されるために

は，長い闘いが必要であった。

問

(6) このとき貴族と平民の調停者として改革を指導した人物の名を記せ。

(7) 僭主の出現を防ぐためにクレイステネスが導入した制度の名を記せ。

(8) このことを定めた法の名称を記せ。

(9) 紀元後 1 世紀末に，このような習俗の記述を含む民族誌『ゲルマニア』を著した歴史家の名を記せ。

(10) フランスでは，1302 年に聖職者，貴族，平民の代表者が出席する三部会が開かれた。このときの三部会を招集した国王の名を記せ。

(11) 1628 年，イギリスの議会は，国王の恣意的な課税や不法な逮捕・投獄を批判する文書を提出した。国王はいったんこれを受け入れるが，翌年議会を解散し，以後 11 年間にわたって議会を開かずに専制的に統治した。この 1628 年の文書の名称を記せ。

(12) この議会の権限の問題は，1765 年に印紙法が成立したさいに，本国と北米植民地が対立する争点となった。このとき，植民地側が掲げた主張を記せ。

(13) 1787 年に採択されたアメリカ合衆国憲法は，人民主権，連邦主義に加えて，国家による権力の濫用を防ぐ原理を採用している。モンテスキューによっても唱えられたこの原理の名称を記せ。

(14) フランスでは，この年の初めに，ある聖職者が特権身分を痛烈に批判するパンフレットを刊行し，大きな反響を呼んだ。この著作の題名を記せ。

(15) アメリカ合衆国では，1950 年代半ばから 1960 年代にかけて，黒人に対する差別に反対する運動が高揚した。この運動の成果として 1964 年に制定された法律の名称を記せ。

C　フランス人ヴェルヌが 1872 年に書いた小説『80 日間世界一周』は，多数の言
語に翻訳され，19 世紀後半の世界的ベストセラーの一つになった。主人公の
イギリス人男性が，1872 年のこと，80 日間で世界を一周することができると
主張し，ロンドンを出発して<u>スエズ運河</u>，インド亜大陸，マレー半島，中国大
　　　　　　　　　　　　　　(16)
陸沿岸，日本列島，北アメリカ大陸を経由し，ロンドンに戻ってくる話であ
る。蒸気機関が長距離移動手段として実用化されるようになった当時の交通状
況を背景に書かれていることが，人気を博した一因であった。

　この小説には，ヴィクトリア女王下のイギリスが世界において占めていた地
位も反映されている。<u>経済的にも軍事的にもイギリスが他国を圧倒する大きな
力を持っていた 19 世紀後半の世界</u>で，主人公は，イギリスの支配下にあった
　(17)
地点を経由してアジアを旅するのである。インドでは，<u>西海岸にあってイギリ
　　　　　　　　　　　　　　　　　　　　　　　　　　(18)
スによる経済活動の拠点であった都市</u>に上陸し，ついで，「海峡植民地」ではシ
　　　　　　　　　　　　　　　　　　　　　　　　　　(19)
ンガポールに寄港した。そして<u>中国では香港</u>に，<u>日本では長崎と横浜</u>に主人公
　　　　　　　　　　　　　　　　　(20)
は立ち寄った。日本はイギリスの政治的支配下にあったわけではない。だが，
長崎や横浜などの開港を 1850 年代に日本がイギリスなど欧米列強と約した諸
条約は，<u>日本側に不利な不平等条約</u>であり，当時の日本も，イギリスの大きな
　　　　　　　(21)
力の影響下にあった。

　当時の欧米諸国にひろがっていた人種差別・民族差別の心性も，この小説の
なかに色濃い。アメリカ大陸横断鉄道の列車を襲う先住民（インディアン）を主
人公が撃退する，というエピソードが挟み込まれているのである。じっさい先
住民が鉄道工事を妨害し，列車を襲撃することはあった。だがこの小説には，
先住民がこうした行為に及ぶ理由への考察が欠けていた。<u>アメリカ大陸横断鉄
道の建設</u>は，先住民の保留地にも及んだために，狩猟で生活の糧を得る彼らの
　(22)
生存を脅かしたのである。

問

(16)　スエズ運河が位置するエジプトでは，1870 年代当時，イギリスとフランスが経済的影響力の拡大を競っていた。

　(ア)　当時のエジプトの実質的統治権は，19 世紀初頭にエジプト総督となったある人物の子孫によって世襲されていた。この人物の名を記せ。

　(イ)　当時のエジプトは，ある産物のモノカルチャー化が進展し，その国際価格の動向によって国家経済が左右される状況にあった。その産物の名を記せ。

(17)　イギリス優位のこのような世界の状況は，何と呼ばれるか。

(18)　この都市の名を記せ。

(19)　イギリスの「海峡植民地」は，シンガポールとペナンにくわえ，もう一つ港市を併せて 1826 年に形成された。もう一つの港市の名を記せ。

(20)　19 世紀後半，これらの港は，中国および日本からの国際市場向け産品の輸出港として賑（にぎ）わっていた。両国に共通するもっとも重要だった産品の名を，二つあげよ。

(21)　このような不平等条約を，1840 年代に清朝もイギリスなど欧米列強と結んだ。不平等の内容を簡潔に記せ。

(22)　鉄道会社への公有地払い下げなど，大陸横断鉄道の建設を推進する法律が制定された 1862 年には，西部で 5 年間定住し開墾した者に公有地が無償で与えられる法律も制定された。先住民の生活空間をますます狭める原因になった後者のこの法律は，何と呼ばれるか。

Ⅰ　世界史Ｂ問題　　　　　　　　　　　　　　　　　　　　　　　　　　（20点）

　19世紀以来，イスラーム世界の改革を目指した様々な運動，なかでも「イスラーム復興主義」と呼ばれる立場において，しばしばムスリムが立ち戻るべき理想的な社会とみなされたのが，預言者ムハンマドの時代およびそれに続く「正統カリフ時代」のウンマ（イスラーム共同体）であった。しかし実際には661年にウマイヤ朝が成立するまでの間，様々な出来事を経てウンマのあり方は大きく変化した。ウンマ成立の経緯および「正統カリフ時代」にウンマに生じた主要な政治的事件とその結果について，以下のキーワードをすべて用いて300字以内で説明せよ。解答は所定の解答欄に記入せよ。句読点も字数に含めよ。

　　　ヒジュラ　　　　カリフ　　　　シーア派

Ⅱ　世界史Ｂ問題　　　　　　　　　　　　　　　　　　　　　　　　　　（30点）

　次の文章（Ａ，Ｂ）を読み，　　　　　　　の中に最も適切な語句を入れ，下線部⑴〜⒁について後の問に答えよ。解答はすべて所定の解答欄に記入せよ。

Ａ　「中国」ということばは，周代の初期にはじめて見える。周は渭水流域にあったが，武王は殷王朝を滅ぼし，黄河中下流域を支配下に収めた。2代目の成王
　　　　　⑴
の5年の紀年をもつ青銅器の銘文に「中国」が見える。この「中国」は，今日の河南省洛陽附近のごく狭小な地域を指したものである。ついで，中国最古の詩集である『　　a　　』には，「中国」と「四方」とを対比する記述が見え，こちらの「中国」は，渭水流域にあった周王朝の首都附近を指したものとされる。
　　　　　　　⑵
　　周王朝が洛陽に遷都し，春秋時代が始まる。この時代には　　b　　とよば

れる有力諸侯が，周王朝の権威のもと，黄河中下流域の諸侯と会盟を行った。
会盟などの儀礼に参加した黄河中下流域の諸侯は，文化的一体感をもつように
なった。かれらは「諸夏」と称された。夏は　　c　　が開いたとされる伝説的
王朝の名である。かれらは　　c　　の治水によって大地が創造されたという
神話を共有し，夏王朝以来の文化的伝統を誇示したのである。一方，当時の黄
河中下流域には，なお国家を形成しえない諸集団があり，「諸夏」と雑居してい
た。かれらは会盟に参加しえず，蛮夷戎狄などと蔑称され，「諸夏」から異民族
として扱われた。

　黄河中下流域の蛮夷戎狄は，国家を形成して「諸夏」に参入し，あるいは「諸
夏」に征服・駆逐されることによって消滅した。戦国時代には，ふたたび「中
国」ということばが見えるようになるが，これは，蛮夷戎狄の消滅によって「諸
夏」に占有されるようになった広大な地域を指す。「中国」には辺境化された四
方の異民族を指す「四夷」が対比されるようになった。一方，『孟子』には，「中
　　　　　　　　　　　　　　　　　　　　　　　　　(3)
国」や「四夷」と秦・楚とを区別する記述が見える。黄河中下流域の人々にとっ
て，渭水流域の秦や長江流域の楚は，「四夷」ではないにしても「中国」とは異質
　　　　(4)　　　　　　(5)
な存在と感じられており，「中国」と「四夷」との間に位置づけられていたのであ
ろう。

　秦は天下統一ののち，今日の広東・広西・ベトナム北部を征服した。秦が滅
　(6)　　　　　　　　　　　　　　　　　　　　　　　　　　　(7)
亡した際に，秦から派遣されていた地方官が自立して南越を建国した。「中国
　　　　　　　　　　　　　　　　　　　　　　　　(8)
人」ということばは，ある歴史書のこの国の推移を記した部分にはじめて見
　　　　　　　　　(9)
え，原住民である「越人」に対比して用いられている。ここでいう「中国」とは，
統一を達成した時点における秦帝国の領土を指すものであり，いわゆる中国本
土にほぼ一致する。

問

　(1)　殷王朝の代表的な遺跡の名を記せ。

　(2)　この首都の名を記せ。

　(3)　(ア)　孟子の主張した倫理・道徳学説の名を記せ。

　　(イ)　孟子と同じころ活躍し，陰陽五行説を唱えた学者の名を記せ。

(4)　前4世紀の半ばに秦が遷都した首都の名を記せ。

(5)　(ア)　孔子が編纂したとされる前8～前5世紀を扱った歴史書では，楚は異
　　　　　民族として記述されている。この歴史書の名を記せ。

　　(イ)　前4～前3世紀に活躍した楚の詩人の名を記せ。

(6)　統一後の秦で用いられた貨幣の名を記せ。

(7)　秦の滅亡のきっかけとなった農民反乱の名を記せ。

(8)　(ア)　南越は今日の広東省広州市に首都を置いた。秦がこの地に設置した郡
　　　　　の名を記せ。

　　(イ)　前2世紀末に南越を滅ぼした皇帝の名を記せ。

(9)　前2世紀末～前1世紀初めごろに完成した，その歴史書の名を記せ。

B　カスピ海と小アジアの間の地を故郷とするアルメニア人は，かつてヨーロッ
　(10)
　パとアジアにまたがる広大な交易のネットワークをつくりあげていた。かれら
　の活動の中心はサファヴィー朝の当時の首都　　d　　の近郊の新ジュルファ
　にあり，このまちは17世紀初頭にシャーの　　e　　がアルメニア人をその
　故地ジュルファから移住させて造られた。アルメニア人はそれまでにもユーラ
　シア各地で活動していたが，新ジュルファの建設が契機となってかれらのネッ
　トワークはさらに広がった。かれらはとくにイランとインドの間の交易に活躍
　したので，インドにやってきたヨーロッパの商人たちもその存在を意識せざる
　を得なかった。フランスの財務総監　　f　　が東インド会社を再建した時も
　アルメニア人の力を借りようとしたし，イギリス東インド会社もアルメニア人
　と交易に関する提携協定を結んでいる。アルメニア人の足跡はさらにチベット
　　　　　　　　　　　　　　(11)
　の中心都市　　g　　や中国の広州にも及んでいた。また，フィリピンの
　　　　　　　　　　　　　　　　　(12)
　　　h　　から太平洋を越えてアカプルコに渡った者もあったことが，当時の
　異端審問の記録から知られる。

　　アルメニア人がこれだけ広く活動できた原因の一つは，かれらがキリスト教
　徒だったことにある。後からインド洋世界にやってきたヨーロッパ人にとっ

て，アルメニア人は宗派を異にするとはいえ，ムスリムに比べればより近しい存在だった。また，アルメニア人はムスリムとの交渉に慣れていたし，シーア派とスンナ派の抗争に巻き込まれることもなかったので，両派の文化圏に比較的自由に出入りできた。カトリックの宣教師はこうしたアルメニア人の特性を利用して，イスラーム圏を安全に旅行するためにアルメニア人に変装することもあった。17 世紀初頭にムガル帝国の首都　　i　　を出発して中央アジアを旅して中国を目指したイエズス会士は，その一例である。アフリカのキリスト教国　　j　　の使節としてアウラングゼーブ帝のもとを訪れたアルメニア人のように，交易だけでなく外交にも活躍する者が多かったのも，異文化間の仲介者としてのかれらの性格を表している。

　新ジュルファは 18 世紀前半にイランの政治変動のなかで破壊され，当地のアルメニア人は各地へ離散していった。また，かれらの故地は大国の勢力争いの渦中にまきこまれ，1828 年にイランとロシアの間で締結された　　k　　条約によって東アルメニアの地はロシアの支配下に組み込まれた。かれらは移住先の地で迫害をこうむることもしばしばだったが，そのアイデンティティを守ろうとする営為も続けられた。1979 年におきたイラン革命により最高指導者となった　　1　　を支持して宗教的少数派の地位を守ろうと努めたのは，その一例である。また，アメリカやフランスに移住したアルメニア人が，ロビー活動によって政治に影響を及ぼしたこともある。

問

(10)　カスピ海北岸の都市アストラハンは，アルメニア人の商業拠点の一つであった。16 世紀にこの都市を支配下においたロシアの君主は誰か。その名を記せ。

(11)　アルメニア人は，ベンガル地方におけるイギリスの拠点となった都市の発展にも寄与している。その都市の名を記せ。

(12)　アルメニア人は，広州で交易の独占権を与えられた特許商人と取引する一方で，密貿易でも活躍した。

⑺　特許商人の組合を何と呼ぶか。

⑻　密貿易の商品のうち，中国社会に大きな影響を与えたインド産品は何か。

⒀　このイエズス会士の旅行記録は，当時北京にいた同会の宣教師の著作によってヨーロッパで広く知られるようになった。北京にいたイエズス会士とは誰か。その名を記せ。

⒁　この使節はインド北西岸のスーラトに上陸した時，ムガル帝国に抵抗していた勢力によって掠奪をこうむった。その勢力の指導者の名を記せ。

Ⅲ　世界史Ｂ問題　　　　　　　　　　　　　　　　　　　　　　　　　（20 点）

　　フランス革命以降，フランスとロシアはしばしば敵対関係におちいったが，第一次世界大戦では両国は連合国の主力として，ドイツを中核とする同盟国と戦うことになる。ウィーン会議から露仏同盟成立に至るまでのフランスとロシアの関係の変遷について，300 字以内で説明せよ。解答は所定の解答欄に記入せよ。句読点も字数に含めよ。

Ⅳ　世界史Ｂ問題　　　　　　　　　　　　　　　　　　　　　　　　　（30 点）

　　次の文章（Ａ，Ｂ，Ｃ）を読み，　　　　　　　　の中に最も適切な語句を入れ，下線部(1)～⒇について後の問に答えよ。解答はすべて所定の解答欄に記入せよ。

Ａ　ヨーロッパでは長らく，歴史はオリエントに始まり，ギリシア・ローマを経て中世以後のヨーロッパへと発展するものと考えられ，「世界史」と呼ばれてきた。歴史の主たる舞台が移動するこうしたヨーロッパ的世界史像の形成に大きく関わったのは，古代のギリシア人である。「歴史の父」と呼ばれるヘロドトス
(1)
は，小アジア生まれのギリシア人であったが，彼はギリシア世界で起きた出来事を歴史叙述の中心とはせず，アジアとヨーロッパを旅して見聞を広め，彼の

生きた時代に最も力のあった国家であるペルシア帝国の動向を叙述の中心に置いた。そして，ペルシア帝国の軍事行動の重要な一つとして，帝国のギリシア遠征，すなわちペルシア戦争を描いたのである。ヘロドトスより少し後に活躍
(2)
したトゥキュディデスはギリシア世界内部で生じた大戦争を描いたが，ギリシ
(3)
ア人の歴史家がギリシア世界の出来事を中心に歴史書を著すことは長続きせ
ず，前4世紀前半に北のマケドニア王国が強大化すると，マケドニアの動きを
(4)
中心に歴史を描くようになる。そして，前2世紀に現れたポリュビオスは，興
(5)
隆するローマを中心に歴史書を著した。こうして，その時々の最も強大な国家
を中心にして歴史を描くギリシア人の歴史叙述は，次第にまとめられて，大国
の変遷を基軸とする「世界史」となっていった。ギリシア世界は前2世紀後半に
はローマ帝国の事実上の支配下に入ったが，ローマ時代を通じてギリシア語は
文化言語として重視され，ギリシア語による歴史作品や伝記作品が数多く書か
(6)
れた。

　こうしたギリシア人の歴史学に比して，ローマ人の歴史学は性格を異にしている。かれらの言語であるラテン語は，長らく宗教や法律の必要のために用い
(7)
られるものであったが，ギリシア文化の影響を受けて高度な文学言語に成長し
(8)
た。その中で，歴史書も著されるようになったが，ローマ人は自分の国家の出
来事を叙述の中心に置き，とくに出来事を年ごとに書き記す年代記が主流と
(9)
なった。年代記の叙述スタイルは単調になりがちであるが，リウィウスやタキ
トゥスといった見事なラテン語の使い手が，感動を呼ぶ歴史作品を著している。ローマ帝政後期になるとラテン語による文学作品の書き手がキリスト教徒
作家に移り，中世においてもラテン語は学術言語として重視され続け，数多く
(10)
の歴史作品も著された。

問

(1)　小アジアのギリシア人都市で，前6世紀に自然哲学の中心地となり，前5
　　世紀の初めにペルシア帝国に対する反乱を主導した都市の名を記せ。

(2)　この戦争で大きな働きをなしたアテネでは，戦後に無産市民が政治的発言権を強め，政治の民主化が進んだとされる。かれら無産市民たちは，ペルシア戦争でどのような役割を演じたのか。その最も重要な任務を簡潔に記せ。

(3)　この「大戦争」の名を記せ。

(4)　前359年に即位して，マケドニア王国を強大化させ，ギリシア世界の支配を進めた国王の名を記せ。

(5)　ポリュビオスはローマの将軍スキピオに同行して，ローマ軍が戦争の結果，前146年にある都市を滅ぼすのを目撃している。このときに滅ぼされた都市の名を記せ。

(6)　ローマ帝国最盛期のギリシアに生きて，大部の伝記作品や倫理論集を著した人物の名を記せ。

(7)　ローマ人が前5世紀半ばに生み出した最初の法典の名を記せ。

(8)　演説や修辞学，哲学に関する書など数多くの作品を著し，ラテン語の発展に大きく貢献した，雄弁で知られるローマ共和政末期の政治家の名を記せ。

(9)　ローマ人は特定の年を表示するために，年の初めに国家の最高公職に就任する2名の人物の名でその年を表したので，年代記では冒頭にそれが書かれている。このローマ国家の最高公職の名を記せ。

(10)　カール大帝の時代を中心に興り，古典を模範にした正しいラテン語の復興を中心とし，美術や建築へと展開した文化運動は，一般に何と呼ばれているか。その名称を記せ。

B　地中海と大西洋とはジブラルタル海峡で結ばれている。この海峡の名は，海峡に面して北のヨーロッパ側から南へ突き出した，小さな岬の地であるジブラルタルに由来する。古代には，ジブラルタル海峡は地中海世界の西の極限とみなされ，海峡をはさんで向きあう山塊を門柱に見立て，「ヘラクレスの柱」と呼ばれていた。しかしその古代にあっても，門を出て大西洋へと交易の範囲を広げた民族もあった。
　　ジブラルタル海峡は海洋と海洋をつないでいただけではない。最も狭隘な箇

所でおよそ 13 キロメートルと，アフリカとヨーロッパとが接近するこの地点
は，大陸から大陸への移動の通路としても利用された。紀元 5 世紀には，<u>ゲル</u>
<u>マン人の部族の中に，イベリア半島から海峡を越えてアフリカ大陸北岸に進入</u>⁽¹²⁾
<u>し，王国を建設するものもあった</u>。8 世紀にはウマイヤ朝のイスラーム教徒
が，逆にアフリカからジブラルタル海峡を渡ってイベリア半島に進入した。かれらはさらにピレネー山脈を越えてフランク王国に入り，　　a　　間の戦い
で，宮宰カール・マルテル率いる軍と対決した。

　ジブラルタルの地は，その後イスラーム教徒とキリスト教徒の間で争奪がくりかえされたが，1462 年にカスティーリャ王国のメディナ・シドニア公が，ナスル朝のグラナダ王国からこれを奪取してユダヤ人に与えたため，ジブラルタルにはユダヤ人のコミュニティがつくられた。しかし<u>その後出された追放令</u>⁽¹³⁾によってかれらは追われ，1501 年にジブラルタルはスペインの領有に帰した。

　近代には，その交通上，戦略上の重要性から，ジブラルタル及び海峡の周辺は，たびたび激しい戦闘の場となった。16 世紀後半から 17 世紀にかけての，オランダの対スペイン独立戦争においても，また 18 世紀初頭のスペイン継承戦争においても，ジブラルタルの攻防戦が行われた。その結果，スペイン継承戦争後のユトレヒト条約で，ジブラルタルはイギリスに割譲されることになる。<u>アメリカ独立戦争</u>⁽¹⁴⁾時には，スペインがジブラルタルを封鎖し，イギリス軍が抗戦する包囲戦が 3 年半にわたってつづいた。ナポレオン戦争中の<u>1805 年</u>⁽¹⁵⁾に，この海峡に近い　　b　　岬の沖で起きた，イギリスとフランス・スペインとの海戦は，この岬の名を冠して呼ばれている。

　19 世紀後半にいたりジブラルタル海峡をめぐる状況が変化した。<u>海峡を通</u>⁽¹⁶⁾<u>過するイギリスの船舶の数が，1870 年代以降いちじるしく増大した</u>からである。それにしたがってイギリスにとっての海峡の重要性もまた増した。20 世紀に入って，ジブラルタル海峡のアフリカ側にあたるモロッコで，二度にわたって<u>「モロッコ事件」</u>⁽¹⁷⁾が発生したとき，イギリスが紛争に強い関心を示し干渉することになったのも，そのことと無関係ではない。

問

⑾　地中海沿岸にティルスなどの都市を築き，海上交易で活躍したこの民族は
　　何か。

⑿　この部族の名を記せ。

⒀　イベリア半島から追放されたユダヤ人は，イタリア半島をはじめ，ヨー
　　ロッパ各地に離散した。かれらは，都市内の指定された地区に居住すること
　　が多かったが，そうしたユダヤ人居住区を何といったか。

⒁　アメリカ独立戦争にスペインが参戦した目的に，七年戦争後イギリスへ割
　　譲した，北米大陸における領土の奪回があった。この領土はどこか。

⒂　この海戦の翌年，ナポレオンがイギリスに対してとった経済政策を何とい
　　うか。

⒃　この時期，海峡を通過するイギリス船の数が増えた理由を簡潔に記せ。

⒄　この事件の主要な当事者となったイギリス以外のヨーロッパの国名を２つ
　　記せ。

C　第二次世界大戦後，先進諸国の政治的・経済的な支配から独立することをめ
　ざす国や地域は，おおまかに「第三世界」と呼ばれるようになった。第三世界諸
　国の多くは，進行中の冷戦対立に巻き込まれることなく，迅速に自国の経済開
　発を進めることを望んだ。1955 年のアジア＝アフリカ会議や 1961 年以降断続
　的に開催された非同盟諸国首脳会議を主導した<u>インドのネルー</u>，エジプトのナ
　　　　　　　　　　　　　　　　　　　　　　　　　⒅
　セル，インドネシアの　　 c 　　 は，このような方針を追求した代表的な指導
　者であった。アフリカ諸国が 1963 年に設立した　　 d 　　 も，域内の平和と
　安定の確保を通じて同様の目標を追求しようとする組織であった。

　　アメリカとソ連は，第三世界に影響力を拡大するために，積極的な政策を採
　用した。アメリカは，<u>第三世界にも西側の政治的・軍事的同盟網を拡大しよう</u>
　<u>とする</u>とともに，<u>資本主義世界との経済的な統合強化によって早期の近代化が</u>
　　⒆
　<u>可能であるとする開発理論を発展させ，多くの第三世界諸国に援助を提供し</u>
　　　　　⒇
　<u>た</u>。ソ連は，1953 年に　　 e 　　 が死去して以降，反植民地主義を掲げる第

　三世界の多様な勢力に援助を提供するようになった。この結果，第三世界のいくつかの国は米ソ双方から援助を獲得することに成功したが，外部勢力の介入によって内戦や域内紛争が激化した国や地域も数多く存在した。
　　　　　　　　　　　　　　　　　　　　　　　　　　　　　　⑵１

　　第三世界諸国の運動は，国際連合内でゆるやかな非同盟ブロックの形成に成功するなど，政治的には一定のインパクトを有したが，短期間のうちに自律的
　　　　　　　　　　⑵２　　　　　　　　　　　　　　　　　　　　　　　　　⑵３
な経済開発を実現するという目標の達成には失敗する国が多かった。一方で，1970 年代以降，韓国，台湾，シンガポールなど，輸出指向の工業化に成功し，のちに「新興工業経済地域(NIES)」と呼ばれるようになる国や地域も現れた。しかし，これら新興工業国の中には強権的な統治によって経済開発を推進した国も多く，その後の民主化の過程で政治的な混乱を経験する国もあった。
　　　　　　　　　　　　　　　⑵４

問

　⑱　1954 年に下線部の人物とともに平和五原則を発表した人物の名を記せ。

　⑲　東南アジア地域を対象として形成された西側の軍事同盟の名称を記せ。

　⑳　ラテンアメリカ諸国の経済開発と政治的安定を目標として，1961 年にアメリカの主導で開始された近代化プログラムの名称を記せ。

　㉑　1975 年にポルトガルから独立を達成したある国は，独立の前後に，アメリカ，ソ連，中国，キューバ，南アフリカなどの干渉を受け，独立後も長く内戦に苦しんだ。この国はどこか。

　㉒　南北間の経済格差の是正を目指し，発展途上諸国の主導で 1964 年に設立された，国連総会の常設機関の名称を記せ。

　㉓　おもに 1950〜60 年代に第三世界の多くの国が採用した，国内産業への補助や保護主義的通商政策に基づく経済開発政策を何と呼ぶか。

　㉔　1980 年 5 月，韓国のある都市で急進化した民主化運動は，全斗煥を中心とする戒厳軍指導部により武力で鎮圧された。この事件が発生した都市名を記せ。

解答時間：90 分
配　　点：100 点

I　世界史Ｂ問題　　　　　　　　　　　　　　　　　　　　　　　　（20 点）

　　中国の「三教」，すなわち儒教・仏教・道教のうち，仏教・道教は大衆にも広く
浸透し，中国社会を変容させてきた。仏教・道教が中国に普及し始めた魏晋南北
朝時代における仏教・道教の発展，および両者が当時の中国の政治・社会・文化
に与えた影響について，300 字以内で説明せよ。解答は所定の解答欄に記入せ
よ。句読点も字数に含めよ。

II　世界史Ｂ問題　　　　　　　　　　　　　　　　　　　　　　　　（30 点）

　　次の文章（A，B）を読み，　　　　　　　　の中に最も適切な語句を入れ，下線部
⑴〜⒂について後の問に答えよ。解答はすべて所定の解答欄に記入せよ。

A　7 世紀前半アラビア半島にイスラーム教がおこり，イスラーム教徒たちは 8
世紀前半までに中央アジア・インド西部からイベリア半島に達する大帝国を築
　⑴
いた。その版図には先進文明が栄えた諸地域が含まれ，これらの文化遺産とイ
スラーム教・アラビア語が融合したイスラーム文明がおこった。

　　9 世紀前半　　a　　朝のバグダードでは，主に哲学・科学に関する
　　　　　　　　　　　　　　　⑵
　　b　　語文献が組織的にアラビア語に翻訳され，またインドの天文学・数
学などもとり入れられ，イスラーム教徒の学問が飛躍的に発達した。この
　　a　　朝期には非アラブ人イスラーム教徒も活躍するようになり，古代以
来のイラン地域の帝国統治・官僚制の伝統が取り入れられただけでなく，イラ
ン系改宗者が要職についた。非アラブ人は学者としても活躍し，代数学で有名
な数学者・天文学者　　c　　や後の偉大な哲学者・医学者イブン・シーナー
は中央アジアの出身であった。

　　イスラーム教に関わる学問では，アラビア語学・コーラン解釈学に基づいて
　⑶

神学・法学が発達し，10 世紀までに今日につながるスンナ派の主要な法学派が成立した。10 世紀末シーア派のファーティマ朝は新都カイロに ⎡ d ⎤ 学院を建設して教学の中心とするが，これに対抗する ⎡ e ⎤ 朝は，11 世紀後半，領内の主要都市に学院を建設して，スンナ派の神学と法学を奨励した。
(4)

　また広大なイスラーム世界では，地域・民族の特色を加えた文化が形成されるようになり，各地で個性ある宮廷文化・都市文化が栄えた。10 世紀中央ア
(5)
ジアの ⎡ f ⎤ 朝の宮廷ではペルシア文学が盛んとなり，これが西方にも広まって隆盛を極め，15 世紀末までにはオスマン朝や ⎡ g ⎤ 朝で本格的なトルコ文学がおこった。いずれもアラビア文字を使用し，アラビア語から大量の語句を借用した言語によるものである。インド亜大陸ではイスラーム教とヒ
(6)
ンドゥー教両方の要素が融合された文化が生まれ，16 世紀初頭には ⎡ h ⎤ がイスラーム教の影響のもとにヒンドゥー教を改革し，シク教をおこした。

問

(1)　このときのイスラーム王朝の首都はどこか。都市名を記せ。

(2)　その後イベリア半島のトレドを中心に，逆にアラビア語文献がヨーロッパのある言語に翻訳され，後世に大きな影響を及ぼした。その言語は何か。

(3)　イスラーム教に関わる各分野の学識を十分に持ち，信仰を指導する人々を総称して何と呼ぶか。

(4)　これらの学院は，この建設活動を指導した宰相にちなんだ名称で呼ばれた。その名称を記せ。

(5)　11 世紀後半，現在のモロッコに建設され，13 世紀後半までベルベル系王朝の首都として繁栄したのはどこか。都市名を記せ。

(6)　ほかにも同じ特徴を持つ言語がイスラーム世界に成立した。

　(ア)　10 世紀以降のイスラーム教徒の商業活動の影響で東アフリカの海岸部に成立した言語は何か。

　(イ)　ペルシア語の影響下にムガル朝期のインド亜大陸で成立し，現在パキスタンの国語となっている言語は何か。

B　1844 年，清とアメリカ合衆国の間で　　i　　条約が締結された。中国と
アメリカの関係はこの条約によって本格的に始まったといってよい。軍事力を
背景に中国に進出したイギリスやフランスなどとはちがい，中国とアメリカの
(7)
関係はおおむね友好的であった。1872 年，清政府は初めて海外留学生を派遣
したが，留学先はアメリカであった。また，1848 年のゴールド・ラッシュ
や，1869 年に完成した　　j　　建設のため，数万人におよぶ中国人がアメ
リカに渡った。

　アメリカが本格的に中国進出を図るのは 1898 年の　　k　　戦争により
フィリピンを領有して後のことである。ヘイ国務長官は 1899 年に門戸開放と
(8)
機会均等を列国に対して提唱した。翌年，義和団事件が起こると，アメリカは
(9)
フィリピンに派遣していた軍の一部を割いて，義和団鎮圧に参加した。1901
年，清は 11 か国との間に北京議定書（辛丑和約）を調印，多額の賠償金を負わ
された。同年，林紓と魏易は　　l　　の著作『アンクル・トムの小屋』を翻訳
りんじょ
し，中国人の運命をアメリカの黒人と重ね合わせ，同胞の奮起を促した。

　1905 年に中国各地で反米ボイコット運動が起こったのは，当時のアメリカ
が帝国主義列強の一員として中国の利益に対立する存在となっていたからであ
る。また，1904 年にいわゆる排華移民法（1882 年制定）の二度目の期間延長が
決まったことも，大きな要因であった。一方でアメリカは義和団賠償金の一部
を中国に返還し，中国人学生のアメリカ留学事業に充てた。留学生たちは帰国
後，社会の様々な方面で指導的役割を果たし，アメリカの影響力が増大した。
たとえば，1922 年に制定された新しい教育制度はアメリカをモデルとしてい
(10)
た。

　1927 年に蒋介石が南京に国民政府を樹立，翌年北京を占領して北伐を完成
させると，アメリカはいち早く新政府とその関税自主権を承認した。しかし，
アメリカが極東で重視したのは日本との関係であった。1931 年に満洲事変が
(11)
起きた際にも，アメリカは日本を非難しただけで，事実上日本の行動を容認し
た。日中戦争が始まり，蒋介石は政権を南京から武漢，ついで　　m　　に移
し，日本に徹底抗戦した。アメリカはようやく中国との関係を重視し，

| m | の政権を積極的に支援するに至った。日本の降伏後，中国では内戦が勃発，1949 年に中国共産党は中華人民共和国を樹立し，蔣介石率いる中国国民党は台湾に逃れた。まもなくして朝鮮戦争が始まると，中華人民共和国は朝鮮民主主義人民共和国を，アメリカは大韓民国をそれぞれ支援した。中華人民共和国とアメリカはベトナム戦争でも対立を深めた。1972 年，アメリカ大統領 | n | が中華人民共和国を訪問し，国交正常化への道が開かれた。その後，フォード大統領，カーター大統領の中華人民共和国訪問を経て，1979 年に両国は国交を結び，30 年におよぶ対立関係に終止符を打った。

問

(7)　清との間で結ばれ，天津の開港を定めた条約の名称を記せ。

(8)　このとき，フィリピン共和国の大統領となり，アメリカと戦った人物の名を記せ。

(9)　アメリカなど 8 か国は共同出兵して義和団と清軍に対抗した。以下の国のうち，8 か国連合軍に参加しなかった国はどれか。

　　（ドイツ，スペイン，イタリア，オーストリア）

(10)　プラグマティズムを大成したアメリカの哲学者・教育学者で，1919 年から 1921 年にかけて中国に滞在し，中国の新しい教育制度に大きな影響を与えた人物の名を記せ。

(11)　清の最後の皇帝で，満洲国執政に就任した人物の名を記せ。

(12)　日本が降伏にあたって受諾した，米英中 3 国による対日共同宣言の名称を記せ。

(13)　大韓民国を支援した国連軍の最高司令官で，日本占領時の連合国軍最高司令官であった人物の名を記せ。

(14)　1960 年 12 月に結成され，南ベトナム政府軍，および同政府を支援したアメリカ軍と戦った組織の名称を記せ。

(15)　このときの中国共産党主席の名を記せ。

Ⅲ　世界史Ｂ問題　　　　　　　　　　　　　　　　　　　　（20 点）

　16 世紀から 17 世紀にかけて，南北アメリカ大陸には，スペイン，ポルトガル，オランダ，フランス，イギリスがそれぞれ植民地を建設したが，18 世紀後半以降，これらの諸国とアメリカ大陸の植民地との関係は大きく変化しはじめる。18 世紀後半から 19 世紀前半にかけて，北米のイギリス領 13 植民地と南米のスペイン領植民地で生じた変化，および，その結果成立した支配体制の特徴について，300 字以内で説明せよ。解答は所定の解答欄に記入せよ。句読点も字数に含めよ。

Ⅳ　世界史Ｂ問題　　　　　　　　　　　　　　　　　　　　（30 点）

　次の文章（A，B，C）を読み，下線部(1)～(26)について後の問に答えよ。解答はすべて所定の解答欄に記入せよ。

A　民衆や虐げられた人々の反乱は政治・社会の変化を促し，またその時代を特徴づける事件でもあった。古代ローマの奴隷は紀元前 2 世紀に，シチリア島で大規模な反乱を起こしていたが，前 73 年の反乱には数万人の奴隷が加わり，(1)各地でローマ軍を破ったのち，前 71 年に鎮圧された。(2)

　中世後期のヨーロッパ封建社会では，黒死病の流行による農業労働力減少などにより，領主に対する農民の地位は改善されたが，領主が封建支配の再強化を企てると，農民は各地で反乱を起こした。フランスでは 1358 年に「ジャックリーの乱」と呼ばれる農民反乱が生じ，(3)イギリスでは 1381 年にワット＝タイラーが指導する反乱が起こった。(4)これらの反乱は，領主の不当な徴税を拒否し，また農奴制の廃止を要求した。いずれの反乱も諸侯や国王により鎮圧されたものの，農民の地位向上の流れはとまらなかった。15 世紀前半に神聖ローマ帝国東部で生じた宗教的反乱は，(5)農民のみならず，ドイツ人の支配に対するこの地域の人々の民族的な反発と結びついて，広範囲な反乱となった。

　宗教運動と結びついた農民反乱としてもっとも大規模なものは，宗教改革時

代のドイツ農民戦争である。農民戦争はドイツ西南部から中部にかけて広が
り，地方ごとに軍団に組織された農民は，ルターらの主張した福音主義に基づ
く様々な改革要求を掲げて蜂起したが，諸侯の同盟軍に個別的に撃破された。
しかしエルベ川以東の農村社会を除くと，農民戦争後も農民の領主に対する地
位は必ずしも改悪されたわけではなかった。また中世後期から宗教改革期にか
けてドイツでは，都市においても中・下層民による蜂起や市政改革運動が起
こったが，農民反乱と連帯することはほとんどなかった。

問

⑴　この奴隷反乱の指導者の名を記せ。

⑵　この反乱の鎮圧に貢献し，のちにパルティア遠征で戦死した，第1回三頭
　政治に参加した政治家の名を記せ。

⑶　ジャックリーの乱では，このころにフランスで行われていた戦争の災禍
　も，農民の不満の一因であった。この戦争名を記せ。

⑷　聖書を根拠に人間の平等を説いたとされる，この反乱の思想的指導者の名
　を記せ。

⑸　㋐　この反乱が起きた地域の名を記せ。

　　㋑　この反乱のきっかけを与えた宗教改革者の名を記せ。

⑹　ルターには批判されることになる，急進的改革思想を持つ農民戦争の指導
　者の名を記せ。

⑺　㋐　ルターが聖書を信仰のよりどころとするために行った，後世に大きな
　　影響を与えた業績を挙げよ。

　　㋑　14世紀にイギリスで聖書の尊重を唱えて，㋐で問うたルターの業績
　　と同様のことを試みたとされる神学者の名を記せ。

⑻　中世都市の市政改革運動でしばしば中心的な役割を果たした手工業者の組
　織は，何と呼ばれるか。

B　歴史は包摂と排除のプロセスを繰り返してきた。古代ギリシア都市の市民
は，異民族をバルバロイと呼んで軽蔑し，自分たちの文化的優越を誇った。帝
(9)
政期ローマの東部で勃興したキリスト教は，ユダヤ教内部の改革運動にとどま
(10)
らず，外部にも積極的に布教することによって信徒を増やした。こうして4世
紀には帝国の国教となったキリスト教は，新たな包摂と排除のプロセスを開始
した。

　7世紀に興ったイスラーム教の影響はイベリア半島に及び，この地の帰属を
(11)
めぐり，キリスト教陣営との間には争いが長く続いた。

　正教会と分裂したローマ＝カトリック教会は，その影響力を維持すべく，内
部の異質な分子を排除しようとした。13世紀からは，異端審問が各地で猛威
(12)
を振るうようになった。16世紀には宗教改革が起き，西欧はカトリックとプ
ロテスタント諸派がモザイク状に混在する世界になり，各地で新たな包摂と排
除の動きが展開した。宗教改革の影響もあり，16, 17世紀には魔女狩りが盛
(13)
んに行われた。

　宗教や思想とは違う形の包摂と排除もある。フランス革命期，国民議会は
(14)
人権宣言を採択したが，そこに女性の権利は明示されなかった。オランプ＝ド
＝グージュは「女の人権宣言」を出してその欠落を批判したが，ほどなくして断
頭台で刑死した。19世紀のとくに後半以降には，女性の参政権獲得運動が各
(15)
地で繰り広げられることになる。排除された者による包摂の要求である。

　古代ギリシアにも見られた異民族への蔑視の態度は，近代になると，科学の
装いをもって現れる。博物学や人種論は，アジアやアフリカの人々に対する
(16)
ヨーロッパ人の優越意識に根拠を与えることになった。よりあからさまに感情
的な要素が強かった包摂と排除の動きは，ナショナリズム熱である。これは，
西欧の諸地域では国民国家の形成をうながし，東欧やバルカンにおいては諸帝
(17)
国の体制の動揺をまねいた。

　両大戦を経て，20世紀半ば以降のヨーロッパは，排除ではなく積極的な包
摂の方に傾いている。EUはまさにその象徴である。ただ，そのEUといえど
も，包摂と排除のサイクルから抜け出すことは，そう簡単なことではない。

問

(9)　古代ギリシア都市の市民は，これに対して自らを何と呼んだか。

(10)　この宗教にあって，律法を詳細に研究し，それを厳格に守ろうとした人々は，イエスの論敵となったことでも知られる。かれらのことを何派と呼ぶか記せ。

(11)　1492 年にグラナダは陥落した。このときまでイベリア半島に存在した最後のイスラーム王朝名を記せ。

(12)　フランス南部で大きな勢力となったが，教皇やフランス王から弾圧され衰微した異端の名を記せ。

(13)　(ア)　魔女狩りは新大陸でも行われた。とくに有名なのはマサチューセッツ北東部のセーラムで 17 世紀末に起きた事件である。この地に生まれ，魔女裁判や魔女集会に取材した作品も書いた，『緋文字』で知られる作家の名を記せ。

　　　(イ)　1950 年代にアメリカ合衆国で吹き荒れた，現代の魔女狩りともいわれる「赤狩り」を扇動し，この運動を表す言葉の語源にもなった連邦上院議員の名を記せ。

(14)　フランス革命で女性の果たした役割は大きい。たとえば，1789 年 10 月 5 日の女性たちの行動により，ルイ 16 世は人権宣言への署名を約束することになった。十月事件ともいわれるこの出来事は何か。

(15)　第一次世界大戦を経て，イギリスやドイツでは女性の選挙権が認められることになった。ドイツでは 1919 年，男女普通選挙権による憲法制定国民議会選挙が実施され，ヴァイマルに召集されたその議会で大統領が選出された。この人物の名を記せ。

(16)　こうした優越意識は恐怖感の裏返しでもあった。19 世紀末以降欧米でたびたび噴出した，中国人や日本人に対する否定的な議論を何と言うか。

(17)　この地域に大きな版図を有していたオーストリア＝ハンガリー帝国は，第一次世界大戦に敗れた。そして戦勝国側とオーストリアが結んだ講和条約に

より，同国の版図は縮小され，ドイツ系住民が多数を占める共和国となった。この条約の名称を記せ。

C　現代社会は膨大な電力消費の上に成立している。電気の発見は，人類史において火の発見に匹敵する出来事である。「電気」の英語 electricity が琥珀を意味する古典ギリシア語 elektron に由来するように，摩擦帯電現象は古代ギリシ₍₁₈₎アでも知られていた。しかし，石炭を燃料とする蒸気機関に代わって電動機が₍₁₉₎実用化されたのは 19 世紀後半である。「発明王」エジソンは 1882 年に電力供給₍₂₀₎を目的とした火力発電をニューヨークで始めているが，先進工業諸国で一般家庭に電灯が広く普及したのは第一次世界大戦以降である。

　この大戦中に勃発したロシア革命の指導者レーニンは「蒸気の世紀はブルジョアジーの世紀，電気の世紀は社会主義の世紀」のスローガンを好んだ。自立的な機関とちがって，集中的に管理された送配電システムは個人主義的な階級文化に終止符を打つと期待したのである。1920 年の国家電化計画に際してレーニンが発した「共産主義とは，ソヴィエト権力プラス全国の電化である」と₍₂₁₎いう言葉にもそうした思いを読み取ることができる。このような電力供給事業₍₂₂₎を社会経済システムの基盤とみなす発想は，国家体制の違いを超えて広まった。日本でも電源開発としてのダム建設は盛んに行われたが，1950 年代後半には安価な石油を燃料とした火力発電所が急増した。しかし，第四次中東戦争₍₂₃₎以降は状況が一変し，供給の安定性，経済性の観点からエネルギー源の多様化が図られた。

　アメリカで核分裂連鎖反応の実験が成功したのは第二次世界大戦中だが，やがて原子炉で発生する熱を利用した原子力発電の計画も始まった。冷戦下の核₍₂₄₎兵器開発競争の中で，1954 年に実用レベルの原子力発電所を世界にさきがけて稼働させたのはソヴィエト連邦である。一方，第二次世界大戦の敗戦国ドイツでは原子力発電のスタートは遅れていた。しかし，1958 年にヨーロッパ原₍₂₅₎子力共同体（EURATOM）が発足すると西ドイツは積極的に技術開発を進め，原子力発電の比重を高めてきた。しかし，1986 年のチェルノブイリ原子力発₍₂₆₎

電所事故を受けて，西ドイツ，そして後の統一ドイツでは環境問題への懸念か
ら脱原発への関心がしだいに高まった。

問

⒅　琥珀の摩擦実験を行ったとされる古代ギリシアの哲学者で，万物の根源を
　　水と考えた人物の名を記せ。

⒆　1830年に営業運転が始まった蒸気機関車による鉄道はリヴァプールとど
　　こを結ぶ路線だったか。その都市名を記せ。

⒇　この年にスタンダード石油トラストを組織してアメリカの「石油王」となっ
　　た実業家の名を記せ。

㉑　第一次世界大戦末期にドイツにおこった革命運動の組織で，「ソヴィエト」
　　のドイツ語訳にあたる名称を記せ。

㉒　アメリカ合衆国のニューディールの中で，電力供給による大規模な地域開
　　発などを目的として1933年に設立された組織の名称を記せ。

㉓　㋐　この地域紛争でエジプト・シリアと交戦した国はどこか。

　　㋑　㋐で問われた国を支援する諸国に対して原油の輸出停止を行った組織
　　　　の名称を記せ。

㉔　「ソ連水爆の父」と呼ばれた原子物理学者で，後に市民的自由を要求して反
　　体制活動を行い，1975年にノーベル平和賞を受賞した人物の名を記せ。

㉕　西ドイツは西ヨーロッパへの統合に向かった。この時期の西ドイツ首相の
　　名を記せ。

㉖　当時のソヴィエト連邦の最高指導者が打ち出した情報公開をすすめる政策
　　の名称を記せ。

Ⅰ　**世界史Ｂ問題**　　　　　　　　　　　　　　　　　　　　　　　（20点）

　4世紀から12世紀にかけて，長江下流地域（江南地方）における開発が進み，中国経済の中心は華北地方からこの地域に移動した。この過程を，300字以内で説明せよ。解答は所定の解答欄に記入せよ。句読点も字数に含めよ。

Ⅱ　**世界史Ｂ問題**　　　　　　　　　　　　　　　　　　　　　　　（30点）

　次の文章（A，B，C）を読み，　　　　　　　の中に最も適切な語句を入れ，下線部(1)～(14)について後の問に答えよ。解答はすべて所定の解答欄に記入せよ。

A　インド亜大陸の文明は，インダス川流域の遺跡モエンジョ＝ダーロやハラッパーを代表とするインダス文明の時代に始まる。この文明の衰退後，紀元前1500年頃からインド＝ヨーロッパ語系のアーリア人が，パンジャーブ地方に進入し始めた。アーリア人の社会組織や宗教文化は『リグ＝ヴェーダ』をはじめとするヴェーダ文献の中に記録されている。インドに入ったアーリア人の宗教はバラモン教であり，この教えが基盤となって，その後様々な要素が加わり，
(1)
歴史的な変遷を経ながら，現代の　　a　　教へとつながっている。

　　前6世紀には，ブッダと尊称される　　b　　の説いた仏教と，マハーヴィーラの尊称を持つヴァルダマーナを始祖とする　　c　　教が興った。このふたつの宗教はバラモン教の祭式やヴェーダ聖典の権威を否定した。

　　前4世紀にアレクサンドロス大王の東方遠征がインダス川流域にも及び，周
(2)
辺に混乱が起こった後，ガンジス川流域に首都をおいた　　d　　朝が成立
(3)
し，アショーカ王の時代に最盛期を迎え，南端部を除くインド亜大陸の全域を
(4)
支配した。アショーカ王は仏教に帰依し，法（ダルマ）に基づく統治を宣言する詔勅文を石柱や岩壁に刻ませた。アショーカ王の死後，　　d　　朝は衰退

し，紀元後 1 世紀に中央アジアのイラン系民族とされる ┃ e ┃ 族の勢力が
インダス川流域にも及び，┃ e ┃ 朝を建てた。この王朝は 2 世紀半ばの
┃ f ┃ 王の時代が最盛期で中央アジアからガンジス川中流域までを支配
し，仏教を庇護し，首都プルシャプラを中心とする ┃ g ┃ 地方でも，仏像
が製作され始めた。4 世紀には ┃ d ┃ 朝と同じ都市に首都をおいたグプタ
朝が勃興し，チャンドラグプタ 2 世の時代に最盛期を迎え，北インド全域を支
配した。グプタ朝の時代には仏教や ┃ c ┃ 教のほかに ┃ a ┃ 教が社会
に浸透，定着し始め，バラモンの使用する言語であるサンスクリット語の文学
作品や，バラモンの特権的な地位を強調した法典である ┃ h ┃ が，現在伝
えられるような形にまとめられた。

　グプタ朝の滅亡後，7 世紀前半にはヴァルダナ朝のハルシャ王が北インドを
支配したが，その死後北インドには強力な統一政権の存在しない状況が長く続
いた。

問

(1)　バラモンは祭儀を司る祭司階級のことであるが，バラモンを最高位とし，
　　クシャトリヤ(王侯，戦士)，ヴァイシャ(農民，牧畜民，商人)，シュードラ
　　(隷属民)などによって構成される古代インドの身分制度を何というか。

(2)　アレクサンドロスが前 334 年東方遠征に出発した目的は，東方のある国を
　　討つためであった。当時その国を支配していた王朝の名を記せ。

(3)　┃ d ┃ 朝が首都をおいた都市の名を記せ。

(4)　この王の時代にスリランカ(セイロン島)へ仏教の布教が行われたという伝
　　説がある。スリランカからさらに東南アジアへ伝えられ，現代でもタイや
　　ミャンマー(ビルマ)などの国々に多くの信者を有している部派仏教は何と呼
　　ばれるか。

(5)　インド中部において，より古い時期から仏像が製作された，ヤムナー河畔
　　にある都市の名を記せ。

(6)　この王の時代に，中国の東晋からインドを訪れて旅行記を著した仏僧の名
　　　を記せ。

(7)　8 世紀の初め，西方からイスラーム教徒の軍隊がインダス川下流域のシン
　　　ド(スィンド)地方に侵攻した。当時，西アジアと北アフリカを支配していた
　　　アラブ人を中心とするイスラーム教徒の王朝の名を記せ。

B　　　　i　　　王朝の殿前都点検として軍を掌握した趙匡胤は　　　i　　　の恭帝
から禅譲を受けて帝位につき，宋を建国した。唐末以来，地方に軍閥が割拠し
て中央の政権を弱体化させる状況がつづいていたので，彼は節度使の権限を縮
小するほか，軍政を司る枢密院を強化して中央集権化をすすめた。10 世紀末
から 11 世紀初頭にかけて，契丹は燕雲十六州を足場として南進をはかり，東
にむかっては高麗に攻勢をかけた。　　　j　　　を都とした西夏も宋にとって脅
威の一つであった。こうした情勢のもと，宋の政府は歳入の不足に苦しんだ。
王安石は「万言書」として知られる改革案を提起して頭角をあらわし，神宗に登
用されると制置三司条例司を設置して「新法」とよばれる一連の政策を実施し
た。

　　　宋代には海上交易が盛んであり，政府は沿岸の港市に　　　k　　　司を置いて
貿易を管理し，収入の増大をはかった。インド洋方面からイスラームを信奉す
る商人が多く来航し，東南沿岸部に定住するものもいた。インド文化が優勢で
あった東南アジアでは港市を中心としてイスラームが浸透し，スマトラ島，
ジャワ島，マレー半島にとどまらず，今日までスルタンの政権がつづいている
ブルネイが位置する　　　l　　　島やフィリピン諸島の沿岸部にムスリムの活動
がひろがった。

問

(8)　高麗の建国者は誰か。

(9)　「新法」のうち，差役(徭役)を銭納化するものの名を記せ。

⑽　14世紀前半の北アフリカから中国におよぶ広大な地域の情報を記した旅行記の作者として知られる人物は誰か。

⑾　この島の北端近くの港市は，15世紀にその支配者がイスラームに改宗して中国とも交易した。この港市を中心とした国家の名を記せ。

C　1894年，日本と清とは朝鮮半島への影響力を争って戦端を開いた。翌年，
⑿
清政府が日本との講和をすすめるという消息が伝わると，中国国内ではこれに
⒀
反対して戦争継続を求める声があがった。この時，北京に滞在していた
　m　　は同調者を糾合して「公車上書」と呼ばれる建白書を上呈する運動を
推進した。1898年，光緒帝に登用された　　m　　は立憲君主制への移行を
めざす政治改革に着手したが，慈禧太后（西太后）ら保守派のクーデタによって
失脚し，日本に亡命した。

　1905年，清王朝の打倒をめざす人びとが東京で　　n　　会を結成し，革
命をめざす運動の高揚をはかった。1911年，武昌蜂起が起こると，朝廷の支
配から離脱する動きが各省にひろがり，翌年1月には　　o　　を首都とする
臨時政府が成立した。清の朝廷は革命に対処するため　　p　　を起用した。
臨時政府側との交渉において　　p　　は自分が大総統に就任することを条件
として，清の朝廷に統治権を放棄させることを約束し，これを実現した。しか
し，その後も政治的な混乱がつづき，　　p　　の急死後には，軍閥が中央の
政権掌握と地方の支配とをめぐって相互に争う状況となった。この時期には，
中国の伝統や習俗に自省の眼をむけ，新たな精神文化を求めようとする人びと
⒁
があらわれた。

問

⑿　朝鮮では日本を牽制するためにロシアに接近する外交政策が模索された。
親露政策を推進したことで知られ，この戦争の終結後に宮廷内で暗殺された
王妃の姓を記せ。

⒀　ロシアはこの講和条約によって日本に割譲された地域の一部を清に返還するよう圧力をかけた。清はロシアに鉄道敷設権を与えて関係を深めた。清から得た利権にもとづき，ロシアがチタとウラジオストクとを結ぶ路線として建設した鉄道の名称を記せ。

⒁　文化運動の担い手の一人として，『阿Ｑ正伝』，『狂人日記』などの作品を著した文学者は誰か。

Ⅲ　**世界史Ｂ問題**　　　　　　　　　　　　　　　　　　　　　　　（20 点）

　アメリカ合衆国は，第一次世界大戦後のパリ講和会議で主導的な役割を演じながら，国際連盟に参加せず，再び政治的孤立主義に回帰したともいわれる。しかし実際には，アメリカは 1920 年代の政治的・経済的な国際秩序の形成に重要な役割を果たした。アメリカが関与することによって，どのような政治的・経済的な国際秩序が形成されたのか。1921 年から 1930 年までの時期を対象に，具体的な国際的取り決めに触れながら，300 字以内で説明せよ。解答は所定の解答欄に記入せよ。句読点も字数に含めよ。

Ⅳ　**世界史Ｂ問題**　　　　　　　　　　　　　　　　　　　　　　　（30 点）

　次の文章（Ａ，Ｂ，Ｃ）を読み，□□□□□の中に最も適切な語句を入れ，下線部(1)〜⒇について後の問に答えよ。解答はすべて所定の解答欄に記入せよ。

A　アルプス山中に源を発し，ドイツ西部を流れて北海に注ぐライン川は，古代から重要な意味を持つ河川であった。アルプスを越えて北方に侵攻したローマは，カエサルのガリア遠征の時期にライン川まで勢力圏を広げた。1世紀の終わり頃になると，ローマはライン川の西岸地域を河口近くまで領有し，属州を設置し統治し始めた。ローマ帝国領はライン川，およびその東側に築かれた防壁で守られ，領内には数多くの都市や要塞が建てられたが，マインツ，ボン，
(1)　　　　　　　　　　　　　　　　　(2)
　　　　　　　　　　　　　　　　　　　　　　　　　　　　　　　(3)

ケルンなど，今日のライン川沿いの主な都市は，その都市としての起源をロー
マ帝国時代にもっている。

　3世紀にローマ帝国が混乱期にはいると，ゲルマン系の部族集団がライン川
を越えて帝国領に侵入する事件がしばしば生じた。その後，<u>混乱を克服し帝国
再建をめざしたディオクレティアヌス帝</u>のもとで，ライン川地方の安定が一時
(4)
回復されるものの，4世紀後半以降になると，帝国領の外に居住していたゲル
マン系の諸部族が続々とライン川を渡って移住するようになった。<u>多くの部族
が長い距離を移動して国を建てた</u>中で，フランク族はライン川から西へ向かっ
(5)
たものの大きくは移動せず，<u>ラインの西側を並行して流れるマース川（ムーズ
川）</u>までの間の地域を中心に定着し，分立していた小国を統一して王国を形成
(6)
した。そして，ここからヨーロッパの新しい政治秩序を作り出してゆき，<u>カー
ル大帝</u>の時には近隣諸部族を制圧して，西ヨーロッパの主な部分を統一する大
(7)
国家になったのである。

　カール大帝の死後，<u>大国家は数度にわたって分割され，マース川付近から東
が東フランク王国となった</u>が，ライン川はこの王国の西部を流れる主要河川と
(8)
して，ますますその重要性を増し，中世を通じて<u>ライン沿岸都市は商業で栄え</u>
るようになった。
(9)

問

(1)　カエサルがガリアに遠征できたのは，ポンペイウスとクラッススとともに
　　盟約を結んで，それまで国政に対して大きな権力と権威を行使してきた政治
　　機構の影響力を排除したことによる。この政治機構の名を記せ。

(2)　1世紀終わり頃のローマ帝国の状況を正しく説明した文を，次の(a)～(d)よ
　　り1つ選んで，記号で答えよ。

　(a)　ギリシア人ポリュビオスが，ローマがいかにして地中海世界の覇権を
　　　握ったかを主題とする歴史書を執筆した。

　(b)　グラックス兄弟が護民官となって，改革を始めた。

(c) 帝国政治は比較的安定し，アジア方面との交易など経済活動も活発に行
われていた。

(d) 禁止されていたキリスト教の信仰が公認され，同時に教義の面での争い
が激しくなった。

(3) ローマ帝国西部には，ライン沿岸に限らず数多くのローマ風都市が建てら
れ栄えたが，そうした都市の多くには，フォルムや会堂，劇場や公共浴場と
ともに，人々の娯楽のために建てられた重要な公共建築物があり，今日でも
各地でその遺跡をみることができる。この公共建築物の名を記せ。

(4) ディオクレティアヌス帝は，皇帝権力の強化と神聖化を行うとともに，軍
隊の反乱を防ぎ外敵の侵入に効果的に対処するための重要な措置を実施し
た。この措置の内容について，その要点を簡潔に記せ。

（編集注：解答枠＝タテ 22 ミリ×ヨコ 129 ミリ）

(5) ゲルマン系の諸部族の中で，長い距離を移動して北アフリカに国を建てた
部族の名を記せ。

(6) ライン川とマース川（ムーズ川）との中間に位置し，カール大帝の重要な宮
廷所在地となった都市の名を記せ。

(7) カール大帝は，ゲルマン系の部族が 6 世紀に北イタリアに建国していた王
国を滅ぼした。この王国の名を記せ。

(8) 西フランク王と東フランク王が中部フランク王の領土を分割することを約
した 870 年の条約により，後のフランス，ドイツ，イタリアの大まかな枠組
みができあがることとなった。この条約の名を記せ。

(9) 13 世紀頃に誕生し，ライン沿岸のケルンなども参加した，北ドイツの都
市の一大同盟の名を記せ。

B　ルイ 14 世は 1643 年，幼くしてフランス王となった。この時フランスは，<u>ス
ウェーデンなどの新教国陣営</u>に加わって三十年戦争を戦っており，即位の翌年
(10)
にはフライブルクでの激戦の結果，バイエルン選帝侯の軍隊に勝利した。三十
年戦争は，1648 年に<u>ヴェストファーレン（ウェストファリア）条約</u>が結ばれて
(11)

終結した。同じ年，フランスでは　　a　　の乱が勃発，混乱は6年におよん
だが，宰相マザランによって鎮圧された。1661年にマザランが没すると，ル
イ14世は親政を開始する。国王の権力は神に由来し，いかなるものもそれを
制約することができないとする王権神授説を奉じ，フランスの絶対主義王政を
(12)
樹立することになる。

　王は財務総監としてコルベールを登用した。コルベールは重商主義的な経済
(13)
政策を実施して，官僚機構の整備や軍隊の増強に必要な財政の基盤をつくっ
た。この強大な軍事力は，ルイ14世の領土拡大政策において発揮されること
になる。1667年，ルイ14世はスペイン王の死去に乗じ，スペイン領であった
南ネーデルラントの領有権を主張して軍を進攻させた。これに脅威をおぼえた
オランダは，交戦中であったイギリスとの戦争を停止し，逆に同盟を結んでフ
(14)
ランスと対峙した。そのオランダにも，フランスは1672年以降侵略を企てた
が不成功に終った。

　さらに1688年には，隣接するファルツ選帝侯領の継承権を主張するフラン
スと，ルイ14世の覇権主義に反対してアウクスブルクで同盟を結んだ諸国と
の間で，ファルツ継承戦争（大同盟戦争）が始まる。同年イギリスで名誉革命が
起こり，オランダのオラニエ公ウィレムがイギリス王として即位した。その結
果イギリスも同盟に参加することになる。イギリスとフランスとの衝突は植民
(15)
地にも飛び火し，この後1世紀以上つづく，英仏の海外における対立抗争の発
端となった。

　1700年には，スペイン＝ハプスブルク家のカルロス2世が死去し，ルイ14
世の孫がフェリペ5世として即位した。これに反対し，オーストリア，イギリ
ス，オランダが同盟してフランス・スペインに宣戦を布告した。スペイン継承
戦争といわれるこの戦争は，ユトレヒト条約でようやく終結をみる。この条約
(16)
で，ブルボン家によるスペイン王位継承は承認されたが，フランスによるスペ
インの併合は認められず，スペイン領の南ネーデルラントやナポリ王国はオー
ストリアに割譲され，全体としてはフランス・スペインにとって失うものが多
かった。ルイ14世の侵略戦争はこうして，フランスの財政を逼迫させた。ま

た1685年に　b　を廃止したため，商工業者に多かった新教徒が国外に亡命してフランス産業の停滞を招いた。

問

⑽　三十年戦争に新教徒の保護を名目として参戦したスウェーデンの国王の名を記せ。

⑾　ヴェストファーレン条約が，その後のドイツ・オーストリア地域に与えた政治的影響について簡単に記せ。

（**編集注**：解答枠＝タテ22ミリ×ヨコ129ミリ）

⑿　ルイ14世の時代に，『世界史叙説』などを著してこの説の主唱者となった人物の名を記せ。

⒀　コルベールが実施した経済政策のうち主なものを1つ記せ。

⒁　この戦争は，オランダが北米大陸に建設した都市をイギリスが征服したことがきっかけで起きた。建設当時のこの都市の名を記せ。

⒂　ウィリアム王戦争と呼ばれるこの時の戦争は，北米大陸の英仏植民地間の戦闘であった。第2次英仏百年戦争と呼ばれるこの後の抗争で，両国が領土の支配や勢力の優位をめぐって戦った北米大陸以外の地域を2つあげよ。

⒃　イギリスはこの条約でアシエントと呼ばれる，大西洋地域における交易の独占権をスペインから獲得した。この交易が対象としたのは何か。

C　近世以降のバルカン半島では国境の移動が繰り返され，19世紀になると新しい国家が生まれるようになった。

　　1683年の第2次包囲を最後にオスマン帝国が都市　c　を脅かすことはなくなり，1699年のカルロヴィッツ条約で広大な領域がハプスブルク家の支配下に入った。18世紀には，ベオグラード周辺をオーストリアが一時領有したこともある。ロシアも1774年のキュチュク＝カイナルジャ条約でオスマン帝国領内に居住する　d　の保護権を獲得し，これを口実にバルカン半島各地に領事館を設置している。エカチェリーナ2世はコンスタンティノープ

ルを首都とする「ギリシア帝国」の創設を計画し，ヨーゼフ 2 世にも協力を要請
している。

　ギリシアに特別な眼を向けていたのは，宗教を同じくするロシアだけではな
い。特に 18 世紀後半以降，古代ギリシアはヨーロッパが参照すべき理想的過
去の一つとして重視され，ギリシア人は高度な文明を生み出した人々の子孫と
みられるようになっていた。こうした考えはギリシア人自身にも影響を与え，
独立運動が出現するようになる。1821 年から始まる独立戦争では，著名なロ
マン派詩人　　 e 　　などさまざまな人物が義勇軍に身を投じたり，戦争募金
に応じるなどして熱烈に独立運動を支援した。ロシアなど 3 か国の政府は，当
初はギリシア独立に対して積極的支援を行わなかったが，結局 1827 年に共同
でオスマン帝国・エジプト連合艦隊を撃破するなどして，独立に手を貸すこと
<u>となった。</u>ただし新生ギリシア王国に居住するギリシア人は，ギリシア人全体
の一部に過ぎず，ギリシア政府はその後も領土拡張を模索している。

　ベオグラードを首都とするセルビアも，1804 年の第 1 次蜂起，1815 年の第
2 次蜂起後に自治公国の地位を獲得し，1878 年には　　 f 　　やモンテネグ
ロとともに独立国となった。さらに 1908 年にはブルガリアも完全独立してい
る。しかしセルビアや　　 f 　　はオーストリアとの間に領土問題を抱えてお
り，第一次世界大戦ではオーストリアと交戦することになる。

問

　⒄　この時ハプスブルク帝国領となり，第一次世界大戦終結まで帝国の一部で
　　　あった地域の名を 1 つ記せ。

　⒅　エカチェリーナ 2 世ら啓蒙専制君主が構想した政策の多くは，「ギリシア
　　　帝国」計画のように計画のままに終わり，あるいは失敗した。しかしヨーゼ
　　　フ 2 世が施行した政策の一部は，フランス革命を先取りしたものとして評価
　　　されることもある。そのような政策のうち 1 つを簡潔に記せ。

　⒆　(ア)　3 か国のうち 2 つはロシアとフランスである。残り 1 つの国名を記
　　　　せ。

(イ)　3 か国が当初独立戦争支援に消極的であった理由を，簡潔に説明せよ。

(**編集注**：解答枠＝タテ 22 ミリ×ヨコ 129 ミリ)

⒇　独立の直接のきっかけとなった，旧支配国における事件の名称を記せ。

Ⅰ　世界史Ｂ問題　　　　　　　　　　　　　　　　　　　　　　　　（20点）

　　中国共産党について，その結成から中華人民共和国建国にいたる歴史を，中国
国民党との関係を含めて，300字以内で説明せよ。解答は所定の解答欄に記入せ
よ。句読点も字数に含めよ。

Ⅱ　世界史Ｂ問題　　　　　　　　　　　　　　　　　　　　　　　　（30点）

　　次の文章(A，B)の　　　　　　　の中に最も適切な語句を入れ，下線部(1)〜(12)に
ついて後の問に答えよ。解答はすべて所定の解答欄に記入せよ。

A　古代オリエントでは，大河の流域で，はやくから灌漑農業が行われ，定住が

進み，都市を中心とした文明が生まれた。メソポタミアでは，前3000年頃か

らシュメール人が，　　a　　川下流域のウル・ウルクなど様々な都市国家を

築いた。前24世紀頃これらの都市国家を征服してメソポタミアを統一したの

がセム語族の　　b　　人である。その後，同じセム語族のアムル人が強力な
国家を建設し，前18世紀前半ハンムラビ王のとき全メソポタミアを支配下に
　(1)
置いた。この王国は，小アジアに建国したヒッタイトに滅ぼされた。一方，エ

ジプトでは前3000年頃までに最初の統一王国が生まれ，古王国はメンフィ

ス，中王国はテーベを中心に栄えた。新王国では，前14世紀半ばアメンホテ
　　　　　　　　　　　　　　　　　　　　　　　　　　　　　　　　(2)
プ4世が改革に着手して遷都すると，新都を中心に写実的な　　c　　美術が

生まれた。

　　エジプト王国とヒッタイト王国が弱体化すると，シリア・パレスティナで

は，セム語族の3民族，　　d　　人・フェニキア人・ヘブライ人が活動を開

始した。　　d　　人は前1200年頃からダマスクスを中心に内陸交易で活躍
　　(3)

し，フェニキア人は沿岸部にシドン・ティルスなどの都市国家をつくり，地中海交易を独占した。前7世紀前半に古代オリエントはアッシリア王国により統一され，その崩壊後はイラン人が大帝国　e　朝ペルシアを建設したが，前4世紀後半アレクサンドロス大王がこれを滅ぼした。

　アレクサンドロス大王没後，そのアジアの領土はセレウコス朝に受け継がれたが，前3世紀半ばにはバクトリアが独立し，またイラン系のパルティアが建国された。パルティアが　f　川河畔に築いたクテシフォンは，パルティアおよびこれを倒した王朝の首都となった。ヘレニズム時代に最も繁栄したのがプトレマイオス朝で，首都　g　には研究所・図書館が建設され，学問の中心となった。プトレマイオス朝が滅びローマ帝国が拡大すると，<u>アラビア半島やシリア砂漠のオアシス諸都市は隊商都市として繁栄した</u>。
(4)

　7世紀初めアラビア半島西部の交易路上の都市にイスラームが興った。預言者ムハンマドと第3代までの正統カリフは　h　を活動の拠点としたが，その後成立したウマイヤ朝はダマスクスを首都とした。<u>8世紀後半にアッバース朝が新都バグダードを築く</u>と，この都市は，13世紀後半カイロにとって代わられるまで，イスラーム世界の政治・経済・文化の中心として繁栄した。東
(5)
方では10世紀にサーマーン朝の首都　i　，11〜12世紀にはセルジューク朝下の主要なイラン都市においてイラン＝イスラーム文化が栄えた。

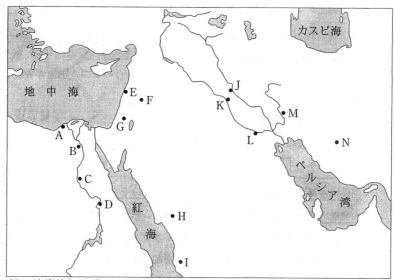

（注：海岸線および河川の流路は現代のものである。）

問

(1)　(ア)　この王国(王朝)の首都の名を記せ。

　　(イ)　この首都の位置を，地図上のA〜Nの中から選べ。

(2)　この新都の位置を，地図上のA〜Nの中から選べ。

(3)　ダマスクスの位置を，地図上のA〜Nの中から選べ。

(4)　シリア砂漠にあり，3世紀後半には女王ゼノビアの統治下に繁栄し，現在
　　その遺跡がユネスコ世界遺産として有名な隊商都市の名を記せ。

(5)　バグダードの位置を，地図上のA〜Nの中から選べ。

B　16〜17世紀，ユーラシアの東西にふたつの帝国が形成され始める。やが
　て，ともに巨大化したのち，いずれも政体は変化したが，国としての大きなか
　たまりは現在まで続いている。すなわち，ロシア連邦と中華人民共和国であ
　る。

　　それぞれの源流・発端は，ある意味でモンゴル帝国と無縁ではない。ルーシ
　　　　　　　　　　　　　　　　　　　　　　　　　　　　　　　　　　　(6)

と呼ばれた地域は，ゆっくりとモンゴルからの自立姿勢を強め，やがて 16 世紀半ば，王となった ┌─ j ─┐ はカザンとアストラハンのふたつのモンゴル国家を接収してヴォルガ流域を制圧し，そこから東方にむけて少数の兵を派遣した。かくて，17 世紀前半には太平洋岸にまでに到達する。こののち，<u>ロシアはアジアとヨーロッパにまたがる広大な勢力圏を保持する</u>ことになる。なお，黒海に臨む一帯には，1783 年まで ┌─ k ─┐ というモンゴル国家が存在し続けた。
(7)
(8)

　一方，アジア東方では，かつてモンゴル治下にあった大興安嶺以東の_{だいこうあんれい} ┌─ l ─┐ 族のなかからヌルハチが台頭し，1616 年にはハンを称した。ついで，その子の ┌─ m ─┐ は 1636 年に，本来は“主人筋”であった内モンゴル諸王侯に推戴されて，_{すいたい}大元国（ダイオン＝ウルス）をひきつぐ帝王として即位し，国号を大清国（ダイチン＝グルン）とした。これ以後，清朝は満蒙連合政権の性格を色濃くおびた。そして 1644 年に明朝が滅ぶと，<u>清は入関して北京に入り</u>，否応なく中華本土も包み込む多元帝国となっていった。
(9)
(10)

　<u>康熙帝</u>・ ┌─ n ─┐ から乾隆帝にいたる三人の皇帝の治世は，外モンゴルおよび ┌─ o ─┐ 仏教文化圏をめぐって，やはりモンゴル帝国以来の由緒をもつ ┌─ p ─┐ と激しく争いあう時代でもあった。<u>清朝は 1755 年から 59 年にかけて，ついにパミール以東を制圧し</u>，現在に続く巨大な版図を樹立したが，1793 年に乾隆帝のもとを訪れた ┌─ q ─┐ が率いる使節団の目には，“虚飾の老大国”に見えていたのも一方の事実であった。
(11)
(12)

問

　(6)　ルーシを含むユーラシアの西北部を支配したこのモンゴル国家は何というか。

　(7)　1582 年にシビル＝ハン国の首都を占領したのは誰か。

　(8)　ロシアは，ある山脈を境に，そこから東方の大地をながらく属領視することになった。何という山脈か。

　(9)　このときの首都はどこか。

⑽　このときの清朝の皇帝は誰か。

⑾　康熙帝時代に国境画定をめぐってロシアとの間で結ばれた条約を何というか。

⑿　このとき清軍の一部はパミールをこえて西南方にも進出し，アフマド＝シャーによって建国されてからまもない国家に接近した。何という王国か。

Ⅲ　**世界史Ｂ問題**　　　　　　　　　　　　　　　　　　　　　　　（20 点）

　　古代ギリシア・ローマと西洋中世における軍事制度について，政治的・社会的な背景や影響を含めて，それぞれの特徴と変化を 300 字以内で説明せよ。解答は所定の解答欄に記入せよ。句読点も字数に含めよ。

Ⅳ　**世界史Ｂ問題**　　　　　　　　　　　　　　　　　　　　　　　（30 点）

　　次の文章（Ａ，Ｂ，Ｃ）の　　　　　　　の中に最も適切な語句を入れ，下線部⑴〜⒇について後の問に答えよ。解答はすべて所定の解答欄に記入せよ。

Ａ　古代末期にはじまる東西のキリスト教会の対立は，<u>8 世紀の聖像をめぐる論争</u>によってますます深まり，11 世紀には両教会は完全に分離するに至った。
　　　　　　　　　　　　　　　　⑴
この東西教会の分離に先立って，ビザンツ帝国はスラヴ諸民族のあいだにキリスト教の布教活動を展開していた。9 世紀には，<u>ギリシア出身の修道士の兄弟</u>
　　　　　　　　　　　　　　　　　　　　　　　　　　　　⑵
<u>がビザンツ皇帝によってモラヴィアに派遣され，聖書と典礼書を現地の言語に</u>
<u>翻訳し，布教を試みた</u>。10 世紀末には，キエフ公国の大公　　ａ　　がビザンツ皇帝の妹との結婚を機にギリシア正教に改宗した。

　　<u>1453 年にビザンツ帝国が滅亡する</u>と，モスクワ大公　　ｂ　　は最後のビ
　⑶
ザンツ皇帝の姪と結婚して<u>ツァーリ</u>を名乗り，自らをローマ帝国の継承者とみ
　　　　　　　　　　　　　⑷
なした。また，コンスタンティノープル総主教のもとに従属していたモスクワ府主教は，1589 年に総主教の地位に格上げされ，ビザンツ滅亡後の正教世界

においてロシア正教会が指導的役割をはたすべきであるとする主張の実現が目指された。

　他方，<u>ローマから西方のキリスト教を受容したポーランド・リトアニア</u>で
(5)
は，16 世紀後半から，対抗宗教改革の一環として，<u>カトリック教会</u>がウクラ
(6)
イナの正教徒社会への布教活動を推し進めた。西方のラテン＝キリスト教文化
の影響が浸透することによって，正教会の内部には対立が生じた。1652 年に
モスクワ総主教に就任したニコンは教会儀礼の改革を断行したが，かえってロ
シア正教会の分裂をもたらした。さらに，俗権に対する教権の優位を主張した
ニコンは，やがて<u>ツァーリであるアレクセイ＝ミハイロヴィチ</u>と対立して総主
(7)
教を解任された。18 世紀前半，ピョートル 1 世は総主教制を廃止し，宗務院
を設置して正教会を国家機関のなかに組み込んだ。この状態は，ロシア革命後
に宗務院が廃止されるまで続いた。

問

(1)　8 世紀前半に聖像崇拝を禁止する布告を発したビザンツ皇帝の名を記せ。

(2)　この修道士の名前を 1 人挙げよ。

(3)　このときコンスタンティノープルを攻略して，アドリアノープル(エディ
　　ルネ)からこの地に首都を移した君主の名を記せ。

(4)　この称号の語源となった古代ローマの有力政治家の名を記せ。

(5)　ポーランド人と並んで，ローマ＝カトリックに改宗した西スラヴ系の民族
　　を 1 つ挙げよ。

(6)　このときカトリック布教の中心となった修道会は，1534 年に設立され，
　　中国や日本でも活発な布教活動を行った。この修道会の名称を記せ。

(7)　このツァーリの治世下，1670 年から 71 年にかけて，ヴォルガ川流域から
　　カスピ海沿岸にかけての地域で大規模な反乱が発生した。

　(ア)　この反乱の中心となった戦士集団の名称を記せ。

　(イ)　この反乱を指導した人物の名を記せ。

B　人口の増減や移動はヨーロッパ近代史を強く規定した。

　　大航海時代の幕開けとともに，ヨーロッパの人々はヨーロッパの外の世界か
らのさまざまな影響にさらされるようになった。中世後期に激減した人口の回
　　　　　　　　　　　　　　　　　　　　　　　　　　　　　　　　　（8）
復基調とも重なり，また，南米から大量の銀が流入し，物価騰貴がもたらされ
たことも刺激となって，16 世紀には，商業活動が新たに盛り上がった。しか
　　　　　　　　　　　　　（9）
し，17 世紀に入ると様相は一変し，深刻な人口停滞と経済不況を含む「17 世紀
　　　　　　　　　　　　　　　　　　　　　　　　　　　　　　　　　（10）
の危機」と呼ばれる状況があらわれた。

　　危機の時代を経て，ヨーロッパは新たな局面に入った。ある推計によると，
ヨーロッパの人口は，1750 年に 1 億 4400 万人であったが，1850 年には 2 億
7400 万人，1900 年には 4 億 2300 万人と，未曾有のペースで増加した。これ
　　　　　　　　　　　　　　　　　　　　　　　　（11）
は，同じ時期にヨーロッパ社会を大きく変容させることになった一連の産業革
命の原因であり，また結果でもあった。

　　たとえば，世界最初の産業革命の地イギリスにおいては，農業生産方式の革
新が，都市の人口，言い換えれば商業や工業を担う人々を支えた。1851 年に
　　　　　　　　　　　　　　　　　　　　　　　　　　　　　　　　　（12）
は，イングランドの実に 37.6 ％ の人が人口 2 万人以上の都市に住むように
なった。そして，こうした都市民を中心に構築された巨大な消費市場は，世界
中の商品を引き寄せた。

　　上述の人口推計には，ヨーロッパの外への移民の数は含まれていない。その
　　　　　　　　　　　　　（13）
数は，20 世紀の最初の 10 年間だけで，約 1120 万人にも及んだ。それほど
ヨーロッパにおける人口の伸び，したがって人口の圧力には，著しいものが
あった。

問

　(8)　(ア)　この時期の人口激減のもっとも大きな要因になった病気の名前を記
　　　　　せ。

　　　(イ)　パリに生まれ，ナポリやフィレンツェに暮らしたある人物は，(ア)の要
　　　　　因をきっかけに集まった 10 人の男女が順に話を語り継ぐ，10 日間の物

語を書いた。この人物の名を記せ。

(9)　一方で，それまでヨーロッパ経済における一大勢力であったイタリア諸都市は，相対的重要性を次第に低下させただけでなく，政治的にも混乱し，イタリア戦争の舞台となった。この戦争に中心的に関わった二つの王家を挙げよ。

(10)　17 世紀の危機は，三十年戦争に代表されるように，戦争や反乱の頻発という形でもあらわれた。この時期，フランスで起きた大規模な貴族反乱を記せ。

(11)　18 世紀の末，このような人口増加の問題について鋭い診断を下して，大きな衝撃を与えた学者の名を記せ。

(12)　(ア)　同じ年，イギリスの工業力を内外に誇示する壮大なイベントが催された。それは何か。

　　(イ)　産業革命期，急激に人口が増え，コブデンやブライトが活躍したことでも知られる都市の名を記せ。

　　(ウ)　1871 年の段階で，ドイツの同じ数値は 7.7 ％ であった。しかし，その後ドイツは急速な都市化と工業化を遂げ，帝国主義的拡張を追求するようになり，イギリスの脅威となった。このような「世界政策」を行った皇帝の名を記せ。

(13)　(ア)　19 世紀半ばから 20 世紀初頭にかけて，アイルランドやドイツ，ロシア，東欧，南欧からの移民の大半が向かった国はどこか。

　　(イ)　アイルランドから大量の移民を出すことになった大きなきっかけは何か。

C　西ヨーロッパ世界の外部への拡大過程で，東南アジアは次第に世界経済に組み込まれ，19 世紀末までにその大部分が西ヨーロッパ諸国の植民地に編成されていった。

　16 世紀には，スペインとポルトガルが，香料などを求めて東南アジアに進

出した。スペインはフィリピンを領有したが，ポルトガルは東南アジアではご
く小さな領土を保持するにとどまった。17世紀には，オランダとイギリスそ
(14)
れぞれの東インド会社が勢力を競ったが，まもなくオランダが優位を築き，の
ちにオランダ領東インドとなる東南アジア島嶼部の広大な領域を勢力下におさ
(15)　　　　　　　　　　　　　　　　　　　　　　　　　　　　とうしょ
めていった。一方，イギリスはナポレオン戦争後に海峡植民地を建設し，同植
民地はのちのイギリス領マラヤの中心となった。インドシナ半島では，19世
(16)
紀後半にフランス領インドシナ連邦が建設された。

　20世紀初頭には東南アジア各地で植民地支配に抵抗し，さらには政治的独
立を要求する民族運動が勃興した。第二次世界大戦中にこれらの地域の植民地
(17)
政府が一時的に崩壊すると，独立への動きが加速した。インドシナでは，大戦
終結の直後にベトナム民主共和国の独立が宣言されたが，植民地支配の回復を
求めるフランスとの戦闘が1954年まで続いた。オランダ領東インドでも，イ
(18)　　　　　　　　　　　　　　　　　　　　　　　　　　　　　　　(19)
ンドネシア共和国の独立が宣言され，オランダとの武力闘争を経て，1949年
に正式な独立が認められた。イギリス領マラヤは1957年にマラヤ連邦として
独立し，1963年に周辺のイギリス領を加えてマレーシア連邦を形成した。
(20)

問

(14)　旧ポルトガル領で，1976年にインドネシアに併合された後，2002年に完
　　全独立した地域の名称を記せ。

(15)　輸出用作物の栽培を促進するために，オランダがジャワ島に1830年代に
　　導入した制度の名称を記せ。

(16)　イギリス領マラヤから輸出された主要な鉱物資源は何か。

(17)　1910年代のオランダ領東インドで最も大きな勢力を誇った民族主義組織
　　の名称を記せ。

(18)　1954年に締結されたジュネーヴ協定において，ベトナムについて合意さ
　　れた内容を簡潔に説明せよ。

　　　　　　　　　　　　　　　（**編集注**：解答枠＝タテ22ミリ×ヨコ141ミリ）

⒆ 1960 年代後半にインドネシアの実権を掌握し，開発独裁体制を築いた指導者の名前を記せ。

⒇ マレーシア連邦の結成に参加したある地域は，1965 年に連邦から分離独立した。

　㋐ この地域の名称を記せ。

　㋑ 分離独立の背景を簡潔に説明せよ。

（**編集注**：解答枠＝タテ 22 ミリ×ヨコ 141 ミリ）

I 世界史Ｂ問題　　　　　　　　　　　　　　　　　　　（20点）

　19世紀末からのインド亜大陸における民族運動は，ヒンドゥー教徒とイスラ
ム教徒の対立，およびこれを煽る<ruby>煽<rt>あお</rt></ruby>るイギリスの政策によって，しばしば困難な局面
を迎えた。インド亜大陸の民族運動におけるヒンドゥー教徒とイスラム教徒の関
係や立場の違い，およびこれをめぐるイギリスの政策について，1947年の分
離・独立までの変遷を300字以内で説明せよ。解答は所定の解答欄に記入せよ。
句読点も字数に含めよ。

II 世界史Ｂ問題　　　　　　　　　　　　　　　　　　　（30点）

　次の文章（A，B）の　　　　　　の中に最も適切な語句を入れ，下線部(1)〜(10)に
ついて後の問に答えよ。解答はすべて所定の解答欄に記入せよ。

A　中国で古くから精度のかなり高い地図が作られていたことは，1973年に湖
　南省長沙の馬王堆<ruby>堆<rt>おうたい</rt></ruby>で発掘された紀元前2世紀の墓中にあった絹製の地図によっ
　　　　　　　　　　　　　　　　　　　　　　　　　　　　(1)
　て明らかになった。文献には地図に関する記述はけっして多くはない。春秋五
　覇の筆頭である　　ａ　　に仕えた政治家管仲の著作と伝えられる『管子』には
　「地図」篇があって地図の軍事的重要性が強調され，また『戦国策』には蘇秦が合
　従策を趙王に向かって説いた際，趙国の地勢について論じてから，「天下の地
　　　　　　　　　　　　　　　　(2)
　図」をよりどころにして諸侯の領地が秦の5倍であることを力説したことが記
　されているが，これらの記述は例外的なものである。とりわけ群雄割拠の時代
　においては地図の軍事的効用が重視されたであろうが，地図が具体的にどのよ
　うに描かれ，用いられてきたかは明らかでなかった。

　　天下を統一した秦が有していた地図は，首都　　ｂ　　を劉邦の軍が占領し
　た時に接収されたという。　　ｃ　　が『漢書』の地理志を編纂<ruby>纂<rt>へんさん</rt></ruby>した時点ではそ

れを参照できた。しかし，晋の裴秀（はいしゅう）が五経の一つである　　d　　の「禹貢（うこう）」の記述と晋代の地名を対照させた地図を作成した時には，秦の地図は見られなくなっていた。漢代の地図についても，文献からは具体的な姿を描くことが難しい。たとえば，「東京賦」の著者である張衡が作った「地形図」が裴秀の地図とともに，9世紀の書物『歴代名画記』の「古（いにしえ）の秘画・珍図を述ぶ」の項目に挙がっているが，どんな地図なのかを知ることはできない。その点で，漢代の地図の具体的様相を示す馬王堆の地図の発見は画期的だったのである。

　裴秀の作品が「禹貢」に関連していることからも明らかなように，夏の禹王に献ぜられた各地の貢品と山川について記した「禹貢」は周代の制度を理想的に描いた『周礼（しゅらい）』の地理関連の記述とともに中国人の地理観に大きな影響を与え，後世においてもさかんに研究された。12世紀後半に著された程大昌の『禹貢論』『禹貢山川地理図』や，1705年に江南に巡幸してきた　　e　　帝に胡渭が献上した『禹貢錐指（すいし）』がその代表的なものである。また，『周礼』の中で「天下の図を掌る」任を担うとされた「職方氏」は，後世には地図を管掌する部局の名前へと受け継がれた。中国で活動したイエズス会士ジュリオ・アレーニが著した世界地理書『職方外紀』（1623年に完成）は，職方の管掌外にある地域を扱うものであることを書名によって示している。これら「禹貢」や「職方氏」の記述と，南北朝時代に酈道元（れきどうげん）が著わした地理書　　f　　によって，中国知識人の伝統的地理観は形作られてきたと言えるだろう。

問

　(1)　地図のうちの1枚は漢王朝の南方に当時存在したある国を意識して作られた軍事地図であった。その国の名を記せ。

　(2)　蘇秦は，秦があえて趙を攻めないのは秦と趙の間にある2つの国のためである，と論じた。秦の東方，趙の南方にあったこの2つの国の名を記せ。

　(3)　「東京賦」の「東京」とはどこを指しているか。その都市の名を記せ。

(4)　この項目には，王玄策の「中天竺国図」も挙がっている。王玄策は 7 世紀
　　に数回インドに使いした人物であるが，2 度目の時にインドの内乱に巻き
　　こまれ，結局ヒマラヤ山脈の北にあった新興国の力を借りてインドの王を
　　捕虜にしている。この新興国の名を漢字で記せ。

(5)　漢にかわって王朝を立て，『周礼』を利用して復古的政治をおこなおうと
　　したのは誰か。その名を記せ。

(6)　程大昌は「禹貢」に見える「弱水」を，漢代の西域関係記事を参考にして，
　　大夏・大月氏・安息を経て西の海に注ぐものであるとした。大月氏に使い
　　して，西域情報を中国に伝えたのは誰か。その名を記せ。

(7)　(ア)　この本の「百爾西亜（ペルシア）」の項では，ペルシアの沖合にあっ
　　　　て，アジア・ヨーロッパ・アフリカの富裕な商人が集まってくる島の
　　　　繁栄が強調されている。この島の名を記せ。

　　　(イ)　また，仏教に由来する「五天竺」という区分をうけて「印度は五つあ
　　　　る」とし，そのうちの「四印度」は「莫臥爾」国に併合されたと述べる。
　　　　この併合を 16 世紀後半に実現したのは誰か。その名を記せ。

B　下の図は，朝鮮半島に展開した諸王朝——X王朝，Y王朝，Z王朝——について，それぞれの首都の所在を示したものである。

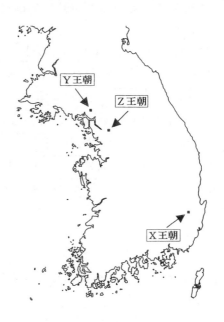

　　このうちX王朝は，中国の　g　王朝から冊封を受け，これと軍事同盟を結んで，長く敵対していた隣国の　h　と　i　を滅亡させた。ところが，　g　王朝は　i　の故地に安東都護府を設置し，朝鮮半島全域を支配しようとした。このため，これに反発したX王朝は，　i　遺民の反乱を利用して　g　王朝の勢力を駆逐し，朝鮮半島を統一した。しかし，その後の北東アジアにおける国際環境の変化によって，X王朝と　g　王朝との関係は再び親密なものとなった。

　　次に，Y王朝が成立したころ，中国は　j　と呼ばれる分裂の時代にあったが，その後，　k　王朝が中国を統一した。Y王朝は　k　王朝と通交し，その冊封を受けたが，10世紀末から11世紀前半にかけて数次にわたって北方王朝の侵攻を受け，これに服属したため，　k　王朝との国交は断絶した。しかし，中国の商人たちは国禁を犯して朝鮮半島に渡航し，

Y王朝としきりに通商していた。このため，11 世紀後半に入って中国で

　　　1　　党と呼ばれる勢力が権力を掌握すると，対外政策に積極的であった

　　　1　　党の政権はY王朝と国交を再開し，Y王朝を利用して北方王朝の勢

力を牽制しようとした。
けんせい

　最後に，Z王朝は 14 世紀末に成立して中国の　　　m　　　王朝から冊封を受

けたが，1636 年に　　　n　　　王朝の侵攻を受け，翌年，これに服属した。そ

の後，　　o　　の乱で　　m　　王朝が滅亡すると，　　　n　　　王朝はこの

混乱に乗じて中国本土に進出し，やがて中国全土を統一した。Z王朝は

　　　n　　　王朝に服属したものの，滅亡した　　　m　　　王朝に対しては特別の

恩義を感じていたため，自らの王朝が　　　m　　　王朝の正統を受け継ぐのだと
　⑽

いう独特の世界観を構築し，暗に　　　n　　　王朝に対して復讐の機会をうか
ふくしゅう

がっていた。

問

⑻　下線部の「冊封」について，当時の国際関係を規定する外交上の概念とし

　　て簡潔に説明せよ。

　　　　　　　　　　　（**編集注**：解答枠＝タテ 22 ミリ×ヨコ 129 ミリ）

⑼　下線部の「北東アジアにおける国際環境の変化」とは何か，歴史的事実を

　　簡潔に説明せよ。

　　　　　　　　　　　（**編集注**：解答枠＝タテ 22 ミリ×ヨコ 129 ミリ）

⑽　下線部の「特別の恩義」とは何か，歴史的事実を簡潔に説明せよ。

　　　　　　　　　　　（**編集注**：解答枠＝タテ 22 ミリ×ヨコ 129 ミリ）

Ⅲ　世界史Ｂ問題　　　　　　　　　　　　　　　　　　　　　　　　　(20 点)

　コロンブスおよびそれ以降の航海者の探検によって，大西洋の西，アジアと
ヨーロッパとの間にある陸地は大陸であることが証明された。この「新大陸」の発
見の結果，新・旧両世界にひきおこされた直接の変化について 300 字以内で説明
せよ。解答は所定の解答欄に記入せよ。句読点も字数に含めよ。なお解答には，
下記の語をかならず使用し，用いた語句には下線をほどこせ。

先住民　　　　　　　産物

Ⅳ　世界史Ｂ問題　　　　　　　　　　　　　　　　　　　　　　　　　(30 点)

　次の文章(Ａ，Ｂ，Ｃ)の[　　　　　]の中に適切な語句を入れ，下線部(1)～(21)に
ついて後の問に答えよ。解答はすべて所定の解答欄に記入せよ。

Ａ　古代の地中海地域を中心に文明を築いたギリシア人とローマ人には，市民権
　を持つ都市の正式構成員が主体となる政治体制を樹立するなど，共通する面も
　多かったが，他方ではまったく性格の異なる政策を実施するなど，注目すべき
　相違点もみられる。

　　古代ギリシアの代表的なポリス，アテネでは，民主政の発展によって成年男
　(1)
　性市民の総会である民会が国政の最高決定権を有し，また市民は一部の特別職
　を除いて誰でも公職に就くことができ，公職者はくじで選ばれ，日当が支払わ
　れた。参政権は市民の成年男性に限られており，女性や在留外国人には与えら
　れなかった。しかも，紀元前 5 世紀中ごろの立法によって，アテネ市民の両親
　　　　　　　　　　　　　　(2)
　から生まれた子でない限り市民権は与えられなくなった。

　　ローマの場合も，共和政の時代は，市民の集会である民会で国家の公職者が
　選出され，参政権を持つ者も成年男性に限られていた点は，アテネと同様で
　あった。しかし，ローマ市民の中でも貴族が公職を独占的に保持して権力をふ
　　　　　　　　(3)

るい，貴族主導の政治体制をとった点は大いに異なる。また，ローマ人は征服
活動を進める過程でローマ市民権を他の諸部族，諸民族にも与えたため，政治
的特権であるローマ市民権を持つ市民団は，故地ローマ市はもとより，イタリ
アをも越えて拡大した。

　対外的な活動においても，ギリシア人とローマ人の違いは注目に値する。両
者とも，地中海を自由に航行し，植民活動や都市建設をおこなっている。しか
し，ギリシア人の場合，植民によって建設された都市は母市から独立したポリ
スとなったが，ローマ人が建設したり植民したりした都市がローマ国家から切
り離されることはなかった。また，ギリシア人は広大な植民活動をおこなった
が，植民市はおおむね故地と気候や風土の似た海岸部に建てられたのに対し，
ローマ人の場合，ヨーロッパの内陸部にも征服地を広げ，イタリアとは気候や
風土の異なる地域にも都市を建設した。このため，ローマ人の国家は，地中海
沿岸にとどまらず，ヨーロッパの中央部，さらにはブリテン島やドナウ川下流
域にまで広がり，ヨーロッパの広大な地域に大きな影響を残すこととなった。

問

　(1)　アテネとともに古代ギリシアを代表するポリス，スパルタは，市民間の
　　　平等維持や厳しい軍事訓練などを定めた独自の国家制度を完成させた。こ
　　　の名称を記せ。

　(2)　この法律を提案し，アテネ民主政の黄金期を築いた政治指導者の名を記
　　　せ。

　(3)　貴族の権力から平民を守るために前5世紀に設置された公職の名を記
　　　せ。

　(4)　前1世紀の初めに，イタリア半島の都市へのローマ市民権付与をめぐっ
　　　て生じた戦争の名を記せ。

　(5)　政治的特権であったローマ市民権は，保持者の増大につれて特権として
　　　の価値を減じていった。

(ア)　キリスト教のローマ帝国東部への伝道に活躍し，キリスト教を世界宗教とするために最も大きな役割を果たした人物は，属州で逮捕されたが，ローマ市民権を有したために首都ローマの皇帝の裁判に上訴することができた。この人物の名を記せ。

(イ)　紀元 3 世紀の初めには，ローマ帝国内のすべての自由民にローマ市民権が与えられた。この措置がなされた当時の帝国の状況を正しく説明した文章を，次の(a)～(d)より 1 つ選んで，記号で答えよ。

(a)　オクタウィアヌスが内乱に勝利し，新しい政治体制を導入した。

(b)　ディオクレティアヌス帝が混乱した帝国を再統一し，様々な改革を断行した。

(c)　門閥派と民衆派の政治権力をめぐる争いが激化した。

(d)　五賢帝時代も過ぎて，国境外の諸民族の侵入や皇帝位をめぐる争いが頻発するようになった。

(6)　ローマ人の地中海進出以前，ギリシア人とともに地中海での交易や植民に活躍し，カルタゴなどの植民市を建設した民族の名を記せ。

(7)　初代皇帝アウグストゥスの治世に，ローマの 3 軍団がゲルマン人の部隊によって全滅させられ，ローマの内陸部征服計画は頓挫することになった。この戦いの名を記せ。

(8)　ローマ人が進出する以前のヨーロッパ中央部には，前 5 世紀から前 1 世紀にかけて独自の性格を持つ鉄器文化，ラ・テーヌ文化が広がっていた。

(ア)　この文化の担い手となった民族の名を記せ。

(イ)　この文化の担い手である人々がローマの支配下に包摂されるようになる大きな契機は，ユリウス・カエサルの遠征である。彼がこの遠征について自ら書き記した作品の名を記せ。

B　ユーラシアの歴史では遊牧民族の移動と征服活動によって幾度も大きな変化がもたらされた。規模は異なるもののヨーロッパ史においても，様々な民族や集団の移動が，社会や国家の変化を促している。ゲルマン民族の移動が一段落

した後，7 世紀にスラヴ民族が西進，南下し，ヨーロッパ東部の政治と文化に
大きな影響を与えた。バルカン半島ではトルコ系の[　a　]人が東部に定着
し，7 世紀末には独立国家を建て，やがてスラヴ化した。西ヨーロッパでは，
北欧からのノルマン人の略奪活動が，ブリテン島や西フランク王国の社会に
とって大きな脅威となり，各地において支配体制の変化をも促した。しかしノ
ルマン人の活動が，略奪と交易から植民と定住に向かうことにより，ヨーロッ
パ各地における新たな国家形成の出発点となったことも，見逃してはならな
い。

　このように 4 世紀から 11, 12 世紀にかけては，様々な民族集団がヨーロッパ
を縦横に移動したのに対し，11, 12 世紀には西ヨーロッパから周辺世界への
移動や支配の回復・拡大が始まる。11 世紀末に開始された十字軍は，イェルサ
レム王国を建ててイスラム王朝と戦ったが，1187 年にはアイユーブ朝の建国
者[　b　]との戦いでイェルサレムを失い，1291 年にはアッコン陥落によ
り，王国最後の拠点をも失った。エルベ川以東のスラヴ民族の居住地域では，
ドイツ人による植民と都市・村落の建設が進められていたが，パレスティナで
活動していたドイツ騎士団は 14 世紀初めまでに拠点をバルト海南岸地域に移
して，国家的支配を築いた。この「騎士団国家」はバルト海南岸各地に広がった
が，その一部は宗教改革を経て世俗国家となり，ドイツのホーエンツォレルン
家の支配下に入った。他方，イベリア半島のレコンキスタもまた，イスラム教
徒との戦いにおいて十字軍理念と結びついたと言われるが，実際にはキリスト
教諸王国はイスラム教徒と同盟し，共存をはかるなど，柔軟な相互関係を結ん
でいた。非キリスト教徒に対する抑圧が強まるのは，イベリア半島の政治的統
一が進んだ中世末以後である。

　14, 15 世紀にはヨーロッパ東南部は，東方からの新たな脅威に直面する。バ
ルカン半島に進出し，コンスタンティノープルを征服したオスマン朝は，
1529 年にはウィーンを包囲して，当時の神聖ローマ帝国の政治に大きな影響
を与えたのである。

問

(9)　9 世紀末にノルマン人の一派，デーン人を破ってアングロ＝サクソン王
国を復興した人物の名を記せ。

(10)　ノルマン人が 12 世紀前半にイタリア南部に建設した王国の名称を記
せ。

(11)　15 世紀に「騎士団国家」と戦って優位に立った，この地域の国家の名称
を記せ。

(12)　ホーエンツォレルン家が継承した，この世俗国家の名称を記せ。

(13)　15 世紀後半にイベリア半島の政治的統一を大きく前進させる契機と
なったのはどのような事実か。簡潔に記せ。

　　　　　　　　　　（**編集注**：解答枠＝タテ 22 ミリ×ヨコ 129 ミリ）

(14)　具体的にどのような影響を与えたのか，簡潔に記せ。

　　　　　　　　　　（**編集注**：解答枠＝タテ 22 ミリ×ヨコ 129 ミリ）

C　ロシアはピョートル 1 世のころから，西方，特にドイツとの関係をそれ以前
に増して強化している。ピョートル 1 世が建設した新首都は，ドイツ語風にサ
ンクト・ペテルブルクと名付けられた。ロマノフ家とドイツ貴族との関係は深
く，たとえば，啓蒙専制君主のエカチェリーナ 2 世はドイツ貴族の娘である。
ロシア領内のドイツ系住民の一部は，帝国にとって重要な地位を占めることと
なる。経済的にも，第一次世界大戦までにドイツはロシアにとって輸出入両面
で最大の貿易相手国となった。

　一方，ドイツとロシアとの政治的関係は 1870 年代から不安定となる。1878
年，ロシア＝トルコ戦争（露土戦争）で戦勝国となったロシアは，ビスマルクが
議長を務めたベルリン会議でバルカンへの権益拡大を制限され，代わってオー
ストリアが勢力を拡大した。その後，バルカンをめぐってロシアとドイツは亀
裂を深めていき，第一次世界大戦では交戦国となる。開戦直後に，ロシアの首
都はロシア語風にペトログラードと改名されている。ロシア軍が劣勢におかれ

るなかで，ドイツ系有力者が敵と内通しているためにロシアは戦争に勝てな
⎯⎯⎯⎯⎯⎯⎯⎯⎯⎯⎯⎯⎯⎯⎯⎯⎯⎯⎯⎯⎯⎯⎯⎯⎯⎯⎯⎯⎯⎯⎯
　(19)
い，という意見も公然と叫ばれるようになった。

　ロシア革命後，ソヴィエト政権とドイツは1922年に国交を回復する。ナチ
⎯⎯⎯
スの政権獲得後，1939年には両国の間で不可侵条約も結ばれるが，1941年か
⎯⎯⎯⎯⎯⎯⎯⎯⎯⎯⎯⎯⎯⎯⎯⎯⎯⎯⎯⎯⎯⎯⎯⎯⎯⎯⎯⎯⎯⎯
　　　　　　　　　　　　　　　　　　　(20)
ら両国は再び交戦国となり，ドイツの首都ベルリンはソ連軍に占領される。戦
後，ドイツは東西に分割され，ドイツ民主共和国（東ドイツ）はソ連の勢力圏に
入り，ベルリンも東西に分断された。その後，東ドイツ市民の大量流出を防止
するため，東西ベルリンの間には「ベルリンの壁」が築かれた。この壁は東西対
⎯⎯⎯⎯⎯⎯⎯
　　　　　　　　　　　　　　　　(21)
立を象徴する存在となった。

問

　(15)　新首都は戦争のさなか，要塞建設を中心に進められた。建設工事は，交
　　　戦中だったある国の陸海軍の妨害を受けることもあった。この国の名称を
　　　記せ。

　(16)　彼女と盛んに文通したフランスの啓蒙思想家を一人挙げよ。

　(17)　このころのロシア第2の貿易相手国は，ロシアと1907年に協商を結
　　　び，両国は政治的に接近する。この国の名称を記せ。

　(18)　オーストリアはベルリン会議後ボスニア・ヘルツェゴヴィナを管理下に
　　　おくこととなり，1908年にはこの地域を併合した。この地域で1914年に
　　　起こった事件は，第一次世界大戦の直接の引き金となった。

　　(ア)　この事件の内容を簡潔に記せ。

　　　　　　　　　　　（**編集注**：解答枠＝タテ 22 ミリ×ヨコ 129 ミリ）

　　(イ)　1990年代に入ると，この地域は内戦の舞台となる。この内戦で解体
　　　　した連邦国家の名称を記せ。

　(19)　ドイツでも第一次世界大戦後，敗戦の原因を国内の特定の「人種」に押し
　　　つける理論が流行した。この「人種」は何人と呼ばれたか。

　(20)　この間に起こったある国の内戦で，両国はそれぞれが支持する勢力に武
　　　器援助等をおこなった。その国の名称を記せ。

(21)　(ア)　「ベルリンの壁」の建設が始まった翌年，ソ連はアメリカ合衆国との
　　　　対立を激化させ，全面核戦争直前という状況を迎える。この事件の名
　　　　を記せ。
　　(イ)　「ベルリンの壁」が崩壊した年を記せ。

解答時間：90分
配　　点：100点

I　世界史Ｂ問題　　　　　　　　　　　　　　　　　　　　　　　　　　（20点）

　宋代以降の中国において，様々な分野で指導的な役割を果たすようになるのは士大夫と呼ばれる社会層である。彼らはいかなる点で新しい存在であったのか。これについて，彼らを生み出すにいたった新しい土地制度と，彼らが担うことになる新しい学術にも必ず言及し，これらをそれ以前のものと対比しつつ300字以内で述べよ。解答は所定の解答欄に記入せよ。句読点も字数に含めよ。

II　世界史Ｂ問題　　　　　　　　　　　　　　　　　　　　　　　　　　（30点）

　次の文章（A，B）の　　　　　　の中に最も適切な語句を入れ，下線部(1)～(13)について後の問に答えよ。解答はすべて所定の解答欄に記入せよ。

A　前3世紀の末，匈奴では　　a　　が出てモンゴル高原を制覇した。匈奴の東にあって強盛を誇った東胡は，　　a　　の親征で壊滅したが，その残存勢力のうち，今日の内蒙古自治区東部のシラ＝ムレン河流域に逃れたものが烏桓および鮮卑であるとされる。

　鮮卑では，後2世紀の半ば，檀石槐（だんせきかい）が出てモンゴル高原を統一した。檀石槐の死後，統一は破れたが，このころから部族首長の地位が世襲されるようになった。<u>4世紀のはじめ，内乱で衰退した西晋</u>は，さらに匈奴の攻撃で滅亡
(1)
し，五胡十六国時代が始まる。このころ，今日の内蒙古自治区東部から河北省北部・遼寧省にかけて，鮮卑系の慕容部（ぼよう）・段部（だん）・宇文部（うぶん）があった。慕容皝（ぼようこう）は燕王を称し，段部・宇文部を破って華北平原に進出し，<u>高句麗</u>を攻撃して，その
(2)
都城を破壊した。一方，今日の内蒙古自治区中部にあった　　b　　部は，西晋を援助して匈奴と戦い，その首長猗盧（いろ）は315年に代王に封ぜられた。

　351 年, 氐族の苻健が長安で自立して皇帝を称した(前秦)。三代目の苻堅
は, 前燕・代および河西回廊にあった前涼を征服して華北を統一し, 東晉
併合を図って南下したが, 383 年, 淝水の戦いで大敗し統一は瓦解した。

　　 b 　部では珪(道武帝)が代国を再建し, ついで 　 c 　(今日の山西
省大同市)に遷都して国号を魏と改めた(北魏)。三代目の太武帝は, 439 年に
華北統一を達成した。

　契丹の出現はこの北魏の時代である。慕容皝に敗れた宇文部の残存勢力が,
さらに道武帝の攻撃で分解し, 庫莫奚・契丹が成立したとされる。シラ゠ムレ
ン・ラオハ河流域にあった契丹は, 北魏から東魏, ついで東魏に代わった
　　 d 　に朝貢した。6 世紀後半には西魏や突厥の攻撃を受け, 高句麗や突
厥に帰順することもあったが, やがて隋ついで唐に朝貢するようになった。
648 年, 契丹の大賀氏は松漠都督に任ぜられたが, 当時の契丹はなお諸氏族の
ゆるやかな集団であるに過ぎず, 唐との関係も不安定であった。8 世紀に大賀
氏が断絶すると, 遙輦氏を首長とする部族連合が形成された。この時期の契丹
は, 唐に朝貢する一方で, 9 世紀半ばまでモンゴル高原を支配していた
　　 e 　にも服属し, 官印を授けられていた。907 年, 迭剌部の 　 f 　
は, 遙輦氏に代わって可汗の位につき, 916 年には皇帝を称し, 神冊の年号を
立てた。 　 f 　は渤海に親征して 926 年にこれを滅ぼし, 長子の倍を東丹
国王に封じて旧渤海領の統治にあたらせたが, 凱旋の帰途に死んだ。帝位を継
承した次子の徳光は倍と対立してこれを 　 g 　に亡命させ, 936 年には石
敬瑭を援助して 　 g 　を滅ぼし, その代償に長城以南の燕雲十六州を獲得
した。

問

⑴　この内乱の名を記せ。

⑵　前漢時代に設置され, 高句麗によって 313 年に征服された, 西晉の朝鮮
　　半島支配の拠点はどこか。その名を記せ。

⑶　前秦はさらに西域の亀茲国(今日のクチャ)に遠征した。この時，前秦軍の捕虜となり，のちに長安で大乗仏典の漢訳に尽力した人物の名を漢字で記せ。

⑷　東晋に仕えたがのちに辞職し，六朝第一の自然詩人・隠逸詩人と称された人物の名を記せ。

⑸　㋐　太武帝に仕え，廃仏を勧めた道士の名を記せ。

　　　㋑　このころモンゴル高原を制圧し，北魏としばしば交戦した民族の名を記せ。

⑹　唐は周辺民族の首長に都督・刺史などの官職を与え，間接支配を行った。これらの都督・刺史を統轄するため，唐が設置した機関の名を記せ。

⑺　渤海国の建国者の名を記せ。

B　モンゴル帝国時代，有名無名の西方の人々が東方へ旅をし，そのうちの幾人かは旅行記をのこした。「アッシジの聖者」と称された　　h　　が創設した托鉢修道会の会士であった　　i　　の旅行記には，その旅程が極めて入念に記録されている。

　フランス国王　　j　　の命令を受けた　　i　　は，1253 年 5 月 7 日コ
⑻
ンスタンティノープルから乗船し，長途の旅に出立した。彼はクリミア半島に
　　　　　　　　　　　　　　　　　　　　　　　　　　　　　　　　　　⑼
上陸後，北方に向かいヴォルガ川を渡河し，8 月の初めにこの方面の支配者であった　　k　　の幕営地に到着して，5 週間滞在した。9 月 15 日ここを発っ
　　　　　　　　　　　　　　　　　　　　　　　　　　　　　　　　⑽
て東に向かい，12 月 27 日大草原の幕営地にあった大ハーン　　l　　の宮廷に到着，翌 1254 年 1 月 4 日ハーンへの謁見を許された。4 月 5 日，彼は首都　　m　　に入り，5 月 30 日にはハーンの命令でイスラム教徒，仏教徒を相
　　　　　　　　　　　　　　　　　　　　　　⑾
手に宗教論争を行った。7 月 8 日，首都近くの草原に宮廷を移していたハーンから最後の贈り物を受けたのち，二日後の 10 日に首都を発って帰還の途に就いた。9 月 15 日には　　k　　の幕営地に到着，その後　　k　　がヴォルガの下流に建設した町サライを経て，カスピ海の西岸を南下し，アラス川をさかのぼって 1242 年以来この方面のモンゴル軍を指揮していたバイジュに迎えられたのは，11 月の下旬のことであった。ついで，　　i　　はアナトリア

(小アジア)へと進み，マンズィケルトの古戦場の近くを過ぎて，1255 年 4 月
末にコンヤに到着した。コンヤのスルタンとの面会ののち，地中海に出て船に
のり，キプロス島を経由して，アンティオキアに到着した。　i　を派遣
したフランス国王は既に帰国していたが，同年 8 月 15 日，　i　は第一
回十字軍が建国した　n　の最後の拠点となったアッコンの町の説教師に
任命された。彼の旅行記はこの時点で終わっている。

(12) (コンヤのスルタン: 13)

問

⑻　このフランス国王のエジプトへの侵攻に際し，当時の支配者が死亡した
　　ことを契機として，エジプトでは王朝が交代した。新たに樹立された王朝
　　の名を記せ。

⑼　㋐　当時コンスタンティノープルを支配していた国家の名を記せ。

　　㋑　　i　はこの都市の最も重要な聖堂でミサを行ったと述べてい
　　る。その聖堂の名を記せ。

⑽　　i　が長距離を順調に旅行できたのは，モンゴルの駅伝制度のお
　　陰であった。この制度のモンゴル語の名称を記せ。

⑾　この論争において　i　は，西方では異端とされていたキリスト教
　　の一派の神父たちと不本意ながら協力しなければならなかった。

　　㋐　この一派は中国では何と呼ばれたか。その名を記せ。

　　㋑　この派を異端とした公会議の名を記せ。

⑿　1071 年のこの戦いは，東方の遊牧民族が大挙してアナトリアに流入す
　　る契機となった。この遊牧民族の名を記せ。

⒀　コンヤを首都としていた王朝の名を記せ。

Ⅲ　世界史B問題　　　　　　　　　　　　　　　　　　　　（20点）

　古代ギリシアの代表的なポリスであるアテネ（アテナイ）は，紀元前6世紀末からの約1世紀間に独自の民主政を築き，発展させ，さらにその混乱をも経験した。このアテネ民主政の歴史的展開について，その要点を300字以内で説明せよ。句読点も字数に含めよ。説明に当たっては，下記の2つの語句を適切な箇所で必ず一度は用い，用いた語句には下線を付せ。

民会　　　　　　　衆愚政治

Ⅳ　世界史B問題　　　　　　　　　　　　　　　　　　　　（30点）

　次の文章（A，B，C）を読み，下線部(1)〜(23)について後の問に答えよ。解答はすべて所定の解答欄に記入せよ。

A　宗教改革以降のヨーロッパでは，宗教上の対立にもとづく戦争や抑圧がしばしば生じる一方，異なる宗派間の共存を制度的に保障する取り決めも必要に応じて結ばれた。しかし，信仰の自由が個人の権利として認められるまでには長い時間を要した。以下に引用する史料①は1648年に締結された講和条約，
(1)
②は1781年に公布された勅令，③は1829年に成立した法律の，それぞれ一部である。

① 　第5条　帝国の両宗派の選帝侯，諸侯，等族の間に存在していた不平不満が大部分当該戦争の原因および動機であったので，彼らのために以下のこと
(2)
　　　を協約し，調停する。
　　第1項　（前略）1555年の宗教和議は，1566年アウクスブルクで，またさら
(3)
　　　　　にさまざまな帝国決定で承認されたように，皇帝および両宗派の選帝
　　　　　侯，諸侯，等族の全会一致で受け入れられ，可決された条項において
　　　　　有効と宣言される。

②　良心に対する圧迫はすべて有害であること，また，真のキリスト教的寛容
(4)
が宗教と国家に多大な利益をもたらすことを確信し，余は以下の決定を下し
た。プロテスタントとギリシア正教徒に対し，その宗教の流儀に従った私的
な礼拝行為を全面的に許可する。(中略)ただし，公的な礼拝行為を行うこと
ができるという特権は，今後もカトリックのみに許される。

③　幾多の議会制定法により，ローマ・カトリックを奉じる陛下の臣民に対し
(5)
て，他の臣民には課せられない一定の拘束および制約が課されてきた。この
ような拘束および制約は，今後撤廃されることが適切である。
(6)

(引用は歴史学研究会編『世界史史料』第5・6巻，岩波書店刊による。文章は
一部改変した箇所がある。)

問

(1)　(ア)　この講和条約は何と呼ばれるか。

　　(イ)　(ア)の講和条約によって独立を承認された国を1つ挙げよ。

(2)　この戦争は何年に始まったか。

(3)　(ア)　この宗教和議の内容を簡潔に説明せよ。

　　　　　　　　　　　　　(編集注：解答枠＝タテ22ミリ×ヨコ130ミリ)

　　(イ)　1648年の講和条約では，1555年の宗教和議で認められなかった宗
　　　　派が公認された。この宗派の名称を記せ。

(4)　(ア)　この決定を行った君主は，啓蒙思想の影響を受けながらオーストリ
　　　　アの国力を強化しようとした。この君主の名を記せ。

　　(イ)　1772年，(ア)の君主はプロテスタントのプロイセン国王，正教徒の
　　　　ロシア皇帝と結んで，ある国の領土の分割を行った。この国の名称を
　　　　記せ。

(5)　ここで言及されている法律のうち，公職就任者を国教徒に限定した
　　1673年の法律の名称を記せ。

⑹　カトリック教徒に対する差別を撤廃する法律が制定された背景に
は，1801 年に併合したある地域の住民の反発を抑える意図があった。こ
の併合された地域はどこか。

B　ウマイヤ朝の時代に，イスラム世界は北アフリカを経てイベリア半島まで拡
大した。これにともなって，サハラ砂漠を南北に縦断する交易が活発化し，サ
　　　　　　　　　　　　　　　　(7)
ハラ砂漠の南西縁には，サハラ縦断交易を経済的基盤とする王国が出現した。
11 世紀にベルベル人が興したイスラム王朝が，ニジェール川上流域からイベ
(8)
リア半島南部にいたる広大な地域を支配して以降，サハラ南西縁の王国の支配
　　　　　　　　　　　　　　　　　　　　　　　　　(9)
者はイスラム教を受け入れた。ニジェール川大湾曲部に栄えた交易都市では，
　　　　　　　　　　　(10)
建築などに独自の様式をもつイスラム文化が発展した。

　15 世紀後半以降，西方イスラム世界は大きく変化していく。イベリア半島
ではレコンキスタが完了し，イスラム勢力は北アフリカへと後退した。いっぽ
　　　　　　　　　(11)
う，16 世紀から 18 世紀にかけて環大西洋貿易が発展するにつれて，西アフリ
カは南北アメリカおよびヨーロッパとの三角貿易に組み込まれていった。西ア
　　　　　　　　　　　　　　　　　　　　　　　　(13)
フリカのギニア湾岸地域には，奴隷の輸出を経済的基盤とする王国が出現し
た。数千万の人口を奴隷として奪われたアフリカの社会は，大きな打撃を受け
た。

　19 世紀はじめに奴隷貿易が廃止された後，工業化を経たヨーロッパ諸国
は，アフリカを一次産品の供給地および工業製品の市場と見なすようになっ
た。1880 年代から第一次世界大戦にいたる間に，ヨーロッパ諸国はアフリカ
　　(14)
のほぼ全土を植民地や保護国として分割した。

問

　⑺　サハラ縦断交易によって，西アフリカからサハラ以北にもたらされた，
　　　主たる交易品は何か。

　⑻　この王朝の名称を記せ。

　⑼　14 世紀に最盛期を迎えた王国の名称を記せ。

⑽　代表的な交易都市の名称を記せ。

⑾　イベリア半島における最後のイスラム王朝の名称を記せ。

⑿　㋐　18 世紀に黒人奴隷貿易の中心地となった，イングランド北西部の
　　　　都市の名称を記せ。

　　　㋑　西インド諸島のプランテーションで輸出向けに栽培された，主たる
　　　　商品作物は何か。

⒀　現在のナイジェリアにあたる地域で，16〜17 世紀に，おもにポルトガ
　　ルとの奴隷貿易で栄えた王国の名称を記せ。

⒁　㋐　タンジール事件およびアガディール事件において，フランスとドイ
　　　　ツとの争いの対象となった地域は，どこか。

　　　㋑　この時期に西アフリカで独立を維持した国の名称を記せ。

C　経済面ならびに文化面で世界が一体化する動きは，20 世紀後半以降におお
　　⒂
きく進展した。

　まず経済面では，第二次世界大戦後，自由貿易体制の構築を目指す「関税と
　　　　　　　　　　　　　　　　　　　　　　　　　　　　　　　　⒃
貿易に関する一般協定」(GATT)などによって一体化の動きが徐々に進んで
いった。1980 年代になると，社会主義諸国においても市場経済の導入が進ん
　　　　　　　　　　　　　　⒄
だ。さらに，1990 年前後に東欧社会主義圏およびソヴィエト社会主義共和国
　　　　　　　　　　　　　　　　　　　　　　　　⒅
連邦(ソ連邦)が解体し，ついで GATT を継承した新機関が 1995 年に設立され
　　　　　　　　　　　　　　　　　⒆
ると，この世界一体化の動きはますます加速した。

　文化の世界一体化も，第二次世界大戦後，急速に進んだ。科学知識や思想，
　　　　　　　　　　　　　　　　　　　　　　　　　　　　⒇
娯楽などが短時日のうちに人類に共有されるようになった。とりわけ，世界経
済の中心の一つであるアメリカ合衆国から発信される生活文化，いわゆる「ア
　　　　　　　　　　　　　　　　　　　　　　　　　　　　　　　　　　(21)
メリカ的生活様式」の影響は大きく，大量生産・大量消費に基づくこの生活様
式にあこがれる人々は少なくない。このような生活様式が拡大するにつれ地球
規模の環境破壊が進行し，環境保全が人類全体の課題と認識されるようになっ
　　　　　　　　　　　　　(22)
たが，これも，思想の人類共有化の一例である。

　だが，経済の世界一体化は，経済強国に有利に働く一方で，途上国の経済的
　　　　　　　　　　　　　　　　　　　　　　　　　　　　　(23)

困難を増すことにもなった。また，文化の世界一体化についても，各国・各民族の文化を衰退させる側面を持っていることがしばしば指摘されるようになった。

問

(15)　世界の一体化は，近年の情報技術の革新によってますます深まっている。このような世界一体化現象は何と呼ばれるか。

(16)　GATT に加え，国際通貨基金(IMF)と国際復興開発銀行(IBRD)との創設を主導し，第二次世界大戦後の国際経済管理体制の指導権を握ったのはアメリカ合衆国であった。この管理体制は，後者 2 機関の創設会議が開かれたアメリカ合衆国内の地名にちなみ，何と呼ばれるか。

(17)　中国の市場経済化は，1978 年末に開かれた共産党第 11 期中央委員会第 3 回全体会議以降始まった新政策の帰結であった。この新政策は何と呼ばれるか。

(18)　解体の背景には，計画経済の行き詰まりと，膨大な軍事費の重荷があった。軍事費を軽減させるために，ソ連邦は 1987 年にアメリカ合衆国と核軍縮条約を締結した。この条約名を記せ。

(19)　この新機関の名称を記せ。

(20)　DNA が二重らせん構造になっていることが 1953 年に提唱され，2003 年には，ヒトの DNA 解読計画が世界各国の研究者の協力で完了した。DNA 二重らせん構造を提唱した科学者二人の名前を記せ。

(21)　両世界大戦間期のアメリカ合衆国では，大衆のあいだでジャズがひろく楽しまれるようになった。当時のアメリカ合衆国において，ジャズの普及をうながしたメディアを，レコードと映画の他に一つ記せ。

(22)　(ア)　豊かな生活を将来の世代にも保証するために，環境保全に留意しつつ節度ある経済開発に努めるべきだという考え方が，1980 年代に広まり，1992 年の国連環境開発会議(地球サミット)などを経て人類の共通理念となった。この考え方を要約する用語を記せ。

(イ)　地球温暖化防止のため，二酸化炭素など温室効果ガスの排出削減を
先進工業国に義務づける議定書が，1997 年に 80 数か国の合意を得て
採択され，2005 年に発効した。この議定書は，これが採択された会
議の開催都市にちなみ何と呼ばれるか。

(23)　経済発展から取り残された地域では，経済混乱から内戦にいたる場合も
少なくない。アフリカの一国で，1962 年にベルギーから独立し，1990 年
代前半に大量虐殺と大量難民の発生をともなう内戦が勃発した国の名を記
せ。

解答時間：90 分
配　　点：100 点

I　世界史Ｂ問題 (20 点)

　中国の歴代王朝は北方民族の勢力に悩まされ続けてきた。自らの軍事力のみで
は北方民族に対抗できなかったので、さまざまな懐柔策や外交政策を用いて関係
の安定を図ってきた。歴代の王朝が用いた懐柔策や外交政策について、紀元前 2
世紀から 16 世紀に至るまで、できるだけ多くの事例を挙げて 300 字以内で説明
せよ。解答は所定の解答欄に記入せよ。句読点も字数に含めよ。

II　世界史Ｂ問題 (30 点)

　次の文章(A，B)の　　　　　の中に適切な語句を入れ、下線部(1)〜(14)につい
て後の問に答えよ。解答はすべて所定の解答欄に記入せよ。

A　トルコ民族は、<u>北アジアの騎馬遊牧民</u>として台頭して以来、ユーラシアの草
　　　　　　　　　(1)
　原地帯やオアシス地帯で広範に活動し、特に言語面で、その地の住民をトルコ
　化した。古くはインド＝ヨーロッパ語族が居住した中央アジアは、やがてトル
　キスタン、すなわち「トルコ人の居住地」と呼ばれるようになる。

　　トルコ民族はモンゴル高原北部に興り、その一集団、突厥が 6 世紀中ごろ北
　アジアと中央アジアをあわせた大遊牧国家を建設し、8 世紀半ばにはウイグル
　がモンゴル高原に王国を建設した。<u>ウイグルは都城を築き、文化面でも繁栄し</u>
　　　　　　　　　　　　　　　　　　　　　　　(2)
　<u>た</u>が、9 世紀に同じトルコ系の　　a　　に圧迫され、その一部は中央アジア
　東部(東トルキスタン)へと移動した。一方、中央アジア西部(西トルキスタン)
　では、9 世紀末にイラン系イスラム王朝のサーマーン朝が成立した。10 世紀
　末にトルコ系イスラム王朝の　　b　　朝がサーマーン朝を滅ぼすと、この王
　朝のもとで、中央アジアのトルコ人たちのイスラム化が進展した。

　　11 世紀前半に西トルキスタンからイランに進出したトルコ系の　　c

朝は，さらに西進して 1055 年バグダードに入城し，その君主はアッバース朝
カリフからスルタンの称号を授けられ，イスラム世界に大きな影響力をもつよ
うになった。これに加えて，9 世紀にアッバース朝のもとで始まったマム
ルーク（奴隷軍人）の制度が，トルコ民族のイスラム世界への進出を促進した。
この制度は，異教の世界から奴隷を購入して軍事力の中心とするというもの
で，トルコ人マムルークはときに有力となり，王朝を創始することもあった。
例えば，サーマーン朝のマムルークがガズナ朝を興し，　　d　　朝のマム
ルーク軍がマムルーク朝を興した。

　13 世紀半ばユーラシアの広大な地域がモンゴル帝国に組み込まれるが，モ
ンゴル軍には多くのトルコ人が含まれ，中央アジアや南ロシアにおいて，おお
むねモンゴル支配階級はトルコ化した。西トルキスタンでトルコ化したモンゴ
ル貴族の子孫ティムールは，1370 年　　e　　を都としてティムール朝を興
した。ティムールが西アジアに遠征してイランを併合すると，やがて領土内に
イラン＝イスラム文化が繁栄したが，同時にトルコ文化も発展し，中央アジア
の古典トルコ語が確立された。16 世紀はじめティムール朝は，　　f　　＝
ハン国領に興ったトルコ系のウズベクに滅ぼされた。

　一方，13 世紀末小アジア西部のトルコ系イスラム辺境戦士（ガーズィー）集
団から興ったオスマン朝は，14 世紀半ばバルカン半島に進出し，1453 年には
ビザンツ帝国を滅ぼした。16 世紀はじめにはマムルーク朝を滅ぼしてイスラ
ム世界の中心的存在となり，第 10 代君主　　g　　のときに最盛期を迎え，
イスラム法に基づく司法・行政制度が発達した。隆盛を極めたオスマン朝では
あるが，1699 年の　　h　　条約で東ヨーロッパの領土の一部を失い，勢力
を弱めることになった。

問

　(1)　北アジアの騎馬遊牧民に先んじて，前 6 世紀ごろイラン系の騎馬遊牧民
　　　が南ロシア草原を支配するようになり，その影響が北アジアにも及んだ。
　　　この騎馬遊牧民の名称を記せ。

(2)　ウイグルの繁栄には中央アジア出身のイラン系の商人たちが貢献した。広範な商業活動で知られる，このイラン系の人々は何人（なにじん）と呼ばれるか。

(3)　この王朝のもとで，西アジアの主要都市に学院が建設され，スンナ派の学問が奨励された。これはシーア派のある王朝に対抗するためであった。このシーア派の王朝の名称を記せ。

(4)　ティムール朝に併合される前，イランでは，モンゴル帝国を構成するある国家（ハン国）の支配階級がイスラム化し，イラン＝イスラム文化を発達させていた。この国家の名称を記せ。

(5)　(ア)　オスマン朝がバルカン半島に進出してから，ビザンツ帝国を滅ぼすまで首都とした，バルカン半島東部の都市の名称を記せ。

　　　(イ)　オスマン朝はバルカン半島進出後，最初は捕虜，後には徴用したキリスト教徒の子弟を，改宗させ訓練して常備歩兵軍を組織した。オスマン朝軍の精鋭とされる，この軍団は，何と呼ばれるか。

(6)　一方でオスマン朝は，国内のキリスト教徒やユダヤ教徒の共同体に大幅な自治を認めた。この公認された宗教共同体は何と呼ばれるか。

B　イギリスの外交官であったある人物が，「ランカシャーの全工場といえども，この国の1省に十分なほども靴下の材料を製造することができない」と述べたのは，中国に対する戦争の勝利の後のことであり，この言葉は，広大な中(7)国市場への，イギリス人の期待の大きさを物語っていた。しかし，現実にはイギリス工業の主力であった　　i　　製品の対中国輸出は，期待されたほど伸びなかった。その原因としては，中国農村の家内工業との競合や，開港地が限られ，それ以外での外国人の　　j　　の自由が認められていなかったことなどが考えられ，そこでイギリスはさらなる市場開放に向けて交渉を行った。しかし，当時イギリスはヨーロッパで戦争を行っており，このため大規模な艦隊(8)を送って恫喝（どうかつ）外交をする訳にはいかなかった。交渉は不調に終わった。

　　事態が動いたのは，ヨーロッパの戦火がやんだ年のことだった。広州の官憲(9)がイギリス人を船長とする中国船を臨検，船員を逮捕したところ，イギリスは

これを口実に再度の戦争を挑んだのである。<u>イギリス派遣軍全軍の中国到着は</u>
<u>かなり遅れたが</u>，フランス軍とともに広州を占領，　　k　　にまで進み，こ
(10)
の地で条約を結んだ。しかし，中国軍が批准書の交換を武力で阻んだため，再
び戦端が開かれた。英仏軍は首都を占領し，２年前の条約とともに，いっそう
の権益を認めさせる新条約を中国に強いた。

　この二つの条約は，中国のその後の政治・経済，そして国際関係に大きな影
響を与えた。開港地が華北や<u>長江流域の主要都市</u>にまで拡大され，長江の航行
(11)
が開放されたことは，外国の経済進出を格段に容易なものとした。また，首都
における外国公使の常駐や，<u>外交を専門に担当する政府機構の設立</u>は，中国と
(12)
　　1　　使節と呼ばれる外交団を中国に送る周辺国家とが形成していたアジ
アの国際秩序，すなわち「華夷秩序」の崩壊の開始を告げる出来事だった。

　事実，その後三十数年の間に，列強はこうした周辺国家を次々に支配下に収
めていった。東南アジアでは，イギリスが三度の戦争の末に　　m　　を植民
地としたほか，フランスはフランス領インドシナ連邦を成立させ，さらに
　　n　　をこれに編入した。中央アジアにあっても，二つのハン国を保護国
としたロシアが，　　o　　＝ハン国を併合したのである。また東アジアで
は，日本が琉球を領土に組み込んだのち，<u>最後まで「華夷秩序」内にとどまって</u>
<u>いた国</u>も，そこからの離脱を強制されることになった。ここに「華夷秩序」は完
(13)
全に崩壊した。

　そして民衆の排外運動がもたらした対外戦争の結果，20世紀はじめには，
<u>中国は首都とその外港を結ぶ地域で外国軍の駐兵権を認め，巨額の賠償金支払</u>
(14)
<u>いのため関税収入を外国に差し押さえられた</u>。中国は，完全に「不平等条約体
制」のもとに置かれるのである。

問

　⑺　この戦争の名称を記せ。

　⑻　この戦争の名称を記せ。

　⑼　この年は何年か。

(10)　イギリス派遣軍の全軍到着が遅れたのは，イギリスから中国への途上に位置する地域で，イギリスの支配に抵抗する反乱が起こったためである。この反乱の名称を記せ。

(11)　この主要都市の一つは，当時太平天国軍によって占領され，その首都とされていた。この都市の現在の名称を記せ。

(12)　この外交を専門に担当する政府機構の名称を記せ。

(13)　この国は，「華夷秩序」からの離脱の数年後，国号を改めている。この新たな国号を記せ。

(14)　この駐兵権や賠償金の支払いを認めた条約の名称を記せ。

Ⅲ　世界史Ｂ問題　　　　　　　　　　　　　　　　　　　　　　　（20 点）

　　第二次世界大戦後の世界は，アメリカ合衆国とソヴィエト社会主義共和国連邦（ソ連）がそれぞれ資本主義圏と社会主義圏の盟主として激しく対立する，いわゆる二極時代で幕が開いた。だが 1950 年代半ばになると二極構造に変化がきざし，1960 年代以降，その変化は本格的なものになった。1960 年代に世界各地で起きた多極化の諸相を，300 字以内で具体的に説明せよ。解答は所定の解答欄に記入せよ。句読点も字数に含めよ。

Ⅳ　世界史Ｂ問題　　　　　　　　　　　　　　　　　　　　　　　（30 点）

　　次の文章（Ａ，Ｂ，Ｃ）の　　　　　　の中に適切な語句を入れ，下線部(1)～(21)について後の問に答えよ。解答はすべて所定の解答欄に記入せよ。

Ａ　西洋における君主権力の発生過程を考えると，多くの場合，君主権力が軍事的指導者の地位や権限に由来するものであったことがわかる。国家の存亡や安定がしばしば，対外防衛や征服，膨張のための戦争と密接に結びついていたからである。古代ローマの第 2 回三頭政治を行ったオクタヴィアヌスは，宿敵ア
(1)

ントニウスとクレオパトラを滅ぼし，カエサル暗殺後の内乱を制した軍事的実力により，元老院からアウグストゥスの尊称を与えられ，帝政をひらいた。ア<u>ウグストゥスは共和政ローマの主要な権限のみならず</u>，軍事力が重要な意味を
(2)
もつ属州をも管轄下に置くことにより，あらゆる権限を掌握した。ローマ帝国における軍隊と皇帝の密接な関係は，<u>3 世紀の軍人皇帝時代</u>には，各地の軍団
(3)
がその指導者を皇帝に擁立し，半世紀間に 26 人の皇帝が乱立するという，混乱した事態をももたらした。

　ゲルマン民族移動期に部族を率いた軍事的指導者の権限が，定住後に君主的権力へと発展することは，とりわけ長距離の移動を行った東・西ゴート族やヴァンダル族の場合に明らかである。このことは，<u>長距離の移動，植民，征服
(4)
によって各地域に国家を建設したノルマン人の指導者</u>についてもあてはまる。
しかしそのような軍事行動をともなう長距離移動を行わなかった<u>フランク族の
(5)
王たち</u>，戦士集団を率いて征服や略奪を行う軍隊の長であり続けた。また
962 年にローマ教皇により皇帝戴冠を受けたドイツ（東フランク）王国のオットー 1 世は，<u>当時ヨーロッパ中部に侵入をくり返していた非キリスト教民族</u>を
(6)
955 年にドイツ南部のレヒフェルトで破った。このときオットーは兵士たちから「皇帝」との歓呼を受けたと伝えられるが，ここにも輝かしい戦勝をあげた軍隊指揮者が皇帝として讃えられる習慣がみられる。

　このように軍功が政治的指導者や独裁者を生み出すという事例は，近代のナポレオン＝ボナパルトや<u>20 世紀の幾人かの政治家</u>にも見出され，決して古代
(7)
や中世に限られる現象ではない。

問

(1)　オクタヴィアヌス，アントニウスとともに第 2 回三頭政治を行った人物の名を記せ。

(2)　共和政ローマの国政全般におよぶ最高の公職の名称を記せ。

(3)　3 世紀には帝国の社会経済的基盤も変化する。農業・土地制度における変化を 30〜40 字程度で述べよ。

　　　　　　　　　　　　　（編集注：解答枠＝タテ 22 ミリ×ヨコ 130 ミリ）

⑷　㋐　9 世紀にノヴゴロド国を建設したと言われるノルマン人の指導者の
名を記せ。

　　㋑　10 世紀初めに北フランスにノルマンディー公国を建設したノルマ
ン人の指導者の名を記せ。

⑸　フランク王クローヴィスは軍事的征服以外にも，以後のフランク王権に
とって重要な意味を持つ選択を行った。それは何か。

⑹　この民族の名称を記せ。

⑺　第一次世界大戦中の軍功により国民的英雄となり，ワイマール（ヴァイ
マル）共和国の大統領になった人物の名を記せ。

B　アメリカ大陸の西に広がる大洋の存在は，16 世紀前半にヨーロッパ人に知
られるようになった。1513 年，スペインの探検家　　a　　はパナマ地峡を
横断し，新大陸の彼方に望見した海洋を「南の海」と名づけた。この大洋を船で
横断し，「太平洋」と命名したのは，ポルトガル人航海者マゼラン（マガリャン
イス）である。しかし，太平洋に点在する島々やオーストラリア大陸について
　　⑻
正確な地理的認識がヨーロッパにもたらされたのは，ようやく 17 世紀から
18 世紀にかけてのことであった。1642 年，オランダの探検家　　b　　は，
オーストラリア大陸の南方の海洋を東に向けて航海し，ニュージーランドに到
　　　　　　　　　　　　　　　　　　　　　　　　　　　　　　　⑼
達した。また，1760 年代後半には，フランスとイギリスがそれぞれ太平洋に
　　　　　⑽
探検隊を派遣した。フランスのブーガンヴィルは，1768 年にタヒチ島を経由
して太平洋を東から西に横断した。哲学者ディドロは，この航海によって知ら
　　　　　　　　　　　　　　　　⑾
れるようになったタヒチ人の暮らしぶりに刺激を受けて，ヨーロッパ文明の退
廃と偽善を批判する『ブーガンヴィル航海記補遺』を著した。イギリスから
は，1768 年，ジェイムズ・クックがエンデヴァー号を指揮して太平洋に向か
い，タヒチ島を経てニュージーランドを回航したのち，1770 年，ヨーロッパ
　　　　　　　　　　　　　　　　　　　　　　　　　　⑿
人としてはじめてオーストラリア大陸の東の沿岸を探査した。その後，クック
はさらに 2 度にわたって太平洋の航海を行い，それまでヨーロッパで知られて
いなかった多くの島の存在を確認したが，1779 年，3 度目の航海の途上にハ
　　　　　　　　　　　　　　　　　　　　　　　　　　　　　　　　　⒀

<u>ワイ</u>で島民に殺害された。クックの航海は，イギリスの太平洋への勢力拡大政策の一環として行われたが，専門家による天体観測を行い，動植物にかんする膨大な資料を収集するなど，<u>科学的探検を目的とする航海のはじまりとしての側面ももっている。</u>
₍₁₄₎

問

(8)　(ア)　マゼランは，ポルトガルから亡命し，スペイン国王の援助をうけて1519 年にセビリャを出航した。当時，スペインは新大陸の西側の海洋を自らの勢力範囲に含まれるとみなしていた。その根拠とされた条約の名称を記せ。

　　(イ)　マゼランの太平洋横断の目的地の一つはモルッカ諸島であったといわれる。香料諸島とも呼ばれるこの島々は，16 世紀から 17 世紀にかけてヨーロッパ諸国の争奪の対象となった。17 世紀前半にオランダがイギリスをこの地域から排除するきっかけとなった事件の名称を記せ。

(9)　ニュージーランドは，イギリス政府の派遣した代理総督と先住民の首長たちとの間で 1840 年に結ばれた条約によってイギリスの植民地となった。この先住民は何と呼ばれるか。

(10)　これらの探検に先立って，両国間では，1756 年から 7 年間にわたって海外の植民地をめぐる戦争が行われた。1763 年にパリで結ばれた講和条約によってフランス領からイギリス領となった植民地を 1 つ挙げよ。

(11)　彼とダランベールが中心となって 1751 年から 72 年にかけて編纂された書物の名称を記せ。

(12)　イギリスの植民地となったオーストラリアでは，19 世紀末以降，有色人種の移民を制限する政策がとられた。この政策は何と呼ばれるか。

(13)　ハワイは，1898 年にアメリカ合衆国に併合された。同じ年に，米西戦争の結果としてスペイン領からアメリカ領となったマリアナ諸島中の島の名称を記せ。

(14)　1831 年から 36 年にかけて，イギリスの生物学者ダーウィンは，海軍の測量船ビーグル号に乗り組んで南半球を周航し，動植物の調査を行った。ダーウィンはこの調査からえた着想を理論化し，1859 年にその成果を書物として刊行した。この著書の題名を記せ。

C　1776 年，北アメリカ大陸の 13 植民地の指導者たちが，本国イギリスに対して示した独立宣言は，近代世界史の大きな転換を告げるものであった。
(15)
1787 年につくられたアメリカ合衆国憲法は，共和政体という新しい政治原理のもとで連邦統治機構の構成と権限を明記した。連邦共和国としてのアメリカ
(16)
合衆国はその憲法の批准をへて発足した。1789 年のことである。

　誕生した統一国家は，その後，西に拡大していった。経済的改善を目指す農民あるいは移民が西部移住の主力であった。特に 19 世紀に入って，アレガニー山脈を越える西部への進出が本格化した。1821 年にはミシシッピー川を
(17)
越える最初の州として，ミズーリが州に昇格した。しかしその時期から奴隷制を否定する自由州と，それを認める南部奴隷州との対立が表面化していった。新しい州に奴隷制を認めるか否かの論争であった。1850 年，カリフォルニア
(18)
が州に昇格する際にも論議が起こった。1854 年，奴隷制の拡大を争点として起こった全国政党の再編は，自由州と奴隷州の対立を決定的とする転機であっ
(19)
た。

　19 世紀の世界における最大の内戦であった南北戦争後，合衆国の工業化は急速であった。戦前から綿工業などが北部に発達したが，戦後の工業化は，鉄
(20)
鋼業，機械産業，さらに食肉産業といった多様な分野におよび，1890 年代には合衆国は世界第一の工業国家の地位を手にしていた。工業化とともに，全国
的交通体系の形成，また都市化が進行した。フロンティアの消滅を記載したの
(21)
は，1890 年に行われた国勢調査の報告書である。その記述は，大西洋から太平洋におよぶ強大な近代国家の誕生を告げる宣言でもあった。

問

⒂　アメリカ独立宣言書に盛り込まれた思想には，イギリス啓蒙思想の影響が大きい。代表的なイギリス人啓蒙思想家の名を1名記せ。

⒃　アメリカ合衆国憲法が定めた連邦統治機構を30字程度で説明せよ。

（**編集注**：解答枠＝タテ 22 ミリ×ヨコ 130 ミリ）

⒄　㈠　西部への進出によって 1830 年代，アメリカの政治制度に重要な変化が起こった。その新しい政治のあり方は何と呼ばれるか。

　　㈡　1840 年代，西部への領土拡張の際に広く語られた言葉を記せ。

⒅　アメリカ合衆国はカリフォルニアを割譲によって得た。割譲の原因となった出来事の名称を記せ。

⒆　1854 年に成立した全国政党の名称を記せ。

⒇　南北戦争後，鉄鋼業において台頭した代表的企業家の名を記せ。

㉑　1869 年に完成した新しい全国的交通体系の名称を記せ。

I　世界史B問題　(20点)

　16世紀以来オスマン帝国領であった中東アラブ地域のうち，エジプトやクウェートは19世紀末までに英国の保護下に置かれ，第一次世界大戦後，残りの地域も英仏両国により委任統治領として分割された。やがて諸国家が旧宗主国の勢力下に独立し，ついにはその勢力圏から完全に離脱するに至った。1910年代から1950年代までの，この分割・独立・離脱の主要な経緯について300字以内で述べよ。解答は所定の解答欄に記入せよ。句読点も字数に含めよ。

II　世界史B問題　(30点)

　次の文章(A，B)を読み，□□□内に最も適当な語句を入れ，かつ下線部(1)～(15)について後の問に答えよ。解答はすべて所定の解答欄に記入せよ。

　A　およそ300年間続いた唐は　a　の乱によって実質的に崩壊し，節度使と呼ばれる軍閥が各地に割拠するようになった。907年の唐滅亡後，五代十国の分裂時代を経て，960年に宋が樹立された。宋は約20年をかけて　b　を除く中国内地の統一を完成し，徹底した　c　によって唐末以来の軍閥勢力を抑圧することに成功するが，かえって軍事力の低下を招くことになった。また宋は北方のステップに興った契丹族の遼の軍事圧力によって11世紀初めには屈辱的な　d　を締結することを余儀なくされた。さらに東北地方に興った女真族の金によって都城開封府を攻陥され，華北全域を占領された。これ以後を南宋という。南宋の初期には和親派の秦檜が主戦派の　e　らを排して金と和議を成立させ，国境線の画定などにより，その後およそ150年間続く南宋の基礎を固めた。次いで南宋はモンゴル族に滅ぼされ，全中国がその支配下に置かれることになった。モンゴル族による元朝の統

治下では西方出身の　　f　　が重用され，かれらは特に財政面で大きな役割
を果たした。元代の財政や経済を支えた通貨は，古くからの伝統ある銅銭に替
えて紙幣を主要通貨とした。膨大な紙幣の発行を可能にした背景には，宋代以
(7)
来の製紙業の発達と　　g　　技術の普及があった。しかし元代半ば以降にな
ると，放漫な財政運営に加えて，紙幣の発行が銅銭鋳造に比べてはるかに容易
であることなどによって濫発されるようになり，元末には天文学的なインフ
レーションが生じて，元朝滅亡の一因となった。
(8)

問

(1)　五代最後の王朝の名を記せ。

(2)　金では自国民の女真族を独自の軍事・行政制度に編成した。この制度の
　　名を記せ。

(3)　この事件の名を記せ。

(4)　南宋は臨安府を仮の都とした。この都市の現代名を記せ。

(5)　国境線とされた河川の名を記せ。

(6)　中国での銅銭の形態上でのモデルとなった秦の始皇帝の時に用いられた
　　円形方孔の統一貨幣の名を記せ。

(7)　元の紙幣の名称を記せ。

(8)　元朝滅亡の大きな原因となった反乱を何と呼ぶか。

B　清朝は，一方では満州族(女真族)，および早期に帰順した　　h　　族と漢
(9)
族の一部を，社会組織兼軍事組織たる八旗に編成し国軍の中核に置いた。他方
では旧明朝の漢人部隊を再編成した　　i　　を各地に配し治安維持等の任務
(10)
に当たらせた。その軍事力を背景に，康熙帝は自ら大軍を率いて当時急速に勢
力を伸ばしていた　　j　　軍を破り外モンゴルなどを領土に収め，また乾隆
帝は更に大規模な遠征軍を派遣し東トルキスタン地方をもその支配下に入れ
(11)
た。

　　しかし，清代後期になると，八旗の部隊は商品経済の進展に伴う一般満州族

の生活困窮化により，また漢人部隊は兵の質の劣化により，いずれも次第に弱体化してゆく。18 世紀後半以降，農民反乱が頻発し，これら正規軍の無力が露呈すると，在郷知識人や地方官たちは，郷村自衛の必要に迫られて，農民・遊民を集めた義勇軍たる　　k　　を各地で独自に組織するようになる。その方式はやがて清朝国家自身によって広く承認・推奨されるに至り，19 世紀半ばに全国を揺るがした太平天国の動乱の時期には，　　l　　が郷里の湖南省で組織した湘軍などが，かえって清朝側軍事力の中核として働いた。
₍₁₂₎
₍₁₃₎

　清末には，清朝自らが　　m　　と総称される西洋式軍隊を創建する。しかし，清朝にとっては不本意なことに，これらの将兵の中にも革命思想は浸透し，1911 年 10 月に　　n　　省の軍内の一部将兵が武昌で起こした武装蜂起が革命の幕を開いた。そして最後に北洋軍を率いる袁世凱が革命派と手を結ぶことによって清朝は終わりを告げる。

　清朝崩壊後も，それら各地の軍隊の多くは，指揮官であった旧清朝高官の私兵として生き残り，今度は軍閥として新生中華民国の統一を妨げることになる。そこで初期には軍閥の一部と手を組んで革命を目指した孫文たちも，1924年の中国国民党一全大会で，中国共産党との提携（第 1 次国共合作）を決定し，これを背景にして　　o　　軍が成立する。この軍隊は 1926 年に蒋介石を総司令として北方諸軍閥打倒のための進軍（北伐）を開始する。しかし翌 1927 年にはその蒋介石が起こした反共クーデタにより国共の合作は早くも崩れ，中国共産党も労働者農民を基盤とする新しい革命軍の組織に着手し，これが後に紅軍となる。その後の中国近代史は，この二つの党の協同と対抗を基軸にして進むことになる。
₍₁₄₎
₍₁₅₎

問

(9)　清朝は，初期に投降し中国平定に積極的に協力した一部の明の武将に，
　　藩王という高い位を与え南方各地の支配を任せた。雲南の藩王に封じられ
　　た人物の名前を記せ。

⑽　明朝では兵役は世襲の軍戸によって担われた。それら軍戸が配属された各地の軍営を何と呼ぶか。その名称を記せ。

⑾　清朝は征服後にこの地を何と呼んだか。その呼称を記せ。

⑿　後に太平天国の指導者となる洪秀全が，それに先だって組織したキリスト教的色彩を持つ宗教結社の名前を記せ。

⒀　太平天国軍の鎮圧には，西洋人を指揮官とする「常勝軍」も加わった。「常勝軍」の創設者であるアメリカ人の名前を記せ。

⒁　袁世凱の後継者の一人で，安徽派と呼ばれる軍閥の首領となった人物の名前を記せ。

⒂　紅軍は，1937 年に第 2 次国共合作が成った後，蒋介石の統一指揮下に入り抗日戦の一翼を担う。その中で華北に配置された部隊の名前を記せ。

Ⅲ　**世界史Ｂ問題**　　　　　　　　　　　　　　　　　　　　　（20 点）

　ベルギーの中世史家アンリ・ピレンヌは，古代の統一的な地中海世界が商業交易に支えられて，8 世紀まで存続したと考えた。しかしこの地中海をとりまく地域の政治状況は，8 世紀以前，古代末期から中世初期にかけて大きく変化した。紀元 4 世紀から 8 世紀に至る地中海地域の政治的変化について，その統一と分裂に重点を置き，300 字以内で説明せよ。解答は所定の解答欄に記入せよ。句読点も字数に含めよ。

IV　世界史Ｂ問題　　　　　　　　　　　　　　　　　　　　（30 点）

　次の文章（A，B，C）の　　　　　　の中に適切な語句を入れ，下線部(1)〜(20)について後の設問に答えよ。解答はすべて所定の解答欄に記入せよ。

A　14 世紀の半ば，ヨーロッパを広く襲った疫病の流行によって，イギリスでも短期間に多くの死者が出た。流行が去った後に残されたのは，人口の減少による労働力の不足であった。直営地における労働を農奴に依存していた領主層にとってとりわけ危機は深刻であった。そのため賦役の強制や賃金の規制など領主層による反動が一時的に見られたが，土地に縛りつけられていた農奴も移動の自由を得て，イギリスではこの世紀中に農奴身分は消滅に向かった。
(1)
　　　　　(2)
　農民の中には土地を集積して富裕になる者，また土地を失って零細化する者が現れた。集団による共同耕作と，比較的均等な土地保有とに基盤を置いた伝統的な農業は，農村における階層の分化と競争の激化によって徐々に崩壊し始
(3)
めた。散在していた農民の保有地も一箇所に集中されることが多くなり，そのような土地では占有を示す指標として周囲に垣がめぐらされた。15〜16 世紀に進行した囲い込みでは，労働力をあまり必要としない牧羊が主に行われた。囲い込みによって生計を失う農民も多く出て，人文主義者トマス・モアは，
　　　　　　　　　　　　　　　　　　　(4)
「羊が人間を食う」さかさまの関係をその著書で指摘した。

　14 世紀頃からイギリスでは輸出用の毛織物生産が増大していた。大陸の毛織物生産と対照的に，イギリスのそれは農村に展開した。そのため都市の
　　a　　の規制を受けることなく，価格を低く抑えまた需要に応じて生産を拡大することが可能で，順調に成長をつづけた。地主化した農民の中には，囲い込みによって原料である羊毛を確保し，同時に低廉化した労働力を組織して織布工場を経営するなどして大きな利益をあげ，さらに社会的な上昇をとげる者もいた。

　彼らや，土地を購入した商人，あるいは官僚として王権に協力し俸給を土地に投資した人々など，この時期に出現したジェントリと呼ばれる新しい地主層は，この世紀以降もさらに土地集積を重ね，地方行政や国政においても大きな

権力を獲得して，この国の寡頭的な支配体制を築きあげることになる。一方
17 世紀後半における　　b　　作物の導入に始まった農業の改良は，資本主
義的な農業経営を導き，大規模な排水工事や土壌改良などを通じてさらに土地
の収益性をあげることになった。<u>18〜19 世紀に実施された第 2 次囲い込み</u>
<u>は，穀物生産を目的としており</u>，産業革命期の増大する人口に食糧を供給する
(6)
ことを可能にした。

問　　　　　　　　（**編集注**：(5)と(6)の解答枠＝タテ 11 ミリ×ヨコ 130 ミリ）

(1)　このような反動に抵抗して，14 世紀中頃にフランス北部で，また世紀
　　後半にイングランド南部で起きた反乱を，それぞれ何というか。

(2)　近世に入って，ドイツのエルベ川以東では逆に農奴制が強化された。こ
　　のような農奴制に基づいて行われた，この地域における大規模農業経営を
　　何というか。

(3)　中世西ヨーロッパに特徴的な，この農業における土地利用の方式を何と
　　いうか。

(4)　大法官であったトマス・モアは，国王の政策に反対して 1535 年に刑死
　　した。この政策は何であったか。

(5)　第 2 次囲い込みを，第 1 次囲い込みと比較した場合の，本文に述べた以
　　外の特徴を記せ。

(6)　1815 年に制定された穀物法には，安価な外国産穀物の流入をさまたげ
　　て，地主の利益をまもる狙いがあった。外国産穀物の流入が予測された理
　　由は何か。

B　産業革命期の工業化は，欧米諸国の政治・経済・社会に大きな変動をひき起
こした。18 世紀後半にいちはやく工業化を経験したイギリスでは，人口移動
の問題や新たに台頭した産業資本家の政治参加要求に対応するため，1832 年
に第 1 回選挙法改正が行われた。<u>この際に選挙権を与えられなかった労働者</u>
<u>は，議会の民主化や男子普通選挙を求めて議会への請願を含む政治行動を起こ</u>
(7)

したが，要求を実現するには至らなかった。一方，1840 年代には関税の引き
下げが行われ，イギリスは自由貿易体制に向かったが，このことは海外におけ
る軍事力の行使を排除するものではなかった。たとえば，イギリスはアヘン戦
争を通じて中国に 5 港の開港を強い，列強による中国従属化の口火を切ったの
(8)
である。

　フランスでは，七月革命後に工業化が本格化し，その過程で力をつけつつ
あった中小資本家と労働者の政治参加要求が強まった。二月革命は，このよう
(9)
な政治参加要求の帰結であったが，臨時政府のもとで実施された男子普通選挙
では農村部の支持を得た穏健共和派が勝利し，政府の保守化に不満をもったパ
リの労働者の蜂起は政府によって鎮圧された。やがて成立した第二共和政にお
いては秩序の回復を標榜する保守勢力が優勢になり，さらに大統領によるクー
(10)
デタを経て，フランスは第二帝政の時代に突入していった。

　アメリカ合衆国では，19 世紀前半から工業化を進めた北部と，奴隷制にも
(11)
とづく農業を基幹産業とする南部との間に，利害対立が深まった。南北戦争の
結果，奴隷制は廃止され，北部の利益に合致する強力な連邦政府が確立した
が，南部においては黒人を従属的な地位にとどめておく経済的な制度があらた
(12)
に出現した。

問

(7)　この政治行動の名称を記せ。

(8)　(ア)　この戦争の終結時に，イギリスと清の間に締結された条約名を記
　　　　せ。

　　(イ)　(ア)の条約によって，清がイギリスに割譲した地名を記せ。

(9)　(ア)　革命に際して亡命した国王の名前を記せ。

　　(イ)　革命が勃発した年に綱領として発表され，のちの社会主義運動に大
　　　　きな影響を与えた著作の名称を記せ。

(10)　大統領の名前を記せ。

(11)　アメリカ合衆国の通商政策をめぐる北部と南部の対立を，イギリスとの関係から説明せよ。

（**編集注**：解答枠＝タテ 22 ミリ×ヨコ 130 ミリ）

(12)　南北戦争後のアメリカ合衆国南部において，黒人を土地に縛りつけるために導入された制度の名称を記せ。

C　第一次世界大戦のさなか，ロシアで革命が起こり，ソヴィエト政権が誕生した。その中心となったのはレーニンが指導するボリシェヴィキで，1918 年，大戦が終結するころには共産党の一党支配体制を作り上げた。社会主義社会建設の成否が先進資本主義国における革命にかかっているとみた彼は，1919 年にそれを促進するための機関を創設した。しかし，新国家の前途は内でも外でも多難であった。

まず，ソヴィエト政権は国内の反革命勢力，およびそれと結びついた諸外国の武力干渉と戦わねばならず，経済は危機的状況に陥った。これを乗り切るためにとられたのが，戦時共産主義と呼ばれる政策である。だが，強権的な政策に対する農民らの反発は強く，外国の干渉が結局ほぼ失敗に終わったこともあり，レーニンら指導部は 1921 年に自由主義経済の復活を一部で認め，国内の安定を図った。また翌年には，資本主義国との関係改善を目指してドイツとの間で友好関係を取り結んだ。

1922 年末，4 つのソヴィエト共和国が連合してソヴィエト社会主義共和国連邦（ソ連）を形成し，やがて新たな指導者スターリンの一国社会主義論に基づく道を歩み始めた。1928 年からは，重工業化の推進による社会主義社会の建設を目指し，農業面でも機械化とともに集団化が，抵抗を抑え込んで強力に推進された。

1929 年末から多くの資本主義国は世界恐慌の影響を受けて苦しむが，ソ連はそれを回避することができた。しかし，世界恐慌の深化やナチス＝ドイツの出現でヨーロッパの情勢が緊迫すると，1935 年，ソ連はその革命運動において共産主義の主要な敵はファシズムであるとする戦術を採用し，また同年，今

度はフランスとの間に友好関係を強化する取り決めを結んだ。しかしドイツは
この関係を口実として，1936 年，第一次大戦後に形成された<u>ヴェルサイユ体
制の破壊</u>をさらに進め，ヨーロッパの秩序は，混迷の度を深めた。
⁽²⁰⁾

問

⒀　このときに排除された主要な政党の名を一つ記せ。

⒁　この機関名を記せ。

⒂　この政策の工業面，農業面それぞれの中心になったのはどのようなこと
　　か。

　　　　　　　　（編集注：解答枠＝それぞれ，タテ 11 ミリ×ヨコ 65 ミリ）

⒃　この年に自由化を求めて水兵・労働者が起こした反乱をなんと呼ぶか。

⒄　このために策定された政策の名称を記せ。

⒅　この戦術を何と呼ぶか。

⒆　友好関係を定めたこの条約名を記せ。また，このときのフランス側の狙
　　いは何か，簡明に記せ。

（**編集注**：解答枠＝タテ 11 ミリ×ヨコ 65 ミリ，タテ 11 ミリ×ヨコ 130 ミリ）

⒇　このときドイツがロカルノ条約を無視して進めた行動は何か。

Ⅰ　世界史 B 問題　　　　　　　　　　　　　　　　　　　　　（20 点）

　　中国近代史において日中関係は大きな比重を占めるようになる。1911 年の辛
亥革命から 1937 年の日中戦争開始までの時期における，日本と中国の関係につ
いて，300 字以内で述べよ。解答は所定の解答欄に記入せよ。句読点も字数に含
めよ。

Ⅱ　世界史 B 問題　　　　　　　　　　　　　　　　　　　　　（30 点）

　　次の文章（A，B）を読み，　　　　　　内に最も適当な語句を入れ，かつ下線部
⑴〜⒀について後の問に答えよ。解答はすべて所定の解答欄に記入せよ。

A　秦の始皇帝死後の混乱を勝ち抜き，天下を再統一した前漢の高祖は，今日の
　西安市の北郊，　　a　　水の南岸に長安の建設を開始した。この地域には古
　くから人々が居住し，西安市の東郊では仰韶文化の集落である半坡遺跡が発見
　　　　　　　　　　　　　　　　　　　⑴
　されている。また，西安市の西郊には西周王朝の都城の一つである鎬京があ
　り，　　a　　水の北岸には秦の都である咸陽があった。
　　　　　　　　　　　　　　　⑵
　　前漢の帝位を奪った　　b　　は長安を常安と改名し，引き続き都とした
　が，内政外交ともその政策はことごとく失敗し，豪族・農民の反乱を招いた。
　　　　　　　　　　　　　　　　　　　　　　　　⑶
　長安は豪族出身の劉玄の攻撃で陥落し，　　b　　も敗死した。劉玄は，更始
　の年号を立てて漢帝国の復興を唱え，長安を都としたが，ほどなく農民軍の攻
　撃で敗死した。
　　後漢・魏・西晋の諸王朝は洛陽を都としたが，西晋が内乱のために弱体化す
　ると，匈奴の族長であった劉淵が今日の山西省で自立して漢王と称した。劉淵
　　　　　　　　　　　　　　　　　　　　　　　　　　　　　　　　⑷
　の子劉聡は，一族の劉曜を派遣して洛陽を攻略し，西晋の懐帝を捕虜とした。

懐帝の甥の愍帝が長安で即位したが，ほどなく劉曜の攻撃で長安は陥落し，西晋は滅亡した。劉曜はそのまま長安を本拠地とし，前趙を建国した。前趙ついで後趙が衰えたあと，氐族の苻健が　　c　　を建国して長安を都とした。3代皇帝苻堅は，天下統一を図って東晋に親征したが，淝水の戦いで大敗し，王朝は崩壊した。

　華北の再統一を達成した鮮卑族の北魏は，孝文帝の時，洛陽に遷都して漢化政策を進めたが，このことは，北辺の防衛に当たる鎮民の不満を招き，六鎮の乱が勃発した。六鎮の乱ののち，北魏は東西に分裂したが，長安を都とした西魏は，　　d　　制を開始して軍備の充実を図った。西魏の帝位を奪った北周は，武帝の時，華北を再統一したが，武帝の死後ほどなく，外戚の　　e　　が北周の帝位を奪って即位した。隋の文帝である。文帝は，旧長安城の東南に　　f　　城を築いた。唐代の長安城はこれに修築を加えたものである。天下を再統一した隋は，大運河を開削して江南の物資を輸送したが，この事実に明らかなように，経済の中心はすでに江南に移りつつあった。唐の滅亡後，五代の諸王朝は，大運河と黄河の交差点である　　g　　州（今日の開封）に都を置くようになり，長安は地方都市に転落した。明代には西安府が設置されて今日に残る城壁が築かれた。

問

(1)　仰韶文化に特徴的な土器の名を記せ。

(2)　秦は孝公の時に咸陽に遷都した。孝公に登用され富国強兵策を実施したとされる人物の名を記せ。

(3)　最も代表的な農民反乱の名を記せ。

(4)　この事件の名を記せ。

(5)　439 年に華北の再統一を達成した北魏の皇帝の名を記せ。

(6)　大運河のうち，黄河と長安を結ぶ運河の名を記せ。

(7)　五代の諸王朝のうち，唯一洛陽を都とした王朝の名を記せ。

(8) 17世紀半ば，西安を都に大順国の建国を宣言した農民反乱の指導者の名を記せ。

B　インド亜大陸は，北側を高い山脈でさえぎられ，外部との陸路の交通は困難である。それにもかかわらず，史上数多くの民族や軍事集団が，西アジア・中央アジア方面からアフガニスタンを通り　h　山脈を越えて西北インドに侵入した。これら諸集団は，ときとして北インドの歴史の流れを方向づけた。

古くはアーリア人が中央アジア方面から侵入し，前1500年頃までにインダス川流域のパンジャーブ地方に定着した。やがてアーリア人がガンジス川流域に進出し，鉄器を使用して農業生産を増大させると，社会の発展によって生じた階級が固定化され，のちのカースト制度の基礎となった。その後はイラン系やギリシア系の諸集団が侵入し，ときには西北インドを支配下においた。後1世紀半ばに侵入したクシャーナ朝は，　i　王のときに最盛期を迎え，中央アジアからガンジス川流域までを支配し，西北インドを中心に仏教文化を繁栄させた。クシャーナ朝は3世紀に西方からの攻撃を受けて衰退し，その後北インドを支配したグプタ朝は，エフタルの侵入を受けて6世紀半ばに滅んだ。

西アジア・中央アジアのイスラム化が進むと，イスラム王朝のガズナ朝やゴール朝がしばしば西北インドに侵入し，13世紀初めゴール朝の将軍　j　がデリーを都としてインド最初のイスラム王朝，奴隷王朝をひらいた。その後3世紀にわたって，奴隷王朝にはじまる5つのイスラム王朝が北インドを支配した。16世紀初め中央アジア出身のバーブルがアフガニスタンから北インドに進出し，アフガン系の　k　朝を倒してムガル朝をおこした。ムガル朝は第3代君主アクバルのときに最盛期を迎え，行政や徴税の制度が整えられ，またイスラム教徒とヒンドゥー教徒の融和がはかられた。17世紀後半第6代君主　l　のときには領土が最大となったが，非イスラム教徒勢力の反乱や財政の悪化にみまわれ，この君主の死後急速に衰退した。

一方，南インドでは，北インドとかなり様相の異なる歴史が展開された。西側をアラビア海，東側を　m　湾に囲まれ，南方に外洋の広がる南インド

は，海上貿易の重要な拠点であった。前 1 〜後 3 世紀にデカン地方を支配した
サータヴァーハナ朝や，さらに南方のドラヴィダ系諸王朝は，海上貿易によっ
て繁栄した。<u>南インドを拠点とする海上交通路を通じて，物産だけでなく文化</u>
<u>や宗教も各地に伝わった</u>。また南インドでは，北インドの文化の影響を受けな
(13)
がらも，独自のヒンドゥー文化が築かれた。イスラム政権が北インドを支配し
た時期には，　　　n　　　王国が，17 世紀半ばまでの約 300 年間，独自のヒン
ドゥー文化を守り，その後も，デカン地方の　　　o　　　王国(のちに政治的連
合体)など，ヒンドゥー教徒の有力な政権が存在した。

問

(9)　前 2300 年頃から前 1800 年頃までインダス川流域にはインダス文明が栄
　　えた。パンジャーブ地方にあるインダス文明の代表的な遺跡の名称を記
　　せ。

(10)　階級にしたがって，4 つの基本的な身分に区分された。この基本的な身
　　分(または階級)を指し，本来は「色」を意味する語は何か。

(11)　クシャーナ朝期には旧来の仏教のほかに，大乗仏教も流行した。2 〜 3
　　世紀に大乗仏教の教理を確立したのは誰か。

(12)　バーブルは，14 世紀後半から中央アジアと西アジアを広く支配した王
　　朝の王子であった。㋐この王朝名を記せ。㋑16 世紀初めにこの王朝を滅
　　ぼした中央アジアのトルコ系民族の名称を記せ。

(13)　宗教では，仏教をはじめヒンドゥー教やイスラム教も東南アジアに伝
　　わっており，ジャワ島ではこの 3 つの宗教すべてが繁栄した。㋐8 〜 9 世
　　紀にシャイレーンドラ朝が残したとされる，ジャワ島中部の巨大な仏教遺
　　跡の名称を記せ。㋑16 世紀初めイスラム勢力に滅ぼされた，ジャワ島最
　　後のヒンドゥー王国(王朝)とされる王国名(王朝名)を記せ。

Ⅲ　世界史Ｂ問題　　　　　　　　　　　　　　　　　　　　　（20 点）

　18 世紀後半から 19 世紀前半にかけて，大西洋をはさんでアメリカ大陸とヨーロッパの双方で戦争と革命があいついで勃発し，この間にヨーロッパ諸国間の関係は大きく変化した。七年戦争からナポレオン帝国の崩壊にいたる時期にイギリスとフランスの関係はどのように変化したか，300 字以内で説明せよ。解答は所定の解答欄に記入せよ。句読点も字数に含めよ。

Ⅳ　世界史Ｂ問題　　　　　　　　　　　　　　　　　　　　　（30 点）

　次の文章（Ａ，Ｂ，Ｃ）の下線部(1)〜(19)について後の問に答えよ。解答はすべて所定の解答欄に記入せよ。

Ａ　2004 年 5 月に EU（ヨーロッパ連合）は新たに 10 カ国を加えて 25 カ国体制となり，バルカン諸国など一部の国をのぞくヨーロッパの大半の地域が，共通の法や議会をもつ政治組織に統合された。「ヨーロッパ統合」というべき，このような広域的な政治組織は，ヨーロッパ史においては「帝国」として幾度か出現した。ローマ帝国は，紀元 2 世紀初めには地中海周辺地域からライン，ドナウ河流域地方までを含む最大版図を実現した。そして，3 世紀には帝国内部のすべての自由民はローマ市民として共通の法を享受したのである。しかしこの広大な帝国は，決して緊密にまとまった政治組織ではなく，帝政末期，とくにゲルマン民族移動期に入ると，帝国各地域の自立化が進行した。帝国の四分統治は，集権的統治には大きすぎる帝国の効果的な支配と防衛を意図した方策であった。

　西ローマ帝国滅亡後，ゲルマン部族国家の興亡の中で成立したフランク王国は，カロリング家のカール大帝のもとで，ヨーロッパの広い範囲を支配下に置いた。第二次世界大戦後のヨーロッパ統合運動の中で，カール大帝が「ヨーロッパの父」と称されたのは，この版図の大きさによるのみではない。800 年にはカールはローマ教皇により戴冠され，それによりカールはローマ帝国の政

治的伝統およびキリスト教的文化とゲルマン的要素を結合し，ヨーロッパ世界
の枠組みを形成したと考えられたからでもある。とりわけカールはキリスト教
の保護者として，布教や異教徒との戦いに尽力した。しかしカールの帝国も，
(6)
ローマ帝国以上に，独自の法や文化，言語を持つ民族・地域のルーズな集合体
という性格が顕著であり，9世紀には幾度かの領土分割を経ることになる。統
合と多様化の競合は今日までヨーロッパ史を貫く特質である。

問

(1)　このときの皇帝は誰か。

(2)　212 年に帝国内の自由民すべてにローマ市民権を認めた皇帝は誰か。

(3)　この時期に東部でローマ帝国と抗争した国家を記せ。

(4)　(ア)　下記の EU 諸国のうち，その地域の大半がカールの帝国に属してい
　　　　なかったのはどれか。一つ選んで記号で答えよ。

　　　　　a　オランダ　　　　b　ベルギー　　　　c　スペイン

　　(イ)　(ア)で選んだ地域は，当時どのような勢力の下に置かれていたか。

(5)　このようにカールの戴冠を，ヨーロッパ文明の成立を象徴するものと見
　　なすことは，西ヨーロッパに偏った見方であるとの批判がある。このよう
　　な批判が生じる根拠としては，どのような事象が考えられるか。簡潔に述
　　べよ。

　　　　　　　　　　　　（**編集注**：解答枠＝タテ 22 ミリ×ヨコ 130 ミリ）

(6)　帝国東方でカール大帝に敗れ衰退した，モンゴル系とされる遊牧民は何
　　と呼ばれるか。

B　つぎの文章は，19 世紀後半のヨーロッパで台頭したある芸術思潮を代表す
(7)
るフランス人の文学者が，1880 年に著した『実験小説論』の一節である。

「あえて法則を規定しようというのではないが，遺伝の問題は人間の知的情
(8)
的発現に大きな力を持つとわたしは思う。また環境も非常に重要なものであ

ると思う。そのため<u>ダーウィンの学説</u>に触れねばなるまい。」（古賀照一訳）
(9)

　この文学者はまた，19 世紀末のフランス社会を揺るがしたえん罪事件に際
して，<u>1898 年</u>，「私は告発する」と題する文書を発表し，事件をめぐる政府の
(10)
対応を<u>非難</u>した。同じ年にフランスの新聞に掲載された風刺マンガ「一族の晩
(11)
餐」（図 1 ）も，この事件を扱ったものである。

図 1

「とくに守って欲しい。あの事件については話題にしないように。」

でも話題になってしまった！

問

(7) (ア)　文学者名を記せ。

(イ)　この文学者が代表する芸術思潮について，それが一般に何と呼ばれ
ているかを明示したうえで，その思潮の特徴を簡潔に説明せよ。

（編集注：解答枠＝タテ 22 ミリ×ヨコ 130 ミリ）

(ウ)　この芸術思潮は絵画にも及んだ。この思潮をフランスにおいて代表
し，働く農婦の姿など，貧しい農民の生活を正面から凝視して描いた
画家の名前を記せ。

(8)　遺伝の影響を過大評価する考えは，人種主義を助長することになり，第
二次世界大戦中には，ナチスによる強制収容所でのユダヤ人大量殺害につ
ながっていった。この大量殺害は一般に何と呼ばれているか。

(9)　19 世紀後半，イギリス人哲学者ハーバート・スペンサーがダーウィン
の学説に影響を受け展開した社会思想は，一般に何と呼ばれているか。

(10)　この事件の名前を明示したうえで，図 1 において風刺されている社会状
況にも触れながら，事件の概要を簡潔に説明せよ。

（編集注：解答枠＝タテ 22 ミリ×ヨコ 130 ミリ）

(11)　19 世紀末，フランスはアフリカとアジアにおいて，イギリスやドイツ
に対抗しながら植民地の拡張に努めた。

(ア)　1898 年，ナイル河中・上流域の支配をめぐって，フランスとイギリ
スが厳しく対立する事件がおきたが，フランス側の譲歩で終わった。こ
の事件は一般に何と呼ばれているか。

(イ)　1898 年にドイツ，ロシア，イギリスが中国から租借地を得たことに
対抗して，フランスも翌 1899 年に中国から租借地を得た。フランスの
得た租借地の名前を記せ。

C　第二次世界大戦後，かつての国際的な地位を失ったヨーロッパは，アメリカ
合衆国とソヴィエト連邦という二超大国間の冷戦の主要な舞台となり，東西に
分断された。西欧諸国は合衆国から戦後復興のための大規模な援助を受け，さ
らに 1949 年には北大西洋条約を締結して合衆国との政治的・軍事的連携を強

めた。その後，西欧諸国は，フランスとドイツ連邦共和国の政治的連携を軸としつつ，経済分野を中心とする統合を推進し，EC(ヨーロッパ共同体)と総称される超国家的組織を形成した。<u>当初 6 カ国で設立された EC</u>は段階的に加盟国を拡大し，有力な政治的・経済的組織に発展していった。
(13)

　一方，東欧諸国では，大戦後数年のうちにソ連の強力な影響のもとに共産主義政党による一党支配の政治体制が相次いで成立し，<u>コミンフォルム</u>，経済相互援助会議，ワルシャワ条約機構などを通じてソ連による事実上の支配が確立
(14)
した。<u>東欧諸国に断続的に発生した自由化・民主化を求める動きはソ連の軍事</u>
(15)
<u>的介入</u>などによって弾圧されたが，1980 年代のポーランドにおける<u>自主管理</u>
<u>労働組合</u>の要求に見られるように，政治体制への不満がくすぶり続けた。ソ連
(16)
の指導者ゴルバチョフが，<u>ソ連国内の政治・経済・社会のたてなおしを図る改</u>
(17)
<u>革</u>を進め，また東欧への不介入政策を採用すると，東欧諸国の一党支配体制は急速に崩壊し，<u>1990 年のドイツ再統一</u>をもってヨーロッパの東西分断は終焉
(18)
した。

　EC は 1980 年代半ばにはさらなる統合へ向けた動きを強め，<u>1992 年に締結</u>
<u>された条約</u>にもとづいて，EU に発展した。EU は，超国家的諸制度の拡充，
(19)
域内障壁の撤廃や緩和，共通通貨ユーロの導入などを通じて統合をいっそう深化させ，さらに東欧に領域を拡大することによって，ヨーロッパ全域を代表する組織としてヨーロッパの国際的地位の向上を象徴する存在となっている。

問

　(12)　この援助を何と呼ぶか。

　(13)　ヨーロッパ石炭鉄鋼共同体やヨーロッパ経済共同体の発足当初，イギリスはこれらの組織に参加しなかった。その理由を簡潔に説明せよ。

　　　　　　　　　　　　（**編集注**：解答枠＝タテ 22 ミリ×ヨコ 130 ミリ）

　(14)　1948 年にこの組織から除名された国の当時の指導者の名前を答えよ。

　(15)　1950 年代から 1960 年代末までにソ連が軍事的に介入した東欧の国を 2つ挙げよ。

(16)　この組織の名称を記せ。

(17)　この改革を総称して何と呼ぶか。

(18)　ドイツ再統一を推進し，統一後最初のドイツ連邦共和国首相の地位に
　　あった人物の名前を答えよ。

(19)　この条約が締結された都市名を記せ。

2004年

解答時間：90分
配　　点：100点

Ⅰ　世界史B問題　　　　　　　　　　　　　　　　　　　　　　　　　　（20点）

　　セルジュク朝，モンゴル帝国，オスマン朝は，ともにトルコ系ないしモンゴル
　系の軍事集団が中核となって形成された国家であり，かつ事情と程度は異なるも
　のの，いずれも西アジアおよびイスラームと深くかかわった。この3つの政権そ
　れぞれのイスラームに対する姿勢や対応のあり方について，相互の違いに注意し
　つつ300字以内で述べよ。解答は所定の解答欄に記入せよ。句読点も字数に含め
　よ。

Ⅱ　世界史B問題　　　　　　　　　　　　　　　　　　　　　　　　　　（30点）

　　次の文章（A，B）を読み，　　　　　　　内に最も適当な語句を入れ，かつ下線部
　(1)～(14)についての後の問に答えよ。解答はすべて所定の解答欄に記入せよ。

　A　碑文を石に刻んで立てるという行為は世界各地で行われてきた。中華世界も
　　その例外ではなく，碑刻には様々な意味が付与されてきた。

　　　まず，始皇帝が天下統一後行った巡幸の先々で石碑を立てたように，時の支
　　　(1)
　　配者の権威の誇示ということがある。始皇帝と同じく泰山で封禅の儀式を行っ
　　　　　　　　　　　　　　　　　　　　　　　　　　　　　　　ほうぜん
　　た唐の　　a　　の皇后武氏は，のちに革命に備えて則天文字を作った。この
　　文字を刻んだ碑が盛んに作られたのにも，政治的な意味がある。

　　　軍功を記念して石碑が作られることもしばしばであった。匈奴遠征を行った
　　竇憲の功業をたたえて班固が作った碑文は，范曄が著した史書　　b　　に載
　　とうけん　　　　　　　　　　　　　　　　　はんよう
　　せられている。また，唐朝の政府軍が節度使の反乱を平定した時，これを記念
　　して韓愈が作った碑文は後世まで名作とうたわれた。
　　　(2)
　　　周辺諸国にも，立碑の象徴的意義は理解されていた。730年代にオルホン河
　　畔に立てられた碑文は突厥の復興を称揚したものであり，823年に　　c
　　　(3)

と唐の講和を記念してラサに石碑が立てられたのは，国内に向けて平和外交を強調したものとも考えられる。

　宗教関係の碑文も数多い。その中には，政府の保護下にあることを誇示するために作られたものがある。西域取経の旅から戻った玄奘の求めに応じて皇帝が作った「大唐三蔵聖教序」は碑に刻まれて，仏典翻訳事業への支持を示すものとなった。781 年に立てられた「大秦　d　流行中国碑」もキリスト教ネストリウス派の中国伝来以後の歴史を述べた後，立碑時点における政府の保護を強調している。

　石碑は儒教の経典のテクストを確定するためにも使われた。2 世紀後半に帝都　e　に「熹平石経」が作られ，その近くに 241 年　f　王朝のもとで石経碑が立てられた。これは儒教に限られない。唐代には，『老子』に対して皇帝自らが付けた注釈が石に刻まれて，天下に公表された。仏教の石経の代表例としては，現在の北京郊外の房山で隋代以来長期にわたって刻まれたものがある。

　石碑は多くの人の目に触れるので，碑文が称賛する対象や立碑にかかわった人々の権威を顕示することになる。また，書物が希少で失われやすく，書写を重ねるうちに誤りが多く生じた時代には，石碑の恒久性と安定性に大きな価値が認められていた。

　実際には，政治情勢の変化や戦乱により碑が倒されて，権威の誇示という立碑の意図が必ずしも生かされないこともある。しかし，いったん埋もれたネストリウス派の碑文が数百年の時を経て 17 世紀前半に再発見されたケースのように，当事者のおもわくを超えた反響を呼ぶこともある。記録性という点で，石碑がすぐれた媒体であることは否めないのである。

問(1)　始皇帝の丞相で，この碑文の字を書いたとされるのは誰か。

　(2)　彼と同時代の人で，古文復興の担い手として並び称されたのは誰か。

　(3)　この碑文の一面に刻まれた漢文を書き送った，当時の皇帝は誰か。

(4)　玄奘が 5 年間学んだ, 当時のインドの仏教教学の中心僧院の名称を答え
　　よ。

(5)　この文章は, のちに東晋時代の名筆が書き残した字を寄せ集めて, 改め
　　て碑に刻まれた。その名筆とは誰か。

(6)　この石経の文字を書いた大学者蔡邕は, 元代末期に江南で書かれた長編
　　戯曲の中で妻を裏切る出世主義者として登場する。その戯曲の題名を答え
　　よ。

(7)　1973 年に漢代の諸侯家の墓から, 『老子』の古いテクストが出土した。
　　この時同じく出土した文献の中に, 戦国時代に合従策を説いたとされる人
　　物の活躍を記したものがある。その人物とは誰か。

(8)　なかでも, 11 世紀には盛んに石経が作られた。当時, この一帯を支配
　　していた王朝名を答えよ。

(9)　この時, 碑文の拓本を広めるのに尽力したキリスト教徒で, 『農政全書』
　　などの著述があるのは誰か。

B　中国明朝の外交政策は, 伝統的な朝貢政策をベースにしつつ, 中国人の海外
渡航を禁止したうえで朝貢に伴う貿易だけを認め, これをもって周辺諸国・諸
民族をコントロールしようとしたところに特徴がある。この政策は, 自らの文
化を周辺の「野蛮人」のそれに比べて格段に高いものとする華　g　　思想
(中華思想)に裏打ちされたものであったが, 現実には格段に強力な軍事力を背
景としてはじめて有効であった。永楽帝が　h　　を南海に派遣して朝貢を
促すことができたのも, またヴェトナムが反抗的であるとして大軍を派遣しこ
の地を国内に組み入れることができたのも, 当時なお強大な軍事力があったか
らにほかならない。ところが 1449 年になると, 皇帝自らがモンゴル討伐に出
て, 逆に捕虜にされるという大事件が起こっている。この事件の発端は, モン
ゴルが明朝の朝貢規定に従わないのみか朝貢の道筋で殺戮を行い, さらに幾度
も侵略を繰り返していたところにある。また, 東南アジアの一朝貢国であり,
かつ明朝に忠誠を誓って何度も　i　　を受けた国でもある　j　　が

　　　k　　によって 1511 年に占拠された時には，明朝は保護義務があったに
もかかわらず，見殺しにするしかなかった。このような外交政策は，16 世紀
中頃に東シナ海沿岸で　　l　　が猛威をふるった後に一部変更を余儀なくさ
れ，中国人の海外渡航は許可されるにいたったが，外国人が中国に入る時に
　　(12)
は，少なくとも表面的には進貢を目的としてやって来たとしてはじめて可能で
あった。ヨーロッパからキリスト教の布教のためにやってきた　　m　　会士
　　(13)
も，その例外ではない。

　　清朝の外交政策は，いくつかの点で明朝のそれとは異なっている。最も大き
な違いの一つは，モンゴルやチベットを服属させて　　n　　とし，朝貢国と
は違う管理をした点である。しかし，朝貢政策を外交のベースとした点では変
わりがなく，また厳重な貿易統制を行った。これが可能であったのは，強大な
軍事力がその背景にあったからである。イギリスは 19 世紀のはじめに
　　　o　　使節団を送り，より自由な貿易を求めようとしたが，清朝はこれを
朝貢使節と見なしただけでなく，皇帝に対して無礼であるとして北京から退去
させた。最終的に朝貢が廃棄されるのは，朝鮮の支配権をめぐって日清戦争が
　　　　　　　　　　　　　　　　　　　　　　　　　　　　(14)
勃発するまで待たねばならなかったのである。

問(10)　その後，明朝の占領軍を撃退して成立した王朝名を答えよ。

　(11)　(ｱ)この事件を何と呼ぶか。(ｲ)また，この時にモンゴル側の事実上の指導
　　　　者であったのは誰か。

　(12)　海外へ渡り，そこに住み着いた中国人を何と呼ぶか。

　(13)　宣教師が中国で作った世界地図の名称を答えよ。

　(14)　朝鮮のこの時の国王は誰か。

Ⅲ　世界史Ｂ問題　　　　　　　　　　　　　　　　　　　　　　　（20 点）

　4 世紀のローマ帝国には，ヨーロッパの中世世界の形成にとって重要な意義を有したと考えられる事象が見られる。そうした事象を，とくに政治と宗教に焦点を当てて，300 字以内で説明せよ。解答は所定の解答欄に記入せよ。句読点も字数に含めよ。

Ⅳ　世界史Ｂ問題　　　　　　　　　　　　　　　　　　　　　　　（30 点）

　次の文章（A，B，C）の [　　　　] の中に適切な語句を入れ，下線部(1)～(17)についての後の設問に答えよ。解答はすべて所定の解答欄に記入せよ。

A　シベリアという地名は，16 世紀，ロシアのウラル山脈以東への進出にともなって征服されたシビル＝ハン国の名称に由来する。ロシアは，毛皮や鉱物資源を求めてシベリアの開発を進め，17 世紀前半には太平洋岸に達した。このためアムール川（黒竜江）流域をめぐって中国と利害が衝突し，1689 年に清朝とのあいだでスタノヴォイ山脈（外興安嶺）を境界とする条約を結んだ。

　18 世紀にはいるとロシアは 2 度にわたってカムチャツカの探検を組織し，アラスカに到達した。伊勢国出身の船頭，大黒屋光太夫が遠州灘で遭難し，アリューシャン列島に漂着したのは，18 世紀末のことである。光太夫はシベリアを横断してロシアの当時の首都 [　a　] に至り，エカチェリーナ 2 世に拝謁したのち，1792 年に帰国した。1847 年，初代東シベリア総督に任命されたムラヴィヨフは武力でアムール川地方を占領し，1858 年に清朝との間に条約を結んでアムール川以北をロシア領とした。さらに 1860 年の北京条約によりウスリー川以東の沿海州がロシア領となった。1891 年よりシベリア鉄道の建設を始めたロシアは，1896 年，中国領内を経由して沿海州に至る [　b　] の敷設権を獲得し，1903 年にこれを完成した。シベリア鉄道は日露戦争にさいして兵員や物資の輸送に利用されたが，ロシア革命後の対ソ干渉戦争によって大きな被害を受けた。

　19 世紀をつうじてシベリアは，ツァーリの支配体制に反抗する政治犯の流刑地でもあった。デカブリストの乱やポーランドの反ロシア蜂起の参加者たち，1870 年代のナロードニキ，90 年代以降のマルクス主義者をはじめとする革命家たちの多くがシベリアに送られた。
(7)

問(1)　このときシビル＝ハン国の首都を占領し，ロシアの本格的なシベリア進出のきっかけをつくったドン＝コサックの族長は誰か。

　(2)　この探検によって，北極海と太平洋を結ぶ海峡の存在が確認された。この探検隊の隊長の名を記せ。

　(3)　大黒屋光太夫は，日本に対して通商を求めるロシアの使節の船で帰国した。この使節は誰か。

　(4)　この条約は，イギリスとフランスによる中国への侵略戦争に乗じて締結された。この戦争の名称を記せ。

　(5)　1860 年に建設が開始され，のちにロシアの極東政策の拠点となる沿海州の港湾都市の名を記せ。

　(6)　同じ頃，ヨーロッパのある国が西アジアへの進出を図り，アナトリアからペルシャ湾に至る鉄道の敷設権をオスマン帝国より獲得した。この国の名称を記せ。

　(7)　この人々の考え方を簡潔に説明せよ。

(**編集注**：解答枠＝タテ 22 ミリ×ヨコ 130 ミリ)

B　17 世紀から 18 世紀にかけて，北米大陸の大西洋岸にイギリスが建設した各植民地は，成立の経緯も，経済的基盤も，支配のあり方もそれぞれに異なっていた。ロンドン会社による入植が行われたヴァージニア植民地では，

　　　c　　　のプランテーションが成功し，大土地所有が進んだ。一方，ピューリタンによって建設されたマサチューセッツ植民地では，宗教的な規律が重視される政教一致の体制が築かれ，またそれを嫌う人々によって他の植民地が分離，成立した。カトリック教徒が入植したメリーランドや，クェーカー教徒に
(8)

よって建設されたペンシルヴァニアもあった。独立前，最後に建設された
ジョージアの場合は，当初，本国の債務者監獄の囚人を解放して入植させ，同
時に南からのスペインの侵攻に備えるために計画されたものであった。

　このようにばらばらな北米大陸の植民地に一体感をもたらしたのは，むしろ
イギリス本国が植民地に課した重商主義的な規制であったといえよう。1651
年の航海法をはじめ，17 世紀後半から 18 世紀前半にかけても重商主義的な立
法は存在したが，それが厳格に強制され，また新たな規制および課税の攻勢が
　　　　　　　　　　　　　　　　　　　　　　　(9)
かけられるようになったのは，七年戦争の結果，北米大陸にあったフランスの
　　　　　　　　　　　　　　(10)
脅威が取り除かれて以降のことである。植民地は本国議会に代表を送っていな
いにもかかわらず課税されることに強く反発し，抵抗を開始した。本国政府は
　　　　　　　　　　　　　　　　　　　　　　(11)
抑圧をもってそれに応え，対する各植民地は代表を　　 d 　　に送って，1774
年，最初の大陸会議が開かれた。こうして植民地間の結合がもたらされたので
ある。

　本国との戦争，独立宣言の公布を経て，1783 年パリ講和条約でアメリカ合
　(12)
衆国の独立が承認された後も，かつての植民地は州として，個別の政治体とし
ての性格を維持した。1787 年に開かれた憲法制定会議では，中央政府の権限
　　　　　　　　　　　　　　　　　　　　　　　　　　　　　　(13)
を強化しようとする人々と，制限しようとする人々との間に対立が見られた
が，翌年発効した合衆国憲法は，権限を中央政府と各州に分配しながらも，外
交や軍事，課税にとどまらず，州際通商の規制など比較的広範な権限を中央政
府にあたえ，アメリカの統合を目指すものであった。

問(8)　これらの植民地が存在した地方を何と呼ぶか。

　(9)　この時期の規制・課税立法の例を一つあげよ。

　(10)　このできごとについて説明せよ。

　　　　　　　　　　　　（編集注：解答枠＝タテ 11 ミリ×ヨコ 130 ミリ）

　(11)　この時期の抵抗の例を一つあげよ。

　(12)　この戦争の期間中，本国からの独立と共和政の樹立の正当性を主張して
　　　大きな影響のあったトマス＝ペインの著作は何か。

⒀　この人々を何と呼ぶか。

C　つぎの文章は，<u>後年ノーベル文学賞を受賞することになる作家が，1947 年</u>
<u>に発表した寓意小説</u>の冒頭部分から引用したものである。舞台は，この作家が
⒁⒂
生まれ育った故郷にある一港町であり，<u>かつてヨーロッパで黒死病とも呼ばれ</u>
<u>て恐れられていた伝染病</u>に仮託され，人生そのものにつきまとう死や病などの
⒃
「悪」，そして貧困や戦争などの社会悪に対して，人間はいかに立ち向かうべき
なのかが問われている。

　この記録の主題をなす奇異な事件は，194＊年，オランに起こった。通常と
いうには少々けたはずれの事件なのに，起こった場所がそれにふさわしくな
いというのが一般の意見である。最初見た眼には，オランはなるほど通常の
町であり，<u>アルジェリア海岸</u>におけるフランスの一県庁所在地以上の何もの
⒄
でもない。　　　　　　　　　　　　　　　　　　　　　　　　（宮崎嶺雄訳）

問⒁　作家名㋐と，小説名㋑を記せ。

　⒂　㋐　この小説にうかがえる文芸・哲学思潮について，それが一般に何と
　　　　　呼ばれているかを明示したうえで，その思潮の特徴を簡潔に説明せ
　　　　　よ。　　　　　　　　　　　（**編集注**：解答枠＝タテ 22 ミリ×ヨコ 130 ミリ）

　　　㋑　この思潮を 20 世紀中葉のドイツにおいて代表する人物で，ナチス
　　　　　の積極的加担者であったと後に批判されるようになる哲学者の名を記
　　　　　せ。

　⒃　この伝染病の病原菌は，ある日本人学者によって 1894 年香港で発見さ
　　　れた。かつて彼が師事していたドイツ人で，細菌学の祖と呼ばれる人物の
　　　名を記せ。

　⒄　㋐　1954 年に始まったアルジェリア戦争では，アラブ世界がアルジェ
　　　　　リア民族解放戦線側に有形無形の支援を行った。1956 年，この支援
　　　　　に対抗することを目的の一つに，フランスはイギリスとともにアラブ

　世界への軍事介入を行う。この介入によって起きた紛争が一般に何と
呼ばれているかを明示したうえで，その紛争へのイスラエルの関わり
方と，その紛争の終結にいたる過程を，簡潔に説明せよ。

　　　　　　（**編集注**：解答枠＝タテ 33 ミリ×ヨコ 130 ミリ）

(イ)　アルジェリアは 1962 年に独立する。当時のフランス大統領の名を
　　記せ。

I　世界史B問題　　　　　　　　　　　　　　　　　　　　(20点)

　中国の皇帝独裁制（君主独裁制）は，宋代，明代，清代と時代を経るにしたがって強化された。皇帝独裁制の強化をもたらした政治制度の改変について，各王朝名を明示しつつ300字以内で述べよ。解答は所定の解答欄に記入せよ。句読点も字数に含めよ。

II　世界史B問題　　　　　　　　　　　　　　　　　　　　(30点)

　次の文章（A，B）を読み，[　　　　]内に最も適当な語句を入れ，かつ下線部(1)～(16)についての後の問に答えよ。解答はすべて所定の解答欄に記入せよ。

A　陳独秀は1879年に安徽省安慶で生まれた。陳は幼少の頃より<u>科挙</u>の勉強に
　　　　　　　　　　　　　　　　　　　　　　　　　　　　　　(1)
励んだが合格することができず，<u>康有為や梁啓超</u>を信奉するようになった。
　　　　　　　　　　　　　　　　　(2)
　1901年<u>日本に渡り</u>，東京専門学校（のちの早稲田大学）に入学した。陳は日
　　　　　　(3)
本で反清革命に傾き，帰国後は安慶で革命運動に従事した。1911年湖北省の
[　a　]で軍隊が蜂起すると，1か月足らずの間に多くの省が相次いで独立を宣言した。陳は安徽省軍政府の秘書長として招かれたが，1913年に袁世凱の専制と国民党弾圧に反対した[　b　]が失敗すると，陳は重要犯人として指名手配され，<u>上海</u>に逃れた。
　　　　　　(4)
　1915年9月，陳は『青年雑誌』を創刊した。この雑誌はのちに『新青年』と名を改め，西洋の近代的合理主義にもとづき，<u>中国の旧い思想・道徳・社会制度</u>
　　　　　　　　　　　　　　　　　　　　　　　　　　　　　　　(5)
<u>を徹底的に攻撃した</u>。一躍，新文化運動の旗手となった陳は，1917年に蔡元培の招きで北京大学文科長に就任した。
　1919年1月，第一次世界大戦の戦後処理を話し合う[　c　]が開催され

た。山東省の旧ドイツ利権が中国に返還されず日本に与えられようとしたこと
(6)
から，北京で学生らによるデモが行われ，運動は全国に波及した。結局中国は
(7)
ヴェルサイユ条約調印拒否を声明するに至った。　c　に対する期待が失
望に変わっていく中で，『新青年』の紙面も創刊当初の西洋賛美の論調が次第に
変化してきた。陳独秀はマルクス主義に傾斜していき，1921年7月李大釗ら
と中国共産党を結成した。
(8)
　1924年中国国民党第1回大会が開かれ，孫文の掲げた「連ソ・容共・扶助工
農」の三大政策が採択され，共産党との協力体制が実現した。1926年7月
(9)
　d　を総司令とする国民革命軍は北伐を開始した。その途上，1927年
(10)
4月　e　が起こり，共産党は大きな打撃を受けた。陳はその責任を負わ
されて総書記を解任された。以後，歴史の表舞台に立つこともなく，1942年
四川省でその生涯を閉じた。

問(1)　科挙が廃止された年はいつか。

(2)　彼らを登用して戊戌の変法を断行した皇帝は誰か。

(3)　ヴェトナムでもファン＝ボイ＝チャウらが維新会を組織して日本留学運
　　動を推進した。この運動を何というか。

(4)　上海など5港の開港を定めた条約の名を記せ。

(5)　「文学改良芻議」を発表して白話運動を提唱したのは誰か。

(6)　1898年ドイツが宣教師殺害を口実に清朝から租借したのはどこか。

(7)　同じ時期，ソウルで大規模な民族独立運動が起こった。この運動を何と
　　いうか。

(8)　このあと，ヴェトナムでも共産党が結成された。その指導者で，のちに
　　ヴェトナム民主共和国の初代大統領となったのは誰か。

(9)　1937年にもう一度両党は協力して抗日民族統一戦線を成立させた（第二
　　次国共合作）。そのきっかけとなった，前年に起こった事件は何か。

(10)　国民革命軍は1928年6月に北京を占領した。それまで北京を支配し，
　　奉天に帰還する途中で日本軍に爆殺された軍閥の首領の名を挙げよ。

B　古代の西アジアでは，さまざまな民族の興亡が繰り広げられたが，やがて政治的統合が進み，史上いく度か西アジアを広くおおう大帝国が成立した。

　　西アジアの主要部に最初の政治的統一をもたらしたのが，セム系のアッシリア人である。アッシリア人は前 2000 年紀のはじめ頃から　　f　　川流域のアッシュールを拠点に交易活動に従事し，前 9 世紀から活発な征服活動を行った。その軍隊は，鉄製の武器，戦車および騎馬隊をそなえ，広く西アジアを征(11)服し，前 7 世紀前半にはエジプトをも版図に加えた。アッシリア帝国は征服地の各州に総督を派遣して直接的に統治したが，被征服民に対する強圧的な政策がわざわいし，前 7 世紀末に滅んだ。アッシリア帝国滅亡後，西アジアとエジ(12)プトには 4 つの王国が並立した。

　　西アジアの政治的統一を回復したのは，イラン人が建国したアケメネス朝ペ(13)ルシアであった。前 550 年キュロス 2 世が同じイラン系の　　g　　王国を滅ぼして建国し，第 3 代の王　　h　　のときには，東は中央アジア・インダス川流域から西はエーゲ海岸・エジプトにおよぶ大帝国となった。領土の各州にサトラップ（知事）をおいて統治させたほか，監察官の派遣，税制の整備，被征服民への寛容な政策など，アッシリアの帝国統治法をさらに高度なものへと発展させた。アケメネス朝はアレクサンドロス大王の東方遠征によって前 330 年に滅んだ。アレクサンドロス没後は，シリアを拠点とするセレウコス朝をはじ(14)め，各地にギリシア系の国家が誕生してヘレニズム文化が栄えた。

　　ヘレニズム時代を経て，ふたたび西アジアを政治的に統一したのがササン朝ペルシアである。ササン朝は 226 年アルデシール 1 世が　　i　　王国を倒して建国した。第 2 代の王シャープール 1 世のとき，東方ではインダス川流域にまで進出して　　j　　朝から領土の大半を奪い，西方ではシリアに進出して(15)ローマ帝国と対抗した。5 世紀から 6 世紀にかけては，中央アジアの騎馬遊牧民　　k　　の侵入を受けて苦しんだが，6 世紀半ば，ホスロー 1 世のときに最盛期を迎え，　　k　　を滅ぼした。しかし，7 世紀半ばのアラブ軍の侵攻には対抗できず，ササン朝は 651 年に滅んだ。

　　アラブ軍の征服活動は　　l　　朝成立後も活発に進められ，8 世紀はじ

め，その領土は，東は中央アジア・西北インドから西はイベリア半島にまで達
した。イスラム教の浸透とアラビア語の共通語化によって，広大な領域におけ
る共通の文化の基盤が形成され，やがてアラビア語以外のさまざまな言語もア
ラビア文字で記されるようになった。
(16)

問(11)　最初に鉄器を使用し，製鉄技術を独占していたとされる，アナトリアの
　　　古代王国の名を記せ。

　　(12)　この４つの王国のうち，ある王国は，いわゆる「肥沃な三日月地帯」を支
　　　配し，首都の繁栄でよく知られている。(ア)その王国の名を記せ。(イ)その王
　　　国の首都はどこか。都市名を記せ。

　　(13)　イラン人は言語的には何語族に属すか。語族名を記せ。

　　(14)　セレウコス朝から独立した，あるギリシア系の王国は，現在のアフガニ
　　　スタンを主な領土とし，西北インドにヘレニズム文化を伝えた。その王国
　　　の名を記せ。

　　(15)　対ペルシア遠征に失敗し，260 年エデッサでシャープール１世に捕らえ
　　　られた，ローマ帝国の軍人皇帝は誰か。

　　(16)　アラビア文字が普及する前の西アジアの文字の多くは，あるセム系言語
　　　の表音文字を母体としていた。(ア)前 1000 年紀に楔形文字に代って西アジ
　　　アに広まった，この表音文字は何か。(イ)この文字を母体として中央アジア
　　　で生まれた文字には何があるか。１つ記せ。

Ⅲ　世界史Ｂ問題　　　　　　　　　　　　　　　　　　　　　　　(20 点)

　　第一次世界大戦は予想をはるかに越えて長期化し，これにかかわったヨーロッ
パのおもな国々は本国の大衆を動員しただけではなく，さらには，植民地や保護
国を抑えつけながらも，同時にその力を借りて戦わねばならなかった。このこと
に関して，イギリスを例にとり，インドおよびエジプトに対して大戦中にどのよ
うな政策がとられたかを，そのことが戦後に生み出した結果にも触れつつ，300
字以内で説明せよ。解答は所定の解答欄に記入せよ。句読点も字数に含めよ。

Ⅳ　世界史Ｂ問題　　　　　　　　　　　　　　　　　　　　　（30 点）

　次の文章（A，B，C）の　　　　　　　　　の中に適切な語句を入れ，下線部(1)～(22)に
ついての後の設問に答えよ。解答はすべて所定の解答欄に記入せよ。

A　都市と都市国家は，古代地中海世界を構成する最も重要な政治的単位であっ
　た。紀元前 15～13 世紀にギリシア本土のミケーネやティリンスで栄えた
　（1）
　国家は，なお専制的な支配者をもつ小王国であったが，紀元前 8 世紀以後，ア
　クロポリスやアゴラを中心とする集住によってポリスが成立すると，ギリシア
　世界は大小の独立都市国家によって構成されるようになった。またポリス市民
　　　　　　　　　　　　　　　　　　　　　　　　　　　　　　　　（2）
　は盛んに黒海沿岸から地中海各地に植民都市を建設し，海上交易をおこなっ
　た。

　　ポリスは軍役義務を負う住民の共同体であり，この義務を担うことによっ
　て，住民の政治的権利も拡大した。このような「戦士共同体」としての都市国家
　の性格は，ローマにおいても同様であった。イタリア中部の都市国家として出
　発したローマは，他の都市国家を征服し，服属させることによって地中海世界
　を統一した。こうしたローマの版図拡大において軍役を担った市民は，紀元前
　　　　　　　　　　　　　　　　　　　　　　　　　　　　　　　　（3）
　4～3 世紀には政治的権利を発展させたが，軍役の長期化は次第に自作農でも
　　　　　　　　　　　　　　　　　　（4）
　ある市民の没落をも招き，民主政は危機に陥った。この危機と権力闘争の中か
　らやがて，帝政ローマが誕生する。

　　ローマ帝国は，地中海世界のみならず，ほぼライン川とドナウ川までの地域
　をも支配した。帝国は，地中海世界のような都市文明を持たなかったアルプス
　　　　　　　　　　　（5）
　以北のこの地域にも都市を建設し，都市を中心とした行政単位を設けて統治し
　たのである。これらのローマ都市は，とくにアルプス以北では，ゲルマン民族
　の移動と西ローマ帝国の滅亡後の混乱の中で衰退した。しかし多くのローマ都
　市では，人口減少や市域縮小をともないつつも，司教座などの教会を中心とす
　る都市の核は存続し，11 世紀以後のヨーロッパにおける遠隔地商業の復活に
　より，商工業都市として，あらたな発展を開始した。またライン川以東の，
　ローマ都市が存在しなかった地域では，12，13 世紀以後，国王や諸侯によっ
　て都市が建設された。とくにドイツ北部からバルト海地方にかけてのハンザ商
　　　　　　　　　　　　　　　　　　　　（6）

業圏では，こうした建設都市が多い。

　ヨーロッパ中世都市においても，市民は都市防衛のための軍役を負い，都市は城壁で囲まれた。一般に中世都市の自治権は，城壁内とその小さな隣接地域に限られ，大きな領域を持つ都市国家へと発展することはなかった。また13，14 世紀以後の各地域における国家統合の進展の中で，都市自治は次第に制限されていった。しかし<u>イタリア北・中部の諸都市は，広い領域を持つ都市国家を形成し</u>，<u>ドイツの有力な帝国（自由）都市もまた，イタリア都市のような国家形成は実現できなかったものの，その政治的自立性を維持した。</u>
(7)　(8)

問(1)　(ア)　このミケーネ文明において使用された文字を何というか。

　　　(イ)　またこの文字を解読したイギリス人学者の名を記せ。

(2)　紀元前 500 年ころペルシアに対して反乱した，イオニアの中心的な植民都市の名を記せ。

(3)　平民会の議決が元老院の承認なしでも法律となることを認めた，紀元前287 年に制定された法を何というか。

(4)　自作農没落の原因として，軍役の長期化以外にどのようなことが考えられるか。1 点のみ簡潔に記せ。

(5)　次の都市のうち，ローマ都市に起源を持つものを 1 つ選んで，記号で答えよ。

　　　　　a　ケルン　　　　　　b　ニュルンベルク
　　　　　c　ベルリン　　　　　d　プラハ

(6)　ハンザの盟主的存在であった，バルト海南部の建設都市の名を記せ。

(7)　12 世紀にロンバルディア同盟の中心となり，また 14，15 世紀にはヴィスコンティ家の支配下で大きな国家を形成した都市の名を記せ。

(8)　都市国家，都市共同体という形態の相違はあれ，イタリア，ドイツの有力都市が 19 世紀まで，自立性を維持することができた政治的背景を，簡潔に述べよ。

B　ヴィッテンベルク大学の神学教授であったマルティン・ルターが，95 箇条
の改革意見書を公表して始まったヨーロッパの宗教改革は，信仰の実践と教会
のありかたについて，真摯な問い直しをおこなって多くの支持者を集め，ヨー
ロッパに新たな生活の指針や社会の原理を提供した。しかしそれは同時に，宗
教的な対立にもとづく迫害や戦乱を引き起こす原因ともなり，また政治的な抗
争の口実として利用されることにもなる。1524 年に西南ドイツの農民が起こ
した反乱に，最初ルターは好意的であった。だが，反乱が中部ドイツに拡大し
て再洗礼派の影響の下に急進化すると，ルターはこれを非難し，以後ルター派
(9)
の運動は領邦君主や都市の市民と結びついて支持を得た。1529 年，神聖ロー
マ帝国皇帝はシュパイエルの国会でルター派の布教を禁止したが，諸侯・都市
はそれに抗議し同盟を結成して皇帝に対抗した。ドイツにおける宗教問題は，
1555 年のアウグスブルクの和議で一応の決着をみたが，対立はその後もつ
(10)　　　　　　　　　　　　　　　　　　　　　　　　　　　(11)
づき，1618 年には，ベーメン(ボヘミア)で王の即位に反対した新教徒を，皇
帝の軍隊が弾圧したことをきっかけに三十年戦争が開始された。この戦争は，
新教徒擁護を口実とした外国勢力の介入を招いて長期化し，とくに戦争末期に
(12)
はフランスまでもドイツに遠征して皇帝の軍隊と戦った。

　　フランス国内では 16 世紀に，救済は予定されていると説いたジュネーヴの
改革者ジャン・カルヴァンの教義が，都市の商工業者を中心に支持を拡大し，
宮廷にも勢力をもつにいたった。ここでも新旧の信仰は，貴族間の対立と結び
ついて 30 年以上にも及んだユグノー戦争を引き起こした。この戦乱のなかで
(13)
フランスの　　a　　朝は断絶し，あらたに即位したブルボン家のアンリ 4 世
は，自らカトリックに改宗するとともにナントの勅令を発してユグノーの信仰
を承認し，混乱を収拾することに成功した。

　　イギリスではすでに，ヘンリー 8 世と議会がカトリック教会から制度的に離
脱して国教会制度を誕生させていたが，改革は比較的穏健なままにとどまって
いた。カルヴァンの改革の影響はイギリスにも及んで改革を先鋭化させ，教会
(14)
のありかたにあきたらない諸勢力は多くの教派をうみだした。国教会に対する
批判はやがて国家と国王に対する反抗となって共和政の実現をもたらした。革

命で議会軍を指導した独立派のオリヴァー・クロムウェルは，政治上の実権を掌握すると，禁欲的倫理にもとづいた厳格な神政政治を実施し，またカトリック教徒の多く住む　　　b　　　への軍事遠征をおこなった。共和政が短期間で終了した後，1673 年に制定された審査法は，新王のカトリックへの復帰を警戒した議会による立法であったが，同時に非国教会諸教派の権利をも抑圧することになった。

(15)

問(9)　この反乱を指導したドイツの宗教改革者は誰か。

　　(10)　この和議によって，帝国内の宗教問題はどのように決着したか。簡潔に説明せよ。

　　(11)　19 世紀に成立したドイツ帝国においても，カトリック，プロテスタントの対立は顕在化した。この時期のカトリック教徒を代表した政党の名は何か。

　　(12)　この戦争に介入したプロテスタント国 1 つの国名と，その国王の名を記せ。

　　(13)　この戦争中の 1572 年，多数の新教徒が殺害された事件を何と呼ぶか。

　　(14)　スコットランドではカルヴァン派は何と呼ばれたか。

　　(15)　この法律が 19 世紀に廃止された際の経緯を簡潔に記せ。

C　つぎの〔ア〕〔イ〕は，元徒刑囚を主人公とするフランスの歴史小説(1862 年
　　　　　　　　　　　　　　　　　　　　　　　　　　　　　(16)(17)
刊)から引用したものである。〔ア〕は，登場人物の一人マリユスが，1827 年 17歳の時，復古王政支持者からナポレオン支持者へと転向をとげる場面を描いている。〔イ〕は，その約 1 年後，マリユスが，共和主義者に論争を挑んだあげく論破され，ナポレオン崇拝熱から冷めていく様子を描いている。

〔ア〕　マリユスは屋根裏の小さな自分の部屋にひとりでいた。ナポレオン軍の
　　　公報を読んでいた。ときどき亡父の名が出てきたし，皇帝の名はしょっ
　　　ちゅう出てきた。大帝国全体が彼の目の前に現れた。ときどき，父親が息

吹きみたいにそばをとおりすぎ，耳もとに話しかけるような気がした。彼
はだんだん妙な気持ちになってきた。太鼓や大砲やラッパの響きや，軍隊
の整然とした歩調や，騎兵隊のかすかな遠い早がけの響きが聞こえるよう
な気がした。胸がしめつけられるようだった。感動で身をわななかせて，
あえいだ。ふいに，心のなかでなにが起こったのか自分がなにに服従して
いるのかわからないままに，立ちあがって両腕を窓のそとに突きだし，闇
や，静けさや，暗い無限や，永遠のひろがりをじっとみつめて叫んだ。
「皇帝ばんざい！」

　この瞬間で，すべてが決まった。皇帝は，崩壊を建てなおす驚異的な建
築家であり，シャルルマーニュや，ルイ11世や，アンリ4世や，リシュ
リューや，ルイ14世や，公安委員会などの後継者だった。あらゆる国民
に，フランス人を「大国民」とほめさせる使命をになった人物だった。いや
それ以上だった。剣をにぎってヨーロッパを，光りを放って全世界を征服
するフランスの化身そのものだった。マリユスはボナパルトのなかに，つ
ねに国境にすくっと立って未来を見守る，まぶしくかがやく幽霊を見た。

〔イ〕「いったい，きみたちは，皇帝を賛美しないとすれば，だれを賛美する
　んだ！　彼にはすべてがそなわっていた。完全だった。ユスティニアヌス
　のように法典をつくり，カエサルのように命令し，談話では，タキトゥス
　の雷撃にパスカルの稲妻を混じえた。歴史をつくり，歴史を書いた。ティ
　ルジットでは皇帝たちに尊厳をおしえた。このような皇帝の帝国に住むこ
　とは，国民としてなんとすばらしい運命だろうか。しかもその国民はフラ
　ンスの国民であり，フランスは自分の天才をこの男の天才につけ加えたの
　だ！　山が四方にワシを放つように，地上のあらゆる方面に軍隊をとびた
　たせ，征服し，支配し，粉砕し，勝利をつぎつぎに勝ちとってヨーロッパ
　のいわば金色にかがやく国民となり，歴史をつらぬいて巨人のファン
　ファーレを鳴りひびかせ，征服と眩惑によって二度世界を征服する。これ
　は崇高なことだ。これより偉大なことが，いったいあるだろうか？」

　　「自由でいることだ」とコンブフェールが言った。
(21)(22)

　　こんどはマリユスが顔を伏せた。この簡単な，冷たい言葉は，鋼鉄の刃のように，彼の叙事詩のような熱弁をつらぬいた。彼は心のなかで熱情が消えさるのを感じた。　　　　　　　　（辻昶訳　訳文は一部省略した）

問(16)　小説名(ア)と，作者名(イ)を記せ。

(17)　(ア)　作者は，古典主義と啓蒙主義を批判するかたちで 19 世紀前半に隆盛した文芸思潮を代表している。その文芸思潮名を記せ。

　　　(イ)　また，その文芸思潮の特徴を，批判内容に言及したうえで，引用文を参考にしながら簡潔に説明せよ。

(18)　公安委員会がおこなった土地改革を 10 字程度で説明せよ。

(19)　ボナパルトが 1802 年にイギリスと結んだ協定を何と呼ぶか。

(20)　このときに結ばれた条約の結果として建国され，フランスの従属国家となった国を 1 つ記せ。

(21)　自由主義の精神は，1820 年代，ヨーロッパ各地に広がっていった。ロシアにおいて自由主義を掲げ，1825 年に立憲君主制確立などを唱えて蜂起した人びとは何と呼ばれているか。

(22)　1820 年代当時のブルジョワジーがよりどころにした自由主義経済学は，前世紀にイギリスで誕生した。この経済学の体系的創始者名(ア)と，その主著名(イ)を記せ。

京大入試詳解

京大入試詳解 世界史

20年

第2版

2022～2003

解答・解説編

駿台文庫

は じ め に

　京都大学は建学以来「自由の学風」を標榜しており，中央の喧噪から離れて研究に没頭できる風土が醸成されている。卒業式での仮装が風物詩になるなど，京大生は一風変わっていると評されることも多々あるが，その自由闊達で独創的な発想による研究は次々と実を結び，湯川秀樹を嚆矢として数多くのノーベル賞受賞者を輩出している。

　さて，京都大学では，「入学者受け入れの方針」（アドミッション・ポリシー）の中で，教育に関する基本理念として「対話を根幹とした自学自習」を，また，優れた研究が「確固たる基礎的学識」の上に成り立つことを挙げている。京都大学が求めるのは，自由な学風の中で，そこに集う多くの人々との交流を通じて主体的意欲的に課題に取り組み成長していくことができ，そしてそのための基礎的な学力 —— 高校の教育課程で学んだことを分析・俯瞰し活用する力 —— を備えている人物である。

　この，基礎学力をもとに意欲をもって主体的に学ぶ人に入学してほしいという大学のメッセージは，入試問題によく表れている。本書に掲載された過去の入試問題とその解答・解説をよく研究すれば，京都大学が求める人物像を読み取ることができ，入試対策の指針が見えてくるだろう。

　本書が，自由な学問を究めるための第一歩を歩み出す一助となれば幸いである。

駿台文庫 編集部

目　次

※本書の「解答・解説」は出題当時の内容であり，現在の学習指導要領や科目等と異なる場合があります。

出題分析と入試対策

年度	番号		分　　野	内　　　容	形　　式
22	Ⅰ		東南アジア史	15世紀〜16世紀初頭におけるマラッカ王国の歴史	長文論述（300字）
	Ⅱ	A	西アジア史	シリアの歴史	空欄補充（2問） 下線関連（13問）
		B	東アジア史	明〜現代における中国の人口	空欄補充（2問） 下線関連（13問）
	Ⅲ		ヨーロッパ史	民主政アテネ・共和政ローマの国政を担った機関とその構成員の実態	長文論述（300字）
	Ⅳ	A	ヨーロッパ史	ヨーロッパの大学	下線関連（13問） 短文論述（1問）
		B	ヨーロッパ史	石炭が近現代のヨーロッパに与えた影響	下線関連（15問）
21	Ⅰ		東アジア史	16世紀にヨーロッパ人宣教師が中国に到来した背景および18世紀までの活動とその影響	長文論述（300字）
	Ⅱ	A	東アジア史	戦国時代〜隋代における関中盆地と咸陽・長安	空欄補充（4問） 下線関連（10問） 短文論述（1問）
		B	西アジア史	ヘレニズム時代〜近代における西アジアの文化	下線関連（15問）
	Ⅲ		ヨーロッパ史	1815〜71年におけるドイツ統一に至る過程	長文論述（300字）
	Ⅳ	A	ヨーロッパ史	古代〜中世における「ローマ」「ローマ人」の普遍的意義	空欄補充（2問） 下線関連（11問） 短文論述（1問） 記号選択（1問）
		B	ヨーロッパ・アメリカ・アフリカ史	中世〜近代の人類史上に動物が果たした役割と動物が被った影響	空欄補充（1問） 下線関連（13問） 短文論述（1問）

20	Ⅰ		中央アジア・東アジア史	6世紀〜7世紀におけるソグド人の活動と中国文化への影響	長文論述（300字）
	Ⅱ	A	南アジア・中央アジア・西アジア・アフリカ史	ムスリムと非ムスリムとの関係	空欄補充（2問） 下線関連（13問）
		B	東アジア史	近現代中国の海洋への軍事的進出	下線関連（15問）
	Ⅲ		ヨーロッパ・アメリカ史	1962〜87年における核兵器をめぐる国際関係	長文論述（300字）
	Ⅳ	A	ヨーロッパ史	古代〜近世のヨーロッパにおける正戦論	空欄補充（3問） 下線関連（8問） 短文論述（2問）
		B	西アジア・ヨーロッパ・アメリカ史	古代〜現代における文字と情報伝達手段	下線関連（9問） 短文論述（3問）
19	Ⅰ		東(北)アジア史	4世紀〜17世紀前半におけるマンチュリアの歴史	長文論述（300字）
	Ⅱ	A	西アジア史	古代〜現代における西アジアの文字	空欄補充（2問） 下線関連（13問）
		B	東アジア史	19世紀までの清朝史	空欄補充（3問） 下線関連（12問）
	Ⅲ		ヨーロッパ・南アジア史	16世紀〜18世紀におけるヨーロッパ諸国のインド亜大陸進出	長文論述（300字）
	Ⅳ	A	ヨーロッパ史	古代・中世のヨーロッパにおける結婚・相続	空欄補充（3問） 下線関連（10問） 短文論述（1問）
		B	ヨーロッパ・アメリカ史	近・現代の移民と移動手段・背景	下線関連（7問） 短文論述（5問）

	Ⅰ	西アジア史	19世紀後半〜第一次世界大戦後におけるトルコの国家統合	長文論述（300字）
	Ⅱ A	東アジア史	秦〜宋代の中国における皇帝	空欄補充（1問）下線関連（14問）
	B	東アジア史	中華人民共和国の直轄市（上海・天津・重慶）	空欄補充（2問）下線関連（13問）
18	Ⅲ	ヨーロッパ史	十字軍の性格の変化と政治・宗教・経済への影響	長文論述（300字）
	Ⅳ A	ヨーロッパ史	古代・中世のヨーロッパにおける地図・地理書	空欄補充（2問）下線関連（10問）短文論述（2問）
	B	ヨーロッパ・アメリカ史	「二重の革命」と「長い19世紀」	下線関連（11問）短文論述（3問）
	Ⅰ	北・東アジア史	前3世紀〜後4世紀初頭における中国との関係を中心とした匈奴の歴史	長文論述（300字）
	Ⅱ A	東アジア史	梁啓超の「新史学」	空欄補充（3問）下線関連（8問）短文論述（3問）
	B	西アジア史	エジプトにおけるキリスト教徒	空欄補充（5問）下線関連（10問）
17	Ⅲ	ヨーロッパ・アジア史	1980年代のソ連・東欧諸国・中国・ベトナムにおける政治・経済の動向	長文論述（300字）
	Ⅳ A	ヨーロッパ史	古代・中世のヨーロッパにおける民族移動	空欄補充（3問）下線関連（8問）短文論述（2問）
	B	ヨーロッパ史	近世以降のバルト海周辺地域史	空欄補充（5問）下線関連（5問）短文論述（3問）

16	Ⅰ	中央・西アジア史	9世紀〜12世紀におけるトルコ系の人々のイスラーム化の過程	長文論述（300字）
	Ⅱ A	東アジア史	3世紀〜6世紀における粛慎の朝貢	空欄補充（3問） 下線関連（12問）
	B	東アジア史	古代〜現代における中国の「党」	空欄補充（3問） 下線関連（10問）
	Ⅲ	ヨーロッパ史	18世紀の英・普における啓蒙思想の受容者・影響	長文論述（300字）
	Ⅳ A	ヨーロッパ史	古代・中世のヨーロッパにおける船舶と海運	空欄補充（3問） 下線関連（6問）
	B	ヨーロッパ史	近世・近代のヨーロッパにおけるディアスポラ	下線関連（9問） 短文論述（1問）
	C	ヨーロッパ・アメリカ・アジア史	冷戦における多極化の動き	下線関連（4問） 短文論述（3問）
15	Ⅰ	東アジア史	清末の4回の対外戦争の講和条約とその結果・影響	長文論述（300字）
	Ⅱ A	東アジア史	殷〜清における中国王朝史	空欄補充（4問） 下線関連（11問）
	B	西アジア史	7世紀〜20世紀におけるイスラーム史	空欄補充（3問） 下線関連（12問）
	Ⅲ	ヨーロッパ史	前3世紀〜前1世紀におけるローマ国家の軍隊・政治体制の変化	長文論述（300字）
	Ⅳ A	ヨーロッパ史	中世ヨーロッパの政治・社会	下線関連（6問） 短文論述（2問）
	B	ヨーロッパ史	11世紀〜20世紀におけるキリスト教史	下線関連（8問） 短文論述（1問）
	C	アメリカ・アジア・アフリカ史	19世紀〜20世紀におけるアメリカ・西アジア・アフリカ	下線関連（4問） 短文論述（3問）

	Ⅰ	東アジア史	科挙制度の歴史的変遷	長文論述（300字）
	Ⅱ A	東アジア史	殷～北宋における洛陽の歴史	空欄補充（8問）
				下線関連（7問）
	B	西アジア史	前6世紀～16世紀におけるイラン文化史	空欄補充（5問）
				下線関連（10問）
	Ⅲ	ヨーロッパ史	第二次世界大戦終結～冷戦終結時におけるドイツ史	長文論述（300字）
14	Ⅳ A	ヨーロッパ史	中世のイベリア半島	空欄補充（4問）
				下線関連（6問）
	B	ヨーロッパ・アメリカ史	古代～現代における民衆の政治参加	下線関連（10問）
	C	ヨーロッパ・アメリカ・アジア史	ヴェルヌの『80日間世界一周』の背景となった19世紀の世界	下線関連（7問）
				短文論述（1問）
	Ⅰ	西アジア史	ウンマ成立の経緯およびウンマに生じた諸事件とその結果	長文論述（300字）
	Ⅱ A	東アジア史	殷～秦代における中国の政治・文化史	空欄補充（3問）
				下線関連（12問）
	B	中央アジア史	アルメニア人の交易	空欄補充（9問）
				下線関連（6問）
	Ⅲ	ヨーロッパ史	ウィーン会議～露仏同盟成立時における露仏関係	長文論述（300字）
13	Ⅳ A	ヨーロッパ史	古代ギリシア・ローマ史	下線関連（9問）
				短文論述（1問）
	B	ヨーロッパ史	ジブラルタル海峡史	空欄補充（2問）
				下線関連（6問）
				短文論述（1問）
	C	ヨーロッパ・アメリカ・アジア史	第三世界を中心とする戦後の政治・経済史	空欄補充（3問）
				下線関連（7問）

12	Ⅰ	東アジア史	魏晋南北朝時代の仏教・道教の発展と影響	長文論述（300字）
	Ⅱ A	西アジア史	イスラーム圏の文化	空欄補充（8問） 下線関連（7問）
	B	東アジア史	中国近現代史	空欄補充（6問） 下線関連（9問）
	Ⅲ	アメリカ史	18世紀後半～19世紀前半における南北米で生じた変化と支配体制の特徴	長文論述（300字）
	Ⅳ A	ヨーロッパ史	古代～近世の民衆反乱史	下線関連（10問）
	B	ヨーロッパ史	古代～現代の人種・民族・異端問題	下線関連（10問）
	C	ヨーロッパ・アメリカ史	現代のエネルギー問題	下線関連（10問）
11	Ⅰ	東アジア史	4世紀～12世紀における江南の発展	長文論述（300字）
	Ⅱ A	南アジア史	7世紀までの古代インド史	空欄補充（8問） 下線関連（7問）
	B	東・東南アジア史	宋代を中心とした中国とその周辺史	空欄補充（4問） 下線関連（4問）
	C	東アジア史	辛亥革命前後の中国・朝鮮・日本	空欄補充（4問） 下線関連（3問）
	Ⅲ	ヨーロッパ・アメリカ史	1921～30年における米が関与した政治的・経済的な国際秩序の在り方	長文論述（300字）
	Ⅳ A	ヨーロッパ史	ライン川を中心としたヨーロッパ古代・中世史	下線関連（8問） 短文論述（1問）
	B	ヨーロッパ史	ルイ14世代のフランス	空欄補充（2問） 下線関連（6問） 短文論述（1問）
	C	ヨーロッパ史	近・現代のバルカン半島史	空欄補充（4問） 下線関連（4問） 短文論述（1問）

10	Ⅰ	東アジア史	党結成〜中華人民共和国成立時における中国共産党の歴史	長文論述（300字）
	Ⅱ A	西アジア史	古代〜13世紀にいたる西アジア史	空欄補充（9問）
				下線関連（2問）
				記号選択（4問）
	B	東ユーラシア史	18世紀までのロシアと中国の領土形成過程	空欄補充（8問）
				下線関連（7問）
	Ⅲ	ヨーロッパ史	古代ギリシア・ローマと西洋中世における軍事制度の特徴と変遷	長文論述（300字）
	Ⅳ A	ヨーロッパ史	キリスト教布教からみたスラヴ民族史	空欄補充（2問）
				下線関連（8問）
	B	ヨーロッパ史	人口の変動からみた近代ヨーロッパ	下線関連（10問）
	C	東南アジア史	東南アジアの植民地化と独立後の状況	下線関連（6問）
				短文論述（2問）
09	Ⅰ	南アジア史	19世紀末〜1947年の分離・独立時におけるインドの民族運動とイギリスの政策	長文論述（300字）
	Ⅱ A	東・西・南アジア史	古代〜清代にいたる中国の地図や地理書	空欄補充（6問）
				下線関連（8問）
	B	東アジア史	朝鮮（新羅・高麗・李朝）と中国王朝との関係史	空欄補充（8問）
				短文論述（3問）
	Ⅲ	ヨーロッパ・アメリカ史	「新大陸」の発見が新・旧両世界にひきおこした直接の変化	長文論述（300字）
	Ⅳ A	ヨーロッパ史	古代ギリシア・ローマ史	記号選択（1問）
				下線関連（10問）
	B	ヨーロッパ史	ヨーロッパにおける種々の民族移動	下線関連（6問）
				短文論述（2問）
	C	ヨーロッパ史	ロシアを軸とした東欧関連史	下線関連（9問）

08	Ⅰ	東アジア史	宋代以降の士大夫層の新しさ	長文論述（300字）
	Ⅱ A	東・北アジア史	魏晋南北朝から隋・唐時代の中国と北方民族の関係	空欄補充（7問） 下線関連（8問）
	B	西アジア・中央アジア史	13世紀のモンゴル時代の東西交渉	空欄補充（7問） 下線関連（8問）
	Ⅲ	ヨーロッパ史	前6世紀末からの約1世紀間におけるアテネ民主政の歴史的展開	長文論述（300字）
	Ⅳ A	ヨーロッパ史	宗教改革以降の宗派間の共存のための取り決め	下線関連（10問）
	B	ヨーロッパ・アフリカ史	イスラーム国家の成立から現代までの西アフリカとヨーロッパとの関係	下線関連（10問）
	C	ヨーロッパ・アメリカ史	経済・文化面での世界の一体化	下線関連（10問）
07	Ⅰ	東・北アジア史	前2世紀〜後16世紀における中国王朝が北方民族に対して用いた懐柔策・外交政策	長文論述（300字）
	Ⅱ A	中央・西アジア史	トルコ民族の興亡	空欄補充（8問） 下線関連（7問）
	B	東・東南アジア史	19世紀のヨーロッパ列強の中国・東南アジアへの進出	空欄補充（7問） 下線関連（8問）
	Ⅲ	ヨーロッパ・アメリカ史	1960年代に世界各地で起きた多極化の諸相	長文論述（300字）
	Ⅳ A	ヨーロッパ史	世界史に現れた君主や政治的指導者	下線関連（7問） 短文論述（1問）
	B	ヨーロッパ・太平洋史	太平洋地域の探検の歴史	空欄補充（2問） 下線関連（8問）
	C	アメリカ合衆国史	独立からフロンティアの消滅	下線関連（7問） 短文論述（1問）

	Ⅰ	西アジア史	1910年代〜1950年代における中東アラブ地域の分割と旧宗主国からの独立, 勢力圏からの離脱	長文論述（300字）
	Ⅱ A	東アジア史	五代十国〜元末における中国史	空欄補充（7問） 下線関連（8問）
	B	東アジア史	清〜戦間期の中国における軍隊	空欄補充（8問） 下線関連（7問）
06	Ⅲ	ヨーロッパ史	4世紀〜8世紀における地中海地域の政治的変化	長文論述（300字）
	Ⅳ A	ヨーロッパ史	古代・中世におけるイギリスの農業史	空欄補充（2問） 下線関連（5問） 短文論述（2問）
	B	ヨーロッパ・アメリカ史	産業革命期の欧米史	下線関連（7問） 短文論述（1問）
	C	ヨーロッパ史	ロシア革命〜大戦期のソ連史	下線関連（10問）
	Ⅰ	東アジア史	1911年の辛亥革命時〜日中戦争開始時における日中関係	長文論述（300字）
	Ⅱ A	東アジア史	前漢〜明代における長安	空欄補充（7問） 下線関連（8問）
	B	南アジア史	インダス文明〜ムガル帝国期におけるインド史	空欄補充（8問） 下線関連（7問）
	Ⅲ	ヨーロッパ史	七年戦争〜ナポレオン帝国崩壊期における英仏関係の変化	長文論述（300字）
05	Ⅳ A	ヨーロッパ史	古代・中世におけるヨーロッパ統合の基礎としての「帝国」	記号選択（1問） 下線関連（5問） 短文論述（1問）
	B	ヨーロッパ史	自然主義・ドレフュス事件・帝国主義	下線関連（6問） 短文論述（2問）
	C	ヨーロッパ史	冷戦期の東西欧とヨーロッパ統合	下線関連（8問） 短文論述（1問）

	Ⅰ	西アジア史	セルジューク朝・モンゴル帝国・オスマン朝のイスラームに対する姿勢や対応	長文論述（300字）
	Ⅱ A	東アジア史	秦～明における中国史	空欄補充（6問） 下線関連（9問）
	B	東アジア史	明・清の対外政策	空欄補充（9問） 下線関連（6問）
04	Ⅲ	ヨーロッパ史	4世紀のローマ帝国で起こった中世世界形成に意義を有したと考えられる事象	長文論述（300字）
	Ⅳ A	ヨーロッパ史	16世紀～19世紀のシベリア	空欄補充（2問） 下線関連（6問） 短文論述（1問）
	B	アメリカ史	植民地時代～独立におけるアメリカ合衆国の成立過程	空欄補充（2問） 下線関連（4問） 短文論述（1問）
	C	ヨーロッパ史	フランス現代史・文化史	下線関連（7問） 短文論述（2問）
	Ⅰ	東アジア史	宋・明・清における皇帝独裁強化をもたらした政治制度の改変	長文論述（300字）
	Ⅱ A	東アジア史	陳独秀と中国現代史	空欄補充（5問） 下線関連（10問）
03	B	西アジア史	古代オリエントからイスラーム時代の西アジア	空欄補充（7問） 下線関連（8問）
	Ⅲ	ヨーロッパ史	第一次世界大戦中に英がインド・エジプトに対してとった政策とその結果	長文論述（300字）
	Ⅳ A	ヨーロッパ史	古代・中世ヨーロッパの都市	下線関連（8問）
	B	ヨーロッパ史	独・仏・英の宗教改革	空欄補充（2問） 下線関連（5問） 短文論述（2問）
	C	ヨーロッパ史	ナポレオン時代とロマン主義	下線関連（7問） 短文論述（2問）

出題分析と対策

◆問題形式と分量◆

　京都大学の世界史における出題形式は，1998年以降一貫しており，Ⅰ とⅢ が300字の論述問題，Ⅱ とⅣ は記述問題や短文論述問題という構成をとる。Ⅱ・Ⅳ の問題総数は，短文論述問題（配点は 1 ～ 2 点）や複数事項を答える問題（二つの事項を答える場合は配点 2 点）の数により増減するが，53～60問出題される。

　以上のことから，まず制限時間90分以内で問題全体を解答するためには，時間配分がポイントになることに注意したい。受験生は論述問題を解答する際に完成度を優先しがちだが，Ⅰ・Ⅲ の論述問題を 1 問あたり25分で完成させたとして，残りの40分で Ⅱ・Ⅳ を処理しなければならない。それでも時間的にはかなりタイトなので，所要時間を縮めるために素早く知識を引き出す訓練と論述問題に解答する技術を習得することが必須となる。具体的な方法は「入試対策」に譲るが，"なんとか暗記できた"レベルの知識では京都大学の問題に対応することは難しいと肝に銘じて，早目の学習を心がけてほしい。

◆出題傾向と問題内容◆

　まず，Ⅰ・Ⅲ の300字論述問題からみていこう。

　Ⅰ の出題をみると，地域的には中国を中心とした東・北アジア史とイスラーム時代以降の中央・西アジア史が多い。またテーマは，中国の諸制度・経済，周辺勢力との関係，それに時代の特徴がよく問われ，イスラーム史でも時代毎の特徴や制度の展開，諸民族の関わりが取り上げられている。また近・現代史では列強の進出とそれに対する近代化や民族運動の展開が頻出している。

▶ Ⅰ の主な出題内容

2022年	15世紀～16世紀初頭におけるマラッカ王国の歴史
2021年	16世紀にヨーロッパ人宣教師が中国に到来した背景および18世紀までの活動とその影響
2020年	6 世紀～ 7 世紀におけるソグド人の活動と中国文化への影響
2019年	4 世紀～17世紀前半におけるマンチュリアの歴史
2018年	19世紀後半～第一次世界大戦後におけるトルコの国家統合
2017年	前 3 世紀～後 4 世紀初頭における中国との関係を中心とした匈奴の歴史
2016年	9 世紀～12世紀におけるトルコ系の人々のイスラーム化の過程
2015年	清末の 4 回の対外戦争の講和条約とその結果・影響
2014年	科挙制度の歴史的変遷

2013年	ウンマ成立の経緯およびウンマに生じた諸事件とその結果
2012年	魏晋南北朝時代の仏教・道教の発展と影響
2011年	4世紀〜12世紀における江南の発展
2010年	党結成〜中華人民共和国成立時における中国共産党の歴史
2009年	19世紀末〜1947年の分離・独立時におけるインドの民族運動とイギリスの政策
2008年	宋代以降の士大夫層の新しさ
2007年	前2世紀〜後16世紀における中国王朝が北方民族に対して用いた懐柔策・外交政策
2006年	1910年代〜50年代における中東アラブ地域の分割と旧宗主国からの独立，勢力圏からの離脱
2005年	1911年の辛亥革命時〜日中戦争開始時における日中関係
2004年	セルジューク朝・モンゴル帝国・オスマン朝のイスラームに対する姿勢や対応
2003年	宋・明・清における皇帝独裁強化をもたらした政治制度の改変

　一方，Ⅲでは，古代については政治・軍事の展開が中心だが，中世以降は圧倒的に国際関係や広域にまたがる動きが問われている。これは，アジア史と異なり，時代によって国の領域や体制の変化がめまぐるしく，一国史を設定しにくいためだと考えられる。このためⅢでは，ときにアジア・アフリカにまで及ぶグローバルな視野が求められ，地理的感覚が必要なことも多い。

▶ Ⅲ の主な出題内容

2022年	民主政アテネ・共和政ローマの国政を担った機関とその構成員の実態
2021年	1815〜71年におけるドイツ統一に至る過程
2020年	1962〜87年における核兵器をめぐる国際関係
2019年	16世紀〜18世紀におけるヨーロッパ諸国のインド亜大陸進出
2018年	十字軍の性格の変化と政治・宗教・経済への影響
2017年	1980年代のソ連・東欧諸国・中国・ベトナムにおける政治・経済の動向
2016年	18世紀の英・普における啓蒙思想の受容者・影響
2015年	前3世紀〜前1世紀におけるローマ国家の軍隊・政治体制の変化
2014年	第二次世界大戦終結〜冷戦終結時におけるドイツ史
2013年	ウィーン会議〜露仏同盟成立時における露仏関係

2012年	18世紀後半〜19世紀前半における南北米で生じた変化と支配体制の特徴
2011年	1921〜30年における米が関与した政治的・経済的な国際秩序の在り方
2010年	古代ギリシア・ローマと西洋中世における軍事制度の特徴と変遷
2009年	「新大陸」の発見が新・旧両世界にひきおこした直接の変化
2008年	前6世紀末からの約1世紀間におけるアテネ民主政の歴史的展開
2007年	1960年代に世界各地で起きた多極化の諸相
2006年	4世紀〜8世紀における地中海地域の政治的変化
2005年	七年戦争〜ナポレオン帝国崩壊期における英仏関係の変化
2004年	4世紀のローマ帝国で起こった中世世界形成に意義を有したと考えられる事象
2003年	第一次世界大戦中に英がインド・エジプトに対してとった政策とその結果

次に記述問題を中心とするⅡ・Ⅳの傾向を確認しよう。

Ⅱ・Ⅳでは，リード文のテーマに沿った形で出題分野が集中する傾向が強いので，簡単にそれぞれで扱われている頻出のテーマをみておこう。

▶Ⅱ・Ⅳの主な傾向

Ⅱ	Ⅳ
①前近代の中国史が中心。都市史などテーマ史の形での通史的問題が多い。 ②朝鮮半島など周辺地域，モンゴル帝国とその後継勢力，イスラーム時代の西アジア・中央アジア史，南アジア史などからも出題。 ③近代や現代の中国史も頻出。	①西欧史が中心。キリスト教・集団などの切り口での通史的問題が多い。 ②地域史が多く，バルト海域・バルカン半島などの切り口で中・東欧史も頻出。 ③近現代史の比重が高く，アメリカ合衆国史やグローバル化との関わりで東南アジア・アフリカ・太平洋・第三世界などからも出題。

　以上の傾向から，注意しておきたいことが二つある。一つは，テーマ史や地域史という形をとった**通史**が多いということだ。通史では，様々な時代の知識を自在に引き出す力が求められやすい。もう一つは，いわゆる周辺史や**文化史**が頻出であるということ。**東南アジアや中央アジア，アフリカ，東欧**といった**地域**の歴史は，どうしても中国史や西欧史に比べて知識があやふやになりやすい。また，**文化史**もやはり弱点となりやすい分野である。こうした傾向も考慮して，地域や時代，分野にむらのない知識を身に付けていこう。

出題分析と入試対策

★入試対策★

以上の分析をもとに，京都大学の世界史にチャレンジするための前提を二つ確認しておく。

① 問題形式・分量の分析で見たように，90分以内で全問題に答えるためには**素早く知識を引き出す力と論述問題を手際よく処理する技術**が必要である。

② 出題傾向・内容の分析からうかがえるように，京都大学の世界史では**教科書の全範囲についての知識を隈なく問われる可能性**がある。

この二つの前提をふまえて，対策を考えよう。

対策1　教科書の全範囲をできるだけ完璧にマスターしよう！

"マスター"とは，単に事項・年号を暗記することではない。例えば，重要な歴史用語なら即座に説明できる程度にまで理解して，はじめてマスターしたことになる。何度も教科書を読み込んで，理解をともなった厚みのある知識を心がけてもらいたい。

対策2　各地域のテーマ史（ジャンルごとの展開）を通史的に確認しよう！

論述問題で制度や経済の展開を説明したり，特定ジャンルについてまとめて問われたりした場合，テーマごとの展開を想起できれば慌てずに対応できる。対策1にある程度目途がついた段階で，テーマ史の確認を進めていこう。

対策3　素早く知識を引き出す訓練も忘れずに！

論述問題・記述問題とも，多様な問いかけ方に応じて知識を引き出さねばならない。そのためには「時間」（前近代→"世紀"，近・現代→"10年"）＋「地域」＋「ジャンル」の3情報で自在に知識を引き出す力がカギを握る。これを身に付けるためには，対策1・2が済んだ段階で，「時間」を基準として各地の知識を引き出す訓練を進めることが効果的だ。例えば"8世紀の中国における税制の変化"で"租庸調制から両税法へ変化"といった具合に，「時間」ごとに各地・各分野の動きがパッと頭に浮かぶように確認していこう。

対策4　夏からは論述問題対策も進めよう！

300字論述の答案を20分強で作成することは，知識だけでは覚束ない。問題文を正確に読み，それにあわせて構図を考え，文章で説明するという一連の作業をスムーズにこなす技術が求められる。書いて説明すること自体は論述問題に解答することを繰り返せば慣れることができるが，他の必要な技術を自学自習だけで習得することは少し難しい。過去問の添削や駿台の夏期・冬期の論述講座など，あらゆる機会を捉えて技術を身に付けるよう努めよう。

解答・解説

Ⅰ

解説

問題文を読んでみよう！

　2022年の Ⅰ の問題文は分かりやすいものであったから，まずざっと問題文を読んでみよう。

　マレー半島南西部に成立したマラッカ王国は15世紀に入ると国際交易の中心地として成長し，東南アジアにおける最大の貿易拠点となった。15世紀から16世紀初頭までのこの王国の歴史について，外部勢力との政治的・経済的関係および周辺地域のイスラーム化に与えた影響に言及しつつ，300字以内で説明せよ。解答は所定の解答欄に記入せよ。句読点も字数に含めよ。

問題の中心テーマを確認しよう！

　前文（問いの文の前に置かれる説明文）では，「マレー半島南西部」（地理情報）に成立したマラッカ王国は「15世紀」（時間情報）に入ると国際交易の中心地として成長したことが述べられている。問題文で地理情報や時間情報が出てきたら，とにかくチェックしておこう。特に地理情報は，地図のイメージを利用することで，説明を考える際にヒントとなることも多い。

　さて，続く本文を見ると，テーマは「15世紀から16世紀初頭までのこの王国の歴史」で，「この王国」はもちろんマラッカ王国を指す。なお，「16世紀初頭」は1510年代までを指すのが一般的なので，説明はそこまでに絞ろう。次に条件として①「外部勢力との政治的・経済的関係」および②「周辺地域のイスラーム化に与えた影響」に「言及しつつ」とある。このようにテーマや条件が複数ある場合には，番号をふるなどして区別がつくように工夫したい。

書くべきポイントを列挙してみよう！

　本問の問いはシンプルであり，マラッカ王国に関する基本情報もそれほど多くはないから，まずはマラッカ王国に関して思い出せる限りの事項を列挙してみよう。

▶メモ１

14世紀末	マレー半島南西部にマレー人が建国
15世紀	明が派遣した鄭和の遠征隊の拠点に
	王（支配階級）がイスラーム教に改宗
1511	ポルトガルがマラッカを占領　→　王国は衰退

　このメモは受験生の情報源となりうる教科書・用語集からマラッカ王国関連の事項（ファクト）のみを抜き出したものだが、一見して分かるように非常に少ない。ただ一つ確認できるのは、説明の終わりがポルトガルによるマラッカ占領だということだろう。なお、14世紀末の王国成立は時期が該当しないので（指定は「15世紀」から）、触れる必要はない。

　さて、メモ１の情報だけでは、とても300字近くの説明にはならないのは明らかだ。ここで２つの条件が重要になってくるので、あらためて確認しておこう。

> ①　外部勢力との政治的・経済的関係
> ②　周辺地域のイスラーム化に与えた影響

　条件の①から検討することにしよう。メモ１にも明が派遣した鄭和への拠点提供があるが、これは①の外部勢力との政治的関係に該当する。さらに、教科書ではそれに続けて、明の支援を得てマラッカ王国がタイのアユタヤ朝から自立し、明に朝貢して朝貢貿易の拠点となったことに触れてあり、前者は①の政治的関係、後者は同じく経済的関係にあたるから、これらの情報も説明に加えたい。

　では、②はどうだろう。これも教科書にはちゃんと記載があり、メモ１にある王のイスラーム教への改宗が鍵を握る。永楽帝没後、明の対外政策は消極策に転じ、それに乗じてタイのアユタヤ朝やジャワのマジャパヒト王国などが勢力拡大を図った。これに対し、マラッカ国王は西方のインド洋で活動するムスリム商人との関係強化のためにイスラーム教を導入した。それまでにもイスラーム教はスマトラ島の北部には伝播していたが、インド洋と南シナ海の結節点にあたるマラッカのイスラーム化は、イスラーム教が南シナ海のジャワやフィリピンへと広がる契機となったと、説明されている。

　以上の条件に関する検討結果を加えて、該当する時期のメモ１を拡張しよう。

▶メモ2

15世紀	明が派遣した鄭和の遠征隊の拠点に
	→ 明の支援でタイのアユタヤ朝から自立＜条件①＞
	明に朝貢し，朝貢貿易の拠点に＜条件①＞
	明の政策転換後，王(支配階級)はイスラーム教に改宗
	→ 西方のイスラーム商人との関係強化＜条件①＞
	(アユタヤ朝・マジャパヒト王国の拡大阻止のため)
	南シナ海域へのイスラーム教拡大の契機に＜条件②＞
	(ジャワやフィリピンにイスラーム教が伝播)
1511	ポルトガルがマラッカを占領　→　王国は衰退

　以上で答案作成の準備はできた。末尾のマラッカ王国衰退についての説明に要する字数をきちんと確保するように注意して，答案を仕上げよう。

 問題文の核心に迫ろう！

　「問題の中心テーマを確認しよう！」で，地理情報の重要性について注意を喚起した。問題文には「マレー半島南西部」「外部勢力」「周辺地域」といった表現があったが，こうした表現を見たら，文字情報を地図のイメージに置き換えることで，何をどう説明すれば良いのかを考える時の手がかりになる。例えば，「マレー半島南西部」の位置を地図の上に置いてみよう。そこから回りをぐるりと見渡す感覚で考えれば，タイやジャワが視野に入ってこないだろうか。

▶マラッカ王国とその周辺

　あるいは，周辺地域のイスラーム化に与えた影響も，マラッカとその周辺地域の具体的なイメージが浮かべば，説明を考えやすい。

▶東南アジアへのイスラーム教拡大

　地図で発想することによって，マラッカを起点としてスマトラ南部・ジャワ・ボルネオ島・フィリピン南部へと水が流れるようにイスラーム教が広がっていく様子が実感できる。

　過去問を検討してみよう！

　Ⅰで東南アジアを対象とした論述問題が出されたのは，本年が初めてである。しかし，前近代におけるイスラーム史の一環と捉えれば，これまでにも2004年（セルジューク朝・モンゴル帝国・オスマン朝のイスラームに対する姿勢や対応のあり方），2013年（ウンマ成立の経緯および「正統カリフ時代」にウンマに生じた主要な政治的事件とその結果），2016年（9世紀〜12世紀におけるトルコ系の人々のイスラーム化の過程）などがあり，特に2004年や2016年のテーマはイスラーム教の諸地域への拡大という点から言えば，本年の問題に通じるところがある。

解答例

マラッカ王国は，15世紀前半に明の永楽帝が	1
派遣した鄭和の南海遠征に拠点を提供し，明	2
に朝貢したことでその後ろ盾をえてタイのア	3
ユタヤ朝から自立した。その後，明の対外政	4
策が後退すると，西方のインド洋で活動する	5

> ムスリム商人との関係を強化するため，国王
> がイスラーム教に改宗し，タイの勢力拡大を
> 抑えた。これによりムスリム商人も活発に来
> 航するようになり，マラッカはインド洋のム
> スリム商人と南シナ海の中国商人の海上交易
> 活動を結びつける海港として繁栄した。また
> ，マラッカ王国のイスラーム化が契機となり
> ，ジャワやフィリピンにイスラーム教が広ま
> ることになった。しかし，16世紀に入ってポ
> ルトガルの進出をうけて王国は衰亡した。

6
7
8
9
10
11
12
13
14
15

(299字)

Ⅱ

解説

A　シリアの歴史

空欄 a　**ムアーウィヤ**　ムアーウィヤはウマイヤ朝を創始した人物(位 661〜680)。シリア総督であったが，第4代正統カリフのアリーと対立し，アリー暗殺後にダマスクスを都とするウマイヤ朝を創始した。これ以後はウマイヤ家がカリフ位を世襲した。

空欄 b　**サラディン(サラーフ＝アッディーン)**　サラディン(サラーフ＝アッディーン)はエジプトのアイユーブ朝の創始者(1138〜93)。ファーティマ朝の宰相であったが，自立してアイユーブ朝を創始し，ファーティマ朝を滅ぼした。1187年にイェルサレムの回復に成功すると，これを契機に第3回十字軍(1189〜92)が起こされた。

問(1)　**アッシュルバニパル**　アッシュルバニパルはアッシリアの最盛期の王(位 前668〜前627)。エジプトなどに遠征して最大版図を形成する一方，文化の保護に励み，首都ニネヴェに大図書館を建設した。

問(2)　**ユダ王国**　ユダ王国はヘブライ人が建設したイスラエル王国がソロモン王の死後に南北に分裂してできた南側の国(前922頃〜前587／前586)。都はイェルサレム。前6世紀，新バビロニアのネブカドネザル2世によって滅ぼされ，その際に住民がバビロンに連行された(バビロン捕囚，前586〜前538)。

問(3)　**エフタル**　エフタルは5〜6世紀に中央アジアで活躍したイラン系またはトルコ系とされる民族。6世紀初めには東西トルキスタンからイランに及ぶ地域を支配し，西北インドにも侵入してグプタ朝を衰亡させた。6世紀半ばにササン朝と突厥の挟撃で滅亡した。

問(4)　**十二イマーム派**　十二イマーム派はシーア派の最大宗派。アリーを初代イマーム(宗教指導者)とし，アリー以下12人の男系子孫をイマームとみなす。12代目のイマームは幽隠(隠れ)状態であり，終末にマフディー(救世主)として再臨すると考える。この十二イマーム派はサファヴィー朝で国教となり，以後イランでの主流宗派となっている。

問(5)　**ティグリス川**　ティグリス川はトルコ南東部に発し，イラクに入ってバグダードを通り，イラク南部でユーフラテス川と合流してペルシア湾に注ぐ河川。流域は古代メソポタミア文明発祥の地である。

問(6)　**トゥールーン朝**　トゥールーン朝はエジプトに成立したイスラーム王朝(868〜905)。アッバース朝から自立しシリアにも領土を拡大したが，10世紀初頭に再びアッバース朝に吸収された。

問(7)　**カリフ**　カリフはムハンマドの代理人・後継者を意味し，イスラーム共同体であるウンマの指導者。10世紀にチュニジアで成立したファーティマ朝は，アッバース朝に対抗するため，建国当初からカリフの称号を使用した。

問(8)　**イブン゠ハルドゥーン**　イブン゠ハルドゥーンはチュニス出身の歴史家・思想家(1332〜1406)。エジプトのマムルーク朝などに仕え，1401年にはシリアに遠征してきたティムールとの和平交渉にあたり，その知識を絶賛されたという。彼の代表作は歴史書『イバルの書』(『実例の書』)で，『世界史序説』はその序論と第1部にあたる。この中で彼は，遊牧民と都市民の関係を中心に，社会集団の考え方をも取り入れて歴史発展の法則を論じ，後世の学者に強い影響を与えた。

問(9)　**サファヴィー朝**　オスマン帝国第9代スルタンのセリム1世(位1512〜20)は1514年，アナトリア東部のチャルディランにおいて，サファヴィー朝を建国したイスマーイール(1世)の遊牧騎馬軍を火砲で撃破し，そのアナトリアへの進出を阻んだ。

問(10)　**ギリシア**　ムハンマド゠アリー朝(1805〜1952)を開いたムハンマド゠アリー(1769〜1849)は，ギリシア独立戦争に際してオスマン帝国を支援し，クレタ島やキプロス島を獲得したが，シリアの統治権は拒絶されたため，オスマン帝国と開戦した。これがエジプト゠トルコ戦争(第1次，1831〜33)である。

問(11)　**ロンドン会議**　ムハンマド゠アリーはエジプト゠トルコ戦争(第1次)でシリアの統治権を認められたが，第2次(1839〜40)の処理のために開催されたロンドン会議でシリアの領有を放棄させられた。

問(12)　**イラク王国**　イギリスとのフセイン(フサイン)・マクマホン協定(書簡)で知られるフセインの子ファイサルは，第一次世界大戦後の1920年，オスマン帝国領であったシリアの国王として独立を宣言したが，同年に連合国とオスマン帝国間で成立し

たセーヴル条約で，シリアはフランスの委任統治領とされた。翌年，ファイサルはイギリスの委任統治領であったイラクの国王として迎えられ，1932年にイラク王国として独立を達成した。

問(13)　**サイクス・ピコ協定**　サイクス・ピコ協定は1916年，イギリス・フランス・ロシアが第一次世界大戦後のオスマン帝国領の分割に関して定めた秘密協定。ロシア革命後，ボリシェヴィキ政権によって暴露され，アラブ人国家の独立を約したフセイン（フサイン）・マクマホン協定（書簡）と矛盾するため，アラブ人を憤慨させた。

B　明～現代の中国の人口

空欄c　**雍正**　ヌルハチが創始した清朝は，4代目の康熙帝，5代目の雍正帝，6代目の乾隆帝の時代が黄金期とされ，領土も乾隆帝の時代に最大となった。

空欄d　**大躍進**　大躍進は1958年から毛沢東が展開した政策およびスローガン。農工業の急速な発展を目指し，農村で人民公社を設立するなどしたが，生産意欲の減退をまねいたことや自然災害も重なり，数千万人の餓死者を出したとされている。結局毛沢東は，1959年に国家主席を辞任することになった。

問(14)　**一条鞭法**　明の税制度は当初，唐代後期に導入された両税法であったが，地税（土地税）や丁税（人頭税）の支払い方が夏・秋の租税に加え各種の徭役（力役）など多くの項目も追加され，複雑化していた。このため脱税などの不正行為も相次ぎ，国庫収入を減少させていた。そこで各項目を合併し，銀で一括納入させる一条鞭法が導入された。

問(15)　**囲田**　宋代，長江下流のデルタ地帯では低湿地を堤防で囲んで開拓した囲田が造成されるなど新田開発が進み，また11世紀初めには旱魃に強い早生種の占城稲がベトナムから導入されたこともあり，農業生産力が格段に向上した。こうして長江下流域は稲作と経済の中心に成長したため，下流域の蘇州（江蘇省の都市）と湖州（浙江省の都市）の頭文字から「蘇湖（江浙）熟すれば天下足る」という言葉が生まれた。

問(16)　**『農政全書』**　『農政全書』は明末の政治家・学者である徐光啓（1562～1633）が編纂した書で，農業技術や農業政策をまとめた中国農書の集大成。当時，イエズス会宣教師により伝えられた西洋の知識や技術も導入されている。

問(17)　**南洋華僑（華僑）**　南洋華僑（華僑）は海外に移住した中国人。16世紀後半からの人口増加にともない，明末から清代にかけて特に東南アジア方面への移住が増加した。

問(18)　**李自成**　李自成は明を滅ぼした農民反乱軍の首領（1606～45）。明末の中国では，民衆への重税や天災による飢饉も加わって各地で都市民衆の反乱である民変が発生し，また流賊と呼ばれる反乱集団も多く現れた。陝西地方で起こった反乱に参加し

た李自成は，反乱軍の中で頭角をあらわし，1643年には西安を占領した。税を免じて富を平等に配分するという李自成のスローガンは多くの人民の支持を得て勢力を拡大し，翌44年には北京を攻略した。この際，崇禎帝が自殺し明は滅亡した。その後，李自成は呉三桂に先導された清軍に敗れ，自殺した。

問(19)　**地丁銀制**　清朝第4代皇帝康熙帝(位1661～1722)は在位50年を記念し，1711年の壮丁(成年に達した男子)2,462万人を定数として，以後に増加した壮丁(盛世滋生人丁)には丁税(人頭税)を課さないこととし，1713年からまず広東省で実施した。この丁税の固定化により，丁税を地税へ繰り込むことが可能となった。この地丁銀制は次の雍正帝の時代に全国で実施された。

問(20)　**保甲法**　保甲法は北宋の神宗により宰相に抜擢された王安石(1021～86)が行った新法の1つ。農閑期に農民を訓練し，農村の治安維持などにあたらせた。

問(21)　**トウモロコシ**　中国では新大陸に進出したスペインやポルトガルによって，新大陸原産のトウモロコシやサツマイモ(甘藷)がもたらされた。山間部でも栽培可能なこれらの作物により，山間部の開墾が促され，清代の農耕地の面積は明代の2倍にもなった。また農業生産力の向上は18世紀の人口急増を支えた。

問(22)　**洪秀全**　洪秀全は太平天国の乱の指導者(1814～64)。動乱などを避けて華北から南方に移住した人を祖先に持つ客家の出身。科挙に失敗後，キリスト教の影響を受けて宗教結社の拝上帝会(上帝会)を組織し，1851年に信徒を結集して太平天国を建国した。

問(23)　**盛京(瀋陽)**　盛京(瀋陽)は中国東北地方の都市で旧名は奉天。1616年，ヌルハチが後金を建国した際に都となった。後金はホンタイジの時代に清に改称した後，順治帝の治世に明を滅ぼした李自成を破って北京に入城し，以後北京が新たな都となった。

問(24)　**扶清滅洋**　扶清滅洋は19世紀末の義和団事件で掲げられた排外主義のスローガン。「清を扶けて外国(洋)を滅ぼす」の意。太平天国が掲げた「滅満興漢」や洋務運動の理念である「中体西用」と混同しないように。

問(25)　**人民公社**　人民公社は農村において「大躍進」推進のために編成された組織で，生産活動・行政・教育などの一体化が進められた。各地の公社は農民から土地・家畜・家屋など，あらゆる資産を没収して共有財産とした。農民は公社内で集団労働に従事し，食事は人民食堂でとる(無料)など集団生活を送り，集団教育を受けた。このような環境下では，個人の頑張りが個人の利益につながらず，また働かなくても食事は無料の人民食堂で食べられるため，人民の労働に対する意欲は低下していった。1978年頃からは生産責任制が始まって事実上の農業の個別経営へと移行し，人民公社

は1985年に解体された。

　問㉖　**改革・開放政策**　改革・開放政策は1978年以降，鄧小平のもとで行われた市場経済化や外国資本の導入などを柱とする経済政策。外国の資本・技術の導入を認めた経済特区が設置され，外国と共同経営する合弁企業も設立された。また国有企業の株式会社化なども進められ，多くの非国有企業が誕生した。

解答例

A

　a　ムアーウィヤ　　b　サラディン(サラーフ＝アッディーン)

(1)　アッシュルバニパル

(2)　ユダ王国

(3)　エフタル

(4)　十二イマーム派

(5)　ティグリス川

(6)　トゥールーン朝

(7)　カリフ

(8)　イブン＝ハルドゥーン

(9)　サファヴィー朝

(10)　ギリシア

(11)　ロンドン会議

(12)　イラク王国

(13)　サイクス・ピコ協定

B

　c　雍正　　d　大躍進

(14)　一条鞭法

(15)　囲田

(16)　『農政全書』

(17)　南洋華僑(華僑)

(18)　李自成

(19)　地丁銀制

(20)　保甲法

(21)　トウモロコシ

⑵　洪秀全

⑵　盛京（瀋陽）

⑵　扶清滅洋

⑵　人民公社

⑵　改革・開放政策

Ⅲ

解説

問題文を読んでみよう！

　まずは，　Ⅲ　の問題文を読んでみよう。

> 　民主政アテネと共和政ローマでは，成人男性市民が一定の政治参加を果たした
> とされるが，両者には大きな違いが存在した。両者の違いに留意しつつ，アテネ
> についてはペルシア戦争以降，ローマについては前4世紀と前3世紀を対象に，
> 国政の中心を担った機関とその構成員の実態を，300字以内で説明せよ。解答は
> 所定の解答欄に記入せよ。句読点も字数に含めよ。

問題の中心テーマを確認しよう！

　前文では，民主政アテネと共和政ローマでは「成人男性市民が一定の政治参加を果た
したとされる」と両者の共通点が指摘されるが，「とされる」という表現でこれが通
説であることも示されている。続いて，逆説の助詞「が」をはさんで，「両者には大き
な違いが存在した」と断定されているので，こちらは出題者の主張である。そして，「〜
とされるが，〜存在した」という形で通説と自説が対比されていることから，「大きな
違い」も「成人男性市民が一定の政治参加を果たした」ということに関わっていること
になる。ここまで読解したことを，

通説	「成人男性市民が一定の政治参加を果たした」という点で両者は共通している
出題者	「成人男性市民が一定の政治参加を果たした」というが実際には相違がある

と整理しておこう。

　続いて本文でテーマや条件を確認しよう。

```
テーマ
   ペルシア戦争以降のアテネ ⎫ において国政の中心を担った機関とその構成員の
   前4世紀・前3世紀のローマ ⎬ 実態
条件　両者の違いに留意しつつ
```

　ここでテーマの一つが「その構成員の実態」であるところに注目しよう。前文での異論は成人男性市民の政治参加に関すると考えたが，「構成員」はそのことに通じる表現である。また「実態」というのも，通説を形式的（表面的）なものとして対置し，細かく分析することを促して違いを指摘させようとするものと解することができる。

　さらに，アテネについては対象となる時期が「ペルシア戦争以降」と出来事で時代を指定するのに対し，ローマの方は「前4世紀・前3世紀」と世紀だけだということにも注意を払いたい。当然，こうした表現方法の差異にも，何か意図があるはずだ。

▶ 書くべきポイントを列挙してみよう！

　本問のように分析が必要なタイプの問題では，まず分析の前提となるデータを見つけ出すことから始めよう。

　「ペルシア戦争以降」のアテネ民主政の展開については，論述問題の頻出テーマでもあり，比較的簡単に思い浮かべられるはずだ。

▶アテネ民主政の展開（ペルシア戦争以降）

```
前5世紀初頭　ペルシア戦争　サラミスの海戦で無産市民が軍船の漕ぎ手に
前5世紀半ば　ペリクレスの民主政　成人男性市民による直接民主政
前5世紀後半　ペロポネソス戦争　デマゴーゴス（扇動政治家）の出現で政治混乱
```

　では，「前4世紀・前3世紀」のローマにおける共和政の展開はどうだろう。

▶ローマ共和政の展開（前4世紀・前3世紀）

```
前4世紀前半　リキニウス・セクスティウス法　①　コンスルの1名は平民から選出
                                          ②　公有地の占有を制限
前3世紀初頭　ホルテンシウス法　　平民会の決議が元老院の承認なしに国法に
```

　確かに，これで前4世紀はリキニウス・セクスティウス法，前3世紀ならホルテンシウス法が関連することは確認できたが，こちらは説明の方向性が今ひとつ明確ではない。貴族（パトリキ）と平民（プレブス）の平等が達せられたとすれば，アテネとの違いは分からないし，身分闘争の説明であれば，それが開始された前5世紀からでない

ことも気になる。

　逆に手がかりもそこにある。つまり，問題の意図は，あくまでリキニウス・セクスティウス法制定以後の展開にあるということだ。教科書では，身分闘争終結を契機として，参政権の拡大により富裕な平民が旧来の貴族とともに高位の官職を独占するようになり，新貴族（ノビレス）を形成したことや元老院が実質上は指導権を持ち続けたことが説明されている。これに，リキニウス・セクスティウス法の規定により富裕な平民がコンスル（執政官，統領）職に就くことが可能となり，これが新貴族形成のきっかけとなったということも思いつけば，「違い」がどこにあるのかが見えてくる。つまり，アテネではペリクレス時代に全成人男性市民が形式・実態とも平等な政治的権利を得たが，他方ローマでは形式上は貴族と平民の平等が達成されたものの，実態としては政治の実権を新貴族が握り続けることになったという点に両者の「構成員」における「大きな違い」を指摘することができる。

▶アテネ民主政とローマ共和政の相違点

	アテネ民主政	ローマ共和政
国政の中心を担った機関	最高議決機関である民会	国政を指導する元老院
その構成員の実態	全成人男性市民が平等に政治参加	政治の実権は新貴族を含む有力者が掌握

　本問のように比較型の問題で重要なことは，核心となる対比点が何なのかを自分自身が明確に意識することだ。これを下手に知識まかせで細かい事項を積み重ねて答案を仕上げようとすると，事項の羅列に終わって重要な論点を書き漏らしてしまう。なので，本問では上記の対比を意識して，

アテネ民主政	ローマ共和政
サラミスの海戦で無産市民が活躍 ↓ ペリクレス時代に最高議決機関である民会に無産市民を含む全ての成人男性市民が参加する直接民主政が実現	リキニウス・セクスティウス法でコンスル1名は平民から選出されることを規定 ↓ ホルテンシウス法で貴族・平民の法的平等は実現し身分闘争は終結，しかし実態は富裕な平民を加えた新貴族が元老院を基盤に政治を指導

という方向で，特に下線部を書き落とさないようにして説明をまとめていこう。

・アテネ民主政とローマ共和政の比較

　古代ギリシアでは，前800年頃，貴族が主導する**集住**（シノイキスモス）によってポリスが形成されたが，騎兵（騎乗した重装歩兵）として軍制の中心をなした貴族が政治を独占した。その後，商工業の発達をうけて，富裕な平民が武装自弁で**重装歩兵**になり，結果としてアテネでは民主化の動きが加速していった。一方，ローマでは，前6世紀末，最後のエトルリア人の王がラテン人・エトルリア人の貴族によって追放され，ローマは共和政となり，貴族が政治・軍事（ギリシアと同じ騎兵）を独占した。しかし，イタリア統一戦争の過程で，中小農民が重装歩兵として活躍するようになると，ローマでも貴族の政治独占などに対し平民の不満が募った。こうして，前5世紀初頭，平民が武器を持って聖山に立てこもった聖山事件をきっかけに，**身分闘争**が始まった。

　このように，アテネ民主政とローマ共和政の初期の展開は，同じ道筋を辿っている。では，両者の違いはどのような要因で生じ，またそれはその後の歴史的展開にどのような影響を与えたのだろうか？

　アテネの場合，前5世紀のペルシア戦争勃発という歴史的出来事がアテネ民主政に独特の性格を形作っていった。戦争中のサラミスの海戦では，それまで武装自弁が不可能で従軍できなかった**無産市民**も軍船の漕ぎ手として活躍した（これは他のポリスに見られない例外的なあり方）。このためペリクレスは，本来は無償奉仕であった政治参加者に日当を支払うことで無産市民の政治参加に道を開き，独自の民主政を完成させた。しかし，民主政下でも実際には指導的役割を果たす少数の市民に政治が大きく左右されたため，ペロポネソス戦争初期にペリクレスが没すると，デマゴーゴスと呼ばれるタイプの政治家（扇動政治家）が現れて政争が激しくなり，アテネは混乱することになった。

　それに対してローマでは，有力者が下層民に保護を与え，その政治的支持を集める庇護関係（クリエンテーラ）が古くから発達していた。このことに加えコンスルなどの官職は全て無償とされたことから，リキニウス・セクスティウス法の規定を利用した富裕な平民はそれを利用して有力者になる道を選択し，また下層民も徹底した平等は求めず，身分闘争後も新貴族が政治を握り続けることになった。その後，中小農民の没落をうけて**グラックス兄弟**が市民軍復興のための改革を行ったが挫折し，マリウスの兵制改革で有力者の庇護をうけている無産市民が兵となったことから，軍事力を抱えた有力者の「**内乱**」に突入した（「**内乱の一世紀**」）。そして，最終勝者となったオクタウィアヌスは，共和政後期の政治の延長線上に元首政（プリンキパトゥス，外見は共和政の伝統を尊重した「**事実上の帝政**」）を開始した。

　比較型の問題には，対象についてその性格・特徴まで掘り下げて理解しておかないと対応することが難しい。日頃から各地域の諸分野についてその特徴や歴史的変遷を主体的に考えるようにしておけば，こうした分析でも威力を発揮するし，何より世界史の学習が一層面白いものになるはずだ。

過去問を検討してみよう！

　③では，2004年(中世世界に意義を有したと考えられる4世紀の事象)，2008年(前6世紀末からの約1世紀間におけるアテネ民主政の展開と衰退)，2010年(古代ギリシア・ローマと西洋中世における軍事制度)，2015年(前3世紀～前1世紀におけるローマ国家の軍隊と政治体制の変化)と，古典古代(ギリシア・ローマ)が題材として取り上げられている。なかでも2008年と2015年の問題は，いずれも説明の一部が本年の問題と重なる。また，2010年の問題は，本年のそれとは逆に，ギリシア・ローマの共通点(貴族の政治・軍事独占→平民／農民が重装歩兵になり政治的権利を獲得→無産市民の兵／傭兵の採用)を見出して，それを中世の特徴と対比させている点が興味深い。

解答例

アテネでは，前5世紀，ペルシア戦争で軍船	1
の漕ぎ手として活躍した無産市民の参政権要	2
求が強まった。これをうけてペリクレスの指	3
導で，貴族や富裕な平民に加えて無産市民も	4
含む全成人男性市民に，最高議決機関である	5
民会での発言が認められ，直接民主政が実現	6
した。一方，ローマでは前4世紀にリキニウ	7
ス・セクスティウス法が制定され，コンスル	8
のうち1名は平民から選出されることが規定	9
された。さらに前3世紀にはホルテンシウス	10
法が制定されて，平民会の決議が元老院の承	11
認を得ずに国法となることが定められ，貴族	12
と平民の法的平等が実現した。しかし，実態	13
としては貴族と富裕な平民からなる新貴族が	14
，元老院を最高機関として政権を独占した。	15

(300字)

解説

A　ヨーロッパの大学

問(1)　(ア)　**ロンバルディア同盟**　ロンバルディア同盟は12世紀，神聖ローマ皇帝フリードリヒ1世（位1155～90）によるイタリア遠征に対し，ミラノなど北イタリアの諸都市が自治権や防衛権など既得の権利を守るために結成した都市同盟。教皇の後援も得て，皇帝軍を撃破した。その後の和約で北イタリア諸都市に対する皇帝の宗主権を認める一方で，皇帝には各都市の自主性を認めさせた。

問(1)　(イ)　**托鉢修道会**　托鉢修道会は，私財や土地の無所有を貫き，信者からの施しによって説教活動を行った修道会。都市での活動を重視して人々に清貧を説き，民衆の信仰生活に影響を与えたほか，高名な神学者を輩出するなど学問研究にも業績を残した。代表的な托鉢修道会にイタリアのアッシジに創設されたフランチェスコ修道会や，フランスのトゥールーズに創設されたドミニコ修道会がある。

問(2)　**『ローマ法大全』**　『ローマ法大全』は東ローマ（ビザンツ）皇帝ユスティニアヌス1世（大帝）（位527～565）が学者のトリボニアヌスらに命じて編纂させたローマ法の集大成。古代ローマの勅法集，学説集，法学論，ユスティニアヌスが公布した新勅集から成り，中世ヨーロッパの法学に大きな影響を与えた。

問(3)　(ア)　**イブン＝シーナー（アヴィケンナ）**　イブン＝シーナーはイランの医学者・哲学者（980～1037）。サーマーン朝に仕えた高官の子としてブハラに生まれた。若くしてサーマーン朝君主の重病を癒すことに成功し，以後図書館に自由に出入りして研究することを許された。官界入りしてからも研究を続け，その知識は神学・数学・天文学・医学など多岐にわたった。著書は100以上に及んだが，中でも有名なのが，アリストテレスの思想を基盤にプラトンやイスラームの思想を加味して著された哲学全書『治癒の書』や，ギリシア・アラビアの医学やインドの薬学などを集大成した『医学典範』である。中でも『医学典範』は医学の基本書としてイスラーム世界に流布した以外に，ラテン語にも翻訳され，西欧では大学の医学部のテキストとして長く使用された。そのためヨーロッパでは，ラテン名のアヴィケンナで有名である。

問(3)　(イ)　**血液循環説**　血液循環説はイギリスの医者・生理学者であるハーヴェー（1578～1657）が唱えた理論。ハーヴェーは古代ギリシアのアリストテレスやガレノスらの説を否定し，心臓を循環役として血液が体内を循環していると説き，近代生理学の先駆者となった。

問(4)　**カール4世**　カール4世はルクセンブルク家出身の神聖ローマ皇帝（位1347～78）。1356年，金印勅書を発布し，皇帝選出権を7選帝侯（トリール・マインツ・ケ

ルンの3大司教とファルツ伯・ザクセン公・ブランデンブルク辺境伯・ベーメン王の4世俗諸侯)に認めた。また現在チェコ共和国の首都であるプラハの発展に努め，市街の拡張やカレル橋の建造,ドイツ最初の大学であるプラハ大学の設置などを行った。

問(5)　**プラトン**　プラトンは古代ギリシアの哲学者(前429頃〜前347)。幼少期よりソクラテスと交流し，その影響を強く受けた。しかしソクラテスの処刑によって政治不信を抱き，哲学者を王とする哲人政治の理想を持つようになった。またアテネにアカデメイアを創設して若者に哲学を教える一方，イデア論による観念論哲学を展開した。

問(6)　**ヴィッテンベルク**　ヴィッテンベルクはドイツ中部ザクセン地方の都市。この地に設立されたヴィッテンベルク大学でルターは神学教授を務めた。

問(7)　(ア)　**ピサロ**　ピサロは1533年にインカ帝国を滅ぼしたスペイン人征服者(コンキスタドール)(1470頃〜1541)。1521年にアステカ王国を滅ぼしたコルテスと混同しないように。

問(7)　(イ)　**イングランドにおいて，ステュアート朝の国王による国教会強制に反発した，カルヴァン派の新教徒。**　ピューリタンはイギリス国教会の改革不徹底に反対したイングランドのカルヴァン派を信仰する人々。富裕な商工業者やジェントリに多かった。彼らの中にはステュアート朝の国王による国教会強制に反発してアメリカ大陸にわたる者もおり，特にジェームズ1世の強制に反発して渡米したピルグリム＝ファーザーズが有名である。

問(8)　(ア)　**チャールズ2世**　チャールズ2世は1660年の王政復古により即位したイギリス国王(位 1660〜85)。ピューリタン革命で成立した革命政権に対抗して絶対王政への逆行を試み，またカトリック政策を強行して議会と対立した。議会は1673年に**審査法**を制定して公職就任者を国教徒に限定し，1679年には**人身保護法**を制定して法によらない逮捕・投獄を禁じることで対抗した。

問(8)　(イ)　**ニュートン**　ニュートンはイギリスの物理学者・数学者(1642〜1727)。1687年に彼が発表した『プリンキピア』で集成された万有引力の法則は，ドイツのケプラーが導いた惑星運行の法則を説明して地動説の確立に貢献し，近代の技術革新の礎となるなど，近代科学の進歩に重大な意義を持った。また彼は，イギリス最古の学術団体である王立協会の会長を務めた。

問(9)　**ウォルポール**　ウォルポールはイギリスの初代首相とされる政治家(1676〜1745)。1721年より大蔵大臣として内閣に参与した。国王ジョージ1世が英語を話せず，国政をウォルポールに委ねたので実質上の首相として政治を主導した。1742年，ウォルポールが属していたホイッグ党が議会(下院)での多数派でなくなった際，国王や上

院の支持があったにも関わらず彼は辞任した。このことにより，議会内での多数党が内閣を組織し，議会に対して責任を負う**責任内閣制**が成立したとされる。

　問(10)　「**ドイツ国民に告ぐ**」　「ドイツ国民に告ぐ」はフィヒテ(1762〜1814)が行った連続講演。フィヒテはドイツ観念論の哲学者であり，ベルリン大学の初代総長。カントの実践理性の思考を継承して主観的観念論を樹立した。また1807年から08年にかけて，フランス軍占領下のベルリンにおいて「ドイツ国民に告ぐ」と題された連続講演を行った。この講演はドイツ人の国民意識を覚醒させ，ナショナリズムの高揚に大きな影響を与えた。

> **B　石炭が近現代のヨーロッパに与えた影響**

　問(11)　**ダービー**　ダービーは製鉄法の改良者(父1677〜1717，子1711〜63)。父が製鉄燃料をそれまでの石炭から，石炭を乾留(蒸し焼き)して炭素部分だけを残した燃料であるコークスにかえることで，高純度の鉄を精製する技術を開発し，子はその技術をさらに発展させた。こうして高純度の鉄を大量生産することが可能となり，鉄工業はイギリスの産業革命を支える基幹産業となった。

　問(12)　**ワット**　ワットはイギリスの機械技術者・発明家(1736〜1819)。1769年にニューコメンが考案した蒸気機関を大幅に改良することに成功した。これにより，従来は炭鉱の排水用にしか用いられていなかった蒸気機関を，広範な機械の動力にすることを可能にした。

　問(13)　**人力または水力**　ワットの改良した蒸気機関が普及する以前，織布や紡績の機械は人力や水力が用いられていた。蒸気機関はこれにかわる動力源となり，生産効率をさらに高めることになった。

　問(14)　**インド**　イギリスは，1623年のアンボイナ事件でオランダにより東南アジアから駆逐されると，その後はインド経営に専念し，マドラス・ボンベイ・カルカッタを拠点にインド産綿布などを輸入した。このインド産綿布がイギリスで人気を博して需要が高まったことが，18世紀に綿工業の分野で産業革命が始まる要因となった。

　問(15)　**マンチェスター**　マンチェスターはイギリス西北部ランカシャー地方の都市。産業革命期には綿工業の中心都市として「コットン・ポリス」とも呼ばれた。1830年にはマンチェスターとその外港であるリヴァプール間で初の旅客鉄道が開通した。

　問(16)　**ナポレオン3世**　ナポレオン3世はナポレオン＝ボナパルトの甥でフランスの皇帝となった人物(位1852〜70)。1848年の大統領選挙に当選すると，51年にはクーデタを決行して議会を解散し，翌年，国民投票によって皇帝となり，**第二帝政**を開始した。帝政開始後は，社会政策の充実によって大衆の支持確保に努める一方，銀行

の設立や鉄道の普及などを積極的に進め，パリの大改造も行うなど，国家主導の産業化政策を推進した。また国民の人気を維持するため，度重なる対外戦争を展開したが，プロイセン＝フランス（普仏）戦争で捕虜となり廃位された。

　問(17)　**カルボナリ**　カルボナリは19世紀前半にイタリアに広まった秘密結社。名称は「炭焼き」の意で，イタリアの統一を目指した。1820～21年のナポリ・ピエモンテでの革命を指導するがオーストリアに弾圧された。その後，フランスでの七月革命の影響を受けて1831年にも革命を起こしたが再度オーストリアに弾圧され，以後，統一運動の主体はマッツィーニらが結成した**青年イタリア**へと移ることになった。

　問(18)　**フィラデルフィア**　フィラデルフィアはアメリカ北東部，ペンシルヴェニア州の都市。17世紀にクウェーカー教徒のウィリアム＝ペンがこの地に居住区を建設したのがその起源。ペンがこの地を「兄弟愛の町」を意味するフィラデルフィアと命名した。その後，商工業都市として急速に発展し，18世紀を通じて北米で最大の人口を有する都市となった。1776年にはこの地で独立宣言が発せられ，独立達成後の**憲法制定会議**もこの地で開催された。また1790～1800年の間，合衆国の首都となった。

　問(19)　**チェチェン**　チェチェンはロシア連邦内の北カフカスにある共和国。首都はグロズヌイで，宗教はイスラーム教スンナ派が多数。1992年，ロシア連邦からの完全独立を主張すると，これを認めないロシア政府との間で**チェチェン紛争**と呼ばれる2度の紛争が起こった（1994～96，1999～2009）。2009年にはロシアがチェチェンの独立派武装組織をほぼ制圧した。

　問(20)　**アルザス・ロレーヌ**　アルザス・ロレーヌはフランスとドイツの国境地帯に位置する地域。両地域は戦略上の要地である上に，石炭や鉄の産地であり，また林業なども盛んであるため，フランスとドイツの係争地となった。1648年のウェストファリア条約でフランスがアルザスとロレーヌの一部を得たが，1870～71年の**プロイセン＝フランス（普仏）戦争**でドイツに割譲され，第一次世界大戦後の**ヴェルサイユ条約**でフランスが奪回した。

　問(21)　**ザール**　ザールはロレーヌに隣接するフランス・ドイツの国境地帯で，ヨーロッパでも有数のザール炭田がある地方。この地方もアルザス・ロレーヌとともにフランスとドイツの係争地となり，ナポレオン戦争後の**ウィーン議定書**でプロイセンとバイエルンにより分割され，その後プロイセンによるドイツ統一の結果ドイツ領となった。第一次世界大戦後のパリ講和会議では，フランスが領有を強く主張したが，結局ヴェルサイユ条約で**国際連盟**の管理下に置かれ，15年後の住民投票でその帰属先を決めることになった。1935年に行われた住民投票では，人口の大多数をドイツ人が占めていたため，90％を超える支持でドイツに帰属することになった。

問(22)　ルール　ルールはドイツ西北部の地方。ヨーロッパ最大のルール炭田を有し,ヨーロッパ最大の工業地域であるルール工業地域がある。1923年,ドイツの賠償支払い遅延を理由にフランスとベルギーがルール占領を行った。これに対しドイツ人労働者はストライキやサボタージュといった消極的抵抗を行ったため,ドイツのインフレは深刻化した。その後フランスとベルギーはドーズ案の成立により1925年に撤退した。

問(23)　(ア)　ヨーロッパ石炭鉄鋼共同体(ECSC)　ヨーロッパ石炭鉄鋼共同体(ECSC)は,フランス外相シューマンが発表したシューマン＝プランに基づき1952年に発足した組織で,石炭と鉄鋼の共同市場と共同管理を実現するために結成された。この組織は長年の懸案であったフランスとドイツの対立要因を除去し,ヨーロッパの統合を進める出発点となった。原加盟国は,フランス・西ドイツ・イタリア・ベネルクス三国(ベルギー・オランダ・ルクセンブルク)の6カ国。

問(23)　(イ)　イタリア・ベルギー・オランダ・ルクセンブルクから1つ　上記問(23)(ア)を参照

問(24)　サッチャー　サッチャーはイギリス初の女性首相(任 1979〜90)。第二次世界大戦後のイギリスでは労働党のアトリー政権のもとで重要産業の国有化が進んだ。これ以外にもアトリー政権は,「ゆりかごから墓場まで」を標語とする社会保障制度の充実をはかったが,これらの政策は景気の低迷や財政の悪化をもたらした。これを受けて保守党のサッチャー政権は,「小さな政府」を目指して国営企業の民営化や福祉政策の縮小などの新自由主義政策を行った。

解答例

A
- (1)　(ア)　ロンバルディア同盟
    - (イ)　托鉢修道会
- (2)　『ローマ法大全』
- (3)　(ア)　イブン＝シーナー(アヴィケンナ)
    - (イ)　血液循環説
- (4)　カール4世
- (5)　プラトン
- (6)　ヴィッテンベルク
- (7)　(ア)　ピサロ
    - (イ)　イングランドにおいて,ステュアート朝の国王による国教会強制に反発した,カルヴァン派の新教徒。

(8)　(ア)　チャールズ２世

　　　(イ)　ニュートン

(9)　ウォルポール

(10)　「ドイツ国民に告ぐ」

B

(11)　ダービー

(12)　ワット

(13)　人力または水力

(14)　インド

(15)　マンチェスター

(16)　ナポレオン３世

(17)　カルボナリ

(18)　フィラデルフィア

(19)　チェチェン

(20)　アルザス・ロレーヌ

(21)　ザール

(22)　ルール

(23)　(ア)　ヨーロッパ石炭鉄鋼共同体(ECSC)

　　　(イ)　イタリア・ベルギー・オランダ・ルクセンブルクから１つ

(24)　サッチャー

2021 年

解答・解説

Ⅰ

解説

問題文を読んでみよう！

　2021年の Ⅰ は，比較的答えやすい問いであった。それでも問題文を読み流してしまっては，出題の意図を正確には理解できない。「16世紀」「18世紀」「背景」「活動」「影響」といった表現に気をつけて，何を答えるべきかをきちんとつかんでから答案を作成していこう。

> 　16世紀，ヨーロッパ人宣教師による中国へのキリスト教布教が活発化した。この時期にヨーロッパ人宣教師が中国に来るに至った背景，および16世紀から18世紀における彼らの中国での活動とその影響について，300字以内で説明せよ。解答は所定の解答欄に記入せよ。句読点も字数に含めよ。

問題の中心テーマを確認しよう！

▶問題文の分析　　　　　（——は特に注目したい表現，——▶は問題文読解の方向）

前文　(a)16世紀，ヨーロッパ人宣教師による中国へのキリスト教布教が活発化

本文
　テーマ　①　(b)この時期にヨーロッパ人宣教師が(c)中国に来るに至った背景
　　　　　②　16世紀から(d)18世紀における彼らの(e)中国での活動と(f)その影響

　テーマ①(b)の「この時期」は前文の(a)「16世紀」を指すから，テーマ①は「16世紀にヨーロッパ人宣教師が中国に来るに至った背景」と置き換えられる。ここで答えるべきことを詰めるために，(c)「中国に来るに至った背景」という表現を厳密に捉えたい。「至った」は"段階を踏んで目的に到達した"，「背景」とは"事象が起こった背後にある状況"をそれぞれ意味する。また，前文で「16世紀」という時代の意義が強調され，前文の「中国への」や(c)の「中国に来る」などの表現はヨーロッパから中国への地理的移動を感じさせる。こうした点を踏まえて考えると，テーマ①は"16世紀に，最終的にヨーロッパ人宣教師の中国来航へとつながった背後にある前段階の状況"を説明せよということで，ヨーロッパ側の状況が問われていると考えられる。

　次に，テーマ②では(d)「18世紀」と(e)「中国での活動」，そして(f)「その影響」の３表現がポイントとなる。(d)はテーマ②で初めて出てくる情報だから，必ずテーマ②と関わりがある。(e)については前文の「キリスト教布教」から布教活動が浮かぶだろうが，それに限定されるならば単に「活動」とはしないはずだ。最後に，(f)の「その」は(e)を指示するから，(f)は"ヨーロッパ人宣教師の中国での活動の影響"を説明せよということである。

書くべきポイントを列挙してみよう！

　前段では触れなかったが，16世紀の中国に至ったヨーロッパ人宣教師と言えば，受験生ならイエズス会士を直感的に思い起こすだろうし，**明・清代の中国におけるイエズス会士の活動**ならば十分に知識もあるはずだ。その知識も活用しながらテーマ①から検討していこう。

　16世紀におけるヨーロッパから中国への地理的な移動と言われて，**大航海時代**のことを思いつくことは難しくない。15世紀末のコロンブスとヴァスコ＝ダ＝ガマを嚆矢として，ヨーロッパ人は新大陸やアジアへと進出するようになった。それは同時にキリスト教世界拡大の動きでもあったから，やがてキリスト教の宣教師も進出先に来航するようになった。

　さらに，16世紀—ヨーロッパ—イエズス会と三つの言葉を並べることで，背景となるもう一つの事象，すなわちヨーロッパにおける**宗教改革と対抗宗教改革**の動きを考えつくことができる（できて欲しい）。ルターに始まる宗教改革に対抗したカトリック側による巻き返し策が対抗宗教改革と呼ばれ，その一環として**イグナティウス＝ロヨラ**らによって結成されたイエズス会は海外での宣教を重視して，中国や日本，ラテンアメリカなど各地で積極的に布教活動を進めていった。

　以上の検討結果から，テーマ①については大航海時代と宗教改革・対抗宗教改革を説明したい。

　次は，テーマ②の検討だ。イエズス会士の「中国での活動」については，教科書などでも詳しく説明されている。

▶中国におけるイエズス会士の主な活動

イエズス会士	活動・業績
マテオ＝リッチ	中国でキリスト教布教開始，「坤輿万国全図」（世界地図）刊行，『幾何原本』（ユークリッド幾何学）漢訳，徐光啓と協力
アダム＝シャール	『崇禎暦書』作成，大砲製造，徐光啓と協力
フェルビースト	アダム＝シャールを補佐

ブーヴェ	「皇輿全覧図」（実測による中国地図）作成，『康熙帝伝』著述
レジス	「皇輿全覧図」作成
カスティリオーネ	宮廷画家（康熙帝・雍正帝・乾隆帝），円明園の西洋建築設計

　ここで慌ててはいけない。各宣教師の具体的活動については情報量がかなり多く，これを全て書けばすぐに300字に達してしまい，他の要求（背景や影響）に答えられなくなる。だから個別の具体的な活動を書くかどうかは留保して，もう一つの要求である「影響」の方を考えてみよう。

　先ずイエズス会士などの宣教師がヨーロッパに中国の情報を伝え，それが啓蒙思想などのヨーロッパ文化に影響を与えたということを検討しておきたい。このことは教科書にもちゃんと記されているし，近年は論述問題のテーマとしてとり上げられるようになってきている（京都大学でも＊2017年に Ⅱ 問(10)でそれを答えさせている）から，思いついた受験生もいるかもしれない。だが，「中国での活動」を具体的なものとして厳密に解釈すれば，中国に関する情報の伝達は「中国での活動」には該当しないから，先ほど確認したように“中国での活動の影響”（「問題の中心テーマを確認しよう！」のテーマ②(f)参照）の例としては不適当であるとしておく（ただし「中国での活動」を“中国で活動したこと”と抽象的に解釈すれば，中国に関する情報の伝達も影響に加えられる可能性は残る）。

＊京都大学　2017年　 Ⅱ ・問(10)
　「フランスで中国研究が盛んになったのは18世紀以降である。盛んになった理由を簡潔に述べよ。」
　＜解答例＞　「イエズス会士らにより中国の思想や芸術が紹介され，中国への関心が高まったため。」

　では，中国への影響はどうだろうか？　これについては，教科書を丹念に読んだ受験生ならば，軍事技術を含めた科学技術・地理学・暦学・数学などが中国の士大夫らに受容されたことを指摘できるはずだ（教科書に明記されている）。イエズス会士の業績（表「中国におけるイエズス会士の主な活動」参照）のうち，数学の『幾何原本』が徐光啓の協力によって漢訳されたことはそうした影響を端的に表しているし，「坤輿万国全図」「皇輿全覧図」が地理学，『崇禎暦書』が暦学（天文学）と結びつくことも理解できるだろう。

　さらに，テーマ②の「18世紀」と問題文の表現が「ヨーロッパ人宣教師」となっている点（イエズス会士限定ではないこと）に注目し，事項の内容と照合することで典礼問題をめぐる動きも指摘できる。詳しくは後述するが（「問題文の核心に迫ろう！」参照），中国の伝統儀礼である典礼を受容するイエズス会とこれを否認するドミニコ会・フランチェスコ会が対立し，訴えを受けたローマ教皇は典礼容認を禁止した。これに対し

康熙帝はイエズス会以外の宣教師を国外追放とし，さらに雍正帝はキリスト教布教を全面禁止するに至った。典礼問題自体は17世紀に発生しているが，これに対する中国側の反応が出てくるのは18世紀である。典礼問題は布教活動の方法から生じたものであり，それに対する二人の皇帝の対応を中国への影響として捉えることができる。

　以上，背景の説明として大航海時代と宗教改革・対抗宗教改革，また影響の説明として西洋の知識・技術の受容と典礼問題を取り上げるべきだと結論づけた。そのことを踏まえ，留保しておいた「宣教師の中国での活動」について改めて確認しよう。解答例を見て欲しい。300字というのは以外に短く，そのなかで背景の2項目，影響の2項目を説明するのに200字以上を要する（特に典礼問題関連は字数を要する）。そこから考えれば，各宣教師の活動・業績を細かく説明することはスペース的に無理であり，答案では布教や西洋の知識・技術紹介といった形で一般化して説明するしかない。論述問題では，テーマや条件で示された要求を全て満たすことは必須である。従って答案作成の際にはいきなり関連する全知識を答案に盛り込むのではなく，まず書くべき事項を列挙し，それぞれに割り当てられる大まかな字数を考え，その上で知識を取捨選択していくという手順をとるようにしよう。

　検討は以上で終わりである。あとはメモを参照しつつ，各パート（背景・活動・影響）をそれぞれまとめるという感覚で答案を完成させていこう。

問題文の核心に迫ろう！

・大航海時代と中国

　ヴァスコ＝ダ＝ガマのカリカット到達をきっかけに，ポルトガルはアジアへ進出するようになり，ゴアを拠点とし（1510），インド・中国間の海上交易路上の要衝であるマラッカを占領した（1511）。その後，ポルトガルは明に対して通商許可を求め，明朝がポルトガル人のマカオ居住を正式に許可した（1557）結果，このマカオを拠点としてポルトガル人は中国・日本間などの貿易を盛んに行うようになった。さらに，明朝により海禁（民間人の渡航禁止政策）が緩和されて（1567），中国の商人が東南アジア方面へも赴くようになり，フィリピンを領土としたスペインがルソン島に拠点マニラを建設すると（1571），この地にも到来してスペイン人と出会貿易を行うようになった。こうして中国が世界を結ぶ貿易網に組み込まれたことで，例えばマテオ＝リッチが東方伝道のため，まずゴアに赴き，そこからマカオへ派遣されたように，ヨーロッパ人宣教師も商船に便乗することで中国へと来航する道が開かれた。

　それに加えて，ヨーロッパ人は銀や新大陸の産物も中国にもたらした。日本との貿易でポルトガル人が入手した日本銀や，アカプルコ貿易（ガレオン貿易）でマニラまで

運ばれ，現地で中国商人が入手したメキシコ銀が大量に中国へと流れ込み，中国で銀が流通するようになったことから，明では16世紀に銀納の税制である一条鞭法が始まった。またヨーロッパ人によって伝えられたトウモロコシやサツマイモ，ジャガイモなどは山間部でも栽培が可能であったため，17世紀になるとそれまであまり人手が入らなかったような地域にまで農耕地が拡大し，18世紀には大幅に人口も増加した。しかし，農地の拡大率を人口増加率が上回ったことから，土地不足も生じて福建など沿岸部から台湾や東南アジアへと移住する(南洋)華僑が増加することにつながった。

　なお，「世界の一体化」の始まりである大航海時代については，論述問題でも世界各地への影響をまとめて問われることが多い。新大陸(古代文明滅亡，キリスト教化，エンコミエンダ制，先住民の人口減少)，ヨーロッパ(価格革命，商業革命，東西欧での分業体制成立)，東南アジア(香辛料貿易，ムスリム商人の活動)などへの影響もあわせて，確認しておこう。

・イエズス会

　1517年，ルターが95カ条の論題を公にして宗教改革が始まり，以後ツヴィングリがスイスのチューリヒで，フランスから亡命したカルヴァンはスイスのジュネーヴで改革を進めるなど，プロテスタント側の動きが活発化した。これに対抗したカトリック側の動きが対抗宗教改革と呼ばれ，イエズス会創設やトリエント公会議(1545〜63　教皇至上権確認・禁書目録制定)がその代表的なものである。

　イエズス会は，1534年，イグナティウス＝ロヨラ，フランシスコ＝ザビエルらによってパリで設立された。1540年にローマ教皇から正式な認可をうけ，ロヨラが初代総長に選ばれ，宣教師は教皇への絶対的服従を誓い，厳格な軍隊的規律のもと世界各地で宣教を進めた。その活動は東欧を含むヨーロッパはもとよりラテンアメリカやインド，中国・日本などにも及び，特にアジアにおけるカトリックの拡大はほぼイエズス会の働きによるものであった。

　18世紀になるとヨーロッパでは王権の強化が図られ，教皇に服して国際的に活動するイエズス会は疎んじられるようになり，各国の圧力をうけて1773年に教皇はイエズス会解散を命じた。しかし，1814年，ナポレオンによる幽閉から解放されたローマ教皇ピウス7世が会の再興を認めて以後，世界各地で教育活動などを展開し，2013年にはイエズス会出身者として初めてフランシスコがローマ教皇に選出された。

・典礼問題

　明末以来，イエズス会は孔子崇拝や祖先祭祀などの伝統儀礼である典礼を中国人の信者に対しても容認し，中国社会と協調しつつ伝道する方法を採った。しかし，清初の中国に来航したフランチェスコ会やドミニコ会はイエズス会の態度を神への冒涜と

して批判し，イエズス会は康熙帝（位1661～1722）の上諭を得て自分たちの立場を教皇に訴えたが，教皇はフランチェスコ会などの主張を容れて典礼容認を禁止した（1704）。これに怒った康熙帝は，イエズス会以外の典礼を否認する宣教師を追放し，入国を禁じた。さらに，イエズス会と対立した雍正帝（位1722～35）は，1724年，イエズス会士をマカオに追放して，キリスト教布教を全面的に禁止した。ただし，西洋の知識や技術は以後も重んじられたため，その教授に限定する形でイエズス会宣教師は北京の宮廷にとどまっており，カスティリオーネは乾隆帝にも仕えている。

過去問を検討してみよう！

　2002～21年の20年間で，Ⅰにおいて前近代の中国史関連問題は10回（2003，2007，2008，2011，2012，2014，2017，2019，2020，2021）出題されている。そのうち半数の5回（2007，2017，2019，2020，2021）は中国と外部勢力との関係をテーマとし，近年も2017（前3世紀～後4世紀初頭における中国との関係を中心とした匈奴の歴史），2019（4世紀～17世紀前半におけるマンチュリアの歴史），2020（6世紀～7世紀におけるソグド人の活動と中国文化への影響）とかなりの頻度で出されている。ただし本年の問題は文化史に傾いており，「世界の一体化」という世界史全体を包む動きとの関連もあって，これまでの問題とは多少傾向が異なり，近世におけるヨーロッパ勢力の海外進出という視点で言えば2019年のⅢ（16世紀～18世紀におけるヨーロッパ諸国のインド亜大陸進出）にむしろ近いかも知れない。

解答例

16世紀，ヨーロッパでは宗教改革に対しカトリック側が進めた対抗宗教改革の中で，イグナティウス＝ロヨラらがイエズス会を創設した。そして，大航海時代の本格化をうけてイエズス会が海外布教を積極的に進め，マテオ＝リッチを始めとする宣教師が明に来訪するようになった。彼らは明・清に仕え，布教のみならず西洋の知識や技術を中国にもたらし，中国の地理観や暦法，実学などに影響を与えた。しかし，清ではイエズス会が中国の儀礼である典礼を信者に認めたことから，これを批判する他派や教皇との間に典礼問題が発	*1* *2* *3* *4* *5* *6* *7* *8* *9* *10* *11* *12*

生した。これをうけて18世紀に康熙帝はイエ　　*13*

ズス会の布教のみを認めることとし，さらに　　*14*

雍正帝はキリスト教の布教を全面禁止した。　　*15*　　　　　（300字）

Ⅱ

[解説]

A　古代中国の関中盆地

空欄a　**咸陽**　咸陽は陝西省中部，渭水北岸に位置する町で，前4世紀の孝公の時代から秦の都となった。始皇帝による全国統一後，多くの宮殿が造営されるなど大都市となったが，秦滅亡後，項羽によって焼き払われた。

空欄b　**赤眉**　赤眉の乱は新末期に発生した農民反乱。反乱軍が新の軍隊と区別するために眉を赤く染めたことから，赤眉の乱と呼ぶ。この反乱を機に各地で豪族も挙兵し，新は滅亡した。

空欄c　**洛陽**　洛陽は河南省西部の都市で，華北と西方の渭水盆地を結ぶ交通の要衝に位置する。東周では洛邑の名称で都となり，その後，後漢・魏・西晋・北魏（孝文帝以後）でも都となった。

空欄d　**大興城**　大興城は長安郊外に建設された隋の都城で，初代の楊堅が建設を開始した。続く煬帝は10万人を動員して築城にあたったが，隋末の動乱によって一時中断した。唐代になって再開され，長安城と改称して東西約10km，南北約8kmにわたる大都城が完成した。

問(1)　**商鞅**　商鞅は前4世紀に秦の孝公に仕えた法家の政治家。郡県制の実施や信賞必罰の徹底など，中央集権体制の構築と富国強兵のための改革（変法）を実施した。

問(2)　**スキタイ**　スキタイは前6〜前3世紀頃，南ロシアのステップルートを支配したイラン系と推定される騎馬遊牧民。イランやギリシアの影響を受けた独自の騎馬民族文化を形成し，アケメネス朝ペルシアなどに侵攻を繰り返した。

問(3)　**半両銭**　半両銭は始皇帝が全国に普及させた貨幣。中国では春秋・戦国時代に商工業の発展から各地で刀銭や**布銭**，蟻鼻銭などの青銅貨幣が使用されていたが，前3世紀に中国を統一した始皇帝は，秦の貨幣であった円形方孔の半両銭に統一した。

問(4)　**項羽**　項羽は楚国出身の武将で，楚の将軍を代々輩出した名門の生まれ。陳勝・呉広の乱が発生したのを機に挙兵し，前206年には秦を滅ぼした。しかしその後，劉邦との争いに敗れ自殺した。

問(5)　**張騫**　張騫は前漢の武帝が匈奴挟撃の同盟締結のために大月氏に派遣した人物。張騫は同盟締結には失敗したものの西域の地理や民族，さらに物産などに関する

貴重な情報をもたらし，その後の漢による西域経営や東西交易の発展に大きな役割を果たした。

問(6)　**訓詁学**　訓詁学とは経書の字句解釈を行う儒学の一派で，漢代や唐代で盛んとなった。後漢の鄭玄が大成し，唐の孔穎達が編集した『五経正義』は科挙における基準とされた。

問(7)　**東晋**　華北は304年から五胡十六国時代に突入し混乱が続いていたが，前秦の苻堅が一時的に華北の統一を果たした。その後南進するも，383年の淝水の戦いで東晋に大敗を喫し天下統一の野望は潰えた。この前秦の大敗で華北は再び混乱したが，439年に北魏が華北統一を実現し，五胡十六国時代は終了した。

問(8)　**鳩摩羅什**　鳩摩羅什は仏図澄と並んで魏晋南北朝時代の中国で仏教の普及に貢献した西域出身の仏僧。4世紀初頭に洛陽へ来た仏図澄は，多くの仏寺を建立しながら布教活動に従事し，門下生は1万人を数えたという。また5世紀初頭に長安に至った鳩摩羅什は布教にたずさわる傍ら，仏典の漢訳と講義に努め，中国における仏教の定着に貢献した。こうした華北における仏教の拡大を背景に，北魏では3代太武帝の次の文成帝が平城(現大同)郊外に雲崗石窟寺院，6代孝文帝による洛陽遷都後はその郊外に竜門石窟寺院の造営が始められた。

問(9)　**府兵制**　府兵制は西魏に始まる兵制度で，均田制により土地を支給された農民を農閑期に訓練し，都の警備を行う衛士や辺境の防衛にあたる防人などとする兵農一致の制度である。兵役期間中，農民は租庸調を免除されたが，武器や食料・衣服などは自弁とされた。

問(10)　**突厥**　突厥とは6世紀から8世紀にかけてモンゴル高原から中央アジアを支配したトルコ系遊牧民およびその国名。突厥はモンゴル系の柔然に服属していたが，6世紀に自立して勢力を拡大した。さらにササン朝のホスロー1世と同盟して中央アジアのエフタルを滅ぼし，モンゴル高原から中央アジアにまたがる大遊牧国家を樹立した。しかし，内紛とこれに乗じた隋の楊堅による離間策から東西に分裂した。このうちモンゴル高原に拠った東突厥は，唐の建国を援助したが，間もなく太宗に服属することになった。後に自立したが，8世紀半ばにウイグルによって滅ぼされた。一方，中央アジアに拠った西突厥は，唐の高宗の征討を受けて衰退し，間もなく滅亡した。

問(11)　**皇后や妃の一族**　外戚とは皇后や妃の一族を指し，皇帝が幼少や暗愚な場合などにしばしば権勢をふるい，時には帝位を奪うこともあった。新の王莽や隋の楊堅などはいずれも外戚から帝位に就いて王朝を開いた。

B　古代〜近代の西アジア文化

問(12)　**イッソスの戦い**　イッソスの戦いは前333年，アレクサンドロス大王がシリア北方の地でアケメネス朝のダレイオス3世を撃破した戦い。ペルシア軍を敗走させたアレクサンドロスは，その後シリア・エジプトを支配下に置くことになった。敗れたダレイオス3世は前331年のアルベラの戦いでも敗北し，翌年サトラップ(知事)によって暗殺されてアケメネス朝は滅亡した。

問(13)　**ムセイオン**　ムセイオンはプトレマイオス朝の都アレクサンドリアにプトレマイオス1世が建設した王立研究所。名称はギリシアの芸術・学問の神ムサイに因む。ヘレニズム時代の学芸の中心となり，エウクレイデスやアルキメデスなど優れた学者を多く輩出した。また研究所に付属する図書館は当時世界最大規模のもので，地球の周長を測定したことで知られるエラトステネスはその館長を務めた。

問(14)　**ヘレニズム文化**　ヘレニズム文化とはアレクサンドロス大王の東方遠征以降，オリエント文化とギリシア文化が融合して形成された文化。文化の担い手は主にギリシア人であったためギリシア的要素が強いが，民族や国家の枠をこえた**世界市民主義**(コスモポリタニズム)の風潮も見られた。この文化はヘレニズム三国やギリシア系のバクトリア王国などで発展し，インドにももたらされて，ガンダーラ美術に影響を与えた。

問(15)　**ヒジュラ**　ヒジュラとは622年のムハンマドによるメッカからメディナへの移住のことを指し，聖遷ともいう。メッカではクライシュ族による迫害が激しさを増したため，ムハンマドは信者とともにメディナへと移住した。その後ムハンマドはメディナで宗教共同体(ウンマ)を築いて信者を増やし，630年にはメッカを征服した。イスラーム暦においてはヒジュラが行われた622年が紀元元年となっている。

問(16)　**西ゴート王国**　西ゴート王国は5世紀前半，南フランスに建設されたゲルマン人の王国。6世紀に入ってフランク王国のクローヴィスに敗れ，拠点をイベリア半島に移した。この王国の統治下でイベリア半島のカトリック化が進んだが，711年に侵攻してきた**ウマイヤ朝**軍によって滅ぼされ，イベリア半島は大部分がイスラーム勢力の支配下に入ることになった。

問(17)　**タラス河畔の戦い**　タラス河畔の戦いは751年，現キルギス北西の地でアッバース朝軍が唐軍を撃破した戦い。敗れた唐は中央アジアからの後退を余儀なくされた。またこの戦いでアッバース朝の捕虜となった者の中に製紙職人がおり，これにより**製紙法**が西伝することになった。

問(18)　**アラム語**　アラム語は前1200年頃からシリアのダマスクスを拠点に内陸の中継貿易で活躍したアラム人が使用した言語。アラム人の活動によりアラム語は国際商業語となり，アッシリアやアケメネス朝では公用語にもなった。

問(19)　**知恵の館（バイト＝アルヒクマ）**　知恵の館（バイト＝アルヒクマ）は，9世紀にアッバース朝の7代カリフであるマームーンがバグダードに設立した研究所。5代カリフであるハールーン＝アッラシードが設立した知恵の宝庫（ヒザーナ＝アルヒクマ）を発展させたものである。知恵の館（バイト＝アルヒクマ）では，東ローマ（ビザンツ）帝国などから伝わった医学・天文学・数学・哲学などに関する膨大なギリシア語**文献**がアラビア語に**翻訳**され，ギリシア・ヘレニズム文化に周辺のイラン・インドなどの文化も融合させて高度な文化を生み出す土台が築かれた。なお，数学者として著名なフワーリズミーもこの研究所で働いている。

問(20)　**トレド**　トレドはスペイン中部の町。6世紀に**西ゴート王国**の首都となり，711年にはウマイヤ朝によって征服された。1085年にはキリスト教勢力のカスティリャ王国が征服するが，この間トレドにはイスラーム教徒はもちろん，イスラーム勢力から啓典の民として信仰を容認されていたキリスト教徒やユダヤ教徒も多く居住していた。この地を征服したカスティリャ王国もイスラーム教徒やユダヤ教徒に自治を与え，信仰の自由を認める政策をとった。このため，中世のトレドはイスラーム教・ユダヤ教・キリスト教文化が混在する地となった。12世紀にはイブン＝シーナーの『医学典範』をはじめ古代ギリシア・ローマの哲学・医学・神学・科学などに関する膨大なアラビア語**文献**がラテン語に**翻訳**され，中世西欧の**12世紀ルネサンス**に大きな影響を与えた。

問(21)　**景教**　431年に開催されたエフェソス公会議ではイエスの神性と人性を分離したネストリウス派が異端として追放された。ネストリウス派はその後，ササン朝を経て唐代の中国へ伝来し景教の名で呼ばれた。唐では徳宗の時代の781年，景教の流行を記念して長安の大秦寺に大秦景教流行中国碑が建てられた。

問(22)　**タバリー**　タバリーはアッバース朝時代の歴史家。中東各地を巡って膨大な史料や伝承を集め，その後はバグダードで研究と著作に没頭した。著書にはコーランの解釈に関する伝承を集大成した『タフシール』や，天地創造からの歴史伝承を集大成した『預言者たちと諸王の歴史』がある。

問(23)　**ワクフ**　ワクフはイスラーム法（シャリーア）に定められた財産寄進制度。不動産など収益をうむ財産の所有者が，自身の権利を放棄し，収益を特定の目的に使用することを指定して寄進する。ワクフはモスクやマドラサの運営費など宗教・教育などのための慈善ワクフと，家族の財産保全のための家族ワクフとに大別できるが，このうち慈善ワクフは社会福祉制度のなかった時代において福祉向上に大きな役割を果たした。

問(24)　**サーマーン朝**　サーマーン朝（875〜999）は中央アジア西部のソグディアナ地

方で，ブハラを都に成立したイラン系のイスラーム王朝。この王朝ではブハラを中心にイラン＝イスラーム文化が栄え，哲学・科学・文学などを中心に多くの人物を輩出した。『医学典範』を著したイブン＝シーナー，ペルシア語文学の基礎を築いたルーダキーや『シャー＝ナーメ』（『王の書』）で知られるフィルドゥシーらが名高い。

問⒄　**『バーブル＝ナーマ』**　『バーブル＝ナーマ』はムガル帝国を創始したバーブルによる回想録で自身の母国語であるチャガタイ＝トルコ語で著されている。当時のインドや中央アジアの様子を伝える重要史料であるとともに，簡潔かつ明瞭な描写はトルコ語散文学の最高傑作といわれる。

問⒅　**アフガーニー**　アフガーニー（1838/39〜97）はイラン出身（本人はアフガン人を自称）の思想家。西欧列強の進出に対し，反帝国主義やイスラーム世界の団結（パン＝イスラーム主義）を説く一方で，専制体制を批判しイスラーム改革を提唱した。彼の思想はエジプトでのウラービー（オラービー）運動や，イランでのタバコ＝ボイコット運動などに影響を与えた。また弟子のムハンマド＝アブドゥフと1884年に刊行した雑誌『固き絆』は，イスラーム世界の復興を主張する雑誌の先駆的存在となった。

解 答 例

A

  a　咸陽　　b　赤眉　　c　洛陽　　d　大興城

⑴　商鞅
⑵　スキタイ
⑶　半両銭
⑷　項羽
⑸　張騫
⑹　訓詁学
⑺　東晋
⑻　鳩摩羅什
⑼　府兵制
⑽　突厥
⑾　皇后や妃の一族

B

⑿　イッソスの戦い
⒀　ムセイオン

(14)　ヘレニズム文化

(15)　ヒジュラ

(16)　西ゴート王国

(17)　タラス河畔の戦い

(18)　アラム語

(19)　知恵の館(バイト゠アルヒクマ)

(20)　トレド

(21)　景教

(22)　タバリー

(23)　ワクフ

(24)　サーマーン朝

(25)　『バーブル゠ナーマ』

(26)　アフガーニー

Ⅲ

【解説】

【問題文を読んでみよう！】

本年の Ⅲ は，非常に簡潔な問題文である。

> 　1871年のドイツ統一に至る過程を，プロイセンとオーストリアに着目し，1815
> 年を起点として 300字以内で説明せよ。解答は所定の解答欄に記入せよ。句読点
> も字数に含めよ。

【問題の中心テーマを確認しよう！】

▶問題文の分析

本文
テーマ　1815〜71年のドイツ統一に至る過程
条　件　プロイセンとオーストリアに着目

　問題文がシンプルであるため，問題の意図を理解する上で問題になるような箇所は
ほとんど無いと言ってよい。「1871年のドイツ統一」という表現と年号・条件を19世紀
のドイツ史に関する知識と照らし合わせれば，本問は国民国家としてのドイツ統一の
過程を説明するものだとピンとくるはずだ。

　なお，近現代史の問題では，重要な出来事の年号的知識が必要となることが多い。1815年＝ウィーン体制成立，1871年＝ドイツ帝国成立と判断できれば，本問でも答案の方向性は俄然考えやすくなる。全てとは言わないので，重要な出来事の年号だけでもしっかりと覚えておくようにしよう。

書くべきポイントを列挙してみよう！

　答えるべきことがきちんと理解できたら，今度はどう説明するのかを確定していく番だ。本問のテーマはドイツ統一の過程だから，論述問題のなかでも最も考えやすい展開型の問題である。したがって，ここからは基本的な手順を踏んで説明すべきことを決めていこう。

　最初は，説明する事項を決める段階。

▶メモ1

1815	ウィーン体制　→　ドイツ連邦成立
	ブルシェンシャフト運動
1834	ドイツ関税同盟成立
1848	ウィーン・ベルリン三月革命
	フランクフルト国民議会
1862	プロイセン首相ビスマルク
1864	デンマーク戦争
1866	プロイセン＝オーストリア(普墺)戦争
1867	北ドイツ連邦成立
	オーストリア＝ハンガリー帝国成立
1870	プロイセン＝フランス(普仏)戦争
1871	ドイツ帝国成立

　メモ1は，問題の時間枠(1815〜71年)を念頭にドイツ史での主な出来事を列挙したものである(年号はあくまで目安であり，答案に盛り込む必要は無い)。ここで条件である「プロイセンとオーストリア」から，ブルシェンシャフト運動がはじかれる(両国との関連がない)。そこで，残った事項について条件を意識しながら，簡単な説明を加えてみよう。

▶メモ2　　（＿＿は条件に関わる説明）

1815	ウィーン体制　→　ドイツ連邦成立(<u>オーストリアが盟主</u>, 領邦・都市の同盟)
1834	ドイツ関税同盟成立(<u>プロイセンを中心とする北・中部領邦による経済的統一</u>)
1848	ウィーン三月革命(<u>オーストリア首相メッテルニヒ失脚</u>, ハンガリー・ベーメン民族運動)
	ベルリン三月革命(<u>プロイセン王は憲法制定約束</u>)
	フランクフルト国民議会(知識人中心, <u>プロイセン中心の小ドイツ主義採択, プロイセン王の皇帝就任拒否</u>)
1862	<u>プロイセン首相にビスマルク就任</u>(鉄血政策を推進)
1864	デンマーク戦争(シュレスヴィヒ・ホルシュタイン問題, <u>プロイセン・オーストリアがデンマークに勝利</u>)
1866	<u>プロイセン＝オーストリア戦争</u>(<u>プロイセンがオーストリアに勝利</u>)
1867	北ドイツ連邦成立(<u>プロイセンを中心とする政治的統一</u>)
	<u>オーストリア＝ハンガリー帝国成立</u>(マジャール人に自治議会承認)
1870	プロイセン＝フランス戦争
1871	ドイツ帝国成立(<u>プロイセン王ヴィルヘルム1世が皇帝に</u>)

　このように説明を加えたメモ2を見ると，これだけでも300字を超えそうである。そこで更に"統一"をキーワードとして，説明の強弱をとっていこう。プロイセンによる統一のプロセスを考えると，19世紀前半ならドイツ関税同盟，19世紀後半ではビスマルクによる鉄血政策と北ドイツ連邦・ドイツ帝国成立は不可欠だから，ここは説明も丁寧にしたい。だが，ウィーン三月革命・ベルリン三月革命・オーストリア＝ハンガリー帝国成立は統一とは結びつかず，フランクフルト国民議会での統一の試みも失敗しているから，このあたりの説明は簡略で構わない(特にフランクフルト国民議会について書きすぎないように気をつけたい)。

　これで準備は完了した。あとは，条件を意識してプロイセン・オーストリアが関わる部分(メモ2の下線部)を優先しつつ，同時に事項間のバランス(一事項だけを詳しく説明し過ぎない)を考えながら説明していけば答案の完成だ。

　　問題文の核心に迫ろう！

• ドイツ連邦

　ドイツ連邦は，ウィーン会議(1814～15)の結果，35の領邦と4自由市で結成された。フランクフルトに置かれた連邦議会の議長国はオーストリアが務め，当初はオーストリアとプロイセンの主導でウィーン体制擁護のため反動的な立場で活動した。しかし，

1848年の三月革命によっていったん解散した後，1851年に復活してからはオーストリアとプロイセンの主導権争いが激しくなって足並みは乱れ，結局，プロイセン＝オーストリア戦争でプロイセンが勝利したことからドイツ連邦は瓦解した(1866)。

・ドイツ関税同盟

19世紀，領邦が割拠していたドイツでは領邦間で通商関税が存在したことから，経済的にも分裂状態にあった。歴史学派の経済学者であるリストの影響を受けて，1834年にプロイセンが経済的統一のために結成したのがドイツ関税同盟である。同盟所属の領邦間では関税が撤廃され，一方で他国製品に対しては共通関税を課すことで域内経済の保護が図られた。この関税同盟成立により，事実上プロイセンを中心とした北・中部領邦による経済的統一が達せられた。

・三月革命とフランクフルト国民議会

フランス二月革命の影響で，1848年にウィーンとベルリンでも三月革命が起こった。ウィーンでの革命によってオーストリア首相メッテルニヒは亡命し，ハンガリー(コシュートによる独立運動)やベーメン(プラハでスラヴ民族会議開催)などで民族運動が活発化したが，いずれも抑圧されてしまった。また，ベルリン三月革命の結果，プロイセンでは自由主義内閣が成立し，国王も憲法制定を約束したが，保守派による巻き返しで自由主義派が弾圧されたことによってこちらの革命も終息してしまった。

一方，三月革命の勃発を契機としてドイツの自由主義的な知識人らが中心となって，フランクフルトで国民議会が開催されることになった。大学教授や弁護士などを中心とした議会では，ドイツの政治的統一をめぐりプロイセンを中心とする小ドイツ主義とオーストリアを含む大ドイツ主義の立場が対立したが，小ドイツ主義派が勝利した。この結果，1849年に国民議会は「ドイツ帝国憲法」(フランクフルト憲法)を制定したものの，憲法の自由主義的内容に反発したプロイセン国王フリードリヒ＝ヴィルヘルム4世が皇帝即位を拒否したため，討議による統一の試みは失敗に終わった。

・ビスマルクの鉄血政策とドイツ統一

プロイセン国王ヴィルヘルム1世(プロイセン王　位1861〜88，ドイツ皇帝　位1871〜88)に登用されたビスマルクは，1862年にプロイセン首相(任1862〜90，ドイツ帝国宰相　位1871〜90)になると軍備拡張を基盤として力による統一を目指す鉄血政策を推進した。そして，ユトランド半島付け根のシュレスヴィヒ公国・ホルシュタイン公国にデンマークが勢力拡大を図ったのに対し，オーストリアと共同出兵してデンマークを破った(デンマーク戦争)。さらに両公国の管理問題(シュレスヴィヒ・ホルシュタイン問題)からオーストリアとの対立が高まり，プロイセン軍のホルシュタイン侵攻を機に，1866年，プロイセン＝オーストリア戦争(普墺戦争)が発生した。

この戦争ではプロイセン軍がオーストリア軍を短期間で圧倒し，オーストリアはドイツ統一から排除されることになって，翌1867年，プロイセンが主導する北ドイツ連邦（北ドイツの諸領邦で結成，小ドイツ主義の実現）が成立した。そして，1870年，プロイセンはスペイン王位継承問題を利用してフランス（ナポレオン3世の第二帝政下）との間でプロイセン＝フランス戦争（普仏戦争）を起こした。北ドイツ連邦軍に加え，南ドイツ諸邦とも同盟を結んだプロイセンはフランスを圧倒し，1871年に入ってヴェルサイユ仮条約でフランス臨時政府と休戦し，その直後にヴェルサイユ宮殿でヴィルヘルム1世を皇帝とするドイツ帝国の建国が宣言された。

過去問を検討してみよう！

　Ⅲでは近現代史からの出題が目立つ。2005年（七年戦争期〜ナポレオン帝国崩壊期の英仏関係），2007年（1960年代に世界各地でおきた多極化の諸相），2011年（1921〜30年におけるアメリカの国際貢献），2012年（18世紀後半〜19世紀後半における南北米で生じた変化と支配体制の特徴），2013年（19世紀の露仏関係），2014年（戦後ドイツ史），2016年（18世紀の英・普における啓蒙思想の受容者・影響），2017年（1980年代における社会主義圏の政治・経済体制の動向），2020年（1962〜87年の核兵器をめぐる国際関係）と15年間で半数以上の問題が近現代史から出されている。一方，内容的に見ると，本年の問題は近現代史の問題で多い国際関係（2012と2014はいずれも国際関係が中心）ではなく，一国史であった（後半は国際関係を含むが）。近現代史の教科書での説明は国際関係を主とするテーマに沿って展開されるため，国単位の情報は分散してしまって理解しにくい（本年の問題に関わるドイツ関連情報も3箇所以上に分散している）。したがって，基本的な学習ができた段階でよいから，主要国の歴史を通してチェックしておくようにしたい。

解答例

保守反動のウィーン体制の成立で，オースト	1
リアはドイツ連邦の議長国となった。その後	2
，プロイセンはドイツ関税同盟を結成し，経	3
済的統一を主導した。1848年に三月革命が発	4
生するとフランクフルト国民議会が招集され	5
，プロイセン中心の小ドイツ主義による統一	6
が模索されたが，王の帝冠拒否により挫折し	7
た。その後，プロイセンは宰相ビスマルクの	8

採った鉄血政策で軍備拡大に努めた。デンマ　　9

ーク戦争では両国は共同で出兵して勝利した　　10

が，戦後処理から関係が悪化すると普墺戦争　　11

が起こった。この戦争に勝利したプロイセン　　12

は北ドイツ連邦を結成し，小ドイツ主義によ　　13

る統一を達成した。さらに普仏戦争でフラン　　14

スを撃破して，ドイツ帝国を成立させた。　　15

（299字）

Ⅳ

解説

A 「ローマ」の歴史的意義

空欄a　軍人皇帝　ローマは前27年の帝政開始後，パクス゠ロマーナ（ローマの平和）と呼ばれる安定期を謳歌したが，その後はゲルマン人やササン朝の侵入などから各地の軍団の発言力が強まった。こうして各地の軍団が皇帝を擁立する**軍人皇帝時代**（235～284）に突入すると皇帝の権威は著しく低下し，帝国は分裂・解体の危機に瀕した（3世紀の危機）。

空欄b　ツァーリ　ツァーリはロシアにおける皇帝の称号で，ローマ帝国の皇帝の称号である「カエサル」に由来する。15世紀後半のモスクワ大公イヴァン3世が自称し，**イヴァン4世**のときから正式に使用された。この称号は1917年のロマノフ朝の滅亡まで使用された。

問(1)　ヘイロータイ（ヘロット）　ヘイロータイ（ヘロット）はスパルタの隷属民。スパルタを建設したドーリア人は征服した先住民の一部（ドーリア人の一部という説もある）をペリオイコイ（主に商工業に従事）とし，他をヘイロータイとした上で，自分達は完全市民（スパルティアタイ）として政治・軍事に専念した。ヘイロータイは市民の土地（クレーロス）の耕作に従事させられた国有の隷属民で，その数は市民の10倍以上と推定されている。

問(2)　アテネ市民権を付与する対象を，両親ともアテネ市民である者に限定する。
古代のアテネでは成人に達したものに対する厳格な市民資格審査がなされ，前451年にはペリクレスの提案で，アテネ市民権を付与する対象を，両親ともにアテネ市民である者に限定する市民権法が成立した。これは市民権を幅広く外国人にも付与したローマとは大きく異なる。

問(3)　オリンピアの祭典　古代オリンピックが最初に開かれたのは前776年，ペロポネソス半島西部のオリンピアにおいてであった。同地はゼウスを祭る神域であり，

ギリシア世界全域から尊崇を集めていた。その後オリンピアで4年に1度，ゼウスに捧げる神事として競技会が開催されるようになったのである。

　問(4)　**デロス同盟**　デロス同盟は前5世紀，ペルシアの再攻に備えてアテネを盟主に結成された軍事同盟。加盟都市は資金や兵士を拠出する義務が課され，アテネがこれらを管理した。しかし，後にアテネは資金をパルテノン神殿の再建や陪審員への日当など私的なことに流用するようになり，また加盟都市への圧力(役人を派遣して裁判権を奪うなど)を強化するなど，デロス同盟は「アテネ帝国」と呼ばれる支配機構へと移行していった。

　問(5)　**トゥキディデス**　トゥキディデス(前460頃～前400頃)はアテネ出身の歴史家。ペロポネソス戦争に将軍として従軍したが，作戦失敗の責を負わされ国外追放となった。その後シチリアなどに旅行して史料を集め，ペロポネソス戦争を題材とした『歴史』の記述に取りかかった。彼はペルシア戦争を題材としたヘロドトスの『歴史』に深い感銘を受けていたが，その物語的な記述とは異なり，厳密な史料批判に基づく科学的な記述を展開し，「科学的歴史記述の祖」と位置付けられる。

　問(6)　**同盟市**　同盟市とはイタリア半島にあって，ローマとの条約により兵士の供出を義務付けられながらも，ローマ市民権を付与されなかった都市。ローマとほぼ対等の扱いを受けた植民市や市民権の一部を付与された自治市とは立場が異なる。後にこの同盟市がローマ市民権を要求して起こしたのが同盟市戦争である(前91～前88)。この結果，イタリア半島(ポー川以南)の全自由民に対して市民権が付与されることになった。

　問(7)　**第1回ポエニ戦争**　シチリア島は，イタリア半島の南に位置する地中海最大の島。ポエニ戦争(前264～前146)が勃発した当時は地中海交易の要地であり，また地中海最大の穀物生産地でもあった。この島の西部を支配していたフェニキア人の植民市カルタゴと対立した東部のギリシア人をローマが支援したことでポエニ戦争が始まった。第1回(前264～前241)に勝利したローマがシチリア島を獲得し，これが最初の属州(イタリア半島以外のローマの征服地)となった。

　問(8)　**パウロ**　パウロはペテロと並ぶ二大使徒の一人。アナトリア(小アジア)のユダヤ教徒の家庭に生まれた彼は当初はパリサイ派に属し，キリスト教徒を迫害していた。しかしその後回心し，エーゲ海一帯への伝道旅行を行うなど異邦人への伝道に活躍したため，「異邦人の使徒」と呼ばれる。ネロ帝(位54～68)のときにローマで殉教したとされている。

　問(9)　**元首政(プリンキパトゥス)**　元首政(プリンキパトゥス)はローマの初代皇帝アウグストゥスに始まる前期帝政。名称はアウグストゥスが用いた称号であるプリン

ケプス(「市民のなかの第一人者」の意)に由来する。この元首政は，元老院を尊重するなど共和政の伝統を尊重しつつも，皇帝が重要官職を兼任し，軍隊の指揮権や官職任命権なども掌握する事実上の帝政であった。

問(10)　**キリスト教の国教化**　1世紀のネロ帝以来続いたローマ帝国によるキリスト教迫害は，4世紀初頭のディオクレティアヌス帝(位284〜305)の迫害をもって終わった。313年，コンスタンティヌス帝(位306〜337)はミラノ勅令でキリスト教を公認し，325年には教義の統一を図ってニケーア公会議を開催した。さらに392年にはテオドシウス帝(位379〜395)がキリスト教を国教化し，異教の信仰を禁止した。

問(11)　**ササン朝**　ビザンツ帝国は6世紀のユスティニアヌス1世(大帝)の治世に大きく領土を拡大させた。西方ではヴァンダル王国・東ゴート王国を征服し，イベリア半島の西ゴート王国からも領土の一部を奪取した。しかしユスティニアヌスが西方への進出を強化している間に，東方ではホスロー1世治下のササン朝がシリアなどへの侵入を繰り返した。ユスティニアヌスとホスローの間には和平が成立したが，その後もビザンツ帝国とササン朝はシリアやエジプトをめぐって抗争を繰り返した。

問(12)　**(c)**　(c)ビザンツ帝国は，1453年にメフメト2世率いるオスマン帝国によってコンスタンティノープルが陥落し滅亡した。同年，西欧では1339年に勃発した英仏間の**百年戦争**が終結している。

(a)はカノッサの屈辱のことを指し，これは1077年のこと。(b)**クレルモン宗教会議**で十字軍が提唱されたのは1095年のこと。(d)ローマとアヴィニョンに教皇が並立する**教会大分裂(大シスマ)**の状況は1378年に発生し，コンスタンツ公会議(1414〜18)で新教皇が選出されて終結した。

問(13)　**オットー1世**　オットー1世は東フランク王国の国王で神聖ローマ帝国の初代皇帝とされる人物。彼は東方から進出したマジャール人を955年のレヒフェルトの戦いで撃破し，さらに北イタリアに遠征して教皇を支援した。このオットーに対し教皇ヨハネス12世は962年，皇帝の冠を授け(オットーの戴冠)，このことが神聖ローマ帝国の起源とされている。

> **B　人類史上に動物が果たした役割**

空欄c　**保留地**　保留地とはアメリカ合衆国において強制移住させられた先住民(インディアン，ネイティブ＝アメリカン)に与えられた荒地。7代ジャクソン大統領は肥沃な土地を確保するため，1830年に**先住民強制移住法**を成立させ先住民をミシシッピ川以西に与えた土地へと強制移住させた。保留地の多くは山岳地帯などの荒地であり，先住民は抵抗したが，政府は移住を強制した。徒歩や幌馬車による移動は過酷

で，特にチェロキー族の移動（約1300km）では，病気と飢餓により移動途上でその人口の約 4 分の 1 にあたる4000人が死亡し，「涙の旅路」と呼ばれた。

問(14)　(ア)大開墾運動　(イ)シトー修道会　シトー修道会は11世紀末，フランス中部のブルゴーニュ地方に設立された修道会。聖ベネディクトゥス戒律の精神に則り，清貧と労働を重視した。このため荒野の開墾に従事することも多く，12〜13世紀頃のヨーロッパで人口増加などを背景に，ドイツやスペイン，フランスなどで展開された大規模な耕地拡大運動である大開墾運動では，その中心として活躍した。

問(15)　ノルマン＝コンクェスト（ノルマンの征服）　ノルマン＝コンクェスト（ノルマンの征服）とは，1066年のノルマンディー公ウィリアムによるイングランド征服のことをいう。イングランドではデーン人（ユトランド半島一帯のノルマン人の呼称）クヌート（カヌート）が1016年にデーン朝を樹立したが，その後アングロ＝サクソン家が復活していた。ノルマンディー公ウィリアムは1066年のヘースティングズの戦いでイングランドを征服し，ノルマン朝（1066〜1154）を開いた。

問(16)　ヨーマン　ヨーマンとは，イギリスで14世紀以降，農奴から脱して自由な身分となった独立自営農民のこと。ある程度の農地を保有し，富を蓄積させた者の中には，地主層であるジェントリ（郷紳）や，資本家（農業資本家や産業資本家）へと地位を向上させる者もあった。しかし，多くは15世紀末からの第 1 次囲い込み（エンクロージャー）によって土地を失い賃金労働者に転落するなど二極化が進んだ。18世紀の農業革命により資本主義的大農業経営が進展すると，農村の独立自営農民は消滅したとされている。

問(17)　(ア)テノチティトラン　(イ)メキシコシティ　テノチティトランはメキシコのテスココ湖内の島に建設された町でアステカ王国の都。湖の周囲とは堤道で結ばれ，町の中には多くの水路が張り巡らされた。町の中心にはピラミッドや神殿，さらには宮殿などが立ち並び，商業都市としても発展した。現在はメキシコの首都メキシコシティの一部となっている。

問(18)　(ア)アカプルコ　(イ)ガレオン船　アカプルコ貿易は16世紀後半から19世紀初頭にかけてスペインが行った貿易。スペインは進出した新大陸で獲得した銀をメキシコのアカプルコ港から太平洋を横断してスペイン領フィリピンのマニラに運び，来航した中国人商人から中国産の絹や陶磁器などを購入した。こうした貿易をアカプルコ貿易といい，使用されたスペインの帆船ガレオン船からガレオン貿易とも呼ばれる。この貿易の結果，中国には新大陸産の銀が大量に流入して一条鞭法の普及が促進された。

問(19)　ジャクソン　ジャクソンはアメリカ合衆国第 7 代大統領（任 1829〜37）。西部貧農出身で，男子普通選挙制の拡大や公立学校の拡充などジャクソニアン＝デモクラシ

ーと呼ばれる民主政治を展開した。このジャクソンによる農民や小市民の立場を重視した民主主義的改革を支持した一派が1820年代に結成した政党が**民主党**で，主に南部を支持基盤とする。

問⒇　**冷凍技術が発達したため。**　南米のアルゼンチンは広大な草原パンパが広がり，牧畜業が盛んであった。しかしヨーロッパからは距離が遠く，ヨーロッパ側の膨大な肉需要に対し，輸出は干し肉などに限定されていた。このような中，19世紀後半にヨーロッパで冷凍船が発明・実用化されると，イギリスはアルゼンチンに大量の資本を投下し，内陸と沿岸地域を結ぶ鉄道，そして冷凍工場を多く建設した。こうしてアルゼンチンはイギリスに大量の肉を輸出するようになって経済発展を遂げたが，その反面イギリス資本への従属に対する不満も高まることになった。

問㉑　**スワヒリ語**　スワヒリ語は東アフリカのタンザニア・ケニアなどで使用されている共通語。東アフリカ各地ではバントゥー諸語と総称される言語が使用されていたが，8世紀頃から来航したムスリム商人の影響を受け，アラビア語などを導入したバントゥー系の新たな言語が形成された。これがスワヒリ語である。

問㉒　**ベーリング**　ベーリングはデンマーク生まれの探検家(1681〜1741)。ロシア海軍に入り，北方戦争(1700〜21)にも参加した。その後ロシア皇帝ピョートル1世からアジアとアメリカが陸続きかどうかを調査するよう命じられて探検に出発。1度目の探検でカムチャツカ半島に渡りさらに北上して両地域が陸続きでないことを確認した。2度目の探検ではアメリカに渡って現在のアラスカに到達した。さらにアリューシャン列島の一部にも到達したが途中で嵐により漂流し，コマンドル諸島で越冬中に亡くなった。アラスカはベーリングが到達したことでロシア領となったが，1867年にアメリカに売却された。

問㉓　**ジョゼフ゠チェンバレン**　ジョゼフ゠チェンバレン(1836〜1914)はイギリスの政治家。自由党に所属していたが，アイルランド自治法案に反対して離党し，自由統一党を結成した。ソールズベリ内閣で植民相となり，**南アフリカ戦争**(1899〜1902)など帝国主義政策を推進した。

問㉔　**メルヴィル**　メルヴィルはアメリカのロマン主義作家(1819〜91)。捕鯨船に乗り込んで南太平洋の島々をめぐり，先住民の生活にふれることで堕落した欧米文化を批判するようになった。彼の代表作『白鯨(モビーディック)』は，寓意的な手法を用いて人間の中に潜む悪を追求した傑作。

解 答 例

A

a　軍人皇帝　　b　ツァーリ

(1)　ヘイロータイ(ヘロット)

(2)　アテネ市民権を付与する対象を，両親ともアテネ市民である者に限定する。

(3)　オリンピアの祭典

(4)　デロス同盟

(5)　トゥキディデス

(6)　同盟市

(7)　第1回ポエニ戦争

(8)　パウロ

(9)　元首政(プリンキパトゥス)

(10)　キリスト教の国教化

(11)　ササン朝

(12)　(c)

(13)　オットー1世

B

c　保留地

(14)　(ア)　大開墾運動

　　　(イ)　シトー修道会

(15)　ノルマン＝コンクェスト(ノルマンの征服)

(16)　ヨーマン

(17)　(ア)　テノチティトラン

　　　(イ)　メキシコシティ

(18)　(ア)　アカプルコ

　　　(イ)　ガレオン船

(19)　ジャクソン

(20)　冷凍技術が発達したため。

(21)　スワヒリ語

(22)　ベーリング

(23)　ジョゼフ＝チェンバレン

(24)　メルヴィル

解答・解説

Ⅰ

〔解説〕

問題文を読んでみよう！

　2020年の Ⅰ の問題文は比較的平明であったが，その分一つ一つの語句にまで注意を払って慎重に読む必要があった。

> 　6世紀から7世紀にかけて，ユーラシア大陸東部ではあいついで大帝国が生まれ，ユーラシアの東西を結ぶ交通や交易が盛んになった。この大帝国の時代のユーラシア大陸中央部から東部に及んだイラン系民族の活動と，それが同時代の中国の文化に与えた影響について，300字以内で説明せよ。解答は所定の解答欄に記入せよ。句読点も字数に含めよ。

問題の中心テーマを確認しよう！

▶**問題文の分析**　　　　　（〜〜は特に注目したい表現，──→は問題文読解の方向）

前文　(a)6世紀から7世紀に，(b)ユーラシア大陸東部ではあいついで(c)大帝国が誕生

　　　　→　ユーラシアの東西を結ぶ交通や交易が盛んに

本文

　　テーマ　①　(d)この大帝国の時代の(e)ユーラシア大陸中央部から東部に及んだ
　　　　　　　　(f)イラン系民族の活動

　　　　　　②　(g)それが同時代の中国の文化に与えた影響

　最初に①(f)の「イラン系民族」を特定しなければならないが，時代(d)については前文の(c)「大帝国が誕生」が手がかりとなる。「大帝国」は，(a)"6世紀〜7世紀"（時代），(b)「ユーラシア大陸東部」（場所）に誕生し，かつ「あいついで」とあるから複数の帝国を指している。ヨーロッパ（Europe）とアジア（Asia）の合成語であるユーラシア（Eurasia）大陸は文字通りその両地域を含む大陸を指すが，テーマ①の「ユーラシア大陸中央部から東部に」という表現から，(b)は大まかにユーラシアを三分（ヨーロッパ － 西アジア・中央アジア － 東アジア・北アジア）したうちの"東部"（東アジア・北アジア）だと考えられる。このように詰めていき，6世紀〜7世紀の東アジア・北アジアに誕生した諸帝国を考えることで，それらが具体的に突厥・隋・唐を指すと特

定できる。あるいは突厥は騎馬遊牧民だから，「大帝国」とは結びつかない，という人もいるかも知れないが，教科書・用語集には突厥がカスピ海からモンゴル高原に至る広大な版図とそこに暮らす諸遊牧民を支配し，大国家を築いたと説明してある。また隋・唐については，テーマ②に「同時代の中国」とあることもヒントとなる。これでテーマの時代(d)＝“突厥・隋・唐の時代”と確認できた。

　次にテーマの場所(e)だが，問題文ではユーラシア大陸を大まかに三分して捉えているから，この民族の活動した範囲である「ユーラシア大陸中央部から東部」は具体的に“西・中央アジアから東・北アジア”と置き換えることができる。

　以上の検討結果から，テーマの表現を“突厥・隋・唐の時代に西・中央アジアから東・北アジアに及んだ”と読み替えれば，このイラン系民族がソグド人であることは明白だろう。

　では，テーマ①であるソグド人の「活動」とは何か。前文には，「…大帝国が生まれ，ユーラシアの東西を結ぶ交通や交易が盛んになった」とあり，大帝国の誕生と交通・交易活動の活発化が結びつけられている。だとすれば，わざわざ「この大帝国の時代」と切り出してテーマが展開されている以上，ソグド人の活動は突厥・隋・唐などの大帝国や交通・交易の活発化と関わっていると考えるのが普通だろう。このことを念頭に，ソグド人の活動を考えていこう。また，テーマ②も“ソグド人の活動が隋・唐の文化に与えた影響”と具体化しておこう。

書くべきポイントを列挙してみよう！

　何を答えるのかが明らかになったら，今度は答案に盛り込むべき事柄を考える番だ。そこで，複数の教科書や用語集から，ソグド人について受験生が知り得るであろう事項を列挙してみよう。

▶ソグド人の活動

A　原住地である中央アジアのソグディアナ地域(西トルキスタン)にサマルカンド・ブハラなどのオアシス都市を建設
B　オアシス都市間で隊商交易(中継交易)に従事し，西方へ中国の生糸・絹を運ぶ 　　　→　オアシスの道(or 絹の道)
C　遊牧国家内や東トルキスタン・モンゴル高原・華北に植民集落を建設 　　　→　隋・唐にも進出・居住
D　ゾロアスター教・マニ教・仏教・キリスト教，ソグド文字などを東方へもたらす
E　遊牧国家や中国諸王朝において政治・外交・軍事・文化・宗教面でも貢献

　なお，教科書にはこれら以外にウイグルとソグド人との関係(外交・軍事での貢献，宗教・文字の影響)にも触れてあるが，「この大帝国の時代」(前文の「6世紀から7世紀にかけて」)とあるから，8世紀に勃興したウイグルは除外してある。

　こうして挙げてみると，意外に情報量が少ないという印象を受ける。だから，Aは正確にはソグド人自体についての説明だが，本間ではこれも解答に含めないと300字近くまで説明することは難しいだろう(同時に答案では問題文の「イラン系民族」がソグド人であると指摘する必要もある)。すでに述べたように，テーマ①の中心は交通・交易活動になるはずであり，B・Cがそれに該当する。また「活動」としては，Eも含めることができるだろう。一方,テーマ②の「同時代の中国の文化に与えた影響」はどうだろう?

　上記の表では直接中国への影響は挙がっていないが，Dの諸宗教のうちゾロアスター教・マニ教・キリスト教が唐代の三夷教(祆教＝ゾロアスター教，マニ教，景教＝ネストリウス派キリスト教)に対応していることに気づけば，ここから論を展開できる。

　以上で書くべきことは確認できた。繰り返しになるが，本問の解答はソグド人に関する知識を総動員しないと完成しない。従って，テーマ①の「大帝国」を明示することと，テーマ②の「中国の文化に与えた影響」という表現に合うように答えることに気をつけさえすれば，あとはあまり解答の構成にこだわる必要はない。

問題文の核心に迫ろう!

・ソグド人

　ソグド人の原住地は，アム川とシル川にはさまれた西トルキスタンのソグディアナ地方である(現在はウズベキスタン共和国・タジキスタン共和国にまたがる)。この地域では地下水路を利用した農業が行われ，古くからそれを基盤にイラン系の人々がサマルカンド・ブハラ・タシケントなどのオアシス都市を建設した。

　前6世紀にアケメネス朝のキュロス2世によってソグディアナが征服された後，同王朝下で他のイラン系言語から分かれてソグド語が形成され，「ソグド人」が生まれたと考えられている。その後，ソグディアナは，アレクサンドロス大王・セレウコス朝・バクトリア・大月氏・クシャーナ朝・エフタル・突厥・ウイグルなど様々な大勢力の支配をうけた。その支配下でソグド人はユーラシア大陸の東西をつなぐオアシス＝ルート上に位置する地の利を生かして商業ネットワークを形成，中国産の絹や生糸を西方へと運ぶ交易を盛んに行い(このため絹の道の呼称が生まれた)，さらに自らもソグド錦と呼ばれる絹を生産した。

　とりわけ遊牧国家である突厥・ウイグルとソグド人との関係は密接であった。両者は経済面ではもちろん，外交使節としてソグド人がササン朝やビザンツ帝国に赴いた

り，遊牧民の騎射技術を身につけた武人系のソグド人が遊牧民とともに軍事力の一翼を担うなど，政治や軍事の面でも相互依存の関係にあった。この関係の深さから，8世紀後半のウイグルでは，ソグド人の側近を重用したハンに対する保守派のクーデタまで起こっている。同時に，アラム文字系のソグド文字を元にウイグル文字が作られ，またソグド人の一部が信仰していたマニ教がウイグルに伝播するなど，ソグド人は文化的にも遊牧民に大きな影響を与えた。

　しかし，8世紀のウマイヤ朝の進出と10世紀以降のトルコ系ウイグルの中央アジアへの移住をうけて，ソグディアナではソグド人のイスラーム化・トルコ化が進み，モンゴル時代にソグド人は歴史から姿を消した。

・ソグド人と中国

　中国で「胡」「粟特」と呼ばれたソグド商人が中国に至った時期は，後漢時代頃と考えられている。背景には，前漢の武帝が前2世紀後半に積極的な西域政策(張騫を大月氏へ派遣，河西4郡を設置)をとったことをきっかけに，中央アジアと中国との交流が活発化したことがあった。その後，ソグド人は東トルキスタンや甘粛，華北に植民集落を作り，西晋時代には黄河下流域にまで進出して交易を行うようになった。その際，中国に定住したソグド人は，出身都市の中国名である安国(ブハラ)，康国(サマルカンド)，史国(キッシュ)の頭文字を姓として用いている。

　唐代になり，都である長安にも居住したソグド商人は，ササン朝滅亡で流入してきたペルシア人とともに，ペルシアの工芸品，ゾロアスター教・マニ教・ネストリウス派キリスト教など諸宗教，それに中央アジアの舞踊や音楽，スポーツなど，様々な西方文化の中国への伝播で重要な役割を果たした。さらに，玄宗(位712～756)時代の8世紀半ば，東突厥の遊牧帝国がウイグルによって滅ぼされると，遺民であるソグド人・突厥が数多く華北へと移り住み，独自のコミュニティーを形成していった。これを利用して勢力を蓄えたのが，ソグド人の父と突厥の母を持つ安禄山である。そのため彼を首謀者とする安史の乱(755～763)には多くのソグド人が参加したと考えられており，こうしたソグド・突厥集団の系譜は，この後華北に割拠した藩鎮や五代を建てた勢力にも引き継がれていった。

過去問を検討してみよう！

　ソグド人自体が300字の論述問題で採り上げられたことはないが，少し視野を広げて中国周辺地域・勢力に関する問題とすれば，2002年(7世紀～9世紀におけるモンゴル高原・チベット・雲南地方の諸国・諸民族の興亡)，2007年(前2世紀～後16世紀における中国が北方民族勢力に用いた懐柔策・外交政策)，2017年(前3世紀～後4世

紀初頭における中国との関係を中心とした匈奴の歴史），2019年（4世紀〜17世紀前半におけるマンチュリアの歴史）と，相応の頻度で出題されている。特に2002年の問題は，本年の問題と同じく，唐代がテーマとなっている。また，一つの勢力や地域に焦点を絞って答えさせる問題が，2017年（匈奴），2019年（マンチュリア）と出題されており，これが I での一つのトレンドを示していると言えるかもしれない。なお，他大学の例だが，2018年には大阪大学でも「7世紀〜9世紀の北アジアにおけるソグド人の政治・宗教・文化面での貢献」という形で，突厥・ウイグルなど北方の騎馬遊牧民に対してソグド人が果たした経済（交易）以外での役割が問われている。近年，従来のソグド人＝商業民とするイメージは修正され，その政治や軍事における多様なあり方が教科書でも説明されるようになってきた。京都大学や大阪大学の問題は，そうした新しいソグド人像を意識したものではないかと思われる。

解答例

> サマルカンドやブハラなどソグディアナ地方　1
> にオアシス都市を建設したイラン系のソグド　2
> 人は，遊牧国家の領内や東トルキスタン，華　3
> 北などに植民都市を建設した。そして，オア　4
> シスの道を用いて西方へ中国産の絹や生糸を　5
> 運ぶ中継交易を行い，ユーラシアの東西を結　6
> ぶ交易ネットワークを構築した。特に6世紀　7
> には大遊牧国家を建設した突厥の保護下に商　8
> 業活動を活発化させるとともに，外交や軍事　9
> ・文化面で突厥に大きく貢献した。また，7　10
> 世紀に成立した唐に内陸交易の担い手として　11
> 赴いたソグド商人は，ペルシアの工芸品など　12
> の西方の文物や西方で生まれたゾロアスター　13
> 教・マニ教・キリスト教などを中国へと伝え　14
> ，唐代の国際的な文化の発展に寄与した。　15

（299字）

Ⅱ

(解説)

A　ムスリムと非ムスリムとの関係

空欄 a　**クライシュ**　クライシュ族はメッカの名門一族で，カーバ神殿の管理権を掌握するなど権勢をふるった。多数の家柄に分かれるが，中でもムハンマドの出身であるハーシム家と，ムアーウィヤの出身であるウマイヤ家が有力であった。

空欄 b　**ムラービト**　ムラービト朝(1056〜1147)は北アフリカ(マグリブ)の原住民であるベルベル人がモロッコを中心に樹立した国家。西アフリカのガーナ王国を攻撃してこれを衰退させた他，イベリア半島に進出して国土回復運動(レコンキスタ)に対抗した。12世紀に成立した同じベルベル人の国家である**ムワッヒド朝**(1130〜1269)と混同しないように。

問(1)　**ニハーヴァンドの戦い**　ニハーヴァンドの戦いは642年(異説もある)，第2代正統カリフのウマルの命で派遣されたアラブ軍がササン朝を破った戦い。敗れたササン朝は，間もなく王が家臣に殺害されて滅亡することになった(651)。

問(2)　**アズハル＝モスク**　アズハル＝モスクはファーティマ朝がカイロに建設したシーア派のモスク(後のアイユーブ朝時代にスンナ派のモスクとなる)。このモスクに併設されたマドラサ(モスク付属の学院)である**アズハル学院**は有名であるが，アズハル＝モスクは教科書にも記載がないためやや難問といえる。

問(3)　**ガーナ王国**　ガーナ王国は7世紀頃，西アフリカのニジェール川上流域に成立した国家。ムスリム商人との間で金を岩塩と交換するサハラ(縦断)交易を行って繁栄したが，11世紀に上述のムラービト朝の攻撃を受け，さらに砂漠化が進行したこともあって衰退した。

問(4)　**コーカンド＝ハン国**　コーカンド＝ハン国(1710頃〜1876)は，16世紀初頭にティムール朝を滅ぼしたウズベク人(遊牧ウズベク)が中央アジアに樹立した3ハン国と総称される国家の一つ。三つの国は都の位置で並べると，西からヒヴァ＝ハン国・ブハラ(ボハラ)＝ハン国・コーカンド＝ハン国の順に並んでおり，いずれも後にロシアによって併合された。三つの国の名称は頭に浮かんでも，位置関係までは把握していない受験生が多かったのではないだろうか。

問(5)　**ビン＝ラーディン**　ビン＝ラーディン(1957〜2011)は2001年に同時多発テロ事件を起こしたイスラーム武装組織アル＝カーイダの指導者。この人物を匿っているとして，同年アメリカはアフガニスタンの**ターリバーン政権**を攻撃した。ビン＝ラーディンはその後，潜伏先のパキスタンでアメリカ軍によって殺害された。

問(6)　**ベルリン条約**　オスマン帝国はロシア＝トルコ(露土)戦争(1877〜78)に敗

れ，ルーマニア・セルビア・モンテネグロの独立などを含むサン＝ステファノ条約を
締結した。しかしこの条約内容に対し，ロシアの勢力拡大を警戒するイギリスとオー
ストリアが反発し，緊張が高まった。そこでドイツのビスマルクが調停役となってベ
ルリン会議が開かれ，サン＝ステファノ条約が破棄されて新たにイギリスやオースト
リアの利害に配慮したベルリン条約が結ばれた。問題文には「オーストリア＝ハンガ
リー帝国やイギリスなどの利害に配慮して締結された」とあるので，サン＝ステファ
ノ条約ではなくベルリン条約の方を解答したい。

　問(7)　ミッレト　ミッレトとはオスマン帝国における非ムスリムの共同体。ギリシ
ア正教・ユダヤ教・アルメニア教会の各教徒は納税を条件に，各ミッレト内での言語・
宗教・裁判権などの慣習や自治を認められた。

　問(8)　マンサブダール　ムガル帝国のアクバルは全官僚に位階(マンサブ)を与えて
序列をつけ，州・県・郡に配置した。官僚にはマンサブに応じて土地(ジャーギール)
の徴税権を付与し，戦時における兵士・馬の準備数を規定した。この制度をマンサブ
ダール制といい，位階の保持者をマンサブダールという。

　問(9)　グプタ様式　グプタ様式はグプタ朝期に完成した美術様式。クシャーナ朝期
に流行したガンダーラ美術に見られたヘレニズム(ギリシア)の影響は薄れ，純インド
的な技法による壁画や彫像が製作された。特にアジャンター石窟寺院の壁画はグプタ
様式の代表とされる。

　問(10)　ジンナー　ジンナー(1876〜1948)はパキスタンの初代総督。全インド＝ムス
リム連盟の議長を務め，ヒンドゥー教徒とムスリムは別民族であり，それぞれが固有
の国家を樹立すべきとする二民族論を展開して第二次世界大戦後のインドとパキスタ
ンの分離・独立に大きな影響を与えた。パキスタン建国の父とされる。

　問(11)　チャンパー　チャンパーは2世紀末に中国(後漢)の日南郡から独立して成立
したチャム人の国。ベトナム中部を支配し，中国では林邑・占城などの名で呼ばれた。
17世紀にはベトナム北部の黎朝(厳密には阮氏の広南王国)の属国となった。

　問(12)　スーフィズム　スーフィズムは内面的な精神性や信仰を重視する思想・実践
のこと。その思想は，知識や規則にとらわれず，感覚によって神と一体化することを
目指し，修行として舞踏や音楽を重視した。これは法を重んじる学者(ウラマー)から
激しく非難されたが，形を重視しないスーフィズムは民間信仰なども取り入れ，イス
ラームの大衆化および異教徒への拡大に大きく貢献した。スーフィズムの実践者はスー
フィーと呼び，「羊毛(スーフ)の粗衣をまとった者」が語源とされている。

　問(13)　ナーナク　ナーナク(1469〜1538頃)はイスラーム教の影響を受けたヒンドゥ
ー教の改革派であるシク教の創始者。彼はヒンドゥー教の業(カルマ)や輪廻転生の思

想を継承しつつも，唯一永遠の神を尊崇すべきと説き，ヒンドゥー教の化身説や偶像崇拝，カーストによる差別を批判した。彼が主に活動したパンジャーブ地方の低位カーストに属する人々の信仰を集め，信者のことをシク（弟子の意）と呼んだことからシクの名が付いたと言われる。

B　近現代中国の海洋への軍事的進出

問(14)　**広州**　広州は古来より南海貿易の拠点として繁栄した都市。1757年には清の**乾隆帝**が外国貿易を広州一港に限定した。アヘン戦争後の南京条約では広州以外に上海・寧波・福州・厦門の五港が開港されることになった。

問(15)　**天朝田畝制度**　天朝田畝制度は太平天国が発布した土地政策。「耕す者がその土地を有する」という土地均分の思想に基づく制度であり，男女の区別なく土地を均等に配分することで地主の支配に苦しむ農民の救済を目指したが，実施にはいたらなかった。

問(16)　**緑営**　緑営は主に明からの投降兵で組織された漢人による治安維持部隊。清朝の正規軍として八旗を補完する役割を担った。しかし白蓮教徒の乱や太平天国の乱に際しては八旗とともにその無力さを露呈し，鎮圧の主力となったのは地方の義勇軍である郷勇であった。解答では，八旗と混同しないように注意したい。

問(17)　**琉球（王国）**　琉球（王国）は15世紀に**中山王の尚巴志**によって樹立された国家。17世紀初頭に薩摩の**島津氏**に制圧されるが，それまでと同様に明（明滅亡後は清）への朝貢も続けて冊封関係を維持し，日中への**両属体制**となった。琉球（王国）からの朝貢船は始めのうちは泉州に入港していたが，15世紀後半から福州に移った。この福州をヒントに琉球（王国）を答えるのは，やや難問といえるだろう。

問(18)　**モンテスキュー**　モンテスキュー（1689〜1755）は18世紀に活躍したフランスの啓蒙思想家。主著である『**法の精神**』で**三権分立**を主張し，アメリカ合衆国憲法に大きな影響を与えた。18世紀に活躍したフランスの啓蒙思想家はルソーやヴォルテールなどもおり，問題文中の『法意』から『法の精神』を想起できたかがポイントである。

問(19)　**イリ地方**　イリ地方は東トルキスタン（乾隆帝はこの一帯を**新疆**と命名）を流れるイリ川の河畔地域。1871年，新疆のイスラーム教徒による反乱に乗じて，イリ地方在住のロシア人の財産保護を名目にロシアがイリ地方を占領した。清は反乱鎮圧後，イリ地方の返還をロシアに要求するが，ロシアは治安回復が不十分として拒否し，清との紛争が続くことになった（**イリ事件**　1871〜81）。結局1881年に**イリ条約**が結ばれ，清はイリ地方の大部分を取り戻す一方で，ロシアに対して賠償金や貿易上の利権を与えた。

問⑳　**黒旗軍**　黒旗軍は太平天国滅亡後にベトナムに亡命し，阮朝に仕えた劉永福が組織した中国人部隊。ベトナム各地でフランス軍の侵略に対する抵抗運動を展開した。清仏戦争では清側に立って奮戦したが，戦争終結後に解散した。

問㉑　**イギリス**　19世紀末の清では，日清戦争の敗北後から列強による中国分割が進み，借款の代償として各地に事実上の領土割譲にあたる**租借地**や，鉄道敷設権や鉱山採掘権などの利権を有する**勢力範囲(勢力圏)**が設定された。

	租借地	勢力範囲(勢力圏)
イギリス	威海衛・九竜半島	長江流域
ロシア	遼東半島南部(旅順・大連)	中国東北部・モンゴリア
ドイツ	膠州湾	山東省
フランス	広州湾	雲南省・広東省・広西省
日本	旅順・大連(1905〜)	福建省

問㉒　**キール軍港**　キール軍港はドイツ北部，バルト海に面した軍港。1918年11月，第一次世界大戦での敗北が濃厚となるなか，全艦隊への出撃命令に反発したキール軍港の水兵が反乱を起こした。この反乱は瞬く間に全国に波及し，ドイツ帝国を崩壊させるドイツ革命の発端となった。

問㉓　**ウラジヴォストーク**　ウラジヴォストークは極東にあるロシアの軍港都市で，"極東を占領せよ"の意。1860年の北京条約でロシアが清より獲得した沿海州に東シベリア総督のムラヴィヨフが建設を開始し，ロシアの極東経営の拠点となった。

問㉔　**カスティリオーネ(郎世寧)**　カスティリオーネ(1688〜1766)はイタリア出身のイエズス会宣教師で，康熙・雍正・乾隆の3代にわたって宮廷画家として仕えた。遠近法などを取り入れた西洋画法を中国に紹介する一方で，バロック式と中国式を融合した円明園の設計にも参加した。円明園は美しい庭園が特に名高かったが，アロー戦争中の1860年，北京を占領した英仏軍によって破壊され，廃墟と化した。

問㉕　**澎湖諸島**　澎湖諸島は台湾海峡上の列島で，1895年の**下関条約**により遼東半島・台湾とともに日本に割譲された。その後，第二次世界大戦での日本の敗北とともに中国に返還された。

問㉖　**張作霖**　張作霖(1875〜1928)は中国東北地方(東三省)を支配した奉天軍閥の首領。日本の支援を受けて勢力を拡大し，軍閥間の抗争を制して北京政府の実権を掌握すると陸海軍の大元帥に就任した。1928年，蒋介石率いる国民革命軍の北伐に対抗したが敗れ，北京を脱出して奉天に撤退する途中，東北地方の直接支配をはかる日本

の関東軍に列車を爆破されて死亡した(張作霖爆殺事件・奉天事件)。

　問(27)　**サイゴン**　サイゴンはベトナム南部の都市で現在のホー＝チ＝ミン市。1862年のサイゴン条約でフランスに割譲されると,開港により国際商業港として発展した。1955年にベトナム共和国が成立するとその首都となった。1975年,北ベトナム軍によって攻略され,ベトナムの南北分断に終止符が打たれた。

　問(28)　**鄭和**　鄭和(1371〜1434頃)は15世紀初頭から明の**永楽帝**の命を受けて**南海諸国遠征**を行った人物。イスラーム教徒の宦官。明は倭寇対策として民間貿易を禁止して**朝貢貿易**のみに限定する**海禁策**をとり,永楽帝はこの朝貢貿易を拡大させるために鄭和に命じて遠征を行わせた。鄭和の遠征は7回におよび,大艦隊を率いて東南アジアからアフリカ東岸にかけて30余国に遠征し,朝貢を促進した。

解 答 例

　a　クライシュ　　　b　ムラービト

A
　(1)　ニハーヴァンドの戦い
　(2)　アズハル＝モスク
　(3)　ガーナ王国
　(4)　コーカンド＝ハン国
　(5)　ビン＝ラーディン
　(6)　ベルリン条約
　(7)　ミッレト
　(8)　マンサブダール
　(9)　グプタ様式
　(10)　ジンナー
　(11)　チャンパー
　(12)　スーフィズム
　(13)　ナーナク

B
　(14)　広州
　(15)　天朝田畝制度
　(16)　緑営
　(17)　琉球(王国)

⒅　モンテスキュー

⒆　イリ地方

⒇　黒旗軍

(21)　イギリス

(22)　キール軍港

(23)　ウラジヴォストーク

(24)　カスティリオーネ(郎世寧)

(25)　澎湖諸島

(26)　張作霖

(27)　サイゴン

(28)　鄭和

Ⅲ

(解説)

問題文を読んでみよう！

　2020年の Ⅲ のテーマは「1962～87年における核兵器をめぐる国際関係」であり，これで2011年・2014年・2017年・2020年と，2011年からの10年間で4回も現代史が出題されたことになる(詳細は「過去問を検討してみよう！」を参照)。問題文は非常に簡潔なので，読みやすい。

> 　第二次世界大戦末期に実用化された核兵器は，戦後の国際関係に大きな影響を与えてきた。1962年から1987年までの国際関係を，核兵器の製造・保有・配備，および核兵器をめぐる国際的な合意に言及しつつ，300字以内で説明せよ。解答は所定の解答欄に記入せよ。句読点も字数に含めよ。

問題の中心テーマを確認しよう！

▶問題文の分析　　　　　　　　　　　　　　　　(──は特に注目したい表現)

前文	第二次世界大戦末期に実用化された(a)核兵器
	→ (b)後の国際関係に大きな影響を与える
本文	
テーマ	1962～1987年の(c)国際関係
条件	(d)核兵器の製造・保有・配備 ⎫ に言及
	(e)核兵器をめぐる国際的な合意 ⎭

　以下，問題文読解で気をつけるべき点を挙げていこう。

　まず，本問の前文は，核兵器開発が第二次世界大戦末期であるという情報を除けば，単なる一般論と見え，読み飛ばしてしまいそうになる。だが，ここで語句の共通性（aとd・e，bとc）に着目して，前文と本文が並行していることに気付いて欲しい。本文だけを切り離して読めば，テーマは"国際関係"であり，条件の"核兵器"関連事項については「言及しつつ」としかないから，該当する時期の国際関係を主として論を展開し，これに核兵器関連事項を加えるという構成をとるかもしれない。しかし，前文の 核兵器　→　後の国際関係への影響 という図式を意識すれば，実際にはテーマと条件を結びつけて"国際関係と核兵器との関わり"について答えるべきだと判断できる。

　次に，テーマの時間枠に気をつけよう。前近代であれば時間枠は"○○世紀～××世紀"と大まかに表現されるが，近現代史では"○０年代"（10年単位）・「○○年～××年」（年号）と細かく指定される。特に年号表現の場合，該当する年号にどんな出来事があったかを素早く思い出せなければ，全体の構図を考えることが難しい。本問における時間枠の始点・終点にあたるであろう出来事を，テーマ・条件に照らし合わせて考えてみると，

| 1962年　→　キューバ危機 |
| 1987年　→　中距離核戦力全廃条約調印 |

だと考えられ，このうち終点"中距離核戦力全廃条約調印"から条件「核兵器をめぐる国際的な合意」は核軍縮へ向けての動きを指すことが確かめられるだろう。

　説明すべき事をもう一度まとめれば，"キューバ危機から中距離核戦力全廃条約調印に至る核兵器開発・核軍縮の動きと国際関係との関わり"ということになる。

書くべきポイントを列挙してみよう！

　何を答えるべきかが判断できたら，今度は実際に説明すべき事項を確認していこう。本来ならテーマである"国際関係"から考えたいところだが，これは量が多すぎるから，ここは事項数が限られる"核兵器開発・核軍縮の動き"をまず挙げることから始めてみよう。

▶核兵器開発と核軍縮の動き

| 1945　アメリカの核開発 |
| 1949　ソ連の核開発 |
| 1952　イギリスの核開発 |
| 1960　フランスの核開発 |

1963	部分的核実験禁止条約
1964	中国の核開発
1968	核拡散防止条約
1969	戦略兵器制限交渉(第1次)
1972	戦略兵器制限条約調印
1973	戦略兵器制限交渉(第2次)
1974	インドの核開発
1982	戦略兵器削減交渉(第1次)
1987	中距離核戦力全廃条約調印

　点線より下が本問の時間枠に該当する事項だが，解答を作成する際には時間枠外の知識も必要になることがあるので，点線より上の事項も一応踏まえておこう。

　さて，ここで冷戦史をきちんと理解していれば，

キューバ危機(核戦争の危機)　→　部分的核実験禁止条約　→　仏・中参加拒否

という展開を思い出して，キューバ危機と部分的核実験禁止条約を結びつけることは難しくない。1962年のキューバ危機は，核戦争勃発の危険性を世界に痛感させた。すでに1950年代には原水爆廃絶を求める国際世論は高まりを見せていたから，危機が起こると米ソはイギリスにも働きかけて，1963年に3カ国は地下以外の核実験を禁止する部分的核実験禁止条約に調印した。しかし，高度な技術が必要な地下核実験が禁止対象から除外されたことは米英ソによる核兵器独占につながる，と反発したフランスや中国は当初条約に参加しなかった。このことによって米ソの東西両陣営での指導力低下は明確になり，いわゆる多極化が進行することにつながった。

　このように解答の冒頭が"核兵器開発・核軍縮"と"冷戦史"の結びつきという形をとる以上，以後の"国際関係"についても同様に考えるべきだろう。このことを考慮しつつ先の「核兵器開発と核軍縮の動き」の年表を肉付けしてみよう。

▶冷戦の展開と核兵器開発・核軍縮の動きの関連

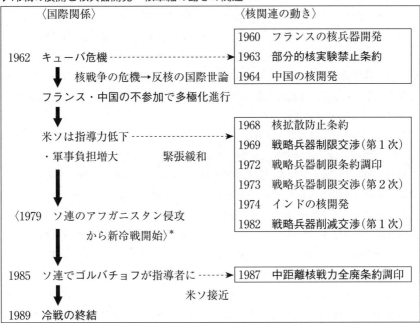

〈国際関係〉　　　　　　　　　　　〈核関連の動き〉

	1960　フランスの核兵器開発
1962　キューバ危機 ············· ▶	1963　部分的核実験禁止条約
核戦争の危機→反核の国際世論	1964　中国の核開発
フランス・中国の不参加で多極化進行	
米ソは指導力低下 ············· ▶	1968　核拡散防止条約
・軍事負担増大　　　緊張緩和	1969　戦略兵器制限交渉（第 1 次）
	1972　戦略兵器制限条約調印
	1973　戦略兵器制限交渉（第 2 次）
〈1979　ソ連のアフガニスタン侵攻	1974　インドの核開発
から新冷戦開始〉*	1982　戦略兵器削減交渉（第 1 次）
1985　ソ連でゴルバチョフが指導者に ·····▶	1987　中距離核戦力全廃条約調印
米ソ接近	
1989　冷戦の終結	

*新冷戦の段階は，それと関わりが大きい核関連事項がないので，省略しても可。

　これで，答案の概要は決まった。一瞥すれば，テーマである国際関係より，むしろ条件である核兵器関連事項が大半を占めることが分かる（軍縮関連の諸条約などは名称だけではなく，簡単な説明を付す必要があることにも注意したい）。先に核関連事項を詰めて，残りの字数で冷戦関連事項を説明するというつもりで，全体を完成させていこう。

　問題文の核心に迫ろう！

• 多極化から冷戦終結へ

　1950 年代の「雪どけ」で緩んだ東西の緊張は，1960 年代初頭に起こった東側によるベルリンの壁構築（1961）とキューバ危機（1962）で，再び高まるかに見えた。だが，陣営内での優位を保つため，米ソが中心となって部分的核実験禁止条約（1963）が結ばれると，フランスと中国が同条約に不参加を表明したように，覇権を握る米ソに反発する動きが顕著になり，いわゆる多極化（米ソ二極構造の崩壊）が進むようになった。これ以降，アメリカは，ベトナム戦争の泥沼化やフランスのド＝ゴールによる独自外交

の展開，それにEC（ヨーロッパ共同体）や日本の経済成長で，西側内での優越した立場を次第に喪失していく。同じく，ソ連も中ソ対立（1969　中ソ国境紛争），チェコスロヴァキアでの「プラハの春」（1968），ルーマニアの中国への接近など問題を抱え，その統率力は低下していった。その結果，アメリカのニクソン政権（任 1969〜74）は，金ドル交換停止（ドル＝ショック 1971）や中華人民共和国への接近（1971）など従来の方針を大きく転換し，また膨大な軍事負担を軽減するため米ソは1970年代に戦略兵器制限交渉（SALT）を進めていった。

　しかし，1979年，ソ連がアフガニスタンへと侵攻すると，アメリカのレーガン大統領（任 1981〜89）は「強いアメリカ」の復活を唱えてこれに対抗する姿勢を明確にした結果，1980年代前半には再び東西対立が激しくなる「新冷戦」の時代を迎えた。この状況に変化をもたらしたのは，1985年にソ連の指導者となったゴルバチョフ（ソ連共産党書記長　任 1985〜91，ソ連大統領　任 1990〜91）の登場であった。彼は政治・経済両面で行き詰まりを見せたソ連を立て直すため，国内においてペレストロイカ（改革）・グラスノスチ（情報公開）を進め，対外的にもアフガニスタンからの撤退や東欧諸国の主権尊重などの新思考外交を展開するようになった。アメリカもゴルバチョフの政策を評価するようになり，両者の関係改善が進んで，1987年には米ソ間で中距離核戦力（INF）全廃条約が調印された。他方，新思考外交の影響で東欧諸国では自由化が進行し，その結果，1989年，ベルリンの壁開放，東欧革命を経て冷戦は終結することになった。

・冷戦の展開と核軍縮・核兵器管理

　第二次世界大戦末期の1945年にアメリカがまず核兵器を開発し，ソ連は1949年，イギリスも1952年に核開発を行い，それを背景に戦後冷戦は激化していった。しかし，1950年代になって反核兵器の動きが強まるようになった。1954年，ビキニ環礁でアメリカが行った水爆実験で放射能を帯びた「死の灰」が降り注ぎ，近くを航行していた日本の漁船，第五福竜丸の乗員が被曝する第五福竜丸事件が起こった。これを機に日本では原水爆禁止運動が進められるようになり，また国際的にもラッセル（英の哲学・数学者）・アインシュタイン（米の物理学者）宣言（1955　核兵器廃絶・戦争の廃止を訴える），パグウォッシュ会議開催（1957　科学者による核兵器廃棄と戦争の絶滅を目指す）など反核の世論が高まった。

　1960年代には，キューバ危機を契機に，こうした国際世論にも配慮しつつ，米ソが中心となって部分的核実験禁止条約（PTBT）と核拡散防止条約（NPT）が調印された。しかし，そこにはむしろ新たな核保有を規制することで核独占を図ろうとする両国の思惑があり，それがフランス・中国などの反発を招いたことは既に述べた。また，こ

れらの条約はいずれも核兵器の拡散や核保有国の拡大を防ぐ軍備管理の条約であって，核兵器自体を減らす軍縮条約ではないという点で内容的にも不十分なものであった。

その核軍縮へ向けての歩みは，多極化が進むなかで軍事費負担の軽減を目指して米ソが行った戦略兵器制限交渉(1970年代)と**戦略兵器削減交渉(START，1980年代)**によってようやく始まった。そして，ゴルバチョフ登場以後の米ソの歩み寄りによって，ついに1987年の中距離核戦力全廃条約で初めて米ソが核軍縮に合意した。

だが，冷戦の終結は，皮肉にも核軍縮の動きが停滞することにつながった。冷戦構造が崩れ，ソ連が解体して，アメリカが唯一の超大国となる一方で，中国やインドなどが台頭したことにより，国際政治の構図が一変したことが大きな要因であった。この結果，冷戦終結後にパキスタンや朝鮮民主主義人民共和国など新たに核を保有する国が現れ，地下核実験を含む全ての核実験を禁止するため，1996年に国連総会で採択された包括的核実験禁止条約(CTBT)は核保有国の合意を得られず，いまだに発効できていない。また中距離核戦力全廃条約は，2019年に米トランプ政権が破棄を表明し，ロシアがこれに応じたため同年失効してしまった。

▶冷戦期の主な核軍縮・核兵器管理の動き

核軍縮・核兵器管理の動き	主な内容
部分的核実験禁止条約 （PTBT）	1963年調印(米英ソ，仏中は未調印) 地下核実験以外の核実験を禁止
核拡散防止条約 （核不拡散条約，NPT）	1968年条約調印，1970年発効(当初仏中は未加盟) 核兵器保有を米ソ英仏中の5カ国に制限，非核保有国の核兵器生産・保有禁止
戦略兵器制限交渉 （SALT Ⅰ・Ⅱ）	第1次　1969年交渉開始，1972年条約調印(米ソ) 米ソの大陸間弾道ミサイルなどの保有数制限 第2次　ソ連のアフガニスタン侵攻で交渉決裂
戦略兵器削減交渉 （START Ⅰ・Ⅱ）	第1次　1982年交渉開始，1991年条約調印(米ソ) 米ソの戦略核弾頭・運搬手段削減 第2次　1991年交渉開始，1993年条約調印(米露) 米露の戦略核弾頭削減
中距離核戦力(INF)全廃条約	1987年調印(米ソ) 米ソが保有する地上配備の中距離・準中距離核兵器を全面的に破棄

過去問を検討してみよう！

　「問題文を読んでみよう！」で述べたように，現代史は2011年（1921〜30年における
アメリカが関与した政治的・経済的な国際秩序の在り方），2014年（第二次世界大戦
終結〜冷戦終結時におけるドイツ史），2017年（1980年代のソ連・東欧諸国・中国・ベ
トナムにおける政治・経済の動向），そして本年と頻繁に出題されている。また，そ
れ以前の2007年（1960年代に世界各地で起きた多極化の諸相）の問題は，本年と同じく
部分的な核実験禁止条約と仏中の不参加を取り上げるべきものであった。Ⅲでは，近
現代史の頻度が非常に高い（2011年〜20年で4回）ので，当然それを意識して対策して
おくことが望まれる。なお，他大学ではあるが，一橋大学（2005年，400字）で「冷戦
勃発からベルリンの壁崩壊に至る各国の核保有・核軍縮の経緯と冷戦期の国際政治に
核兵器が果たした歴史的役割」というテーマの問題が出されており，指定語句に「キ
ューバ危機」と「中距離核兵器全廃条約」（中距離核戦力全廃条約）が含まれているこ
とからも，2020年の京都大学と同一の視点で出題されたことが分かる。

解答例

1960年代，核戦争の危機となったキューバ危	1
機を背景に，米・英・ソにより地下核実験の	2
みを認める部分的核実験禁止条約が結ばれ，	3
核兵器の保有や製造を当時の保有国に制限す	4
る核拡散防止条約も締結された。しかし核開	5
発を進める仏・中は両条約への参加を拒否し	6
，これにより多極化が進行した。このためイ	7
ンドも核保有に成功した1970年代，米ソは緊	8
張緩和を図って核軍縮のために戦略兵器制限	9
交渉を進め，核兵器の保有や配備の限定に合	10
意した。1980年代になると米ソは戦略兵器削	11
減交渉を進め，さらにゴルバチョフがソ連の	12
指導者になって両国の接近が進んだ結果，米	13
ソは中距離核戦力全廃条約で核軍縮に初めて	14
合意し，その後の冷戦終結に影響を与えた。	15

（300字）

Ⅳ

解説

A　古代〜近世のヨーロッパにおける正戦論

空欄a　**アウグスティヌス**　アウグスティヌス(354〜430)は北アフリカのヒッポの司教で最大の教父。青年期はマニ教に帰依していたが，回心してキリスト教徒となった。混迷が続く西ローマ帝国でカトリック教義の確立に努め，マニ教を経てキリスト教に回心するまでの心の記録である『告白録』や神と教会への信仰が地上を救うとして，教会の権威確立に寄与した『神の国』(『神国論』)などを残した。問題ではヒントにあたるのが「ヒッポ司教」ぐらいしかなく，難問といえる。

空欄b　**トマス＝アクィナス**　トマス＝アクィナス(1225頃〜74)はドミニコ会士のスコラ学者。実在論の立場からアリストテレス哲学とキリスト教神学思想を調和させ，『神学大全』を著してスコラ学を大成した。

空欄c　**エンリケ**　「航海王子」エンリケ(1394〜1460)は，ポルトガル王ジョアン1世の第3子。ポルトガルによる北アフリカのセウタ攻略に参加し，軍功をあげた。その生涯を通じてアフリカ西岸探検やインド航路開拓の援助を行い，造船所や天体観測所，航海学校などを設立した。彼の功績により，後のポルトガル人航海者バルトロメウ＝ディアスによる喜望峰到達やヴァスコ＝ダ＝ガマによるインド航路開拓の基礎が築かれた。しかし，彼自身は船に弱く航海には出なかったとされており，功績の中には後世の創作ではないかとされているものもある。

問(1)　**ヘレネス**　ヘレネスは古代ギリシア人の自称で，ギリシア人の共通の祖先である英雄ヘレンの子孫の意。古代ギリシア人は各ポリスに分かれていたが，祖先は同じと考えて同一民族という意識は強く，異民族に対しては「わけのわからないことばを話す者」という意味で，英語のbarbarian(野蛮人)の語源ともなったバルバロイの蔑称で呼んだ。

問(2)　**『国家論』**　『国家論』はローマの政治家で散文家でもあるキケロの主著。ギリシアの政治思想の影響を受け，理想的な政体について論じた。著書の中でキケロは，王政・貴族政・民主政の混合政体を最も理想的な政体とした。

問(3)　**コンスタンティヌス帝**　コンスタンティヌス帝(位306〜337)はミラノ勅令によってキリスト教を公認した皇帝。ミラノ勅令は313年，当時西の正帝となっていたコンスタンティヌス帝が東の正帝であったリキニウス帝とミラノで会見し，共同で布告したもの。信教の自由の原則に基づき，キリスト教信仰を公認した。当時増大していたキリスト教信者の支持を獲得し，帝国統治の安定化を図ったとされる。

問(4)　**エフェソス**　エフェソス公会議は431年に開催された公会議。イエスの神性

と人性を分離したネストリウス派を異端として追放した。ネストリウス派はその後，サ
サン朝を経て中国へ伝来し景教の名で呼ばれた。キリスト教には様々な宗派が存在
する。その特徴や伝播についてまとめておこう。

名称	特徴	伝播
アタナシウス派	父なる神と子なるキリスト，および聖霊は同質（後に三位一体説に発展）	ローマで正統とされる → 後にカトリックとなる
アリウス派	神とキリストは異質で，キリストは人間	ニケーア公会議で異端 → ゲルマン人へ拡大
ネストリウス派	キリストの人性と神性を分離	エフェソス公会議で異端 → ササン朝など東方に拡大 → 中国にも伝来（景教）
単性論	キリストに神性のみを認める	カルケドン公会議で異端 → シリア・エジプト・エチオピアなどに拡大（コプト教会）

問(5)　ハプスブルク家　マクシミリアン1世はハプスブルク家出身の神聖ローマ皇
帝（位1493〜1519）。自身の婚姻によりブルゴーニュ公国とその属領ネーデルラント
を獲得する一方，王子フィリップとスペイン王女との婚姻を成立させ，誕生した孫は
スペイン王カルロス1世となるなど，広大なハプスブルク家領を形成した。また1495
年にはヴォルムスでの帝国議会において，敵対する人間や家同士が実力によって紛争
の解決を図るフェーデ（私戦）を禁止する永久ラント平和令を出した。

問(6)　プラノ゠カルピニ　プラノ゠カルピニ（1182頃〜1252）は教皇インノケンティ
ウス4世の命でモンゴル帝国へ派遣されたフランシスコ（フランチェスコ）会修道士。
キリスト教の布教やモンゴル帝国の偵察のため，当時の都カラコルムを訪れ，グユク
゠ハンに親書を渡して帰国した。彼の旅行記は当時のモンゴル帝国を知る重要史料と
なっている。ほぼ同じ時期にフランス王ルイ9世の命でモンゴル帝国を訪れたルブル
ックと混同しないように。

問(7)　新教皇が選出されて教会大分裂が解消され，フスが異端として断罪され焚刑
に処せられた。

14世紀のキリスト教会は，アナーニ事件や教皇のバビロン捕囚が発生するなど混乱
が拡大していた。さらに1378年からはローマとアヴィニョンに教皇が並立する教会大
分裂（大シスマ）に突入した。このような状況下にイギリスのウィクリフやベーメンの
フスが教会批判を展開し，1409年に開催されたピサ公会議では統一教皇の選出に失敗

してローマ・アヴィニョン・ピサに3教皇が鼎立するなど混乱は悪化の一途をたどった。そこで1414年からコンスタンツ公会議が開催された。この公会議では3教皇を廃して新教皇を選出し，教会大分裂を解消した。またフスが異端として断罪されたうえに焚刑に処せられた（ウィクリフはコンスタンツ公会議の前に死去していた）。解答では，教会大分裂が解消されたこと，フスが焚刑に処せられたことは盛り込むようにしたい。

問(8)　スペイン国王が征服者にキリスト教布教を条件として先住民の統治を委託した制度。

エンコミエンダ制は16世紀からアメリカ大陸にあるスペイン領で採用された制度（後，フィリピンにも適用）。国王が征服者（コンキスタドール）や入植者などに一定数の先住民（インディオ）を割り当て，カトリックの布教を義務付けるかわりにその統治を委託した。しかしこの制度に基づく鉱山や大農園における強制労働，さらには伝染病の流行もあって先住民は激減した。17世紀以降はスペイン王室が実施した公売や激減した先住民の土地を買い取って確保した広大な土地に，農民を雇い入れて都市や鉱山向けの農業・牧畜業などを営むアシエンダ制が拡大した。解答では，キリスト教の布教を条件としたこと，先住民の統治を委託したことは盛り込むようにしたい。

問(9)　ピサロ　ピサロ（1470頃～1541）は1533年にインカ帝国を滅ぼしたスペイン人征服者（コンキスタドール）。1521年にアステカ王国を滅ぼしたコルテスと混同しないように。

問(10)　ラス＝カサス　ラス＝カサス（1474／84～1566）はスペイン生まれの聖職者。キリスト教の布教のために渡った新大陸で，先住民がスペイン人によって過酷な労働や虐待を受けている実態を目の当たりにし，これを『インディアスの破壊についての簡潔な報告』にまとめてスペイン国王に報告した。彼はエンコミエンダ制に基づくスペインの植民地政策を批判するだけでなく，先住民を白人と異なる劣等人種とみなす偏狭な主張にも強く反対した。こうした努力により，スペインは先住民の奴隷化を禁止したが，かわってアフリカから黒人奴隷を大量に導入する結果にもつながった。

B　古代～現代における文字と情報伝達手段

問(11)　先史時代　先史時代とは文字による記録が残されている歴史時代（有史時代）以前の時代のこと。文字による記録が残されていないため，先史時代の研究には当時の遺跡や農具・武具といった遺物などが重要な役割を担う。

問(12)　(ア)　キープ（結縄）　(イ)　縄の色や結び目で数字などを記録した。

キープ（結縄）はインカ帝国で用いられた，文字の代わりに縄の結び方で意味や数量

を示す方法。主に人口や納税額などを記録するために使用された。結び目の形以外にも縄の色，結び目の位置などにも情報が含まれており，複雑な体系を持っていた。このためインカ帝国にはキープを作成・解読する専門家が置かれ，キープを指導する専門学校も存在した。

　　問(13)　『ギルガメシュ叙事詩』　　『ギルガメシュ叙事詩』は古代オリエント最大の叙事詩。ウルクの王ギルガメシュが永遠の命を求めて旅をする物語で，『旧約聖書』中の「ノアの箱舟」の原型と見られる洪水伝説を含んでいる。

　　問(14)　「死者の書」　　「死者の書」は古代エジプトで死者とともに墓に葬った文書で，パピルスに書かれた。死後の世界を司るオシリス神の審判に備えた死者の生前の善行や，来世での幸福を成就するための様々な呪文などで構成される。

　　問(15)　ビザンツ帝国から文字を持たないスラヴ人にギリシア正教の布教が進められた。
　　キリル文字はスラヴ諸語を表記するのに考案された文字で，現在ロシア語やブルガリア語，セルビア語などを表記するのに用いられている文字の原型である。この文字は 9 世紀にビザンツ帝国からスラヴ人へのギリシア正教の布教にあたったキュリロスとメトディオスの兄弟が，文字を持たないスラヴ人への布教のためにギリシア文字を母体にグラゴール文字を考案したことに由来する。この複雑であったグラゴール文字をキュリロスの弟子達が改良を加えて完成させたのがキリル文字である。文字の数は33字で，同じギリシア文字を元に作られたラテン文字と似た形の文字もあるが，発音が全く異なるものが多い。解答では，「スラヴ人」および「ギリシア正教の布教」の２点は盛り込みたいところ。

　　問(16)　グーテンベルクによって活版印刷が実用化された結果，情報の速やかな伝達が可能になった。
　　ヨーロッパでは15世紀半ばにドイツのグーテンベルクによって活版印刷が実用化され，この技術が人々への速やかな情報伝達を可能にした。16世紀にドイツでルターが宗教改革を展開した際も，彼の考えは活版印刷を利用したパンフレットによって宣伝され，諸侯から農民にいたるまで広範な支持を得た。解答では，「グーテンベルク」と「活版印刷」についてはぜひ盛り込んでもらいたい。

　　問(17)　キューバ　アメリカ＝スペイン(米西)戦争は1898年に勃発した戦争。スペイン領キューバの独立をアメリカが支援して始まった。この戦争でアメリカはスペインからフィリピン・グアム・プエルトリコを獲得するとともに，スペインにキューバの独立を承認させた。キューバは1902年になってアメリカが保護国化した。やや難問であるが，下線部にある「19世紀末」，問題文中にある「独立を認めさせた」・「保護国とした」あたりから，アメリカ＝スペイン(米西)戦争やキューバを連想したいところ。

問(18)　ディズニー　アメリカのディズニー兄弟は四男のウォルターが漫画家として活動しており，1923年には三男のロイとともにアニメーションスタジオを設立した。その後，世界最初のカラー長編アニメーション映画『白雪姫』を製作し，また『不思議の国のアリス』や『ピノキオ』などをアニメ化して世界的に人気を博した。1955年にはアメリカのロサンゼルス近郊に映画のキャラクターを集めたレジャー施設としてディズニーランドを建設した。

問(19)　ベトナム戦争　アメリカは1965年に北爆を開始し，ベトナム戦争に本格介入した（ベトナム戦争の時期については，ジュネーヴ休戦協定の成立以降とする1954～75年，南ベトナム解放民族戦線が結成されて内戦が本格化した1960～75年，アメリカが北爆を始めて本格的に介入してから撤退するまでの1965～73年，アメリカの本格介入からサイゴン陥落までの1965～75年など，様々な説がある）。しかしアメリカ国内での反戦世論の高揚や財政危機，非人道的な攻撃（枯葉剤の使用など）に対する国際非難などから1973年のベトナム（パリ）和平協定に基づいて撤兵した。1975年には南ベトナムのサイゴンが陥落し，翌年には南北統一選挙が行われた結果，ベトナム社会主義共和国が成立した。

問(20)　湾岸戦争　湾岸戦争は1991年，前年のイラク（サダム＝フセイン政権）によるクウェートへの侵攻に対し，アメリカ軍を中心とする多国籍軍が派遣され，イラク軍をクウェートから撤退させた戦争。この戦争中，原油まみれになった黒い水鳥の映像が世界中で流された。イラクが原油を海に流出させ，環境を破壊しているというイメージを植え付けるためである。しかし後の検証によって，映像にあった原油の流出は，アメリカ軍の爆撃によって引き起こされたことが分かった。

問(21)　リビア・エジプト・チュニジアから二つ　アラブの春とは2010年から12年にかけてアラブ諸国で発生した民主化運動の総称。アラブ諸国には情勢の不安定さなどを背景に長期にわたる独裁政治が行われている国が多く，中には独裁者の一族による利権の独占や腐敗政治なども見られ，これに対する不満が蓄積している国もあった。2010年末，チュニジアで反政府暴動（ジャスミン革命）が発生し，23年におよんだ独裁政権が崩壊すると，運動は瞬く間にアラブ諸国に広まり，翌年にはエジプトのムバラク政権，リビアのカダフィ政権が相次いで崩壊した。

解 答 例
A
　a　アウグスティヌス　　b　トマス＝アクィナス　　c　エンリケ
　(1)　ヘレネス

(2)　『国家論』

(3)　コンスタンティヌス帝

(4)　エフェソス

(5)　ハプスブルク家

(6)　プラノ゠カルピニ

(7)　新教皇が選出されて教会大分裂が解消され，フスが異端として断罪され焚刑に処せられた。

(8)　スペイン国王が征服者にキリスト教布教を条件として先住民の統治を委託した制度。

(9)　ピサロ

(10)　ラス゠カサス

B

(11)　先史時代

(12)　(ア)　キープ（結縄）

　　　(イ)　縄の色や結び目で数字などを記録した。

(13)　『ギルガメシュ叙事詩』

(14)　「死者の書」

(15)　ビザンツ帝国から文字を持たないスラヴ人にギリシア正教の布教が進められた。

(16)　グーテンベルクによって活版印刷が実用化された結果，情報の速やかな伝達が可能になった。

(17)　キューバ

(18)　ディズニー

(19)　ベトナム戦争

(20)　湾岸戦争

(21)　リビア・エジプト・チュニジアから二つ

解答・解説

Ⅰ

解説

問題文を読んでみよう！

　2019年の Ⅰ のテーマは「4世紀〜17世紀前半におけるマンチュリアの歴史」である。「マンチュリア」という表現に引っかかりを覚える受験生もいるだろうが，何を書けばいいのかという点については比較的理解しやすい問題であった。

> 　マンチュリア（今日の中国東北地方およびロシア極東の一部）の諸民族は国家を樹立し，さらに周辺諸地域に進出することもあれば，逆に周辺諸地域の国家による支配を被る場合もあった。4世紀から17世紀前半におけるマンチュリアの歴史について，諸民族・諸国家の興亡を中心に300字以内で説明せよ。解答は所定の解答欄に記入せよ。句読点も字数に含めよ。

問題の中心テーマを確認しよう！

　まず，問題文を十分に読み込み，答案の方向性をつかまえていこう。

▶問題文の分析　　　　　　　　　　　　　　（〜〜は特に注目したい表現）

前文
① マンチュリア　＝　今日の中国東北地方＋ロシア極東の一部
② マンチュリアの諸民族は a 国家を樹立
　　　　　　↓　　「さらに」
③ b 周辺諸地域に進出 ◀──▶ c 周辺諸地域の国家による支配を被る
　　　　　　　　「逆に」
※②・③の展開は，a〜c の主語が全て "マンチュリアの諸民族" であることを示す

本文
テーマ
4世紀から17世紀前半における　＋　マンチュリアの歴史
　　＜時間枠＞　　　　　　　　　　＜主題＞
条件
諸民族・諸国家の興亡を中心に ＜主題の具体化＞

　本問の問題文は，比較的シンプルである。したがって，定石通り時間枠に気をつけて主題を読めば，とりあえず書くべきことは分かる。「マンチュリア」という表記がピンとこなくても，前文①（括弧内の表記）で具体的にどこであるのかは示されており，それを地図のイメージと結びつけることができれば理解できる。また主題は漠然としているが，条件が「諸民族・諸国家の興亡を中心に」と誘導してくれている。

　こう考えると何も問題は無いように思えるが，ここで一つだけ気をつけたいのが前文②・③の意味だ。解答の中心となる条件「諸民族・諸国家の興亡」も抽象的な表現ではある。ここで「諸民族」「国家」が前文②にもあることを手がかりに，条件と前文②・③が並行していることに気づけば「興亡」を，

興（興隆）	＝	国家を樹立し，周辺諸地域に進出すること
亡（滅亡）	＝	国家が滅亡し，周辺諸地域の国家による支配を被ること

と肉付けすることができる。問題文の読解では，この問題文の並行関係を利用してテーマ（主題）を明確化するという方法も心得ておきたい。

書くべきポイントを列挙してみよう！

　では，具体的に何を答えればよいのかを検討していこう。そのために，改めて対象であるマンチュリアを確認するところから始めてみたい。

　マンチュリアとは，17世紀に満州（人）と改名した女真（人）の故地を呼ぶために使われるようになった名称で，問題文では「今日の中国東北地方およびロシア極東の一部」とされている。このうち「ロシア極東の一部」については，アイグン条約(1858)でロシアが獲得した黒竜江（アムール川）以北，および北京条約(1860)で獲得したウスリー川以東の沿海州がイメージできればよい。一方「中国東北地方」は，中華人民共和国の遼寧省・吉林省・黒竜江省（以上で"東北地区"）に大興安嶺以東の内蒙古自治区東部を加えた範囲を指す。

　次に手がかりとして時間枠の始点・終点にあたる4世紀と17世紀にどんな勢力（民族）がマンチュリアにいたかを考えると，

4世紀　→　鮮卑・高句麗	17世紀　→　女真（満州／清）

が候補として挙げられる。しかし，鮮卑は4世紀に五胡の一つとして華北へと進出しており，マンチュリアはごく一部しか支配領域に含まれない。したがってテーマがマンチュリアという地域の歴史であることを考えれば，4世紀については高句麗を取り上げるべきだと判断される。そして始点が高句麗であると想定し，先ほど確認した「興亡」

の具体的な意味とあわせれば，8世紀までの展開は一気に考えつくのではないだろうか。

▶4～8世紀の展開

4世紀　高句麗　朝鮮半島北部で勢力拡大＜周辺への進出＞ 　　　　　（楽浪郡征服，広開土王の全盛） 7世紀　隋・煬帝の高句麗遠征　→　失敗 　　　　唐・太宗の高句麗遠征　→　失敗　　┌─────────────┐ 　　　　唐（高宗）と新羅の同盟　→　高句麗滅亡＜国家の滅亡＞ 　　　　　　　　　　　　　　　　　　　　└─ これらは失敗しているの 　　　　　　　　　　　　　　　　　　　　　　で説明から省いてもよい 8世紀　高句麗遺民・靺鞨人　大祚栄が渤海を建国＜国家の樹立＞

　さらに，この展開の最後にくる渤海の建国は，次の段階の始まりに結びつくだろう。なぜなら，契丹による渤海征服は基本事項であり，展開を想定しやすいからだ。

▶10～17世紀前半の展開

10世紀　契丹　耶律阿保機(太祖)　契丹国を建国　→　渤海を征服＜国家の樹立＞ 　　　　　　後晋より燕雲十六州を獲得，遼に改号＜周辺への進出＞ 12世紀　女真　完顔阿骨打(太祖)　金を建国　→　遼を征服＜国家の樹立・滅亡＞ 　　　　　　靖康の変(北宋滅亡)　→　華北を支配＜周辺への進出＞ 13世紀　モンゴル　オゴタイ　金を征服＜国家の滅亡・周辺国家の支配＞ 　　　　元　マンチュリアを支配下に＜周辺国家の支配＞ 14世紀　明　マンチュリアを支配下に＜周辺国家の支配＞ 17世紀　女真　ヌルハチ　後金を建国＜国家の樹立＞ 　　　　　　ホンタイジ　清に改号，チャハル(内モンゴル)平定，朝鮮服属 　　　　　　　　　　　　　　　　　　　　＜周辺への進出＞ 　　　　　　順治帝　北京を占領(呉三桂が先導)＜周辺への進出＞

　契丹(遼)→女真(金)→元・明の支配→女真(清) という展開は，中国史の流れとも重なるから容易に思い浮かべられるはずだ。なお，後半期の契丹と女真については情報量が多い(二重統治や宋との和約，民族文字など)ので，他の事項とのバランスを考

えて条件に合致する事項を優先したい。また，終点は「17世紀前半」なので清の北京入城(1644)だと考えられるが，本年の □Ⅱ□ Bのリード文に「1644年，□c□(李自成)の率いる軍が北京を陥落させると，最後の皇帝であった崇禎帝は自殺し，270年あまり続いた明朝の命運はここに尽きることになった。その後，中国本土を支配したのは清朝であった」とあるので，解答ではあくまで女真(後金・清)側の動きを中心に説明すること。

問題文の核心に迫ろう！

● 高句麗

　高句麗族は中国東北に暮らしたツングース系の貊人の勢力で，前1世紀頃から部族連合国家を形成し，次第に朝鮮半島北部まで勢力を伸ばした。そして3世紀には都を鴨緑江沿いの丸都城(現中国吉林省集安)に移したが，同世紀半ばに魏に敗北して一時拡大は停止した。4世紀に入ると再び朝鮮北部で勢力を伸ばし，313年には中国支配の拠点であった楽浪郡を占領した。4世紀末の広開土王(好太王)時代には半島南部の百済や新羅に圧迫を加えて全盛期を迎え，息子の長寿王時代に都は平壌に移された。しかし，6世紀半ばからは新羅・百済が協力するようになって高句麗の半島支配は衰えを見せ，7世紀になると隋の煬帝や唐の太宗が行った遠征は退けたものの，クーデタなどで政治は混乱した。そして7世紀後半，唐(高宗)と新羅の連合軍が高句麗の内紛につけこんで攻勢をかけ，平壌が陥落して高句麗は滅亡した(668)。

● 渤海

　高句麗滅亡後，唐によって遼東半島西方の営州に移住させられていた高句麗遺民(高句麗人・靺鞨人)が東へと逃亡し，698年，これを率いていた大祚栄(あるいはその父)が中国東北に震国を建てた。そして，713年，唐の玄宗によって大祚栄は「渤海郡王」として冊封され，これにより国名は渤海(国)となったと考えられる。南で接する新羅とは緊張した関係が続いたが，唐と良好な関係を維持した渤海は，三省六部など唐制を取り入れて中央集権的な政治体制を整備し，第3代大欽茂(文王)時代には長安を模倣した上京竜泉府に遷都した。また新羅を牽制する目的もあって日本に使節を派遣し，活発な交易活動によって「海東の盛国」と呼ばれるほどの繁栄を迎えた。しかし，10世紀に入って唐の滅亡や朝鮮での王朝交替など東アジア情勢が混乱する中，渤海は耶律阿保機が率いる契丹(遼)の侵攻を受け，926年に滅ぼされた。

● 契丹

　モンゴル系の契丹は部族に分かれ，遼河流域(内蒙古自治区東部)で遊牧生活を営んでいた。10世紀，部族長の1人であった耶律阿保機は契丹をまとめ，皇帝に即位して

契丹国を建て(916)，**渤海を滅ぼした**。さらに第2代太宗は後晋から燕雲十六州を獲得し(936)，名を遼(大遼)と改めた。11世紀になると遼は澶淵の盟(宋が兄・遼が弟，遼に銀・絹の歳賜)を結んで(1004)，実質北宋に対して優位に立ち，さらにタングートの**西夏**を服属させ，モンゴル高原を直接支配するなど大帝国へと発展した。帝国を維持するため，契丹は自民族の部族制は維持しつつ，旧渤海人や漢民族には中国・渤海の政治制度を適用して統治する**二重統治**と呼ばれる柔軟なシステムを採用した。また中国文化や仏教を受容しつつ，大小二種類の契丹文字を創出するなど，文化面でも繁栄を見せた。しかし，12世紀，それまで服属していた女真が金を建てて急速に勢力を拡大し，遼は金によって滅ぼされた(1125)。その際，王族の**耶律大石**は西に逃れ，中央アジアに**西遼**(カラ＝キタイ)を建てた。

・女真

　松花江流域や沿海州に住んでいたツングース系の女真は，渤海や遼の支配を受けつつ，多くの部族に分かれて暮らしていた。12世紀，完顔部の族長，阿骨打(**完顔阿骨打**)は女真勢力を統合して金(大金国)を建て，北宋と同盟を結んだ。そして金は第2代太宗の時代に遼を倒し(1125)，さらに北宋の違約に怒って**靖康の変**(開封占領，欽宗・徽宗らを拉致)を起こして北宋も滅ぼした(1126～27)。その後，欽宗の弟である高宗が建てた**南宋**と金との間では緊張が続いたが，1142年に結ばれた**紹興の和議**(淮水が国境，金に歳貢)で講和し，南宋は金の臣下であることが確認された。このように政治的には中国に対して優位であった金も文化面では中国文化の影響を大きく受け，仏教が盛んに信仰され，漢字を元に民族文字である**女真文字**が創られている。また多数派である漢民族などを安定して支配するために二重統治体制が採られ，さらに北辺の防衛などでは旧契丹勢力も活用された。しかし，旧契丹勢力の中には金の支配に不満を持ち，反乱を起こすものもあった。

▶遼・金の二重統治

国	統治の内容
遼	部族制(北面官が担当)　→　契丹など遊牧民に対し適用
	州県制(南面官が担当)　→　漢民族など農耕民に対し適用
金	猛安・謀克　→　女真など遊牧民に対し適用
	＊猛安・謀克　女真の部族制に基づいた軍事・行政制度
	州県制　→　漢民族など農耕民に対し適用

　13世紀，勃興してきたモンゴルに金から離反した契丹軍団が帰順し，その先導を得たモンゴルのオゴタイは南下して金を滅ぼした(1234)。以降，女真は元・明の支配を受けたが，16世紀後半，毛皮などの交易で富を蓄えた女真の**ヌルハチ**は，次第に明か

ら自立を図るようになった。17世紀に入るとヌルハチは八旗(後の清の主力軍)の制度を創始し，1616年には後金を建て，明と抗争を繰り広げた。続く第2代ホンタイジは，内モンゴルのチャハルを平定してモンゴル人勢力を支配下に置き，満州人(女真から改名)・モンゴル人・漢民族の推戴を受けて国号を清(大清)と改め，さらに朝鮮を属国とした。そして，清は北京に進出しようとしたが，要路防衛のため明が設けた山海関に行く手を阻まれていた。しかし，第3代順治帝が帝位を継承した翌年，李自成軍が北京を占領すると(直前に崇禎帝が自殺し，明は滅亡)，それまで清の進出を阻んでいた山海関の武将，呉三桂は清に帰順し，その先導で清は北京を占領した(1644)。

解答例

マンチュリアに勃興した高句麗は，4世紀に楽浪郡を滅ぼして朝鮮半島で勢力を拡大したが，7世紀に唐と新羅により滅ぼされた。これを受けて高句麗の遺民と靺鞨人がマンチュリアに渤海国を建てたが，10世紀にモンゴルから侵攻した契丹人は渤海国を滅ぼしてマンチュリアを征服し，燕雲十六州も支配下に置いて，遼を建国した。12世紀にはマンチュリアで女真人が金を建て，遼や北宋を滅ぼして華北を併せた。13世紀に大モンゴル国が金を滅ぼした後，マンチュリアは元や明の支配を受けたが，17世紀前半に女真人のヌルハチがこの地で後金を建てて自立し，ホンタイジは内モンゴルを征服して国号を清と改め，順治帝は北京に入城して中国支配を開始した。

(299字)

Ⅱ

解説

A　古代～現代における西アジアの文字

　空欄a　アケメネス(アカイメネス)　前6世紀半ばに，メディアの支配下から自立したキュロス2世により建国された王朝である。ペルシア語ではハカーマニシュ朝と称される。メディア→リディア→新バビロニア(カルデア)の順に制圧し，新バビロニアでは捕囚されていたユダヤ人を解放している。次のカンビュセス2世がエジプトを

滅ぼして，アッシリアに次いでオリエントを統一した。3代目のダレイオス1世は，問題文にあるとおり「王の功業などを記録」したベヒストゥーン碑文を残している。

空欄b　**オスマン**　13世紀末にオスマン1世によってアナトリアに勃興した国である。16世紀のスレイマン1世の時代に最盛期を迎えたが，17世紀末からは領土を失って衰え始めた。第一次世界大戦の敗北の混乱の中で，1922年にムスタファ＝ケマルがスルタン制を廃止して1923年にトルコ共和国を立ち上げた。

問(1)　**カージャール朝**　サファヴィー朝の滅亡後の混乱を収拾し，18世紀末に成立したトルコ系王朝である。19世紀以降，イギリスとロシアの進出に悩まされ，1907年の英露協商で両国の勢力圏の下に置かれた。第一次世界大戦後の混乱の中から台頭したレザー＝ハーンによって，1925年パフレヴィー朝が樹立され，カージャール朝に取って代わった。

問(2)　**アメンホテプ4世(イクナートン)**　エジプト新王国第18王朝の前14世紀の王である。アモン＝ラー信仰を奉じるテーベの神官たちの専横を抑えるため，アトン一神教を強制してイクナートンと改称してテル＝エル＝アマルナに遷都し，そこをアケトアテンと称した。その場所で19世紀末に，問(2)の問題文にあるアマルナ文書が発見された。王の死後，アマルナ改革と称される一連の変革はすべて否定され，都もテーベに戻された。

問(3)　**アッシリア(アッシリア王国)**　アッシリアはミタンニ王国から自立し，バビロニアとアナトリアの中継貿易で繁栄して国力を増強し，イスラエル王国など周辺地域を併合し，ついにはエジプトをも征圧して，初のオリエント統一を成し遂げた。問題にある通り，交易活動が盛んであったアラム人やフェニキア人をも支配下に置いて強勢を誇った。前7世紀のアッシュル＝バニパル王の時代が最盛期で，都ニネヴェに図書館を建設したが，王が亡くなったのち20年足らずで滅亡する。新バビロニアとメディアによってニネヴェは破壊された。

問(4)　**ネブカドネザル2世**　前7〜前6世紀の新バビロニアの王で，エジプトと結んで対抗しようとしたユダ王国を滅ぼして，住民をバビロンに連行するバビロン捕囚を行った人物である。

問(5)　**シドン(ティルス)**　フェニキア人の拠点となった港市には，解答例として挙げた以外にも聖書(BIBLE)の語源となったビブロス(BYBLOS)もある。ティルスは北アフリカに植民市カルタゴを建設している。地中海交易で繁栄し，良質の木材であるレバノン杉(彼らが駆使する船の材料であった)や，貝から抽出した紫の染料などを特産品として輸出した。アラム人とともにアッシリアへの服属を余儀なくされ，その後は新バビロニア，次いでアケメネス朝ペルシアの支配を受け，さらにはマケドニア

のアレクサンドロスによって征圧された。

問(6)　**メディア**　イラン西部に建国された国である。新バビロニアと結んでアッシリアを滅ぼし，4王国分立時代を現出した。他の3国は**カルデア(新バビロニア)・リュディア(リディア)・エジプト**である。メディアは支配下にあったアケメネス朝のキュロス2世によって滅ぼされ，ついでカルデアやリュディアも同様の運命をたどった。

問(7)　**シャンポリオン**　ロゼッタ＝ストーンは1798～99年のナポレオンのエジプト遠征で発見された。その銘文には上段から神聖文字・民用文字・ギリシア文字でプトレマイオス5世を讃えた内容が記されている。シャンポリオンは3種の文字で同一の内容が刻まれていることに着目して神聖文字を解読し，1822年に発表したのである。しかし，フランスがイギリスに敗北した後，ロゼッタ＝ストーンはイギリスが持ち帰り，1802年以降，現在まで**大英博物館**に所蔵されている。

問(8)　**セレウコス朝**　アレクサンドロス大王の死後，ディアドゴイ(後継者)と称される大王の有力な部下たちが，その遺領をめぐって争奪戦を展開した。アレクサンドロスとともにアリストテレスに学んだプトレマイオスはエジプトを支配した。そのプトレマイオスに支援されたセレウコスはシリア王国を建て，混乱していた東方を鎮定してほぼアケメネス朝ペルシアと同等の広大な領土を支配したため，プトレマイオス朝も警戒を強めるようになり，両国の抗争が断続的に行われるようになった。前3世紀半ばにはパルティアとバクトリアが離反して独立し，前1世紀半ば，ローマのポンペイウスによってセレウコス朝は滅亡し，ローマの属州となった。

問(9)　**イスラーム同盟(サレカット＝イスラーム)**　はじめは中国系商人に対抗してジャワのムスリム商人が相互扶助を目的に設立したものであったが，次第に全国に拡大してインドネシア最初の大衆的民族主義団体に成長した。その急成長とともに主導権は商人層から知識人層に移行していき，同時に社会主義化していく傾向も見られた。しかし，1920年代になると路線対立による内部抗争などで，民衆の支持を失い急速に勢力は衰退して，小政党に転落していった。

問(10)　**フィルドゥシー**　サーマーン朝からガズナ朝時代のペルシア詩人である。ペルシア建国からササン朝に至る歴代の王や英雄の生涯について，35年に及ぶ歳月をかけて『シャー＝ナーメ』を完成させた。ガズナ朝のスルタンであるマフムードに献上したが，彼は北インド侵攻に忙しく，その努力は報われないままに失意の中で没した。中央アジアはトルコ語が中心となり，従来のペルシア語が衰退していくことに，彼は危機感を覚えていたともいわれる。

問(11)　**ソグド人**　中央アジアのソグディアナを原住地としたイラン系の人々で，ソグディアナがオアシスの道の中間に位置したため，アケメネス朝時代から幅広い交易

活動に従事した。ソグド語を使い，アラム文字を基とするソグド文字を使用した。中国との交易も盛んで，特に唐の長安にも多くのソグド人が居住し，その文化は東方に広まり，唐にはポロ競技を始めとしてゾロアスター教やマニ教などを伝えた。またトルコ系ウイグル人にもマニ教やソグド文字を伝え，**ウイグル文字**が形成された。

　問(12)　**ローザンヌ条約**　スルタン制を廃してオスマン帝国を打倒したムスタファ＝ケマルが，1923年に連合国と締結した条約である。1920年の亡国的な内容のセーヴル条約を改訂して，領土の回復や不平等条約の撤廃を果たした。しかし，アラブ人居住地域はイギリス・フランスの委任統治区としてセーヴル条約の内容と変わらず，クルド人やアルメニア人の問題は打ち捨てられた。

　問(13)　**イスファハーン**　古くからの文化・交易の拠点であったが，サファヴィー朝のアッバース1世の命で16世紀末に壮麗な建築群が造営され，新都となった。国際商業の中心都市として繁栄し，「**イスファハーンは世界の半分**」と称された。サファヴィー朝は神秘主義教団の指導者であったイスマーイールが創始したもので，シーア派の最大宗派である十二イマーム派を奉じた。

B　19世紀までの清朝史

　空欄c　**李自成**　李自成は明末の陝西省出身の農民で，1628年に発生した大旱魃から生じた暴動に加わった。各地の流民も合流して，暴動は大規模な反乱となった。李自成は1641年に洛陽，ついで1643年には西安を占領して都とした。国号は大順とし，各地の民衆の支持を得て1644年に北京に入城した。明朝最後の崇禎帝は自殺して明は滅亡したが，山海関を守っていた呉三桂らは清に投降して清の北京入城を誘導した。大敗した李自成は西安に逃れたのち，清軍に追撃されて湖北省で殺された。

　空欄d　**軍機処**　雍正帝がジュンガル攻撃に際して軍事機密の保持のために創設したものである。やがて内閣に代わって軍事・行政の実質的な最高機関となり，軍機大臣がその責任者となった。しかし，光緒新政で制度改革が進められ，軍機大臣の影響力が低下していく中で，新内閣制度の施行にともなって清末の1911年に廃止された。

　空欄e　**パスパ**　チベット仏教の高僧で，フビライ(クビライ)＝ハンに招請されて彼の宗教・文化顧問として国師となり，チベット仏教と中国仏教の指導権を与えられた。フビライ(クビライ)＝ハンの命でチベット文字を基にパスパ文字を作成した。

　問(14)　**アルタン＝ハン**　問題文の「16世紀半ば」に着目する。モンゴルのタタール部の最盛期の族長であったアルタン＝ハンは，明代の北辺への侵入を繰り返し，また北京を攻囲した(庚戌の変)が，1570年に明と和議を結び，順義王の号を受けた。またチベット仏教を信仰してダライ(「大海」の意味)＝ラマの尊称を黄帽派の指導者に贈った。

問(15)　**一条鞭法**　唐代後半の両税法が複雑化しており，また16世紀に入って銀が基軸通貨となっていたことも相俟って，「崇禎帝の祖父の時代」，すなわち万暦帝の時代に地税と丁税を一括銀納させる「方法が広まっ」たのである。これによって税の徴収が簡素化された。まず16世紀後半，江南で実施され，同世紀末までにほぼ全国に普及した。しかし，貧農の増加や丁税を逃れるための虚偽の申告などが横行したため，清の康熙帝の時代に実質的に丁税を廃止する地丁銀制に移行し，雍正帝代に全国に実施された。

問(16)　**景徳鎮**　江西省にあり，すでに漢代から陶磁器の生産は始まっていたとされる。宋代には青磁や白磁が生産され，また元代にはコバルト顔料がイスラーム世界から伝わり，染付が制作された。明代には海外への輸出用の陶磁器が多数生産された。清代でも引き続き赤絵などが作陶され，17〜18世紀に最盛期を迎えた。

問(17)　**民進党(民主進歩党)**　台湾で1986年に国民党の一党独裁に反発する勢力を結集して成立した政党である。民主化改革を推進し，2000年の総統選挙で陳水扁が当選して「初の政権交代が行われた」のだが，中華人民共和国との関係は悪化し，汚職スキャンダルもあって，2008年の総選挙で国民党に敗北して政権の座を失った。民進党主席の蔡英文が党勢を再建して2016年の総統選挙に当選して，台湾初の女性総統に就任した。

問(18)　**ピョートル1世**　ロマノフ朝の皇帝(位 1682〜1725)で，1689年のネルチンスク条約を清の康熙帝と締結した。清にとっては初めての外国との対等な条約である。ピョートル1世の治世は，ロシアの近代化と強国化が推進された時代であった。西はスウェーデンを北方戦争で破ってバルト海の覇権を奪い，南のオスマン帝国との争いでは，アゾフ海を一時的におさえた。そして，毛皮を求めてロシアの人々が黒龍江(アムール川)まで進出したことで清との紛争が頻発したため，条約の締結にいたったのである。

問(19)　**「皇輿全覧図」**　ブーヴェやレジスらフランス人宣教師が中国全土の実測地図を10年にわたっての測量で完成(1717)させ，康熙帝に1719年に上呈したものである。ブーヴェはフランス国王ルイ14世(康熙帝が即位した1661年に親政を開始している)によって派遣され，『康熙帝伝』も著している。

問(20)　**『古今図書集成』**　「康熙帝のときに編纂が開始され，雍正帝のときに完成した類書」である。類書とは一種の百科事典であり，1725年に完成した。古来の書物から同類の，関連する記事を抽出してまとめたものである。経済や暦象，博物など6部門・金貨典や暦法典，草木典などの32典・総論，図表，列伝など6109部に分けられて，出典も明記されている。

問(21)　**新疆省**　乾隆帝がモンゴル系のジュンガルを滅ぼし，トルコ系ムスリムのウイグルも併せて東トルキスタン全域を統治下に置いた。新疆とは「新しい土地」の意味である。藩部として，清朝は間接統治を行い，理藩院の管理下でウイグル人有力者（ベク）が支配した。しかし，1864年にヤークーブ＝ベクが反乱を起こし，清の支配下からの脱却を図った。左宗棠の鎮圧で東トルキスタンは清に再征服され，1884年，中国内部と同様に省制が施行され，新疆省となったのである。なお，モンゴル系ジュンガルはチベット仏教を信仰しており，特に清朝はチベット仏教を厚く保護した。

問(22)　**コンバウン朝(アラウンパヤー朝)**　18世紀半ばにアラウンパヤーによって成立したビルマ（現ミャンマー）の最後の王朝である。タイのアユタヤ朝など周辺の諸国を滅ぼして，最大領土を形成したが，19世紀に入ると，イギリスの進出で3次にわたるビルマ戦争の結果，滅ぼされて1886年にインド帝国に併合されてしまった。

問(23)　**西山(タイソン)の乱**　ベトナムの黎朝は明軍の支配を撃退して，チャンパーを制圧して強勢を誇った。16世紀になると内乱が続発し一時武将の莫氏が政権を掌握して，黎朝は一旦滅んだ。5年後に復活したが，実権は鄭氏に握られ，また阮氏がフエを中心に半独立政権である広南国を樹立して分裂状態に陥った。中南部の西山(タイソン)の阮氏3兄弟が1771年に反乱を起こして中部の阮氏の広南国と北部の鄭氏を滅ぼし，西山政権を樹立した。しかし，広南国阮氏の生き残りであった阮福暎によって1802年に打倒された。

問(24)　**開城**　現在は北朝鮮にあるケソンである。百済の時代にその支配下に入れられ，その後高句麗の支配下に入ったが，朝鮮半島を統一した新羅によって開城郡とされた。新羅時代の末期に台頭した王建が高麗を樹立し，開城を首都と定めた。しかし，高麗自体は契丹の遼や女真の金の圧迫を受け，13世紀にはモンゴルの侵攻を受けて，フビライ（クビライ）の下に服属したのである。

問(25)　**中体西用**　洋務運動は曾国藩や李鴻章，左宗棠ら漢人官僚が中心となって推進された富国強兵運動である。「官僚」であるからには，科挙を受けなければならず，すなわち君臣関係を絶対化する朱子学を究めているわけで，そのため清朝の体制維持を図ることが絶対であった。皇帝専制体制を「本体」として，西洋文明の近代技術をただ利用するのみ，という姿勢がこの「中体西用」というものであった。

|解||答||例|

A

　a　アケメネス(アカイメネス)　　b　オスマン

　(1)　カージャール朝

(2)　アメンホテプ 4 世(イクナートン)

(3)　アッシリア(アッシリア王国)

(4)　ネブカドネザル 2 世

(5)　シドン(ティルス)

(6)　メディア

(7)　シャンポリオン

(8)　セレウコス朝

(9)　イスラーム同盟(サレカット゠イスラーム)

(10)　フィルドゥシー

(11)　ソグド人

(12)　ローザンヌ条約

(13)　イスファハーン

B

　c　李自成　　　d　軍機処　　　e　パスパ

(14)　アルタン゠ハン

(15)　一条鞭法

(16)　景徳鎮

(17)　民進党(民主進歩党)

(18)　ピョートル 1 世

(19)　「皇輿全覧図」

(20)　『古今図書集成』

(21)　新疆省

(22)　コンバウン朝(アラウンパヤー朝)

(23)　西山(タイソン)の乱

(24)　開城

(25)　中体西用

Ⅲ

解説

問題文を読んでみよう!

　2019年の Ⅲ は,「16世紀～18世紀におけるヨーロッパ諸国のインド亜大陸進出」という通史的テーマであった。問題文がシンプルである点で本年の Ⅰ と共通しており,

解答の方向は理解しやすかったと思う。

> 　15世紀末以降，ヨーロッパの一部の諸国は，インド亜大陸に進出し，各地に拠
> 点を築いた。16世紀から18世紀におけるヨーロッパ諸国のこの地域への進出の過
> 程について，交易品目に言及し，また，これらのヨーロッパ諸国の勢力争いとも
> 関連づけながら，300字以内で説明せよ。解答は所定の解答欄に記入せよ。句読
> 点も字数に含めよ。

問題の中心テーマを確認しよう！

▶問題文の分析　　　　　　　　　　　　　　（～～は特に注目したい表現）

前文
①　15世紀末以降，ヨーロッパの一部の諸国は，インド亜大陸に進出
②　各地に拠点を建設

本文
テーマ

16世紀から18世紀における	＋	ヨーロッパ諸国のこの地域への進出の過程
＜時間枠＞		＜主題＞

条件
①　交易品目に言及
②　これらのヨーロッパ諸国の勢力争いとも関連づける
＜主題の具体化＞

　短い前文だが，「15世紀末」は大航海時代の始まりとなるヴァスコ＝ダ＝ガマのカ
リカット到達（1498）を指していること，「拠点を建設」はテーマ「進出」に含まれる
具体的活動を示していることは読み取っておこう。

　テーマは「16世紀から18世紀におけるヨーロッパ諸国のこの地域への進出の過程」。
時間枠を確認することはもちろんだが，「進出の過程」という主題表現に注目し，「過
程」はプロセスのことなので順序通りに説明する必要があることも見逃さないように
しよう。ということは"○○世紀に××（国名）が進出した"という説明が解答の骨格に
なるわけだが，それだけでは字数を満たせないことははっきりしている。そこで，条
件で求められている①交易品目，②ヨーロッパ諸国間の勢力争い，それに前文にある
「拠点の建設」を意識して，説明を肉付けするようにしたい。

書くべきポイントを列挙してみよう！

　先に書いたように，説明の骨格となるのは"ヨーロッパのどの国がいつインド亜大陸に進出したか"の説明である。このことを考える際に踏まえておきたいのが，ヨーロッパ諸国の対外進出に関する全般的な知識だ。

▶ヨーロッパ勢力の対外進出の展開

（｜＿＿＿｜内は特に覚えておきたいパターン，（　　　）内は移行の指標となる出来事）

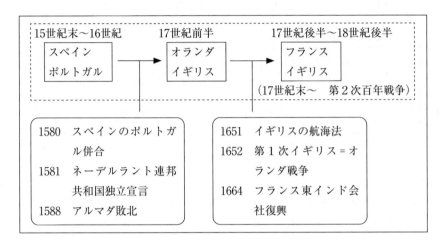

　この展開を思い浮かべることができれば，スピィーディーに骨格を決定できる。ただし，パターン化された知識を使うときには，問題のテーマにあわせて修正することを忘れないようにすること。例えば，教科書ではスペインのインド進出関連事項は無いので，本問の説明では触れる必要がない。このようにインド亜大陸進出という主題をフィルターとして，書くべき事項を決定していこう。

▶ヨーロッパ諸国のインド亜大陸進出

16世紀　ポルトガルの進出
ゴアに拠点(1510)，セイロン占領　→　東南アジアにも進出し香辛料貿易
※ヴァスコ＝ダ＝ガマのカリカット到達は15世紀末なので時間枠外
17世紀前半　オランダの進出
東インド会社創設(1602)
セイロンからポルトガル勢力を駆逐(1658) → 東南アジアに進出し香辛料貿易

17世紀後半　イギリス・フランスの進出

> 契機
> 　イギリス　東インド会社創設（1600）
> 　　　　　　アンボイナ事件（1623）　→　イギリスはインド経営へ
> 　フランス　東インド会社再興（1664）　→　インド進出本格化
> 拠点
> 　イギリス　マドラス，ボンベイ，カルカッタ
> 　フランス　ポンディシェリ，シャンデルナゴル
> 交易
> 　両国はインドから綿布を輸入

18世紀　イギリス・フランスの抗争

> カーナティック戦争　ヨーロッパでのオーストリア継承戦争・七年戦争時
> 　（1744～61/63）　フランスのデュプレクスが活躍
> 　　　　　　　　　　イギリスが勝利して南インドの覇権を握る
> プラッシーの戦い　　ヨーロッパでの七年戦争時
> 　　　（1757）　　　イギリスのクライヴがフランス・ベンガル太守軍に勝利
> 　　　　　　　　　　イギリスはフランスの勢力を駆逐

　これで諸国の進出過程は確認できたから，最後にイギリスの優位が確立するのは18世紀半ばなので，それ以降18世紀末までのイギリスの動きを詰めておこう。

▶イギリスのインドでの活動（18世紀）

1765	ベンガル・ビハールの徴税権獲得　→　税で綿布・農産物購入
1767～99	第1次～第4次マイソール戦争　→　南インド支配を確立
18世紀末	イギリスがインドへ機械製綿布・綿糸輸出開始
	（18世紀半ばからの産業革命により綿織物業で機械化が進行）

　最後の機械製綿布輸出は，通常アジアにおける三角貿易やアヘン戦争との関連で思いつきやすい事項だが，その本格化は19世紀前半なので，18世紀までを範囲とする本問では軽く触れる程度にとどめておいた方が安全だ。

【 問題文の核心に迫ろう！ 】

• ポルトガル・オランダのインド進出

　1498年，ヴァスコ＝ダ＝ガマがカリカット（ヴィジャヤナガル王国が支配）に到達し，ポルトガルはインド航路を開拓した。ポルトガルはゴアに拠点を設け（1510），セイロンも占領し（1510），翌年にはマラッカへと進出した（マラッカ王国滅亡）。そしてモル

ッカ諸島(香料群島)へ至って**香辛料貿易の独占**を図ったが，ムスリム商人(スマトラのアチェ王国，ジャワのマタラム王国)が対抗したため独占はできなかった。

16世紀後半，ヨーロッパでは**オランダ独立戦争**が起こり，ネーデルラント連邦共和国(オランダ)はスペインからの独立を宣言した(1581)。戦争は以後も継続したが(1609休戦条約，1648　ウェストファリア条約で独立承認)，オランダは1602年に東インド会社を創設してアジアへの進出を開始し，ジャワのバタヴィアに拠点を設け(1619)，ポルトガルの拠点を占領して東南アジアでの香辛料貿易を独占した。さらにセイロンからもポルトガル人を駆逐し(1658)，この地をインド洋交易の拠点とする一方，シナモンなどの香辛料やタバコなどを生産して利益を上げた。

・**イギリス・フランスのインド進出**

1600年に東インド会社を興したイギリスは，17世紀前半，ムガル皇帝の認可を得てインドの幾つかの都市に商館を設け，**アンボイナ事件**(1623，モルッカ諸島のアンボイナでイギリス商館員などをオランダ人が虐殺)を機にインド経営に専念するようになった。一方，フランスでは**ルイ14世**(親政　1661)の下で財務を担当した**コルベール**が**東インド会社を復興**し(1664)，アジア進出に乗り出していった。こうしてイギリスは**マドラス**(現チェンナイ)・**ボンベイ**(現ムンバイ)・**カルカッタ**(現コルカタ)に，フランスは**ポンディシェリ・シャンデルナゴル**に拠点を構え，商館を建設してインド産の綿布を購入した。

17世紀末以降，両国は新大陸などの植民地をめぐり**第2次百年戦争**と呼ばれる植民地抗争を展開するようになり，18世紀にムガル帝国の力が衰えるとインドでも地方勢力と結んだ両国の対立が激化していった。ヨーロッパでの**オーストリア継承戦争**の際には，南インドで**カーナティック戦争**が起こり，フランスの**デュプレクス**が活躍したが，本国側の譲歩で成果を上げることができなかった。続く**七年戦争**時には，ベンガル地方で起こった**プラッシーの戦い**で東インド会社書記**クライヴ**率いる傭兵軍がフランス・ベンガル太守軍に勝利し，カーナティック戦争でもイギリスが勝利した。そして1763年に結ばれた**パリ条約**(フレンチ゠インディアン戦争，カーナティック戦争，プラッシーの戦いの講和)で，フランスは拠点ポンディシェリ・シャンデルナゴル以外でのインドにおけるイギリスの優位を認めた。

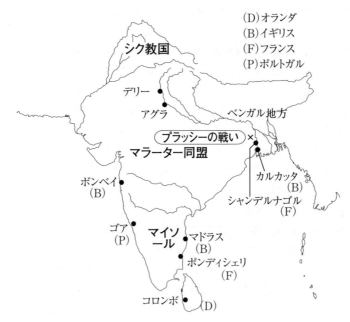

(D)オランダ
(B)イギリス
(F)フランス
(P)ポルトガル

シク教国

デリー ●

アグラ

ベンガル地方

プラッシーの戦い ×

マラーター同盟

カルカッタ
(B)

ボンベイ
(B)

シャンデルナゴル
(F)

ゴア
(P)

マイソール

マドラス
(B)

ポンディシェリ
(F)

コロンボ
(D)

▶英仏第2次百年戦争

時期	ヨーロッパ	新大陸	インド
17世紀末	ファルツ(継承)戦争	ウィリアム王戦争	
18世紀初	スペイン継承戦争	アン女王戦争	
18世紀前	オーストリア継承戦争	ジョージ王戦争	カーナティック戦争
18世紀後	七年戦争	フレンチ゠インディアン戦争	プラッシーの戦い
		アメリカ独立戦争[1]	
18世紀末	フランス革命[2]		
19世紀初	ナポレオン戦争[2]		

1)　フランスは独立側で参戦

2)　イギリスは対仏大同盟の中心に(ピット)，フランスは大陸封鎖令発布

• イギリスによるインド支配の拡大

　ベンガル州知事となったクライヴは，再度ベンガル太守軍を破ると，1765年，ベンガル・ビハールの徴税権(地租徴収権，ディーワーニー)を獲得した。こうしてまずベンガル地方を支配下に置いたイギリスは，その後マイソール戦争(1767〜69，1780〜84，1790〜92，1799)で南インド，マラーター戦争(1775〜82，1803〜05，1817〜18)

でデカン高原，シク戦争(1845〜46，1848〜49)でパンジャーブ地方へと支配を拡大した。そして地税収入を確保するために，ザミンダーリー制・ライヤットワーリー制を導入する一方，イギリスから**機械製綿布**をインドへと輸出し，アジアにおける三角貿易を形成した。この結果インドでは綿花やケシ(アヘンの原料)が栽培されるようになり，インドから清へアヘンが密輸されていった。しかし，イギリスの進出は，支配権を奪われた藩王，新税制により困窮した農民，イギリス製品の流入で職を奪われた手工業者など様々な人々の反発を引き起こし，それが19世紀半ばに勃発するインド大反乱(シパーヒーの乱　1857〜59)へとつながっていった。

▶**イギリスがインドで行った税制**

税制の名称	税制の主な内容
ザミンダーリー制 （主に北インドで実施）	地主(ザミンダール)の土地所有権を法的に承認し，地主に徴税の責任を負わせる
ライヤットワーリー制 （主に南インドで実施）	農民(ライヤット)の土地保有権(独占的に使用する権利)を法的に認め，直接農民から徴税する

解答例

16世紀，ポルトガルはゴアを占領し，セイロ	1
ンにも進出して香辛料貿易に従事した。17世	2
紀にはオランダがポルトガルからセイロンを	3
奪い，香辛料貿易を行った。続いてイギリス	4
がマドラスやボンベイ，カルカッタに，フラン	5
スはポンディシェリとシャンデルナゴルに	6
拠点を構え，両国はインドから綿布を輸入し	7
た。18世紀，イギリスはカーナティック戦争	8
でフランスを破って南インドでの覇権を握り	9
，またベンガル地方でのプラッシーの戦いで	10
も勝利し，インドでの優位を確立した。その	11
後，イギリスはベンガル地方の徴税権を獲得	12
して税収で綿布や農産物などを購入し，マイ	13
ソール戦争で南インドを征服して，18世紀末	14
には機械製綿布をインドへ輸出し始めた。	15

(299字)

Ⅳ

解説

A　古代・中世のヨーロッパにおける結婚・相続

　空欄 a　**アリストファネス**　ペロポネソス戦争期のアテナイ(アテネ)の喜劇作家
で，問題文にある『女の平和』でペロポネソス戦争を批判し，また哲学者のソクラテ
スや悲劇作家のエウリピデスたちを風刺した。さらに，デマゴーゴスをも痛烈に批判
して国家転覆罪で告訴されている。

　空欄 b　**ティベリウス**　教科書に記載されていないこの人物の名前を問われて，受
験生は戸惑ったのではないだろうか。アウグストゥスの養子として彼の死後，2代目
のプリンケプス(位14〜37)となった。彼は元首政を確実なものとしたが，国民には
あまり人気はなかったといわれる。

　空欄 c　**クリュニー**　「フランスのブルゴーニュ地方」と問題文にあっても，あまり
ヒントにならないかもしれないが，「世俗化や腐敗を批判する教会内部の動き」の中
心となったという文脈で判断できなければならない。10世紀初めに設立され，聖ベネ
ディクト戒律の遵守を定めて，教皇直属の特権を認められて教会改革運動の中心とな
り，12世紀半ばまで隆盛を誇った。しかし，次第に修道院は富裕化して批判を受ける
ようになり，清貧と労働を旨とするシトー修道会に改革の主導権を奪われていった。

　問(1)　**ダヴィデ**　前10世紀頃のヘブライ人のイスラエル王国の第2代の王である。
イェルサレムを都とし，王国の基礎を固めた。その子のソロモンは通商・交易を盛ん
にし，ヤハウェの神殿を建設するなど，栄華を誇った。しかし，ソロモンの死後に国
は北のイスラエル王国と南のユダ王国に分裂した。

　問(2)　**アッティラ**　5世紀半ばのフン人の王で，現在のハンガリーにあたるパンノ
ニアを拠点に大帝国を築いた。しかし451年のカタラウヌムの戦いで西ローマ・西ゴ
ートなどの連合軍に敗北すると，北イタリアに侵攻し始めたが，教皇レオ1世の説得
で撤退した。パンノニアに帰郷して急死すると，フン帝国は急速に瓦解した。

　問(3)　**クローヴィス**　全フランクの部族を統合してメロヴィング朝フランク王国の
初代の王となり，王妃の勧めで496年にアタナシウス派に改宗した。改宗を進めた王
妃はブルグンド王国の王女クロティルドである。また，彼は妹アウドフレドを東ゴー
ト王のテオドリックと結婚させて同盟関係も確立して安定を図っている。

　問(4)　**ユスティニアヌス**　東ローマ皇帝(位527〜565)で，皇妃テオドラは共同統
治者とされる。北アフリカのヴァンダル王国，ついで北イタリアの東ゴート王国を滅
ぼし，西ゴート王国の領土の一部を侵食して地中海帝国を復活させた。ビザンツ様式
のハギア＝ソフィア聖堂を造営し，トリボニアヌスらに命じてローマ法の集大成であ

る『ローマ法大全』を完成させている。

　問(5)　ヴェルダン条約　843年にカール大帝の3人の孫によってフランク王国の領土が3分割された条約である。長男のロタール(1世)が分割相続に反対して10年以上にわたって2人の弟と争ったが，最終的には中フランクと帝号を，弟のルードヴィヒ(2世)は東フランク，末弟のシャルル(2世)は西フランクをそれぞれ獲得して決着した。これが現在のイタリア・ドイツ・フランスの基礎となる。ロタール1世の死後，ロタールの領土(ドイツ語でロートリンゲン・フランス語でロレーヌ)などを巡って2人の弟たちの間で争いが再燃し，870年のメルセン条約で中フランクの北部は東西フランクに分割された。

　問(6)　ルッジェーロ2世　ノルマンディー公国から騎士たちが11世紀半ばに地中海に進出し，ビザンツ帝国のイタリア領を征服して南イタリアの大部分を制圧した。また，聖職叙任権闘争では教皇グレゴリウス7世を支持して，皇帝ハインリヒ4世と争った。さらに，イスラーム教徒の支配下にあったシチリア島も制圧した。こうした基礎を築いた伯父のロベール＝ギスカールや父のルッジェーロ1世のあとを継いだルッジェーロ2世がシチリア・ナポリの支配を教皇から1130年に認められて，両シチリア王国の王となったのである。その末娘のコンスタンツァは神聖ローマ皇帝ハインリヒ6世と結婚して皇帝フリードリヒ2世の母となっている。

　問(7)　十分の一税　元来は各教区の司祭が教会の維持と貧民の救済のために，収穫物の十分の一を教区の住民たちに支払わせたものであった。西欧の封建社会に限定されている制度であるが，荘園の領主が実務を握ることが多かった。

　問(8)　プランタジネット朝　ノルマン朝の断絶でウィリアム1世の曾孫にあたるフランス貴族であったアンジュー伯アンリが，12世紀半ばにヘンリ2世として即位した。エニシダ(ラテン語でPLANTA GENESTA　プランタ・ゲニスタ)の枝を家紋としたことから家名をプランタジネットにしたといわれる。アキテーヌ女公との結婚で現在のフランス国土の西半分を有するようになり，加えてイングランドも掌握したことで，アンジュー帝国とも称された。またその子孫はフランス王室との婚姻関係も重なり，のちの百年戦争の遠因が生じることになる。

　問(9)　エドワード3世の母がフランスのカペー家の出身であったため。

　問(8)でも述べたように，英仏間では政略結婚が繰り返されていた。イングランド王エドワード3世の母イザベラは，フランスのフィリップ4世の王女で，また父はイングランド王エドワード2世(1295年に模範議会を招集したエドワード1世の息子)であった。イザベラの兄シャルル4世の死でカペー朝は断絶し，フランス王位は従弟のフィリップ6世が継ぐことになり1328年にヴァロワ朝が樹立された。その前年に15歳で

即位したエドワード3世は，母イザベラと宰相のロジャー＝モーティマーに政治の実権を握られていた。エドワード3世が18歳で親政を開始すると，母がカペー家の王女であったことを理由に王位継承権を要求し，1339年からの百年戦争が勃発したのである。

問(10)　メディチ家　「フィレンツェ」における市政の掌握という問題文の提示で，すぐに判断できるだろう。14世紀に金融業で富を得ると，メディチ家は政界に進出した。15世紀に君臨したコジモとその孫ロレンツォの時期が最盛期であった。しかし，ドミニコ派のサヴォナローラの激しい批判にさらされ，メディチ家はフィレンツェから追放された。けれども，サヴォナローラの厳格な神権政治はやがて市民の不満を招き，再びメディチ家の統治が1512年に復活した。1569年，教皇ピウス5世によりコジモ1世が初代トスカーナ大公に叙されて，トスカーナ大公国が成立する。18世紀半ばに断絶するまでの間に，教皇を2人，すなわち宗教改革の契機となったレオ10世と英国王ヘンリ8世を破門したクレメンス7世を出し，2人のフランス王妃，ユグノー戦争時代のカトリーヌとブルボン朝のルイ13世の母であるマリーを出している。

問(11)　カルマル同盟　1397年にスウェーデンのカルマルで結成された同盟である。問題文の「デンマークとの国境に近い町」という表現で，かえって受験生は戸惑ったのではないだろうか。地図を確認してほしい。スカンディナビア半島の先端に近いところに位置しており，その下の方にデンマークの島々が存在する。デンマークのマルグレーテ女王が姉の孫であるエーリック7世を，まずノルウェーの，次いでスウェーデンとデンマークの王とし，自らは摂政として全ての「実権を握った」。この同盟は1523年にスウェーデンが離脱するまで存続した。

Ｂ　近・現代の移民と移動手段・背景

問(12)　イギリス　下線部(12)の「16世紀以降盛んになった大西洋を横断する強制的な人の移動と移動先での不自由な労働」，またその対比としての「自由移民」という表現から，「奴隷貿易」を連想しなければならない。それを踏まえて「1807年に」そのような，すなわち奴隷貿易を廃止した国は，と考えていく。18世紀後半から反奴隷制度の運動が始まり，福音主義者のウィリアム＝ウィルバーフォースらの粘り強い努力で，1807年にイギリスは奴隷貿易を禁止する法案を可決した。しかし，罰則がゆるいものであったため，なおも奴隷貿易が行われ続けた。1833年に奴隷制度廃止法がグレイ内閣のもとで成立して，イギリス帝国内のすべての奴隷は解放された。

問(13)　(ア)　アイルランドで，人々が常食としていたジャガイモの疫病による不作から飢饉に見舞われたため。

1840年代の半ば，ヨーロッパ全域でジャガイモの疫病が大発生したことによって，

深刻な飢饉が生じた。アイルランドでは，貧農が依存できる唯一の食物がジャガイモであったため，100万人以上もの餓死者がでた。エルベ川以東などの他の国々では地主や貴族たちの積極的な救済活動が行われたが，ブリテン島に住むイギリスの地主たちは，自分たちの利益確保を優先し，政府の救済活動も後手に回ったため，飢饉は特にアイルランドで長期化した。生きていくためにカナダやオーストラリア，そしてアメリカ合衆国などへの移民は200万人以上にのぼるとされている。

　(イ)　カリフォルニアで金鉱が発見されたことで，ゴールドラッシュが起こった。

　1848年初めに，カリフォルニアで金が発見された。1849年には，この噂がアメリカ大陸だけでなく世界に喧伝されて，この年だけで8万人以上の人々が全世界から殺到したのである。ゴールドラッシュは1850年代半ばまで続いたが，人口が激増したカリフォルニアは1850年に合衆国の31番目の州に昇格している。

　問(14)　南欧，東欧の移民の制限と，アジア系の移民が全面的に禁止された。

　ゴールドラッシュには中国人も参入しており，さらに大陸横断鉄道の建設にも中国人とアイルランド人が中心となって関わった。しかし，次第に白人労働者と「賃金水準を下げる」中国人労働者との軋轢が激しくなっていき，まず，1882年に中国人移民禁止法（中国人排斥法）と称される移民法が制定された。しかし，中国人に代わって台頭してきたのが同じアジア系の日本人であったため，同様の反発が高まった。1924年移民法は「国別割当て法」といわれ，南欧，東欧の移民制限とアジア系移民の全面禁止という内容となったのである。

　問(15)　自治領　オーストラリアは1770年にジェームズ＝クックがイギリス領であることを宣言し，1788年からは流刑植民地となり，1829年に全土が植民地となった。1851年に金鉱が発見されて，ここでもゴールドラッシュが起こり，やはり中国系移民に対する排斥運動が展開されて，のちの白人中心で非白人を排除する白豪主義が台頭する要因となった。1901年にオーストラリア連邦としてイギリス帝国内の自治領となった。一方，南アフリカでは，南アフリカ戦争で1902年にブール人に勝利したイギリスがトランスヴァール共和国とオレンジ自由国を併合した。のち，1910年にケープ・トランスヴァール・オレンジ・ナタールの4州で構成される南アフリカ連邦とし，イギリス帝国内の自治領とした。

　問(16)　露仏同盟　プロイセン＝フランス戦争で勝利し，プロイセンを中心とした北ドイツ連邦に西南諸邦が加わってドイツ帝国としたビスマルクは，フランス孤立化政策を推進して，オーストリア・ロシアと三帝同盟を締結した。またそれが失効するとドイツ・ロシア間で3年ごとに更新する再保障条約が締結された。しかし1890年にビスマルクが引退し，親政を開始したヴィルヘルム2世はその更新を拒否した。この結果，ロシアはフランスに接近して1894年に同盟を締結し，フランスは孤立化から脱却

し，ロシアはフランス資本を導入してシベリア鉄道を建設した。

　問(17)　**義和団**　白蓮教系の宗教結社である義和団は排外主義を標榜し，山東省にドイツが進出すると，これに反発してキリスト教会やキリスト教徒を襲撃するという仇教運動が展開され，さらにその延長で鉄道や電線を破壊した。また，「扶清滅洋」を唱えて1900年には北京に入り，ドイツや日本の外交官を殺害するなどした。これに乗じて清は列強に宣戦布告したが，日本・ロシアを中心とする8カ国連合軍によって撃破された。1901年に北京議定書(辛丑和約)が11カ国と結ばれ，清は巨額の賠償金の支払いや外国軍隊の北京駐屯などの厳しい内容が定められた。

　問(18)　**リビア**　イタリア＝トルコ戦争では，「史上初の空軍による地上攻撃」，すなわち，問題文にある「歴史上最初の空爆」を行ったイタリアがこれで勝利すると，トリポリ・キレナイカを占領した。そして，古来の名称であったリビアに改称し，1912年のローザンヌ条約を締結してその支配権を獲得した。

　問(19)　**第一次世界大戦にともない世界規模で人の移動が活発になったため。**

　1918年から19年にかけての第一次世界大戦末期に猛烈な勢いで流行したインフルエンザは，戦争よりも短期間に多くの人々を死に至らせた，といわれる。アメリカが発生源とされ，アメリカ軍がヨーロッパに蔓延させた。戦争が終結すると，兵士たちはそれぞれの国に帰還し，その結果，世界中に拡散されたのである。俗にスペイン風邪と称されるのは，情報の発信源が中立国のスペインであったためである。

　問(20)　**核兵器や戦争の廃絶**　アメリカやソ連が水爆実験の競争をしている状況の中で，イギリスの哲学者・数学者のバートランド＝ラッセルと物理学者のアルベルト＝アインシュタインが中心となり，1955年にロンドンで日本の湯川秀樹を含む11名の科学者が連名で核兵器廃絶・戦争廃止などを訴えた。この宣言を受けて，カナダのパグウォッシュで「科学と世界の諸問題に関するパグウォッシュ会議」が科学者たちによって創設され，全ての核兵器およびすべての戦争の廃絶を訴え続けている。

　問(21)　**パレスチナ難民(パレスチナ人)**　イギリスの委任統治終了に際し国際連合総会でパレスチナの土地をユダヤ人に56.5％，パレスチナ(アラブ)人に43.5％を分割することが決定した。ユダヤ人はこの決定に基づいてイスラエルを建国したが，建国阻止を主張するアラブ連盟が反発して**第1次中東戦争**が勃発した。イスラエルは英米の支援を受け，またアラブ側の内部分裂もあって，勝利した。この結果，イスラエルの領土はパレスチナにおいて約80％を占めるようになり，その地に住んでいたアラブ人は追放され，多くの人々がパレスチナ難民となった。

　問(22)　**ベトナム戦争が終結し，南北がベトナム社会主義共和国として統一された。**

　1973年にアメリカ軍がベトナムから撤退した後，南ベトナム解放民族戦線と北ベト

ナムは，1975年にサイゴンを陥落させて南ベトナム政府を崩壊させた。1976年に統一選挙でベトナム社会主義共和国が成立したが，そうした混乱と体制に馴染めない多くの人々は，国を脱出して難民となった。

解 答 例

A

　a　アリストファネス　　b　ティベリウス　　c　クリュニー

(1)　ダヴィデ

(2)　アッティラ

(3)　クローヴィス

(4)　ユスティニアヌス

(5)　ヴェルダン条約

(6)　ルッジェーロ2世

(7)　十分の一税

(8)　プランタジネット朝

(9)　エドワード3世の母がフランスのカペー家の出身であったため。

(10)　メディチ家

(11)　カルマル同盟

B

(12)　イギリス

(13)　(ア)　アイルランドで，人々が常食としていたジャガイモの疫病による不作から飢饉に見舞われたため。

　　　(イ)　カリフォルニアで金鉱が発見されたことで，ゴールドラッシュが起こった。

(14)　南欧，東欧の移民の制限と，アジア系の移民が全面的に禁止された。

(15)　自治領

(16)　露仏同盟

(17)　義和団

(18)　リビア

(19)　第一次世界大戦にともない世界規模で人の移動が活発になったため。

(20)　核兵器や戦争の廃絶

(21)　パレスチナ難民(パレスチナ人)

(22)　ベトナム戦争が終結し，南北がベトナム社会主義共和国として統一された。

解答・解説

I

【解説】

問題文を読んでみよう！

2018年 I のテーマは"19世紀後半～第一次世界大戦後におけるトルコの国家統合"である。では，2018年の問題文を確認しよう。

> 　内外の圧力で崩壊の危機に瀕していた，近代のオスマン帝国や成立初期のトルコ共和国では，どのような人々を結集して統合を維持するかという問題が重要であった。歴代の指導者たちは，それぞれ異なる理念にもとづいて特定の人々を糾合することで，国家の解体を食い止めようとした。オスマン帝国の大宰相ミドハト＝パシャ，皇帝アブデュルハミト2世，統一と進歩委員会(もしくは，統一と進歩団)，そしてトルコ共和国初代大統領ムスタファ＝ケマルが，いかにして国家の統合を図ったかを，時系列に沿って300字以内で説明せよ。解答は所定の解答欄に記入せよ。句読点も字数に含めよ。

問題の中心となるテーマを確認しよう！

本年の I の問題文は，京都大学の問題としては長いものである。こうしたケースでは，問題文の情報をうまく抽出することが文意を理解する鍵となることが多いから，問題文をじっくりと読んで欲しい。そうするとあることに気付くはずだ。

▶問題文の分析

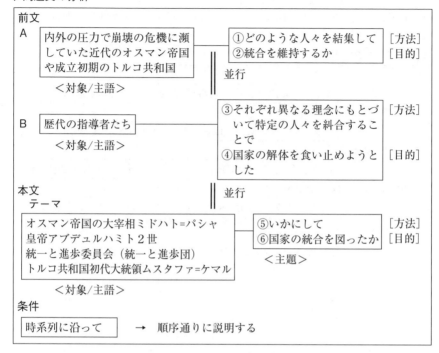

　　問題の主要部は，三つの並行した文の積み重ねからなる。テーマの対象として挙げられている人名や集団名がBの「歴代の指導者たち」と等価であることは分かりやすいが，さらにA・B・テーマ部の表現がいずれも"方法(①・③・⑤)＋目的(②・④・⑥)"という共通する構造(②・⑥で「統合」，①・③で「人々」と表現が重複していることが手掛かり)をとっていることに気付くだろうか。この点から，本問の主題(解答すべきこと！)で唯一曖昧な「いかにして」(方法)も，① ＝ ③ ＝ ⑤という関係を利用すれば，

　「どのような異なる理念にもとづいて，どのような人々を結集することで国家の統合を図ったのか」

と読み換えることができる。問題文の読解では，こうした並行関係を利用してテーマ(主題)を明確化することも重要な技法の一つだ。

　　最後に条件の「時系列に沿って」を踏まえて，時間の流れに沿って順序通りに説明していくということを忘れないようにしよう。

書くべきポイントを列挙してみよう！

　では具体的な解答の方向を探るため，ここで対象に関する基本事項を思い出してみよう。

▶基本事項の確認①

大宰相ミドハト＝パシャ
↓　　　ミドハト憲法(1876)　二院制議会や言論・出版の自由など
皇帝アブデュルハミト２世
↓　　　ロシア＝トルコ戦争を口実に憲法停止(1878)　議会解散
統一と進歩委員会
↓　　　憲法復活(青年トルコ革命　1908)，アブデュルハミト２世追放
共和国初代大統領ムスタファ＝ケマル
　　　　a）アンカラで大国民議会開催，イズミルのギリシア軍撃退
　　　　b）スルタン制廃止でオスマン廃絶(1922)
　　　　c）トルコ共和国樹立(1923)
　　　　d）ローザンヌ条約締結(不平等条約撤廃　1923)
　　　　e）カリフ制廃止(1924)，トルコ共和国憲法(政教分離)
　　　　f）トルコ帽廃止，女性解放，文字改革などの近代化

　これだけ事項があればとりあえず書くことには困らないが，この範囲で解答として十分なのかを確認する必要がある。「問題の中心テーマを確認しよう！」で述べたように，本問は「どのような異なる理念にもとづいて，どのような人々を結集することで国家の統合を図ったのか」を尋ねている。「理念」は“ある物事について，どうあるべきかという根本の考え”と辞書で説明されているから，ここでは各指導者・集団のそれぞれ異なる根本の考え方ということになる。さらに「どのような人々」（①）や「特定の人々」（③）という表現は，各理念が働きかける（「糾合する」）人々の範囲（対象とする人間集団）も異なることを示す。だとすれば，近代化をめぐる動きだけに絞って考えては，問いに十分には答えられないということになる。「理念」を近代化に関する立場に限定すると，「人々」は各段階の理念に共感する人々と単純化されてしまい①の「どのような」という表現に合わないし，ミドハト＝パシャと統一と進歩委員会については「理念」に差がなく（ともに立憲君主政），アブデュルハミト２世については「人々」（誰が専制君主政を望んだか？）が不明確となってしまうからだ。

　以上のように考えると，解答には“異なる人々を結集させるための異なる理念”を加える必要があることが分かる。そしてこの「理念」については，同時に「人々」が手掛かりも与えてくれる。教科書では，

```
ミドハト゠パシャ　→　民族・宗教の別を超えた帝国臣民の平等(新オスマン人)
アブデュルハミト２世　→　パン゠イスラーム主義
統一と進歩委員会　→　パン゠トルコ主義(青年トルコ人)
ムスタファ゠ケマル　→　トルコ゠ナショナリズム
```

と各指導者や集団の立場が挙げられている。これを見ると，ミドハト゠パシャは“オスマン帝国臣民”，アブデュルハミト２世が“イスラーム教徒”という「人々」の糾合を目指したことは明らかだ。統一と進歩委員会とムスタファ゠ケマルの理念の違いは，両者の行動を考慮すれば，前者が“オスマン帝国の枠内でのトルコ人の団結”であるのに対し，後者は“西欧的ナショナリズムに立ったトルコ人の国民国家建設”とまとめられよう。このように「人々」に注目することで，本問で問われている「理念」がどのようなものかを思いつくことができる。

　もちろん近代化の視点が不要だというわけではない。条件(「時系列に沿って」)は近代化などの具体的な出来事や状況の変化によって歴史的展開を説明することを求めているからだ(理念だけだと抽象的内容なので，比較は成り立っても「時系列」で問う意味がない)。

▶基本事項の確認②

大宰相ミドハト゠パシャ

	理念：民族・宗教の別を超えた帝国臣民の平等，専制打破 活動：ミドハト憲法(オスマン帝国憲法)制定

↓

皇帝アブデュルハミト２世

	理念：パン゠イスラーム主義の政治的利用 活動：ロシア゠トルコ戦争を口実に憲法停止

↓

統一と進歩委員会

	理念：パン゠トルコ主義による帝国内のトルコ人の団結， 　　　憲法復活 活動：青年トルコ革命で憲法復活

↓　←　状況：第一次世界大戦への参戦と敗北

共和国初代大統領ムスタファ゠ケマル

	理念：西欧的世俗国家としてのトルコ人国民国家建設 活動：トルコ革命 　a)アンカラで大国民議会開催 　b)スルタン制廃止でオスマン廃絶(1922) 　c)トルコ共和国樹立(1923) 　e)カリフ制廃止(1924)による政教分離政策や近代化

　「基本事項の確認①」と比べると，具体的な近代化の内容などを簡略化し，代わりに理念や歴史的展開に関する事項を加えてある。論述問題の解答は，**詳細な歴史事項を連ねても，問われていることに答えなければ評価(加点)されない**。この点を忘れないで欲しい。

問題文の核心に迫ろう！

・オスマン帝国の近代化と統合理念

　19世紀に入って列強の進出が進む中，オスマン帝国では近代化によって帝国を再編し，中央集権化を図ろうとする動きが起こってきた。1826年には皇帝マフムト2世(位1808〜39)が，それまで政治介入を繰り返していたイェニチェリを解散して，西洋式常備軍に切り替える改革を断行した。

　1830年代，エジプト＝トルコ戦争が勃発すると，イギリスとの協調を図るため皇帝アブデュルメジト1世(位 1839〜61)がギュルハネ勅令を発して，タンジマート(恩恵改革)が開始された(表「オスマン帝国の近代化」次頁参照)。しかしこの改革は，クリミア戦争後の財政難と列強への経済的従属化，保守派の抵抗などで停滞し，改革派官僚の勢力は後退してスルタンの専制的支配が強まった。

　こうした状況の中で1860年代になると専制を批判し，更なる近代化の推進を求める改革派官僚ら新オスマン人(表「オスマン帝国における諸理念」次頁参照)の動きが活発になった。その一人であったミドハト＝パシャ(1822〜84)は大宰相に登用されると，皇帝アブデュルハミト2世(位 1876〜1909)の命でタンジマートの成果を摂取した憲法を起草した(表「オスマン帝国の近代化」参照)。このミドハト憲法(正式にはオスマン帝国憲法)によっていったんオスマン帝国は**立憲君主政**に移行した(第1次立憲政)が，列強の批判を回避するため憲法制定を認めたにすぎなかった皇帝は保守派に接近して反動化し，ミドハト＝パシャを国外へ追放した上で，ロシア＝トルコ戦争を口実に憲法も停止した。そしてアブデュルハミト2世は，アフガーニー(1838/39〜97)が提唱したパン＝イスラーム主義(表「オスマン帝国における諸理念」参照)を利用してカリフとしての権威を強調することによる国家統合を目論み，アフガーニーをオスマン帝国に招請した(後に対立し幽閉)。

　19世紀末，専制に反発して，憲法復活を求める知識人・軍人ら**青年トルコ人**(表「オスマン帝国における諸理念」参照)の動きが活発になった。この運動の中核となったのが統一と進歩委員会(統一と進歩団)である(結成　1889)。そして1908年，統一と進歩委員会は武装蜂起し，憲法復活を宣言してアブデュルハミト2世に認めさせた(第2次立憲政)。しかし，青年トルコ革命によって立憲君主政は復活したものの，第一

次世界大戦参戦後はパン＝トルコ主義に反発した他民族の蜂起とそれを利用した連合国の政策(1915年のフセイン・マクマホン協定等)などから政治の混乱が続いた。この結果，オスマン帝国は敗北し，統一と進歩委員会も政治的な力を喪失した。

▶オスマン帝国の近代化

タンジマート	・アブデュルメジト1世がギュルハネ勅令で開始 ・政治・軍事・行政・司法・教育などの近代化(西欧的制度導入) ・ムスリム・非ムスリム臣民の平等や生命・財産を法的に保障
ミドハト憲法 　(オスマン帝国憲法)	・大宰相ミドハト＝パシャが起草したアジア初の近代憲法 ・二院制議会を基礎とする立憲君主政樹立 ・帝国臣民の平等規定(教育・言論・信仰の自由)

▶オスマン帝国における諸理念

新オスマン人	・専制に反対し，民族・宗教の枠を超えた帝国臣民の統合目指す ・西洋の思想・制度の影響を受ける
パン＝イスラーム主義	・イスラーム世界の統一と協力を主張 ・ウラービー運動(エジプト)やタバコ＝ボイコット運動(イラン)にも影響を与える
パン＝トルコ主義	・トルコ系イスラーム教徒の一体性を強調 ・専制に反対し憲法復活を求める青年トルコ運動に合流 　　→　統一と進歩委員会の指導理念に

・トルコ革命

　統一と進歩委員会に参加した軍人ムスタファ＝ケマル(ケマル＝アタテュルク1881～1938)は，第一次世界大戦後にオスマン帝国が連合国と結んだセーヴル条約(1920)によって帝国が解体され，連合国による領土分割やギリシア軍のアナトリア進出で危機感が高まるなか，アンカラで招集されたトルコ大国民議会の議長となり，臨時政府の樹立を宣言した。そしてイズミルのギリシア軍を撃退して存在感を示し，スルタン制を廃止(1922)して最後のスルタンを追放することでオスマン帝国を滅ぼした。その上で連合国と再交渉を行ってローザンヌ条約を結ぶことで不平等条約撤廃に成功し，直後にトルコ共和国の成立を宣言して初代大統領となった(1923)。しかし共和国成立後も旧オスマン勢力やウラマーなど宗教的保守派はカリフを国家元首にしようと図ったため，ケマルはカリフ制を廃止して政教分離を実現し，さらに西欧の世俗国家をモデルとした近代化政策を進めた(表「ムスタファ＝ケマルの政策」次表参照)。トルコ革命という用語は狭くはオスマン帝国滅亡までの動きを指すが，広い意味では共和国成立後の近代化政策までを含めて用いられる。

▶ムスタファ＝ケマルの政策

政治体制の変更	スルタン制廃止(1922)　→　オスマン帝国滅亡(スルタン亡命) トルコ共和国成立(1923)
政教分離	カリフ制廃止(1924)，トルコ共和国憲法制定(政教分離)，シャリーア(イスラーム法)廃止
その他の改革	トルコ帽廃止，女性解放(一夫一婦制，女性参政権)，文字改革(アラビア文字から新ラテン文字へ) ＊功績を讃え議会がアタテュルク(父なるトルコ人)の尊称授与

解 答 例

19世紀後半，帝国臣民の平等を唱える新オス	1
マン人の主張を背景に，ミドハト＝パシャは	2
憲法を制定し，立憲君主政による国家統合を	3
目指した。しかし，アブデュルハミト2世は	4
ロシア＝トルコ戦争を口実に憲法を停止し，	5
専制君主政を復活させ，パン＝イスラーム主	6
義を利用して帝国の維持を図った。20世紀初	7
頭，民族意識の高まりの中でパン＝トルコ主	8
義を掲げた統一と進歩委員会による革命で憲	9
法は復活したが，第一次世界大戦による敗北	10
で帝国は混乱した。大戦後，ムスタファ＝ケ	11
マルはスルタン制を廃止することでオスマン	12
帝国を廃絶してトルコ共和国を樹立し，西洋	13
の世俗国家を範とするトルコ人の国民国家建	14
設を目標に政教分離の近代化政策を進めた。	15

(300字)

Ⅱ

解説

A　秦～宋代の中国における皇帝

　空欄a　劉備　『三国志演義』でその主人公としてよく知られている劉備は，「劉」姓であることからリード文にあるように「漢室の末裔を標榜」して，四川省の成都で221年に即位した。それ故「蜀漢」とも称される。しかし，劉備は223年に諸葛孔明に後事を託して亡くなり，蜀もまた諸葛孔明の死後，魏によって263年に滅ぼされた。

問(1)　**荀子**　戦国時代末期の前3世紀に活躍した儒家の1人である。混沌とした政治状況の中で「**性悪説**」を唱え，孟子(前4～前3世紀)の性善説とは対立する立場をとった。礼による秩序維持のための統治を重視した。弟子に法家の**韓非**や**李斯**がいる。

問(2)　**始皇帝**　問いかけ方に戸惑った受験生も多かったのではないだろうか。戦国時代の下剋上の状況の中で誰もが「王」と称した風潮を嫌い，「**皇帝**(すべてに超越した主権者)」の称号を創始し，臣下が君主の死後にその業績を評価するべきではないとして諡号を廃止した。すなわち，設問文にあるように「自らの死後の呼び名についても定め」たのである。また，「朕」や「詔」などの皇帝専用の言葉も定めている。

問(3)　**蔡倫**　後漢の宦官であった蔡倫が製紙法を改良して105年に和帝に紙(蔡侯紙と称される)を献上した。紙そのものの存在は，前漢以前に遡るとされている。官僚制が確立されるとともに，紙は統治システムにとっては不可欠な存在となっていった。

問(4)　**九品中正(九品官人法)**　魏の曹丕(文帝)が郷挙里選に代えて確立した官吏任用制度である。各州や郡に中正官を設置して，その地域の評判によって人物を九等級に分けて中央に推薦した。中央はそれに応じて官吏の等級を決定した。しかし，当時は豪族が勢力を誇っており，中正官になるのはその出身者であった。そのため，次第に有力豪族が中央の政界に進出して上級官職を世襲的に独占するようになり，**門閥貴族**化したのである。

問(5)　**四六駢儷体**　六朝時代，特に斉や梁の時代に流行した文体である。「駢」は対句の意味で，四字と六字の対句を用いて韻を踏んで，文意よりも華麗な文章を重視したもので，唐代まで継承された。しかし形式偏重に陥り，**韓愈**らの**古文復興運動**の展開の中で衰退した。

問(6)　**孝文帝**　北魏の都は，4世紀後半の建国当初から約100年間，平城(現在の山西省大同市)であった。しかし，第6代孝文帝(位471～499)が5世紀末に洛陽に遷都して漢化政策を推進した。すなわち，鮮卑人の言語や服飾，姓名を漢人風に改める政策を行い，鮮卑人と漢人両貴族の家格を定め，相互の通婚を奨励したのである。そのために，鮮卑の社会・文化の分裂や崩壊を招いてしまった。

問(7)　**玄奘**　唐の仏教僧である玄奘(602～664)は，629年に仏教の原典を求めてインドへ赴いた。当時は第2代太宗の治世(位626～649)の初期で，ようやく628年に全国を統一したばかりであった。国内の安定を最優先するため出国の許可はおりず，玄奘は密かに陸路で赴いた。ヴァルダナ朝のハルシャ王の保護を受けて，ナーランダ僧院で学び，645年陸路で長安に戻った。太宗は玄奘を咎めず，彼の業績を評価した。『大唐西域記』の著作と並んで『大般若波羅蜜多経』などの漢訳も名高く，法相宗の開祖ともなった。

　問(8)　ソンツェン＝ガンポ　7世紀前半のチベット初の統一国家である吐蕃の建国者で，唐の太宗の時代に文成公主を招いて，インドだけでなく中国の文化も導入した。チベット文字を制定し，サンスクリット語の経典をチベット語に翻訳させた。

　問(9)　竜門石窟寺院　孝文帝が河南省の洛陽に遷都して，その南方で竜門の石窟の開削が始められた。唐の玄宗時代まで約250年にわたって造営は続けられた。特に，則天武后が造営に関わった奉先寺洞は竜門最大の石窟である。遷都以前には平城の近郊に雲崗の石窟が開かれていた。雲崗の方はガンダーラ様式やグプタ様式の影響が見受けられるが，竜門の方は中国的な色彩が強い。

　問(10)　西太后　生没年は1835～1908年である。清の咸豊帝の妃の1人で同治帝の母であり，光緒帝の伯母である。同治帝や光緒帝の摂政として権勢をふるった。光緒帝の親政開始後も実権を保持し，1898年には戊戌の政変で康有為らを弾圧し光緒帝を幽閉した。しかし，義和団事件後は近代化改革である光緒新政を推進した。

　問(11)　燕雲十六州　現在の北京・大同などの長城付近の地域を示す。936年，後晋の石敬瑭が建国支援の代償として遼(契丹)に譲渡したものである。後の北宋が奪回するべく遼と抗争したが，果たせなかった。1125年に金と同盟して遼を滅ぼし，一時的に奪回したが，翌年の靖康の変で北宋は滅び，燕雲十六州は金の領有に帰した。

　問(12)　銀　1004年に河南省の澶州で結ばれた澶淵の盟では，北宋を兄，遼を弟として北宋は毎年遼に絹20万匹・銀10万両を贈ることが約束された。

　問(13)　院体画　唐の玄宗時代に設立された宮廷絵画の制作機関である画院において，描かれた絵画である。北宋の第8代皇帝徽宗(リード文では「上皇」とされている)は院体画をよく描き，「桃鳩図」などで知られる。しかし，1126年の靖康の変で息子の欽宗(皇帝)とともに金に拉致され，北宋の滅亡にいたった。

　問(14)　秦檜　靖康の変で金に拉致されたが，南宋に帰国して高宗に重用され，宰相となった。金との和議を主張して主戦派の岳飛と争い，彼を弾圧して1142年に金との紹興の和議を締結した。金に臣下の礼をとったことで激しく批判された。

　Ｂ　中華人民共和国の直轄市(上海・天津・重慶)

　空欄b　天津　「最も人口が少ない」ことは分からなくても，リード文の「1860年の北京条約によって開港され」，「政治の中心地である北京に近い」という部分で判明出来なくてはならない。アロー戦争後の1858年の天津条約では，10港の開港が求められた。しかし，清はイギリス・フランス使節の入京を武力で阻止し，批准を拒絶した。そのため，英仏両軍の攻撃を再び受けてロシアの仲介で1860年に北京条約を締結せざるを得なくなり，天津を含めての11港の開港となったのである。

空欄 c　**重慶**　最後の文章の「国民政府は c に遷都し，抗戦を続けた」という部分から判断しよう。1937年7月7日に北京郊外で盧溝橋事件が勃発して日中全面戦争に至ると，国民政府は南京から武漢，次いで**1938年に重慶**へと移動して抵抗を続けた。

問(15)　(ア)　**湘軍**　太平天国軍鎮圧のために，1853年に曾国藩が郷里の湖南省湘郷県で組織した**郷勇**(義勇軍)である。正規軍の八旗・緑営が無力であったため鎮圧の主力部隊として，1864年に天京と称された南京を攻略した。

(イ)　**ゴードン**　イギリスの軍人で，クリミア戦争やアロー戦争に従軍した。アメリカのウォードが上海の商人の要請で創設した**常勝軍**に，ウォードの戦死後の1863年に司令官に就任して太平天国の討伐に活躍した。その後，スーダンのマフディーの乱の鎮圧を要請されて300日に及ぶ戦闘の後に1885年に戦死した。

問(16)　**陳独秀**　陳独秀は上海で1915年に啓蒙雑誌の『青年雑誌』を刊行し，16年に『新青年』と改称して文学革命を展開する中心人物の1人となった。17年に北京大学の学長である蔡元培の招きで同大学教授に就任し，21年にはコミンテルンの指導下に李大釗とともに**中国共産党**を結成して，その初代委員長となった。

問(17)　**五・三〇運動**　上海で1925年2月に，日本人経営の紡績工場で中国人労働者が待遇改善を要求してストライキを起こし，5月30日には逮捕者の釈放を求めて警察署などに労働者や学生たちが押しかけた。イギリスの租界警察がデモ隊に発砲して多数の死傷者を出したことから，中国共産党の指導で全国的なゼネストに発展し，その後の民族運動に大きな影響を与えた。

問(18)　**ヴィシー政府**　第二次世界大戦中の1940年6月に，パリはナチス＝ドイツ軍に占領され，フランス第三共和政は崩壊した。ドイツが国土の3/5を支配する中で，7月に中部フランスのヴィシーにペタン元帥が国家主席として対ドイツ協力政府を樹立した。対してド＝ゴールはロンドンで**自由フランス政府**を立ち上げ，対ドイツレジスタンスを訴えた。

問(19)　**崔済愚**　彼は1860年頃に儒教・仏教・道教の3教に民間信仰を加味した**東学**を創始し，圧政に苦しむ民衆の中にこれを深く浸透させていった。東学はキリスト教の「**西学**」に対抗し，加えて当時の正統かつ伝統的な**朱子学**とも鋭く対立する面をもっていた。そのため，高宗の摂政である**大院君政権**の下で「民を惑わす者」として逮捕され，1864年に処刑された。

問(20)　**フェルビースト**　ベルギーのイエズス会宣教師で，清初に来訪し，**順治帝**，次いで康熙帝に仕えた。アダム＝シャールを補佐し，また三藩の乱(1673～81)が勃発すると，多くの大砲を製造して，その鎮圧に協力した。

問(21)　(ア)　**甲申政変**　開化派と称される金玉均や朴泳孝らは，日本の協力を得て1884年12月に閔氏政権打倒を目指して甲申政変を起こした。しかし，清が介入に乗り出したため，政変は3日で挫折し，金玉均や朴泳孝らは日本へ亡命した。1885年4月に日本の伊藤博文と清の李鴻章の間で天津条約が結ばれ，両国軍の朝鮮からの撤退と，以後の出兵時には相互に通告することなどが定められた。この結果，以後約8年ほどの間は日清両国の武力衝突は回避された。

(イ)　**清仏戦争**　1884年にフランスがユエ(フエ)条約でベトナムの保護国化を進めようとしたことに対して，宗主国の清との間に6月，軍事衝突が勃発して開戦にいたった。85年1月からイギリスの仲介で講和交渉が進められ，天津条約が締結された。結果，李鴻章はベトナムの宗主権を放棄するにいたった。

問(22)　**張学良**　張学良は父である奉天軍閥の首領の張作霖が日本の関東軍によって爆殺されると，中国東北地方の実権を握り，国民政府支持を表明した。しかし，1931年の満州事変では抗日を主張し，共産党の八・一宣言を受けて1936年に西安事件を起こし，内戦停止と一致抗日を蔣介石に迫った。共産党の周恩来の仲介を受けて事件は終わったが，この後1937年7月に盧溝橋事件が勃発すると，9月に第2次国共合作が成立するその契機となったといえる。

問(23)　**無制限潜水艦作戦**　第一次世界大戦が長期化すると，地上戦の苦戦を打破し，イギリスの海上封鎖を図るために，ドイツは中立国の商船を含めて全ての艦船を無差別に撃沈するとした。1917年2月に開始されたが，中立国のアメリカは激しく反発してドイツと断交し，議会の承認を得て4月にアメリカは連合国側で参戦した。この結果，ドイツは敗北への道を進むことになった。

問(24)　(ア)　**汪兆銘**　孫文の後継者として1927年国民党左派の武漢政府の首班として，蔣介石の南京政府と対立したが，後に蔣介石と妥協して南京政府に合流した。しかし，日中戦争が勃発すると1938年12月に重慶を脱出して「和平実現」のために40年に日本の傀儡政権である南京政府の主席についた。

(イ)　**李承晩**(イスンマン)　1919年に上海に大韓民国臨時政府を樹立し，その後もアメリカなどに渡って独立運動を展開した。1945年アメリカの占領下の朝鮮半島南部に戻ると，48年に大韓民国初代大統領(任 1948～60)として朝鮮戦争を戦うなど反共親米政策を推進した。しかし，60年に大統領選挙の大規模な不正に反発した学生たちの抗議運動が四月革命に発展し，李承晩は失脚してハワイに亡命した。

解 答 例

A

a　劉備

(1)　荀子

(2)　始皇帝

(3)　蔡倫

(4)　九品中正（九品官人法）

(5)　四六駢儷体

(6)　孝文帝

(7)　玄奘

(8)　ソンツェン＝ガンポ

(9)　竜門石窟寺院

(10)　西太后

(11)　燕雲十六州

(12)　銀

(13)　院体画

(14)　秦檜

B

b　天津　　c　重慶

(15)　(ア)　湘軍　　(イ)　ゴードン

(16)　陳独秀

(17)　五・三〇運動

(18)　ヴィシー政府

(19)　崔済愚

(20)　フェルビースト

(21)　(ア)　甲申政変　　(イ)　清仏戦争

(22)　張学良

(23)　無制限潜水艦作戦

(24)　(ア)　汪兆銘　　(イ)　李承晩

Ⅲ

解説

問題文を読んでみよう！

　2018年の Ⅲ のテーマは"十字軍運動"であり，300字論述になって以降，初めて中世後半(11～15世紀)がテーマとされた。

> 　中世ヨーロッパの十字軍運動は200年近くにわたって続けられた。その間，その性格はどのように変化したのか，また，十字軍運動は中世ヨーロッパの政治・宗教・経済にどのような影響を及ぼしたのか，300字以内で説明せよ。解答は所定の解答欄に記入せよ。句読点も字数に含めよ。

問題の中心テーマを確認しよう！

　問題文自体は簡潔で理解しやすいが，一応指示表現を確認しておこう。本文の「その間」は前文の「200年近くにわたって」を受けるから，具体的には11世紀末(1096年)～13世紀末(1291年)となる。続く「その」はもちろん「十字軍運動」を指している。

　では解答すべきことの確認に進もう。主題は二つある。

> 主題①　11世紀末～13世紀末，十字軍運動の性格はどのように変化したのか
> 主題②　十字軍運動は中世ヨーロッパの政治・宗教・経済にどのような影響を
> 　　　　及ぼしたのか

　主題①では，時間枠(11世紀末～13世紀末)を加えることで，考える対象を明確化していることに注意したい。十字軍といえば，教皇ウルバヌス２世による提唱からアッコン陥落までの動き(11世紀末～13世紀末，狭義)を思い浮かべるだろうが，実際には北欧諸国・ドイツ人勢力が進めた北方十字軍(～16世紀)やレコンキスタ(～15世紀末)，オスマン帝国とのニコポリスの戦い(14世紀末)なども十字軍運動(広義)とされる(実際西欧キリスト教勢力はそう捉えていた)。したがって，「十字軍運動」だけであれば広義のそれと考えることも可能だが，ここでは時間的限定から狭義の十字軍が対象だと解することができる。

　一方，主題②である十字軍の影響については，教科書にも分かりやすく説明されているから思い浮かべやすいだろう。ただし，影響が及んだ範囲(「中世ヨーロッパの政治・宗教・経済に」)はきちんと踏まえるようにしたい。例えば，教科書では十字軍の"文化"への影響(ビザンツ・イスラームの文化との接触)にも言及されているがここでは要求されていないし，また近世以降への影響に触れる必要もない。

> 書くべきポイントを列挙してみよう！

　さて，知識だけでは書けないのが主題①だ。なぜなら教科書では十字軍の性格について，時間の経過に伴う変化ではなく，複数の動機・思惑しか書かれていない。とすれば，主題①については教科書の知識を使いながら自分で考える必要がある。だから，考える材料として十字軍に関する基本的知識をざっと洗い出してみよう。

▶十字軍の展開

```
●動機
  教皇　東西両教会統一への思惑
  諸侯・騎士　武勲や領地・戦利品獲得を期待
  商人　経済的利益の拡大
●原因
    セルジューク朝のアナトリア進出　→　ビザンツ皇帝の支援要請
         ↓
    教皇ウルバヌス２世がクレルモン宗教会議で聖地奪回のため十字軍派遣を提唱
●経過
  第１回　イェルサレム占領　→　イェルサレム王国建国
  第２回　失敗
  第３回　イェルサレムを奪回したアイユーブ朝のサラディンに対抗　→　失敗
        （皇帝フリードリヒ１世，英王リチャード１世，仏王フィリップ２世）
  第４回　教皇インノケンティウス３世が提唱
        →　ヴェネツィア商人主導でコンスタンティノープル占領，
           ラテン帝国建国
  第５回　皇帝フリードリヒ２世が外交により聖地を回復　→　教皇は皇帝破門
  第６回　仏王ルイ９世が主導　→　失敗
  第７回　　　〃　　　　　　→　失敗（ルイ９世病没）
    アッコン陥落(1291)　実質，十字軍は終了
●宗教騎士団
  巡礼者の保護や巡礼路の安全確保，傷病者の救護が目的
    →　ヨハネ騎士団，テンプル騎士団，ドイツ騎士団
```

　以上の材料(知識)のなかに十字軍の性格の変化という主題と結びつくものがないか，という視点で見てほしい。そうすると，

```
イスラーム勢力の進出　→　聖地奪回を目的に十字軍開始      [宗教的動機]
                                                   ↓変化
第４回十字軍はヴェネツィア商人主導　→　コンスタンティノープル占領  [世俗的動機]
```

という「性格の変化」を抽出できるのではないだろうか。十字軍はキリスト教のイスラーム教徒に対する動きとして始まった(宗教的動機)。しかし，第 4 回十字軍では，交易上の利害対立などからヴェネツィア商人の主導で同じキリスト教国ビザンツ帝国の都コンスタンティノープルを占領してしまっている(世俗的動機)。以上で主題①については，説明の軸が定まった。あとは字数が許す範囲内で構図を補強する他の事例(宗教的動機については第 1 回十字軍で聖地を奪回しイェルサレム王国を建国したこと，世俗的動機については第 5 回十字軍で交渉によって聖地を獲得した皇帝を教皇が破門したことなど)を加えればよいだろう。

　では主題②を考えよう。こちらはいずれの教科書でもきちんと説明されているから，知識があれば書けるはずだ。

▶十字軍の影響

政治への影響	宗教への影響	経済への影響
長年の従軍や費用負担，戦死などで諸侯・騎士は没落 ↓ 戦いを指揮した国王の権力が伸張し，中央集権化が促進される	教皇の権威は低下	地中海を舞台とする東方貿易の活発化 ↓ ジェノヴァ・ヴェネツィアなど北イタリア諸都市の繁栄

　これで準備はできた。あとは主題が二つあることを念頭に，バランスよく説明することに注意しながら解答を作成していこう。

【 問題文の核心に迫ろう！ 】

• 地中海域におけるキリスト教徒・イスラーム教徒の関係

①中世前半

　7 世紀，ムハンマド(570頃〜632)がイスラーム教を創始し，イスラーム勢力は正統カリフ時代(632〜661)にビザンツ帝国からシリア・エジプトを奪って地中海域の政治勢力となった。さらに 8 世紀にはウマイヤ朝(661〜750)がマグリブ(北西アフリカ)からイベリア半島に進出した(西ゴート王国滅亡)が，732年のトゥール・ポワティエ間の戦いでカロリング家のカール＝マルテル率いるフランク王国軍に敗北した。これを受けて，当時ビザンツ帝国皇帝レオン 3 世(位 717〜741)が発した聖像禁止令(726)に反発していたローマ教皇はカロリング家に接近するようになり，カール＝マルテルの子，ピピン(小ピピン　位 751〜768)は教皇の事前承認を得てカロリング朝を創始した(751)。そして，800年，ピピンの息子カール 1 世(位 768〜814)はローマで教皇レ

オ３世(位 795〜816)に戴冠され(皇帝冠を授けられ)，５世紀以来途絶えていた西ロ
ーマ帝国(皇帝)が復活した。このカール戴冠によってそれまでビザンツ皇帝の影響下
にあった西欧世界は自立し，東西教会も分離することになった。

　この７・８世紀の動きを，有名なベルギーの歴史家アンリ＝ピレンヌ(1862〜1935)
は，「マホメット(ムハンマド)なくしてシャルルマーニュなし」と表現した。これは
地中海が「イスラームの海」と化したことで古代地中海交易が途絶し，地中海から切
り離された北西欧は自然経済圏としてまとまらざるを得なくなり，それをカール大帝
が政治的に統合した，というイスラーム勢力進出の社会・経済史的意義を強調した説
明である。ピレンヌの考えには批判が加えられたが，それでもイスラーム勢力の存在
がヨーロッパに影響を与えたことは確かであり，中世前半を対象とする論述問題でも
最頻出のテーマとなっている。

②中世後半

　農業生産力の上昇(三圃制や重量有輪犂など農業技術の革新)や人口増加，中世都市
の勃興，交易活動の活発化などの社会的変化を背景に，11世紀以降，西欧のカトリッ
ク勢力は地中海域で積極的な活動を行うようになった。それによって起こった両教徒
の交渉は大きく対立と交流に分けられる。

▶11〜15世紀における地中海域でのキリスト教徒・イスラーム教徒間の交渉

対立	キリスト教側	• 十字軍(地中海東・南岸) 　西欧諸国の王・諸侯ら　→　失敗 • レコンキスタ(イベリア半島)の本格化 　半島北部のカスティリャ王国・アラゴン王国など 　　→　スペイン王国がナスル朝征服(1492) • 両シチリア王国建国(1130) 　ノルマンディー公国の騎士ら
	イスラーム教側	• セルジューク朝のアナトリア進出 　　→　アナトリアのイスラーム化・トルコ化 • オスマン朝のバルカン半島進出 　　→　ビザンツ帝国滅亡(1453)
交流	経済面	• 北イタリア商人とムスリム商人との東方貿易が活発化 　北イタリア商人が地中海東岸(レヴァント)へ 　　→　毛織物や銀と引き換えに香辛料などを入手

文化面	・イスラーム文化が西欧へ流入 　イベリア・南イタリアでラテン語への文献翻訳 　→　スコラ学などの発展(12世紀ルネサンス)

　中世後半を対象とする論述では，この対立と交流の両面を同時に説明させるものが目立つ。本年の Ⅲ もその一つといえるだろう。

③近世

　16世紀以降，地中海域の歴史はヨーロッパ諸国 vs **オスマン帝国(1299〜1922)** という構図で展開していく。16世紀前半から半ばにかけては帝国の全盛期を築いた**スレイマン1世(位1520〜66)** の時代である。フランスと結んだスレイマンは神聖ローマ帝国と対立し，モハーチの戦い(1526)でハンガリーを征服，さらに**第1次ウィーン包囲**(1529)を行い，プレヴェザの海戦(1538)ではスペインやヴェネツィアに勝利するなど，この時期にはオスマン帝国がヨーロッパ勢力に対し優位に立っていた。16世紀後半のレパントの海戦(1571)でオスマンはスペインに敗北するが，それでも領土は拡大するなどオスマンの地位はまだ揺らいでいない。しかし，17世紀には次第に西欧諸国が軍事的優位に立ち，**第2次ウィーン包囲失敗(1683)** をうけてカルロヴィッツ条約(1699)でハンガリーをオーストリアに割譲，さらに18世紀になるとロシアが黒海方面へと南下するようになり，**エカチェリーナ2世(位1762〜96)** はオスマンの属国であるクリム＝ハン国を併合してクリミア半島・黒海北岸を領土とした。こうしてオスマンの退潮が明確になり，両者の関係は逆転して，それは19世紀の**東方問題**へとつながっていく。

　論述問題では，地中海域・インド洋域など複数地域が関わる"場"を定めて，諸勢力の動きを尋ねるタイプも多い。このタイプの問題では，例えば地中海域ならイベリア半島，アナトリア，パレスチナなど"場"に関わる地理情報を手掛かりに，各地域史の知識を組み合わせて考える必要がある。ときには"場"を意識して，地図を眺めつつどのような動きがあったか，と考えるような学習も取り入れてもらいたい。

解 答 例

十字軍運動は，当初セルジューク朝のアナト	1
リア進出を背景として聖地イェルサレムをイ	2
スラーム勢力から回復するという宗教的目的	3
を大義とした。しかし，第4回十字軍では経	4
済的思惑からヴェネツィア商人が主導してビ	5
ザンツ帝国の都コンスタンティノープルを占	6

領し，ラテン帝国を建てるなど，次第に世俗　7
的動機に運動が左右されるようになった。こ　8
の運動の結果，政治的には長期にわたり従軍　9
した諸侯や騎士らが没落する一方で，王権が　10
伸張して中央集権化が進展した。また宗教的　11
には運動の変質と挫折により提唱者である教　12
皇の権威が低下した。経済的には地中海を舞　13
台とする東方貿易が活発化し，それを担った　14
北イタリア諸都市が繁栄することになった。　15

(300字)

Ⅳ

解説

A　古代・中世のヨーロッパにおける地図・地理書

　空欄a　アレクサンドリア　前4世紀にアレクサンドロス大王によってナイル・デルタの河口に建設され，プトレマイオス朝の都として経済とヘレニズム文化の中心地として栄えた。特に王立研究所として設立されたムセイオンは，自然科学と文献学の中心となり，付属の図書館は当時の世界最大規模の蔵書を誇っていた。前30年にローマの属州となっても，その経済と文化における中心的な地位は変わらなかった。また，キリスト教化されると五本山の一つともなった。

　空欄b　プトレマイオス　2世紀のギリシア人学者で，緯度と経度を使った世界地図を作成し，『天文学大全（イスラーム世界では「アルマゲスト」と称される）』を著した。地球中心の宇宙体系を構築したことでも知られる。

　問(1)　エウクレイデス　ムセイオンで学び，平面幾何学を大成した人物である。先人と自己の業績を集大成した『幾何原本』は，以後長く20世紀初めまで幾何学の原典とされた。

　問(2)　貴族に対して，軍役奉仕の代償に国有地の管理と税収を認めた。

　プロノイア制は11世紀末からビザンツ帝国で行われた土地制度で，軍事奉仕を果たす代償として皇帝から個人（貴族・軍人など）に国有地の管理権と国税の収入が与えられた。「プロノイア」とは「配慮」の意味で，元来は一代限りで相続も譲渡も認められていなかったが，後に世襲が認められるようになり，帝国の分権化が進んでいった。

　問(3)　アリストテレス　前4世紀の「古代最大の学者」，「万学の祖」とされるアリストテレスの著作は，アッバース朝下でギリシア語からアラビア語への翻訳が進めら

れ，イスラーム哲学などに大きな影響を与えた。特にベルベル人王朝のムワッヒド朝に仕えたイブン゠ルシュドは『政治学』を除くアリストテレスのすべての著作の注釈を行った。それがラテン語に訳されて，スコラ学に大きな影響を与えたのである。

　問(4)　**ナポリ王国**　シチリア王国は12世紀にノルマン人のルッジェーロ2世によってナポリ王国が併され経済的・文化的に繁栄した。特にシュタウフェン朝の皇帝となったフリードリヒ2世(母が両シチリア王国の出身)の時代が最盛期であった。しかし，彼の死後まもなくシュタウフェン朝は断絶し，神聖ローマ帝国は大空位時代(1256〜73)を迎え，両シチリア王国はフランス王ルイ9世の末弟であるアンジュー家のシャルルが支配することになった。しかし，これに反発したシチリアの貴族たちは1282年にフランス人虐殺事件(**シチリアの晩鐘**)を起こし，その混乱は全島に広がった。アラゴン王国はこの反乱を助け，シチリア王国の支配権を握り，シャルルはナポリ王国のみを支配することになった。

　問(5)　教皇ボニファティウス8世が，フランス王フィリップ4世の側近にアナーニで捕らえられ，その後憤死した事件。

　アナーニ事件は1303年に生じた。教皇ボニファティウス8世と聖職者課税問題で争っていたフランス王フィリップ4世は，側近に教皇を捕らえさせた。アナーニは教皇の故郷であり，住民たちが反撃したためすぐに解放された。しかし教皇の衝撃は大きく，ローマ帰還後に乱心して亡くなった。

　問(6)　**エラスムス**　「人文主義者の王者」と称される，ネーデルラントのロッテルダム出身のエラスムスはパリ大学に学んだ。『愚神礼賛』を著して聖職者らの偽善や腐敗を批判し，また一方で史上初めてギリシア語原典の新約聖書を校訂してキリスト教の原型回復に努めた。しかし，ルターの宗教改革には批判的であった。イギリスのトマス゠モアと深い親交を結んだ。

　問(7)　**カール5世**　スペイン王カルロス1世(位1516〜56)が父方の祖父である皇帝マクシミリアン1世の死で皇帝(位1519〜56)となり，スペインとドイツにまたがる空前の大帝国を実現した。しかし，ルター派諸侯やフランスのフランソワ1世，オスマン帝国のスレイマン1世たちとの抗争が続いた。退位後，ハプスブルク家は弟のオーストリア系と息子のスペイン系に分かれた。

　問(8)　**ツヴィングリ**　ルターから少し遅れてチューリヒで宗教改革を推進した。ルターとの話し合いは決裂して協力体制は取れず，また旧教勢力との戦いの中で，1531年に戦死した。

　問(9)　**モルッカ(マルク)諸島**　香辛料を豊富に産するモルッカ(マルク)諸島には，ヨーロッパの中でポルトガルが初めて到達し，次いでスペイン，またオランダやイギ

リスも来航した。香辛料をめぐる激しい抗争が展開され，17世紀にオランダの覇権が確立された。しかし，18世紀には香辛料の生産が他の地域にも拡大して，モルッカ（マルク）諸島の重要性は低下してしまった。

問(10)　**リシュリュー**　フランス・ブルボン朝第2代のルイ13世（位1610～43）の宰相（任1624～42）として王権の強化に努力し，外交的には反ハプスブルク政策を展開して三十年戦争では新教側を支援した。また，ラテン語に代わってフランス語によるヨーロッパの文化的制覇を目指し，アカデミー＝フランセーズを設立した。

問(11)　(ア)　**メキシコ**　メキシコは19世紀前半にスペインからの独立を達成するも，政治的には不安定な状況が続いていた。自由主義派と保守派の対立・抗争から1857年内戦状態となり，61年に勝利した自由主義派の大統領フアレスは，外債利子不払い宣言を出した。それに対してナポレオン3世がメキシコ出兵（1861～67）を行い，ハプスブルク家の皇弟マクシミリアンをメキシコ帝国皇帝（位1864～67）として擁立したが，66年敗北を重ねてフランス軍はメキシコから撤退した。67年，マクシミリアンは処刑され，ナポレオン3世の第二帝政の政治基盤は大きく動揺した。

(イ)　**フアレス**　メキシコ初の先住民出身の大統領（任1858～72）として自由主義改革を推進し，保守派との戦いや外国からの干渉を排除した。1867年に改めて大統領に再選されたが，72年，執務中に急死した。

B　「二重の革命」と「長い19世紀」

問(12)　**リカード**　リカードはアダム＝スミスの学説を継承する古典派経済学者の1人である。労働価値説を主張してマルサスと対立し，穀物法に対しては反対の立場をとった。

問(13)　**第2次囲い込み（エンクロージャー）**　18～19世紀のイギリスで穀物増産のために合法的に土地の囲い込みが行われた。ノーフォーク農法という新しい農法が開発され，農業資本家による資本主義的大農業経営が確立され，この結果，ヨーマン（独立自営農民）層は消滅して農業労働者と工場労働者に分化した。

問(14)　**穀物法**　1815年に成立した地主や農業資本家を保護するための立法である。ナポレオンが没落して大陸封鎖令が解除されると，大陸から安価な穀物が流入して国産の穀物価格が下落するのを阻止するため，輸入穀物に高関税をかけたのである。これには，労働者はもちろんのこと産業資本家も反発し，マンチェスターのコブデンやブライトらが反穀物法同盟を結成し，ついに1846年，保守党のピール内閣の下で穀物法は廃止された。

問(15)　没落した手工業者たちがおこした，機械うちこわし運動。

1811年頃から17年にかけてイングランドの中・北部の繊維工業地帯で行われた。生活の激変に不安を感じた手工業者たちの憎悪が新たに導入された機械に向けられたもので，しばしばうちこわしの予告状に「ネッド＝ラッド」の署名があったため，ラダイト運動と称された。

　問(16)　フイヤン派　ルイ16世一家のヴァレンヌ逃亡事件の対応をめぐって，1791年にジャコバン＝クラブから分裂してフイヤン＝クラブを設立し，立法議会ではジロンド派と対立した。立憲君主政をめざす自由主義貴族や富裕市民層を中心に構成された。王権停止宣言が出されて以降は衰退に向かい，メンバーは処刑されたり，亡命を余儀なくされた。

　問(17)　国民公会　1792年に成立した，初の男性普通選挙で選出された議員たちで構成された議会である。初めはジロンド派が主導して王政廃止と共和政を宣言したが，93年のルイ16世処刑以降，ジャコバン＝クラブの中の最左翼であるロベスピエールら山岳派が台頭して恐怖政治を行うようになった。

　問(18)　テルミドール9日のクーデタ　行きすぎた恐怖政治に反発した諸勢力がロベスピエールらを逮捕して処刑し，1795年憲法(共和国第3年憲法)を採択して総裁政府が樹立された。しかし，王党派の反乱やバブーフの陰謀など左右の攻撃で政局は不安定であった。

　問(19)　中小自作農が多く，工場労働者への転換が進まなかったから。

　フランスではルイ14世による1685年のナントの王令廃止以降，ユグノーが大量に亡命した結果，農業中心の経済体制となっていた。また，フランス革命で山岳派による封建地代の無償廃止などが断行され，中小の自作農が多く生まれた。その結果，産業の構造転換が容易に進まず，フランスでは19世紀前半にようやく産業革命が始まった。

　問(20)　マジャール人　1848年のフランス二月革命の影響で起こったドイツ三月革命では，オーストリア帝国内のスラブ人などの諸民族の運動も激化した。中でも，ハンガリーのマジャール人のコシュートは，最初のハンガリー責任内閣の蔵相となり，49年4月に独立宣言を発表した。同年8月，ロシアの支援を受けたオーストリア軍に撃破されると，オスマン帝国やアメリカ，イギリスと渡って61年にはイタリアに移住し，そのままトリノで客死した。

　問(21)　アメリカ労働総同盟　1886年，ゴンパーズの指導下に結成された熟練労働者の職業別組合の連合組織である。ゴンパーズの意向で労働条件の改善を目指すのみで，政治闘争や社会主義運動には反対した。

　問(22)　ドレフュス事件　1894年，ユダヤ人のドレフュス大尉がドイツのスパイとして終身刑となったが，真犯人が判明して最終的に1906年に無罪となった。この事件は

共和派と反共和派，軍部・カトリック教会，反ユダヤ主義者などが入り乱れて国内は分裂状態に陥った。自然主義作家のゾラは「私は弾劾する」という論説を新聞に掲載して共和派を勝利に導いた。この事件を契機に，ユダヤ人ジャーナリストのヘルツルはシオニズム運動を提唱することになった。

　問㉓　イギリスはインドに綿製品を輸出し，インド産のアヘンを中国に密輸して，銀を回収した。

　以前のイギリスの対中国貿易は大量の茶を輸入する片貿易で，多額の銀が中国に流出していた。しかし，産業革命で資本となる銀が不可欠であったため，イギリスは三角貿易に構造を変換させた。インド産アヘンを中国に，中国の茶をイギリスへ，イギリス綿製品をインドへ，という形をとり，銀は大量にイギリス本国に還流することになったのである。そのため，中国ではアヘンの流入が激増して銀も高騰し，治安の悪化や社会不安を招くこととなった。

　問㉔　**洋務運動**　アロー戦争の敗北や太平天国の混乱で西欧の兵器の優秀さを認めた曾国藩や李鴻章，左宗棠らは富国強兵運動を1860年代から展開した。近代兵器の自給を目指し，造船所の設立や北洋海軍の創設，鉄道の敷設，機械紡績工場の建設，などを盛んに行った。しかし，これらは単なる清の延命策であり，根本的な体制変革の道は閉ざされていた。そのため，**日清戦争の敗北**でその欠陥を露呈したのである。

　問㉕　**ベトナム青年革命同志会**　1925年にホー＝チ＝ミンが広州で結成したもので，1930年2月には香港でそれまでに組織されていた3団体をまとめてベトナム共産党とした。これはコミンテルンの指示により同年10月，インドシナ共産党と改称し，ベトナム独立同盟の中核として1945年のベトナム民主共和国樹立の道を開拓したのである。

解 答 例

A
　a　アレクサンドリア　　　b　プトレマイオス
　(1)　エウクレイデス
　(2)　貴族に対して，軍役奉仕の代償に国有地の管理と税収を認めた。
　(3)　アリストテレス
　(4)　ナポリ王国
　(5)　教皇ボニファティウス8世が，フランス王フィリップ4世の側近にアナーニで捕らえられ，その後憤死した事件。
　(6)　エラスムス
　(7)　カール5世

⑻　ツヴィングリ

⑼　モルッカ(マルク)諸島

⑽　リシュリュー

⑾　㋐　メキシコ　　㋑　フアレス

B

⑿　リカード

⒀　第2次囲い込み(エンクロージャー)

⒁　穀物法

⒂　没落した手工業者たちがおこした，機械うちこわし運動。

⒃　フイヤン派

⒄　国民公会

⒅　テルミドール9日のクーデタ

⒆　中小自作農が多く，工場労働者への転換が進まなかったから。

⒇　マジャール人

㉑　アメリカ労働総同盟

㉒　ドレフュス事件

㉓　イギリスはインドに綿製品を輸出し，インド産のアヘンを中国に密輸して，銀を回収した。

㉔　洋務運動

㉕　ベトナム青年革命同志会

解答・解説

 Ⅰ

[解説]

問題文を読んでみよう！

　本年の Ⅰ は「匈奴について」がテーマであった。京都大学では，中国と北方民族との関係については Ⅱ を含めて頻出のテーマである。したがって，**受験生が過去問をしっかりと研究していれば，比較的取り組みやすい問題であると思われる。**2016年に出題された「トルコ系の人々のイスラーム化」も中央ユーラシアに焦点を当てていたが，それに続いてこの地域の遊牧民のあり方が問われている。

> 　中央ユーラシアの草原地帯では古来多くの遊牧国家が興亡し，周辺に大きな影響を及ぼしてきた。中国の北方に出現した遊牧国家，匈奴について，中国との関係を中心にしつつ，その前3世紀から後4世紀初頭にいたるまでの歴史を300字以内で説明せよ。

問題の中心テーマを確認しよう！

　端的に前3世紀から後4世紀までの「匈奴」の歴史を考えていこう。冒頭の「中央ユーラシアの草原地帯」，というところで地図が思い描けるだろうか？ **世界史の学習には地図が必携である。**そこで，「**スキタイ文化の影響を受けた匈奴**」の台頭，ということにまず思考を巡らせてほしい。匈奴の名がまだ地図に現れていない前7〜前6世紀頃から台頭していたスキタイは，東西のユーラシアの草原地帯を疾走し，遊牧民たちに大きな影響を与えたとされる。

　匈奴が台頭し，中国北方の脅威となったのが前3世紀からである。当時の中国の状況を後4世紀まで整理することが必要となる。そうして，匈奴と中国がどう関わりあったか？ をメモしていくことで全体像を把握し，300字をどう割り振るか，も考えておこう。

　改めて，

> ①　時間枠は前3世紀〜後4世紀
> ②　匈奴について，中国との関係を中心に

という要求を確認して取り組もう。

書くべきポイントを列挙してみよう！

時　期	匈　奴	中　国
前 3 世紀	活動の活発化	戦国時代の混乱から**秦の統一**
前 3 世紀末	**冒頓単于即位**	陳勝・呉広の乱の混乱→秦滅亡
		→前漢成立へ
	白登山の戦い　冒頓単于に高祖劉邦が大敗	
		以後，対匈奴消極策に
前 2 世紀		武帝即位→対匈奴積極策に
前 1 世紀	匈奴が東西に分裂	東匈奴と結んで西匈奴を滅ぼす
	東匈奴は前漢に服属	
後 1 世紀	東匈奴が南北に分裂	新の政治混乱から赤眉の乱を経て
		劉秀光武帝が後漢を建国
	南匈奴は後漢に服属	班超が北匈奴を西へ逐う
後 3 世紀		後漢滅亡→三国時代→(西)晋の統一
	南匈奴は兵力として中国内へ	→　　八王の乱
後 4 世紀	南匈奴による永嘉の乱	→　　(西)晋滅亡
		→　　華北は五胡十六国時代へ

　こうした事項を受験会場で思い起こすには，普段からのトレーニングが重要である。しっかりと構成メモをとって，後は漢字に気を付けて書いていこう！

問題文の核心に迫ろう！

・スキタイ

　イラン系の騎馬遊牧民で，前 8 世紀頃に黒海北岸付近に起こり，前 6 ～前 4 世紀に南ロシアの草原地帯に遊牧帝国を築いたとされる。黒海沿岸のギリシア人の植民市と交易を行い，アケメネス朝ペルシアとも戦っている。東方にも騎馬技術やその独特の動物文様が施された金属工芸品などが伝えられ，匈奴も他の諸族に先駆けてその影響を受け入れて，強大になっていった。ヘロドトスの『歴史』にスキタイに関する事項が詳述されている。

・中国の戦国時代

　前 5 世紀から始まった中国の戦国時代は，実力中心主義の下剋上の混乱期であった。その中で，勢力を増強してきた北方の匈奴の脅威に対して，燕や趙は長城を構築し，また趙の武霊王(ぶれいおう)は彼らの戦術を取り入れて軍制改革を行い，胡服騎射(こふくきしゃ)の制を確立した。これは遊牧民の衣服を着用して馬に乗って矢を射るというもので，従来の 3 人一組の戦車と歩兵軍の構成による戦法とは異なり，戦果は非常に大きかった。しかし，夷狄の風俗を強いられる漢人の反発は大きく，定着しなかった。

・秦

　戦国時代の前 4 世紀に，秦の孝公は**法家の商鞅**を登用して大変革を遂行して，国力を強化させた。その国力を継承して前221年に，秦王政が全国を統一して**始皇帝**と称した。彼は国内の統一政策を進めるとともに，北方の匈奴対策のために，将軍蒙恬を派遣した。蒙恬は匈奴をオルドス北方に駆逐し，燕や趙の長城を修築して連結した。しかし始皇帝の死の翌年の前209年，陳勝・呉広の乱が生じて混乱の中で秦は滅亡し，前202年に劉邦が混乱を収拾して前漢を建国した。

・冒頓単于

　中国で陳勝・呉広の乱が起こった前209年，匈奴では冒頓が父の頭曼単于を倒して単于の地位に就いた。冒頓単于は東胡を滅ぼし，次いで西の月氏を倒して敗走させた。月氏の一部は西へ移動して，烏孫の進出によりさらに西走し，前 2 世紀に大月氏として中央アジアで大きな勢力となった。

　一方，中国内でようやく統一国家を確立した高祖劉邦は，匈奴討伐のために自ら軍を率いて前200年，白登山の戦いで冒頓単于と戦ったが，惨敗してしまった。高祖は絹や酒，穀物などとともに公主(皇帝の娘)を差し出すという，実質的に匈奴優位の和親条約を結び，以後は内政の充実に努め，匈奴と争うことを禁じる言葉を残して亡くなった。

・武帝

　前 2 世紀半ばに第 7 代皇帝となった**武帝**は，国内では初の官吏登用制度である**郷挙里選**を確立して中央集権体制を強化し，**儒学を官学**とした。また対外的には，対匈奴積極策に打って出た。まず，挟撃のために**張騫**を大月氏に派遣したが，結局その同盟策は実らず，彼は13年の歳月を経て帰国した。また，衛青や霍去病をたびたび討征させ，後には烏孫とも同盟した。こうしたことは匈奴の弱体化に効果はあったが，漢の財政もまた逼迫した。武帝の同時代の司馬遷はその著『史記』に，匈奴のことを詳述している。

・東匈奴

　前 1 世紀半ば，弱体化した匈奴では内紛が続いた結果，ついに東西に分裂した。西匈奴は漢と東匈奴の連合軍の攻撃で滅び，東匈奴の呼韓邪単于は漢の宣帝に投降して公主として王昭君を得た。この逸話は，後の文学作品などに多く取りあげられており，特に元曲の代表作とされる『漢宮秋』は中国の外交政策の犠牲になる女性を描いた戯曲として名高い。

　その東匈奴も前漢を簒奪した王莽の復古策，異民族抑圧策に反発して侵攻し，赤眉の乱などで混乱した中国内に政治的にも介入するようになった。しかし，中国は劉秀

光武帝によって後漢が樹立され，東匈奴の方は再び内紛によって後1世紀半ばに南北に分裂してしまった。南匈奴の単于は祖父の名を継承して呼韓邪と称し，後漢に服属した。一方，北匈奴はしばしば後漢と南匈奴の連合軍の攻撃を受けて西走していった。

・班超

　後漢は西域都護府を亀茲（クチャ）に設置し，1世紀末に班超を西域都護とした。彼は北匈奴を，また楼蘭（ローラン）やホータン，カシュガルやクシャーナ朝（大月氏に服属していたイラン系民族）も撃破した。パミール山脈の東西，すなわち西域の50余国を後漢の勢力下に置いた。部下の甘英を大秦国（ローマ帝国）に派遣したが，彼はローマにはたどり着けなかった。西域で30年以上を過ごして，帰還の嘆願書を出して，ようやく102年に洛陽に帰還したが，その1カ月後に70歳で亡くなった。

　なお，兄の班固は『漢書』の編纂者として知られるが，政治的には皇帝位簒奪事件に連座して92年に獄死している。

・八王の乱

　後漢が220年に滅び，魏・蜀・呉の三国時代の分裂を収拾したのが晋（西晋）である。初代司馬炎武帝は自身が仕えていた魏を倒し，その後280年に呉を滅ぼして全国を統一した。しかし武帝の死後，恵帝が即位すると，その皇后の一族が権力の独占を図ったため，3世紀末に司馬一族の諸王が反発して起こした争乱が八王の乱である。諸王はその抗争の中で，周辺異民族の南匈奴を始めとする五胡を兵力として華北に導き入れ，これがのちの西晋の滅亡につながっていった。

・永嘉の乱

　南匈奴の劉淵は，4世紀初めに漢王として独立を宣言し，劉淵の子の劉聡は311年に洛陽を，さらに316年に長安を陥落させて西晋を滅ぼした。以後，華北は五胡十六国の混乱時代となり，江南には司馬睿によって東晋が建てられ，再び分裂抗争の時代に向かっていくのである。

解 答 例

スキタイの影響を受けてモンゴル高原で台頭	1
した匈奴は，戦国時代の中国に侵入し，これ	2
に備えて燕や趙は長城を築いた。秦の始皇帝	3
は中国統一後，オルドスから匈奴を駆逐し，	4
長城を修築した。前漢の高祖は冒頓単于に敗	5
れ，貢物を贈るなど和親策を採ったが，武帝	6
は匈奴挟撃のために張騫を大月氏に派遣する	7

```
など積極策に転じた。これにより衰退した匈    8
奴はのち東西に分裂し，東匈奴は前漢に服属    9
したが，西匈奴は前漢と東匈奴に滅ぼされた    10
。さらに後漢時代に東匈奴は南北に分裂し，    11
南匈奴は後漢に服属したが，北匈奴は西域都    12
護の班超の攻撃を受けて西走した。一方，南    13
匈奴は西晋で起こった八王の乱を機に五胡の    14
一つとして中国に侵入し，西晋を滅ぼした。    15
```
(300字)

Ⅱ

解説

A 梁啓超の「新史学」

空欄 a　班固　班固(32〜92)は父の遺志を継ぎ，後漢の史官となって史書『漢書』を編纂した。『漢書』は，前漢の司馬遷(前145頃〜前86頃)が編纂した『史記』(三皇五帝〜武帝時代の歴史)で始まった紀伝体(本紀・列伝などからなるジャンル別の歴史叙述形式)を踏襲する一方で，前漢(と新)という一王朝の歴史のみを著述する断代史の始まりとなった。なお，西域都護として後漢の中央アジア政策で活躍した班超(32〜102)は，班固の弟である。

空欄 b　総理各国事務衙門(総理衙門)　アロー戦争(1856〜60)の北京条約(1860)で外交官の北京駐在が認められた結果，対等外交への転換を迫られた清朝は，1861年，総理各国事務衙門(略称が総理衙門)を設置した。総理衙門は，首班(初代は恭親王)と政府高官が就任する総理衙門大臣が中心となって，外交・海関・海軍などに関する事務を管轄する機関であり，現在の外務省にあたる。

空欄 c　義和団(事件)　空欄直前に「近時の外国人排斥運動」とあり，その「千年前」の先例が9世紀末の黄巣軍(黄巣の乱　875〜884)とされていることから，┃ c ┃は義和団(事件　1900〜01)であると考えられる。義和団は仇教運動(反キリスト教運動)の高まりの中で結成された宗教結社で，ドイツが進出した山東省を中心にキリスト教会・教徒を盛んに襲撃した。その後，義和団は列強進出の象徴とみなされた鉄道や電信施設を破壊しつつ，「扶清滅洋」をスローガンに北京へと進出し，清朝(西太后)も義和団を支持して列強に宣戦布告した。これに対し日本・ロシアを中心とする8カ国軍が出兵して義和団は鎮圧され，清朝も北京議定書(辛丑和約　1901)を列強と結んで，外国軍の北京駐兵や多額の賠償金支払いを認めさせられた。

問(1)　文字の獄や禁書などの思想統制が実施されたため。

　問題文の「史料」を"清朝時代に関する記録(文書)"と具体的にイメージするのがポイント。文字の獄は，康熙帝(位1661〜1722)・雍正帝(位1722〜35)・乾隆帝(位1735〜95)時代に行われた思想統制策。「華夷の別」などの立場から清朝や満州人を誹謗した(と解釈された)文書の筆者らが取り締まられ，時に極刑に処せられた。特に乾隆帝時代には，禁書によって厳しい言論統制が行われた。

　問(2)　王羲之　山東の名門貴族である王羲之(307頃〜365頃)は，「蘭亭序」などの作品で漢代以来の書体による書道を集大成した東晋の書家。後世「書聖」と称され，その子の王献之も書に優れていたため，父子あわせて「二王」と呼ばれることもある。王羲之の書に傾倒した唐の太宗(位626〜649)は，臣下に命じて全土から王羲之の真筆を集めさせ，自分の陵墓におさめさせたと伝えられる。

　問(3)　『資治通鑑』　下線部直前に「通史」とあるのもヒント。北宋の政治家・歴史家である司馬光(1019〜86)は，神宗(位1067〜85)時代に新法を唱える王安石(1021〜86)と対立して中央政界から退いていた。この時期に19年の歳月をかけて完成させた『資治通鑑』は，編年体形式で戦国時代初頭(前403)から五代末(959)までの歴史を著述した通史である。その史料の豊富さや優れた考証で『資治通鑑』は一級の史書と称賛され，後の中国歴史学に大きな影響を与えた。

　問(4)　禅宗　禅宗は，インド出身で南朝の梁代に江南を訪れたとされる達磨(5〜6世紀頃)を祖とする。彼は北魏系の仏教を批判し，経典にとらわれずに禅による心の安住を説いて少林寺で9年間も座禅に励んだと伝えられる。中国仏教界に大きな打撃を与えた唐・武宗(位840〜846)による会昌の廃仏(845)後も禅宗は栄え，宋代には士大夫らが禅宗に帰依したことで，儒教の宋学(問題文の「新哲学」)などにも思想的影響を与えた。

　問(5)　ヴェルサイユ条約の調印拒否や二十一カ条撤廃を求める五・四運動が全土で展開された。

　第一次世界大戦(1914〜18)が勃発すると日英同盟を口実に参戦した日本は，ドイツの租借地であった膠州湾に臨む青島を占領し，1915年に山東省の旧ドイツ権益継承などを含む二十一カ条を袁世凱(1859〜1916)に受諾させた。戦後のパリ講和会議には戦勝国(連合国側で参戦　1917)として中国代表も出席したが，二十一カ条撤廃を求める中国の要求は会議で否認された。そのことが中国国内に報道されると，1919年5月4日，天安門広場に集まった北京の大学生らが「二十一カ条の撤廃」・「ヴェルサイユ条約の調印拒否」などのスローガンを掲げてデモ行進を行い，この反帝国主義運動は労働者・市民も参加する国民運動となって全土に広がりをみせた。その結果,軍閥政権(安

徹派の段祺瑞）は，運動の勢いに圧されてヴェルサイユ条約の調印を拒否するに至った。

問(6)　**グプタ朝**　雲崗石窟への影響から直接グプタ朝と答えるのは難しいので，下
線部の「5世紀」（問題の「当時」に該当する）を見逃さないようにしよう。太武帝（位
423〜452）による廃仏の後，北魏（386〜534）時代に作られた雲崗石窟（山西省大同）の
仏像には，インドのガンダーラ様式（クシャーナ朝時代）やグプタ様式の影響がみられ
る。このうちグプタ朝（320頃〜550頃）の美術様式であるグプタ様式は，純インド的な
表現を特徴とする（代表例がアジャンター石窟に残された壁画や塑像）。なお，グプタ
朝のチャンドラグプタ2世（位376頃〜414頃）時代に東晋（317〜420）の僧，法顕（337
頃〜422頃）がインドを訪れていることも，この問題のヒントとなるだろう。

問(7)　**郭守敬**　元の科学者である郭守敬（1231〜1316）は，フビライ（フビライ＝ハ
ン，大モンゴル国皇帝　位1260〜94，元皇帝　位1271〜94）に認められ，水利事業の
最高責任者に任じられて運河工事などを行った。さらに従来の暦の不正確さから改暦
の議論が起こると，その事業を担当するよう求められ，イスラーム天文学（暦法）に基
づく授時暦を1280年に完成させた。この授時暦は中国史上最も優れた暦とされ，17世
紀に日本で定められた貞享暦もこれを基とした。

問(8)　**ネルチンスク条約**　ロシアは，17世紀半ばになりシベリアから東進して黒竜
江（アムール川）流域に進出し始めた。これに対し清はロシアの撤退を求めたが拒絶さ
れ，両国の武力衝突も発生した。その後，イエズス会士を通訳として和平交渉が進め
られ，ネルチンスク条約（1689　清―康熙帝，ロシア―ピョートル1世）が結ばれた。
両国国境をスタノヴォイ山脈（外興安嶺）とアルグン川（黒竜江の支流）と定めたネルチ
ンスク条約は，清が対等な形式で外国と結んだ最初の条約であった。

問(9)　**広州**　漢代以来貿易港として栄えた広東省の広州には，唐になるとムスリム
商人が来訪するようになり，このため広州には外国人居留区である蕃坊が設けられ，
8世紀初頭には海上交易管理の機関である市舶司も設置された。しかし，879年，黄巣
率いる反乱軍が広州を襲い，ムスリムやキリスト教徒など多くの外国人が虐殺された。
この出来事に関する記述は，アブー＝ザイド＝アッシーラーフィーが10世紀に著した
とされる『シナ・インド物語』（リード文の「アラビア語の記録」）にも残されている。

問(10)　イエズス会士らにより中国の思想や芸術が紹介され，中国への関心が高まっ
ていたため。

やや難しいかも知れない。17世紀以降，東インド会社の活動によって茶とともに中
国の陶磁器がヨーロッパにもたらされ，また貿易・布教のため実際に中国を訪れた商
人やイエズス会士などを通じてその文化も伝えられた。これを背景に17世紀後半〜18
世紀のヨーロッパで流行した美術様式がシノワズリ（中国趣味）であり，バロック・ロ

ココ両様式の陶磁器や家具，館の装飾，庭園など様々なレベルで"中国風"（実際の中国のものとは異なる場合も多い）の意匠や題材が好まれた。なお，イエズス会士らは科挙などの政治制度や儒教などの思想に関する情報もヨーロッパに伝達し，これを比較のための材料として啓蒙思想家はヨーロッパの国家体制や思想の得失を論じ，当時のアンシャンレジームを批判した点も注目される。

　問(11)　三藩の乱　清朝が順治帝（位 1643〜61）時代に北京入城（1644）を果たした後も，中国南部では南明政権の抵抗が続いため，清は呉三桂（1612〜78）ら明将を利用してこれを鎮めさせた。その功績により呉三桂は雲南，尚可喜は広東，耿仲明は福建の藩王として封じられ，半独立的な権力を認められたが，康熙帝が彼らを危険視して藩王廃止を決めたため，藩王勢力が挙兵して起こったのが三藩の乱である。反乱勢力は長江以南を支配下に置き，鄭氏台湾も反乱を支援したことから，清は一時苦しい立場に追い込まれた。しかし，反乱側の内部対立に助けられて，清は次第に反乱軍を降伏へと追いこみ，1681年，最後まで抵抗した雲南の勢力（呉三桂は1678年に病没）が平定されて乱は終結した。この結果，中国全土が清朝の直轄支配下に置かれることになった。

B　エジプトにおけるキリスト教徒

　空欄 d　カルケドン・問(12)　㋐　エフェソス・㋑　ササン朝

　キリスト教がローマ帝国で公認（313　ミラノ勅令）され，教義に関する議論が活発化すると，キリスト教会内部で説の正統・異端を決定する必要が生じた。しかし，公会議で異端とされた説が社会では力を保ち続けることも多く，また他地域へと布教され広がる場合もあった。

　ニケーア公会議で異端とされたアリウス派は，公会議後も宮廷内で優勢であり，ゲルマン人にも布教された。エフェソス公会議ではイエスの神人両性を唱えるネストリウス（コンスタンティノープル総大主教）の説が異端とされたが，ササン朝（224　アルダシール 1 世が創始）支配下の東方キリスト教会では信者の共同体にネストリウス派の信仰を維持することが認められた。さらに中央アジアを経由して中国にまで伝わり，唐代の三夷教の一つである景教となった。13世紀にはモンゴル人の一部もネストリウス派を信奉していたことが，フランチェスコ会の修道士らの記録から知られている。そして，リード文にあるようにカルケドン公会議で異端とされた単性論は，異端とされた後もビザンツ社会で勢力を有し，またアレクサンドリア司教下のエジプトではコプト教会（コプト派）となり，コプト派を受け入れたエチオピアとともに現在に至るまで信仰され続けている。

▶主な古代の公会議と結果

公会議	結　　果
ニケーア（325）	アタナシウス派が正統に（後の三位一体説に） アリウス派が異端に（ゲルマン人への布教）
エフェソス（431）	ネストリウス派が異端に（唐代の景教に）
カルケドン（451）	単性論が異端に（コプト教会に）

空欄 e　ウマル・問(14)　ミスル

　第2代正統カリフであるウマル（位 634〜644）は，初代カリフであるアブー＝バクル（位 632〜634）の遺言でカリフとなり，ビザンツ帝国からシリア・エジプトを奪い，またササン朝をニハーヴァンドの戦い（642）で破るなどイスラーム勢力の拡大に大きく貢献した。そして，新たな征服地には軍営都市であるミスルを建設して，登録したアラブ人を居住させることで地域の政治・軍事上の拠点としたほか，国家体制を整備し，ヒジュラ（622　メッカからメディナへの聖遷）を紀元とするヒジュラ暦を制定するなど，イスラーム勢力の支配確立に大きく貢献した。

空欄 f　アイユーブ　クルド人のサラディン（サラーフ＝アッディーン　位 1169〜93）は，ファーティマ朝の宰相として実権を握り，アイユーブ朝（1169〜1250）を創始した。その後，マムルーク軍団の整備，城塞建設などによって軍事力を拡充した上でシリアへと勢力拡大を図り，それまで十字軍勢力が支配していたイェルサレムを征服した。これに対して西洋からは第3回十字軍が発せられたが，サラディンはイングランド王リチャード1世と争った後,和平協定を結んでパレスチナの領有権を確保した。

空欄 g　バイバルス　バイバルスは，13世紀にアイユーブ朝のマムルーク軍団が建てたマムルーク朝（1250〜1517）の第5代スルタン（位 1260〜77）。マムルークであったバイバルスは，フランス王ルイ9世（位 1226〜70）を捕虜とするなどの功績で頭角を現し，1260年，アイン＝ジャールートの戦いでモンゴル軍を破った直後，前スルタンを暗殺してスルタン位に就いた。その後もシリアで十字軍勢力下の諸都市を征服する一方で，国内では法学派の公認や巡礼の保護などマムルーク朝による統治の基礎を固め，後々まで「アラブの英雄」としてその事績は語り継がれた。

空欄 h　ティマール　「オスマン帝国」の「軍事封土制」を指すティマール制は，国土を軍管区に分割した上で，シパーヒーと呼ばれる騎士らに封土を授け，土地の徴税権を認めた制度。その起源についてはイスラーム世界のイクター制やビザンツ帝国のプロノイア制など諸説あるが，16世紀末には財政悪化にともなって徴税請負制への切り替えが図られたためティマール制は実態を失っていった。

問(13)　アルメニア（共和国）　下線部には「離脱した者たち」とあるから，問題文の

「このような教会」はビザンツ帝国から導入された**ロシア正教会**(ギリシア正教会)ではなく，アルメニア教会を指していることになる。

　アルメニアでは，前2世紀にセレウコス朝から独立して王国が形成された。ローマに先駆けてアルメニア王国は4世紀初頭にキリスト教を国教としたが，同世紀末にはビザンツ帝国とササン朝に征服されてしまう。しかし，住民はこの後もキリスト教信仰を維持し，カルケドン公会議で単性論が否認されると，公会議の決定事項を認めない独自の教義を発展させていった(アルメニア教会)。7世紀以降，この地はイスラーム勢力の支配下に置かれたが独自の信仰は保たれ，多くの教会や修道院が建てられた。1828年のトルコマンチャーイ条約でアルメニアの大部分はカージャール朝からロシアに割譲され，20世紀に入るとソ連邦に編入されたが(問題文の「かつてソ連に属し」)，ソ連邦崩壊によって1991年にアルメニア共和国として独立した。そして，2000年には，アルメニア教会の総本山であるエチミアツィン大聖堂と教会群が世界文化遺産に指定された(問題文の「教会の総本山の建造物・遺跡」)。

　問(15)　**サーマーン朝**　ササン朝貴族の後裔を称し，アッバース朝によってアミール(総督)に任命されたサーマーン家のナスルが，ブハラを都として建てたイラン系王朝がサーマーン朝(875〜999)である。サーマーン朝君主はアッバース朝カリフの権威に服してアミールを称したが，実質的には独立王権としてイラン高原にまで勢力を拡大し，中央アジアのイスラーム化やトルコ人奴隷の貿易で大きな役割を果たしたが，トルコ系の**カラハン朝**(940頃〜1132頃)と**ガズナ朝**(962/977〜1186/87)の攻撃を受けて滅亡した。

　問(16)　**十二イマーム派**　現在，イラン・イラク・レバノンなどに広がる十二イマーム派は，シーア派最大の宗派である。この宗派では第4代正統カリフ，アリー(位656〜661)を初代のイマーム(教義決定権・立法権を持つ最高指導者)とし，イマームの地位はアリーの男系子孫によって第12代までが引き継がれたとする。十二イマーム派は10世紀のブワイフ朝(932〜1062)で信奉され，さらに17世紀にサファヴィー朝(1501〜1736)を創始したイスマーイール(位1501〜24)によって国教とされたことから，イラン人(ペルシア人)の民族意識とも結びついて，イランの国民的宗派となった。

　問(17)　**モンケ**(=ハン)　大モンゴル国(モンゴル帝国)第4代ハン，モンケ(位1251〜59)は，チンギス=ハン(位1206〜27)の末子トゥルイの長子。彼はハン位に就くと，弟のフビライにはチベット・雲南・ベトナムを討伐させて雲南の大理を滅ぼし(1254)，同じく弟のフラグに西アジア遠征を行わせてアッバース朝を滅ぼした(1258)。そして，フビライとともに南宋討伐軍を率いて侵攻したが，四川で陣没した。

　問(18)　**サヌーシー教団**　1837年にメッカで創設された神秘主義教団であるサヌーシー教団は，19世紀半ばからリビアへと進出し，北アフリカで信者を拡大した。当時，

リビアには強力な政治勢力が不在であったため，教団は列強やエジプト，オスマン帝国などに対抗する政治的な核ともなっていった。20世紀になってイタリア＝トルコ戦争を機にイタリアがリビアへ侵攻すると，サヌーシー教団はイタリアに対する抵抗運動を展開し，1951年，教団指導者であったムハンマド＝イドリース＝サヌーシー(位1951〜69)を国王としてリビアはイタリアから独立した。

　問⒆　㋐　ワッハーブ王国　18世紀半ば，ワッハーブ派(運動)を創始したイブン＝アブドゥル＝ワッハーブは厳格なムハンマドの教えへの回帰を唱えて，アラビア半島で聖者崇拝や神秘主義思想を排撃した。そして豪族サウード家と結んでジハードを展開し，ワッハーブ王国(第1次サウード朝　1744頃〜1818)が建てられた。この第1次ワッハーブ王国は，エジプトのムハンマド＝アリー(エジプト総督　1805〜48)の攻撃を受けて滅亡したが，直後にサウード家によってワッハーブ王国は再興された(第2次サウード朝　1823〜89)。さらに第一次世界大戦後，サウード家のイブン＝サウード(位1932〜53)はアラビア半島東部にネジド王国を建て，半島西部のヒジャーズ王国を併合してサウジアラビア王国を建て，ワッハーブ王国を復活させた。

　㋑　アブデュルメジト1世　エジプト＝トルコ戦争(第1次　1831〜33，第2次1839〜40)において，イギリスの支援を得ようとアブデュルメジト1世(位1839〜61)はギュルハネ勅令を発してタンジマート(恩恵改革)を開始した。タンジマートでは，帝国臣民の法的平等や身体・財産の保障を基本として行政・軍事・司法などの諸分野で西洋的近代化が目指されたが，保守派の抵抗やクリミア戦争での外債導入による財政難などから十分な効果を上げることができなかった。このため，より徹底した近代化を求める声に押されて，1876年，スルタン，アブデュルハミト2世(位1876〜1909)に登用された宰相ミドハト＝パシャが，アジア初のミドハト憲法を起草することになった。

解 答 例

A
　a　班固　　b　総理各国事務衙門(総理衙門)　　c　義和団(事件)
　⑴　文字の獄や禁書などの思想統制が実施されたため。
　⑵　王羲之
　⑶　『資治通鑑』
　⑷　禅宗
　⑸　ヴェルサイユ条約の調印拒否や二十一カ条撤廃を求める五・四運動が全土で展開された。

(6)　グプタ朝

(7)　郭守敬

(8)　ネルチンスク条約

(9)　広州

(10)　イエズス会士らにより中国の思想や芸術が紹介され，中国への関心が高まっていたため。

(11)　三藩の乱

B

d　カルケドン　　e　ウマル　　f　アイユーブ　　g　バイバルス

h　ティマール

(12)　(ア)　エフェソス　　(イ)　ササン朝

(13)　アルメニア(共和国)

(14)　ミスル

(15)　サーマーン朝

(16)　十二イマーム派

(17)　モンケ(＝ハン)

(18)　サヌーシー教団

(19)　(ア)　ワッハーブ王国　　(イ)　アブデュルメジト1世

Ⅲ

(解説)

問題文を読んでみよう！

　本年の Ⅲ は，"1980年代のソ連，東欧諸国，中国，ベトナムにおける経済体制・政治体制の動向"という，ヨーロッパ・アジアにまたがるグローバルな戦後史がテーマである。第一次世界大戦以降の現代史は京都大学の論述問題でも頻繁に取り上げられており，特に Ⅲ では冷戦に関わるテーマも出題されている。

　社会主義世界は，1980年代に経済面および政治面で大きな変革をせまられた。ソ連，東欧諸国，中国，ベトナムにおける当時の経済体制および政治体制の動向を，それらの国・地域の類似点と相違点に着目しつつ，300字以内で説明せよ。解答は所定の解答欄に記入せよ。句読点も字数に含めよ。

「問題の中心テーマを確認しよう！」

　では，手順に従って問題文を検討して，出題の意図を探ろう。

　問題の前文では「社会主義世界は，1980年代に経済面および政治面で大きな変革をせまられた」ことが述べられる。続いて，本文では「ソ連，東欧諸国，中国，ベトナムにおける当時の経済体制および政治体制の動向」がテーマであることが示され，それに条件として「それらの国・地域の類似点と相違点に着目しつつ」という表現が加えられる。

問題文の構成（＿＿・＿＿・～～は注意したい表現，──▶は対応関係を示す）

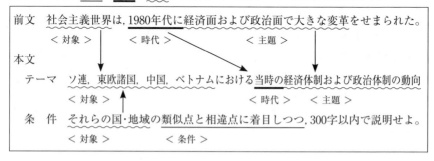

　ここで，前文と本文のテーマ部との並行関係に着目しよう。

	時代	対象	主題
前文	1980年代	社会主義世界	経済面・政治面で大きな変革
本文	当時	ソ連，東欧諸国，中国，ベトナム	経済体制・政治体制の動向

この並行関係を利用して，前文の情報を本文に補うことでテーマはより明確になる。

　時代　本文の「当時」は「1980年代」を指す。
　対象　「ソ連，東欧諸国，中国，ベトナム」は「社会主義」である。
　主題　「動向」には「大きな変革」が含まれ，前文の「せまられた」という表現をあわせて考えれば変革は何らかの要因により余儀なくされたものであることが読み取れる。さらに，前文・本文とも「経済面／体制」・「政治面／体制」が併記されているので，出題者がその両分野の区分を強く意識していると解釈できる。

　次に条件の意味を考えてみよう。「それらの国・地域」が「ソ連，東欧諸国，中国，ベトナム」を指すことは明白だから，続く「類似点と相違点に着目しつつ」が条件理解の鍵となるが，ここで「類似」・「相違」という言葉遣いが“比較”を求めるサインだと気づくだろうか。比較とは，複数の対象について内容・性質上の共通点・相違点を指摘する作業を指す。問題文の「類似点」とは性格上共通していること（“類”は共通

点で括られる集合)を指し，「相違点」は性格上異なることである(個々の事項や名称の異同ではない点に注意)。したがって，本問はここで対象を分類し，その類別に基づいて共通点・相違点を指摘するように指示している。なお，「着目しつつ」という以上は，その比較の視点を反映させながらテーマについて説明せよ，という意味である。

　以上の分析に基づいて，問題文をリライトしてみよう。

　「社会主義勢力であるソ連，東欧諸国，中国，ベトナムにおける経済体制・政治体制の変革を含む1980年代の動向について，対象となる4国・地域間の性格的な共通点や相違点を考慮しながら説明せよ。」

書くべきポイントを列挙してみよう！

　では，解答の道筋を見つけ出そう。大切なのは，基本的な歴史事項に手掛かりがないかと考えること。ここで，条件の「類似点」を意識しつつ，対象のうちソ連，中国，ベトナムにおける「経済体制」の「変革」を想起してみると，

```
ソ連：ペレストロイカ(改革)  ⎫  類似点
中国：改革・開放政策        ⎬  市場原理導入を伴う経済面での自由化政策
ベトナム：ドイモイ(刷新)    ⎭
```

と類似点があることが分かる。なお，この段階では大まかに共通する性格がつかめればよいので，説明の細部まで詰める必要はない。

　類似点が確認できたら，次は「相違点」である。ここで三つのことに留意してほしい。

①　類似点が経済体制(経済面)のみであること。したがって，政治体制(政治面)の動向についてはまだ要求が満たされていない。

②　同じく類似点に東欧諸国が含まれていないこと。通常，教科書で東欧諸国の経済体制に関する変革は説明されていない。だとすれば，この地域が関わることは何か？

③　相違点は必ず対象(4国・地域)内での類別により指摘されること。

　1980年代の東欧諸国について最も重要なことを考えてみれば，念頭に浮かぶのは1989年の東欧革命のはずだ。この年，ベルリンの壁崩壊を機に東欧諸国で社会主義政権が崩壊し，ついには冷戦も終結した。そして，今度はその"1989年"を手掛かりとして，同年に中国では天安門事件が発生したことを連想できれば，相違点への展望も開ける。

"1989年"——— 東欧：社会主義体制の崩壊

　　　　　　中国：天安門事件による民主化要求弾圧で社会主義体制存続

説明に含める必要はないが，その後のソ連解体(1991)や現在に至る中国・ベトナムの政治状況についての情報も加味すれば，

> ソ連・東欧諸国　→　社会主義体制の動揺・崩壊 ———
> 中国・ベトナム　→　社会主義体制は存続 ———　　　　　　[相違点]

という構図で政治体制に関する相違点を指摘できるだろう。

　これまでの検討結果をまとめると，

対象	類似点（経済体制）	相違点（政治体制）
ソ連	ペレストロイカ	政治的自由化
東欧諸国	———	社会主義政権崩壊
中国	改革・開放政策	天安門事件　→　社会主義維持
ベトナム	ドイモイ	社会主義維持

となる。

　方向性をつかまえることができたら，最後の詰めを確認しよう。

> 1　時間枠を踏まえて"1980年代"に説明を限定する。
> 2　事項名や人名など基本的な歴史事項を添えて具体的に説明する。
> 3　条件を踏まえて"類似点"・"相違点"が明確になるような表現を工夫する。
> 　　類似点　＝　"経済分野で市場原理・資本主義経済が導入された"
> 　　相違点　＝　"政治分野で社会主義体制が動揺・崩壊した ／ 維持された"

　情報量が多い1989年の動向を説明するところで詳しさを調整すれば，300字という字数制限内で過不足なく説明できるはずだ。

問題文の核心に迫ろう！

・ソ連と東欧諸国

　ブレジネフ（共産党第一書記　任1964～66，共産党書記長　任1966～82）時代のソ連は，「停滞の時代」と呼ばれた。未だ冷戦下の軍拡競争が続き，軍事費や国威発揚につながる重化学工業への支出が増大する一方，社会主義統制経済は生活関連物資を生産する農業や工業分野の停滞をもたらし，国民の不満は高まった。ブレジネフ没後，指導者アンドロポフ（共産党書記長　任1982～84），チェルネンコ（共産党書記長　任1984～85）がいずれも短期で死去したため，1985年に新たな指導者となったゴルバチョ

フ(共産党書記長　任1985～91，ソ連大統領　任1990～91)は，西側に後れをとった経済力や技術力を発展させるには政治や国民意識の改革も必要であると考え，1986年にペレストロイカ(改革)・グラスノスチ(情報公開)の政策を打ち出し，経済・政治・文化などの全般的改革に着手した。改革により経済分野では企業の民営化や西側との自由交流，外資の導入などが推進され，政治においても共産党独裁により硬直化した官僚主義が批判され，複数政党制による自由選挙に基づく人民代議員大会が最高国家権力機関として創設された。ゴルバチョフはさらに「新思考外交」を進めて，1987年にはアメリカ(レーガン大統領)と中距離核戦力(INF)全廃条約に調印し，翌年にはアフガニスタンからの撤退を開始する一方，東欧諸国の主権を尊重する態度を示した。こうしたソ連の大胆な政策転換は東欧諸国の社会主義政権にも動揺を引き起こし，各国で反政府デモや民主化要求などが起こるようになった。そして，1989年，まずハンガリーで複数政党制が導入され，続いてポーランドでは合法化された自主管理労組「連帯」(1980年結成，ワレサ議長)系候補が自由選挙で圧勝した。その後，東ドイツでも民主化を求めるデモが繰り広げられ，政府は東ドイツ国民の自由な移動を認めて「ベルリンの壁」が開放された。直後にはチェコスロヴァキアやブルガリアで社会主義政権が崩壊し，ルーマニアでは市民・軍との内戦を経て独裁者チャウシェスクが処刑された。こうして東欧各国で社会主義政権は崩壊し，同年12月にはソ連のゴルバチョフとアメリカのブッシュがマルタ島で冷戦の終結を宣言した。

　冷戦終結後の1990年，ソ連では指導力の強化を図って大統領制が導入され，ゴルバチョフが初代大統領となったが，ソ連内での民族主義活発化を留めることはできず，同年リトアニア・ラトヴィア・エストニアのバルト3国がソ連からの独立を宣言した。そして，1991年，共産党の権限低下に危機感を募らせた反ゴルバチョフ派によるクーデタが失敗すると，共産党の活動が禁止され，ゴルバチョフは党の自主解散を命じた。こうしてソ連は解体され，それを構成していた諸共和国は独立して新たに独立国家共同体(CIS)を創設することになった。

・中華人民共和国

　(プロレタリア)文化大革命(1966～77)後に復権した鄧小平は，かつて首相周恩来(任1949～76)が唱えていた「工業・農業・国防・科学技術」の近代化を指す四つの現代化を再び取り上げ，これを達成するための政策実施を主張した。この結果，1970年代末から共産党独裁を維持しつつ市場原理を導入する社会主義市場経済の考えに基づいて，改革・開放政策が進められるようになった。この政策により農村では人民公社が解体されて生産請負制へ移行し，また都市でも企業自主権が拡大され，外国企業の誘致が進められて深圳(広東省)などに経済特区が設けられた。しかし，この政策が

もたらした経済格差や党幹部の腐敗などの弊害を共産党独裁体制の矛盾と捉えた知識人らは民主化を要求して1986〜87年にデモを展開し，これに対し党保守派はデモを口実に改革派の旗手であった胡耀邦総書記(任1981〜87)を失脚させた。

1989年，胡耀邦死去をきっかけに民主化を求める学生らは天安門に座り込み，共産党の腐敗を批判して鄧小平の退陣を要求した。胡耀邦から改革・開放政策を引き継いでいた趙紫陽総書記(任1987〜89)は「学生の愛国的熱情」であると民主化要求を評価する声明を発表し，これにより勢いを得た民主化運動は拡大して，北京や他の諸都市で大規模なデモが連日展開されるようになった。ここに至って鄧小平と共産党はデモを「反革命暴乱」と断定し，人民解放軍を投入して民主化運動を武力で弾圧する天安門事件(1976年に起こった民衆と当局の衝突を第1次天安門事件と呼ぶ場合，こちらは第2次天安門事件とも呼ばれる)を起こし，趙紫陽も解任された。

・ベトナム

1976年に南北ベトナムを統一して成立したベトナム社会主義共和国では，共産党一党制を維持しつつも経済と政治の「刷新」を図るドイモイ政策が1986年に開始され，農業の家族請負制や企業自主権の承認，外資の導入などの市場経済導入策が進められるようになった。並行して対外関係の改善も図られ，1978年の侵攻以来駐兵したカンボジアからの撤退(1989)や中越戦争以降対立していた中国との国交正常化(1991)を実現させた。こうした動きを受けてベトナム戦争から対立が続いていたアメリカも態度を軟化させて経済交流を復活させ，1995年には東南アジア諸国連合(ASEAN)への加盟も承認された。

解答例

ソ連と東欧諸国はいずれも共産党の一党独裁	1
体制であったが，ソ連で指導者となったゴル	2
バチョフが経済の自由化や政治改革を目指す	3
ペレストロイカを進め，その影響で東欧諸国	4
でも民主化が進んだ。この結果，東欧諸国で	5
は社会主義政権が倒れ，ソ連でも社会主義体	6
制が動揺し，ヨーロッパでは政治面でも自由	7
化が進んだ。一方，中国では鄧小平の指導下	8
に改革・開放政策が進められ，経済面で市場	9
原理が導入された。また，ベトナムではペレ	10
ストロイカの影響下に市場経済の導入を図る	11

　ドイモイ政策が開始された。しかし，政治面　*12*

では，中国で民主化を求めた学生らが天安門　*13*

事件で弾圧されるなど，アジアの両国では社　*14*

会主義政党の一党独裁体制が維持された。　　*15*　　　　　　（299字）

Ⅳ

解説

A　古代・中世のヨーロッパにおける民族移動

　空欄a　**ケルト**　インド＝ヨーロッパ語族ケルト語系の人々は，ドイツ南部を現住地とし，ヨーロッパ全域にその居住地を広げた先住民である。彼らはギリシア・ローマとの交易を盛んに行い，また鉄製武器と馬に引かせた戦車を駆使して，傭兵としても活躍した。しかし，その多くはローマやゲルマン人の圧迫を受け，次第に同化していくことになる。ケルト語はアイルランドなどに残存しており，代表的な文化史料として，ケルトの英雄伝説を題材とした『アーサー王物語』は必ずおさえておこう。

　空欄b　**フン**　アジア系遊牧民で北匈奴の末裔か，という説もあるが，定かではない。4世紀に中央アジアの草原地帯からヨーロッパに初めて現れ，東ゴート人を服属させ，西ゴート人のドナウ渡河から始まるゲルマン人の民族移動を引き起こした。5世紀のアッティラ王の下，ドナウ中流域のパンノニアを中心に大帝国を形成したが，451年のカタラウヌムの戦いで西ローマ・西ゴート連合軍に敗北した。北イタリアへの侵攻も試みたがかなわず，パンノニアに帰還したアッティラは453年に病死し，その後，フン帝国は解体・離散した。

　空欄c　**フランク**　ゲルマン人の移動の混乱の中で，ライン川の低地西部を治めていたサリ氏族の族長クローヴィスが，ガリアに移動し，481年全フランクを統一して祖父の名にちなんでメロヴィング朝とした。その後，496年にゲルマン諸王の中で初めてアタナシウス派に改宗して，教会や旧ローマ帝国民の支持を取り付けて，王国発展の基盤を築いた。

　問(1)　**線文字B**　クレタ文明の線文字Aを改良して，ミケーネ文明で線文字Bが成立したとされる。線文字Aは未解読だが，線文字Bはイギリスのヴェントリスやチャドウィックにより20世紀半ばに解読された。ヴェントリスは建築家であったが，ミケーネ文字がギリシア語を表すことを証明した。しかしミケーネ文明が海の民などによって前12世紀頃に滅亡すると，線文字Bも消滅した。後に，前9世紀頃にフェニキア文字を基にギリシア文字が形成された。

　問(2)　**イオニア人**　ギリシア人の一派で，バルカン半島から南下して，ギリシア東

部やアナトリア(小アジア)西部に定住した。代表的なポリスのアテネをはじめとして,イオニア植民市の中心となったミレトスなどを形成した。

問(3)　エトルリア人　イタリアの先住民で,トスカナ地方を拠点とする。非インド＝ヨーロッパ語系で,語族系統は不明である。鉄器を使用し,王政下にギリシア植民市との交易も盛んであった。その政治制度や土木技術,独特の美術工芸などは,ローマに大きな影響を与えた。しかし,前6世紀末にエトルリア人の王がローマから追放され,前3世紀にローマに完全に征圧された。

問(4)　民会　カエサルの『ガリア戦記』やタキトゥスの『ゲルマニア』には,ゲルマン社会のことが詳しく記されている。王や貴族を指導者とするキウィタスと称する部族国家を形成し,全自由民男子が参加する民会がその最高機関で,王がこれを指導した。

問(5)　テオドシウス　392年にキリスト教を国教とした。すなわち,アタナシウス派以外の宗教の信仰を禁じたのである。古代の多神教の神殿などを破壊し,前8世紀から続いていたオリンピアの祭典は393年に廃止となった。395年の死に際して,兄のアルカデウスに東の帝国を,弟のホノリウスに西の帝国を分与した。

問(6)　テオドリック　フン帝国の支配から脱して北イタリアに移動した東ゴートの王で,西ローマを滅ぼしたオドアケルを493年に倒した。ビザンツ皇帝の支持を得て,ラヴェンナを都にローマ的統治を継承したが,宗教はアリウス派であった。

問(7)　ローマで正統とされたアタナシウス派キリスト教に改宗した。

　空欄cでも触れたが,クローヴィスは496年に王妃クロティルドの勧めにより,ランス(パリではない!)でアタナシウス派に改宗した。西ゴートやヴァンダル,東ゴートなどのゲルマン諸国家はことごとくアリウス派であったため,そのような異端のゲルマン諸国家を倒すことをローマ教会や旧ローマ帝国民が支持した。そのことは,フランク王国が長期にわたって存続する要因の一つとなった。

問(8)　全国を州に分けて側近や地方の有力者を伯に任命し,巡察使を派遣して伯を監督させた。

　フランク王国は751年にピピン3世によってカロリング朝に代わり,800年にその子カール1世(大帝)が教皇レオ3世によって西ローマ皇帝に戴冠された。イベリア半島を除いて旧西ローマ帝国領土をほぼ回復し,彼は帝都をアーヘンに置いた。その広大な領土を州にわけて,地方行政を地元有力者や自らの忠実な家臣を伯に任じて担当させ,聖職者2名,俗人2名による巡察使を派遣してこれを査察させ,国の中央集権化を試みたのである。問題は「役職名」を示すことを要求している。そのことを忘れないで答案を作成しよう。

問(9)　アヴァール人　6世紀中頃に突厥に逐われて，中央アジアからヨーロッパに進出したアジア系遊牧民で，ビザンツ帝国を悩ませた。パンノニア地方に国を建て一時は大きな勢力を誇ったが，8世紀末にカール大帝の遠征で滅亡した。その後，スラヴ人やマジャール人と同化していった。

問(10)　ビザンツ帝国　10世紀末，ウラディミル1世はキエフ公国の版図を拡大し，ビザンツ皇帝バシレイオス2世の妹アンナ皇女と結婚して，ギリシア正教に改宗した。ビザンツ風の専制君主政をまね，ビザンツの諸制度や文化を受容して，国は最盛期を現出し，キエフ公国の権威を内外に示した。

B　近世以降のバルト海周辺地域史

空欄d　ケーニヒスベルク　13世紀半ばにドイツ騎士団がプレーゲル（プレゴリャ）川河口に建設した都市で，ドイツ東方植民の重要拠点となった。14世紀にはハンザ同盟に参加し，農産物の集散地として発展し，「バルト海の真珠」とうたわれた。16世紀にはルター派に改宗し，プロイセン公国の首都となり，ダンツィヒと並んで最も繁栄する交易都市ともなった。第二次世界大戦では英米の連合軍の爆撃で，都市の約98％が炎上し，続いてソ連軍の侵攻により占領され，完全にソヴィエト市民と入れ替えられた。現在はロシア領でソ連最高会議幹部会議長ミハイル＝カリーニンの名にちなんでカリーニングラードとなっている。

空欄e　オスマン帝国　北方戦争ではスウェーデンのカール12世を庇護して，オスマン帝国はロシアのピョートル1世と戦った。ロシアとオスマン帝国との戦いは，それ以前にもあったが，特に南下政策を開始したピョートル1世が一時的にアゾフ海を占領した。しかし，北方戦争の中でアゾフ海を返還している。次いでエカチェリーナ2世が2度の戦争で黒海北岸まで進出し，その後はギリシア独立戦争やクリミア戦争，そうして1877年からのロシア＝トルコ戦争，第一次世界大戦と続くことになる。

空欄f　クリム＝ハン国　15世紀中頃にクリミア半島に建国された，モンゴル帝国の末裔の国の一つである。15世紀後半にオスマン帝国の従属下に置かれ，衰退していたキプチャク＝ハン国を攻撃して滅亡させ，また，モスクワ大公国を脅かしていた。しかし，17世紀以降は，逆にロシア・ロマノフ朝の圧迫が増すようになった。オスマン帝国とともに行った第2次ウィーン包囲の失敗以降，1768年からのロシア＝トルコ戦争に巻き込まれ，ついにエカチェリーナ2世によって1783年に併合され，クリム＝ハン国は滅亡した。

空欄g　ダンツィヒ　バルト海に面したポーランド北部のヴィスワ河口に10世紀頃から集落が形成され始め，14世紀にはドイツ騎士団に征服される。ハンザ同盟に参加

し，商業都市として発展した。15世紀半ばにドイツ騎士団がポーランドとの戦いに敗
北したため，ポーランドの支配となり，穀物や木材の輸出港として繁栄した。18世紀
のポーランド分割でプロイセン領となるが，第一次世界大戦でドイツが敗北すると，
ヴェルサイユ条約でダンツィヒはドイツから切り離されて自由市となり，ポーランド
が港湾使用権などを得た。1939年9月1日にドイツがポーランドに侵攻して第二次世
界大戦が始まると，ダンツィヒのおよそ90％は廃墟と化した。戦後はポーランドに帰
して，現在はグダンスクと称される。ソ連の衛星国と化したポーランドで，1980年に
グダンスクでは造船所労働者の自主管理労組「連帯」の労働運動が展開され，ポーラ
ンドだけでなく東欧全体の民主化運動に影響を与えることとなった。

　空欄 h　フィンランド　フィンランドは13世紀末以来，長らくスウェーデンの支配
下に置かれていた。ナポレオン戦争時代になると，ロシア皇帝アレクサンドル1世は
1809年にフィンランドを割譲させた。アレクサンドル1世をフィンランド大公として，
立憲君主制の大公国となった。ロシアの支配下で次第に民族意識が高まったが，第一
次世界大戦中のロシア革命を機に1917年12月6日に独立を宣言した。第二次世界大戦
では，ソ連の侵攻を受けて39〜40年にソ連・フィンランド戦争を，さらに41年，ドイ
ツに接近して第2次戦争（継続戦争）を展開したが，最終的には敗戦国となった。冷戦
時代は中立を貫き，ソ連崩壊後の95年にはEUに加盟した。

　問(11)　第3回十字軍の際に，巡礼者の保護や傷病者の救護を目的として結成された。
　2016年に続いて宗教騎士団の設問が出題された。2016年と説明が重なるが，宗教騎
士団は十字軍の常備軍的使命を遂行するための存在である。ドイツ騎士団は第3回十
字軍の際にブレーメンとリューベックの商人が野戦病院を設立したのが起源であっ
た。アッコンで組織され，施療奉仕や救護活動が当初の目的であったが，やがて異教
徒との戦いを中心とする軍事集団に変容した。ドイツ騎士団領の形成の説明は2016年
の Ⅳ A問(5)を参照されたい。

　問(12)　当初は旧教と新教の宗教戦争であったにもかかわらず，旧教国であるフラン
スが新教国のスウェーデンと同盟を結んで反ハプスブルク外交を展開したため。
　三十年戦争は，旧教国のハプスブルク家に対抗するベーメンの新教徒の反乱から起
こった宗教戦争である。デンマークやスウェーデンなどの新教国が加わって旧教国側
と対抗するという国際戦争に発展するうちに，15世紀末のイタリア戦争以来，反ハプ
スブルク外交を展開する旧教国のフランスが新教国側に立って参戦したことで，ヨー
ロッパの覇権抗争に転化していったのである。

　問(13)　カント　1724年にケーニヒスベルクで生まれたイマヌエル＝カントは，終生
この都市を離れることはなく，1770年にケーニヒスベルク大学の哲学教授となり，81

年に『純粋理性批判』，次いで88年に『実践理性批判』，そして90年に『判断力批判』を刊行し，ドイツ観念論の批判哲学を確立した。

　1789年にフランス革命が勃発し，革命戦争に到る中で，71歳のカントは『永遠平和のために』を95年に出版して諸国家の平和連合を説いている。この理念が現在の国際連合につながることを認識してもらいたい。

　問(14)　(ア)　**七年戦争**　問題文の「**1756年に始まる戦争で，～**」ですぐに判断してほしい。オーストリア継承戦争でプロイセンのフリードリヒ2世に奪われたシュレジエンをオーストリアのマリア＝テレジアが奪回しようとしたことが要因である。彼女は長年対立が続いていたフランスと同盟するという外交革命を実現させた。対するフリードリヒ2世はイギリスと同盟して戦争を始めた。このヨーロッパ大陸の戦争以前に，新大陸では既にフレンチ＝インディアン戦争が勃発しており，インドでも57年のプラッシーの戦いや58年からの**第3次カーナティック戦争**が展開された。

　(イ)　**グロティウス**　1583年にオランダのデルフトに生まれ，ライデン大学に学んだ。1609年に『**海洋自由論**』を著して，海は国際的な領域であり，すべての国家は自由に海上で交易を展開することができると公海自由の原則を主張した。1493年に教皇アレクサンデル6世が設定したポルトガル・スペインの勢力分界線に反対したものであった。1618年から展開された三十年戦争の惨禍に対して，グロティウスは25年に『**戦争と平和の法**』を発表した。自然法に基づいて，人類の平和のために為政者や軍人を規制する法があることを説き，初めて国際法を体系化し，「国際法の父」と称される。

　問(15)　ロシアの**エカチェリーナ2世**が，アメリカの独立を支援し，イギリスを国際的に孤立させることを目的に提唱した。

　1775年から始まったアメリカ独立戦争では，78年以降フランスやスペイン，オランダが参戦してイギリスに対抗した。イギリスは対アメリカ海上封鎖を行ったことから，問題文にあるように，78年にスウェーデンが中立国船舶の航行の自由と禁制品以外の物資輸送の自由を宣言した。これにともなって，ロシアのエカチェリーナ2世が80年に**武装中立同盟**を提唱し，中立国の自由な航行や交戦国の物資積載の自由を訴えた。スウェーデンやデンマーク，プロイセン，ポルトガルが参加し，その結果イギリスはヨーロッパで孤立した。

　問(16)　(ア)　**アメリカ合衆国**（もしくは**中華民国**）　アメリカ合衆国は当初は孤立主義を堅持しており，ウィルソン大統領も戦争に関与しないことを明言していた。しかし，1915年のイギリス客船がドイツ潜水艦に無警告で撃沈され，多くのアメリカ人乗客が死亡したという**ルシタニア号事件**で，アメリカの反ドイツ感情が高まっていた。そのなかで，17年の初めにドイツが**無制限潜水艦作戦**を発表すると，ウィルソンはドイツ

と国交を断絶し，4 月に対ドイツ宣戦布告を行って参戦した。戦後はイギリス・フランスとともにパリ講和会議の中心国として，対外的に発言力を増していった。

　また，$\boxed{\text{II}}$ の問(5)の解説と重複するが，アジアにおいては，日英同盟を理由に日本が14年 8 月にドイツに宣戦布告を行い，膠州湾や青島，ドイツ領の南洋諸島を占領していった。そうして，15年に大隈重信内閣が中華民国の袁世凱政府に二十一カ条の要求を突きつけた。最終的に要求が受諾されると，中国の民衆は激しく反発し，反日感情が高まった。袁世凱が16年に死去すると，中華民国北京政府は17年 8 月にドイツ・オーストリアに宣戦して，連合国側で参戦した。戦後のパリ講和会議で二十一カ条の撤廃要求が拒否されると，北京で学生らの五・四運動が展開され，北京政府はヴェルサイユ条約調印拒否に至るのである。

　(イ)　ウィーン会議　13世紀末にハプスブルク家の支配強化に対して，スイスでは，ウーリ・シュヴィーツ・ウンターヴァルデンの原始 3 州が「永久同盟」を結んで独立運動を展開した。独立戦争は長期化して，15世紀末に実質的に13州の独立が達成できたが，その後はチューリヒにおけるツヴィングリの宗教改革を巡る対立などの抗争が絶え間なく続いた。1648年のウェストファリア条約で，オランダとともに正式に独立が国際的に認められた。そうしてウィーン会議の結果，1815年のウィーン議定書で，22州から構成される武装永世中立国家としての承認を得た。

解 答 例

A

　a　ケルト　　b　フン　　c　フランク
(1)　線文字B
(2)　イオニア人
(3)　エトルリア人
(4)　民会
(5)　テオドシウス
(6)　テオドリック
(7)　ローマで正統とされたアタナシウス派キリスト教に改宗した。
(8)　全国を州に分けて側近や地方の有力者を伯に任命し，巡察使を派遣して伯を監督させた。
(9)　アヴァール人
(10)　ビザンツ帝国

B

d　ケーニヒスベルク　　　e　オスマン帝国　　　f　クリム＝ハン国

g　ダンツィヒ　　　h　フィンランド

(11)　第3回十字軍の際に，巡礼者の保護や傷病者の救護を目的として結成された。

(12)　当初は旧教と新教の宗教戦争であったにもかかわらず，旧教国であるフランス
　　　が新教国のスウェーデンと同盟を結んで反ハプスブルク外交を展開したため。

(13)　カント

(14)　(ア)　七年戦争　　(イ)　グロティウス

(15)　ロシアのエカチェリーナ2世が，アメリカの独立を支援し，イギリスを国際的
　　　に孤立させることを目的に提唱した。

(16)　(ア)　アメリカ合衆国（もしくは中華民国）　　(イ)　ウィーン会議

解答・解説

Ⅰ

解説

問題文を読んでみよう！

　本年の Ⅰ は、"トルコ系の人々のイスラーム化の過程"がテーマであった。京都大学ではイスラーム世界を対象とする問題は割と多く出題されており、またトルコ人の歴史も入試問題では頻出のテーマなので、本問はテーマに沿って該当する知識をきちんと引き出せれば、答えるべき事項自体にはそれほど頭を悩ませることはなかっただろう。

　　西暦 8 世紀半ば、非アラブ人ムスリムを主要な支持者としてアッバース朝が成立したことを契機に、イスラーム社会の担い手はますます多様化していった。なかでも 9 世紀以降、イスラーム教・イスラーム文化を受容した中央アジアのトルコ系の人々は、そののち近代に至るまでイスラーム世界において大きな役割を果たすようになる。この「トルコ系の人々のイスラーム化」の過程について、とくに 9 世紀から12世紀に至る時期の様相を、以下の二つのキーワードを両方とも用いて300字以内で説明せよ。解答は所定の解答欄に記入せよ。句読点も字数に含めよ。

　　　　　　　　　　マムルーク　　　　カラハン朝

問題の中心テーマを確認しよう！

　おおまかに"トルコ系の人々のイスラーム化の過程"というテーマをふまえながら、問題を前文から検討していこう。最初の文ではA「非アラブ人ムスリム」の支持でB「アッバース朝が成立したこと」を契機（きっかけ）として、C「イスラーム社会の担い手はますます多様化」していったことが述べられる。このうち、表現からA・Cが"トルコ系の人々のイスラーム化"と何らかの関わりをもっていることは容易に感じられるし、Bの"アッバース朝"が 8 世紀から13世紀まで存続することを考えれば、Cはアッバース朝時代に進行したという具体的情報を得ることができる。

　続く文の冒頭"なかでも"は、D「9 世紀以降、イスラーム教・イスラーム文化を受容した中央アジアのトルコ系の人々～大きな役割を果たす」という箇所が、Cの一部であることを示す。ここで"9 世紀以降"が、テーマの時間枠「9 世紀から12世紀に至

る時期」の始点と一致することにも注意しておきたい。

　さて，いよいよ問題本文の検討だ。論述問題の問題文は意図がとりにくいことがあるが，そうした場合には表現の順序を入れ替えるなどして整理すると，問題の意図が明確になる。

> この「トルコ系の人々のイスラーム化」の過程について，とくに9世紀から12世紀に至る時期の様相

↓ 問題文表現の整理

> 9世紀から12世紀に至る時期（時間枠）の，この（指示語）「トルコ系の人々のイスラーム化」の過程の様相（テーマ）

　このように整理することで，さらに要確認の部分もはっきりしてくる。すなわち"イスラーム化"という表現は単純に考えると"イスラーム教を受容すること"という意味にとれるが，それでは"過程"（段階を踏んでの展開）・"様相"（具体的なあり方）といった表現と整合しなくなる（教科書ではトルコ人のイスラーム教受容を細かく説明していない）という点だ。そこで，"イスラーム化"の意味を明確にするため，指示語"この"を手掛かりに，前文と本文の並行関係に着目しよう。

前文	9世紀以降	イスラーム教・イスラーム文化を受容した中央アジアのトルコ系の人々は…近代に至るまでイスラーム世界において大きな役割
本文	9～12世紀	「トルコ系の人々のイスラーム化」の過程の様相

　この並行関係から考えて，テーマの"イスラーム化"には，

　①　イスラーム教・イスラーム文化受容（指定語句「カラハン朝」が対応）

　②　イスラーム世界において果たした役割（指定語句「マムルーク」が対応）

という二つの意味内容が含まれることが判明する。以上の検討結果から説明すべきことを再確認しよう。

> 時間枠：9世紀～12世紀
> テーマ：①　トルコ系の人々によるイスラーム教やイスラーム文化の受容
> 　　　　②　トルコ系の人々がイスラーム世界において果たした役割

書くべきポイントを列挙してみよう！

　まずは，時間枠の始点と終点に気を付けて，頭に浮かぶトルコ系の人々の動きを挙げてみよう。

▶トルコ系の人々の動き

9世紀	(a) アッバース朝に大量のマムルーク導入
	(b) ウイグル王国崩壊(キルギスによる)
	→　トルコ人の中央アジア方面への移動
	(サーマーン朝下でイスラーム化)
10世紀	(c) カラハン朝のイスラーム教改宗(トルコ系初のイスラーム王朝に)
	(d) アフガニスタンにマムルークによるガズナ朝自立　→　北インドへ
11世紀	(e) 中央アジアにセルジューク朝成立
	→　バグダード入城後, アッバース朝カリフよりスルタンの称号
	(政治的権力・宗教的権威の分掌体制)
	アナトリア進出(アナトリアのトルコ化・イスラーム化)
12世紀	(f) ホラズム(=シャー)朝がセルジューク朝より完全独立

　列挙した事項は, (b)・(c)がテーマの①(イスラーム教受容)に, 一方(a)・(d)～(f)が②(イスラーム世界での役割)に各々対応する。だとすれば, (a)～(f)を文章にまとめれば答案はできあがるはずだが, 一つだけ気にかかることがある。テーマ②は, 「イスラーム世界」という表現から, イスラーム世界全体で画期となるような役割を指していると捉えられる。一方, (f)のホラズム朝は, セルジューク朝からホラズム総督に任命されたマムルークが自立したもので, 13世紀に全盛期を迎えた直後, チンギス=ハンの遠征をうけて滅亡している。すでにトルコ人が進出していた地域でのホラズム朝独立が, ②に該当するとは考えにくいのだ。しかし, 他にトルコ人と直結する12世紀の事項は教科書にない。そこで, 12世紀のイスラーム世界で他に②に該当することがないかと考えてみると, 一つ候補となる事項がある。

　12世紀, クルド人のサラディン(サラーフ=アッディーン)はファーティマ朝の実権を握ると, マムルークの軍団を利用して旧勢力を打倒し, アイユーブ朝を建てた。以後, アイユーブ朝の君主によって強化されたマムルーク軍団は, 十字軍の撃退などに大きく貢献し, それが13世紀半ばのマムルーク朝樹立につながる(アイユーブ朝のマムルーク軍団については主な教科書にも記述されている)。このトルコ人マムルークのエジプト進出は, ガズナ朝の北インド進出やセルジューク朝のアナトリア(小アジア)進出と並び, 「イスラーム世界」を俯瞰したときにトルコ系の人々が果たした「大きな役割」といえるのではないだろうか。参照材料として, トルコ人の歴史をテーマとした2007年の Ⅱ ・Aのリード文から一部を抜粋しよう。

> 9世紀にアッバース朝のもとで始まったマムルーク(奴隷軍人)の制度が，<u>トルコ民族のイスラム世界への進出を促進した</u>。この制度は，異教の世界から奴隷を購入して軍事力の中心とするというもので，トルコ人マムルークはときに有力となり，王朝を創始することもあった。例えば，サーマーン朝のマムルークがガズナ朝を興し，　d　朝のマムルーク軍がマムルーク朝を興した。

* 　波線は筆者が加えた。また空欄　d　の解答は"アイユーブ"

　以上の検討から，ここでは12世紀について"アイユーブ朝が(トルコ系)マムルークを導入した"ことを説明すべき，と考えよう。
　これで書くべき事項は確認できた。最後に"大きな役割"の"様相"を示すため，"北インド進出"(ガズナ朝)，"スルタン制の開始""アナトリアのイスラーム化"(セルジューク朝)などの具体的な説明を考えて，書き始めよう。

問題文の核心に迫ろう！

• マムルーク

　マムルークは，トルコ人を中心とした非黒人系の軍人奴隷を指す。捕虜や購入奴隷がマムルークの供給源であり，特にトルコ人は騎馬での戦闘術に優れ，部族などから切り離されることで君主に対する忠誠心を保ちやすいと考えられた。既にウマイヤ朝時代からマムルークはマワーリー(非アラブ人改宗者)と並んでカリフなどの軍事力として用いられていたが，9世紀，アッバース朝(750〜1258)カリフ，ムータスィム(第5代ハールーン＝アッラシードの息子，位833〜842)が大規模に導入することで，イスラーム世界における軍事力の中心となった。また，マムルーク(あるいはその出身者)は，ガズナ朝や奴隷王朝(1206〜90)，ホラズム(＝シャー)朝(1077〜1231)，マムルーク朝(1250〜1517)など諸王朝を建国し，イスラーム世界の歴史的展開で重要な役割を果たした。

• カラハン朝

　9世紀，トルコ系のウイグルが建てた王国がキルギスによって倒されたことを契機に，ウイグルなどトルコ人勢力は中央アジアへ移動した。そして，中央アジアを支配したイラン系サーマーン朝(875〜999)の下でトルコ人にもイスラーム教が広がり，カラハン朝(940頃〜1132頃)の君主が，10世紀半ば，イスラーム教に改宗してトルコ系最初のイスラーム王朝となった。しかし，カラハン朝は封建的な統治構造から王族が

割拠した結果，11世紀には東西に分裂した。

● ガズナ朝

　マムルーク出身で，サーマーン朝のアミール（武将）であったアルプテギンが，アフガニスタンのガズナを拠点に樹立したのがガズナ朝（962/977〜1186/87）である。10世紀末からは北インドにも遠征を繰り返し，11世紀前半，セルジューク朝に敗北した後は北インド支配に重点を移したが，12世紀，同じアフガニスタンのゴール朝（1148頃〜1215）に敗北して滅亡した。

● セルジューク朝

　アラル海の東で遊牧生活を行っていたトルコ人の集団は，サーマーン朝滅亡後，セルジュークに率いられて西へと進出した。そのセルジュークの孫，トゥグリル＝ベク（位1038〜63）はセルジューク朝（1038〜1194）を興し，アッバース朝カリフの要請に応えて，1055年，バグダードに入城した。カリフは，イラン系ブワイフ朝を駆逐したトゥグリル＝ベクに公式にスルタンの称号を授与し，これによってイスラーム世界において宗教的権威であるカリフと政治的権力を握るスルタンの分掌体制が明確になった。その後，セルジューク朝は第2代君主の下でアナトリアに進んで，マンジケルトの戦い（マラーズギルドの戦い　1071）でビザンツ帝国を破り，これが西欧勢力による十字軍派遣につながった。その後，セルジューク朝自体は12世紀になると王族の内紛などから衰退したが，アナトリアに派遣された王族が建てたルーム＝セルジューク朝（1077〜1308，“ルーム”はローマの意味）は13世紀に最盛期を迎え，その衰退後アナトリアに割拠したトルコ人君侯勢力から同世紀末にはオスマン朝（1299〜1922）が成立することになった。

● アイユーブ朝・マムルーク朝

　ダマスクスの地方君主ヌール＝アッディーンによってファーティマ朝（909〜1171）に派遣されたクルド人のサラディン（サラーフ＝アッディーン，アイユーブ朝スルタン　位1169〜93）は宰相となり，黒人奴隷兵の軍事力で対抗しようとしたファーティマ朝のカリフや宦官をマムルーク軍で排除して，アイユーブ朝（1169〜1250）を創始した。その後，サラディンはイクター制をエジプトにも導入し，イクターを授与されたマムルークやトルコ人アミール（総督）が軍隊の中核を占めるようになって，十字軍の撃退（第3回のヒッティーンの戦いが有名）で力を示した。しかし，13世紀，アイユーブ朝最後のスルタンがマムルークと対立すると，マムルーク軍はスルタンを殺害して実権を握り，1250年，マムルーク朝（1250〜1517）を樹立した。マムルーク朝は1517年，

オスマン朝のセリム1世に征服されたが，その後もエジプトではマムルークが地方豪族として勢力を保ち，19世紀前半，中央集権化を進める総督ムハンマド＝アリーによって粛清された。

解答例

> 9世紀，アッバース朝の下でトルコ人が軍人　1
> 奴隷であるマムルークとして軍事力の中核を　2
> なすようになった。また同世紀のウイグル王　3
> 国崩壊を機に，トルコ人の一部はサーマーン　4
> 朝下でイスラーム教が拡大していた中央アジ　5
> アに移動した。そして10世紀に，カラハン朝　6
> が改宗により初のトルコ系イスラーム王朝と　7
> なり，またアフガニスタンに成立したガズナ　8
> 朝は北インドへ侵攻した。11世紀，西アジア　9
> へ進出したセルジューク朝はアッバース朝カ　10
> リフから政治支配者としてスルタンの称号を　11
> 受け，さらにアナトリアに進んで，この地の　12
> イスラーム化を進めた。12世紀には，トルコ　13
> 系マムルークがエジプトのアイユーブ朝で軍　14
> の中核となり，十字軍との戦いで奮戦した。　15

(300字)

Ⅱ

解説

A　3～6世紀における粛慎の朝貢

　空欄a　**司馬炎**　司馬炎（西晋の武帝　位265～290）は魏で実権を握っていた司馬昭の子で，父の死によってその地位を受け継ぐと，魏の元帝から禅譲を受けて晋を建てた（西晋　265～316）。しかし，建国後，武帝が一族を王として国内各地に封じたことから，3世紀末には八王の乱（帝位をめぐる帝室の内紛　290～306）が起こることになった。

　空欄b　**拓跋**　4世紀，鮮卑の一つである拓跋部は前秦の苻堅に敗れたが，淝水の戦い（383）を機に拓跋珪（道武帝　位386～409）が部民を糾合して北魏（386～534）を建て，都を平城（現・大同）に定めた。さらに，道武帝は中国の官制を採用して漢民族を登用するなどの中央集権政策を進め，北魏王朝の基礎を固めた。

　空欄c　**東魏**　北魏では，6世紀前半，待遇に不満を抱いた辺境地帯の鮮卑兵が反

乱を起こした(六鎮の乱)。これを機に北魏の政治は混乱し，それぞれ北魏系の皇帝を
奉じつつ，高氏が実権を握る東魏と宇文氏が実権を握る**西魏**に分裂した。そして，
550年，東魏の高洋が禅譲を受けて**北斉**(550〜577)を興すと，対抗した西魏の宇文覚
も自ら皇帝となって**北周**(556〜581)を建てた。

問(1)　**陰陽家**　宇宙論を展開した陰陽家の祖，鄒衍(前305〜前240)は陰陽五行説を
唱え，五行(木火土金水)の消長から歴史の展開を説明し，九州に分けられる中国をさ
らに九倍することによって未知の世界を想定する「大九州説」を唱えた。

問(2)　**太平道**　後漢末，張角(？〜184)が教主となって開いたのが太平道である。
太平道は加持祈禱による病気の治癒などを行い，強固な教団組織を作って下層の農民
などに勢力を拡大した。184年，張角は「蒼天(漢王朝を指す)すでに死す，黄天まさ
に立つべし」と唱え，信者が一斉に蜂起して黄巾の乱を起こした。

問(3)　**燕**　遼東半島には戦国の七雄の一つ，燕が植民を行い，遼東郡を設けた。後
漢末期には遼東の豪族である公孫氏が自立したが，魏によって征服され，その後遼東
は高句麗の支配下に置かれた。

問(4)　(ア)　**司馬遷**　史官の子であった司馬遷(前145頃〜前86頃)は，**董仲舒**から儒
教を学び，父の命で各地を旅した。**武帝**(位 前141〜前87)時代に父が他界すると史官
となって，紆余曲折の末に『史記』130巻を完成させた。『史記』は，本紀と列伝など
に分けて叙述する紀伝体形式で，太古より武帝時代までの歴史を記したもので，後世
には正史(王朝による公式の歴史書)の範とされた。

(イ)　**クシャーナ朝**　前2世紀以降，**大月氏**(イラン系)の支配下に置かれた中央アジ
ア(アム川上流域)に関する『後漢書』の記録に現れる「貴霜」という勢力がクシャー
ンであると考えられる。このクシャーンは，1世紀中頃，インダス川流域へと進出し
て王朝(クシャーナ朝　1〜3世紀)を建て(都プルシャプラ)，ガンジス流域にまで勢
力を広げた。クシャーナ朝ではヘレニズム文化の影響を受けたガンダーラ美術が発展
し，**カニシカ王**(位130頃〜170頃)の仏教振興策によって大乗仏教が広がることにな
ったが，3世紀にササン朝の攻撃をうけてクシャーナ朝は滅亡した。

問(5)　**王莽**　王莽(位 8〜23)は前漢の皇后王氏の一族で，外戚として王氏の血を
引く皇帝を擁立して実権を握った。その後，高祖の廟から「王莽天子になれ」という
符が見つかったと称して，帝位について新(8〜23)を創始したが，儒教思想に基づく
復古的な王莽の政策は社会の現実にあわなかった。このため農民による赤眉の乱(18
〜27)が起こり，豪族も蜂起して，王莽は叛乱軍によって殺され新も滅亡した。

問(6)　(ア)　**羯**　羯は匈奴の別種(「別部」)とされ，問題にある石勒は後趙(319〜351)
を建てた。この羯以外に，匈奴・鮮卑・氐・羌が五胡に含まれる。

(イ)　仏図澄　仏図澄(？～348)は中央アジアの亀茲(クチャ)の出身で，永嘉の乱の時期に洛陽に至った。そして，後趙の石勒など五胡十六国の君主の帰依をうけ，1万人におよぶ門弟を育成するなど，中国での仏教隆盛に大きく貢献した。

問(7)　宋　4世紀末以降，軍隊の台頭や貴族同士の対立，民衆の反乱などで東晋の政治は乱れた。クーデタにより実権を握った武人の劉裕(位420～422)は東晋皇帝の禅譲によって宋(420～479)を建てた。この宋と続く斉(479～502)・梁(502～557)・陳(557～589)の4王朝が南朝と呼ばれる。

問(8)　(ア)　上京竜泉府　渤海(698/713～926)は，7世紀末に靺鞨系の高句麗人である大祚栄(位698～719)が建てた震国に始まり，8世紀初頭に唐から冊封されて渤海国と改称した。渤海は上京竜泉府(中国黒龍江省)を都として唐の文物を積極的に採り入れ，日本とも通交したが，一方で新羅や契丹とは対立し，926年，契丹の耶律阿保機(遼の太祖　位916～926)によって滅ぼされた。

(イ)　猛安・謀克　猛安・謀克(ミンガン・ムケ)は金(1115～1234)の軍事・行政制度。女真の部族制を基礎として，300戸を1謀克，10謀克を1猛安として部民を統治する単位とし，戦時には謀克を単位に徴兵して軍隊を組織した。金は華北を支配下に置くと，主に女真には猛安・謀克を適用し，一方漢民族は州県制で統治する二重統治体制をとった。

(ウ)　ヌルハチ　ヌルハチ(清の太祖　位1616～26)は建州女真(女直)の首長の子として生まれ，八旗を創設して勢力を拡大し，1616年，ハンに即位して後金を建てた。そして，サルフの戦い(1619)で明を破って遼河以東を支配下に置いたが，明側の城を攻撃中にうけた傷がもとで死去したとされる。

> **B　古代～現代における中国の「党」**

空欄d　趙匡胤　後周の武将であった趙匡胤(宋の太祖　位960～76)は部下の将兵に推挙され，960年，後周皇帝の禅譲を受けて宋(北宋　960～1127)を建国した。そして，大運河と黄河が交わる開封を都として，節度使の権限削減や文官の優遇策，科挙に殿試を設けるなどの政策を採って君主独裁のために中央集権政策を推進した。

空欄e　東林　東林書院は，万暦帝時代の党争で官界を追われた顧憲成(1550～1612)が故郷の無錫に創設した。東林派と呼ばれる顧憲成など書院の儒者らは，当時の政治に対する批判を繰り広げ，民衆にも大きな影響を与えた。しかし，宦官を中心とする非東林派に攻撃され，東林書院は閉鎖され，指導者も投獄されるなど弾圧をうけた。

空欄f　国民党　国民党は，臨時約法で国会が開設されることになった1912年に中国同盟会(1905年結成)を改組して組織された。国民党は翌年の選挙で大勝し，袁世凱

(1859～1916)の独裁に対抗する姿勢をとったが，袁世凱は指導者である宋教仁を暗殺
し，国民党も解散を命じられた。なお，1919年に孫文(1866～1925)が中華革命党を改
組して作った(中国)国民党とは異なるものなので，注意して欲しい。

問(9)　**党錮の禁**　党錮の「党」は党人，「錮」は禁錮を指し，勝手に党派を作った
として官僚が禁錮(任官の権利はく奪)処分をうけたことから名づけられた。後漢時代，
儒教を奉じる官僚が政界で力を持つようになったが，同時に宦官も勢力を振るってい
た。このため両者は対立し，皇帝の威を借りた宦官が166年と169年の２回に渡り官僚
を弾圧した事件が党錮の禁であり，弾圧は黄巾の乱が起こってようやく解除された。

問(10)　**殿試**　唐代には科挙は礼部が実施する資格試験で，科挙合格者はさらに吏部
が行う試験によって実際に任官することになっており，吏部を握る貴族らの意向が強
く働いていた。そこで，宋の太祖は，科挙の最終過程に殿試を設けて君主独裁の強化
を図った。殿試は名目上皇帝が試験官であり，皇帝の命をうけた大臣が受験者の解答
を仮採点し，特に優れた解答を皇帝自らが採点して合格者の順位を定めた。３番以内
で合格することは大変な名誉とされ，将来の地位も約束されたため，殿試によって皇
帝の恩恵が強調されることになった。

問(11)　**財政の再建，軍事力の強化**　下線部の「ある政治家が提議した諸政策」とは，
続いて「党争」の語句があるので**王安石(1021～86)**の新法を指すことが分かる。新法
実施の直接の原因は税負担者である農民・商人の貧困・疲弊による収入減少と**西夏戦
争(1038～44)**以降の軍事支出増大に起因する財政難であり，王安石は歳入増加と歳出
削減を大目標として新法を実施した。そのうち**青苗法・市易法・募役法**は税負担者で
ある「農民・中小商人の保護」を図ることで歳入増加を目指すもの，また**保甲法・保
馬法**は農村を組織化し，農民に軍事負担の一部を負わせることで歳出削減と軍事力の
強化を図る方策だった。問題では「農民・中小商人の保護」以外の新法のねらいを二
つ答えることを求めているが，以上から考えて一つは財政の再建(歳入増大と歳出削
減)，もう一つは軍事力の強化を挙げるのが妥当だろう。

▶王安石の新法

名称	主な内容
青苗法	小農民に穀物・金銭を低利で融資
市易法	中小商人に低利で融資
募役法	税管理・輸送などの役をやめ，免役銭を徴収し専従者を雇用
均輸法	各地の特産物を政府が購入し，不足地に輸送・転売
保甲法	農家を組織化し，軍事訓練を施して農民を民兵化
保馬法	軍馬を民間で飼養させ，農耕馬としても利用

問⑿　**科挙の廃止**　19世紀後半，清では**洋務運動**において西洋の知識や技術を学ぶ学校(学堂)も作られるようになり，さらに1901年には日本の教育制度を手本に新学校制度が発布された。これをうけて，清朝改革派は科挙制が新しい教育制度の確立を阻害すると主張し，科挙官僚などの猛烈な反対にもかかわらず，1905年，清末の改革(光緒新政)において科挙制は廃止された。

問⒀　**民権の伸張，民生の安定**　中国同盟会(問題の「近代的な政治結社」)の指導者，孫文が革命の理論として唱えた三民主義は，「民族の独立」(満州人からの漢民族独立，四大綱領の駆除韃虜・恢復中華)，「民権の伸張」(共和国樹立，四大綱領の創立民国)，「民生の安定」(土地改革など社会問題の改善，四大綱領の平均地権)からなる。なお，「民族の独立」の意味は，辛亥革命以後，五族(漢・満・蒙・回・蔵)共和に基づく帝国主義列強からの独立へと変更された。

問⒁　**変法運動(戊戌の変法)**　変法運動は，**日清戦争**の敗北によって洋務運動の限界が明確になった1890年代に，国制改革を求める**康有為**(1858〜1927)・梁啓超ら思想家によって進められた。1898年，**光緒帝**によって改革派の意見は採用され，康有為らは憲法制定・二院制議会の創設による**立憲君主政樹立**(「保皇立憲」)や産業の育成，新教育制度の導入など近代国家建設のための改革を実施しようとした。しかし，当初から改革に対する**西太后**(1835〜1908)ら保守派の反発は強く，結局光緒帝が幽閉され，改革派も弾圧された戊戌の政変によって改革は100日余で終わりを迎えた。

問⒂　**(幹線)鉄道**　1911年5月，清朝は(幹線)鉄道国有化令を公布した。しかし，英・米・独・仏4国からの借款による鉄道建設を含むその内容は，中国国民の利益を損なうものだとして激しい反発を引き起こした。この結果，長江流域の諸省で結成された保路同志会によって国有化反対運動が展開され，特に四川では民衆が蜂起して官庁を占拠するなど騒然とした状況となった(四川暴動)。これを好機と見た清朝の北洋新軍(西洋式軍隊)内に形成されていた革命派が，10月10日，武昌で蜂起して，辛亥革命が勃発した。

問⒃　**二十一カ条(の)要求**　1914年に日英同盟を口実に第一次世界大戦に参戦した日本は，ドイツが租借していた青島を占領した。そして，翌1915年，袁世凱政府に対して山東の旧ドイツ権益継承などを内容とする二十一カ条要求をつきつけ，袁世凱は内容修正のうえこれを受諾した。二十一カ条は中国における反日感情を一挙に高め，パリ講和会議で中国側の二十一カ条撤廃要求が無視されると，1919年には二十一カ条撤廃を求める学生・労働者らの五・四運動が全土で展開された。また，戦後になると日本の中国での影響力増大を懸念したアメリカなどの国際的圧力が強まった結果，ワシントン会議(1921〜22)において結ばれた九カ国条約で中国の主権と独立の尊重，領

土の保全などが定められ、山東も中国へ返還されるなど、日本の中国進出は一旦後退することになった。

　問(17)　**西安**　第1次国共合作が崩れた後、国民党の蒋介石(1887〜1975)は共産党を敵視し、日本が満州進出を激しくするなか、瑞金(江西省)の中華ソヴィエト共和国臨時政府への猛攻撃を繰り返し、共産党は拠点を移動するため長征を開始した。長征が続く1935年、共産党が八・一宣言で内戦の停止と抗日民族統一戦線結成を呼びかけると、翌年国民党の張学良(1901〜2001)は西安で蒋介石を監禁して内戦停止と一致抗日を要求する西安事件を起こした。この結果、両党の話し合いが始まり、1937年、盧溝橋事件をきっかけに日中戦争が勃発した直後、**第2次国共合作**が成立した。

　問(18)　**(プロレタリア)文化大革命**　プロレタリア文化大革命は、大躍進政策の失敗をうけて経済立て直しのため調整政策を進めた劉少奇(1898〜1969、国家主席　任1959〜68)や鄧小平(1904〜97)らに対して、毛沢東(1893〜1976、国家主席　任1949〜59)が起こした奪権闘争である。劉・鄧は「実権派(走資派)」のレッテルを張られて失脚し、毛沢東に扇動された紅衛兵が実権派と目された人物やその支持者を迫害し、各地で抗争も展開された。中央でも、毛沢東の後継者に指名された林彪(1908〜71)が、1971年に毛沢東暗殺計画の露見で失脚し、続いて首相周恩来(1898〜1976、首相　任1949〜76)と江青(毛沢東夫人)ら四人組が対立するなど、中華人民共和国の政治・社会は大きく混乱した。ようやく毛沢東が死去した1976年、後継者となった華国鋒(1921〜2008、首相　任1976〜80)が四人組を逮捕させて、事実上文化大革命は終息した。

解 答 例

A
　a　司馬炎　　　b　拓跋　　　c　東魏
　(1)　陰陽家
　(2)　太平道
　(3)　燕
　(4)　(ア)　司馬遷　　(イ)　クシャーナ朝
　(5)　王莽
　(6)　(ア)　羯　　(イ)　仏図澄
　(7)　宋
　(8)　(ア)　上京竜泉府　　(イ)　猛安・謀克　　(ウ)　ヌルハチ

B

　d　趙匡胤　　　e　東林　　　f　国民党

⑼　党錮の禁

⑽　殿試

⑾　財政の再建，軍事力の強化

⑿　科挙の廃止

⒀　民権の伸張，民生の安定

⒁　変法運動(戊戌の変法)

⒂　(幹線)鉄道

⒃　二十一カ条(の)要求

⒄　西安

⒅　(プロレタリア)文化大革命

Ⅲ

解説

問題文を読んでみよう！

　Ⅲのテーマは「18世紀の啓蒙思想」のイギリスとプロイセンにおける受容と影響について考えさせるものである。1994年に啓蒙専制君主についての出題があったが，それは200字の論述であった。今回は，イギリスとプロイセンの比較が求められている。文化史的な「啓蒙思想」を軸に考えなければならないのは，300字論述のⅢでは初めての傾向となる。それだけに，戸惑う受験生も多かったのではないだろうか？　問題文自体は比較的シンプルで素直なので，あとは「18世紀」という時代を正確に把握することである。

　問題文は以下のとおりである。

　18世紀のヨーロッパでは，理性を重視し，古い権威や偏見を批判する啓蒙思想が有力となった。イギリスとプロイセンの場合を比較しながら，啓蒙思想がどのような人々によって受容され，また，そのことがどのような影響を政治や社会に及ぼしたか，300字以内で説明せよ。解答は所定の解答欄に記入せよ。句読点も字数に含めよ。

問題の中心テーマを確認しよう！

　　まず，問題の前文である。「18世紀のヨーロッパ」という時代をしっかり認識すること。また，「理性を重視し，古い権威や偏見を批判する啓蒙思想」とはどのようなものか，を思い浮かべることができるだろうか？　次いで，最も中心となる要求であるが，その啓蒙思想が「どのような人々によって受容」されたか？　を考えなければならない。さらに「そのこと＝啓蒙思想が受容されたこと」が「政治や社会に及ぼした影響」について，「イギリスとプロイセン」を「比較」しながら書かなければならない。

　　18世紀のプロイセンでは，まず，ホーエンツォレルン家のフリードリヒ2世を想起しよう。啓蒙専制君主としてのあり方については，どの教科書にも記されている基礎事項を列挙してみるとよい。啓蒙思想家のヴォルテールとの交流などもメモしておいてもらいたい。その上で，なぜ，啓蒙思想を国王が受容しなければならなかったのか？を考えよう。当時のプロイセンは農場領主制（グーツヘルシャフト）が中心の経済体制で，ユンカーが多くの農奴を使役しており，商工業の発達，すなわち市民層の活動が不十分であったことを確認しておこう。古い経済構造から脱皮しようとすると，市民層を拡充しなければならない。そのためには，教育などの充実を図り，啓蒙専制君主が国家の「富国強兵」を目指したことを，明確に示すことが重要である。

　　一方，イギリスはどうか？　18世紀後半からイギリスはすでに産業革命を展開している。啓蒙思想といえば，フランス革命の思想的基盤ということで，イギリスでも二つの市民革命（ピューリタン革命と名誉革命）に飛びつきたくなるかもしれないが，それは17世紀の時代である。くれぐれも「18世紀」で考えること。すでに，17世紀の市民革命で立憲君主制はいち早く確立されており，18世紀にはハノーヴァー朝のジョージ1世の下で，ウォルポールが責任内閣制を樹立している。とすれば，「古い権威や偏見」に該当するものは何か？　「重商主義」体制である。それを「批判する」のは？フランスではルイ15世の侍医であるケネーが重農主義を打ち出して，『経済表』を著している。ケネーの影響を受けたアダム＝スミスは「レッセ＝フェール（自由放任）」を継承・発展させて，自由主義経済学を確立した。それが従来の地主層に代わって，資本家層の台頭をさらに促すことになる。

　　以上のような概要が把握できたら，改めて構成メモを書き出してみよう！

書くべきポイントを列挙してみよう！

　　18世紀のイギリスとプロイセンの状況の相違を明確にするために，表などを作成して，対応する諸要素を並べていこう。

	イギリス	プロイセン
政治体制	立憲君主体制・責任内閣制	絶対王政
経済	産業革命が勃興	農場領主制（グーツヘルシャフト）
啓蒙思想	ケネー　自由放任経済を主張	ヴォルテールらの旧体制批判
批判の対象	重商主義	商工業や市民層の未成長
影響を受けた例	アダム＝スミスの自由主義経済学 資本家層の台頭	フリードリヒ2世の富国強兵策 上からの改革で絶対王政強化

イギリスとプロイセンを約150字ずつとして，それぞれまとめていくとよいだろう。

問題文の核心に迫ろう！

・イギリスについて

＊　すでに17世紀の二つの革命で，立憲君主体制が確立されていた。ピューリタン革命ではホッブズが『リヴァイアサン』を著して，社会契約によって国家に絶対主権を委ねるべきと主張した。しかし，ジョン＝ロックは名誉革命を擁護し『統治二論（市民政府二論）』で人民の抵抗権などを重視する社会契約説を唱えた。イギリスでのこのような思考が，啓蒙思想の芽を形成したともいえよう。しかし，経済的には重商主義政策が推進され，特許会社の東インド会社が交易を仕切っていた。

＊　18世紀には英仏植民地戦争が展開される中，北米植民地などが広大な市場として形成され，また，国内では第2次囲い込み（エンクロージャー）で工場労働者が生じた。毛織物業や大西洋三角貿易で得た銀が資本となって，産業革命が始動することとなった。これにより産業資本家が出現し，以後，労働者との新しい階級対立が生じることとなる。

＊　一方，フランスではルイ14世が1685年に発した「ナントの王令廃止」以降，商工業が衰退し，旧制度への不満が鬱積していた。こうした状況の中で，啓蒙思想が形成されていった。その先駆ともいうべきケネーは，『経済表』を著して，重商主義を批判し，モンテスキューやヴォルテールらはフランス絶対王政末期の状況に反発して，イギリスの発展の根源と考えられる諸制度を紹介し，賛美さえしていた。

＊　イギリスでは，経済状況が大きく変化する中でも，議会や社会的意識は依然として大地主中心のものであり，また，いまだなお東インド会社が交易を独占していた。そうした中で，アダム＝スミスが『諸国民の富（国富論）』でケネーの「富の根源は農業」という主張を生産労働全般に発展させ，保護主義政策を推進してきた重商主義を批判した。これは台頭しつつある資本家層に受け入れられ，以後，自由主義経済が声高に喧伝されるようになっていくのである。

- プロイセンについて

＊　18世紀に入って，プロイセンは公国から王国に昇格し（詳細については，$\boxed{Ⅳ}$ の問(11)を参照），フリードリヒ゠ヴィルヘルム１世が王政を強化し，そのあとを継いだフリードリヒ２世がオーストリア継承戦争や七年戦争を戦って，シュレジエンを得て，国力を強化した。

＊　イギリスが産業革命で経済成長を謳歌する中で，プロイセン，オーストリア，ロシアなどの東欧諸国は依然として16世紀以来の農場領主制（グーツヘルシャフト）が中心であった。改めて農奴制が強化される中，西欧向けの輸出用穀物栽培が行われていた。

＊　しかし，イギリスのように商工業は発達しておらず，その担い手たる市民層も未成長であった。フリードリヒ２世はヴォルテールらと交流し，国王主導の上からの近代化を推進せざるを得ない状況であった。「君主は国家第一の僕」と主張し，ユンカー（土地貴族）を活用して官僚制の整備や軍制の強化を図り，商工業の育成を図った。しかし，これはあくまで国王による体制強化にほかならなかったことは，いうまでもない。

過去問を検討してみよう！

　今年度の問題は，今までにはない新しいタイプの問題だと感じたかもしれない。しかし，こうした文化と政治・社会などをからめた問題は，今までにも存在していた。たとえば，2012年の $\boxed{Ⅰ}$ の「魏晋南北朝時代の仏教・道教の発展と政治・社会・文化に与えた影響」や1997年の「五・四運動期に起こった文化運動」などがその例といえよう。今後，$\boxed{Ⅲ}$ でもこうしたタイプの問題が増えていくと思われる。くれぐれも文化史を単なる暗記物と片付けず，政治や社会経済に与えた影響と関連づけて把握するような学習を心がけてもらいたい。

解答例

イギリスではイギリス革命によって議会政治	1
が確立し，18世紀に責任内閣制も成立したが	2
，依然として議会主導で重商主義体制が続い	3
ていた。それに対し，アダム゠スミスは重農	4
主義者ケネーの「レッセ゠フェール」を継承	5
・発展させて，『国富論』で自由主義経済学	6
を確立した。これは資本家層に浸透し，イギ	7
リスの経済発展を促し，産業革命の理論的基	8

盤となった。一方，プロイセンでは農場領主　9
制の下，商工業が未発達で市民層の成長が不　10
十分であった。このため，フリードリヒ2世　11
がヴォルテールらと交流し，啓蒙専制君主と　12
して上からの改革を行い，農奴の保護や宗教　13
寛容策などを主導した。さらに，ユンカー層　14
を官僚に取り込むなど絶対王政を強化した。　15

（300字）

Ⅳ

解説

A　古代・中世のヨーロッパにおける船舶と海運

　空欄 a　**サラミス**　ペルシア戦争末期の前480年に，テミストクレス率いるギリシア艦隊がペルシア艦隊を撃破した。この結果，アケメネス朝ペルシアのクセルクセス1世は，戦意を喪失して帰国の途についた。三段櫂船のこぎ手として活躍した無産市民は，この後，民会での発言権を高め，その地位を向上させることになった。

　空欄 b　**北海**　ノルウェーやデンマーク，イギリス，ドイツ・オランダ・ベルギーなどに囲まれた北海は，ニシンやタラの漁場として知られ，また20世紀半ばに開発された北海油田では，石油や天然ガスの重要な供給地域となっている。地中海交易圏と北海・バルト海交易圏を結びつけたのは，問題文にあるようにジェノヴァの櫂船だが，14世紀半ばの黒死病の流行で労働力不足が深刻になると，一層，船への依存度が増すようになった。その結果，交易の中継拠点がシャンパーニュ地方からブリュージュ（ブルッヘ）に移り，15世紀に土砂の堆積で港湾としての機能が不全となると，経済の中心はアントウェルペン（アントワープ）に移った。

　空欄 c　**リューベック**　ユトランド半島のバルト海に面しており，12世紀半ばに建設された都市である。13世紀に皇帝直属の帝国都市となり，ハンザ同盟の盟主として，北海・バルト海交易をハンブルクなどとともに牽引した。なお，1929年にノーベル文学賞を受賞し，ナチス政権に抗してアメリカに亡命し，『魔の山』や『ヴェニスに死す』などの作品を残したトーマス＝マンは，リューベックの商人の家の出身である。

　問(1)　**カルタゴ**　フェニキア人の都市国家のティルスが，北アフリカの現在のチュニスの近郊に建設した都市国家である。前6世紀に西地中海の覇権を掌握したが，シチリア島をめぐるローマとの3次におよぶポエニ戦争に敗北して，小スキピオによりカルタゴは徹底して破壊された。前1世紀半ばにローマによって再建され，帝政期に

繁栄したが，5世紀にヴァンダル人によって占領され，ヴァンダル王国の都となった。その後は，6世紀前半にビザンツ帝国のユスティニアヌス帝に征圧され，その支配下に置かれたが，7世紀末にイスラームの**ウマイヤ朝**の侵攻でカルタゴは再び破壊され，代わってチュニスが建設された。

問(2)　**ウェルギリウス**　地中海世界を統一したオクタウィアヌスは，前27年にローマの元老院からアウグストゥスの称号をうけた。彼はプリンキパトス（元首政）を開始し，またホラティウスなど多くのラテン語詩人を保護した。ウェルギリウスもその一人で，問題文にある「ローマの建国伝説をテーマとする」叙事詩の『**アエネイス**』を著した。

問(3)　**後ウマイヤ朝**　ウマイヤ朝は，750年にアッバース朝によって倒された。その末裔のアブド゠アッラフマーンはイベリア半島のアンダルスに進出，756年にコルドバを都として後ウマイヤ朝を興し，アミールと称した。キリスト教徒やユダヤ教徒と共存し，コルドバはヨーロッパとイスラームの接点として経済・文化が繁栄した。チュニスに勃興したファーティマ朝（（中）カリフを自称）に次いで，929年に第8代アブド゠アッラフマーン3世が（西）カリフを主張し，アッバース朝の（東）カリフと並んで3カリフ鼎立の時代を迎えた。しかし，11世紀に入ると内紛が生じ，レコンキスタの圧迫もあって1031年に滅亡した。

問(4)　**両シチリア王国**　10世紀初めに北フランスにノルマンディー公国が成立した後，その騎士の家系の子孫たちがビザンツ帝国支配下の南イタリアに移住し，またイスラーム支配下のシチリア島も占領して，傭兵や後には十字軍の戦士として活躍した。11世紀半ばに正式にローマ教皇によって封土され，1130年にルッジェーロ2世が教皇から王号を得て両シチリア王国が成立する。その娘は神聖ローマ皇帝シュタウフェン朝のハインリヒ6世と結婚して，皇帝にしてシチリア王であり，皇帝となるフリードリヒ2世を誕生させた。シチリア島では，イスラーム文化・ビザンツ文化・ラテン文化が根付いており，王都パレルモは12世紀ルネサンスの拠点の一つとして栄えた。皇帝フリードリヒ2世は文化も奨励し，「玉座の上の最初の近代人」と称された。

問(5)　**（聖）ヨハネ騎士団・ドイツ騎士団・テンプル騎士団から二つ**

教皇直属の修道会である宗教騎士団は，修道士となった騎士たちが十字軍時代に聖地巡礼の護衛を目的に創設された。

（聖）ヨハネ騎士団は第1回十字軍の際に結成された。ムスリムとの戦闘とともに，黒地に白十字の衣服でイェルサレムにおいて傷病者の治療を行った。十字軍の最後の拠点アッコンが陥落すると，キプロス島，次いでロードス島に本拠を移した。しかし，オスマン帝国のスレイマン1世によってロードス島を奪われると，皇帝カール5世の

尽力でマルタ島に移り，1571年のレパント海戦にも参加している。

　テンプル騎士団は12世紀初めにイェルサレムで聖堂守護のために設立され，赤十字付きの白衣を着た。王たちの寄進や免税などの諸特権を獲得し，諸侯の財産保管を担い，さらには金融業や交易で莫大な富を構築した。フランスのカペー朝のフィリップ4世はその富に着目して策略を用い，その資産を没収して壊滅状態とした。14世紀初頭，教皇庁によって正式に解体された。

　ドイツ騎士団は，第3回十字軍の際に聖地警護のためにアッコンで結成された。しかし，13世紀以降はエルベ川以東への植民活動を行い，東方植民の中心的存在となった。スラヴ系古プロイセン人の改宗を目的としたが，結局はその土地を征服して，ドイツ騎士団領を形成した。16世紀にホーエンツォレルン家(後述する問(11))の騎士団長がルター派に改宗して，プロイセン公国とした。1618年にブランデンブルク選帝侯国と合邦して，ブランデンブルク＝プロイセン公国となったが，スペイン継承戦争で神聖ローマ帝国側についたことで，1701年プロイセン公国が王国に昇格してプロイセン王国となった。

　問(6)　デンマーク王国　8世紀頃，デーン人が北海とバルト海に挟まれたユトランド半島を中心に建国し，ブリテン島に侵攻を繰り返していたが，11世紀にはクヌート王がイングランド・ノルウェーも支配して北海帝国を形成したものの，一代で終わった。14世紀末には女王マルグレーテがスウェーデン・ノルウェーとともにカルマル同盟を結成し，ハンザ同盟とも競合や対立を繰り返した。16世紀前半にスウェーデンの離脱で，同盟は解体した。

▶ B　近世・近代のヨーロッパにおけるディアスポラ

　問(7)　シオニズム　ユダヤ人ジャーナリストのテオドール＝ヘルツルは，ユダヤ系軍人の冤罪事件であるドレフュス事件で，キリスト教世界の反ユダヤ主義のあり方に衝撃を受けた。1897年にスイスのバーゼルで第1回シオニスト大会を開催し，パレスチナにユダヤ人国家の建設を目指すシオニズムを訴えるようになった。イェルサレムの雅名がシオンであり，この運動の呼びかけから，各地で迫害されていたユダヤ人が徐々にパレスチナに移住するようになっていった。

　問(8)　イサベル　カスティリャ王国の女王(位1474～1504)で，アラゴン王国の王フェルナンドと結婚した後，1479年に両国は合邦してスペイン王国となった。イサベル女王は共同統治者として統治機構を整備し，レコンキスタを完成させて，ローマ教皇からフェルナンド王とともに「カトリック両王」の称号を授与された。また，コロンブスの大西洋航海を支援したことでも知られる。

　問(9)　アムステルダム　ホラント州にあるオランダの首都で，アムステル川をせきとめ（ダム）たことから，この名称になったといわれる。中継貿易で急速に発展し，オランダ独立戦争時にアントウェルペン（アントワープ）がスペイン傭兵の略奪で荒廃すると，これに代わって17世紀前半には世界の貿易・金融の中心となった。文化も黄金期を迎え，レンブラントやグロティウス，ホイヘンスらを輩出した。

　問(10)　メアリ1世がカトリックを復活させたため。

　テューダー朝のヘンリ8世（位 1509～47）が王妃カザリンとの離婚問題から，1534年に国王至上法（首長法）を発布し，イギリス国教会を樹立した。その後，次のエドワード6世（位 1547～53）は49年に一般祈禱書で教義や制度を整備したが，若くして亡くなった。その後を受けたメアリ1世（位 1553～58）はカザリン王妃の娘であり，弟王のとった新教化政策を否定してカトリックを復活させた。新教徒に苛酷な弾圧を行い，「Bloody Mary（血まみれのメアリ）」と称された。しかし，その期間は短く，メアリ1世の死後に即位したエリザベス1世（位 1558～1603）が1559年の統一法で姉王のカトリック復活の混乱を収拾し，イギリス国教会を確立させた。

　問(11)　ホーエンツォレルン家　15世紀にブランデンブルク選帝侯国の支配者となり，また，一族の傍流はドイツ騎士団長となっていたが，16世紀にルター派に改宗してプロイセン公国を成立させた。問(5)にあるようにブランデンブルク＝プロイセン公国からプロイセン王国に昇格し，1871年にはドイツ帝国がヴィルヘルム1世（皇帝位 1871～88）の下で成立した。しかし，第一次世界大戦末期にドイツ革命が勃発してヴィルヘルム2世（位 1888～1918）は退位を余儀なくされ，オランダに亡命し，ホーエンツォレルン家の支配は幕を閉じた。

　問(12)　ハノーヴァー朝　スチュアート朝が1714年のアン女王の死で断絶すると，その後継者として，ハノーヴァー家のゲオルグ（母がジェームズ1世の孫）がイングランド国王の座につき，ジョージ1世（位 1714～27）となった。現在のウィンザー朝（第一次世界大戦中の1917年に，敵対するドイツの名称であることからの改称）につながる家系である。ジョージ1世は英語やイングランドの諸制度などに理解が乏しく，ホイッグ党のウォルポール（首相　任 1721～42）に委ねて，責任内閣制が発展することになった。

　問(13)　オーストリア　国民議会から立法議会となり，1792年，ジロンド派内閣は革命戦争に踏み切った。1791年のオーストリアとプロイセンのピルニッツ宣言による革命政府に対する非正当性の訴えや，オーストリアによるエミグレ（亡命貴族）への支援などを打破するため，オーストリアへの宣戦布告を行い，革命戦争をひきおこした。フランス正規軍は戦意なくすぐに敗退したため，立法議会は祖国の危機を訴えて義勇

軍を募り，ついにヴァルミーの戦いで義勇軍がオーストリア・プロイセン連合軍を撃破するに至った。

問⒁　サトウキビ・綿花・タバコから二つ

タバコはアメリカ大陸の原産である。イギリスのヴァージニア植民地では，17世紀初めのジェームズタウン入植以降，黒人奴隷が導入されて，タバコ＝プランテーションが北米南部で繁栄した。

また，綿花は，18世紀後半以降のイギリス産業革命で綿工業が発展すると，北米南部産の綿花が原料となり，黒人奴隷の需要が高まった。綿花プランテーションは西インド諸島やインド，アフリカにおいても盛んに行われるようになった。

一方，サトウキビ＝プランテーションは16世紀に南米唯一のポルトガル植民地のブラジルで始まり，次いでオランダやイギリス・フランスなどもこれを展開することになった。労働力の先住民が疫病や酷使などで激減すると，黒人奴隷が投入された。

問⒂　アレクサンドル２世　クリミア戦争のセヴァストーポリ要塞の激戦時に，ニコライ１世が亡くなると，そのあとを受けて1855年に即位した。敗戦の衝撃の中で皇帝専制体制の延命のために，1861年の農奴解放令の発布などの一連の上からの改革を行った。しかし，60年代後半以降，次第に反動化していった。そのため，立憲体制を求める急進化したナロードニキの一部によって1881年に暗殺された。

問⒃　イタリア　1880年代以降に急増した東欧・南欧系の移民は，「新移民」と称される。ロシアなどの東欧で迫害されていたユダヤ人などや，南欧のイタリア，特にシチリア島民が生活苦からアメリカへと向かった。しかし，新天地のアメリカでは低賃金労働の工業労働者などに従事せざるを得ず，都市貧困層を形成した。

C　冷戦における多極化の動き

問⒄　シューマン　ロベール＝シューマンは，フランス第４共和政首相・外相（任1947～53）であった。1950年にシューマン＝プランを発表し，西ヨーロッパにおける石炭と鉄鋼産業の共同管理などを提案した。ヨーロッパの相互の紛争を除き，経済再建のために資源を共有するという趣旨である。1952年にフランス・西ドイツ・イタリア・ベルギー・オランダ・ルクセンブルクでヨーロッパ石炭鉄鋼共同体（ECSC）を発足させた。この後，1958年にヨーロッパ経済共同体（EEC）とヨーロッパ原子力共同体（EURATOM）が発足し，ヨーロッパの統合を目指し続けたシューマン自身は58年にEECの初代議長に選出された。これら三つの組織は67年にヨーロッパ共同体（EC）に統合され，92年のマーストリヒト条約で翌年ヨーロッパ連合（EU）となった。

問⒅　パリ　1965年からアメリカのジョンソン政権が開始した北爆で，本格的に展

開されたベトナム戦争が長期化し，アメリカの財政悪化が深刻となった。そのため，68年からパリで和平会談が開催され，ニクソン政権の73年１月27日に和平協定が締結された。３月29日にはアメリカ軍はベトナムから全面撤退を完了した。

問(19)　金とドルの交換が停止され，固定相場制から変動相場制へ移行した。

1944年のブレトン・ウッズ会議でIMF（国際通貨基金）やIBRD（国際復興開発銀行・世界銀行）の設立を決定し，国際基軸通貨の米ドルと各国の通貨の交換比率を決定し，固定相場制とした。これで為替の安定が図られ，各国の経済発展の基盤となった。しかし，アメリカ経済の悪化で貿易赤字などが深刻になったため，ニクソン大統領が1971年に金ドル交換停止を宣言した。世界経済の混乱の中で各国は変動相場制に移行し，戦後の国際通貨体制であるブレトン・ウッズ体制は崩壊した。

問(20)　国内では従来のスターリン体制を批判，対外的にはアメリカを中心とする資本主義諸国との平和共存政策を打ち出した。

1953年にスターリンが死去した後，政権を掌握したフルシチョフが56年のソ連共産党第20回大会でスターリン批判を行った。スターリンの個人崇拝や大量粛清を批判し，国内の個人独裁からの転換を訴えた。また，その対外戦略をも否定して，平和共存路線を打ち出した。この報告は世界に大きな衝撃を与え，特にポーランドやハンガリーでは反ソ暴動が起こり，また中華人民共和国は特に平和共存路線に大きく反発して中ソ論争，対立が始まった。

問(21)　珍宝島（ダマンスキー島）　アロー戦争の仲介を行ったロシアは，1860年のロシア・清の北京条約でウスリー川を国境とした。20世紀に入って革命や２度の大戦の混乱などを経て，ロシアはロマノフ朝からソ連，中国は清から中華民国を経て中華人民共和国となり，当初は友好関係を保っていた。しかし，1956年以降，中ソ対立が続く中，ウスリー川の中州の帰属については両国ともに互いに領有権を主張し，1969年３月に珍宝島（ダマンスキー島）で大規模な軍事衝突が生じた。軍事的緊張は９月の周恩来・コスイギン両首相の会談で緩和されたが，国境問題は先送りされた。1991年ソ連消滅の直前に中ソ国境協定が結ばれ，珍宝島（ダマンスキー島）は中国側に帰属することが決定した。ロシア連邦となった後も，残る中央アジアや大ウスリー島（アムール川とウスリー川の合流地点）などの国境問題の話し合いは継続され，ロシアの譲歩もあって，2008年に中露の国境線は正式に確定した。

問(22)　李登輝　1949年，蔣介石率いる中国国民党が台湾に移転して以降，中国大陸からの移住者は「外省人」，1945年以前から居住している漢民族や先住民は「本省人」と称される。当初は外省人中心の国民党政権の支配が行われていたが，蔣介石，次いでその後を受けた息子の蔣経国の死後，1988年から李登輝が初の本省人出身の総統と

なった。民主化を進めて，96年には初めての直接選挙で総統となり，2000年まで在任した。

問(23)　外国企業を誘致して，低賃金を生かし輸出向けの工業製品を生産した。

新興工業経済地域(NIES)は，強力な政治指導者の下で，輸出主導型の工業化を推進して，急速な経済成長の実現を目指した。低賃金労働力を基盤として外国企業を積極的に誘致し，国民１人あたりの所得を引きあげていくのが特徴である。

解答例

A

a　サラミス　　b　北海　　c　リューベック

(1)　カルタゴ

(2)　ウェルギリウス

(3)　後ウマイヤ朝

(4)　両シチリア王国

(5)　(聖)ヨハネ騎士団・ドイツ騎士団・テンプル騎士団から二つ

(6)　デンマーク王国

B

(7)　シオニズム

(8)　イサベル

(9)　アムステルダム

(10)　メアリ１世がカトリックを復活させたため。

(11)　ホーエンツォレルン家

(12)　ハノーヴァー朝

(13)　オーストリア

(14)　サトウキビ・綿花・タバコから二つ

(15)　アレクサンドル２世

(16)　イタリア

C

(17)　シューマン

(18)　パリ

(19)　金とドルの交換が停止され，固定相場制から変動相場制へ移行した。

⑳　国内では従来のスターリン体制を批判，対外的にはアメリカを中心とする資本
　　主義諸国との平和共存政策を打ち出した。

㉑　珍宝島(ダマンスキー島)

㉒　李登輝

㉓　外国企業を誘致して，低賃金を生かし輸出向けの工業製品を生産した。

解答・解説

I

(解説)

問題文を読んでみよう！

　今年度の問題は久々に中国近代史であった。今年度の問題文が昨年度と違って少し長くなり，その要求も一読しただけでは少々とらえにくいかもしれない。熟読して，その意図を明確に把握しよう！

　問題文は以下の通りである。

　　東アジアの「帝国」清は，アヘン戦争敗戦の結果，最初の不平等条約である南京条約を結び，以後の60年間にあっても，対外戦争を4回戦い，そのすべてに敗れた。清はこの4回の戦争の講和条約で，領土割譲や賠償金支払いのほか，諸外国への経済的権益の承認や，隣接国家との関係改変を強いられたのである。この4回の戦争の講和条約に規定された諸外国への経済的権益の承認と，清と隣接国家との関係改変，および，その結果，清がどのような状況に陥ったのかを，300字以内で説明せよ。

問題の中心テーマを確認しよう！

1. 問題にはまず，アヘン戦争とその講和条約である南京条約が示されている。「以後の60年間」に「対外戦争を4回」戦った，とある。まず，「4回の戦争」とその時期を想起しよう。

　　1840〜42年のアヘン戦争以後の60年間の戦争を，年表形式にあげてみよう。

　　1856〜60　アロー戦争　　天津条約(清の批准拒否)・北京条約

　　1884〜85　清仏戦争　　　天津条約

　　1894〜95　日清戦争　　　下関条約

　　1900〜01　義和団事件　　北京議定書(辛丑和約)

2. 要求の内容は「この4回の戦争の講和条約に規定された諸外国への経済的権益の承認と，清と隣接国家との関係改変，および，その結果，清がどのような状況に陥ったのか」である。3項目の要求なので，以下に改めて整理してみよう。

a「講和条約に規定された諸外国への経済的権益の承認」

北京条約（1860）……11港の開港・アヘン貿易の公認・外国人の内地旅行の自由
　　　　　　　　　　　租界の設置

　下関条約（1895）……開港場での企業設立

　北京議定書（1901）……４億５千万両という巨額の賠償金・外国軍隊の北京駐在

b「清と隣接国家との関係改変」

　天津条約（1885）……ベトナムの宗主権を放棄

　下関条約（1895）……朝鮮の宗主権を放棄

c「その結果，清がどのような状況に陥ったのか」

　北京条約（1860）の後，総理衙門設置で対等外交に→外国公使の北京駐在
　　　　　　　　　　民衆の困窮化進む・海禁解除で苦力（クーリー）の海外移住

　下関条約（1895）の後，鉄道敷設権・鉱山採掘権などが列強に
　　　　　　　　　　列強の中国分割進む

　北京議定書（1901）の後，外国軍隊の常駐など清の列強に対する従属が強まる

　従来の問題と比べて要求の項目が多いので，個別の事案にあまり字数は割けない。構成を十分に考えて，それぞれの戦争について75字を目安にまとめる見当をつけよう。

［書くべきことを整理してみよう！］

　まず，アロー戦争の結果，アヘン戦争後に開港された５港以外に最終的に11港が開港することになった。さらにアヘン貿易も公認され，海禁策も解除されて，困窮した人々が苦力（クーリー）として海外の低賃金労働者として流出していった。また北京には初めて外交を扱う総理各国事務衙門（総理衙門）が設置され，外国公使の北京駐在が認められた。この結果，清は列強との直接交渉を余儀なくされた。国内では，太平天国の乱もようやく終息し，曾国藩や李鴻章らによる洋務運動が展開されたが，これは改革であって，「どのような状況に陥ったのか」という要求には当たらない。

　次いで清仏戦争である。フランス第三共和政が阮朝越南国（ベトナム）への進出を企図し，1883・84年にユエ条約を結んだことに清が反発し，ベトナムの宗主権を主張して起こったものである。結局，85年の天津条約では，清がベトナムに対するフランスの保護権を承認することとなった。これが「隣接国家との関係改変」に該当する。

　そして，日清戦争の結果の下関条約では，朝鮮の独立（「隣接国家との関係改変」）や通商上の特権付与，開港場での企業の設立などが定められた。遼東半島の割譲に対しては，ロシア・ドイツ・フランスによる三国干渉で日本はこれを中国に返還した。ロシアは日本に対する介入の代償として東清鉄道の敷設権を獲得している。この後は，

列強の中国に対する領土分割，勢力圏の設定が行われ，進出の遅れたアメリカは，国務長官ジョン＝ヘイが門戸開放宣言(1899，1900)を提唱した。このような危機的な状況の中で，康有為らが光緒帝の下で戊戌の変法を推進しようとしたが，戊戌の政変によって３カ月で挫折した。(この1898年〔戊戌〕の顛末についても触れる必要はない。)

　アロー戦争の結果の北京条約でキリスト教の布教が認められ，その布教活動が列強の進出とともに活発化すると，反発した民衆は仇教(反キリスト教)運動を展開し，**義和団事件**に至った。清の保守派はこれに乗じて列強に宣戦布告したが，日本とロシアを中心とする８カ国連合軍に北京を占領され，1901年に北京議定書(辛丑和約)が締結された。外国軍隊の北京駐屯権や４億５千万両という，それまで(たとえば北京条約では800万両，下関条約では２億両)と比較してもかなり巨額の賠償金を認める結果となった。清は総理衙門を改変して外務部とし，光緒新政で本格的な改革を模索したが，外国からの借款に苦しみ，1911年には辛亥革命に直面することになる。

　こうした概観をふまえた上で，書くべきことと書く必要のない事柄を分けて，事項を整理していこう。

［解答の構成を考えてみよう！］

　くれぐれも戦争の原因などは要求されてはいないことを，そして，あまり詳しくは書けないことも忘れないこと。また，改革運動などの書きやすい方向に流されないように気をつけよう。くどくはなるが，改めて確認をしておこう。

1. アロー戦争の結果の北京条約で，11港の開港・アヘン貿易の公認など→外国公使の北京駐留
2. 清仏戦争の結果の天津条約で，ベトナムの宗主権を放棄
3. 日清戦争の結果の下関条約で，朝鮮の独立，鉄道敷設権・鉱山採掘権などが列強に→列強の中国分割進む
4. 義和団事件の結果の北京議定書(辛丑和約)で，巨額の賠償金→借款に苦しむ
　　外国軍隊の常駐→列強への従属→辛亥革命へ

　上記のような知識を要求に応じて正確に論じていくのには，書きづらい面もあるだろう。しかし，清末の政情については論述でも頻出のテーマでもある。では，実際に自分の文体で書いてみよう！

［解］［答］［例］

アロー戦争後の北京条約で，清は11港の開港	1
やアヘン貿易の合法化などを認めた。また外	2

国公使の北京駐在を認め，総理衙門を設置し　3
て，列強との対等外交を強いられた。清仏戦　4
争後の天津条約では，阮朝越南国の宗主権を　5
放棄し，フランスのベトナム保護国化を認め　6
た。日清戦争後の下関条約でも，朝鮮の宗主　7
権を放棄して独立を認めたため，伝統的な冊　8
封体制は崩壊した。戦後は列強に鉄道敷設権　9
や鉱山採掘権の譲渡，勢力圏の設定などを認　10
めた結果，中国の領土分割が激化した。義和　11
団事件後の北京議定書で，外国軍隊の駐屯な　12
どを認めて半植民地化が決定的となり，多額　13
の賠償金の支払いにも苦しんだ。国の内外で　14
は清朝打倒をめざす革命運動が活発化した。　15

(300字)

Ⅱ

（解説）

A　殷〜清における中国王朝史

空欄a　**建康**　現在の江蘇省の南京は，戦国時代から開かれていたが，三国の呉が建業と名付けて都とした。晋の南遷で，一族の司馬睿がここで即位して建康とした。都の名称の改変は，西晋最後の皇帝である愍帝の名が司馬鄴であったことから，その本名に抵触するため改めたものである。以後の南朝でも都として，貴族中心の六朝文化が栄えた。

空欄b　**後梁**　唐を907年に倒した節度使の**朱全忠**は，黄河と大運河の中継地として著しい経済成長が見られる河南省の開封を都とした。以後，五代十国時代の混乱期から宋へと時代が変遷していくなかで，政治的・経済的拠点として発展していった。

空欄c　**永楽**　明を建国した**朱元璋（洪武帝）**は，南京（金陵）で明の建国宣言を行った。しかし，靖難の役で甥の第2代皇帝の建文帝を倒した燕王朱棣が，永楽帝となった後，北京に遷都し，北方のモンゴル対策もあって，江南を中心とした体制を華北中心の体制に代えた。

空欄d　**海禁**　明の建国当初は，東南沿岸部を**倭寇**などが劫掠を続けていた。洪武帝は海禁策の措置をとり，**民間貿易や民間人の海外渡航を禁止**し，朝貢貿易のみを認めた。また，密貿易を取り締まるためにも，勘合（割符）を与えて国が海外貿易の利益

を独占した。16世紀になり，ポルトガル・スペインなどの商人が盛んに交易活動を展開するようになると，再び密貿易がさかんとなり，後期倭寇が跋扈した。そのため，明は16世紀半ばには海禁を緩和せざるをえなくなった。

問(1)　**夏**　伝説の王朝である夏は，禹が創始したとされ，桀が殷の湯王によって滅ぼされるまで約500年弱続いたとされる。

問(2)　(ア)　**武帝**　前漢の第7代皇帝で，在位期間は前141〜前87年である。前2世紀後半とおさえておけば，「紀元前132年に起こった黄河の決壊」の時期に合致することがわかるだろう。

(イ)　**均輸法**　武帝が大規模な匈奴遠征などで財政悪化をまねいたことで，財政再建の必要性に迫られた。前2世紀末に塩・鉄の専売が，その後に均輸法，平準法が続けて施行された。均輸法は，地方の均輸官が政府の必要とする地方物資を調達して，価格が高騰する物資の不足地に輸送・販売するもので，平準法は問題文にあるとおり，物価が高騰した時に物資を放出するというものである。

問(3)　**孫権**　三国の呉を222年に建国した人物(位229〜252)で，建業を都とした(空欄aを参照)。呉は江南の開発をすすめたが，魏を奪った司馬炎(武帝)(位265〜290)によって280年に呉は滅ぼされ，三国時代は終わりを告げた。

問(4)　**八王の乱**　司馬炎(武帝)の後継者の恵帝(位290〜306)の時代に，一族の政権抗争である八王の乱(290〜306)が生じた。諸王は武力増強のために周辺異民族を利用したため，これに乗じて匈奴の劉淵・劉聡父子が南下し，永嘉の乱を起こして316年に晋を滅ぼしたのである。

問(5)　**高句麗**　高句麗は朝鮮半島北部に進出して4世紀に楽浪郡を滅ぼし，5世紀に平壌に遷都し，半島南部の新羅・百済とともに朝鮮三国時代を現出した。隋の煬帝は，周辺民族に対する積極策の一環として3次におよぶ高句麗遠征を行ったが，結局は失敗した。大運河の建造などの疲弊で民衆の不満は高まり，第2次遠征の時から各地で反乱が起こり，隋の滅亡に至った。

問(6)　(ア)　**靖康の変**　1126年に上皇の徽宗・皇帝の欽宗ら皇族・貴族ら約3000人が金によって拉致され，北宋の滅亡に至った事件である。靖康は元号で，1126年が靖康元年であった。

(イ)　**淮河(淮水)**　淮河は，1142年の紹興の和議で金と南宋の国境に定められた。淮河より北は降水量が少なく，畑作地帯であり，淮河より南では降水量が多く，稲作地帯が広がる。南宋は江南を押さえたことで経済が発展し，その経済力で金の軍事力を圧倒したといえる。

問(7)　**泉州**　福建省の泉州は，宋代に市舶司が設置され，元代に来訪したマルコ＝

ポーロの『世界の記述』(『東方見聞録』)では「ザイトン(泉州)は世界最大の貿易港」と記されている。なお，南宋の都の杭州(臨安)はキンザイと称されている。

問(8)　エセン(＝ハン)　オイラト部のエセン(＝ハン)は勢力を増強させ，明の脅威となっていた。朝貢使節団の人数制限問題から対立姿勢を示したエセンは，1449年に侵攻して明を大敗させ，正統帝を捕虜とした。これが土木の変である。全モンゴルの実権を握ったエセンはハンを名のったが，チンギス＝ハン家の出身者でなければ，これは認められなかったので，反発した側近に暗殺され，その後オイラト部は急速に衰退した。

問(9)　曾国藩　湖南省の湘郷県の出身の曾国藩は，太平天国を鎮圧するために，郷勇の湘軍を組織した。安徽省出身の李鴻章も淮軍を組織して曾国藩とともに鎮圧に尽力した。太平天国滅亡後は，「中体西用」に基づく富国強兵策の洋務運動を展開したが，曾国藩はその途上の1872年に亡くなった。

B　7〜20世紀におけるイスラーム史

空欄e　メッカ　ムハンマドはメッカのクライシュ族ハーシム家に生まれ，神の啓示を受けて預言者としての活動を始めたが，反発する人々の迫害を避けるために，メディナ(下線部(11))に逃れた。メッカの偶像崇拝を維持しようとするクライシュ族は抵抗し続けたが，630年にムハンマドに征服された。ムハンマドはメッカをイスラームの聖地とし，多神教のカーバ神殿はイスラームの聖殿となった。

空欄f　アリー　ムハンマドの従弟でムハンマドの娘のファーティマと結婚していたアリーは，第4代正統カリフ(位656〜661)に選出された。しかし，対抗勢力との抗争に疲弊し，シリア総督のムアーウィアとの戦いでは調停による収拾を図ろうとした。それに反発した，アリーの支持者の一部が離反してハワーリジュ派を形成し，その中の1人によって暗殺された。アリーを支持した人々は，「シーア＝アリー(アリーの党派)」と称され，シーア派の形成にいたった。

空欄g　チュニジア　古くはフェニキア人が植民市カルタゴを築いたところで，ローマ，ヴァンダル，ビザンツ帝国と支配が変遷し，先住民のベルベル人(下線部(15))がその独自性を維持していた。7世紀にアラブ人が進出すると，イスラーム化が進み，10世紀初頭にシーア派であるファーティマ朝が勃興した地となった。

問(10)　巡礼　イスラーム教徒としての正しい信仰とその具体的な信仰の行為を示さなければならないとされるもので，六信五行という。六信は＜アッラー・天使・啓典・預言者・来世・予定＞を信じることで，五行は＜信仰告白・礼拝・断飲食・喜捨・巡礼＞を行うことである。

問(11)　メディナ　旧名はヤスリブといい，ムハンマドとその信徒と信徒の家族が622年に招かれて，「預言者の町」という意味の名称に代わった。ムハンマドの墓廟があり，メッカとともに「二聖都」と称される。

問(12)　ウマル　第2代正統カリフ（位634〜644）で，ビザンツ帝国からはシリア・エジプトを，ササン朝からはニハーヴァンドの戦いでその領土を征服した。ヒジュラ暦（イスラーム暦）の制定も決定している。

問(13)　フラグ　チンギス＝ハンの孫で，またモンケ＝ハンの弟でもある。兄の命で西アジア遠征を行い，1258年にバグダードを攻略してアッバース朝を滅ぼし，タブリーズを都にイル＝ハン国を樹立した。

問(14)　(ア)　ワッハーブ派　アラビア半島で18世紀半ばにイブン＝アブドゥル＝ワッハーブによって興された，イスラームのスンナ派の改革運動である。神秘主義やシーア派を激しく攻撃し，コーランとスンナ（ムハンマドの言行）に立ち戻ることを主張し，ネジドの豪族サウード家と結んでワッハーブ王国を樹立した。第1次王国は1818年にエジプトのムハンマド＝アリーによって滅ぼされたが，1823年に復活し，19世紀末まで存続した。

(イ)　サウジアラビア（王国）　1823年にアラビア半島中央部のリヤドでワッハーブ王国が再興され，19世紀末にまた打倒されたが，1902年にイブン＝サウードが復活させた。ハーシム家のフセインの建てたヒジャーズ王国を攻撃して併合した後，1926年にヒジャーズ＝ネジド王国とし，32年にサウジアラビア（王国）と改称した。

問(15)　ベルベル人　北アフリカ，特にモロッコ・アルジェリアを中心とする先住民で，その呼称はギリシア語の「バルバロイ」に由来する。フェニキア人の植民市のカルタゴが勢力を誇っていた時代には傭兵として用いられたが，ローマ帝国やゲルマン人の時代を経て，7世紀以降アラブ人が進出すると，イスラーム化が進んだ。11世紀にはムラービト朝，12世紀にはムワッヒド朝というベルベル人王朝がイベリア半島に進出し，キリスト教勢力と抗争した。

問(16)　サラディン（サラーフ＝アッディーン）　クルド人の武将で，北アフリカのシーア派のファーティマ朝に仕えて宰相となった後にこれを滅ぼし，スンナ派のアイユーブ朝を樹立した（位1169〜93）。イェルサレムを回復して第3回十字軍でイングランド王リチャード1世と抗争した後に和議を結び，イェルサレムを含むパレスティナの領有権を確保した。

問(17)　(ア)　ティムール朝　西チャガタイ＝ハン国の出身のティムールは，同国の混乱に乗じて西トルキスタンの統合に成功し，サマルカンドを都にティムール朝を樹立した。しかし，15世紀後半にはサマルカンドとヘラートをそれぞれ都とする二つの政

権に分裂し，ともにウズベク族によって滅ぼされた。

　(イ)　バーブル　　ティムールの直系の子孫といわれる。問題文にあるとおり，ウズベク人との戦いに敗れてアフガニスタンのカーブルに拠点を移し，その後パーニーパットの戦いで北インドのロディー朝を破って，ムガル帝国の初代皇帝(位 1526〜30)となった。

　問(18)　アウラングゼーブ　ムガル帝国の第 6 代の皇帝(位 1658〜1707)で，デカン地方にも領土を拡大して最大版図を形成した。厳格なスンナ派イスラーム教徒として，第 3 代アクバル帝が廃止したジズヤを復活させ，ヒンドゥー教徒やシク教徒の反発を招き，帝国を動揺，分裂させる契機となった。

　問(19)　パフレヴィー朝　1921 年にレザー＝ハーンがクーデタでカージャール朝を打倒して，1925 年に成立した王朝である。第 2 代のパフレヴィー 2 世は白色革命を推進した結果，経済格差が拡大したため民衆が不満を募らせて，1979 年にイラン革命が起こった。王は亡命し，ホメイニ主導のイラン＝イスラーム共和国が成立した。

解 答 例

A

　a　建康　　b　後梁　　c　永楽　　d　海禁

(1)　夏

(2)　(ア)　武帝　　(イ)　平準法

(3)　孫権

(4)　八王の乱

(5)　高句麗

(6)　(ア)　靖康の変　　(イ)　淮河(淮水)

(7)　泉州

(8)　エセン(＝ハン)

(9)　曾国藩

B

　e　メッカ　　f　アリー　　g　チュニジア

(10)　巡礼

(11)　メディナ

(12)　ウマル

(13)　フラグ

⑭　㋐　ワッハーブ派　　㋑　サウジアラビア（王国）

⑮　ベルベル人

⑯　サラディン（サラーフ＝アッディーン）

⑰　㋐　ティムール朝　　㋑　バーブル

⑱　アウラングゼーブ

⑲　パフレヴィー朝

$\boxed{\text{III}}$

（解説）

（問題文を読んでみよう！）

　$\boxed{\text{III}}$ のテーマは，共和政ローマの政治・軍事制度の変化であった。本年度出題された共和政後半期の政治・軍事は論述問題の頻出テーマであり，論述対策を怠らなかった受験生には比較的解答しやすい問題だったのではないだろうか。また，問題文の表現も論述問題の典型だったので，問題文読解に習熟しているかどうかが得点を分ける鍵になったのではないかと推測される。

> 　ローマは，イタリア半島の小さな都市国家からその国の歴史を始めたが，次第に領土を拡大して，前1世紀後半にはついに地中海周辺地域のほとんどを領有する大国家となった。この過程で，ローマ国家は都市国家の体制から大きく変化した。前3世紀から前1世紀にかけて生じたローマ国家の軍隊と政治体制の最も重要な変化を，300字以内で説明せよ。解答にあたっては，下記の2つの語句を適切な箇所で必ず用い，用いた箇所には下線を施せ。
>
> 　　　　　　　　私兵　　　　　元老院

（問題の中心テーマを確認しよう！）

　まず，問題の前文から検討しよう。このパートでは，出題者が問題の意図についての詳しい情報や具体的な方向性を表現することが多い。本問では，ローマが「イタリア半島の小さな都市国家」から出発して，「前1世紀後半にはついに地中海周辺地域のほとんどを領有する大国家」となったと，領土的拡大を述べる。そして，「この過程で，ローマ国家は都市国家の体制から大きく変化した」と文を続けている。何気なく読み飛ばしそうな部分だが，ここで出題者が $\boxed{\text{拡大}}$ → $\boxed{\text{体制の変化}}$ という

論理展開をしていることに気を付けよう。

　古代ギリシア・ローマの国家は、「戦士国家」とも称される。いずれも当初は貴族が政治を独占したが、その後中小農民など平民が武装自弁で重装歩兵となり、国の拡大や防衛を担うことで政治参加の権利を獲得していったという特徴があるからだ。このため共和政ローマに関する論述問題では、軍事・農民を政治のあり方と結びつけさせるものが多い。前文の表現も、この「戦士国家」としての特徴を想起させるものだといえよう。

　次に本文を見てみよう。問題のテーマは、「前3世紀から前1世紀にかけて生じたローマ国家の軍隊と政治体制の最も重要な変化」である。「軍隊」や「政治体制」という表現は、一見して「戦士国家」体制との関連性を感じさせる。それがどう変化したのかが主題であるが、「変化」とは特徴・あり方などが質的に変わることを意味するという点にも注意しよう。これらを踏まえて考えると、頻出テーマに慣れた受験生ならば、「この時期に、中小農民に支えられた軍隊が変容を強いられ、それが政治的変化にもつながった」ことを主に書かせる問題だと気づくだろう。

　ただし、ここで注意しなければいけないのが、時間（時代）表現の始点（「前3世紀」）と終点（「前1世紀」）だ。論述問題では、

中小農民の没落　→　グラックス兄弟の改革（市民軍復興）失敗
→　マリウスの兵制改革（無産市民の傭兵が私兵化）　→　内乱へ

という展開が頻出テーマとして繰り返し取り上げられるので、つい その部分だけを説明すればよいと思い込みがちになる。しかし、この展開は前2世紀から前1世紀初頭にかけてのもので、本問の設定する時間枠の全てではない。論述問題では、時間の始点・終点には必ずテーマ上の重要事項があるはずだと考え、前3世紀と前1世紀後半の事項も懸命に思い出してほしい。その際にテーマである「政治体制の変化」をちゃんと意識すれば、身分闘争の終結（前3世紀初頭）や元首政の開始（前1世紀後半）を思い起こすことが出来るだろう。

書くべきポイントを列挙してみよう！

　改めて確認するが、「共和政後半期のローマにおける軍事・政治の変容」は論述問題の最頻出テーマである。したがって問題文の意図がくみ取れたら、時間枠に注意しながら早速関連する知識を引き出してストーリーを考えていこう。

▶ 前3世紀〜前1世紀, ローマの政治

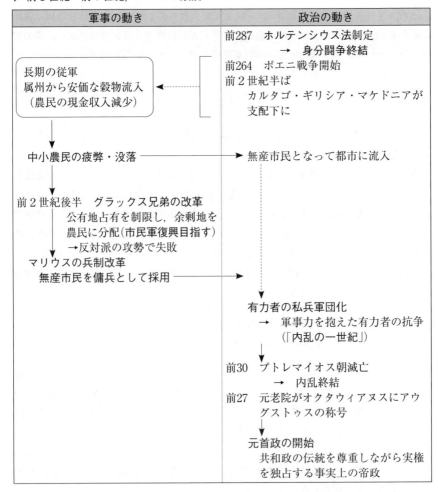

軍事の動き	政治の動き
	前287 ホルテンシウス法制定 → 身分闘争終結 前264 ポエニ戦争開始 前2世紀半ば カルタゴ・ギリシア・マケドニアが 支配下に
長期の従軍 属州から安価な穀物流入 （農民の現金収入減少）	
中小農民の疲弊・没落 →	無産市民となって都市に流入
前2世紀後半 グラックス兄弟の改革 公有地占有を制限し，余剰地を 農民に分配（市民軍復興目指す） →反対派の攻勢で失敗 マリウスの兵制改革 無産市民を傭兵として採用	
	有力者の私兵軍団化 → 軍事力を抱えた有力者の抗争 （「内乱の一世紀」） 前30 プトレマイオス朝滅亡 → 内乱終結 前27 元老院がオクタウィアヌスにアウ グストゥスの称号 元首政の開始 共和政の伝統を尊重しながら実権 を独占する事実上の帝政

　表中のゴシック体（太字）は最初に想起したい事項，その他の部分はそれを肉付けする
ための説明である。論述の答案では必要な基本事項を先ず決定して，字数を考えな
がら意図が相手に伝わりやすい説明を心がけることが大切だ。例えば，元首政などの
歴史用語はできるだけ説明を加えたいし，グラックス兄弟の改革前後の展開は論理が
つながるよう説明にも工夫が必要となる（農民没落　→　農民の市民軍復興失敗　→
無産市民の傭兵へ）。

　繰り返しになるが，本問は論述問題の頻出テーマ（ローマ軍の変容と内乱の開始）を

核としつつ, それを前後の時代に拡大させて答えさせた問題である。受験生諸君には, この問題から頻出テーマに習熟しておくことの重要性と問題文の表現の隅々にまで目配りをする慎重さを学んでほしい。

問題文の核心に迫ろう！

• 王政から共和政へ

伝承によれば, 建国者ロムルス (トロイア人の末裔) を初代として 7 人の王がローマを治めたとされる。最後の 3 人の王は北方のエトルリア人であったが, 最後の王タルクィヌス゠スペルブスがラテン人・エトルリア人の貴族によって追放され, ローマは共和政となった (前509)。しかし, 共和政とは制度上君主が不在の政治を指すものでしかなく, パトリキと呼ばれる貴族が政治を独占したため, プレブスと称される平民は不満を募らせた。

• 身分闘争

イタリア統一戦争の課程で, 中小農民が重装歩兵として活躍するようになると, ギリシアと同じくローマでも貴族の政治独占などに対する不満が高まった。

前 5 世紀初頭, 平民が武器を持って聖山に立てこもった事件 (聖山事件) をきっかけに, 身分闘争が始まった。

▶ 身分闘争

主な事項	内容
前494年　護民官	平民会を主宰し, 平民保護のため特権を与えられる
前 5 世紀　平民会	平民のみで構成された民会
前451年頃　十二表法	従来の慣習法を成文化, 貴族の法独占阻止
前367年　リキニウス・セクスティウス法	① コンスル (2 名) のうち 1 名を平民から選出 ② 公有地の占有を制限
前287年　ホルテンシウス法	平民会の決議は元老院の承認がなくとも国法に

ホルテンシウス法制定で平民会の立法権が確立して身分闘争は終結し, 平民は法的に貴族と平等な立場となった。しかし, 無償であった官職などは財産を有する平民でなければ就くことが不可能であったため, 富裕な平民が貴族とともに支配階層をなすようになり (新貴族, ノビレス), 元老院に集う有力者を中心とした政治が継続することになった。この点でローマは, 無産市民を含めた直接民主政を実現したアテネとは別の歴史的道程を辿ることになった。

• **共和政の変容**

　前3世紀から前2世紀にかけて，ローマ帝国は地中海周辺へと拡大していった。しかし，長期の従軍で兵を務める農民の負担は増大した。また属州(総督が治める植民地)から流入する安価な穀物に押されて，穀物が売れずに現金収入も減って農民の経済状況は悪化していった。この結果，中小の農民は没落して無産市民となり，都市へと流入して「パンと見世物」を有力者に求める寄生的な存在となっていった。前2世紀後半，荒廃した農村の状況を目の当たりにしたグラックス兄弟(兄ティベリウス，弟ガイウス)は，護民官に就任して市民軍を復興するための改革を実施した。彼らは軍再興には農民の経済力向上が必要だと考え，公有地の占有を制限し(リキニウス・セクスティウス法の復活)，余剰地を農民に分配することでそれを実現しようとした。しかし，農民の土地を兼併し，公有地を占有してラティフンディアを行っていた有力者らとの対立でグラックス兄弟はいずれも非業の死を遂げ，改革も挫折した。これをうけマリウスは，武具などを国家の負担として，無産市民から徴兵する方式へと兵制を改めた。ローマ社会では有力者と無産市民の庇護関係が広がっており，新兵制で徴募された無産市民の多くは特定の有力者とつながりを持っていたため，これ以降有力政治家は軍隊を私兵軍団として政治闘争を展開するようになり，ローマは「内乱」の時代へと突入していった(内乱の一世紀)。

• **共和政から帝政へ**

　アントニウスとクレオパトラに勝利し，プトレマイオス朝エジプト王国を滅ぼしたオクタウィアヌスは，引き続いた内乱の勝者となった(前30)。この時点で，彼に匹敵する有力政治家はいなかったから，その実力を反対派も含めた元老院議員は認めざるを得なかった。このため元老院は宗教的カリスマを帯びた人物に与えられる称号アウグストゥス(「尊厳なる者」)をオクタウィアヌスに贈った(前27)。これにより彼がローマ随一の実力者であることは明確になったが，自らをプリンケプス(「市民の第一人者」，有力者の筆頭の意味)と称したアウグストゥス(位 前27〜後14)は，以後も慎重に共和政の伝統や制度を継続し，元老院とも協調しながら政治を運営した。しかし，同時に彼は，コンスルなどの最高級公職，軍司令官職，宗教上の最高職などを独占して「国家の父」と呼ばれ，カエサルの血を引く者として生前から崇拝されるなど，明らかに皇帝でもあった。こうした政治のあり方から，彼の自称に基づくプリンキパトゥス(元首政)は「事実上の帝政」と呼ばれる。この元首政の特徴は，共和政期に行われた寡頭政(少数の有力者が政治を動かす)の延長線上に成り立ったもので，その点で支配層にも違和感なく受け入れられていったとされる。

解答例

前3世紀，身分闘争が終結する一方，富裕平	1
民も新たに支配層となり<u>元老院</u>を中心とする	2
共和政が続くことになった。その後，ポエニ	3
戦争などでの長期の従軍や属州からの安価な	4
穀物の流入などで，武装自弁で重装歩兵とな	5
っていた中小農民が没落し，無産市民化した	6
。このため，前2世紀後半，グラックス兄弟	7
が農民への土地分配による軍再建を目指す改	8
革を企てたが失敗した。これを受けてマリウ	9
スは無産市民を傭兵とする兵制改革を実施し	10
，これ以降，有力者たちが無産市民を<u>私兵化</u>	11
して争う内乱が続いた。前1世紀後半，内乱	12
を鎮めたオクタウィアヌスはプリンケプスを	13
自称し，共和政の制度・伝統を尊重しつつ事	14
実上一人で権限を掌握する元首政を始めた。	15

(300字)

Ⅳ

解説

A　中世ヨーロッパの政治・社会

問(1)　**十字軍が始まり，東方貿易が活発に行われるようになった。**

　11世紀になると西欧キリスト教勢力はレコンキスタを本格化させ，十字軍を開始するなど，地中海域でイスラーム教勢力に対する攻勢を強めた。しかし，これにより両教徒の交流も頻繁になったことから，十字軍の輸送を担ったヴェネツィアやジェノヴァなど北イタリア諸都市の商人による**東方（レヴァント）貿易**が活発化した。北イタリア商人が地中海東岸のシリア（ヨーロッパ側は"レヴァント"と称した）で毛織物・銀などと交換に香辛料や絹などを入手してヨーロッパへもたらし，この東方貿易は西欧での貨幣経済拡大を刺激することにもつながった。

　問(2)　**毛織物業**　低地地方（ネーデルラント）南部のフランドル地方では，13世紀頃からブリュージュやガン（ゲント）などの都市で毛織物業が発展した。毛織物業は中世ヨーロッパ最大の産業であり，その中心となったフランドルは経済的に繁栄した。そこに目を付けた英仏のフランドルをめぐる対立は**百年戦争**の一因ともなり，またこの地方はルネサンス期にファン＝アイク兄弟などの優れた芸術家を輩出した。

問(3)　**親方**　中世都市では商人ギルドや手工業者の**同職ギルド**(ドイツではツンフトと呼ばれる)が，経済活動や市政運営の基本的単位であった。同職ギルドは徒弟・職人・親方の階層制をとり，親方のみがギルドの正式な構成員とされ，都市を運営する市参事会のメンバーとなることができた。

問(4)　**重量有輪犂**　春耕地・秋耕地・休閑地を組み合わせた三圃農法では，休閑地は家畜放牧場として使用された。休閑地で飼われる牛や馬に牽引させる重量有輪犂は，アルプス以北の肥沃だが湿って重い土壌を深く耕すことを可能とし，農業・牧畜が混合した経営形態を生み出した。また，重量有輪犂は小回りがきかず，耕地が細分されていると効率が悪いことから，次第に個々の農地の垣根を取り払った開放耕地制へと土地運営の在り方を変化させることにもつながった。

問(5)　**大空位時代**　13世紀半ば，シュタウフェン朝が断絶し，ドイツ王位・皇帝位は空位となった。このため神聖ローマ帝国外から2人の皇帝候補が擁立されたが，諸侯や諸国の君主は勢力伸張の思惑からそれぞれの候補を支持して対立したため，**実質皇帝不在の時代が続いた**(大空位時代　1256～73)。1273年，ハプスブルク家のルドルフ1世が皇帝に選出されて大空位時代は終結したが，この間に諸侯の力が拡大するなどドイツの分裂が進むことになった。

問(6)　**各州からは騎士の代表が，各都市からは市民の代表が出席した。**

ヘンリ3世に対して反乱を起こした貴族シモン゠ド゠モンフォールは，1265年に議会を開催し，それまで政治から排除されていた下級貴族である州の騎士や新興階層である都市の市民代表などにも参加を認めた。これを先駆けとして，1295年，王エドワード1世(位1272～1307)は，国民各層の協力を得るために**模範議会**(名称は後代につけられた)を開催し，騎士・市民も参加する**身分制議会**がイギリスで確立することになった。

問(7)　**金印勅書**　1356年，皇帝カール4世(位1347～78)は金印勅書を発布し，マインツ，ケルン，トリアーの大司教(聖職諸侯)とベーメン王，ザクセン公，ファルツ伯，ブランデンブルク辺境伯の7人の選帝侯からなる会議で皇帝を選出することを定めた。選帝侯には他の諸侯に優越する地位や特権が与えられたため，これによって選帝侯らの領邦主権が確立することになり，ドイツ分裂は決定的となった。

問(8)　**高等法院**　パリや各州に設けられた高等法院は，国王の勅令を有効とする権限などを有し，貴族が国王権力に対抗する牙城となった。1648年には，パリ高等法院を拠点とした貴族らが，リシュリュー・マザランの進めたブルボン朝の王権強化策に反発してフロンドの乱(～1653)を起こした。

B　11〜20世紀におけるキリスト教史

問(9)　**アヴィニョン**　フランス王フィリップ４世(位 1285〜1314)が，1309年，フランス人の教皇クレメン５世に教皇庁を南仏のアヴィニョンに置かせて以後，約70年間(〜77)教皇がフランス王の支配を受ける時代が続いた(「**教皇のバビロン捕囚**」)。さらに捕囚終結直後には，ローマとアヴィニョンに教皇が対立する教会大分裂(大シスマ)が起こり，カトリック世界における教皇の権威は大きく低下することになった。

問(10)　ドイツの領邦君主が，領内の教会を支配・統制下に置いた制度。

宗教改革期，ドイツではカトリックを擁護する皇帝カール５世(位 1519〜56)とルター派諸侯が対立し，ルター派諸侯は1530年にはシュマルカルデン同盟を結成した。その後，シュマルカルデン戦争を経て妥協が成立し，アウクスブルクの(宗教)和議(1555)が結ばれた。和議でカトリックかルター派かの選択権が諸侯に認められた結果，諸侯は領内の教会を支配下において政策などに利用する**領邦教会制**が確立することになった。

問(11)　**文化闘争**　プロイセン＝フランス戦争に勝利して，ドイツ帝国を樹立した宰相ビスマルクは，国家主導の教育や政教分離政策，産業資本家保護政策などを推進した。これにカトリックが優勢な南部ドイツの地主やカトリック系の中央党が反発して文化闘争は起こった。しかし，社会主義勢力が伸張すると，ビスマルクは社会主義者鎮圧法(1878)を制定する一方で，文化闘争では妥協に転じて，カトリック抑圧のために制定された諸法を撤廃していった。

問(12)　**ユトレヒト同盟**　ネーデルラントでは，スペイン王フェリペ２世(位 1556〜98)の圧政やカトリック強制に対する不満から，1568年，独立戦争が勃発した。しかし，南部10州はスペイン側の懐柔策をうけたこともあり脱落した(1578)ため，北部７州は翌年，ユトレヒト同盟を結成した。その後，ネーデルラント(オランダ)連邦共和国の独立が宣言され(1581)，休戦条約(1609)を経て，ウェストファリア条約(1648)でオランダの独立が国際的に承認された。

問(13)　**サンバルテルミの虐殺**　フランスで宗教内戦であるユグノー戦争が勃発(1562)して十年後，和解のためユグノーの指導者ナヴァル公アンリとカトリック側のマルグリットが結婚することになり，ユグノーの有力者はパリに参集した。しかし，これをユグノー殲滅の好機とみたカトリック勢力は，サンバルテルミの祝日にユグノーに襲い掛かり，数万人のユグノーを虐殺した(サンバルテルミの虐殺　1572)。この時辛くも生き延びたナヴァル公は，ヴァロワ朝断絶をうけてアンリ４世(位 1589〜1610)としてブルボン朝を創始し(1589)，ナントの王令(勅令)でユグノーの信仰の自由を認めてユグノー戦争を終結させた(1598)。

問⑭　**典礼問題**　明末以来, イエズス会は中国人の信者が**祖先崇拝や孔子崇拝の儀礼である典礼に参加することを認めていた**。しかし, ドミニコ会やフランチェスコ会は典礼を否認し, その訴えを受けたローマ教皇は典礼容認派を異端とする教書を発した。これに怒った清の康熙帝(位1661〜1722)は, 典礼を容認するイエズス会の布教のみを認め, さらに雍正帝(位1722〜35)は, 対立したイエズス会もマカオに追放して, **キリスト教の布教を全面禁止した**。

問⑮　**ピルグリム＝ファーザーズ(巡礼始祖)**　ジェームズ1世(位1603〜25)の国教会政策を逃れたピューリタンを中心とするピルグリム＝ファーザーズは, 新天地を求めてメイフラワー号に乗り新大陸へと向かった(1620)。船は当初予定したヴァージニアへ向かうコースから逸れてしまったが, 彼らは船中で新しい共同体を建設する誓約(メイフラワー誓約)を結んで, 到達したプリマスに上陸した。なお, プリマスは後にマサチューセッツ植民地に併合された。

問⑯　**ウィリアム3世**　オランダの総督であったオラニエ公ウィレムは, フランスのルイ14世に対抗してヨーク公ジェームズの娘メアリと結婚し, その後ヨーク公はイギリス王ジェームズ2世(位1685〜88)として即位した。しかし, ジェームズが専制的な政治を行ったため, 対抗したイギリス議会はウィレムとメアリに招請状を送り, ウィレムが軍を率いてイギリスに上陸すると, ジェームズ2世はフランスへ亡命した(名誉革命　1688)。直後に議会は「権利の宣言」(議会の国王に対する優越)を行い, その「宣言」を承認してウィレム(ウィリアム3世　位1689〜1702)とメアリ(メアリ2世　位1689〜94)は国王に即位した。その上で両王は「宣言」を「権利の章典」として成文化し, これによってイギリスで議会政治が確立することになった。

問⑰　**アルスター地方**　アイルランド島北東部のアルスター地方には, イングランドやスコットランドから移住したプロテスタントの子孫が多かった。このためカトリックが優勢なアイルランドが自治権を獲得し, アイルランド自由国が成立(1922)した直後, アルスターは自由国から離脱し, アイルランド共和国が連邦を離脱した(1949)後もイギリス領のままであった。しかし, 1960年代末にはアルスター内でカトリックとプロテスタントの対立が深まり, イギリス軍も介入して北アイルランド紛争に発展した(1998　和平成立)。

C　19〜20世紀におけるアメリカ・西アジア・アフリカ

問⑱　ハイチの黒人奴隷が反乱を起こし, トゥサン＝ルヴェルチュールのもとで独立運動が展開され, フランスから独立した。

1791年, 本国フランスが革命によって動揺する中, フランス領サン＝ドマングで黒

人奴隷の反乱が起こった。反乱は，フランス革命の思想的影響をうけ全島に拡大し，指導者トゥサン＝ルヴェルチュールは一旦独立を本国に認めさせ，大統領となった。その後，統領政府を率いたナポレオンはトゥサンを捕らえてハイチの動きを抑えようとしたが，現地の黒人やムラート（白人・黒人の混血）は独立を求め，1804年，ハイチ共和国を成立させた。

問(19)　20世紀初頭にコロンビアからパナマを独立させてパナマ運河を建設したが，同世紀末に運河をパナマに返還した。

1903年，アメリカ大統領セオドア＝ローズヴェルト（任1901〜09）は，コロンビアの反乱に干渉してパナマの独立を認めさせ，パナマ政府から運河地帯の永久租借権を得て運河の開削が開始された。1914年に完成したパナマ運河は，アメリカのラテンアメリカ支配の拠点として，また太平洋・アジア方面進出の要として重要な役割を果たしたが，1977年に結ばれた新パナマ運河条約に基づき，1999年，パナマ政府に返還された。

問(20)　ハワイ　ハワイ王国（カメハメハ王朝）は，18世紀末，カメハメハ1世（位1795〜1819）によって建てられた。しかし，19世紀末，アメリカ系移民らは共和政への移行を求めて王朝と対立し，アメリカ公使の後ろ盾で革命を起こして共和政樹立を宣言した（1893）。その後，最後の女王リリウオカラニ（位1891〜93）が退位を強制されて王国は滅亡し，1898年にアメリカはハワイを併合した。

問(21)　タバコ＝ボイコット運動　1891年，カージャール朝は，イギリス人タルボットにタバコの生産・売買に関する専売権を譲渡した。しかし，これが発表されるとタバコ商人やウラマーらが反発し，シーア派の最高権威が喫煙禁止教令を発したとの噂からタバコの一斉ボイコットを行う抗議運動が全土に波及した。結局王朝が利権譲渡を撤回したことで運動は沈静化していったが，賠償支払いを余儀なくされたカージャール朝の財政は極度に悪化することになった。

問(22)　イギリス・フランスの内政干渉に反発して，「エジプト人のためのエジプト」を唱え，干渉の排除と立憲政の確立を目指した。

1869年に完成したスエズ運河の建設によって財政が破綻したエジプトは，イギリス・フランスによって財政・司法を牛耳られるようになった。1881年，陸軍大佐ウラービー＝パシャは「エジプト人のエジプト」を唱えてクーデタを決行し，ムハンマド＝アリー朝に迫って民族主義的内閣を成立させ，陸軍大臣に就任した。しかし，スエズ運河を重視したイギリスは単独出兵し，この民族革命を挫折させてエジプトを事実上の保護国とした（1882）。

問(23)　イギリス　イギリス領であったガーナ（英領ゴールド＝コースト）では，1951年の選挙で首相となったエンクルマ（ンクルマ）の下で独立の気運が高まった。そして

交渉の結果イギリスも独立を認め，1957年，エンクルマはイギリスからの独立を宣言した。1960年，正式にガーナ共和国が成立するとエンクルマは初代大統領(任1960〜66)となったが，その後軍のクーデタで失脚・亡命した。

　問㉔　**ヨーロッパ連合(EU)**　アフリカ統一機構(OAU)は，アフリカ独立諸国首脳会議で憲章調印が行われ，1963年に結成された。OAUはアフリカ諸国の統一と連帯，アフリカ諸民族の生活向上，新植民地主義への対抗などを掲げ，南アフリカのアパルトヘイト問題やアンゴラ内戦の調停などでは重要な役割を果たしたが，90年代のルワンダ内戦などでは有効策をとれず限界も明らかになってきた。このため，2002年，ヨーロッパ連合(EU)をモデルに，より高レベルの統合を目指すため，OAUを発展解消させてアフリカ連合(AU)が成立した。

解答例

A

(1)　十字軍が始まり，東方貿易が活発に行われるようになった。

(2)　毛織物業

(3)　親方

(4)　重量有輪犂

(5)　大空位時代

(6)　各州からは騎士の代表が，各都市からは市民の代表が出席した。

(7)　金印勅書

(8)　高等法院

B

(9)　アヴィニョン

(10)　ドイツの領邦君主が，領内の教会を支配・統制下に置いた制度。

(11)　文化闘争

(12)　ユトレヒト同盟

(13)　サンバルテルミの虐殺

(14)　典礼問題

(15)　ピルグリム＝ファーザーズ(巡礼始祖)

(16)　ウィリアム3世

(17)　アルスター地方

C

⒅　ハイチの黒人奴隷が反乱を起こし，トゥサン゠ルヴェルチュールのもとで独立
　　運動が展開され，フランスから独立した。

⒆　20世紀初頭にコロンビアからパナマを独立させてパナマ運河を建設したが，同
　　世紀末に運河をパナマに返還した。

⒇　ハワイ

(21)　タバコ゠ボイコット運動

(22)　イギリス・フランスの内政干渉に反発して，「エジプト人のためのエジプト」
　　を唱え，干渉の排除と立憲政の確立を目指した。

(23)　イギリス

(24)　ヨーロッパ連合(EU)

解答・解説

Ⅰ

【解説】

問題文を読んでみよう！

　今年度の Ⅰ は，前近代中国史のオーソドックスなテーマであった。問題文も京都大学では定番の表現だったので，過去問などを通じてそのテイスト（特に「政治的・社会的・文化的な側面にも留意しつつ」という部分！）に慣れていれば出題の意図は容易につかめたはずである。

> 　中国の科挙制度について，その歴史的な変遷を，政治的・社会的・文化的な側面にも留意しつつ，300字以内で説明せよ。解答は所定の解答欄に記入せよ。句読点も字数に含めよ。

問題の中心テーマを確認しよう！

　問題文には「中国の科挙制度について，その歴史的な変遷を…説明せよ」とある。「○○について…その××を／を中心に」という表現パターンは京都大学の問題では比較的多く，「○○」＝「その」だから本問のテーマは「科挙制度の歴史的変遷」となる。論述問題の表現は，意外に複雑なことが多い。問題文を読み飛ばさず，核心となるテーマを的確に把握することを心がけたい。

　次に条件をチェックしよう。ここでは「政治的・社会的・文化的な側面にも留意しつつ」が条件となる（「～にも留意しつつ」が目印）。このような表現では，特に政治（君主や政府，国家が関わる分野）と社会（地域の関係や経済など一般の人々の暮らしが関わる分野）の区別には注意したい。なお，「～にも」という表現は，条件（「政治的・社会的・文化的な側面」）以外にも書くべきことがあることを示している。

書くべきポイントを列挙してみよう！

　本問のテーマが「科挙制度の歴史的変遷」であることは確認した。では，テーマに関連すると思われる事項を拾い出してみよう。

▶科挙制の変遷①

王朝	重要事項
隋	文帝が科挙制を創始（試験による官吏登用制度）
唐	科挙制を継承
宋	科挙の最終過程に殿試（皇帝が主宰） 科挙官僚が支配階層の中核に（士大夫） 合格者の家は官戸に（一代限りの特権）
元	科挙制の一時停止　→　14世紀初頭に復活
明	科挙制の継承・整備
清	〃
20世紀初	清末の近代化（光緒新政）で廃止

　中国史をしっかり学習していれば，科挙制に関わる基本事項を挙げること自体は決して難しくはない。だから早速書き始めたいところだが，ここで条件（「政治的・社会的・文化的な側面にも留意」）があったことを思い出そう。官吏登用制度である以上，政治的側面は分かるにしても，社会的側面と文化的側面とは何を指すのだろう？

　このうち社会的側面は，中国の官吏登用制度史というテーマに慣れていると発想しやすい。中国では，前漢時代に郡国制を経て郡県制が確立して以降，官僚が政治の担い手であるという形が定まった。このため社会の様々な階層の人々が，官吏登用制度を利用して支配階層にのし上がっていくことになった。この「様々な階層の人々」が社会的存在だ。一方，文化的側面については，科挙が知識や文学的素養を試す制度であったことから，官僚≒文化の担い手となったことを想起したい。以上を踏まえ，官吏登用制度と社会・文化との関係について確認をしておこう。

▶官吏登用制度と社会階層・文化の関係

官吏登用制度	社会階層との関連	文化との関連
郷挙里選	地方長官と結託した地方の豪族が中央政界にも進出	
九品中正 （九品官人法）	有力豪族は制度を利用して家柄の品格を固定化し門閥貴族に	貴族は六朝文化の担い手

科挙制	隋・唐では蔭位制などで門閥貴族が優勢　→　唐末・五代に貴族没落　▼　宋では形勢戸(新興地主層)から科挙官僚輩出　▼　明では科挙官僚出身者が郷紳に	唐までは訓詁学的儒教が盛ん　哲学的な宋学(朱子学)を展開　朱子学の官学化

　この表のうち科挙制の箇所を先の基本事項と併せて，さらに政治的側面との関連も多少補って整理してみよう。

▶科挙制の変遷②

　[政]=政治的側面，[社]=社会的側面，[文]=文化的側面

王朝	重要事項
隋	[政]文帝が科挙制を創始　(九品中正の弊害打破，試験による官吏登用制度)
唐	科挙制を継承　→　[政][社]蔭位制などでいまだ門閥貴族優勢　[文]科挙の科目ともなった訓詁学的儒教が盛ん　＊唐末・五代に貴族没落
宋	[政]科挙の最終過程に殿試(皇帝主宰)　→　君臣関係を強調　[政]科挙官僚が支配階層の中核に　　　(士大夫，合格者の家は官戸として一代限りの特権)　[社]形勢戸(新興地主層)から科挙官僚輩出　[文]士大夫が哲学的な宋学(朱子学)の担い手に
元	[政]モンゴル人の元朝は科挙制の一時停止　→　14世紀初頭に復活
明	科挙制の継承・整備　[政]朱子学の官学化(大義名分論)　→　君主独裁体制強化　[社]明では科挙官僚出身者が郷紳として地域社会の指導勢力に
清	[政]満州の清朝は漢人懐柔のため科挙制を継承
20世紀初	[政]近代化を阻害　→　清末の光緒新政で廃止

　科挙制の変遷の①・②を見比べてみると，条件を踏まえることでかなり説明の分量が増加したことがはっきりする。

　さあ，これで準備はできた。なお，書いていく際に300字に収まりそうにない場合は，テーマとの関連性が薄い事項や冗長な表現を省略して調整しよう。

〔 問題文の核心に迫ろう！ 〕

• 中国の統治制度と官吏登用制度

　西周（前11世紀〜前770）で採られた封建制（度）は，天子（周王）が一族・功臣を世襲の諸侯として封土の統治を委ね，軍役・貢納を課す統治制度であった。諸侯は卿・大夫・士と呼ばれる世襲の臣下と同種の関係を結び，諸邑を支配した。しかし，時代を経るに従って各地に勢力を張った諸侯に天子の統制は及ばなくなり，また諸侯の領国内では卿や大夫らが諸侯に対して力を振るい，時に逆らうようになった。

　血縁を基盤とした封建制の欠点を克服するため，戦国時代（前403〜前221）に新たな統治制度として郡県制が始まった。郡県制では，君主（王）が国内の郡や県などの行政単位に実力によって登用した官吏を派遣し，自分の政策を実行させた。こうして中国の政治に官吏が登場することになったのである。なお，「官吏」は役人一般を指す言葉として普通使われるが，中国では隋代以降は「官」（中央官僚）と「吏」（胥吏，地域採用の下級役人）の別が明確になる。また，官吏は当時より発達していった文書行政の担い手であることから，「刀筆の吏」（竹簡を削るための刀と筆を携えた役人）などという表現も生まれた。

　商鞅の変法（郡県制の整備）などにより強国化した秦の始皇帝（秦王政＝位 前247〜前221，皇帝＝位 前221〜前210）は全土を統一すると（前221），郡県制を全土に施行した。しかし，急激な中央集権化は旧勢力との軋轢を生み，それを一因として統一後わずか15年で滅びた。秦の短命に鑑みた前漢（前202〜後8）の高祖（劉邦，位 前202〜前195）は，長安周辺には官吏を派遣し直接統治する（郡県制の方式）一方，東方地域などには邦国をおいて諸侯に統治を委ねるやり方（封建制の方式）を併用した（これが郡国制）。その後，王朝の抑圧策に反発した諸侯が呉楚七国の乱（前154年，景帝時代）を起こしたが結局鎮圧され，これを機に武帝時代（位 前141〜前87）には統治は実質的に郡県制に一本化された。以後，中国諸王朝では郡県制の方式（名称は隋で州県制に）が続くことになり，官吏が支配の担い手であるという構図も確立することになった。そこで武帝時代に最初の官吏登用制度である郷挙里選が始まり，その後，魏（220〜265）の文帝時代（曹丕，位 220〜226）に九品中正（九品官人法）に切り替えられた。しかし，高級官僚＝支配層となったため，社会的上昇や地位の固定化を図る人々が両制度を利用し，それぞれ豪族の中央進出，門閥貴族の台頭へとつながっていった。

▶郷挙里選・九品中正

名称	内容	影響(弊害)
郷挙里選	地方長官が徳目により有為の人物を中央に推薦	地方長官と結託した豪族(地方の有力家, 大土地所有)の子弟が中央政界に進出
九品中正	派遣された中正官が郷論に基づき人物を9等で評価・報告 (中央の官位が評価に連動)	上品を独占した一部豪族が家格を固定化し, 門閥貴族化(「上品に寒門なく下品に勢族なし」)

- 科挙制の変遷

　魏晋南北朝時代, 南朝(宋・斉・梁・陳)では王朝の交替にかかわらず貴族らが上位を占め続け, 北魏(386～534)では孝文帝(位 471～499)が漢化政策の一環として鮮卑系貴族と漢人貴族の通婚を奨励するなど, 政治における門閥貴族の勢力は強かった。

　隋(581～618)を建て, 中国を再統一した文帝(楊堅, 位 581～604)は, こうした九品中正・門閥貴族の害を除くため, 志願した者に実力試験を課す科挙(制)を創始した。主に古典的教養と詩賦の才を試す科挙は唐(618～907)で整備されたが, 科挙がまだ小規模で求められる素養も貴族的であったことや, 科挙に拠らずとも蔭位制などで出世できたことから, しばらくは貴族が優勢であった。しかし, 則天武后の時代(対立した門閥貴族を粛清)や安史の乱(755～763, 華北に割拠した藩鎮が荘園横領)などを通じて次第に門閥貴族は衰え, 唐末・五代の政治的混乱期に没落してしまった。

　北宋(960～1127)を建てた太祖(趙匡胤, 位 960～976)は, 文治政治への転換を図って科挙官僚の数を増加し, 科挙の最終段階に殿試が設けられた(地方での解試　→　礼部が行う省試　→　殿試の三試制が成立)。皇帝が主宰するこの殿試では合格者の順位が決められ, 特に上位合格者は皇帝に仕える官僚としての意識を強めたことから, 君主独裁体制の強化に役立った。こうして宋代には科挙官僚が支配層の中核を占めるようになり, 形勢戸(新興地主層)から主に輩出された科挙官僚の家は官戸とされ, 免役など一代限りの特権も与えられた。官僚やその予備軍は士大夫・読書人などと称されて地域社会や文化の指導者ともなり, 特に周敦頤(1017～73)に始まり南宋の朱熹(1130～1200)によって大成された宋学(朱子学)の担い手となった。

　続くモンゴル人の元(1271～1368)では, 14世紀の初めまで科挙が実施されなかったため, 士大夫らは庶民文芸(元曲)などに筆を染めて糊口をしのいだといわれる。元を打倒した明(1368～1644)では, 科挙制が継承・整備され, 大義名分論を唱える朱子学が官学とされて科挙受験の正統教説となった。この結果, 永楽帝時代(成祖, 位 1402～24)には官製注釈書である『四書大全』・『五経大全』・『性理大全』も編纂されている。

一方，この時代には中央政府の地方に対する統制力が弱まったことを受け，地域社会では科挙出身者などが郷紳として指導的な役割を果たすようになった。

明滅亡後に中国を支配下に置いた満州人の清(1616～1912)は，多数派の漢民族への対応として科挙制など伝統的な制度を実施し，中国文化も尊重する態度をとった。しかし，19世紀，アヘン戦争(1840～42)・アロー戦争(1856～60)を契機として欧米列強が中国に進出するようになると，これに対抗するために西洋的近代化が急務となった。だが，儒教の経学を中心とする科挙では近代化に対応できる人材を得られないことから，1901年の科挙をもって最後とし，1905年に科挙制は廃止された(光緒新政)。

解答例

科挙は隋代に創始された学科試験に基づく官	1
吏登用制度で，唐代には経書の解釈が試験科	2
目の一つとされ訓詁学が隆盛したが，貴族の	3
優勢が続いたため役割は限られた。唐末五代	4
に貴族層は没落し，宋代には皇帝実施の殿試	5
が追加されて君主独裁の強化が図られ，文治	6
主義の下で新興地主である形勢戸出身の科挙	7
官僚が支配層の中核となり，また官僚など士	8
大夫層は宋学や文人画などでも中心的役割を	9
果たした。科挙は元代に一時廃止されたが，	10
続く明には継承され，大義名分を重んじる朱	11
子学が官学とされ，地方では科挙合格者であ	12
る郷紳が台頭した。清代にも漢人への懐柔策	13
から実施されたが，列強進出を機に西洋的近	14
代化が必要となり20世紀初めに廃止された。	15

(300字)

Ⅱ

解説

A　殷～北宋における洛陽の歴史

空欄 a　昭明太子　梁の昭明太子(501～531)は，仏教を深く信仰した梁(502～557)の建国者，武帝(位 502～549)の長子で，皇太子ともなった。好学で詩文にも優れた太子は，東周代から梁代にかけての優れた賦・詩・文などを集めた詞華集『文選』を

編纂し，それは日本にも伝えられて王朝文学に大きな影響を与えた。

　空欄 b　班固　後漢(25〜220)時代の班固(32〜92)は，対匈奴政策で名をはせた西域都護，班超(32〜102)の兄。父の遺志を継いで史書『漢書』(紀伝体，前漢・新の歴史)の編纂を進め，これは班固没後に妹，班昭の手によって完成した。また，問題文中に言及された「両都賦」(賦は詩の形式)は，後漢でも長安を懐かしむ風潮があったのに対し後漢の都である洛陽が勝っていることを示す目的で作られたとされ，漢代詩文の代表例として『文選』にも収められている。

　空欄 c　曹丕(文帝)　後漢末，曹操(155〜220)は赤壁の戦い(208)で劉備・孫権の連合軍に敗れたが，その後も勢力を拡大して漢の丞相となり，魏王国を建てた。しかし，曹操が220年に没したため，子の曹丕(文帝)は父の地位を継ぎ，後漢の献帝から禅譲を受けて魏(都は洛陽，220〜265)を創始した。これをうけて劉備(昭烈帝，位221〜223)が成都を都として四川に蜀(221〜263)を，さらに孫権(位 229〜252)が呉(都は建業，222〜280)を建て，中国は三分された。

　空欄 d　(南)匈奴　匈奴は，後漢時代の 1 世紀半ば，烏桓の攻撃や内紛から南北に分裂した。このうち北匈奴は，西域都護となった班超の攻勢や鮮卑・南匈奴の攻撃によって 2 世紀半ば頃には西方へ移動してしまった。一方，後漢に服属した南匈奴は長城を超えて山西省方面へと移住し，後漢滅亡後は魏・西晋(265〜316)の支配をうけた。3 世紀末に八王の乱が起こったことを契機として南匈奴の劉淵が自立し，子の劉聡が洛陽(311)と長安(316)を陥落させ，西晋を滅ぼした(永嘉の乱)。

　空欄 e　平城　現代の山西省大同にあたり，鮮卑の拓跋珪(道武帝，位 386〜409)が建てた北魏の都とされた。北魏第 3 代の太武帝(位 423〜452)は寇謙之(363〜448)の道教(新天師道)を国教として仏教を弾圧したが，太武帝暗殺後は仏教も再興され，この平城の近郊に雲崗石窟が開かれた。

　空欄 f　則天武后　則天武后(624頃〜705)は唐朝第 3 代高宗(位 649〜683)の皇后となり，病弱な皇帝に代わり政務を取り仕切った。そして高宗没後に立てられた中宗・睿宗を廃し，自らが皇帝となり，国号を周と改めた(位 690〜705)。武后は反対派の皇族・貴族らを粛清する一方で，身分の低い者を登用し，則天文字を新造するなどの政策を行ったが，晩年には臣下に迫られて中宗を復位させざるを得なくなり，直後に没した。

　空欄 g　塩　唐朝の財政は，8 世紀半ば以降，藩鎮勢力の割拠と均田制崩壊による税収不足や傭兵への支出増大でひっ迫してきた。そこで安史の乱の時期から塩の専売が開始されるようになり，そのため塩の公定価格も十数倍に跳ね上がった。これに打撃を受けた農民たちは塩密売商人(唐は「塩賊」などと称した)に頼るようになり，9 世紀後半になると困窮した農民は群盗化して，密売商人とともに王朝に公然と反抗す

るようになっていた。そうした状況下で蝗害(こうがい)が発生したことを機に，先ず山東の塩密売人である王仙芝，次いで黄巣が蜂起して黄巣の乱が勃発した(875〜884)。

　空欄h　司馬光　　司馬光(1019〜86)は20歳で科挙進士となって栄達の道を歩んでいたが，神宗(位 1067〜85)によって登用された宰相王安石(1021〜86)が新法を行ったのに反対して中央を離れ，洛陽で19年をかけて『資治通鑑』(編年体の中国通史)を完成させた。その名は「政治に資する通史」("鑑"は鏡のことで，手本となる歴史を指す)を意味し，統治に携わる士大夫が儒教的礼を実践する際の模範例を示すことを意図していた。哲宗(位 1085〜1100)時代になって司馬光は宰相に抜擢され，旧法党の領袖として新法を廃止したが，直後に病没した。

　問(1)　張角　張角(？〜184)は，後漢末期に道教の源流とされる宗教教団，太平道を興した。太平道は懺悔や護符などによる病気治癒を行い，羌など外民族の侵入や飢饉で困窮した農民を中心に数十万にのぼる信者を獲得した。そして，184年の3月5日(甲子の日)，「蒼天已に死す。黄天まさに立つべし。歳は甲子に在り」の予言を発し，黄色の頭巾をつけた宗徒が蜂起して，黄巾の乱が起こった。結局，張角が年内に病没してこの反乱は鎮圧されたが，すでに後漢への不満は社会に広がっており，以後も反乱が頻発することになった。

　問(2)　顧愷之　東晋の人である顧愷之(344頃〜405頃)は詩賦にも長じたが，特に絵画に優れていた。老荘思想の影響下に老荘的人物画や山水画を描き，また画論では「形をもって神を写す」と唱えた。代表作である「女史箴図」は，西晋の張華の文「女史の箴」(宮廷の女官，后妃への教訓)を題材とした画で，現在は唐代の模写と考えられるものが残されている。

　問(3)　斉　北魏の孝文帝(位 471〜499)は，490年の親政開始直後から伝統的な鮮卑体制を改革するため性急に漢化政策を進めた。しかし，都を平城から洛陽へ移そうと企てたところ，群臣はこぞってこれに反対した。そこで孝文帝は，493年，南朝の斉(479〜502)への親征を号令し，大軍を率いてまず洛陽に達した。そして洛陽を出発しようとしたところ，重臣たちが無謀な遠征の中止を訴えたため，孝文帝は臣下に遠征中止と遷都のどちらかを選ぶように迫り，結局遷都を認めさせてそのまま洛陽に滞在することになった。

　問(4)　ナーランダー僧院　ナーランダー僧院は，現在のビハール州にグプタ朝(4〜6世紀)時代に創建された(5世紀)。その後12世紀頃までインドにおける仏教教学の中心であり，また中国の玄奘(602〜664)や義浄(635〜713)らもここで研鑽し，ジャワ島にあったシャイレンドラ朝(8世紀半ば〜9世紀前半)の王族が僧院を寄進するなど，広く仏教世界にその名声は聞こえた。

問(5)　**通済渠**　大運河の開削は隋の**文帝**(楊堅，位 581～604)時代に始められ，第2代煬帝(位 604～618)の時に完成した。先に広通渠(黄河～長安，584)が通じた後，中国の南北を結ぶ形で邗溝(山陽瀆，淮河～長江，587)，通済渠(黄河～淮河，605)，永済渠(涿郡～黄河，高句麗遠征の経路として建設，608)，江南河(長江～杭州，610)の順で完成した。これにより当時既に消費都市となりつつあった華北の長安・洛陽などに江南の物資を大量輸送することが可能になった。

問(6)　**『永楽大典』**　『永楽大典』は，永楽帝(位 1402～24)の命で編纂された中国最大級の類書(百科全書)である。しかし，これは，靖難の役(1399～1402)で帝位を簒奪した永楽帝が皇帝としての正統性をアピールするために作らせたもので，内容的には極めて拙劣であり，しかも宮廷の奥深くに秘蔵され，ほとんど人目に触れることもなかったという。その後，写しも作られたが，明清交替期や清末の動乱期にその多くが失われてしまった。

問(7)　**朱全忠**　朱全忠(852～912)はもと朱温といい，黄巣の武将であったが，唐朝に寝返ったことで反乱鎮圧後に開封を含む宣武軍節度使の地位と全忠の名を与えられた。そして他の藩鎮勢力を抑え，宦官・貴族を粛清して実権を握り，唐の哀帝から禅譲をうけて後梁(907～923)を建国した(位 907～912)。五代(後梁・後唐・後晋・後漢・後周)の最初である後梁は，大運河と黄河の結節点に位置する開封を都とし，それまでの貴族に代わり新興の形勢戸が登用されるなど，宋以降につながる新たな王朝のあり方の始まりとなった。

B　前6～16世紀におけるイラン文化史を中心に

空欄 i　**インダス**　アケメネス朝(前550～前330)による北インド支配の実態についてほとんど分からないが，ダレイオス1世(位 前522～前486)などの碑文には支配領域に北インドの地域名と考えられる「ガンダーラ」・「ヒンドゥシュ」が挙げられ，スサの王宮建設の材料の一部がガンダーラから運ばれたとも記されている。またペルセポリス宮殿の「謁見の間」に浮彫にされた諸属州からの朝貢使節の図像にも，インド人と思われるものが見出される。一方，ギリシアのヘロドトスは『歴史』で，ダレイオス1世がインド遠征に先立ちインダス川流域から海への出口を探す調査隊を派遣したことやインドを含む属州に税を課したことなどを伝えている。

空欄 j　**ブワイフ**　ブワイフ朝(932～1062)は，10世紀，カスピ海南西で成立したイラン系シーア派(十二イマーム派)王朝。946年，バグダードに入城して，アッバース朝カリフから大アミールの称号を与えられ，政治的実権を握ってイラン・イラクを支配した。また徴税機構の崩壊によって従来のアター制(軍人への俸給制)が立ち行か

なくなったことから，**イクター制**（軍人に封地の徴税権付与）を創始した。しかし，11世紀にはスンナ派住民の反発などで支配は動揺し，1055年にセルジューク朝（1038～1194）が入城したことでバグダードを追われ，直後に滅ぼされた。

　空欄 k　**ガズナ**　ガズナ朝（962/977～1186/87）は，サーマーン朝（875～999）の有力武将であったアルプテギンがガズナを拠点に独立した王朝で，10世紀末のマフムード（位 998～1030）時代には北インドに侵攻するなどその全盛期を迎えた。しかし，11世紀になるとセルジューク朝との抗争に敗北して領土を奪われ，12世紀にゴール朝（1148頃～1215）によって本拠地ガズナを奪われて滅亡した。

　空欄 l　**チャガタイ**　モンゴル人勢力が建てたチャガタイ＝ハン国（1227～14世紀後半）は，アルマリクを拠点に旧カラ＝キタイ（西遼）領など中央アジアを支配した。しかし，14世紀に入ってモンゴル人のトルコ化とイスラーム化が進むなかで東西に分裂し，西チャガタイ＝ハン国の武将であったティムール（位 1370～1405）が独立してティムール朝（1370～1507）を建てた。ティムールはその後旧西チャガタイ＝ハン国領や旧イル＝ハン国（1258～1353）領を征服，キプチャク＝ハン国（1243～1502）や北インドにも侵攻し，さらにアナトリアに侵攻してアンカラの戦い（1402）でオスマン帝国（1299～1922，バヤジット1世）に勝利した。

　空欄 m　**テヘラン**　エルブルズ山脈南麓のテヘランは，18世紀末，カージャール朝（1796～1925）の都となって発展が進み，19世紀末にはイラン第一の都市となった。パフレヴィー朝（1925～79）時代には近代的な都市に生まれ変わり，現在までイランの首都として繁栄している。

　問(8)　**セレウコス朝**　アレクサンドロス（位 前336～前323）没後，ディアドコイ（後継者）戦争の結果，セレウコス1世（位 前305～前281）はメソポタミア・イランを中心にアナトリア・パレスチナ・中央アジアにまで広がる広大な領土を獲得した。しかし，その後はプトレマイオス朝（前304～前30）との抗争やパルティア（イラン系，前248頃～後224）・バクトリア（ギリシア系，前255頃～前139）の独立，さらにユダヤ人の独立闘争（マカベア戦争）などから国力は弱体化し，ポンペイウスに率いられたローマ軍によって滅ぼされた（前64）。

　問(9)　**『アヴェスター』**　聖典『アヴェスター』は，ゾロアスター教が国教とされたササン朝（224～651）の下で編纂され，第2代シャープール1世（位 241～272）時代に完成した。しかし，イスラーム教時代に入って散逸し，全体の1/4のみが現存している。

　問(10)　(ア)　**ウマイヤ朝**　反ウマイヤ勢力に擁立された第4代正統カリフ，アリー（位 656～661）が暗殺されると，シリア総督であったウマイヤ家の当主ムアーウィヤ（位 661～680）は一方的にカリフ位を宣して，ウマイヤ朝（661～750）を創始した。直後に

はアリーの子孫を含む反ウマイヤ勢力を弾圧したが，これによって反発を強めた反ウマイヤ家勢力はシーア派(シーア＝アリー「アリーの党派」から)を形成した。さらに未だ強固に残った部族間の対立や「アラブ帝国」的なあり方(税制などでアラブ人に特権)に対するマワーリー(改宗者)の不満などから，内乱が相次ぎ政治は安定しなかった。8 世紀半ば，ウマイヤ朝の国力低下に乗じたアッバース家のアブー＝アルアッバース(位 749〜754)は，シーア派やマワーリーなどの不満を利用してウマイヤ朝を打倒し，アッバース朝(750〜1258)を開いた。

　(イ)　ダマスクス　世界最古の都市ともいわれるダマスクスは，古代オリエント時代にはアラム王国の拠点であり，旧約聖書にもダマスコの名で登場する。その後，セレウコス朝・ローマ帝国の支配を経て，正統カリフ時代にイスラーム勢力の支配下におかれた。ウマイヤ朝の都となると繁栄は頂点に達し，ウマイヤ＝モスクも建設されたが，アッバース朝成立後は一地方都市となった。それでもシリアの中心としての重要性は衰えず，現在はシリア共和国の首都となっている。

　問(11)　ブハラ　ザラフシャン川(アム川東方を流れる)沿いのブハラは，古代にはイラン系ソグド人の拠点であった。8 世紀初頭にアラブ軍によって占領され，10世紀初頭にサーマーン朝の都とされると，ブハラは中央アジアにおけるイラン・イスラーム文化の中心として，またマムルーク(軍人奴隷)を西方に供給する交易拠点として繁栄した。13世紀にモンゴル軍によって破壊されたが，その後復興して16世紀にウズベク人が建てたブハラ＝ハン国の都となった。

　問(12)　(ア)　ウマル＝ハイヤーム　(イ)　『ルバイヤート』　ウマル＝ハイヤーム(1048〜1131)はイランの天文学者・詩人。セルジューク朝の君主，マリク＝シャー(位1072〜92)に仕え，数学や科学の研究を行い，ジャラーリー暦(郭守敬の授時暦に影響を与えたとも言われる)を作成した。彼は研究の合間に，時にイスラームの教えからも逸脱した内容のルバーイーと呼ばれる四行詩を多く書き，それをまとめたものが『ルバイヤート』(四行詩集)として知られる。

　問(13)　ガザン＝ハン　アッバース朝を滅ぼしたフラグ(位 1256〜65)によって建てられたイル＝ハン国では，当初イスラーム教に対して寛容策がとられ，モンゴル人のイスラーム化も進行した。13世紀末に内乱が発生すると，ガザン＝ハンは自らイスラーム教に改宗することでイラン人やモンゴル人の支持を得てこれに勝利し，第 7 代君主(位 1295〜1304)となった。この結果，ガザン＝ハンはイスラーム教を国教化する一方で，宰相としてイラン人のラシード＝アッディーンを登用して一連の制度改革や史書『集史』編纂を行わせた。

　問(14)　ウルグ＝ベク　ティムール朝第 4 代君主ウルグ＝ベク(位 1447〜49)は，テ

ィムール朝の最大版図を築いたシャー゠ルフ(第3代君主, 位 1409〜47)の息子で,
創始者ティムールの孫にあたる。既に父の治世からアム川以東の地を事実上支配し,
モンゴル遊牧民の伝統を重視する政策を行う一方, 学芸を保護してサマルカンドにマ
ドラサや天文台を建設した。結局, 息子との戦いの渦中に彼は殺害されたが, 天文台
での観測から生まれた天文表はヨーロッパの天文学にも影響を与えた。

　問(15)　タブリーズ　イラン西北部(カスピ海の南西)に位置するタブリーズは, 13世
紀にイル゠ハン国の都となって発展が始まり, ティムール朝時代を経て16世紀初頭に
成立したサファヴィー朝(1501〜1736)初期の都とされた。オスマン朝との抗争に苦し
んだサファヴィー朝は侵攻を受けやすいタブリーズから都をカズビーンに遷した(さ
らにアッバース1世時代にイスファハーンへ遷都)が, その後もタブリーズはカージャ
ール朝時代までテヘランに次ぐ重要な都市であり, 19世紀にはロシア軍に一時占領さ
れるなど(直後にトルコマンチャーイ条約締結), 対ロシア外交・交易の拠点となった。

解 答 例

A

a	昭明太子	b	班固	c	曹丕(文帝)	d	(南)匈奴
e	平城	f	則天武后	g	塩	h	司馬光

(1)　張角

(2)　顧愷之

(3)　斉

(4)　ナーランダー僧院

(5)　通済渠

(6)　『永楽大典』

(7)　朱全忠

B

　i　インダス　j　ブワイフ　k　ガズナ　l　チャガタイ　m　テヘラン

(8)　セレウコス朝

(9)　『アヴェスター』

(10)　(ア)　ウマイヤ朝　　(イ)　ダマスクス

(11)　ブハラ

(12)　(ア)　ウマル゠ハイヤーム　　(イ)　『ルバイヤート』

(13)　ガザン゠ハン

⑭　ウルグ＝ベク

⑮　タブリーズ

Ⅲ

解説

問題文を読んでみよう！

　今年もヨーロッパ現代史が出された。昨年度は「19世紀のフランスとロシアの関係の変遷」であったが，今年度は20世紀後半のドイツ通史である。京大では現代史の出題率が結構高い，ということをしっかり認識しておくべきだろう。問題文は以下の通りである。

　　第二次世界大戦終結から冷戦の終わりまでの時期におけるドイツの歴史を，ヨーロッパでの冷戦の展開との関連に焦点をあてて，300字以内で説明せよ。

問題の中心テーマを確認しよう！

１．要求されている時代は……「第二次世界大戦終結から冷戦の終わりまでの時期」と設定されている。すなわち「1945〜1989，90年にかけて」，冷戦に翻弄されたドイツの歴史を考察しなければならない。

２．　要求の内容は……「ドイツの歴史」を「ヨーロッパでの冷戦の展開との関連に焦点をあてて」ということで，東西世界の対立と歩み寄りの交錯の中で，ドイツがどのような影響を受け，また新しい歴史を構築するためにどのような努力をしたのか？をじっくりと考えていこう。あくまで「ドイツの歴史」が軸である。東西世界の状況ばかりを考えて要求とかけ離れたことを書いてはならない。

書くべきポイントを列挙してみよう！

　まず，大まかな展開を考えてみよう。

年代	ドイツの状況	東西世界の状況
1945	ドイツが第二次世界大戦に敗北 ドイツとベルリンの４カ国分割占領	ヤルタ・ポツダム会談で冷戦が浮上
46		チャーチルの「鉄のカーテン」演説
47		トルーマン＝ドクトリン・マーシャル＝プランの発表 ⇔ コミンフォルムの形成

48	西側管理地区の通貨改革	⇔ ベルリン封鎖
49	東西ドイツの形成	NATOの結成 ⇔ COMECON結成
51	ECSCに西ドイツ調印	
54	パリ協定で西ドイツの主権回復・再軍備承認	
55	西ドイツがNATOに加盟	⇔ ワルシャワ条約機構結成
61	ベルリンの壁構築	
70〜	ブラント首相の東方外交	米ソのデタント(緊張緩和)
72	東西ドイツ基本条約	
73	東西ドイツ, 国連同時加盟	
86		ソ連のゴルバチョフ体制下でペレストロイカ展開
89	ベルリンの壁解放(11月)	マルタ会談で冷戦終結宣言(12月)
90	東西ドイツ統一	
91		COMECON・ワルシャワ条約機構解消で東欧社会主義圏の消滅

　しかし，こうした年表に細かくとらわれすぎてしまうと，全体を大きくつかむことが出来ない。まずは，時代の大きく動く時期を考えて，その展開に着目してみよう。

　A　戦後の混乱……敗北したドイツの4カ国(米・英・仏・ソ)による分割占領とベルリンの分割管理が施行されたこと。冷戦の下，米英仏の西側管理地区で通貨改革が断行され，それに反発したソ連がベルリン封鎖を行うも，西側の3国は大空輸作戦を展開し，その結果，封鎖は解除されたが，ドイツは東西に分断された。

　B　西ドイツの復興……アデナウアー首相(任 1949〜63)の下で，西ドイツは著しい経済復興を成し遂げて，主権を回復し，再軍備も認められ，NATO(北大西洋条約機構)にも加盟した。また，ECSC(ヨーロッパ石炭鉄鋼共同体)やEEC(ヨーロッパ経済共同体)などにも参加してその中心的立場にあった。一方，ソ連の衛星国となった東ドイツは，計画経済の下で西ドイツに大きく差をつけられ，東ドイツからの亡命者が続出した。それを阻止するために，東ドイツ政府は「ベルリンの壁」を構築し，これは冷戦の象徴とされた。

　C　多極化の時代……1960年代後半になると，アメリカはベトナム戦争の泥沼化で経済が悪化する一方でEC(ヨーロッパ共同体)や日本が台頭し，また，ソ連も指導力に陰りが生じてアルバニアやルーマニアなどが離反していった。米ソ両国は自国の悪化する経済の中で，対立の回避や核兵器保有の縮小などに努力する姿勢を見せるよう

になった。そうした状況下に，西ドイツのブラント首相が**東方外交**を展開し，72年に**東西ドイツ基本条約**が締結されて国交を樹立し，その翌年に東西ドイツの国連同時加盟が果たされた。

　　D　**東欧革命**……ソ連のますます硬直した政治や経済体制を打破するために，ゴルバチョフはペレストロイカを推進し，新思考外交で東西対立の解消に努力した。そして新ベオグラード宣言を発表して，ブレジネフが主張した制限主権論を否定し，ソ連は社会主義諸国の自主性を認めることとなった。その結果，ポーランドやハンガリーで民主化運動が推進され，1989年10月東ドイツのホネカーが退陣すると，11月10日に「ベルリンの壁」が破壊された。同年12月にはアメリカのブッシュ（父）大統領とゴルバチョフ書記長がマルタで会談を行い，冷戦の終結宣言が発表された。翌90年10月に，正式に東西ドイツが統合されて，ドイツ連邦共和国となった。

> 解答の構成を考えてみよう！

　上記のような知識を正確に論じていくのには，かなりつらい面もあるだろう。しかし，大まかに，　A　第二次大戦に敗北したために東西ドイツに分断されたことを軸として「ベルリン封鎖」などの事件を加える　→　B　東西ドイツの経済格差が甚だしくなり，東ドイツが「ベルリンの壁」を造ったこと　→　C　米ソの財政悪化が深刻化する中で，ブラントの東方外交で東西ドイツが相互に承認し合い，国連にも加盟したこと　→　D　ゴルバチョフの改革の影響を受けて，東欧の社会主義諸国も変わり始め，東欧革命の中でついには東ドイツ政権が崩壊してベルリンの壁が解放され，東西ドイツ統合へ，という流れになる。

　ほぼ四つのパートで構成し，それぞれ75字程度を目安にまとめていく，という方法が無難ではないだろうか。後は全体のバランスを考えつつ，知識をどれだけ正確に表現するか，という点である。

　では，実際に自分の文体で書いてみよう！

> 解答例

ドイツの敗北で国は首都ベルリンとともに4	1
カ国分割管理下に置かれた。冷戦構造が激化	2
する中で，西側管理地区で通貨改革が実施さ	3
れるとソ連はベルリン封鎖を行い，1949年西	4
のドイツ連邦共和国と東のドイツ民主共和国	5
に分裂した。西ドイツが経済復興の下，パリ	6

協定で主権を回復して再軍備を行いＮＡＴＯ　　7
に加盟すると，ソ連はワルシャワ条約機構を　　8
結成した。61年には東ドイツのベルリンの壁　　9
設置で緊張が高まったが，多極化とデタント　　10
の時代に入り西ドイツのブラント首相の東方　　11
外交で東西ドイツ基本条約が成立し，両ドイ　　12
ツは国連に同時加盟した。89年，ベルリンの　　13
壁が崩壊し，米ソ両首脳のマルタ会談で冷戦　　14
終結が宣言され，翌年ドイツは統一された。　　15

（300字）

Ⅳ

解説

　今年度もグローバルに構成された設問が目立つ。時代の変遷を追うとともに，同時代の世界各地の状況も確実に把握しておかなければならない。地図での確認は不可欠である。

A　中世のイベリア半島

　イベリア半島の歴史に絡んで，アフリカや地中海だけでなく，北欧の状況も問われている。しかし，基本的な設問が多いので，高得点を望みたい。

　空欄a　ムワッヒド　12世紀にベルベル系のムラービト朝を倒して成立したムワッヒド朝は，北アフリカのモロッコからチュニジアまでと，イベリア半島南部の現在のアンダルシア州一帯を支配下においた。しかし，13世紀にカスティリャやアラゴンなどのキリスト教諸国に敗れてイベリア半島での支配力を失い，13世紀半ばにモロッコの新興勢力に滅ぼされた。ラテン語名アヴェロエスで，アリストテレスの研究で知られるコルドバ生まれのイブン＝ルシュドは，このムワッヒド朝に仕え重用された。

　空欄b　ポルトガル　12世紀にムラービト朝を破って名を挙げたポルトゥカーレ伯がポルトガル王アフォンソ1世として，カスティリャ王国から分離独立した。イベリア半島のレコンキスタを13世紀半ばに早々と終えたのちは，レコンキスタや十字軍の延長としてアフリカ航路の開拓を目指すようになったのである。

　空欄c　グラナダ　イベリア半島最後のイスラーム教国であるナスル朝の都がグラナダにおかれていたので，グラナダ王国とも称される。西方イスラーム世界の代表的

建築であるアルハンブラ宮殿があり，学芸の保護奨励も熱心に行われた。

　空欄d　アレクサンドリア　前4世紀にアレクサンドロス大王がその遠征途上でナイル川のデルタ河口に建設した都市で，大王の死後はプトレマイオス朝の都になった。海上交易の拠点となり，また自然科学や文献学の研究機関であるムセイオンが設立され，アルキメデスらがそこで学んでいる。

　問(1)　(ア)　塩（岩塩）　岩塩を産出する北アフリカを含む地中海世界は金を求めていたが，金資源が豊富にある西アフリカでは塩を必要としていた。特にムスリム商人が8〜16世紀を中心に定期的にサハラ砂漠を縦断して交易を盛んにし，イスラーム化を進めた。

〈塩金貿易〉

　(イ)　ガーナ王国　サハラ越えの塩金貿易でその繁栄を謳歌していたが，11世紀後半にムラービト朝の侵攻を受けて衰亡した。

　問(2)　西ゴート王国　5世紀初めに南フランスのトゥールーズを都に建国されたが，6世紀にフランク王国軍に撃破されて，ついには南フランスを奪われ，イベリア半島のトレドに国の重心を移した。8世紀初めにウマイヤ朝の侵攻で滅亡した。

　問(3)　マルグレーテ　「14世紀末の北欧での同君連合」というのは，カルマル同盟のことである。カルマルはスウェーデン東南部の都市である。デンマークのマルグレーテ女王がノルウェーとスウェーデンを支配下に置いて，主導権を握った。従属下に置かれたスウェーデンは16世紀前半に独立したが，ノルウェーは1814年までデンマークの下にあった。

　問(4)　アンジュー家　1282年に起きた「シチリアの晩鐘事件」については教科書にはほとんど記載されていないので，これは正解率が低かったと思われる。1130年にノルマン人のルッジェーロ2世が教皇の承認の下でシチリア王位につき，その婚姻関係からドイツのホーエンシュタウフェン朝が王位を継承した。シチリア生まれの神聖ローマ皇帝フリードリヒ2世は，12世紀ルネサンスの推進者としても名高い。フリードリヒ2世の死後，ドイツは大空位時代となるのだが，ホーエンシュタウフェン家のシチリアはフランス王ルイ9世の弟のアンジュー伯シャルルが王位についた。しかし，その圧政に反発したシチリアの住民が暴動を起こしたため，アラゴン王のペドロ3世に王位が移った。

問(5)　ヴェネツィア(共和国)　　東ローマ帝国の支配下にあったヴェネツィアは，7世紀には事実上独立し，11世紀以降はジェノヴァとともに**東方貿易**の中心的な担い手となった。そのため，両者の間ではその覇権をめぐって長く対立抗争が行われた。14世紀後半のキオッジャの海戦でヴェネツィアが勝利し，決着をみたのである。

B　古代～現代の民衆の政治参加

　3年続いて，ギリシア・ローマ史が出題されている。また，古代から現代に至る時間の中で，ヨーロッパやアメリカなど多岐にわたった構成に工夫が見られる。教科書にはこうした観点からのまとめが見られないので，この問題文は熟読しておくとよいだろう。

　問(6)　ソロン　　ギリシア七賢人の1人に挙げられているソロンは，前6世紀初めに市民から全権を委ねられた。当時のアテネは貧富の差が大きく，階級間での抗争も激化していた。そのため，財産政治や債務奴隷の禁止，ドラコンの法の改訂などを行ったが，貴族・平民双方で不満が生じた。ソロンはアテネを出て外国を旅行し，帰国するとさらなる混乱が生じており，ペイシストラトスが僭主となると，ソロンは終始これに反対しつつ没した。

　問(7)　オストラシズム(陶片追放)　　前6世紀半ばに僭主となったペイシストラトスは，中小農民の保護やアテネの美化などに努めたが，後を継いだ2人の息子たちが強圧的な姿勢を示すようになり，ついには追放された。クレイステネスが導入したオストラシズムは6000票を越えた者，またはそれを越えた場合の最多得票者を10年間国外追放としたが，追放されてもその財産や諸権利は保持されていた。のちに悪用されて弊害が際立ったため，前5世紀末に廃止された。

　問(8)　ホルテンシウス法　　ディクタトルのホルテンシウスが制定したもので，平民の貴族に対する身分闘争は終結した。

　問(9)　タキトゥス　　帝政ローマ時代の歴史家で，特に五賢帝時代の前半に活躍した。彼は帝政には批判的であり，共和政の伝統を懐古する中で，『ゲルマニア』は書かれた。純朴なゲルマン人の風俗・習慣に対して，退廃していくローマのあり方を批判したといわれる。

　問(10)　フィリップ4世　　フランスのカペー朝の王(位 1285～1314)で，王権のさらなる強化を図り，**教皇ボニファティウス8世**とは教会領課税問題をめぐって対立した。その対立に備えて1302年に三部会を招集して支持を求め，翌年アナーニ事件を起こして教皇を死に至らしめた。

2014年　　解答・解説

問(11)　**権利の請願**　チャールズ1世の専制政治に対してイギリス議会が「請願」という形を取ったのは，王の拒絶を防ぐためである。王は一旦受諾したが，11年間議会を閉鎖し，のちのピューリタン革命につながった。成文憲法を持たないイギリスにおいて，1215年のマグナ＝カルタ・1689年の権利章典と並んで最重要法典とされる。

問(12)　**「代表なくして課税なし」**　1765年に制定された印紙法に対して植民地側が反発して示した主張である。本国議会に代表を送っていないので，植民地人に課税する権利はない，とするものである。印紙法は植民地側の激しい反発で1766年に廃止された。

問(13)　**三権分立**　モンテスキューは1748年の『法の精神』で，立法権・司法権・行政権を分立させて，王権の制限を主張している。アメリカ合衆国憲法は，これとともにロックの『統治二論』にも影響を受けている。

問(14)　**『第三身分とは何か』**　シェイエスが1789年三部会の招集に際して発表したパンフレットである。「第三身分とは何か？――すべてである」という言葉で特権身分を攻撃し，第三身分の権利を主張した。

問(15)　**公民権法**　南北戦争終結後の憲法修正で黒人奴隷は解放されたが，人種差別は根強く残っていた。1955年のアラバマ州のモンゴメリーで黒人女性が公営バスの白人専用の座席に座ったことから起きた事件が契機となって，人種差別撤廃運動が各地で展開されていった。M.R.キング牧師が1963年のワシントン大行進で演説した「I Have a Dream」は，世界中を感動させた。64年にジョンソン大統領の下で公民権法が制定され，アメリカ史上初めて白人と黒人が同じ人間として認められたのである。

C　ヴェルヌの『80日間世界一周』の背景となった19世紀の世界

19世紀の「世界」を，その時代のベストセラー小説とリンクさせて考察させる問題である。京大では「グローバルな視点」を求めだしており，Ⅳ のCの問題にその傾向が定着してきたようである。したがって近現代史中心ということになる。しかし，今年度は昨年度とは違って非常にオーソドックスな問題ばかりなので，完答を目指してもらいたい。

問(16)　(ア)　**ムハンマド＝アリー**　ナポレオンのエジプト遠征後の混乱期にオスマン帝国からエジプト総督に任命され，近代化を推進し，東方問題で注目を浴びた。第二次エジプト＝トルコ戦争の結果，エジプト総督の世襲権が認められた。

(イ)　**綿花**　イギリスは南北戦争の影響でアメリカ南部産の綿花の入手に支障をきたしていた。そのため，エジプト産の綿花に大規模な投資を行い，またインドの綿花もさらに大量に輸入するようになった。エジプトの経済が綿花によって結果的に左右されることになったのである。

問(17)　パックス＝ブリタニカ　「パックス＝ロマーナ(ローマの平和)」にならって
生まれた言葉である。19世紀半ば～20世紀初頭のイギリスが圧倒的な国力を誇示して，
比較的安定した平和な時代が現出したことを指す。帝国主義時代に「平和」？　とい
う疑念も湧くだろうが，1815年のナポレオン戦争終結から1914年の第一次世界大戦勃
発までの100年間は，少なくともヨーロッパ中を巻き込む大規模な戦争はほとんど生
じていない，とされている。

問(18)　ボンベイ　下線部は「西海岸にあって」とある。東海岸のマドラスと間違え
ないこと。インドの地図の確認が必要である。

問(19)　マラッカ　これも地図で確認が必要な重要ポイントである。東南アジア初の
イスラーム教国となったマラッカ王国の王都であったが，1511年にポルトガルによっ
て征圧された。その後，17世紀半ばからはオランダが，次いでナポレオン戦争中にイ
ギリスが占領して，1824年正式にイギリス領となった。すでに1786年に英領とされて
いたペナンや1819年にラッフルズが買収したシンガポールと合わせて海峡植民地とさ
れたのである。

問(20)　生糸・茶　問題文に「両国(中国および日本)に共通するもっとも重要だった
産品」とあるので，逆に戸惑ったかもしれない。日本は，江戸時代になるまでは盛ん
に中国産の絹を求めていたが，諸藩の努力で生糸や絹織物の生産が盛んとなり，幕末
に開港すると生糸が重要な輸出品目となった。また，茶も臨済宗を開いた栄西が南宋
から持ち帰って栽培が普及し，庶民にまで広がる嗜好品となり，輸出用の換金作物と
して盛んに栽培されたのである。イギリスは中国に対する大幅な輸入超過を減らすべ
く，アヘン三角貿易を行い，アヘン戦争にいたった。

問(21)　関税自主権を喪失し，列強側にのみ領事裁判権や最恵国待遇を認めた。
　アヘン戦争に敗北した清は，1842年に南京条約を結んで5港の開港や公行の廃止，
香港割譲などが決められて，朝貢貿易体制は終わった。43年の五港通商章程でイギリ
スの領事裁判権を清が認め，次いで虎門寨追加条約で(片務的な)最恵国待遇や茶を除
く関税を一律5％とされて関税自主権を失ったのである。

問(22)　ホームステッド(自営農地)法　従来からこの案はあったが，南部が反対して
いたため，実現していなかった。1861年に南部が合衆国から離脱し，南北戦争が始ま
ると，合衆国大統領のリンカンが1862年に西部の北部への支持を得るために発表した
のである。

解答例

A

a　ムワッヒド　b　ポルトガル　c　グラナダ　d　アレクサンドリア

(1)　(ア)　塩（岩塩）　　　(イ)　ガーナ王国

(2)　西ゴート王国

(3)　マルグレーテ

(4)　アンジュー家

(5)　ヴェネツィア（共和国）

B

(6)　ソロン

(7)　オストラシズム（陶片追放）

(8)　ホルテンシウス法

(9)　タキトゥス

(10)　フィリップ4世

(11)　権利の請願

(12)　「代表なくして課税なし」

(13)　三権分立

(14)　『第三身分とは何か』

(15)　公民権法

C

(16)　(ア)　ムハンマド＝アリー　　　(イ)　綿花

(17)　パックス＝ブリタニカ

(18)　ボンベイ

(19)　マラッカ

(20)　生糸・茶

(21)　関税自主権を喪失し，列強側にのみ領事裁判権や最恵国待遇を認めた。

(22)　ホームステッド（自営農地）法

解答・解説

I

解説

問題文を読んでみよう！

本年度の問題でまず注目したいのが，問題文自体の形式である。通常，京都大学のIの問題文は簡潔だが，本年度は問題文の長さが300字近い。また，指定語句(キーワード)がIに置かれたのも，さらにそれが三つというのも初めてである。こうした形式上の特徴は，それだけ問題文の読みに注意が必要だということを示している。

> 19世紀以来，イスラーム世界の改革を目指した様々な運動，なかでも「イスラーム復興主義」と呼ばれる立場において，しばしばムスリムが立ち戻るべき理想的な社会とみなされたのが，預言者ムハンマドの時代およびそれに続く「正統カリフ時代」のウンマ(イスラーム共同体)であった。しかし実際には661年にウマイヤ朝が成立するまでの間，様々な出来事を経てウンマのあり方は大きく変化した。ウンマ成立の経緯および「正統カリフ時代」にウンマに生じた主要な政治的事件とその結果について，以下のキーワードをすべて用いて300字以内で説明せよ。解答は所定の解答欄に記入せよ。句読点も字数に含めよ。
>
> ヒジュラ　　カリフ　　シーア派

問題の中心テーマを確認しよう！

本問のように問題文が長い場合，それを前文・本文(直接の問題文)に分けることができる。通常，論述問題の前文で出題者は本文だけでは伝えきれないニュアンスを表現してくる。本問の前文では，

- イスラーム復興運動で，預言者・正統カリフ時代のウンマが理想視されている
- ウマイヤ朝成立時までにウンマのあり方が大きく変化している

ことが述べられている。この二文が「しかし」という逆接でつながれている点に気をつけよう。つまり，出題者は「ウマイヤ朝成立時まで」にウンマが理想視される実態とは違ってきていることを示している。では，「理想」→　非「理想」の変化は具体的に何を指すのだろうか。このことが解答の方向性を見出すヒントになる。

次に本文で示されたテーマは，

①　ウンマ成立の経緯

②　(a)「正統カリフ時代」にウンマに生じた主要な政治的事件と(b)その結果

であり，②(b)の「その」は②(a)をうけている。ここで，②(a)の表現が「正統カリフ時代にウンマに生じた…事件」となっていることに気をつけて，「ウンマ」という言葉から前文の「ウマイヤ朝成立時までにウンマが理想視されるようなあり方から変化した」という内容を想起しよう。当然，②(b)「その結果」も「ウンマのあり方の変化」に関わるものであると考えられる。こう捉えることで，本問の一貫性が確認される。つまり，①では前文の「理想視」される時代のウンマがどのように成立したか，②ではそのウンマが具体的な事件を通じて「理想視」されたあり方からどのように変化していったか，が問われていることになる。

書くべきポイントを列挙してみよう！

以上の考察を踏まえて，解答に盛り込むべきポイントを考えてみよう。

①「経緯」＝経過(流れ)と②(a)政治的事件は，いずれも出来事を中心としていてポイントがつかみやすいので，そこをまず大まかに確認してみよう。

▶初期イスラーム時代の展開

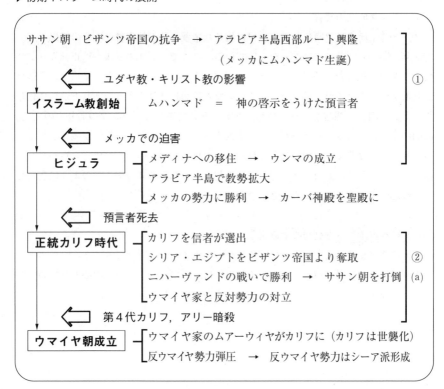

　これによって①の説明の方向性はつかめる。「ウンマ成立」がヒジュラによるメディナ移住の結果だとすれば，それに至る流れを書けばよい。ただし説明の詳しさは，②で要する字数に左右されるから，先にその点を確認しよう。

　さて，②はさらに検討が必要だ。上記の表では該当する時代（「正統カリフ時代」）の出来事は示されても，「ウンマに生じた」という内容との関わりは不明確である。また，②(b)は「結果」であって，必ずしも話は「正統カリフ時代」に限定されない。

　ここで，ヒントとして指定語句について考えてみよう。三つの指定語句のうち「ヒジュラ」は①の説明で使えるから，②で使うのは「カリフ」と「シーア派」となる。このうち「シーア派」と前段でみた 予言者・正統カリフ時代のウンマは「理想的」 → 「理想的」ではないあり方に変化 という動きをあわせて考えれば，「理想的」＝ウンマが一つにまとまっている時代 → 非「理想的」＝シーア派など分派の登場によるウンマの分裂，と捉えられるのではないだろうか。こう考えるなら，②(a)アリ

ーの暗殺とウマイヤ朝の成立　→　(b)分派としてのシーア派の成立，というラインを書くことができるはずだ。

　では，指定語句「カリフ」はどう使えばよいのだろう？　ここでカリフが「神の使徒(＝預言者)の代理人」を意味し，正統カリフ時代には信者によって選出されていたことを思い出してほしい。それは，当時，ウンマを率いるカリフの地位は信者の合意に基づいていたことを意味する。ところが，正統カリフ時代の後半にはウマイヤ家勢力と反対勢力の対立から第3代のウスマーン(ウマイヤ家出身)や第4代のアリー(反ウマイヤ家勢力)が非業の死を遂げ，さらにウマイヤ朝でカリフ位が世襲となるとシーア派などがこれに対抗したのである。つまり，②(a)カリフ選出(正統カリフ)　→　アリーの暗殺　→　(b)カリフ位の世襲化(ウマイヤ朝成立，ウマイヤ家のカリフ位独占)，シーア派のウンマからの分離という形でウンマの実態の変容が書けることになる。

　さらにウマイヤ朝の特徴を考えれば，他にもウンマの変容につながる正統カリフ時代の事項を指摘できるはずだ。アッバース朝のイスラーム帝国と対比して，ウマイヤ朝はアラブ帝国と称される。すなわち，ウマイヤ朝ではアラブ人に免税特権が認められる一方，非アラブ人の改宗者(マワーリー)にはジズヤやハラージュが課せられた。領土の拡大は結果的にアラブ人以外の諸民族からの改宗者をウンマに含めることにつながっており，その視点からシリア・エジプトへの拡大やササン朝滅亡(②(a))とウマイヤ朝のアラブ帝国としての性格(②(b))も解答に含めることができる。

　以上，②について検討した結果を整理してみよう。

②(a)	②(b)
信者による指導者(カリフ)選出 →	カリフ位(カリフ制)の成立
シリア・エジプトへの拡大 →	ウマイヤ朝はアラブ帝国に(アラブ人に免税特権，非アラブ人にジズヤ・ハラージュ)
ササン朝ペルシア征服	
(非アラブ人がウンマへ)	
第4代カリフ，アリー暗殺 →	ウマイヤ朝の成立でカリフ位は世襲化
	アリーと子孫のみを指導者とするシーア派形成

　こうして見ると，②で書くべき事柄は多い。したがって，①の説明はあまり詳しくはできないことになる。バランスをとるため300字を①・②におおまかに150字ずつ割り振って，書くべき事柄を決めて書き始めよう。

　問題文の核心に迫ろう！

• イスラーム教の成立

　6世紀後半，ムハンマドはメッカのクライシュ族に生まれた。クライシュ族はメッカの有力部族であったが，彼自身は幼い時に両親を亡くし同族の下で養育された（この時期，いとこのアリーと暮らしている）。その後自らもキャラバンに参加して，地中海沿岸を訪れ，この地で一神教（ユダヤ教・キリスト教）に触れる。そして唯一神アッラー（"THE GOD"）の啓示をうけて，イスラーム（「神への絶対的帰依」を意味する）教を創始した。しかし，メッカで多少の信者を獲得したものの，クライシュ族の有力者から迫害をうけたため，メディナへと移り（622年，ヒジュラ），まずこの地でムスリム共同体ウンマを形成し，他宗教の信徒をも支配下においた。そして，メッカ勢力と争って勝利し，630年，ムハンマドはメッカに凱旋し，それまで多神教の聖殿であったカーバ神殿をイスラーム教唯一の聖殿と宣言した。以後も宣教に努めた結果，632年の死去までにアラビア半島の大半がイスラーム教の勢力下に入った。

• 正統カリフ時代

　預言者が死去すると，信者はウンマの長老であったアブー゠バクルをカリフ（ハリーファ゠ラスール゠アッラー，"神の使徒の代理人"）に選出した。続いてカリフとなったウマルの時代にはシリア・エジプトをビザンツ帝国から奪い，またササン朝をニハーヴァンドの戦いに破って，ウンマは大きく拡大した。

　しかし，ウマイヤ家出身のウスマーンが第3代カリフとなると，対外的にはササン朝を滅ぼしてウンマはイラク・イランへとさらに飛躍したものの，内側ではウマイヤ家優遇策に対する不満が高まった。その結果，ウスマーンは叛徒により殺害されてしまう。直後の混乱した状況の下で開かれたカリフ選出会議では，ムハンマドのいとこであり，娘婿でもあったアリーが第4代カリフに選出された。しかし，ウスマーンと同じウマイヤ家出身のシリア総督ムアーウィヤはこの決定に服さなかったため，アリー側とムアーウィヤ側の戦いが展開され，さらにアリーがムアーウィヤと講和を結ぶと，これに不満を抱いた反ウマイヤ勢力の急進派によってアリーは暗殺されてしまった。

　こうして正統カリフ時代は終焉を迎えた。なおアブー゠バクル以下4人のカリフが"正統"と呼ばれるのは，後代スンナ派では識見に優れたこの4人こそ預言者の"正統"後継者であり，その時代までが理想的な時代とみなされたためである（イブン゠バットゥータは「預言者の死後30年は真のカリフ制，その後は王権にすぎない」と述べる）。

• ウマイヤ朝とシーア派・アラブ帝国

　シーアとは"党派"を意味し，シーア派の名称はウスマーンとウマイヤ家を支持した

グループに対抗した，アリー支持のグループを指すシーア＝アリー（"アリーの党派"）に由来する。

　第4代アリー暗殺の報をうけたムアーウィヤは，イェルサレムでカリフ位に就くことを一方的に宣言し，ダマスクスに都をおいてウマイヤ朝を開いた。しかし，その後もアリーの息子フサインが蜂起してカルバラーで殉教するなど反ウマイヤ勢力の抵抗は続き，そこからアリーとその子孫のみを預言者の正統後継者であり，指導者（イマーム）とするシーア派の考えが強まっていった。シーア派は，8世紀にアッバース家のウマイヤ朝に対する革命運動を支援し，さらに幾つもの分派に枝分かれしながら各地へと広がり，10世紀にはファーティマ朝やブワイフ朝，16世紀にはサファヴィー朝などのシーア派王朝が生まれた。

　また先述の如く，ウマイヤ朝はアラブ帝国と呼ばれ，アラブ人には免税特権が認められ，官職も独占したのに対し，非アラブ人の改宗者（マワーリー）にはジズヤ（人頭税）・ハラージュ（地租）が課せられた。こうしてウマイヤ朝に対して不満を抱いたシーア派やマワーリーを利用し，8世紀半ば，ウマイヤ朝を打倒してアッバース朝が成立した。

解答例

7世紀初頭，神の掲示をうけたムハンマドは	1
，メッカでイスラーム教を創始した。しかし	2
，クライシュ族の迫害を受けたため，メディ	3
ナへのヒジュラを行い，この地でウンマが形	4
成された。預言者没後，信者がカリフを選出	5
した正統カリフ時代には，ビザンツ帝国から	6
シリア・エジプトを奪い，ササン朝を滅ぼし	7
てイラク・イランも征服した。しかし，反ウ	8
マイヤ勢力が擁立したアリーが暗殺されると	9
，ムアーウィヤがウマイヤ朝を創始してカリ	10
フ位を世襲するようになり，対抗した反ウマ	11
イヤ勢力はシーア派を形成してウンマは分裂	12
した。またウマイヤ朝ではアラブ人が優遇さ	13
れ，新たに加わった非アラブ人改宗者にはジ	14
ズヤやハラージュが課せられた。	15

（295字）

Ⅱ

【解説】

A　殷～秦代における中国の政治・文化史

　空欄a　**詩経**　詩経(古くは「詩」とのみ呼ばれた)は，西周・春秋時代の宮廷祭祀の頌詩や民間の歌謡などを含む詩集で，早くから儒家に重んじられて**五経**の一つとされた。

　空欄b　**覇者**　春秋時代には斉の桓公や晋の文公など有力諸侯が，周王を助けて周辺の夷狄に対抗するという立場(**尊王攘夷**)から政治をリードした。この覇者のうち古来著名な５人が「**春秋の五覇**」と呼ばれ，先の桓公・文公以外の３人は固定していないが，呉王・夫差と越王・勾践(「臥薪嘗胆」の故事で知られる)，楚・荘王(「鼎の軽重を問う」の故事で知られる)が有名である。

　空欄c　**禹**　禹は帝舜の下で治水に業績を上げ，その功績から舜を継いで天子となり，**夏王朝**を開いたとされる伝説上の始祖である。『史記』などに記された夏の存在は歴史学では伝説とされてきたが，近年考古学では，前2000年紀前半の二里頭文化(河南省二里頭遺跡にちなむ)が夏王朝時代のものであるとする説が有力となってきている。

　問(1)　**殷墟**　大邑商(殷は自らを商と称した)の所在地は，甲骨文字を刻んだ亀甲獣骨の出土により河南省安陽県小屯村であることが20世紀初頭に確認された。『史記』に「洹水の南の殷墟」と記されている殷墟は殷後期(盤庚〜紂王)の都があった場所で，小屯周辺からは宮殿址や陵墓などが発見された。またここで見つかった甲骨文字の解読から殷代の**神権政治**の実態も解明されることになった。

　問(2)　**鎬京**　殷代末期，周の文王が現西安市西南の豊に遷都し，続く武王が殷を打倒した後，この地に鎬(鎬京)を建設して都とした。そして武王は，周室の一族や功臣を諸侯として各地に封建し，貢納や軍役などを課す**封建制度**を開始したとされる。

　問(3)　(ア)　**性善説**　儒家の祖，孔子は人が誰しも持つ愛情を仁とし，儒家の**孟子**(前372頃〜前289頃)は，仁をそなえた人間の本性は生まれながらにして善であるとする性善説を唱えた。これに対し，やや後の荀子(前298頃〜前235頃)は人間の本性は欲望などによりくもることもあるという**性悪説**を唱え，礼による秩序の維持を強調した。

　(イ)　**鄒衍**　鄒衍(前305〜前240)は，諸子百家のうちの**陰陽家**の祖である。彼は宇宙の原理である陰陽と万物を形作る五行(木火土金水の五要素)を結びつける**陰陽五行説**を唱えたとされる。この陰陽五行説は，王朝交替論や神仙思想など後世の思想に大きな影響を与えた。

　問(4)　**咸陽**　陝西省の咸陽は，戦国時代の前４世紀半ばに秦の都となった。中国を

統一した**秦王政**(始皇帝)は，人口の増加を背景に渭水南岸にまで都市域を拡大し，この地に阿房宮などの壮麗な建築物を造営した。しかし，秦末の混乱期に劉邦・項羽に攻められ，咸陽の建物は焼亡してしまったと伝えられている。

　問(5)　(ア)　**『春秋』**　『春秋』は孔子が編纂したとされる魯の年代記(前722～前488年の記録)で，これに孔子の歴史に対する理解や批判が含まれていると解されたことから五経の一つとなった。また，東周時代前半期に関する唯一まとまった史書であることから，『春秋』にちなみ前770～前403(あるいは前453)年の間を春秋時代と呼ぶ。『春秋』には，「左氏伝」・「公羊伝」・「穀梁伝」の三注釈書が作られている。

　(イ)　**屈原**　屈原(前340頃～前278頃)は楚の王族として政治で活躍し，その文才も高く評価された。しかし，楚が縦横家の合従策・連衡策に翻弄されると，外交策をめぐる対立から王により江南に流され，将来に絶望した屈原は汨羅(湖南省東部の河)に身を投げて自ら命を絶った。その屈原の愛国の情を湛えた「離騒」などの作品が**『楚辞』**に多く残されている。

　問(6)　**半両銭**　「両」は重さの単位を指し，半両銭は半両の重さの円形方孔銭である。秦の始皇帝はこの半両銭を統一貨幣とした。その後，前漢の武帝は，半両銭に代えて統一貨幣として**五銖銭**(「銖」も重さの単位，漢代には1両＝24銖)を発行し，この五銖銭が魏晋南北朝時代を通じて中国では流通した。

　問(7)　**陳勝・呉広の乱**　前210年，始皇帝は巡幸先で死去し，二世皇帝が即位した。その翌年，北辺防備に駆り出された農民が，陳勝と呉広を指導者として蜂起した。大雨のため期日通りに目的地に着けず，厳格な秦の法では遅参は死刑であったために起こされた反乱であった。その決起の際の陳勝の言葉「**王侯将相いずくんぞ種あらんや**」は下剋上の気概を示し，この反乱をきっかけとして各地で反乱が頻発するようになり，秦帝国の崩壊につながっていった。

　問(8)　(ア)　**南海郡**　前221年に他の六国を亡ぼして秦は統一を達成した。だが，この段階では華南(中国最南部)はいまだ版図に含まれていなかったため，始皇帝は華南征服を進め，**南海三郡**(南海・桂林・象)を設けた。このうち広州(古来有名な港)に置かれたのが南海郡である。その後はリード文にあるように，秦末の混乱期に漢人の趙佗がベトナム北部に南越(前203～前111)を建てた。

　(イ)　**武帝**　前漢の第7代皇帝(位 前141～前87)。内政面では，父景帝(位 前157～前141)時代に諸侯の呉楚七国の乱が鎮圧されたことをうけて実質的に郡県制による中央集権的統治を確立，官吏任用制度である**郷挙里選**を採用し，儒教の官学化を行った。その後に進めた匈奴対策(張騫を大月氏に派遣など)や朝鮮(衛氏朝鮮滅亡，朝鮮4郡設置)・ベトナム(南越王国滅亡，南海9郡設置)への遠征などの対外積極策から王朝

は財政難に陥った。このため治世後半には**均輸・平準(法)の実施，五銖銭の発行，塩・鉄・酒の専売**などの財政政策を展開することになった。

　問(9)　**『史記』**　前漢，武帝時代の司馬遷(前145頃〜前86頃)は史官の家に生まれ，父の遺志を継いで史官となって『史記』130巻を完成させた。『史記』は太古より武帝時代までの歴史を紀伝体(皇帝の歴史である本紀や重要人物の伝記などからなる列伝を中心とした史書のスタイル)で記し，後世『史記』は中国正史(王朝の命による官撰史書)の第一とされた。

B　アルメニア人の交易

　空欄 d　**イスファハーン**　イスファハーンはキャラバン＝ルート上の都市として発展し，11世紀後半にはセルジューク朝のイラン支配の拠点ともなった。16世紀末，アッバース1世がイスファハーンに遷都し，ブルーモスクなどが造営されて壮麗な都市が現出した結果，「世界の半分」とまで称されることになった。

　空欄 e　**アッバース1世**　アッバース1世(位 1587〜1629)は，サファヴィー朝の第5代君主。国内では軍事貴族を抑えて中央集権化に努め，都をカスピ海南方のイスファハーンに移した。対外的にはオスマン帝国から領土を奪回して講和し，ホルムズ島からポルトガル人を駆逐して海上交易路を確保した。そしてイギリスやオランダと友好関係を結び，サファヴィー朝の全盛期を現出させた。

　空欄 f　**コルベール**　コルベール(1619〜83)は，時の宰相マザランに見出されて宮廷に入り，1665年，財務総監となった。重商主義の理論家であった彼は，他国との競争に打ち克ち，植民地を獲得するため東インド会社を復興し(1664)，西インド会社を創立している。また，国内産業を保護するため，王立・特権マニュファクチュアを創設した。

　空欄 g　**ラサ**　「神(仏)の地」の意味を持つラサは，チベットの肥沃な土地の中心地に位置し，7世紀に吐蕃を建てたソンツェン＝ガンポ王もラサを都とした。その後もチベットにおける政治・経済・文化の中心地として繁栄し，17世紀にはチベット仏教の指導者であるダライ＝ラマの住居としてポタラ宮殿が建設された。

　空欄 h　**マニラ**　スペインによるフィリピン支配の拠点として，1571年，総督レガスピはルソン島にマニラを建設した。そして，メキシコのアカプルコとマニラを結ぶ**アカプルコ貿易(ガレオン貿易)**により，マニラに**メキシコ銀**がもたらされ，それがこの地を訪れた中国商人の手を通じて明朝へと流入していった。

　空欄 i　**アグラ**　ヤムナー(ジャムナー)川沿いのアグラは，既にロディー朝(デリー＝スルタン王朝最後の王朝)時代から首都とされ，ムガル帝国のバーブルも当初は

この地に都をおいた。ムガル帝国第3代アクバルはアグラに新城と都市を築いて遷都したため，この都市は別名「アクバルの町」（アクバラーバード）と呼ばれることになった。

　　空欄 j　　エチオピア　　紀元前，エチオピアにはイエメンからセム系の人々が移動し，長距離交易の拠点アクスムを中心にエチオピア王国の基礎を築いた。そして，4世紀，アクスム王国（エチオピア王国）はナイル川流域のクシュ王国（メロエ王国）を亡ぼす一方で，交易を通じて結びつきの強かったローマ帝国からキリスト教文化を受容した。このキリスト教はエジプトのコプト派と呼ばれるもので，イスラーム教がアフリカにまで拡大した後も存続し，今日までエチオピアで信仰され続けている。

　　空欄 k　　トルコマンチャーイ　　1828年，イラン＝ロシア戦争の講和条約が，タブリーズ南方のトルコマンチャーイ村で結ばれた（トルコマンチャーイ条約）。この条約でカージャール朝はロシアにアルメニアの大半を割譲し，賠償金を支払うこととなった。また，ロシアには領事裁判権や協定関税など不平等条約的内容も認められることになり，以後イランは他のヨーロッパ諸国とも同種の条約を結び従属化していくことになった。

　　空欄 l　　ホメイニ　　シーア派の法学者であったホメイニ（1902頃～89）は，パフレヴィー朝の専制政治や白色革命（王パフレヴィー2世の上からの近代化）に反対して逮捕され，その後フランスへと亡命した。しかし，1979年，イランで法学者を中心とする反政府運動によってパフレヴィー朝が断絶すると彼は帰国し，最高指導者としてイラン＝イスラーム共和国を建設，強硬な反米政策への転換やイラクとの戦争（1980～88）を指導した。

　　問(10)　　イヴァン4世　　モスクワ大公イヴァン4世（位 1533～84）は，イヴァン3世（位 1462～1505）の孫にあたり，親衛隊を組織して貴族を抑圧し，専制的な権力を振るった（その仮借ない性格から「雷帝」と恐れられた）。また，戴冠式を挙行して公式にツァーリ（皇帝）であることを内外に示している。対外的にはコサックのイェルマークに命じてシベリア遠征を行わせ，その後のシベリアへの拡大に道を開いた。

　　問(11)　　カルカッタ　　ガンジス川の河口に位置するカルカッタ（英語風発音，ベンガル語ではコルカタ）は，17世紀にイギリスがベンガル地方へ進出する際の拠点として発展し，以後もイギリスのインド支配の中心として繁栄した。そして1877年に建てられたインド帝国の都となったが，1905年のベンガル分割令に対して国民会議派がカルカッタ大会で四大綱領を決議して抵抗するなどインド側の民族運動が激しくなったため，1911年，ベンガル分割令撤廃とともに帝国の都はデリーに移された。

　　問(12)　(ア)　公行　　公行（コホン，広東十三行）は特許商人の集団で，乾隆帝の1757年に貿易が広州に限定されると，公行が貿易や関税徴収に関わる業務を独占する体制が

整備され，さらに公行の活動は外交上の折衝などにまで拡大していった。しかし，アヘン戦争の講和条約である南京条約(1842)で公行の貿易独占は廃止された。

(イ)　アヘン　ケシから精製されるアヘンは，既に明代，ポルトガル人によって中国に持ち込まれていた。しかし，18世紀末以降イギリスが片貿易により清に流出した銀を回収するため三角貿易を形成すると，インドから中国へアヘンが密輸されるようになった。この結果，中国から大量の銀が流出するようになったため，清朝はアヘン密輸の厳格な取り締まりを具申した林則徐(1785～1850)を欽差大臣(臨時の特命大臣)に任命して広州に派遣し，それがアヘン戦争(1840～42)の勃発につながった。

問(13)　マテオ＝リッチ　イエズス会のマテオ＝リッチ(中国名は利瑪竇　1552～1610)は，16世紀後半，アジアでの布教のためインドのゴアを経て中国のマカオに至った。そして，明の都である北京に赴き，万暦帝から定住を認められた。リッチは世界地図(『坤輿万国全図』)などヨーロッパの学術や知識を中国に伝え，徐光啓らとエウクレイデス(ユークリッド)の幾何学書を『幾何原本』として翻訳した。また，彼は中国人信者の典礼参加には鷹揚(おうよう)な態度を採り，このことは以後のイエズス会の教勢拡大と清における典礼問題の発生につながることになった。

問(14)　シヴァージー　シヴァージー(位 1674～80)は，仕えていたビージャープール王国から自立すると，ムガル帝国軍とも優勢に戦い講和を結んだ(直後にアウラングゼーブ帝と会見している)。やがて，再度ムガル帝国と対立すると，それを利用して勢力を拡大し，マラーター王国を建てた。同時期にはラージプート諸王やシク教徒勢力もムガル帝国から離反してきており，以後ムガルの支配は急速に衰えることになった。

解答例

A

　a　詩経　　b　覇者　　c　禹

(1)　殷墟

(2)　鎬京

(3)　(ア) 性善説　　(イ) 鄒衍

(4)　咸陽

(5)　(ア) 『春秋』　　(イ) 屈原

(6)　半両銭

(7)　陳勝・呉広の乱

(8)　(ア) 南海郡　　(イ) 武帝

(9)　『史記』

B

d　イスファハーン　　e　アッバース1世　　f　コルベール

g　ラサ　　　　　　　h　マニラ　　　　　　i　アグラ

j　エチオピア　　　　k　トルコマンチャーイ　l　ホメイニ

⑽　イヴァン4世

⑾　カルカッタ

⑿　(ア)　公行　　(イ)　アヘン

⒀　マテオ=リッチ

⒁　シヴァージー

Ⅲ

解説

問題文を読んでみよう！

　今年はアメリカ史から3年ぶりにヨーロッパ史に回帰した。ヨーロッパ史関係ではやはり国家間の関係が要求されることが多い。今回は，19世紀のヨーロッパ史の知識のアウトラインがおおよそ整理されており，論述のノウハウを少しでも把握していれば，それなりに書けるのではないだろうか。問題文は以下の通りである。

　　フランス革命以降，フランスとロシアはしばしば敵対関係におちいったが，第一次世界大戦では両国は連合国の主力として，ドイツを中核とする同盟国と戦うことになる。ウィーン会議から露仏同盟成立に至るまでのフランスとロシアの関係の変遷について，300字以内で説明せよ。

問題の中心テーマを確認しよう！

1．要求されている時代は…「ウィーン会議から露仏同盟成立に至るまで」

　すなわち「1814〜1890年代にかけて」ということで，ナポレオン戦争以降のフランスとロシアの状況を確認することが必要とされる。

2．要求の内容は…「フランスとロシアの関係の変遷について」

　すなわち，「関係が悪いのか，それとも良好なのか？」ということを明確にしなければならない。フランスとロシアのそれぞれの歴史を思いつくままに書き並べても，ポイントにはならない。両国が交錯する歴史を列挙しなければならないのである。近現代史に苦手意識を持っている人は，焦らずに落ち着いて一つひとつの出来事を確認

してみよう。

書くべきポイントを列挙してみよう！

まず，大まかな展開を考えてみよう。

ナポレオン戦争ではロシア遠征などがあって，両国は敵対関係にあった。しかし，これは要求外の事なので，書く必要はない。

戦後処理のためウィーン会議が開催されたが，「はじめ各国の利害対立のため難航（東京書籍『世界史B』）」した。しかし，フランス外相タレーランの提唱した正統主義を原則として，大国間の勢力均衡が重視された。1815年にはロシア皇帝アレクサンドル1世の呼びかけで神聖同盟が，また四国同盟に1818年フランスも参加して五国同盟となり，ロシア・フランスの協調関係が成立している。

1820年代にはギリシア独立戦争が展開される。フランス・ロシア・イギリスはともにオスマン帝国に対してギリシアを支援し，協調関係を持続させる。しかし，30年代のエジプト＝トルコ戦争では二度ともフランスはエジプトを支援し，ロシアはオスマン帝国を援助することで対立する。そうして，50年代のクリミア戦争でも，オスマン帝国を支援したイギリス・フランスに対して，ロシアは敗北を喫することになる。

フランスがプロイセンとの戦争で敗北すると，ドイツの宰相ビスマルクはフランスの孤立化政策を展開して1873年にロシア・オーストリアと三帝同盟を結び，またそれがロシア・オーストリアの対立で破綻すると，ロシア・ドイツで再保障条約を締結した。1890年にビスマルクが失脚し，ヴィルヘルム2世が再保障条約の更新を拒否すると，ロシア・フランスは1891年に露仏同盟を締結した。以後，ロシアはフランスから資本を導入して，シベリア鉄道建設が行われるようになるのである。

したがって，両国の関係は以下のような流れになる。

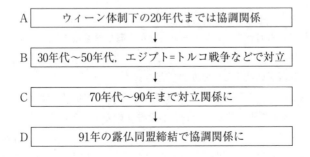

A　ウィーン体制下の20年代までは協調関係
↓
B　30年代～50年代，エジプト＝トルコ戦争などで対立
↓
C　70年代～90年まで対立関係に
↓
D　91年の露仏同盟締結で協調関係に

解答の構成を考えてみよう！

　では，こうした知識に基づいて，論述に取り組もう。上記の流れを踏まえると，ほぼ四つのパートで構成すればよい。したがって，大まかにそれぞれ75字程度を目安にまとめていくとよいのではないだろうか。全体のバランスをしっかりと考えておこう。

A　1814～1820年代：ウィーン体制下で両国は協調関係に　→　フランスは神聖同盟や四国同盟に参加して五国同盟に　→　ギリシア独立戦争でも協調

B　1830年代～1850年代：2度のエジプト＝トルコ戦争やクリミア戦争で両国は対立

C　1870年代～1890：ドイツのフランス孤立化政策でロシアはドイツと協力　→　ロシアは三帝同盟や再保障条約を締結

D　1890年代～：ドイツのヴィルヘルム2世の再保障条約更新拒否で，露仏同盟締結　→　協調関係に

　では，実際に自分の文体で書き始めよう！

解答例

フランスは神聖同盟や四国同盟に参加してロ	1
シアとともにウィーン体制を支えた。ギリシ	2
ア独立戦争でも両国は協力してオスマン帝国	3
と戦った。二度のエジプト＝トルコ戦争では	4
，フランスはエジプトを，一方ロシアはオス	5
マン帝国を支持して両国は対立した。その後	6
，聖地管理権問題からロシアはオスマン帝国	7
に対してクリミア戦争を始めた。フランスは	8
イギリスとともにオスマン帝国側についてロ	9
シアと戦いこれを撃破した。その後ロシアは	10
ビスマルクの主導で成立した三帝同盟や再保	11
障条約で，フランスと対立するドイツととも	12
にフランスを孤立化させた。しかし，ドイツ	13
のヴィルヘルム2世の再保障条約更新拒否で	14
両国は急速に接近し，露仏同盟が成立した。	15

（300字）

Ⅳ

解説

　今年度はヨーロッパ史を中心にグローバルな設問で構成されている。時代の変遷を追うとともに，同時代の世界各地の状況も把握しておかなければならない。地図での

確認は不可欠である。

　昨年度も一部出題されたローマ史が問われている。文化史が多く含まれているが，ギリシア史とともに基本的な設問が多いので，短文記述は復活したが，ケアレスミスに注意すれば，完答も可能である。

　問(1)　ミレトス　イオニア植民市の中心で，問題文にあるように小アジアにあってオリエント文化の影響を直接にうける地域であることに注意しよう。その中心都市のミレトスに前6世紀頃にタレス(昨年度に出題された)がでて，自然哲学を創始した。アケメネス朝のダレイオス1世の圧迫に対して反乱を起こしたが，占領され，破壊されてその繁栄も失われてしまった。

　問(2)　サラミスの海戦で三段櫂船の漕ぎ手となった。

　短文記述の復活である。「無産市民たちのペルシア戦争における役割，その最も重要な任務」を尋ねられているので，当然，サラミスの海戦において三段櫂船の漕ぎ手を務めたことを示せばよい。この活躍で無産市民たちが「政治的発言権を強め」たのである。

　問(3)　ペロポネソス戦争　「トゥキュディデス」の描いた「大戦争」が，前431〜前404年の間展開されたペロポネソス戦争である。ヘロドトスの『歴史(ペルシア戦争史)』は物語的であるとされるが，トゥキュディデスの方は実証的であるとされる。京都大学学術出版会の「西洋古典叢書」シリーズにその翻訳がおさめられている。

　問(4)　フィリッポス2世　在位は前359〜前336年であるが，その年代を知らなくても「マケドニア王国を強大化させ」た王としてすぐに判断できなければならない。前338年のカイロネイアの戦いでアテネ・テーベ連合軍を撃破し，「ギリシア世界の支配」をほぼ完成させたことを思い起こそう。

　問(5)　カルタゴ　カルタゴとローマとのポエニ戦争は，前264年に始まった。第1次で勝利したローマは，第2次ポエニ戦争では，ハンニバルに前216年のカンネーの戦いで敗れた。それに乗じたアンティゴノス朝マケドニアは翌年ハンニバルと結んで，以後，4次におよぶマケドニア戦争(前215〜前148)を始める。軍人であり，歴史家のポリビオスは前166年にローマに人質として送られ，スキピオ家に迎えられた。第3次ポエニ戦争でポリビオスは小スキピオに従軍し，前146年のカルタゴの炎上を目撃して，ローマの発展について考察した『歴史』をギリシア語で著したのである。

　問(6)　プルタルコス　五賢帝の時代に生きたプルタルコスは，デルフォイの神官で

あった。ギリシアとローマの人物を対比して記述した『対比列伝(英雄伝)』や，また『倫理論集(モラリア)』などを著し，いずれも上述した京都大学学術出版会の「西洋古典叢書」シリーズで一部翻訳されている。

問(7)　十二表法　前5世紀半ばに制定された最古の成文法で，旧来の慣習法が明文化された。重装歩兵として活躍した平民が貴族との不平等是正を図る抗争の中で，**貴族による法独占を打破したのである。**

問(8)　キケロ　騎士出身で，政治的にはカエサルと対立し，彼が前44年に暗殺されると，その暗殺者を支持した。またアントニウスとも対立し，彼が放った刺客に前43年に暗殺された。カエサルと並ぶラテン語の名文家として知られ，代表作に『**国家論**』などがある。

問(9)　コンスル(執政官・統領)　行政・軍事を担う最高政務官で，任期1年で2名が担当する。非常時には臨時にディクタトル(独裁官)が彼らの中から1名任命された。

問(10)　カロリング＝ルネサンス　カール大帝の下でブリタニアからアルクインが招かれ，ラテン語の普及やカロリング小字体の制定など，古代文化復興運動が展開された。アーヘンがその中心地で，学校が開設された。

B　ジブラルタル海峡史

昨年度と同様に，古代から現代に至る歴史が問われている。ジブラルタル海峡を中心に展開される諸民族や国家間の交流，対立などについて幅広く出題されている。しかし，設問はすべて教科書レベルなので，これも高得点を目指したい。

空欄a　トゥール・ポワティエ　732年に生じた戦いである。ウマイヤ朝をフランク王国メロヴィング朝の宮宰であるカール＝マルテルが撃退した。この戦いの後，王国の実権はカール＝マルテルのカロリング家に移り，また726年の聖像禁止令問題から東方教会と対立していた西方教会がカロリング家に接近するようになった。

空欄b　トラファルガー　1805年10月に，ネルソン提督が率いるイギリスがフランス・スペイン連合艦隊を撃破した。ネルソンは戦死したが，ナポレオンはついにイギリス上陸作戦を断念することになった。

問(11)　フェニキア人　前12世紀ころから地中海交易をほぼ独占したセム語系の民族である。現在のレバノンに位置するシドンやティルスなどの海港都市国家を拠点に，地中海の沿岸各地にカルタゴなどの植民市を建設した。前7世紀にアッシリアに征圧され，その後はアケメネス朝の支配下にあったが，前4世紀にアレクサンドロス大王に征圧された。

問(12)　ヴァンダル人　ドナウ川沿いに西方へ移動し，ライン川を渡って現在のフランスへ入り，ピレネー山脈を越えてイベリア半島に到達した。その部族名は「アンダルシア(Vandalicia〈ヴァンダル人の国〉)」の地名の由来とされる。次いでジブラルタル海峡を渡って北アフリカに入り，カルタゴを都にヴァンダル王国を確立した。しかし，6世紀に東ローマ帝国のユスティニアヌス帝により滅ぼされた。

問(13)　ゲットー　中世のキリスト教世界では，十字軍や黒死病の大流行などにより社会不安が起こるたびに，ユダヤ人は迫害を受け続けてきた。16世紀に「ゲットー」の名称が公的に定着するようになった。強制的に隔離された居住区は劣悪な環境であった。

問(14)　フロリダ　16世紀以降，スペイン領であったが，七年戦争後の1763年のパリ条約でイギリス領となった。アメリカ独立戦争でフランスとともにスペインはアメリカを支援し，1783年のヴェルサイユ条約で奪還を果たしたのである。しかし，モンロー大統領時代の1819年にアメリカがフロリダを獲得することになった。

問(15)　大陸封鎖令(ベルリン勅令)　イギリスに経済的な打撃を与えるために，1806年(すなわち前述空欄(b)のトラファルガーの海戦の翌年)に発布された。大陸諸国とイギリスとの交易などを全面的に禁止し，フランスによるヨーロッパ市場の独占を図った。しかし，ヨーロッパ各国の経済的打撃は大きく，反ナポレオン感情が高まった。

問(16)　スエズ運河の開通とその後の株の買収で，地中海経由でインドへ向かうことが多くなったから。

問題文中の「1870年代以降」という表現に注意しよう。1869年にスエズ運河とアメリカ大陸横断鉄道がともに開通している。スエズ運河はフランスとエジプトの協力によって建設されたが，1875年にエジプトの財政難からイギリスがその株を買収した。南アフリカのケープ植民地経由よりもインドへの航行距離と時間が大きく短縮され，開通後にスエズ運河を利用する船舶の約8割がイギリス船籍であったといわれる。

問(17)　フランス，ドイツ　1905年に起こった第1次モロッコ事件(タンジール事件)は，その前年の英仏協商でフランスにモロッコの優越権をイギリスが承認したことに起因する。ドイツ皇帝ヴィルヘルム2世は突如タンジールを訪れ，モロッコの領土保全と門戸開放を主張した。これを収拾するための国際会議が1906年にスペインのアルヘシラスで行われ，イギリスなどがフランスを支持したため，ドイツは譲歩せざるをえなくなった。第2次モロッコ事件は，1911年にモロッコのベルベル人が大規模な反乱を起こしたことから始まる。それを鎮圧するためにフランスが出兵すると，ドイツは自国民の生命・財産の保護を名目に軍艦をアガディール港に派遣した。イギリスはフランスを積極的に支持したため，ドイツはフランスとの協定でフランス領コンゴの一部を得て，モロッコを断念することとなった。

C　第三世界を中心とする戦後の政治・経済史

　アジア・アフリカなどの「第三世界」の動きを，欧米諸国とからめて問われている。第二次世界大戦後の経済が重視されており，受験生には最も難しく感じた設問であったと思われる。問㉓などは，教科書で何の説明もされていないので，ほぼすべての受験生ができなかったのではないだろうか？　この⟨IV⟩のCでは現代史がテーマになるというパターンが定着しつつあると思われる。

　空欄c　**スカルノ**　1901年生まれのスカルノは，1928年にインドネシア国民党を結成し，反オランダ闘争を展開する。第二次世界大戦でインドネシア独立のために日本に協力し，日本が降伏すると，独立宣言を発表した。しかしオランダはこれを認めず，インドネシア独立戦争が起こったが，1949年ハーグ協定で独立が達成された。大統領となったスカルノは，1955年ジャワ島のバンドンでアジア＝アフリカ会議（AA会議）を主催し，「第三世界」のリーダーの1人となった。

　空欄d　**アフリカ統一機構（OAU）**　1963年にアフリカ諸国の統一と連帯などを促進するために，アフリカ諸国首脳会議で30カ国によって結成された。後に経済統合なども踏まえて，2002年に53の加盟国でアフリカ連合（AU）に発展した。

　空欄e　**スターリン**　レーニンの死後，トロツキーとの後継者争いに勝利したスターリンは，次々に反対派を粛清して独裁体制を確立した。第二次世界大戦直前に独ソ不可侵条約を結んで世界を驚かせたが，1941年に独ソ戦が始まると連合国側にくみしてテヘラン会談以降，主導権の一端を握った。ソ連は冷戦下では東欧諸国を従えたが，1953年にアメリカのトルーマンも引退し，スターリンも亡くなると，いわゆる「雪どけ」の状況を迎えることになった。

　問⒅　**周恩来**　中華人民共和国の初代首相として，1976年の死までその任務にあたった。インドシナ戦争を終結させる1954年のジュネーヴ会議に出席し，またインドのネルー首相と会談して平和五原則（平和共存・内政不干渉・相互不侵略・平等互恵・領土保全と主権の尊重）をまとめた。これは翌年のバンドンAA会議の平和十原則の基盤となるものである。

　問⒆　**東南アジア条約機構（SEATO）**　フランスのインドシナ撤退をうけて，東南アジアの共産化阻止のために1954年に結成された。米・英・仏・豪（オーストラリア）・ニュージーランド・フィリピン・タイ・パキスタンの8カ国が参加した軍事同盟である。ベトナム戦争からアメリカが撤退した後，1977年に解消した。

　問⒇　**進歩のための同盟**　1961年に大統領に就任したケネディが，革命を起こして社会主義化したキューバを封じ込めるために提唱したものである。アメリカはラテン

アメリカ諸国に対して資金支援を行って産業基盤の整備などをめざしたが，1963年に
ケネディが暗殺されると，その後は目標とした民生の向上も経済成長も政治の民主化
などにおいても目立った成果を挙げられずに終わってしまった。

問(21)　**アンゴラ**　1961年以来のポルトガルからの独立闘争の結果，1975年にようや
く独立を達成したアンゴラは，それぞれの独立運動の組織を支援したソ連側とアメリ
カ側の意向で対立し，南アフリカ共和国も参入して激しい内戦となった。アメリカの
動きに反発したキューバはソ連側が支援するグループに軍事顧問団を派遣し，一方，
中国はソ連と対立しており，1972年のアメリカのニクソン訪中以降の関係改善もあっ
て，アメリカ側のグループを支援した。最終的にはゲリラ戦を展開し続けてきた指導
者が暗殺されたことで，2002年に内戦の終結にいたった。

問(22)　**国連貿易開発会議(UNCTAD)**　「発展途上国の経済発展の促進」を図り，
南北問題を総合的に扱う機関となった。GATT(関税および貿易に関する一般協定)は
先進国に有利な自由貿易体制をめざしていたため，発展途上諸国の要望で1964年3月
にジュネーヴでUNCTADの第1回総会が開催された。同年12月には国連総会直属の
常設機関となった。

問(23)　**輸入代替工業化政策**　これは難問である。世界史の教科書には掲載されてい
ないし，おらく高校世界史で扱われたことはないのではないだろうか？ これは発展
途上国が高関税などで輸入を制限して，国内工業を保護し，振興させて，輸入工業品
から国産品への代替を進めていこうとする開発政策である。しかし，国際競争力も弱
体で，結局は各国内の限られた狭い市場の中では，当然のことながら限界を生じて失
敗に終わることが多かった。

問(24)　**光州**　1979年の朴正熙(パクチョンヒ)大統領の暗殺事件の後，政治的な混乱
を収拾するために，全斗煥(チョンドゥホアン)が軍の実権を，次いで非常戒厳令拡大
措置の下で政権を掌握した。1980年5月に，光州市で人気のあった金大中(キムデジ
ュン)が逮捕されたことを知った市民達が反発して，一時は市街戦状態になった。し
かし，結局は軍隊に鎮圧されて事態は終結した。

解答例

A
　(1)　ミレトス
　(2)　サラミスの海戦で三段櫂船の漕ぎ手となった。
　(3)　ペロポネソス戦争
　(4)　フィリッポス2世

(5)　カルタゴ

(6)　プルタルコス

(7)　十二表法

(8)　キケロ

(9)　コンスル(執政官・統領)

(10)　カロリング＝ルネサンス

B

　a　トゥール・ポワティエ　　b　トラファルガー

(11)　フェニキア人

(12)　ヴァンダル人

(13)　ゲットー

(14)　フロリダ

(15)　大陸封鎖令(ベルリン勅令)

(16)　スエズ運河の開通とその後の株の買収で，地中海経由でインドへ向かうことが多くなったから。

(17)　フランス，ドイツ

C

　c　スカルノ　　d　アフリカ統一機構(OAU)　　e　スターリン

(18)　周恩来

(19)　東南アジア条約機構(SEATO)

(20)　進歩のための同盟

(21)　アンゴラ

(22)　国連貿易開発会議(UNCTAD)

(23)　輸入代替工業化政策

(24)　光州

解答・解説

I

(解説)

問題文を読んでみよう！

　本年の I のテーマは，**魏晋南北朝期の中国における仏教・道教の発展とその影響**について。後漢末から魏晋南北朝にかけての時代は中国の一大変革期にあたるが,「変化」は論述問題のテーマとしてとり上げられやすい。また，内容面からいえば，本問はオーソドックスなタイプの出題といえるが，後述するように形式面(問題文の表現)ではやや難しい部分もあり，それなりに論述問題に対応する技術も必要になってくる問題である。

> 　中国の「三教」，すなわち儒教・仏教・道教のうち，仏教・道教は大衆にも広く浸透し，中国社会を変容させてきた。仏教・道教が中国に普及し始めた魏晋南北朝時代における仏教・道教の発展，および両者が当時の中国の政治・社会・文化に与えた影響について，300字以内で説明せよ。解答は所定の解答欄に記入せよ。句読点も字数に含めよ。

問題の中心テーマを確認しよう！

　では，詳しく問題文を分析してみよう。まず前文で儒教・仏教・道教のうち，仏教・道教が「大衆にも広く浸透し，中国社会を変容させてきた」と述べられている。何気ない表現にもこだわりを持てば，何故「儒教」は除外されているのか？　また「大衆」に浸透することで「社会」はどう変化したのだろうか？　といった疑問が浮かぶはずだ。こうした疑問やひっかかりが，後に解答を考える際の手掛かりになることも多い。

　次に問題の本文で示されるテーマは，①「魏晋南北朝時代における仏教・道教の発展」および②「両者が当時の中国の政治・社会・文化に与えた影響」の2点。ここでまず，論述解法のセオリーに則って，時間枠(その枠内で論を展開しなければならない)を確認しておこう。魏晋南北朝時代は，曹丕が魏を創始した220年に始まり，隋の文帝が南朝最後の陳を滅ぼした589年までを指す。必要な事項を考える場合には，必ず220年～589年の枠内で考えるようにしよう。

　テーマのうち①は，魏晋南北朝時代の「仏教・道教」の「発展」を問うている。発展とは「展開」などとも通じて，ある程度の段階を踏みながら盛んになっていくとい

うニュアンスを含んだ表現。先の時間枠の長さ（3～6世紀）を踏まえれば，順序や段階も踏まえた説明が望ましい。

　一方，テーマ②も「当時の」とあるので，時代は①と同じく魏晋南北朝時代に限定される。そして，こちらは両宗教が「政治・社会・文化」に与えた「影響」を尋ねている。影響とは，直接・間接を問わず対象（政治・社会・文化）に反映されていったもののことだ。論述では複数の対象がある場合には，その全てを満たす必要があるから，ここでは三つの分野各々について影響を考えることが求められる。

　以上の確認を踏まえ，本問で答えなければいけないことを図式化すれば，

> 魏晋南北朝時代（220～589年）
> A　仏教　①　発展　＋　②　影響　×　（a 政治　＋　b 社会　＋　c 文化）
> B　道教　①　発展　＋　②　影響　×　（a 政治　＋　b 社会　＋　c 文化）

となり，A・Bそれぞれについて①と②（各3分野）の4項目，A・Bを併せて合計8項目を説明することになる。もちろん，これは目標であって，実際には書けない部分が出てくるかもしれない。しかし，少なくとも最初から断念してしまわず，できるだけ考えようとする姿勢は持ちたい。また，字数制限が300字であることを考えれば平均して300÷8＝37.5字が1項目の目安だが，①は長めの説明を要する可能性が高いので，説明すべき事柄の吟味が不可欠になる。

書くべきポイントを列挙してみよう！

　前段で確認したように，ポイントとなる項目が多い場合，書くべきことを決める際にはその確認は怠らないようにしたい。その上で各項目に合致する知識を拾い出していくことになるのだが，本問ではそれが難しい。魏晋南北朝期の仏教・道教について，教科書では1/3～1/2ページ（1～2段落）程度の説明しかない。このわずかな情報に加えて参考書や用語集などから得た知識も動員して，仏教・道教それぞれに四つのポイント（発展×1，影響×3）を説明しなければならない。

　まず，仏教から考えてみよう。仏教は，漢代に中国へ伝来した。それが発展・普及するようになったのは4世紀（西晋・五胡十六国時代）である。その普及にともない，本格的に仏教思想を中国へ移入するため，仏図澄や鳩摩羅什などの西域僧が中国に至り，また中国からは東晋の法顕がインドへと渡っている。また，仏図澄の弟子である道安は戒律を整備し，さらにその弟子である慧遠は江南に白蓮社を創始して浄土宗のもとを築いた。諸王朝の庇護も受けるようになり，特に梁（武帝）では建康（東晋・南朝の都）に寺院が林立した。また，北魏では太武帝によって仏教弾圧が行われたもの

の(三武一宗の法難の始まり)，その後はやはり仏教が保護され，雲崗(平城の近郊)・竜門(洛陽の近郊)などに石窟寺院も建立された。なお，仏教信仰は華北では庶民にまで広がりを見せたが，江南では貴族の教養という性格が強かった。

　以上は，教科書などから得られる情報をもとにした説明である。そして，上記の情報を問題文の要求に従って分析してみれば，

> ・4世紀における普及，西域僧や法顕の活躍→「発展」
> 　　※　道安や慧遠は詳細な知識だが，知っていれば加えてよい。
> ・王朝の庇護，北魏の太武帝による弾圧→「政治への影響」
> ・庶民や貴族への信仰拡大→「社会への影響」
> ・石窟寺院の造営→「文化への影響」

となる。

　同じように道教についても見てみよう。道教は，民間信仰や神仙思想，讖緯説，老荘思想など様々な要素が融合して成立した。後漢時代末期の太平道や五斗米道などの宗教結社は道教の源流とされ，このうち五斗米道は四川に宗教王国を築いたが，曹操によって征服された。その後，五斗米道系の信仰が魏で天師道(天師は教主の称号)として尊崇され，またこれ以降理論面での充実も図られていった。5世紀，北魏の太武帝の命を受けた寇謙之は仏教を研究して道教を改革し，道教教団を確立した(新天師道)。そして，道教に心酔していた太武帝はこの寇謙之の道教を国教とし，仏教を弾圧した。

　以上に挙げた教科書などから得られる知識を，同じく分析すれば，

> ・後漢末から道教の源流，寇謙之の新天師道→「発展」
> 　　※　魏での天師道尊崇はやや細かい知識だが，知っていれば加えてよい。
> ・北魏の太武帝による国教化→「政治への影響」

となるが，困ったことに「社会への影響」と「文化への影響」が欠けている。実は，教科書には道教の両分野への影響についての説明はない(太平道・五斗米道はあくまで漢代の事項で，時間的枠組みからはずれる)ので，この点をもう少し検討しなければならない。ここで道教の説明にある「民間信仰や神仙思想，讖緯説，老荘思想など様々な要素が融合して成立」という部分に注目したい。魏晋時代の文化の特徴として，自由な精神を重んじる貴族の間に老荘思想が流行したこと，その影響を受けた清談と呼ばれる超俗的・哲学的論議が盛んになったこと，阮籍ら「竹林の七賢」が代表的な清談家であったことが教科書で述べられている。もしここで，老荘思想を道教の要素

として捉えるなら，老荘思想が貴族に流行→「社会的影響」，清談に影響→「文化への影響」と解することで，道教についても問題文が要求する4項目が全て満たされることになる。

　これまでの議論を表にまとめてみよう。

	仏教	道教
発展	漢　中国に伝来	漢　五斗米道・太平道などの宗教教団
	西晋・五胡十六国時代に拡大 西域僧（仏図澄・鳩摩羅什）が中国へ 法顕（東晋）がインドへ 慧遠が白蓮社を結成（浄土宗の祖）	魏で五斗米道が天師道に発展 北魏の寇謙之が道教を改革，教団を確立
影響(政治)	北魏・太武帝による弾圧	北魏・太武帝による国教化
	王朝による庇護(北魏，東晋・南朝)	
影響(社会)	華北では庶民，江南では貴族の教養	神仙思想・老荘思想が貴族に流行
影響(文化)	石窟寺院（雲崗・竜門）の造営	清談（「竹林の七賢」）への影響

　既述のように各項目あたりの字数の目安は37.5字だが，明らかに「発展」で書くべきことが多く，また仏教に関する項目が道教よりも多い。こうした点を踏まえて，多少字数配分を調整して書いていこう。

問題文の核心に迫ろう！

• 仏教

　仏教は紀元前後（漢代）に中国へと伝えられたが，後漢時代までは上流の女性などに信仰は限られていた。しかし，魏晋南北朝時代に入って戦乱や社会の混乱が甚だしくなると，現世的な儒教の勢いは衰えて，仏教が普及するようになっていった。

　当初，中国では仏教を老荘思想の立場から解釈する格義仏教が盛んであったが，仏図澄や鳩摩羅什ら西域僧が仏教の普及に努め，中国の仏教にも影響を与えた。また，東晋の僧である法顕はグプタ朝時代のインドへと赴き，帰国後は当時の中央アジア・インド・東南アジアに関する史料としても有名な『仏国記』を著した。こうした仏僧の活動もあって，仏教は本格的に中国へと浸透していった。

▶魏晋南北朝時代の主な仏僧

僧名	時代	特記事項
仏図澄	4世紀前半	本名ブドチンガ，クチャ（亀茲）出身，4世紀初頭洛陽に至る
鳩摩羅什	4世紀後半〜5世紀初頭	本名クマラジーヴァ，クチャ（亀茲）出身，5世紀初頭長安に至る，仏典の漢訳で有名
道安	4世紀初頭〜末	仏図澄の弟子，東晋や前秦に仕えて戒律を整備
慧遠	4世紀前半〜5世紀初頭	道安の弟子，江南の廬山で仏教結社である白蓮社を創立，念仏実践を唱える浄土宗の祖
法顕	4世紀前半〜5世紀前半	東晋の僧，陸路でグプタ朝時代のインドへ，海路で帰国，仏典の漢訳，旅行記『仏国記』を執筆

　仏教は，華北では一般大衆にまで広がりを見せ，また国家鎮護の立場から五胡十六国（鳩摩羅什を招請した前秦の苻堅が有名）や北朝の諸王朝による庇護を受けた。北魏では第3代の太武帝が道教を重んじて国教とし，仏教に対しては弾圧を加えた。この弾圧は三武一宗の法難（太武帝と北周・武帝，唐・武宗，後周・世宗による仏教弾圧）の最初とされるものだが，太武帝暗殺後は仏教も再興して王朝に庇護された。このため，魏晋南北朝時代には石窟寺院が敦煌（甘粛），雲崗（北魏の最初の都である平城の近郊），竜門（北魏の後半の都である洛陽の近郊）などに盛んに造営され，現在にまで仏像や壁画，経典などが残されている。

　一方，江南では貴族や皇帝など上流の教養として仏教を捉える面が強かった。なかでも梁の皇帝である武帝（昭明太子の父）は仏教に傾倒して「皇帝菩薩」とまで呼ばれたが，そのために国家財政を破綻させてしまった。伝承では禅宗の祖として知られる達磨は，この武帝時代に広州に到着して建康を訪れたという。

　この後，唐代には玄奘（太宗時代）・義浄（高宗〜則天武后時代）らが渡印し，皇室の尊崇も受けて仏教は大いに栄えていった（そのため韓愈は皇室の仏教崇拝に対抗して新しい儒教を唱えている）。主に財政の理由から9世紀半ばに行われた，武宗による会昌の廃仏で仏教諸派は大きな打撃を受けたが，その後も禅宗と浄土宗を中心に仏教は信仰され，特に禅宗は儒教の宋学理論などにも影響を与えることになった。

・道教

　後漢時代になると，神仙思想，讖緯説，老荘思想，陰陽五行説など様々な思想が病気治癒のための呪術や占いなど民間でも信じられた信仰と融合していった。これが道

教の源となったものであり，当時は宮廷の人々から一般庶民にまで広く崇拝されていた。こうした信仰を核として後漢末に成立した太平道(張角が創始，184年に黄巾の乱を起こす)や五斗米道(張陵が創始)などの宗教結社が成立し，病気の治癒や食糧支給などを行って広く信者を集めた。これらの結社が道教の源流とされる。そして，五斗米道が四川に建てた宗教王国が曹操に帰順した後，魏でもこの系統の教えが重視されていった。五斗米道では初代の張陵が「天師」と称されたことから，以後この五斗米道の系譜を引く(と称する)道教は天師道と呼ばれることになる。

　5世紀，北魏の太武帝は母の影響の下で深く道教に傾倒した。そこで道士であった寇謙之に命じて道教を改革させた。寇謙之は組織や教義などについて仏教の要素を取り入れ，新天師道と呼ばれる道教教団を建て，太武帝はこの新天師道を国教とした。

　この後，唐代には皇室が老子(本名は李耳で唐室と同じ李氏)を祖先として崇めたこともあって，さらに広く道教は信仰されるようになり，仏教よりも上の立場を認められた。さらに，宋代には道教に改革の機運が高まり，金で王重陽は儒・仏・道三教を融合した全真教を創始し，南宋では従来からの天師道が正一教と呼ばれるようになって隆盛した。そして，明・清代にはそれぞれ勢力の消長もあったが，この二つの潮流が今日に至るまで道教の二大教派として続いている。

解答例

漢代に伝来した仏教は西晋時代以降勢いを増	1
し，西域僧である仏図澄や鳩摩羅什が中国を	2
訪れて，仏典漢訳など仏教の普及に努めた。	3
東晋の僧である法顕は渡印して経典を招来し	4
，浄土宗なども生まれた。仏教は華北では庶	5
民にまで，江南では貴族に信仰されるように	6
なり，また梁など諸王朝の庇護を受けた。北	7
魏では太武帝により弾圧されたが，その没後	8
は保護されて雲崗や竜門などの石窟寺院が造	9
営された。一方，老荘思想や神仙思想が融合	10
して成立した道教では，五斗米道系の天師道	11
が魏で尊崇されるようになり，老荘思想は貴	12
族に流行して清談にも影響を与えた。さらに	13
，北魏では寇謙之が道教を改革して教団を確	14
立し，この新天師道を太武帝は国教とした。	15

(300字)

Ⅱ

(解説)

A　イスラーム圏の文化

　リード文は複合文化としてのイスラーム文化の性格や具体的な各分野の業績，さらに諸地域への拡大が扱われている。

　空欄a　アッバース　アッバース家(ムハンマドの叔父に始まる家系)はシーア派勢力をも利用しながらウマイヤ朝(661～750)を打倒し，750年，アッバース朝(750～1258)を創始した。第2代カリフ，マンスール(位 754～775)時代にはイベリア半島で後ウマイヤ朝(756～1031，アブド＝アッラフマーン1世が創始)が独立して領土は縮小したが，中央集権政策が進められ，また新都バグダードが造営されて王朝繁栄の基礎が固められた。この結果，第5代カリフ，ハールーン＝アッラシード(位 786～809)の下で，アッバース朝は全盛期を迎え，バグダードの人口は100万人を超えたともいわれている。

　空欄b　ギリシア　アッバース朝の都バグダードに，9世紀，第7代カリフであるマームーン(位 813～833)によって「知恵の館」(バイト＝アルヒクマ)が設立された。この施設では東方キリスト教徒などの力も借りながらギリシア語の哲学や自然科学に関する数多くの文献が収集され，アラビア語へと翻訳された。

　空欄c　フワーリズミー　「代数学で有名な」という表現に注目。フワーリズミー(780頃～850頃)は，アッバース朝のカリフに仕え，インド・イラン・ギリシアなどの諸科学を受け継いで天文学や数学の研究を行った。彼の著作はヨーロッパでも教科書として用いられ，これを通じてアラビア語で代数学を意味するアル＝ジャブル(al-jabr)からヨーロッパでも代数学はアルジェブラ(algebra)と呼ばれることになった。

　空欄d　アズハル　「10世紀」に「カイロ」に建設された「学院」から，アズハル学院(大学)である。元々，この学院は10世紀後半，ファーティマ朝(909～1171)が建設したアズハル＝モスクで教育が行われるようになって成立したもので，当初はシーア派教学を中心としたが，アイユーブ朝(1169～1250)以降はスンナ派の教育・研究が行われた。世界最古の大学とも称されるアズハル学院は，現在でもスンナ派イスラーム世界で大きな権威を持ち，イスラーム圏に多くの人材を輩出している。

　空欄e　セルジューク　「11世紀後半」・「スンナ派」といった語句以外にも問(4)の問題文に「宰相にちなんだ名称で呼ばれた」という表現があり，この表現に適合する事項と言えば教科書レベルではニザーミーヤ学院しか想起されないから，王朝名は総合的にセルジューク朝と判断される。セルジューク朝(1038～1194)はトゥグリル＝ベ

ク(位 1038～63)によって中央アジアに建てられたトルコ系王朝である。その後，トゥグリル＝ベクはアッバース朝カリフの要請によってバグダードに入城し，ブワイフ朝(932～1062)を追い払い，カリフからスルタンの称号を与えられた。さらに，セルジューク朝は西進してアナトリア(小アジア)にも侵攻し，1071年のマンジケルト(マラーズギルド)の戦いでビザンツ軍を破った(十字軍開始の遠因に)。これによって以後アナトリアのトルコ化が進み，13世紀末には小アジア北西部からオスマン朝(1299～1922)が勃興することになった。

空欄 f　サーマーン　「10世紀」・「中央アジア」・「ペルシア文学」がヒントとなる。アッバース朝の支配が動揺する中，東方ではまずイラン系の王朝が自立することになった。その最初となったのが，サーマーン朝(875～999)である。サーマーン朝は，中央アジアのブハラを都に西トルキスタンやイラン東部を支配し，ウイグル王国滅亡を機に中央アジアへ移住してきたトルコ人のイスラーム化にも貢献することになった。しかし，その結果，同朝から独立したトルコ系のガズナ朝(962/977～1186/87)とトルコ系で最初にイスラーム化したカラハン朝(10世紀半ば～12世紀半ば頃)の攻撃を受けて滅亡し，以後中央アジアのトルコ化が進むことになった。

空欄 g　ティムール　武将ティムール(1336～1405)は，西チャガタイ＝ハン国より独立し，サマルカンドを都としてティムール朝(1370～1507)を創始した。その後，イル＝ハン国の旧領を征服して西アジアに勢力を拡大する一方，キプチャク＝ハン国に猛攻を加えて南ロシアにも進出，インドに侵攻してデリーを占領するなど，大帝国を形成し，1402年にはオスマン帝国(バヤジット1世)をアナトリア(小アジア)のアンカラの戦いで破った。東方への拡大を図って明(永楽帝)への遠征を企てたが，1405年，途上の町オトラルで病没した。

空欄 h　ナーナク　ナーナク(1469～1538)はパンジャーブ地方に生まれ，長じて神の啓示を受けて各地を遍歴し，宗教的思索を深めた。そして，イスラーム教の強い影響を受け，従来のヒンドゥー教を改革してシク教を創始した。シク教では，カーストによる差別や偶像崇拝などは否定され，唯一の神を尊崇すべきことが唱えられるが，こうした教説は下位カーストに置かれていた人々の支持を集め，シク教は次第にパンジャーブ地方を中心に教勢を拡大していった。

問(1)　ダマスクス　「8世紀前半までに～イベリア半島に達する」という表現から，下線部の大帝国は"ウマイヤ朝"を指し，その首都はダマスクスとなる。ダマスクスは，前1000年頃にはアラム人の拠点都市として内陸交易で栄え，イスラエル王国やユダ王国との関わりから『旧約聖書』でも名を挙げられる都市である。その後はアッシリアやアケメネス朝，ヘレニズム国家による支配を経て，前1世紀にローマ帝国が支配す

るところとなった。4世紀末以降は東ローマ（ビザンツ）帝国の下にあったが，7世紀前半，正統カリフ時代のイスラーム勢力によって征服され，661年にウマイヤ朝を創始したムアーウィヤによって都とされ，この都市にはウマイヤ＝モスクが築かれた。しかし，アッバース朝が成立するとダマスクスを取り囲んでいた城壁は破壊され，この都市の栄光の時代は終わることになった。

　問(2)　ラテン語　トレドは西ゴート王国の都であったが，8世紀にウマイヤ朝が進出してからはイスラーム勢力の支配下に入った。11世紀後半，カスティーリャ王国がトレドを征服するが，その後もムスリムやイスラーム時代に庇護民とされていたキリスト教徒（アラビア語を使用）が残り，北から移住してきたキリスト教徒も加わって多様な文化が共存する場所となった。こうした状況を背景に，12〜13世紀，トレドは，アラビア語・ギリシア語の文献を西欧中世の学術用語であったラテン語に翻訳する運動の中心地となった。

　問(3)　ウラマー　『コーラン』や預言者に関する伝承（ハディース），法学などイスラーム諸学を修めた知識人がウラマーと呼ばれる。彼らは地域社会のイスラーム教徒代表として為政者を批判することもあったが，一方で官僚や裁判官として王朝の支配を支える役割も担った。このためウラマーはイスラーム諸王朝の保護を受け，あるいは地域を超えて社会的に尊敬される存在であり，例えば歴史学者であるイブン＝ハルドゥーン（1332〜1406）や大旅行家であるイブン＝バットゥータ（1304〜1369頃）は，いずれもウラマーであることで王朝を超えた活動や遠大な旅を行うことができた。

　問(4)　ニザーミーヤ学院　空欄eの解説でも触れたように，セルジューク朝の宰相ニザーム＝アルムルク（ニザームルムルク，1018頃〜1092）はイクター制の整備などを行う一方，知識人であるウラマーの保護とスンナ派神学・法学の振興を主な目的として主要都市に学院（マドラサ）を建設した。これらは彼の名にちなみニザーミーヤ学院と呼ばれ，神学者として知られるガザーリー（1058〜1111）などがこの学院で教鞭をとった。

　問(5)　マラケシュ　現モロッコのマラケシュは，11世紀，ベルベル人王朝であるムラービト朝（1056〜1147）の都として建設された。続くムワッヒド朝（1130〜1269）もこの都市を都とし，サハラ交易の拠点として繁栄して，市内にはモスクが数多く造営され，アリストテレス哲学の注釈で有名なイブン＝ルシュド（1126〜98）などの文化人もここを訪れている。

　問(6)　(ア)　スワヒリ語　東アフリカ東岸の港市は，古代ローマ時代からアラビア半島南岸やペルシア湾岸の地域とインド洋西部を通じて交易が盛んであった。イスラーム成立後もそれは続き，この結果，10世紀以降，東岸港市の住民はイスラーム化する

とともに，彼らの言語であるバントゥー語にアラビア語の語彙を大幅に取り入れてい
くようになった。この結果成立したのがスワヒリ語であり，その後次第に内陸の後背
地にもこの言語は広がっていった。

　㈠　**ウルドゥー語**　ウルドゥー語は，北インドにイスラーム勢力が進出した11世紀
以降，北インドの言語にイスラーム勢力が使ったペルシア語・トルコ語の語彙が加わ
ることで成立した。ウルドゥー語はムガル帝国の下で宮廷の文語とされ，イスラーム
教徒を中心に独立したパキスタンでは国語とされている。

B　中国近現代史

リード文では19世紀半ば～20世紀のアメリカと中国の関係が通観されている。

　空欄 i　望厦　アヘン戦争（1840～42）で敗北した清は，イギリスと南京条約（1842）・
虎門寨追加条約（1843）を結び，通商の拡大や治外法権などを認めた。これを見たアメ
リカ・フランスは自らの利権拡大を図り，その結果，1844年，清はアメリカと望厦条
約，フランスと黄埔条約を締結した。両条約はいずれも南京条約と同等の内容を両国
に認めるもので，以後の列強による中国進出が本格化するきっかけとなった。

　空欄 j　大陸横断鉄道　アメリカ合衆国の太平洋岸と東部地域を結ぶ大陸横断鉄道
の最初の線は，南北戦争中の1862年に建設が開始された。ジャガイモ飢饉を契機に急
増したアイルランド系移民や開港によって清から合衆国へ渡った中国人労働者などが
建設に従事し，南北戦争後の1869年に完成した。これによって，東部の工業生産地帯
と開拓が進む西部の市場が結ばれることになり，アメリカの工業発展にも大陸横断鉄
道は大きく貢献することになった。なお，その後も1880年代以降，数本の大陸横断鉄
道が建設されている。

　空欄 k　アメリカ＝スペイン（米西）　キューバ独立問題への干渉をきっかけに勃発
したアメリカ＝スペイン戦争（1898）は米軍の勝利に終わり，同年のパリ条約でアメリ
カはスペインからフィリピン・グアム島・プエルトリコを獲得した。これにより特に
フィリピンを進出の拠点と捉えたアメリカの極東に対する関心は高まったが，列強に
よる中国分割の急速な進展を受け，自国の中国進出の余地を確保する必要に迫られた。
そこで，国務長官ジョン＝ヘイが中国の門戸開放・機会均等・領土保全などを求める
門戸開放宣言（門戸開放通牒）を発することになった。

　空欄 l　ストウ夫人　ストウ夫人（1811～96）は奴隷制のもたらす害悪を見聞し，そ
こから奴隷制廃止運動へと関心を高め，連載小説として『アンクル＝トムの小屋』を
執筆した。当時，既に奴隷制に反対する世論が高まりを見せていた北部では大きな好

評を得たが，奴隷制擁護論者からは痛烈な批判を受け，その後の南北対立と**南北戦争**(1861〜65)勃発にも一役買うことになった。この内戦中，ストウ夫人はワシントンを訪れ，**リンカン大統領**(任1861〜65)と会見している。

　空欄m　**重慶**　第一次北伐(広州→南京)を実施した国民党の蔣介石は，1927年，国民政府を広州から**南京**へと移した。1937年，北京郊外の盧溝橋で日中両軍が衝突する**盧溝橋事件**から**日中戦争**が勃発し，日本軍が同年12月には南京を占領したため，国民政府は難を逃れてまず武漢に移され，さらに四川省の重慶へと移動した。この後，日本軍の攻撃を受けにくい重慶を拠点に，中国側はアメリカ・イギリス・ソ連などの支援を受けつつ抗日戦を展開していった。

　空欄n　**ニクソン**　1960年代，冷戦構造の**多極化**が進み，ベトナム戦争の泥沼化などでアメリカは疲弊した。これを受けニクソン大統領(任1969〜74)は，アメリカの立て直しを図る諸政策を実施した。

▶ニクソン政権の主な政策

年	政策	内容・結果
1971	金・ドル交換停止	国際的にドルの価値下落で経済が混乱(ドル＝ショック) →ブレトン＝ウッズ体制(戦後の国際通貨体制)崩壊
1971	中国への接近	中ソ論争を利用し，ベトナム戦争などによる負担を軽減 →中華人民共和国の国連代表権獲得
1972	ニクソン訪中	米中共同声明発表 →中華人民共和国を事実上承認，日中も国交正常化
1973	パリ和平協定締結	ベトナム戦争からアメリカ軍撤退

　しかし，1973年，民主党本部盗聴事件(ウォーターゲート事件)に関わったことが明るみになって，翌年には辞任へと追い込まれた。

　問(7)　**北京条約**　アロー戦争(1856〜60)では，いったん1858年に天津条約が調印され，10港開港やキリスト教布教の自由などが定められたが，その後清の攻撃で戦争が再開された。この結果，1860年に改めて北京条約が結ばれ，先の天津条約の内容が再確認されるとともに，新たに**天津の開港，九竜半島南部のイギリスへの割譲**，賠償金額の増加などが定められた。

　問(8)　**アギナルド**　アギナルド(1869〜1964)は，若い頃から対スペインの独立運動に参加し，秘密結社カティプーナンに属した。1896年にスペインに対するフィリピン革命が起こると，アギナルドは革命の指導者となった。そして，1898年，アメリカがスペインからフィリピンを獲得すると，アギナルドはフィリピン共和国を樹立し，初代大統領となってアメリカとの戦争(フィリピン＝アメリカ戦争)を開始したが，

1901年，アメリカ側に捕られた。

　問(9)　スペイン　山東省を根拠地とした義和団は天津・北京方面へと北上し，西太后も義和団を支持して清が列強に宣戦したことから，これに対して列強は八カ国軍を派遣した。八カ国軍は，日本・ロシアを中核として，他にイギリス・アメリカ・フランス・ドイツ・オーストリア・イタリアの派遣軍で構成されていた（したがってスペインは含まれない）。義和団事件は1901年の北京議定書（辛丑和約）締結で終結したが，その後も東清鉄道保護を名目にロシア軍は満州への駐兵を続け，このことがロシアの南下を懸念した日本・イギリスの同盟締結（1902，日英同盟），さらに日露戦争（1904～05）へとつながっていった。

　問(10)　デューイ　アメリカのデューイ（1859～1952）は，ジェームズ（1842～1910）の考えを継承し，人間の行為における実効性に重きをおくプラグマティズム（実用主義）の哲学者として知られる。また，児童教育を始めとして教育学の分野でも多くの業績を残した。

　問(11)　溥儀　1908年，光緒帝の死去を受けて，溥儀（1906～67）はわずか2歳で宣統帝（位1908～12）として即位した。しかし，辛亥革命が勃発した翌1912年，中華民国側の孫文（1866～1925）と密約を結んだ総理大臣の袁世凱（1859～1916）によって退位させられた。その後，政治的混乱の中で北京を追われ，日本によってかくまわれた後，1932年に成立した満州国の執政となった（1934年からは皇帝）。1945年，日本が敗北すると，ソ連軍に逮捕され，中華人民共和国で長く戦争犯罪者として収監された後，1959年に釈放された。

　問(12)　ポツダム宣言　1945年7月に開催されたポツダム会談での決定に基づいて発表された，日本軍の無条件降伏や日本の非軍国主義化，カイロ宣言の履行などを内容とする宣言。当初，ソ連は中立であった（1941，日ソ中立条約）ため宣言に加わらず，米英中3国によって出された（ソ連は8月8日の中立条約破棄によって宣言に加わった）。日本は，8月14日，ポツダム宣言を受諾して降伏，第二次世界大戦は終結した。

　問(13)　マッカーサー　アメリカの軍人であるマッカーサー（1880～1964）は，太平洋戦争で連合軍の司令官を務め，終戦後は日本占領連合軍最高司令官として日本に対する占領政策を指導し，日本の非軍国主義化や非武装化，民主化などを進めた。朝鮮戦争（1950～53）が勃発すると，マッカーサーは国連軍総司令官となったが，原爆使用を要請するなど戦争遂行をめぐってトルーマン大統領（任1945～53）と対立し，総司令官を解任された。

　問(14)　南ベトナム解放民族戦線　南ベトナム解放民族戦線は，1960年，ベトナム共和国（大統領ゴ＝ディン＝ジェム，任1955～63）の腐敗政治に対する反政府組織として

成立し，共産主義勢力や民族主義者など多様な勢力が参加した。社会主義勢力の拡大を恐れたアメリカがベトナムへの干渉を強めてベトナム戦争に発展すると，南ベトナム解放民族戦線は北のベトナム民主共和国(大統領ホー＝チ＝ミン，任 1945～69)と協力して戦い，1975年，解放戦線がサイゴン(現ホー＝チ＝ミン市，ベトナム共和国の首都)を占領して戦争は終結した。翌1976年，解放戦線を中核として結成されていた南ベトナム臨時政府が北の社会主義政府に吸収され，統一国家としてベトナム社会主義共和国が成立した。

　問(15)　**華国鋒**　華国鋒(首相：任 1976～80，党主席：任 1976～81)は，1976年に逝去した毛沢東(1893～1976)の後継者であり，同年に江青ら四人組を逮捕させて事実上**文化大革命**を終結させた人として知られる。その後，問題文にある**日中平和友好条約**締結(1978)，**米中国交正常化**(1979)などを果たしたが，鄧小平(1904～97)と対立し，首相・党主席を辞任して事実上失脚した。

解 答 例

A

　a　アッバース　　　b　ギリシア　　　c　フワーリズミー　　　d　アズハル
　e　セルジューク　　f　サーマーン　　g　ティムール　　　　　h　ナーナク
　(1)　ダマスクス
　(2)　ラテン語
　(3)　ウラマー
　(4)　ニザーミーヤ学院
　(5)　マラケシュ
　(6)　(ア)　スワヒリ語　　　(イ)　ウルドゥー語

B

　i　望厦　　　　　　j　大陸横断鉄道　　k　アメリカ＝スペイン(米西)
　l　ストウ夫人　　　m　重慶　　　　　　n　ニクソン
　(7)　北京条約
　(8)　アギナルド
　(9)　スペイン
　(10)　デューイ
　(11)　溥儀
　(12)　ポツダム宣言

⒀　マッカーサー

⒁　南ベトナム解放民族戦線

⒂　華国鋒

Ⅲ

解説

問題文を読んでみよう！

　昨年度のアメリカ現代史に続いて，今年は独立時とその後の支配体制についての南北アメリカの比較が要求されている。独立運動についてはそれなりに書けるとは思うが，「その後の支配体制の特徴」をどう展開させるか？　が苦慮するところだろう。問題文は以下の通りである。

> 　16世紀から17世紀にかけて，南北アメリカ大陸には，スペイン，ポルトガル，オランダ，フランス，イギリスがそれぞれ植民地を建設したが，18世紀後半以降，これらの諸国とアメリカ大陸の植民地との関係は大きく変化しはじめる。18世紀後半から19世紀前半にかけて，北米のイギリス領13植民地と南米のスペイン領植民地で生じた変化，および，その結果成立した支配体制の特徴について，300字以内で説明せよ。

問題の中心テーマを確認しよう！

１．要求されている時代は……「18世紀後半から19世紀前半にかけて」

　リード文の前半では「16世紀から17世紀にかけて」，西欧諸国が植民地を建設したことが示されているが，それが「18世紀後半以降」，宗主国と植民地の「関係が大きく変化」した。すなわち，「独立運動が生じた」ことを想起する。

２．要求の内容は……「北米のイギリス領13植民地と南米のスペイン領植民地で生じた変化，および，その結果成立した支配体制の特徴について」

　初めにイギリス領13植民地の独立運動について，次いで南米のスペイン領植民地の独立運動について展開する。それぞれを勝手に書き並べるだけではなく，「比較」を意識しなければならない。さらに，独立後の「支配体制の特徴」を考えなければならない。

　誰が，どういう階層が「支配」層となったのか？　さらに，その政治体制はどのようなものであったのか？　と言うことを述べなければならないのだが，かなり難しいかもしれない。あせらずに思考を整理してみよう。

書くべきポイントを列挙してみよう！

　まず，イギリス領の13植民地の独立運動について，年代順に事項を整理してみよう。

A　七年戦争でイギリスが勝利するも，その戦費で多大の負債を抱える結果に。

　　イギリス本国は「それまでの放任から一転して，植民地への課税と統治の強化を
はか（『世界史B』東京書籍）」るようになり，問題文にあるように両者の「関係」
に変化が生じたのである。

B　植民地人の反発高まる。

　　＊印紙法(1765)に対して「代表なくして課税なし」を主張してイギリス商品の不
　　買運動を展開→印紙法廃止へ(1766)

　　＊茶法(1773)に対してボストン茶会事件を起こす→イギリスはボストン港の閉鎖
　　などの制裁措置→第1回大陸会議開催

C　独立戦争(1775〜83)

　　＊レキシントンとコンコードでの武力衝突から独立戦争勃発→独立宣言(1776)

　　＊フランスのラ＝ファイエットやポーランドのコシューシコらの義勇兵の参加

　　＊フランス(1778)・スペイン(1779)が植民地側について参戦

　　＊ロシアのエカチェリーナ2世が武装中立同盟を提唱(1780)

D　パリ条約で独立達成(1783)

　また，同様にスペイン領植民地についても列挙してみよう。

A　アメリカ独立戦争やフランス革命の影響，またナポレオン1世のスペイン侵攻で
本国支配の動揺

B　植民地生まれの白人のクリオーリョ中心に独立運動が展開される

　　シモン＝ボリバル　サン＝マルティンらが中心

C　ウィーン体制下にメッテルニヒらの武力干渉の計画

D　アメリカのモンロー宣言やイギリス外相カニングが独立を支持し，干渉計画は挫折
　　→独立達成

　次いで，独立後の支配体制について考えてみよう。

アメリカ合衆国

a　合衆国憲法の制定(1787)　連邦主義・人民主権の共和政・三権分立等を規定

b　しかし，先住民や黒人奴隷の権利は無視

南米諸国

a　形式的には共和政　憲法で人種的身分制度廃止・国民の平等な人権を保障・三権

分立

b　しかし，憲法はほとんど実効力を持たず，アシエンダ制の下でクリオーリョの大地主らの寡頭支配続く

c　旧植民地時代には国王の下で一応保護されていた先住民らは，抑圧と搾取の対象となり，植民地時代よりも困難な状況に

〈cについては明確に教科書に記されているものはほとんどないが，例えば，東京書籍の教科書などには以下のような記述がある〉

> 　ラテンアメリカ諸国では，独立後も大土地所有制（アシエンダ制）が存続し，極端な貧富の差と社会的不平等が残った。多くの国で共和政が採用されたが，実際にはクリオーリョの大土地所有者や地域ボスなど少数の実力者による寡頭支配がつづいた。

こうした表現を掘り下げて読みとる作業も論述には必要となる。

解答の構成を考えてみよう！

　さて，以上のような知識を踏まえて，いよいよ本格的に書く段階に入ろう。もちろん，すべての事項を書き込むのは字数的に不可能である。まず大まかに南北アメリカそれぞれを150字ずつと割り振っておこう。独立運動について80字前後，その後の支配体制の特徴について70字前後，ぐらいに目安を付けておけばよいのではないだろうか。

　構成は書きやすいように組み立てればよいが，全体のバランスはしっかりと考えておこう。

	北米・イギリス領13植民地	南米・スペイン領
変化	七年戦争の戦費で課税と統治の強化 植民地人の反発から独立戦争へ フランスやスペインなどの支援で独立達成	アメリカ独立戦争やフランス革命の影響 クリオーリョ中心の独立運動 メッテルニヒらの武力干渉の計画 モンロー宣言やイギリスが独立を支持
支配体制の特徴	合衆国憲法の制定 白人中心で先住民や黒人は排除	形式的には共和政・憲法制定 人種的身分制度廃止や国民の平等な人権を保障するが，現実的にはクリオーリョの寡頭支配続く

これで準備が整った。さあ，実際に自分の文体で書き始めよう！

解|答|例|

北米のイギリス領13植民地では七年戦争後,
戦費の負担に苦しむ本国が一転して課税や統
治を強化したため,植民地側が反発して独立
戦争が勃発した。ヨーロッパ諸国の支援で独
立は達成され,合衆国憲法を制定し共和国と
なったが,諸権利は白人に限定され,先住民
や黒人奴隷を排除する政治体制であった。一
方,南米スペイン領植民地では,アメリカ独
立戦争やフランス革命の影響を受けて独立運
動が始まり,メッテルニヒの干渉の試みがあ
ったが,アメリカのモンロー宣言やイギリス
の支持もあって独立を達成した。この結果,
形式的には先住民や黒人を含む共和政が成立
したが,実質的には独立運動を指導したクリ
オーリョが寡頭支配する政治体制となった。

1
2
3
4
5
6
7
8
9
10
11
12
13
14
15

(300字)

Ⅳ

(解説)

A　古代〜近世の民衆反乱史

　問(1)　**スパルタクス**　バルカン半島のトラキア出身で,おそらく捕虜となって剣闘
士(剣奴)として養成された。前73年に仲間とともに脱走を図り,逃亡の途上で武装化
し,多くの奴隷たちの合流で大勢力を構成するようになった。最終的には問(2)にある
ように,クラッススやポンペイウス軍との激闘でスパルタクスは戦死し,反乱は完全
に鎮圧されたが,以後,奴隷の待遇は改善されたといわれる。

　問(2)　**クラッスス**　エクィテス(騎士階級)出身で,スパルタクスの反乱の鎮圧後,
ポンペイウス・カエサルとともに**第1回三頭政治**を行い,彼はシリアを勢力圏とした。
パルティア征圧を企図して遠征を行ったが,敗北して戦死した。彼の死によってポン
ペイウスとカエサルの対立が表面化することになる。

　問(3)　**百年戦争**　1339〜1453年に行われたイングランドとフランスとの長期の戦争
である。フランスのカペー朝断絶で,王位継承を要求したエドワード3世が戦端を開
いた。1346年のクレシーの戦いや,1356年のポワティエの戦いでフランス軍の惨敗が
続き,その混乱と農民への加重な重税がジャックリーの乱の要因であったといわれる。

　問(4)　**ジョン゠ボール**　ワット゠タイラーの乱に際しての「アダムが耕しイヴが紡

いだとき，だれが貴族であったか」という言葉で知られる。初めて聖書の英訳を行ったウィクリフの思想に心酔し，巡回説教師として農民たちに過激な説教を行った。ワット＝タイラーの乱の鎮圧後に捕らえられ，処刑された。

問(5)　(ア)　ベーメン(ボヘミア)　西スラヴ系のチェック人が移住し，10世紀以降は神聖ローマ帝国に属し，多数のドイツ人も居住した。民族王朝であるプシェミスル家の断絶後は，ドイツ人のルクセンブルク家が継承し，金印勅書を出した皇帝カール4世(ベーメン王カレル1世)はその中心地を「黄金のプラハ」として発展させ，プラハ大学も設立した。

(イ)　フス　ウィクリフの影響を受けて，カトリック教会の改革やチェック人の民族運動を推進したプラハ大学の神学教授(後に学長となる)で，1411年に破門された。教会分裂(シスマ)の収拾のために皇帝ジギスムント(皇帝カール4世の息子)がコンスタンツ公会議を開き，そこにフスを召喚して従来の主張を撤回するように強要したが，これを拒否されたため焚刑に処した。これに反発したフス派の人々が蜂起し，1419年以降，皇帝が組織した対フス十字軍をことごとく撃破したが，やがて内部分裂などの混乱が生じ，36年にようやく皇帝側との和約が成立した。

問(6)　ミュンツァー　はじめはルターの信奉者であったが，次第に農民や労働者中心の社会変革をめざすようになり，ルターの改革の不徹底性を批判するようになった。1524年にドイツ南部・中部から起こったドイツ農民戦争は，25年に十二カ条要求を発表して農奴制や十分の一税の廃止などを訴えたが，諸侯軍に鎮圧された。「貧しき者の王国」をめざしたミュンツァーは，捕らえられて処刑された。

問(7)　(ア)　(新約)聖書のドイツ語訳　1517年に「九十五カ条の論題」を発表して21年のヴォルムス帝国議会で自説の撤回を拒否したルターは，ザクセン選帝侯フリードリヒの保護下にヴァルトブルク城内で『新約聖書』のドイツ語訳を完成させた。これは近代ドイツ語の確立に大きな貢献を果たすことになった。

(イ)　ウィクリフ　問(4)でもふれたが，14世紀のオックスフォード大学の神学教授で，宗教改革の先駆者とされ，聖書を英語訳し，ジョン＝ボールにも影響を与えた人物である。コンスタンツの公会議で異端とされて，死後約40年たった遺骸は掘り返されて彼の著書とともに焼却された。

問(8)　ツンフト(同職ギルド)　商人ギルドに対抗して成立したもので，彼らが市政を独占していたことに反発してツンフト闘争が展開された。この闘争後，ツンフトの親方層は市政に参加するようになった。

B　古代〜現代の人種・民族・異端問題

問(9)　**ヘレネス**　「英雄ヘレンの子孫」の意味で，各ポリスは分立状態のままであったが，ギリシア人たちそれぞれが同じ祖先であるという強い同一民族意識に根ざしていた。

問(10)　**パリサイ派**　ユダヤ教で，モーセの律法を遵守する主流派である。イエスにその形式主義を批判されたため，彼を迫害した。

問(11)　**ナスル朝**　13世紀前半に成立したイベリア半島のイスラーム王朝で，レコンキスタに対抗するイスラーム勢力最後の砦となった。アルハンブラ宮殿をグラナダに建立し，学芸を保護して交易で繁栄したが，1492年にスペイン王国のフェルナンドとイサベルのカトリック両王の攻勢によって陥落に至った。

問(12)　**アルビジョワ派**　南フランスのアルビ地方で広まったマニ教の流れをくむ異端である。他の地域ではカタリ派と称される。教皇インノケンティウス3世の要請によって13世紀初めからフランス王のフィリップ2世がアルビジョワ十字軍を結成して攻撃を開始し，ルイ9世に至って完成した。この結果，南フランスの王領化が促進された。

問(13)　(ア)　**ホーソン(ホーソーン)**　19世紀のアメリカの作家で，マサチューセッツ州セーラムの厳格なピューリタンの家に生まれた。代表作の『緋文字』のほかに『七破風の家』などがある。

(イ)　**マッカーシー**　1947〜57年の間，共和党の上院議員を務めた。冷戦が激化し，ソ連の核保有や中国の共産主義政権成立で，アメリカ社会での反共意識が高まる状況下で，彼はアメリカ政府・軍関係者や文化人の間に共産主義者やその同調者が多く存在すると主張し続け，政治家や文化人を公職から追放する激しいキャンペーンを展開した。この大規模な「赤狩り」はマッカーシズムと称され，アメリカ国民の相互不信感が高まるなど社会に深い傷痕を残した。

問(14)　**ヴェルサイユ行進**　1789年10月5日，食料の高騰に悩み，パンを求めるパリの女性らがヴェルサイユ宮殿に行進した。ルイ16世は設問文にあるように「人権宣言への署名」を行い，翌6日国王一家と国民議会はパリに移った。

問(15)　**エーベルト**　社会民主党党首で，第一次世界大戦末期のドイツ帝国最後の宰相となり，次いで革命臨時政府の委員長となった。1919年1月のスパルタクス団の蜂起を鎮圧し，2月に政情不安定なベルリンを避けてヴァイマルに国民議会を招集し，25年に亡くなるまで大統領の地位にあった。

問(16)　**黄禍論**　白色人種の黄色人種に対する恐怖感や警戒感が，彼らを白人社会への脅威とみなすようになって生まれた考え方。ドイツのヴィルヘルム2世は日清戦争

の際に黄色人種の脅威を訴え，これに対抗すべきだと主張した。また，アメリカでは中国人や日本人の移民が増加すると下層白人の雇用が奪われるようになり，社会問題として表面化した結果，1882年の中国人排斥法や1924年の排日移民法等が制定された。

問(17)　**サン＝ジェルマン条約**　1919年に連合国と敗戦国オーストリアが締結した講和条約。「未回収のイタリア」（南チロル・トリエステ）のイタリアへの割譲，ハンガリーの分離やチェコスロヴァキア・セルブ＝クロアート＝スロヴェーン（ユーゴスラヴィア）の独立や，厳しい軍事制限を要求され，ドイツとの合邦は禁じられた。

C　現代のエネルギー問題

問(18)　**タレス**　ミレトス出身で，神話的解釈ではなく合理的思考で自然現象を解明しようとした，ギリシア最初の哲学者と称される。また，日食を予言したことでも知られる。

問(19)　**マンチェスター**　イングランドのランカシャー地方の都市で，中世には羊毛工業，毛織物工業が栄えた。18世紀後半の**産業革命**で綿織物工業の中心地として急速に発展し，鉄道がリヴァプールとの間に開通すると，リヴァプール経由で世界中にマンチェスター産の綿織物が輸出されるようになった。

問(20)　**ロックフェラー**　ジョン＝デヴィソン＝ロックフェラー（1839〜1937）は1870年にスタンダード石油会社を設立し，同業の会社を買収，あるいは駆逐して石油の生産から売買に至る全部門を支配した。そのため，反トラスト運動の標的となり，1890年の**シャーマン反トラスト法**の成立を促したともいわれる。鉄鋼のカーネギーや金融のモルガンと並んでアメリカの三大トラストに挙げられる。

問(21)　**レーテ**　1918年のキール軍港の水兵の反乱から始まる**ドイツ革命**で，労働者や兵士たちが自主的に組織した評議会。しかし，革命の急進化を阻止するために社会民主党を中心に共和政の成立宣言が出されると，次第に抑え込まれて，ソ連のように政治機関の中心となることなく終わった。

問(22)　**テネシー川流域開発公社（TVA）**　恐慌対策としてフランクリン＝ローズヴェルトが進めたニューディール政策のなかで，テネシー川流域の治水・植林・ダム建設・水力発電などの総合開発を推進して，失業者を吸収し電力価格を下げることによって民間の購買力の向上をめざした。

問(23)　(ア)　**イスラエル**　国連のパレスチナ分割案に基づいて1948年にユダヤ人が建国を宣言し，それに反発したアラブ諸国との間に**第1次中東戦争**が勃発した。アメリカ・イギリスの支援で大勝し，その結果多数のパレスチナ難民が生まれた。以後，第4次中東戦争まで戦いは続き，その後は大規模な戦いは起こってはいないが，パレ

スチナとの対立は未だ解決の道が見えず，緊張は続いている。

(イ)　アラブ石油輸出国機構(OAPEC)　1968年に結成され，本部はクウェートに置かれた。1973年の第4次中東戦争でOAPECの石油戦略が発動されると，第1次石油危機が生じ，世界的な経済混乱に陥った。その対策のために，フランスの提唱で75年に第1回サミット(先進国首脳会議)がパリ郊外のランブイエで開催された。

問(24)　サハロフ　1921年にモスクワで生まれ，原爆の開発に着手して49年に完成させ，さらに53年水爆を開発した。しかし，核実験における放射能汚染を懸念してその中止を求めるようになり，また民主化要求運動を展開して，75年にノーベル平和賞を受賞した。79年に始まるソ連によるアフガニスタン侵攻に対して反対を表明すると，ゴーリキー市に流刑され軟禁状態に置かれた。そして，86年にゴルバチョフにより流刑を解除され，再び公的に活躍するようになったが，89年に急死した。

問(25)　アデナウアー　1876年にケルンで生まれ，1917年からケルン市長を務め，33年，ヒトラーにその地位を追われた。第二次世界大戦後はキリスト教民主同盟を創設し，49年にドイツ連邦共和国の初代首相(任 ～63)となった。エアハルトを経済相に起用して西ドイツ経済の「奇跡の復興」を果たし，また，フランスとの友好関係を築いてECSCやEEC，EURATOMに加盟した。

問(26)　グラスノスチ　1985年にソ連共産党書記長に就任したゴルバチョフがペレストロイカ(改革)を推進し，これに伴って従来の秘密主義をやめてグラスノスチ(情報公開)で言論の活性化を図った。このグラスノスチを断行する契機となったのが，86年のチェルノブイリ原子力発電所の事故である。

解 答 例

A

(1)　スパルタクス

(2)　クラッスス

(3)　百年戦争

(4)　ジョン＝ボール

(5)　(ア)　ベーメン(ボヘミア)　　(イ)　フス

(6)　ミュンツァー

(7)　(ア)　(新約)聖書のドイツ語訳　　(イ)　ウィクリフ

(8)　ツンフト(同職ギルド)

B

(9)　ヘレネス

(10)　パリサイ派

(11)　ナスル朝

(12)　アルビジョワ派

(13)　(ア)　ホーソン(ホーソーン)　　(イ)　マッカーシー

(14)　ヴェルサイユ行進

(15)　エーベルト

(16)　黄禍論

(17)　サン゠ジェルマン条約

C

(18)　タレス

(19)　マンチェスター

(20)　ロックフェラー

(21)　レーテ

(22)　テネシー川流域開発公社(TVA)

(23)　(ア)　イスラエル　　(イ)　アラブ石油輸出国機構(OAPEC)

(24)　サハロフ

(25)　アデナウアー

(26)　グラスノスチ

解答・解説

Ⅰ

[解説]

問題文を読んでみよう！

2011年度のテーマは，中国江南発展史である。論述問題としてはオーソドックスなテーマであり，形式面からも長期にわたる展開を答えるシンプルなものである。このタイプの論述問題は，問題文の表現を素直にとり，条件（特に時間）を見逃さないようにすれば比較的答えやすい。したがって，ここではテーマと条件に気をつけて問題文をチェックしてほしい。

> 4世紀から12世紀にかけて，長江下流地域（江南地方）における開発が進み，中国経済の中心は華北地方からこの地域に移動した。この過程を，300字以内で説明せよ。

問題の中心テーマを確認しよう！

今年度の問題文は，非常に分かりやすい。まず，論述の基本である時間的条件が「4世紀から12世紀にかけて」であることを確認しよう。テーマは，「中国経済の中心」が「華北地方からこの地域＜江南地方＞に移動した」過程。つまり江南発展史であり，ジャンルは経済史だ。このタイプ（展開）の問題では，時間枠の両端（4世紀・12世紀）にテーマに沿って教科書レベルで思い出すべき重要事項が想定されていることが多い。

書くべきポイントを列挙してみよう！

大まかな展開を考える際には，前段の指摘通りに時間枠の両端を最初に考えよう。王朝や時代（4世紀＝西晋〜五胡十六国・東晋，12世紀＝南宋・金）が分かれば，発想しやすい。

表1

4世紀　西晋　→　匈奴による永嘉の乱で滅亡　→	北：五胡十六国の混乱		
	南：東晋（都・建康）		
12世紀　靖康の変で北宋滅亡　→　南宋（都・杭州）　→　金・南宋の講和			

　挙げられているのはいずれの世紀も政治的な出来事だが，江南地方と関連した重要事項がある点に注目したい。4 世紀には**西晋滅亡**と五胡十六国時代による華北の混乱を避け，江南へと人が流入したことが江南開発の端緒となったこと，12世紀には，靖康の変を機に金によって華北は占領され，**宋朝が南渡**したことにより江南の経済発展が決定的になったことが，いずれも教科書に記載されている。したがって，政治－経済は決して無関係ではありえないという，基本的な理解に立てれば，まず突破口を見出すことができる。

　さて，問題の「過程」は時系列に沿った一連の展開を指すから，最初と最後の見極めがついたら，間の部分を埋めていく作業だ。

表２

4世紀　西晋滅亡→華北は五胡十六国の混乱→江南へ人口移動，江南開発の端緒 　　　　　　　　　　　　　　　　　　　（東晋・南朝の下で） 6世紀　隋・煬帝の大運河開削　華北と江南を結ぶ→南北間の物資輸送 　　　　　　： 　　　＜空白＞ 　　　　　　： 10世紀　宋による統一→占城稲・水利田の導入，長江下流域が穀倉に 　　　　　　　　　　　　　　　　　　（「蘇湖熟すれば天下足る」） 12世紀　金の華北占領→宋の南渡（南宋）　江南開発の進展

　教科書に記載されている事項を基に作り上げたメモである**表２**を見て，二つのことに気がつくのではないだろうか。

```
① 明らかに300字の字数には届かない
  （メモは要約だが，これを文としてつないだイメージで考えよう）。
② 唐～五代十国時代が欠落している
```

　このうち，②は必ずしも問題の表現自体から書かなければならないということにはならないが，問題の「過程」という表現もあわせて考えると，空白期間があるのは気持ちが悪い。それに，何より①は重大である。ぴたりと制限字数通りに書き上げる必要はないが，論述での字数制限は出題者が求めるレベルを知る手掛かりであり，本問は当然300字ぐらいの説明が必要だと考えねばならない。しかし，メモの内容は大ま

かに考えても200字程度にしかならない。ということで，ここからが頭のひねりどころになる。

　まず，都の位置に着目しよう。王朝の都が江南に置かれている場合には，それが経済発展と結び付くと発想することは誤りではない。なので，4〜6世紀については，東晋と南朝(宋・斉・梁・陳)の都であった建康(現在の南京)に言及できる。さらに，10世紀以降の諸王朝の都がほとんど大運河沿いに位置しているという知識も動員したい。これは，江南の経済発展を背景に，農産物などを大運河を利用して輸送するのに適した場所が都となったためであるから，やはり触れたい事項である。

▶中国後期王朝の都

王　　朝	都	位　　置
五代(後唐を除く)	開封(汴京)	黄河と大運河の結節点
北宋	開封	
南宋	臨安(杭州)	大運河南端の港市
元	大都	現在の北京，大運河北端近く
明	南京→北京	南京は長江下流域(江南)
清	北京	

　該当する時代の江南発展と結び付く"都名"は三つ(建康・開封・臨安)なので，これで①については多少改善されたが，まだ字数は不足気味である。そこで，②ともあわせて，少し細かい知識を出さざるを得ない。

　唐では既に江南の農業生産が華北を凌駕しつつあったが，そのような状況下で8世紀半ばに安史の乱が勃発した。唐朝は反乱勢力に対抗させるため節度使を配置したり，反乱側から帰順した節度使を安堵した結果，内地に節度使が割拠するようになり，次第に行政権・財政権も掌握して地方軍閥(藩鎮)という性格を強めた。藩鎮は特に華北に割拠したため，この地域からの税収が減少してしまい，それを打開するため唐朝は江南の開発を進めた。また，唐滅亡後の五代十国時代にも，江南を中心とした十国は，華北の五代に比べて政治的に安定しており，新田開発なども進められ，さらに農業生産が上昇した。

　以上に述べた唐〜五代十国時代の江南関連情報は教科書では触れられておらず，受験生の知識にはないものかもしれない。ただし，華北で安史の乱→江南への人口移動・江南発展という図式ぐらいは，知っておきたいところだ。こうしたかなり細かな知識を動員して唐〜五代十国時代の空白を埋めて，ようやく解答が完成する。もっとも，この部分の知識がなくても十分に合格点(満点ではなく)の解答を作成することはでき

る。4世紀(西晋滅亡→江南発展)・6世紀(大運河開削)・10～12世紀(長江下流域が穀倉化)の3点を中心に論を組み立ててみよう。

問題文の核心に迫ろう！

　江南発展史は，論述問題では定番テーマの一つである。ということは，とても重要なテーマであって，中国史を学習する以上はきちんと理解しておきたいものの一つだということだ。

　おおまかには，中国では淮水(黄河・長江間)あたりを境として，北は乾燥・寒冷の地域，南は湿潤・温暖の地域である。このため植生や農業にも差があり，古代から華北はアワ・キビなどの畑作，江南は稲作の地帯となった。近年の考古学的発掘・研究により，新石器時代以降江南にも発達した文明が築かれていたことが明らかになってきてはいるが，歴史時代に入り殷・周という北の王朝が江南をも支配下に置いていった。その後，春秋時代の呉・越，戦国時代の楚など江南にも政治勢力が勃興したが，秦・漢時代には再び華北王朝による支配を受けた。

　3世紀，孫権が建業を都として呉を建て，これは一旦西晋に征服されたが，4世紀，西晋が永嘉の乱で滅びると，司馬睿によって同じ建康(東晋時代に改名)を都に東晋が建てられた。そして，華北の戦乱の難を避けて貴族・農民など多くの人々が江南へと移住し，諸王朝の政策や貴族の荘園開発も手伝って，江南農業は本格的に発展し始めた。

　6世紀，統一を取り戻した隋の第2代煬帝の時代に華北・江南を結ぶ大運河が開通した(工事開始は初代文帝から)。大運河は永済渠・通済渠・広通渠・邗溝(山陽瀆)・江南河からなり，唐代以降は江南からの食糧輸送の大動脈となっていく。既述の通り，8世紀の安史の乱以降，水利施設の整備などの江南開発も手伝って，長江流域の農業生産が華北をも支えるものとなり，永済渠北端の涿郡(北京近郊)・通済渠沿いの汴州(開封)・江南河南端の杭州などが後代王朝の都となっていった(表「中国後期王朝の都」参照)。

　宋代になると，一方では囲田・圩田・湖田と呼ばれる水利田(水の流れを統御する仕組みの田)が急速に普及し，また11世紀初め，皇帝の勅令によって日照りに強い早稲の占城稲が導入され，この稲の栽培が江南に拡大した。この結果，農業の集約化が進み，長江下流域が中国における大穀倉地帯となって，「蘇湖＜江浙＞熟すれば天下足る」(蘇湖は下流域の蘇州・湖州から，江浙は江蘇・浙江から)という言葉も生まれた。そして，12世紀に靖康の変が起こって，宋が南渡したことでさらに人口の南への移動が起こり，江南開発が進展した。

　その後，明代に入り長江下流域では農家の副業として始まった綿織物・絹織物業な

どが発展し，また政府の奨励もあって桑・綿花の栽培も広がったため，稲作の中心は
長江中流域へと移動し，「湖広熟すれば天下足る」（湖広は現在の湖北・湖南・江西）
と表現も変わった。

解答例

4世紀，華北に五胡十六国が割拠したため，	1
江南へと人や技術が移動し，建康に都を置く	2
東晋と南朝の下で江南の開発が本格化した。	3
その後，隋の煬帝は大運河を開削し，華北と	4
江南を結ぶ輸送の大動脈が形成された。唐で	5
は安史の乱により華北が荒廃し，江南への人	6
口移動が促進された結果，さらに江南での食	7
糧生産が増大し，続く五代政権は江南からの	8
食糧輸送に適した大運河沿いの開封に都を置	9
くようになった。同じく開封を都とした北宋	10
では占城稲や水利田が導入され，長江下流域	11
が穀倉地帯となり，「蘇湖熟すれば天下足る	12
」と言われた。金に華北を奪われ中国南部の	13
みを支配した南宋時代には，大運河南端の臨	14
安を都として江南の経済開発が活発化した。	15

（300字）

Ⅱ

解説

　今年度はインドや中国とその周辺史が全体的なテーマとなっている。非常に基本的
な設問が多く，その分ケアレスミスが点差を左右することになるかもしれない。

A　7世紀までの古代インド史

　インド史の出題というのは，2005年のⅡのB以来である。Ⅰでは09年にインド現
代史，Ⅲで03年にやはりイギリスの現代史関係で出題されている。21世紀に入って
出題頻度が高くなっている。今年度の問題は1問（問(5)）を除いて極めて平易である。
高得点を望みたい。

　空欄a　ヒンドゥー　バラモン教と民間信仰が融合して形成された，インドの民族

宗教である。シヴァ神やヴィシュヌ神などを信仰する多神教で，特定の教義や経典はない。

空欄b　ガウタマ＝シッダールタ　シャカ族のカピラ国の王子で，尊称のブッダは「悟りを開いた者」の意味である。四諦（生老病死から離脱する四つの真理），八正道（修行の基本）を説いて仏教を開いた。

空欄c　ジャイナ　「勝者」の意味を持つジャイナ教はクシャトリヤ出身のヴァルダマーナによって創始された。問題文にある尊称のマハーヴィーラは「偉大な英雄」という意味を持つ。禁欲・苦行と徹底的な不殺生を特徴とするジャイナ教は，おもにヴァイシャに支持された。全人口の中でわずかではあるが，現在でもジャイナ教徒はインドに存在する。

空欄d　マウリヤ　マガダ国で前4世紀にチャンドラグプタがナンダ朝を倒して成立させた王朝である。アレクサンドロスの遠征以来，ギリシア人勢力がインダス川流域にいたが，セレウコス朝と争って最終的に彼らをインダス川流域から駆逐した。3代目のアショーカ王の時代に最大版図を築いたが，前2世紀に分裂・衰亡した。

空欄e　クシャーナ　匈奴に圧迫されて移住してきた大月氏から，1世紀に自立したイラン系の王朝である。ローマと漢を結ぶ東西交易の要衝として栄え，文化も発展したが，3世紀にササン朝の攻撃を受けて衰亡した。

空欄f　カニシカ　クシャーナ朝の全盛期を築いた2世紀の王である。シルクロードの拠点としても栄えたプルシャプラ（現在のパキスタンのペシャーワル）を都として領土も北西インドからガンジス川流域まで拡大している。問題文にもあるように仏教を保護し，仏典結集を行わせている。

空欄g　ガンダーラ　ヘレニズム文明の影響を受けてインドで初めて仏像が制作されるようになった。当地の仏教美術は東西交易路に沿って，アジア各地に広がっていった。

空欄h　マヌ法典　ヒンドゥー教徒の各ヴァルナにおける宗教的・社会的義務と生活規範を規定したものである。バラモン優位のヴァルナ制の維持に重点が置かれている。マヌは世界を創造するブラフマー神の息子とされる。

問(1)　ヴァルナ　バラモン・クシャトリヤ・ヴァイシャ・シュードラを基本とした階層身分制度である。ヴァルナは元来は「色」を意味しており，アーリア人が先住民との肌の色の違いに基づいて彼らを区別したことに根ざしている。「生まれ」を意味するジャーティは，ヴァルナを基盤に職業の分化・世襲化に伴って形成されたもので，ポルトガル語の「カスタ（血統）」からカースト制度とも称される。

問(2)　アケメネス朝　アケメネス朝の第3代ダレイオス1世がペルシア戦争を起こして以来，その戦争に敗退して以降も，アケメネス朝は，ギリシアの諸ポリスに干渉

し続けた。ポリスの混乱を収拾したマケドニアのフィリッポス2世の後を継いだアレ
クサンドロスは，アケメネス朝討伐のために東方遠征を行ったのである。

　問(3)　**パータリプトラ**　ガンジス川流域にあり，現在はパトナといわれる。マガダ
国の都として繁栄した。マウリヤ朝のアショーカ王の死後に衰退したが，4世紀に成
立したグプタ朝の都として再び隆盛した。

　問(4)　**上座部(上座)仏教**　教団の指導的な長老を「上座」と呼ぶことに由来する名
称である。旧来の戒律を守ろうとする，保守派の仏教で，後で成立した大乗仏教側か
らは侮蔑的に「小乗仏教」と称された。

　問(5)　**マトゥラー**　今年度の問題の中で最も難解な設問であったと思われる。おそ
らく，「ヤムナー川(またはジャムナー川とも)」といわれても，全くイメージがわか
なかったのではないだろうか？　川に沿ってアグラの北方で，デリーの南方にある，
といわれて何となくでもイメージが浮かぶかどうか，といったところだろう。次の地
図で確認しておいてもらいたい。カニシカ王時代に副都とされた。ガンダーラ美術と
は異なる独自の仏教美術が見られる。

　問(6)　**法顕**　東晋の僧で，399年に
長安から西域経由でチャンドラグプタ
2世(超日王)時代のグプタ朝に到達し
て多数の仏典を得て，さらにセイロン
島にも渡り，海路で412年に帰国した。
その著『仏国記(法顕伝)』は当時の貴
重な史料とされる。

　問(7)　**ウマイヤ朝**　ムアーウィヤが
ダマスクスを都として661年に樹立し
た王朝で，東西に大遠征を行って最大
領土を形成した。東方ではムハンマド
＝ブン＝アルカーシムがシンド地方に
侵攻して征服した。イスラーム勢力初
のインド侵攻であるが，これは一時的な
ものに終わり，本格的な北インド進出
は10世紀末のガズナ朝からである。

〈インドの地図〉

B　宋代を中心とした中国とその周辺史

　今年度は，Bに宋とその周辺について，またCに中国現代史を設定している。新し

い試みであり，来年度以降もこの形式が続くかどうかは不明だが，Bで同時代の横の広がりを，Cで現代の外交関係，といった幅広い知識を問うことができるので，注目すべき形式といえるだろう。

空欄 i　**後周**　五代最後の王朝(951〜960)で，都は開封に置いた。第2代の世宗(位954〜959)は五代第一の名君とされ，廃仏を断行して財政を充実させ，禁軍を改革して国力を発展させた。契丹を撃破し，領土も拡大したが，遠征の途上で病死した。次の恭帝が後を継いだが，7歳の幼帝であるため，殿前都点検(いわば近衛軍の長官)の**趙匡胤**が軍人たちに支持されて，宋を建国した。趙匡胤は恭帝とその子孫を保護し，南宋滅亡までその遺訓は守られた。

空欄 j　**興慶府**　西夏の建国者の**李元昊**が都として，興慶府と称した。東西交易の要衝として繁栄し，モンゴルのチンギス＝ハンに滅ぼされた後は寧夏とされた。

空欄 k　**市舶**　唐の玄宗時代に初めて広州に設置された海上貿易関係の管理事務を行う役所である。宋で整備されて，杭州や泉州，明州などに増設された。提挙市舶司とも称され，清代の1685年に海関が設置されて，市舶司は廃止された。

空欄 l　**ボルネオ(カリマンタン)**　「ボルネオ」はイスラーム教国のブルネイに由来するといわれる。19世紀にオランダとイギリスで南北に分割され，北のイギリス領はブルネイとマレーシア(サバ州・サラワク州)に，南のオランダ領はインドネシアと，それぞれ分離して現在に至っている。

問(8)　**王建**　出身地の開城を都に，918年に建国された高麗の開祖(位 918〜943)である。新羅末期の混乱を平定して936年に朝鮮半島を統一し，仏教を保護した。

問(9)　**募役法**　徴税や治安維持などの労役を中・上層農民に割り当てていたが，その負担から彼らが没落する傾向が顕著となっていた。そのため，労役の免除の代わりに免役銭を徴収して，雇銭として志願者に与える制度である。

問(10)　**イブン＝バットゥータ**　モロッコのタンジール生まれで，イスラーム教徒のネットワークを利用してイベリア半島からインド・中国に及ぶ大旅行を敢行した，14世紀前半の人物である。彼が口述した旅行記が『三大陸周遊記』である。

問(11)　**アチェ王国**　15世紀末にスマトラ島の北端に建国された港市国家である。1511年にポルトガルに滅ぼされたマラッカ王国に代わって胡椒の貿易で繁栄した。1873年からのオランダとのアチェ戦争で20世紀初めまで抵抗を続けたが，最終的に敗北してオランダ領東インドに組み込まれた。

C　辛亥革命前後の中国・朝鮮・日本

　清末の日清戦争から辛亥革命後の中国の状況とそれに関する周辺史である。基本的な設問とはいえ，朝鮮や日本，ロシアの動きもしっかりと把握する必要がある。

　空欄m　**康有為**　日清戦争敗北後の混乱の中で，**光緒帝**(位 1875〜1908)に建白書を認められて登用された広東出身の康有為(1858〜1927)は，公羊学に基づいて**変法自強運動**を進めた。これは日清戦争前の「中体西用」に基づく洋務運動とは異なり，日本の明治維新に倣った立憲君主制をめざすものであったが，西太后ら保守派のクーデタ(戊戌の政変)によって3カ月であっけなく挫折し，梁啓超らとともに日本に亡命した。

　空欄n　**中国同盟**　康有為と同じく広東出身の**孫文**(1866〜1925)は，華僑の支援を受けて1894年にハワイで興中会を組織して革命運動を展開していた。1905年に東京で光復会や華興会などとともに**中国同盟会**を結成し，三民主義を基本理念とした。

　空欄o　**南京**　江蘇省の省都であり，古くは戦国時代から開かれていた。三国時代の呉や東晋，南朝や五代十国の南唐，また明の首都として発展を続け，1912年1月に孫文が中華民国の宣言を行ったのである。

　空欄p　**袁世凱**　辛亥革命の勃発で清朝の内閣総理大臣に任命された袁世凱(1859〜1916)は，1912年2月に宣統帝を退位させると，孫文の後を受けて臨時大総統となった。13年に正式に大総統に就任し，独裁を強化した。しかし，1915年に日本の二十一カ条要求を受諾し，帝政の復活を宣言したため，激しい反発を招き，退位後に失意の中で病死した。

　問(12)　**閔**　朝鮮王朝の第26代高宗の妃となった閔妃(1851〜95)は，1873年に高宗の父で摂政であった**大院君**を失脚させ，日本とは江華島事件の後に日朝修好条規を締結した。壬午の軍乱や甲申事変の危機に際しては清の支援で政権を維持し，日清戦争で清が敗北すると親露外交をとったため，反発した日本の陰謀によって暗殺された。この暗殺事件は乙未事変といわれる。

　問(13)　**東清鉄道**　ロシアが計画したシベリア鉄道は，1891年に建設が始まり，1897年にはウラジオストク(ウラジヴォストーク)とハバロフスクを結ぶウスリー線が開通した。その後，アムール川沿いの建設が困難を極めたため，チタから満州北部を横断してウラジオストクにいたる鉄道を建設し，1905年までにシベリア鉄道と東清鉄道が連結した。東清鉄道は満州里(マンチュリ)から綏芬河(すいふんが)に至るのが本線で，ハルビンから大連に至る支線は，後に日露戦争後のポーツマス条約で長春以南の路線が日本に譲渡されて，南満州鉄道となった。次の地図で確認しておこう。

〈東清鉄道〉

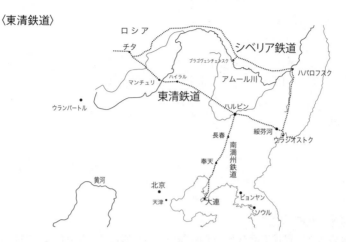

問(14)　**魯迅**　浙江省紹興出身で，本名は周樹人(1881〜1936)という。陳独秀の刊行した雑誌『新青年』に，文学革命のさなかの1918年に『狂人日記』を発表して胡適の提唱した白話文学を実践し，1921年には新聞に『阿Q正伝』を発表している。

解 答 例

A

　　a　ヒンドゥー　　b　ガウタマ＝シッダールタ　　c　ジャイナ　d　マウリヤ
　　e　クシャーナ　　f　カニシカ　　g　ガンダーラ　　h　マヌ法典
　(1)　ヴァルナ
　(2)　アケメネス朝
　(3)　パータリプトラ
　(4)　上座部(上座)仏教
　(5)　マトゥラー
　(6)　法顕
　(7)　ウマイヤ朝

B

　　i　後周　　j　興慶府　　k　市舶　　l　ボルネオ(カリマンタン)
　(8)　王建
　(9)　募役法
　(10)　イブン＝バットゥータ

(11)　アチェ王国

C

m　康有為　　　n　中国同盟　　　o　南京　　　p　袁世凱

(12)　閔

(13)　東清鉄道

(14)　魯迅

Ⅲ

解説

問題文を読んでみよう！

　2007年以来の久々の現代史である。「国際秩序」の形成にアメリカがどう関わったのか？　が問われている。論述としてはオーソドックスな問題で，対処しやすいと思われるが，思いつくままに書いては要求通りの解答にはほど遠いものになる。構成をしっかりと考えよう。問題文は以下の通りである。

> 　アメリカ合衆国は，第一次世界大戦後のパリ講和会議で主導的な役割を演じながら，国際連盟に参加せず，再び政治的孤立主義に回帰したともいわれる。しかし実際には，アメリカは1920年代の政治的・経済的な国際秩序の形成に重要な役割を果たした。アメリカが関与することによって，どのような政治的・経済的な国際秩序が形成されたのか。1921年から1930年までの時期を対象に，具体的な国際的取り決めに触れながら，300字以内で説明せよ。

問題の中心テーマを確認しよう！

　要求されているテーマは，「アメリカが関与することによって，どのような政治的・経済的な国際秩序が形成されたのか」ということである。時期設定は「1921年から1930年までの時期を対象」とする。その際，「具体的な国際的取り決めに触れ」ることを忘れてはならない。1920年代に何が取り決められたのか？　を順を追って考えてみよう。

書くべきポイントを列挙してみよう！

　まず，国際秩序に関係すると思われる1920年代の出来事を年代順に列挙してみよう。

1921	ワシントン会議(〜22)…アメリカ大統領ハーディングの提唱
	一方,ドイツの賠償金の金額が1320億金マルクと決定
1924	ドーズ案の提示
1925	ロカルノ条約
1928	ケロッグ・ブリアン条約(不戦条約)
1929	ヤング案の提示
1930	ロンドン海軍軍縮会議

　1918年に終結した第一次世界大戦後の国際秩序をヴェルサイユ体制という。その体制の要はウィルソンが提唱した「十四カ条の平和原則」に基づいて1920年に成立した国際連盟である。ただし,孤立主義外交のためアメリカはついに国際連盟には最後まで参加しなかった。しかしながら,問題の要求は「1921年から」という限定があるので,これは解答に書くべき要素ではない。では,1921年には何があるのか？　ワシントン会議の開催である。アメリカ大統領のハーディングが提唱して,21年に四カ国条約が,22年に海軍軍備制限条約や九カ国条約が締結された。

　①四カ国条約…米・英・仏・日の間で,太平洋の現状維持と日英同盟の解消。

　②海軍軍備制限条約…英・米・日・仏・伊の間で,主力艦保有比率を5・5・3・1.67・1.67と定める。

　③九カ国条約…英・米・日・仏・伊・中・蘭・ベルギー・ポルトガルの間で,中国の主権・独立の尊重,領土保全,機会均等,門戸開放を決定。

　特に九カ国条約はアメリカ外交の勝利といわれる。日本が第一次世界大戦中に中国での勢力拡大をはかったが,この条約の内容に従って山東省の権益を返還して進出は後退した。

　こうして,アメリカが中心となって形成された太平洋や東アジアの国際協調体制が,ワシントン体制である。これが解答の軸の一つとなる。

　次にヨーロッパに目を向けると,敗戦国のドイツに対する賠償問題が危機的な状況を迎えていた。1921年に1320億金マルクと決定された賠償金の支払いが遅れたことを理由に,フランス・ベルギー軍がルール占領を行った。ドイツでは労働者のストライキなどの消極的な抵抗で工業生産が低下した結果,経済が破綻して空前のインフレーションが起こり,極度の混乱状態に陥った。インフレはシュトレーゼマン内閣によるレンテンマルクの発行で一応の収束を見たが,政治的・経済的にはまだ不安定な状況にあった。そのため,債務国から債権国となったアメリカは,銀行家のドーズを委員長とする特別委員会で年間の支払額の減額などのドーズ案を提示し,関係各国はこれを受諾した。フランス・ベルギーはルールから撤退し,アメリカ資本がドイツに貸与

されて経済再建の基盤を確立した。この結果，イギリス・フランスの戦債は安定的に
アメリカに支払われるようになったのである。

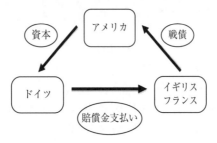

　ドイツは1925年にロカルノ条約を結んで，国際連盟にも参加することになったが，
このロカルノ条約はヨーロッパに関するものであり，アメリカ主導ではないので今回
は書く必要はない。

　しかし，賠償金の総額はそのままであったため，1929年の世界恐慌でアメリカ資本
が引き上げられるとドイツ経済は再び破綻した。1929年，アメリカの実業家のヤング
を委員長とする委員会で，賠償総額を約358億金マルクに削減することが決まり，
1930年に調印された。こうした賠償金問題へのアメリカの積極的な関与がもう一つの
軸となる。

　アメリカは孤立主義外交をとってはいたものの，民主主義を掲げて社会主義の拡大
阻止や市場拡大，債務の償還などのために積極的な外交政策を展開し，絶えず国際政
治を主導するようになった。1928年にはクーリッジ大統領の国務長官であったケロッ
グがフランス外相のブリアンとともにパリ不戦条約の締結に努めた。また1930年のロ
ンドン軍縮会議では補助艦の保有率を英・米・日で10：10：7としている。

　しかし，以上のような努力はアメリカ発の世界恐慌の影響で，最終的には破綻して
第二次世界大戦に突入するのである。ワシントン体制は日本の満州進出で崩壊し，賠
償金問題は，ドイツで成立したナチス政権の支払い拒否宣言で打ち切られてしまった。

　解答の構成を考えてみよう！

　さて，以上のような知識を踏まえて，いよいよ本格的に書く段階に入ろう。ワシン
トン体制の樹立とドイツ賠償問題を中心にして250〜260字程度，軍縮会議や不戦条約
にもできるだけ言及して40〜50字程度，という形でよいのではないだろうか？　第一
次世界大戦の反省から「国際協調の時代」の形成に努力した，という大まかな把握か
ら，特に年代にこだわらずに書いてもよいだろう。一貫してアメリカを主語にするこ
とを忘れないことである。

これで準備が整った。さあ，実際に自分の文体で書き始めよう！

解答例

アメリカはワシントン会議を開催し，海軍軍	1
備制限条約で主力艦の保有比率が決められ，	2
四カ国条約では太平洋域の領土の相互尊重が	3
定められて，日英同盟も解消された。また九	4
カ国条約で中国の主権・領土尊重などが約束	5
され，日本の中国進出が抑制された。この会	6
議によって，太平洋・東アジアにおいてアメ	7
リカ主導のワシントン体制が成立した。また	8
国務長官ケロッグらの提唱により不戦条約が	9
結ばれた。そしてドイツの賠償問題に関して	10
ドーズ案を成立させドイツに経済援助を実施	11
した。これによって，ドイツから賠償支払い	12
を受けたイギリス・フランスは，アメリカに	13
戦債を返却することが可能になった。さらに	14
ヤング案を成立させ賠償問題解決に努めた。	15

(300字)

Ⅳ

解説

▶ A　ライン川を中心としたヨーロッパ古代・中世史

問(1)　**元老院**　元老院は王政時代から存在した支配機構で，共和政時代には行政・財政・宗教など諸領域に大きな権限を有した。元老院議員は当初パトリキ(貴族)が中心であったが，身分闘争を契機として富裕なプレブス(平民)も進出するようになった(前4世紀のリキニウス・セクスティウス法でコンスル1名は平民より選出，ノビレスの形成)。しかし，「内乱の一世紀」の混乱や外敵に対応する能力を失い，アウグストゥス時代に実質的機能を削減された。

問(2)　(c)　「1世紀終わり頃」は，元首政(前期帝政)最盛期である**五賢帝時代**が始まった頃にあたる。この時期は，地中海を内海としたローマ帝国の下で「パクス＝ロマーナ(ローマの平和)」が実現した時期であり，帝国の商人は季節風を利用してインドのサータヴァーハナ朝(デカン高原)とも交易を行っていた。さらに東方の扶南(メコン川下流域)や中国(後漢に大秦王安敦の使者？来訪)とも交流するなど東西間の交

渉が活発になった時代であった。なお(a)ポリュビオスは，第 3 次ポエニ戦争の時期(前2 世紀半ば)のギリシア人史家。(b)グラックス兄弟の改革は前 2 世紀後半。(d)キリスト教公認は，コンスタンティヌス帝による313年のミラノ勅令による。

　　問(3)　コロッセウム(円形闘技場)　1 世紀に完成した帝国最大のローマのコロッセウムが知られているが，各地にもこれは建設され，そこでは剣闘士の闘い(剣闘士同士，または野獣と)や水をはっての模擬海戦などの見世物が市民に供された(「パンと見世物」)。

　　問(4)　帝国を四分して正帝と副帝を 2 人ずつたてて統治させた。

　　ディオクレティアヌス(位 284〜305)が即位した 3 世紀末，ローマ帝国はゲルマンの諸集団やササン朝ペルシアなど周辺勢力の侵攻，さらに辺境地帯を防衛する軍隊の反乱に苦しんでいた。ディオクレティアヌスは軍隊の規模を増大させる一方，帝国を大きく四つの道に分け，各道での軍事行動を各一人の皇帝(東・西の正帝・副帝)が直接指揮出来る体制を整えた。これが四帝分治制(四分統治体制，テトラルキア)であり，ディオクレティアヌス自身は東方の正帝となった。

　　問(5)　ヴァンダル人　ゲルマン人集団の一つ，ヴァンダルは，5 世紀，ガリアからイベリア半島を経て，北アフリカへと進出した(ヴァンダル王国)。しかし，アタナシウス派住民を迫害するなどしたため，現地住民の反発を受けて政治が混乱し，結局 6世紀前半，ユスティニアヌス帝時代の東ローマ軍によって滅ぼされた。

　　問(6)　アーヘン　中世初期のゲルマン国家では君主の所在地が都であり，カール大帝も治世半ばまでは各地を転々としたが，790年代からはアーヘンに常住するようになった。アーヘンにはカール大帝によって築かれた大聖堂が今も残り，大帝自身の遺骸もここに納められている。また，カールが招いたアルクィンを中心として展開されたカロリング＝ルネサンスの中心ともなった。

　　問(7)　ランゴバルド王国　ランゴバルドは 5 〜 6 世紀にハンガリー方面へと進出した。しかし，東方から進出したアヴァール人の圧迫を受け，6 世紀後半，北イタリアへと移動して王国を建設した。しかし，7 世紀，ローマへと圧力をかけたことから，フランク王国ピピン(小ピピン，位 751〜768)の遠征を受け，ラヴェンナ地方を奪われた(756，ピピンが教皇に寄進)。そして，カール大帝によって征服された(774)。

　　問(8)　メルセン条約　カール大帝の息子であるルートヴィヒ(ルイ)敬虔王(位 814〜840)が亡くなると，遺領をめぐって争った敬虔王の息子 3 人が，843年にヴェルダン条約を結んだ。この条約では長子ロタールが中部領土(イタリア・ライン川流域)と皇帝位を継承し，弟 2 人が東西領土を継承して決着した。しかし，ロタールの死後，中部フランクで再び領土問題などで混乱が生じたのに乗じ，東フランクのルートヴィ

ヒ 2 世と西フランクのカール 2 世がライン川流域地帯の分割を企てて結んだのがメル
セン条約である。この結果，ライン川中流域のロタリンギア(独ロートリンゲン，仏
ロレーヌ)が中部の王国から切り離され，結果的に現在のフランス・ドイツ・イタリ
アに当たる地域の区分が生まれることになった。

　問(9)　ハンザ同盟　13世紀前半に結ばれたリューベック・ハンブルク間の都市同盟
を起源とし，14世紀に最盛期を迎えた。同盟はロンドン・ブリュージュ・ベルゲン・
ノヴゴロドに在外商館を構え，盟主リューベックを中心に共通の海軍力・貨幣などを
有して，バルト海・北海貿易の覇権を握った。しかし，15世紀以降は英仏蘭などの商
人がこの方面に進出する一方で，バルト海周辺諸国が重商主義政策を展開するように
なって苦戦を強いられ，17世紀の三十年戦争で大きな打撃を受けて事実上解散した。

B　ルイ14世時代のフランス

　空欄 a　フロンド　フロンドとは当時フランスで流行っていた“投石器”のことで，
この反乱の最中に民衆が宰相マザランの館に投石したことからつけられたといわれ
る。ルイ13世(位 1610〜43)時代の宰相リシュリューが進めた王権強化政策を，幼く
して即位したルイ14世(位 1643〜1715)の宰相マザランが継承したことに反発した貴
族や三十年戦争のための重税に苦しんでいた民衆の蜂起で反乱は始まった。一時はル
イ14世もパリからの退避を余儀なくされたが，王党派貴族の力を借りながらなんとか
鎮圧された。この結果，フランス王権は強化されることになった。

　空欄 b　ナントの王令(勅令)　ユグノー戦争(1562〜98)のユグノー(カルヴァン派)
側指導者ナヴァル公アンリは，1589年，アンリ 3 世が暗殺されてヴァロワ朝が断絶す
ると，アンリ 4 世として即位しブルボン朝を創始した。自らは国王の立場を踏まえて
カトリックに改宗したが，1598年にナントの王令を発した。この王令によりユグノー
の信仰の自由などが認められて内戦は終結したが，フランスでの宗派対立がおさまっ
たわけではなく，この後アンリ 4 世はカトリック教徒によって暗殺され，ナントの王
令はルイ14世時代に廃止された。

　問(10)　グスタフ＝アドルフ(グスタフ 2 世)　「北方の獅子」と称されたスウェーデ
ン王グスタフ＝アドルフ(位 1611〜32)は，産業育成などを行って国力を強化しバルト
海の覇権を確立した。そして三十年戦争(1618〜48)では新教側に立って参戦し，傭兵
隊長ヴァレンシュタイン率いる皇帝軍を圧倒した。王自身は1632年のリュッツェンの
戦いで戦死したが，スウェーデンはウェストファリア条約(ヴェストファーレン条約，
1648)で西ポンメルンを獲得した。

　問(11)　ハプスブルク家の政治的影響力が後退し，代わってプロイセンが台頭した。

　ヨーロッパ最初の国際会議によって結ばれたウェストファリア（ヴェストファーレン）条約は「（神聖ローマ）帝国の死亡証明書」とも呼ばれ，ハプスブルク家は領土などの面で大きな後退を強いられた。また，諸侯の主権（独立国としての権限）が認められたことで，事実上神聖ローマ帝国は政治的統一体としての意義を失い，ドイツの分裂は決定的となった。一方，北方領邦のプロイセン公国は，この戦争で領土を拡大した。そして，18世紀には王国に昇格し，フリードリヒ2世（位1740〜86）下でヨーロッパの強国となっていく。

▶ウェストファリア条約

分　野	内　　容
宗教	カトリック・ルター派・カルヴァン派の選択権を諸侯に承認
領土	フランスにアルザスなど，スウェーデンに西ポンメルンを割譲
独立	オランダとスイスの独立承認
主権	領邦諸侯の主権確認→事実上，ドイツは分裂状態に

　問(12)　ボシュエ　神学者・政治学者であったボシュエ（1627〜1704）は，ルイ14世の王太子の教育係をつとめ，彼が唱えた王権神授説やガリカニズム（フランス＝カトリック主義）の思想は，フランス絶対王政を支える思想ともなった。

　問(13)　東インド会社の再建（王立マニュファクチュアの設立）　ルイ14世時代の財務総監コルベールは，国内産業を育成し，貿易を活発に行うことで国富を増大させることを主張した。彼の具体的な経済政策（コルベール主義）の主なものは，**東インド会社の再建**（1664）と支援などの貿易保護政策，**王立・特権マニュファクチュアの設立や育成**などの国内産業保護政策，植民地獲得・拡大政策などである。しかし，ナントの王令廃止（空欄b解説参照）によるユグノー商工業者の亡命や宮廷の濫費も手伝って，その重商主義政策は破綻した。

　問(14)　ニューアムステルダム　オランダは，17世紀前半，北米東岸のハドソン河畔にニューネーデルラント（ニューネザーランド）植民地を形成し，その拠点としてマンハッタン島にニューアムステルダムが建設された。しかし，同世紀後半にイギリス＝オランダ戦争が起こると，ニューアムステルダムはイギリス海軍（ヨーク公ジェームズ指揮）によって占領され（1664），この結果ヨーク公にちなみニューヨークと改名された。

　問(15)　インド・エジプト　問題文中の第2次（英仏）百年戦争は，1689年から1815年にかけて展開された植民地をめぐる両国間の戦争の総称である（具体的には表「第

２次英仏百年戦争」を参照）。問題の対象は「北米大陸以外」の地域であるが，これ
は意外なほど少ない。結局は18世紀半ばのインドでの戦い（カーナティック戦争・プ
ラッシーの戦い）とフランス革命期のエジプトでの戦い（エジプト遠征）だけである。

▶第２次英仏百年戦争　　＜　　＞内は抗争が行われた地域

戦　　争	内容・結果
1689　ウィリアム王戦争＜北米＞ ～97	
1702　アン女王戦争＜北米＞ ～13	ユトレヒト条約（1713） 　仏→英 　　ハドソン湾岸・ニューファンドラ 　　ンド・アカディア＜北米＞
1744　ジョージ王戦争＜北米＞ ～48	
1755　フレンチ＝インディアン戦争＜北米＞ ～63	パリ条約（1763） 　仏→英 　　カナダ・ミシシッピ以東ルイジアナ 　　インドからも仏は撤退
1744　カーナティック戦争＜南インド＞ ～61	
1757　プラッシーの戦い＜北インド＞	
1778＊　アメリカ独立戦争＜北米＞ ～83	ヴェルサイユ条約（1783） 　英→仏 　　セネガル・トバゴなど
1798　フランスのエジプト遠征＜アフリカ＞	フランス革命期に英は仏と対立 →（仏）ナポレオンは（英）ネルソンに敗北

＊フランスの参戦以降の年代

　問(16)　**黒人奴隷**　16世紀，スペインはラテンアメリカの多くを植民地化すると，労
働力としてインディオ（先住民）を使役したが，その数が激減したことで大量の奴隷を
輸送する必要が生まれた。しかし，スペイン自体にはその能力が欠如していたため，
アシエント（独占的奴隷供給契約）制度が採用された。これはスペインが事業者に許可
状で奴隷貿易を認め，業者は王室に契約料・税を納めるもので，16世紀以降，ポルト
ガルやオランダの商人に認められた。1713年のユトレヒト条約でイギリスがアシエン

トを獲得し，この結果18世紀後半にはアフリカからの黒人奴隷の４割をイギリスが輸
出することになった。

C 近・現代バルカン半島史

空欄 c　ウィーン　第2次ウィーン包囲(1683)は，かつての栄光を取り戻そうとし
たオスマン帝国の拡張政策の結果実施されたが，神聖ローマ皇帝の呼びかけに応じた
ポーランドなどが介入したため，オスマンは大敗を喫した。この後，オスマンはキリ
スト教諸国に対して劣勢に立たされ，1699年のカルロヴィッツ条約でハンガリーをオ
ーストリアに割譲することを認めざるを得なくなった。

空欄 d　ギリシア正教徒　かつてのビザンツ帝国領などに居住していたギリシア正
教徒は，オスマン帝国の下でミッレト制によってゆるやかに統治された。この制度は，
ギリシア正教徒などに自治共同体(ミッレト)を作らせ，帝国に貢納などを納めさせる
代わりに自治を認めた制度である。しかし，ロシアは，同じギリシア正教の流れを汲
むロシア正教を奉じていたことから，ギリシア正教徒保護を口実にオスマン領への南
下政策を企てた。

空欄 e　バイロン　イギリスのロマン主義(ロマン派)を代表する詩人バイロン
(1788〜1824)は貴族の息子であり，若年で発表した『チャイルド・ハロルドの遍歴(巡
礼)』で世に知られた。その後外国暮らしを続けながら作品を発表し，ギリシア独立
戦争が勃発すると，自身も独立戦争に参加したが，マラリアにかかりギリシアのミソ
ロンギで死去した。

空欄 f　ルーマニア　ロシア＝トルコ戦争の結果結ばれたサン＝ステファノ条約と
その後のベルリン条約の内容は，20世紀に入って複雑化するバルカン情勢を理解する
ため非常に重要である。サン＝ステファノ条約(ロシアの南下政策)→イギリス・オー
ストリアの反発→ベルリン会議開催(南下阻止)という展開もきちんと踏まえておこう。

▶ ロシア＝トルコ戦争による条約

サン＝ステファノ条約(1878)	ベルリン条約(1878)
• セルビア・ルーマニア・モンテネグロ独立	• セルビア・ルーマニア・モンテネグロ独立
• 大ブルガリアに自治承認(ロシアが大きな影響力を持つ)	• 小ブルガリアに自治承認(領土は北部に縮小，オスマンの貢納国)
	• オーストリアにボスニア・ヘルツェゴヴィナの行政権承認
	• イギリスにキプロス島の行政権承認*

＊イギリスのキプロス行政権獲得は厳密にはベルリン会議ではないが，これとほぼ同
　時なので表ではここに含める。

問(17)　ハンガリー　空欄 c 解説を参照。なお，ハプスブルク家の支配下に置かれたハンガリーには，19世紀後半，アウスグライヒ（妥協）と呼ばれる協定により自治議会創設が認められた（オーストリア＝ハンガリー帝国）後，第一次世界大戦の講和条約である1919年のサン＝ジェルマン条約でオーストリアから分離独立した。

問(18)　農奴解放令の発布　啓蒙専制君主ヨーゼフ２世（位 1765～90，マリア＝テレジアの長子）は当初母との共同統治であったが，単独統治に移るとすぐに一連の改革を進めた。具体的には農奴解放令や宗教寛容令を発布し，行政・軍事・税制改革による中央集権化，商工業の育成などの社会政策を矢継ぎ早に展開した。しかし，貴族の激しい反対に遭い，国内での反乱にも直面して改革は十分に結実しなかった。この問題では「フランス革命を先取りしたもの」という言葉から，フランス革命中の事項（1789年の封建的特権廃止宣言など）を参照して考えることが大切である。

問(19)　(ア)　イギリス

(イ)　ウィーン体制下におけるナショナリズムの高揚を懸念したため。

19世紀に入ると，フランス革命の影響からギリシア人商人らの間でナショナリズムが高まり，民族運動結社が組織された。そして1821年に黒海沿岸のオデッサでギリシア人結社が蜂起し，それに呼応してギリシア本土でも反乱が起こったことで，ギリシア独立戦争が開始された。当初列強は，旧来の大国維持を目的とするウィーン体制を護持する立場からギリシア独立には冷淡であった。しかし，ロシアが南下を図ろうと独立戦争に介入する姿勢を見せると，ロシアを牽制したいイギリスはフランスを引き込んで，この三国が条約を結んだ上で独立戦争に介入した。この結果，1830年のロンドン会議でギリシアの独立が承認されることになった。

問(20)　青年トルコ革命　1908年に統一と進歩団（統一と進歩委員会）がサロニカで革命を起こすと，これに対し革命の波及を恐れたオーストリア＝ハンガリー帝国は行政権を握っていたボスニア・ヘルツェゴヴィナの併合を宣言し，またオーストリアに誘われたブルガリアも完全独立を宣言した。こうしたオーストリア・ブルガリアの動きは，セルビア・ロシアの結びつきを強めることになり，1910年代，バルカンは文字通り「ヨーロッパの火薬庫」と化していった。

解 答 例

A

(1)　元老院

(2)　(c)

(3)　コロッセウム（円形闘技場）

(4) 帝国を四分して正帝と副帝を2人ずつたてて統治させた。

(5) ヴァンダル人

(6) アーヘン

(7) ランゴバルド王国

(8) メルセン条約

(9) ハンザ同盟

B

a　フロンド　　b　ナントの王令(勅令)

(10) グスタフ゠アドルフ(グスタフ2世)

(11) ハプスブルク家の政治的影響力が後退し，代わってプロイセンが台頭した。

(12) ボシュエ

(13) 東インド会社の再建(王立マニュファクチュアの設立)

(14) ニューアムステルダム

(15) インド・エジプト

(16) 黒人奴隷

C

c　ウィーン　　d　ギリシア正教徒　　e　バイロン　　f　ルーマニア

(17) ハンガリー

(18) 農奴解放令の発布

(19) (ア)　イギリス

　　　(イ)　ウィーン体制下におけるナショナリズムの高揚を懸念したため。

(20) 青年トルコ革命

解答・解説

I

〔解説〕

問題文を読んでみよう！

　今年のテーマは，中国現代史。2005年にも「辛亥革命～日中戦争期の日中関係」というテーマが出されており，時代・地域が重なる。しかし，論述に対する技術をキッチリと身につけ，問題の要求に厳密に従うなら，解答は違ったものになるはずだ。そのことについては，これから検討していくことにしよう。では問題の確認から。

> 　中国共産党について，その結成から中華人民共和国にいたる歴史を，中国国民党との関係を含めて，300字以内で説明せよ。解答は所定の解答欄に記入せよ。句読点も字数に含めよ。

問題の中心テーマを確認しよう！

　問題文の「…について，その…歴史を」という表現は慣れていないとわかりにくいかもしれないが，テーマは「中国共産党の歴史」というシンプルなもの。まずは「結成から中華人民共和国にいたる」という時間枠は見逃さないようにしよう。さらに条件の「中国国民党との関係を含めて」の「含めて」は，それが書くべき内容の一部だということを示している。

　さて，ここからが肝心な点だが，"日中関係"も，本年の"中国共産党の歴史"も，いずれも一般的な戦間期の中国史を説明する問題ではない，ということに気をつけよう。問題文の読みが甘いと，つい教科書の当該時代・地域に関する事項を全て書いてしまいがちだ。しかし，300字という短い字数（戦間期の中国史全体を説明するには300字ではとても足りない！）では，テーマを明確に意識し，事項を選択して書かなければ，十分な説明は不可能なのだ。このことに気が付くかどうかが，本問最大のハードルだといえるだろう。"中国共産党の歴史"に照準をあわせよう。

書くべきポイントを列挙してみよう！

　"結成～中華人民共和国成立"期における"中国共産党の歴史"をテーマとする本問は，歴史＝展開を説明していくタイプの問題。このタイプの問題で取るべき手順の最初は，時代順に出来事を確認することだ。ただし，細かな年号は必要ない。流れをつ

かまえることに集中しよう。

　論述で用意するメモは包括的なものでなく，選択的な必要事項のメモができれば十分だ。では，どう考えれば選択的なメモはできあがるのだろうか？　まず，時間枠を踏まえて，1921年より前の出来事はカットしよう。次に，「中国共産党」に直接関わる事項を抽出しよう。

表1

1920年代　党結成／第1次国共合作／北伐／上海クーデタ
1930年代　中華ソヴィエト共和国／長征／八・一宣言／第2次国共合作
1940年代　国共内戦／共産党勝利／中華人民共和国成立

　事項だけでは歴史の説明にはならないから，次に点(事項)を結ぶ線(論理)を加えていこう。その際には不分明な事項に簡単な内容説明を加えることを忘れないようにしないと，論理の説明が生かせなくなるので注意しよう。

表2

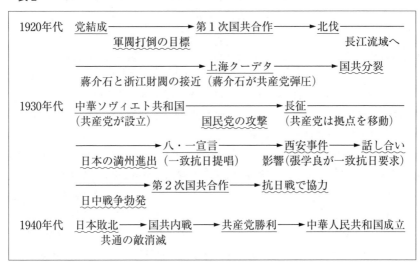

　この段階で書く内容のアウトラインが確認できる。ここで表1・2を比べ，付加的な事項(表2の波線部　)や事項内容の説明(括弧内の部分)の必要性を考えてほしい。例えば，西安事件(第2次国共合作につながる直接の契機)や日中戦争(危機感を高め合作へ向かわせた背景)は共産党の動きではないが，これらが欠けると，八・一宣言と第2次国共合作は論理的にうまくつながらず，また八・一宣言や第2次国共合作につ

いても内容説明があって初めて出来事の意味が明確になる(なお表2ではテーマに直接関わる事項は矢印で結び，間接的・背景的事項や説明は矢印の下に配した)。他人に物事を論理的に説明するには，こうした配慮が必要だ。なお，この段階で大まかな字数配分も可能になる(表2でざっと分量をつかめば，1930年代：1920＋1940年代＝1：1程度の配分になるだろう)。あとは，若干の肉付け的説明を加えながら，書いていけばいい。

問題文の核心に迫ろう！

　2次にわたる合作の共通点は，共通の敵の存在(第1次は軍閥，第2次は日本)だ。まず，このことを理解しておこう。

　中国国民党(ブルジョワ民族主義)と中国共産党(社会主義)は，コミンテルンの方針に孫文が共感したこともあって，軍閥打倒のため，1924年，第1次国共合作(「連ソ・容共・扶助工農」を採択)に踏み切った。そして北伐のための軍指揮官養成を目的として黄埔軍官学校が創設され，その校長となったのが蔣介石である。1925年に孫文は死去したが，その遺志を受け継いで広州に国民政府が成立し，翌年から長江流域への進出を図る第1次北伐が開始された。しかし，国民革命軍総司令となった蔣介石は，国民党右派に属して元々共産党とは対立的であった上に，浙江財閥と接近した結果，1927年，上海クーデタで共産党員・労働運動指導者を虐殺・排除し，これで第1次合作は崩れた。その後，南京に国民政府を移した蔣介石は，第2次北伐で北京へと至り，その際北京から逃亡した奉天派軍閥の張作霖が日本軍に爆殺されたため(奉天事件)，その息子である張学良は国民党に帰順した。

　1931年，共産党は江西省瑞金に中華ソヴィエト共和国臨時政府を樹立し，毛沢東が主席の座についた。しかし，柳条湖事件を契機に満州事変が勃発したにもかかわらず，蔣介石は瑞金臨時政府に対して猛攻を繰り返した。そこで，共産党は瑞金を逃れて長征(1934～36，延安へ)を開始する。1935年，モスクワの中国共産党員が八・一宣言を発して，国民党勢力に内戦停止と一致抗日をよびかけた。蔣介石は宣言を無視したが，共感した張学良は西安を訪れた蔣介石を監禁し，内戦停止と一致抗日を要求した(1936，西安事件)。これをきっかけに国共両党の話し合いが始まり，1937年，盧溝橋事件をきっかけとして日中戦争が開始された直後に第2次国共合作が成立した。

　1945年，日本が敗北・撤退したことで両党共通の敵は消えた。このことで内側での対立が再燃し，国共の内戦が再開される。当初は国民党が優位であったが，その腐敗ぶりにアメリカが途中で援助を打ち切り，一方の共産党は人民解放軍を組織して戦い，1949年，共産党が内戦に勝利をおさめた。こうして共産党を中心に同年，中華人民共

和国が建国され，敗北した国民党は台湾に逃れた。

解答例

中国共産党は第一次世界大戦後コミンテルン　　1
の指導下に結成され，その後軍閥打倒のため　　2
国民党と第一次国共合作を行って北伐を開始　　3
したが，国民党の蔣介石による上海クーデタ　　4
で合作は崩れた。その後，日本の満州進出が　　5
激しくなるなか，瑞金の中華ソヴィエト共和　　6
国に対し蔣介石が猛攻を加えたため，共産党　　7
は長征を行って拠点を延安へ遷す一方，八・　　8
一宣言を発して一致抗日を呼び掛けた。これ　　9
に呼応して張学良が起こした西安事件を機に　　10
両党の話し合いが始まり，日中戦争の勃発直　　11
後に第二次国共合作が成立し，両党は協力し　　12
て抗日戦を遂行した。しかし，日本が敗れる　　13
と内戦が再開され，勝利した共産党が中華人　　14
民共和国を建国し，国民党は台湾へ逃れた。　　15

（300字）

Ⅱ

解説

A　古代～13世紀にいたる西アジア史

空欄a・f　a＝ユーフラテス・f＝ティグリス　セットで考えたい問題。メソポタミアはギリシア語で「両河地帯」を意味し，ティグリス川・ユーフラテス川に挟まれた地域（およびその周辺）を示す。二つの川と結びつけておきたい都市としては，クテシフォン・バグダード（ティグリス川），バビロン（ユーフラテス川）などが挙げられる。「ウル・ウルク」がどちらの流域かは判断しにくいだろうが，「クテシフォン」から空欄fはティグリス川と判断できるので，空欄aはユーフラテス川が正解となる。

空欄b　アッカド　前3000年紀（前3000年～前2001年）のメソポタミアでの動きは，シュメール人の都市国家⇒アッカド人（セム語系）のメソポタミア統一，という単純なもの。1000年紀という大枠で捉えておけば，十分解答できる。アッカド人の王国を建てたサルゴン1世が，前3000年紀後半，シュメール人の都市国家を併合して，領域国家を築いた。

空欄 c　アマルナ　新王国時代のアメンホテプ4世(イクナートン)が行った改革は，古代エジプト史で唯一まとまった内容を成す箇所。都テーベでアモン(テーベの市神)＝ラーの神官が力を持ったことに対抗して，アメンホテプ4世はアトン神の一神崇拝を強引に推し進める改革を実施した。この結果,都もテル＝エル＝アマルナ(当時の名はアケトアトン)へと遷され,この地では従来の型にはまった表現とは異なる，写実的なアマルナ美術が花開いた。しかし，このファラオの死後，改革は否定されてしまった。

空欄 d　アラム　前2000年紀半ばのオリエントは大国の時代であった。しかし，ミタンニ・カッシート・ヒッタイトが滅亡し，それまで大国の影響下に置かれていた地中海東岸のセム語系民族が活発な動きを見せるようになった。その代表的な民族がアラム人・フェニキア人・ヘブライ人だ。このうちアラム人は，ダマスクスを拠点に内陸交易で活躍した商業民である。その活動の広がりは，アラム語がアケメネス朝の公用語として使われたことやアラム文字(フェニキア文字から形成)がソグド文字・ウイグル文字など東方文字の起源となったことからもうかがえる。

空欄 e　アケメネス　アケメネス朝は，前6世紀，メディアから独立したキュロス2世が興したペルシア人(イラン人)王朝である。キュロス2世はメディア・リディア・新バビロニアを征服し，2代カンビュセス2世がエジプトを征服したことで，アッシリアに次いでオリエント統一を果たした。3代目のダレイオス1世は中央集権化(サトラップ・「王の目」「王の耳」・王の道)を進める一方で，アナトリア(小アジア)西南部のイオニア植民市に圧力を加え，そのことがペルシア戦争の要因となった。

空欄 g　アレクサンドリア　アレクサンドロス大王の遠征に伴い，各地に王の名にちなむ都市が建設された(10以上の都市が確認されている)。このうち最も有名なのが，エジプト王国(プトレマイオス朝)の都アレクサンドリアである。ここには自然科学研究機関であるムセイオンが設けられ，ヘレニズム文化の一大中心となった。さらに，アレクサンドリアはローマによる征服後も東方の大都市であり続け，キリスト教五本山の一つもここに置かれた。

空欄 h　メディナ　622年，メッカで大商人の迫害を受けたムハンマドは，信者を連れてメディナ(当時の名称はヤスリブ)へと移った。これがヒジュラ(聖遷)であり，以後しばらくはウンマ(イスラーム共同体)の中心はメディナにあった。王朝時代に入ってもメディナはメッカに次ぐイスラーム教第2の聖地であり，現在も多くの参詣者を集めている。

空欄 i　ブハラ　サーマーン朝(イラン系王朝)の都ブハラは，アム川・シル川間のいわゆるソグディアナ地方にあり，古来ソグド人のオアシス都市国家が存在した(中

国では安国と呼ばれ，この都市出身のソグド人は中国で安禄山など安の字を姓として
用いた）。なお，中央アジアのイスラーム王朝に関わる都市としてはサマルカンド（ティムール朝の都）もチェックしておきたい。

問(1)　(ア) バビロン・(イ) K　メソポタミアでは，王権（王朝）は諸都市の間を移動
するという思想があった。このため，ある都市に最初に王権が来た場合，それを第一
王朝と称する。アムル人が建てた王国は，初めてユーフラテス川沿いのバビロンに都
を置いたのでバビロン第1王朝と呼ばれる。王朝第6代の王ハンムラビは，同害復讐
と身分法の特徴を持つ法典を定めたことで知られる。しかし，同王の死後は異民族の
侵入などに苦しみ，最後はヒッタイト人によって滅ぼされた。

問(2)　C　古代エジプトの都は3カ所。メンフィス（古王国時代）はナイル川下流（地
図B），テーベ（中・新王国時代）は中流（地図D）に位置する。テル＝エル＝アマルナ
は両都市の中間にあるということを覚えておこう。

問(3)　F　アラム人が内陸交易で活躍したことを思い出そう。当然，拠点であるダ
マスクスも内陸に入り込んでいる（ちなみに海上交易で活躍したフェニキア人のシド
ン・ティルスは港市）。このダマスクスは旧約聖書にダマスコの名で記され，現在も
シリア共和国の首都（ダマス）となっている歴史的都市である。

問(4)　パルミラ　今回の問題では数少ない難問の一つ。パルミラはダマスクスの北
東にあり，古来メソポタミアと地中海東岸をつなぐ交易ルート上の中継地として栄え
た。ローマの支配下にあったパルミラでは，3世紀，軍人皇帝時代の混乱に乗じて女
王ゼノビアが自立し，一時はエジプト方面にまで支配を広げた。

問(5)　J　バグダードの位置については，空欄a・fの解説を参照。

B　18世紀までのロシアと中国の領土形成過程

空欄j　イヴァン4世　文中では「王」となっているが，「16世紀」のロシアで君主
といえば，モスクワ大公イヴァン4世しかいない（大公　位1533〜84，皇帝　位1547
〜84）。イヴァン4世は雷帝として恐れられ，側近を使って貴族勢力を抑えて中央集
権化を推し進めた。また，商人の活動を支援し，そのことがイェルマークのシベリア
遠征につながった。しかし，雷帝没後，ロシアは貴族の抗争など内憂外患に見舞われ
た。これに危機感を強めた貴族たちが大貴族ミハイル＝ロマノフをツァーリに選出し，
ロマノフ朝が成立することになった（1613）。

空欄k　クリム＝ハン国　「黒海に臨む一帯」と「1783年まで」というところに着
目したい。クリム＝ハン国は，15世紀，黒海の北岸に建てられたモンゴル系国家であ
る。18世紀後半，ロシアのエカチェリーナ2世はオスマン帝国と戦い，この結果オス

マンの属国となっていたクリム＝ハン国を併合し，クリミア半島と黒海北岸に領土を拡大した。

　空欄 l　　**女真(満州)**　明代後半，女真は三つのグループに大きく分かれていた。その一つである建州女真(女直)から出たヌルハチ(太祖)は女真の諸勢力を統合し，1616年，後金を建てた。なお，満州(族，マンジュ)の名称は，この頃女真で盛んに信仰された文殊菩薩にちなむものとされる。

　空欄 m　　**ホンタイジ**　第2代ホンタイジ(太宗，位 1626〜43)が即位した時，君主の力は満州貴族によって大きく制約されていた。そこで，ホンタイジは内モンゴルのチャハル(部)を討ち，そこに伝えられた玉璽(ぎょくじ)を譲られてモンゴル人のハンとなった。さらに，モンゴル人には自治を認めつつ(藩部・理藩院を設置)，それを軍事力(蒙古八旗)として利用することで権力を伸ばした。そして，1636年，満州・モンゴル・漢人の推戴をうけて，皇帝・ハンとして清に国号を変更した。

　空欄 n　　**雍正帝**　雍正帝(位 1722〜35)は清朝の懸案であったジュンガル(部)対策のため**軍機処**(軍事機密の処理)を設置したが，やがて軍機処は最高行政機関として機能するようになった。さらに，折り合いの悪かったイエズス会士を追放して，**キリスト教の布教を全面禁止**した。

　空欄 o　　**チベット**　フビライ＝ハンが建てた元朝においてもチベット仏教(僧パスパはフビライの帝師に)はモンゴル人に崇拝されたが，モンゴル人にチベット仏教が本格的に移入されたのは，16世紀，**タタールのアルタン＝ハン**(北京包囲を実施)時代であった。これ以降，モンゴル人は熱烈にチベット仏教を信仰するようになり，同時にモンゴル系諸族とチベットとの結びつきも強まった。この結果，チベットが17世紀に清朝の勢力下(ダライ＝ラマの下で自治を認める藩部)に入った後も，チベットの一部勢力はジュンガルと内通して反乱を繰り返した。

　空欄 p　　**ジュンガル**　ジュンガルはオイラト系のモンゴル人勢力で，外モンゴルを本拠として清朝に対抗し，東トルキスタンのウイグル人も勢力下におさめた。しかし，乾隆帝の度重なる派兵で次第に後退し，18世紀後半壊滅した。これによって清朝が獲得した土地(東トルキスタン・ジュンガル盆地)は**新疆**と呼ばれ，藩部に組み込まれた。

　空欄 q　　**マカートニー**　18世紀半ばの貿易制限(広州一港に限定・公行の貿易独占)以降，最大の貿易相手国であったイギリスは，茶の輸入量増大に伴って片貿易の状態(一方的輸入超過)に陥り，銀の流出に頭を悩ませた。そこで，1793年にはマカートニー，1816年にはアマーストが訪中して貿易拡大を要請したが，清朝側はこれを拒絶した。一方で，イギリスは銀の回収を図るために，18世紀末から三角貿易を行うようになり，これが要因となってアヘン戦争(1840〜42)が勃発した。

　問(6)　**キプチャク＝ハン国**　モンゴル人の３ハン国のうち，ロシアを支配したのは
キプチャク＝ハン国(都サライ)である。モンゴル人はキプチャク＝ハン国西方領の統
治を，貢納を条件にロシア人諸侯に委ねた。そのロシア人諸侯の中から台頭したのが，
モスクワのクレムリンに拠点を置いた**モスクワ大公国**であった。他のロシア人諸侯を
平定したモスクワ大公イヴァン３世は，1480年，キプチャク＝ハン国から完全自立を
果たした。

　問(7)　**イェルマーク**　コサックの首領であったイェルマークは，大商人の傭兵とし
てシビル＝ハン国への遠征を行ったが，反撃を受けて戦死した。だがこの後もロシア
側の攻勢は続き，16世紀末にはシビル＝ハン国の抵抗も止んで，シベリアはロシアに
併合された。

　問(8)　**ウラル山脈**　ロシア地域とシベリアの境を走るのが，ウラル山脈である。問
題では直前にイェルマークの遠征について触れてあるが，まさにそれはウラル山脈以
東への進出を意味していた。なお，ウラル山脈は，ヨーロッパとアジアを分ける**境界
線**とされる。

　問(9)　**瀋陽**　遼河沿いの瀋陽は10世紀以降発展し，後金・清(初期)の都となった。
北京遷都後も奉天(府)と改称され，満州方面の大都市として繁栄した。20世紀には，
張作霖が率いる軍閥(奉天派)の拠点ともなった。

　問(10)　**順治帝**　1644年，李自成率いる農民反乱軍の北京侵攻で明が滅亡(崇禎帝は
自殺)すると，清侵攻に対する備えであった山海関を守る明将呉三桂は清に寝返り，
その先導によって清は北京に入城した。この時期，順治帝(位 1643〜61)はまだ幼少
であったため，摂政の叔父ドルゴンが入関後の統治を指導し，直後には満州人の風習
である髪型を強制する辮髪令などが発せられた。

　問(11)　**ネルチンスク条約**　康熙帝(位 1661〜1722)時代，清は南部平定に勢力を注
いだ。その結果，三藩の乱を鎮定(1681)し，鄭氏台湾を平定(1683)したことで中国全
土が清朝の支配下に入った。しかし，その間にロシアは毛皮などを求めて黒竜江(ア
ムール川)流域に進出しようとした。これに気付いた清は兵を派遣し，しばらく両国
間の衝突が続いたが，その後外交交渉が進められ，1689年にネルチンスク条約が結ば
れた。同条約により黒竜江の支流である**アルグン川**と**外興安嶺**(スタノヴォイ山脈)を
結ぶ線が両国国境と定まったが，これは19世紀のアイグン条約(1858，黒竜江)と北京
条約(1860，ウスリー江)で変更されることになった。

　問(12)　**アフガニスタン王国**　A・問(4)のパルミラと並ぶ，数少ない難問の一つ。こ
こは「パミールをこえて西南方にも」というのがヒントにはなっている(地図でアフ
ガニスタンの場所を確認しよう)。18世紀半ば，アフマド＝シャーによってアフガニ

スタンにドゥッラーニー朝が建てられた。この王朝期に各地の諸勢力が平定されて，領土的に現在にまでつながるアフガニスタンの統一が達成された。この後，ドゥッラーニー朝はイギリスにより保護国化（1878〜80の**第2次アフガン戦争**による）されたが，第一次世界大戦後の**第3次アフガン戦争**(1919)で独立を回復した。なお，問題では「何という王国か」という問い方をしているので，解答はアフガニスタン（王国）となる。

解答例

A

a ユーフラテス	b アッカド	c アマルナ	d アラム
e アケメネス	f ティグリス	g アレクサンドリア	h メディナ
i ブハラ			

(1) (ア) バビロン　(イ) K

(2) C

(3) F

(4) パルミラ

(5) J

B

j イヴァン4世	k クリム＝ハン国	l 女真（満州）	m ホンタイジ
n 雍正帝	o チベット	p ジュンガル	q マカートニー

(6) キプチャク＝ハン国

(7) イェルマーク

(8) ウラル山脈

(9) 瀋陽

(10) 順治帝

(11) ネルチンスク条約

(12) アフガニスタン王国

Ⅲ

解説

問題文を読んでみよう！

Ⅲでは昨年度までは2年続けて二つの用語が与えられていたが，今年度はそれが

なくなった。したがって，書く方向性が定まりにくいかもしれない。しかも「**特徴と変化**」，「**背景や影響**」という多くの要求を満たしているかどうかが，この問題の要となる。じっくりと問題文を読んで，どう解答を構成していけばよいのかを考えてみよう。

> 古代ギリシア・ローマと西洋中世における軍事制度について，政治的・社会的な背景や影響を含めて，それぞれの特徴と変化を300字以内で説明せよ。

問題の中心テーマを確認しよう！

要求されているテーマは，「**古代ギリシア・ローマと西洋中世における軍事制度について**」である。ギリシア・ローマ・西洋中世の三つの時期の軍事制度をまず考える。次に，それらがどのような「**政治的・社会的な背景や影響**」を有しているのか，三つの時代の「**それぞれの特徴と変化**」とは何なのか？ を順を追って確認していこう。教科書のチェックも忘れずに！

書くべきポイントを列挙してみよう！

①まず，**古代ギリシアの軍事制度**について

　1．時代ごとの軍事制度の変遷

　　A重装騎兵→B重装歩兵→C傭兵と変化する。

　2．その政治的・社会的背景や影響

　まず，A重装騎兵というのは，**貴族政**の下で，貴族が「高価な武具を身に付け騎馬で移動する戦士として国防の主力をになっていた(『詳説世界史』・山川出版)」軍事制度である。

　それがB重装歩兵に変化するのは，富裕平民が台頭して自費で武装して軍隊の主力になっていくからである。その状況は政治体制に大きな影響を与える。政権を独占していた貴族と参政権を求める平民が対立・抗争し，ついには民主政へと至る。市民権を有する者は「平等に参政権をも」ち，政治に参加するようになる。

　しかし，最後はC傭兵を用いることになる。ペロポネソス戦争以降，たえまないポリス間の戦争が続くと，「土地を失う市民も多く，傭兵がさかんに用いられ(東京書籍)」たためである。

②次いで，**古代ローマの軍事制度**について

　1．時代ごとの軍事制度の変遷

　　ギリシア同様，A騎兵・重装騎兵→B重装歩兵→C傭兵と変化する。

2．その政治的・社会的背景や影響

　ギリシアと同じく武装は自費であったため，**貴族が戦士として政治的にも軍事的にも実権を握る**ようになっていた。しかし，イタリア半島でのエトルリア人やギリシア人などとの戦いが続く中で，前6世紀末頃にはすでにB**重装歩兵の密集隊形**が定着しており，国防の中心となるとともに平民と貴族の身分闘争がおこった。前3世紀の前半には，ホルテンシウス法が制定されて，平民と貴族が対等となり，またイタリア半島も統一された。

　しかし，ローマが地中海に領土を拡大していく過程で中小農民が没落し，**ローマ市民軍の危機**を招くことになる。グラックス兄弟がそれを再建しようとしたが失敗し，「軍隊は有力者が無産市民を集めてつくる私兵とな（『詳説世界史』・山川出版）」ったのである。「内乱の1世紀」の中で，軍務は市民の義務ではなくなり，俸給をもらう者が従事することになり，国家のためではなく，直接，俸給を与える指揮官のために戦うことになった。すなわち，C**傭兵の誕生**である。ローマは地中海帝国となって繁栄を極めたが，領土が拡大するにつれて軍隊が駐屯する地域で兵士が募集されるようになり，「3世紀の危機」では軍隊がそれぞれ自分たちの利益を優先させるために皇帝を廃立する**軍人皇帝時代**を現出した。4世紀末に帝国が東西に分裂した後に，西ローマ帝国はゲルマン人の傭兵隊長のオドアケルに滅ぼされるのである。

③西洋中世

　1．時代ごとの軍事制度の変遷

　　A**重装騎兵**→B**傭兵制**に変化する。

　2．その政治的・社会的背景や影響

　ローマでも騎士（エクイテス）が存在し，初めは騎兵として軍務につく者を示したが，共和政末期にはその意味を失い，属州の徴税請負などで，元老院議員に次ぐ富裕層のことを指すようになった。

　西洋中世は，ゲルマン人の移動以降，イスラーム教徒やノルマン人，マジャール人などの侵攻にさらされ，長い混乱期の中で**封建的主従関係**が形成された。主君が家臣に封土を与えて保護し，それを受けた家臣は忠誠を誓って**軍事的奉仕の義務**を負うのである。封建軍は重装備の騎士で構成されたが，複数従臣制などで統制がとりにくく，早くから傭兵も使われている。また，重装備に資金がかかる封建正規軍の騎士が，契約上の軍役以外に報酬をもらって戦う傭兵騎士となることは，別段珍しいことではなかった。

　11世紀以降，経済が飛躍的に発展し，人口も増加すると，諸侯や騎士の中で土地を相続できない若者たちの傭兵化が進むことになる。騎士たちは経済的な困窮がさらに

強まり，加えて，13世紀以降の火薬の西伝で戦闘方法も変化していくと，その没落は決定的となった。大規模なＢ傭兵制が主体の戦闘は，14〜15世紀の百年戦争から始まるのだが，彼らは短期契約であったため，戦闘のないときには略奪集団となり，戦地はさらなる打撃を受ける。略奪による国土の荒廃を防ぐためにも，各国の君主たちは，傭兵制から常備軍への準備に取りかかることになるのである。

解答の構成を考えてみよう！

　さて，知識的な準備ができたら，いよいよ本格的に書く段階に入ろう。三つの時代の書くべき内容を揃えて，メモをしつつ，問題の要求を見直そう！

時代	軍事制度の変化	政治的・社会的な背景や影響
ギリシア	重装騎兵…貴族中心	貴族が政権独占
		交易活動の活発化→富裕平民の台頭
	重装歩兵…武装自弁の富裕平民	貴族と平民の抗争→民主政への移行
	ペロポネソス戦争以降，ポリス間の抗争続く→市民の没落：市民軍の崩壊	
	傭兵	市民団の団結の崩壊
ローマ	騎兵・重装騎兵…貴族中心	貴族が政権独占
	半島におけるエトルリア人らとの抗争続く	
	重装歩兵…平民	平民と貴族の身分闘争
		前5世紀　護民官設置：十二表法制定
		前4世紀 リキニウス・セクスティウス法
		前3世紀前半のホルテンシウス法で終結
	長期の対外戦争で中小農民の没落→共和政の動揺→グラックス兄弟の改革失敗→内乱の1世紀へ	
	傭兵	有力者の私兵化<内乱の1世紀>
		帝政期には各地の属州の軍隊が皇帝を廃立<軍人皇帝時代>
西洋中世	重装騎兵…諸侯・騎士	長期の混乱の中で封建的主従関係が形成
	<傭兵制も併用されてはいるが，補充の意味合いが強い>	
	11〜12世紀　商業ルネサンスで貨幣経済の浸透→諸侯・騎士の困窮化	
	13〜14世紀　火砲の発明→戦術の変化→騎士は不要に	
	王権強化の下で傭兵制が中心の軍事制度に変化	

本格的な解答の準備をしよう！

　書くイメージができあがってきただろうか？　改めて問題文に着目してみると，「古代ギリシア・ローマと西洋中世における軍事制度について」とある。したがって，三つの時期の軍事制度を並べるのではなく，「古代と中世」についてまとめるべきなのである。もう一度ギリシア・ローマの共通項を見極めていく作業がある。すなわち，**重装騎兵→重装歩兵→傭兵**という共通の制度の変化を書くだけでよい。もちろん，貴族の政権独占→台頭してきた平民と貴族の抗争→平民の政治参加→長期の戦争などによる市民の没落→市民軍の維持が不可能に，というほぼ共通する背景や影響もおさえておくことは言うまでもない。そうして，古代と中世がどう違うのか？　を明確にしていくと，ほぼ150字ずつで割り振ることができ，字数にも余裕が生まれてくる。その準備が整ったら，さあ，書いてみよう！

解答例

古代ギリシア・ローマでは，初め貴族の騎兵	1
が軍隊の主力であった。やがて中小土地所有	2
の平民が自弁で武装し，その重装歩兵が軍事	3
力の主力となった。彼らは参政権を要求し，	4
貴族の政治独占は打破され貴族と平民の法的	5
な平等が実現した。しかし戦争などで兵力の	6
担い手であった市民が没落すると，傭兵が多	7
用されるようになった。西洋中世では，外民	8
族の侵入による混乱を背景に，主君が臣下に	9
封土を与えて軍役を課す封建制が形成され，	10
その下で騎士軍が軍隊の主力となった。その	11
結果，諸侯や騎士が権力を握り地方分権体制	12
が広がった。しかし，中世末期には経済や戦	13
術の変化などで諸侯・騎士が没落し，中央集	14
権化を進める王権の下で傭兵が重用された。	15

（300字）

Ⅳ

解説

　今年度は全体を通じて「拡大」がテーマとなる。Aは「ローマ＝カトリック教の東欧世界への拡大」について，Bは「人口の変化から見る西ヨーロッパ世界の拡大」，

そしてCは「ヨーロッパの東南アジアへの進出・支配の拡大と独立運動，独立の拡大」ということになる。

A　キリスト教布教からみたスラヴ民族史

　東欧史は西欧史ほどの頻出度ではないが，それでも昨年度はロシアを軸とした東欧関連の近現代史が出題されているし，今年は Ⅱ と Ⅳ にロシア関連の設問がある。また，以下の空欄の a と b については，1992年の「キエフ公国とモスクワ大公国のビザンツ帝国とのかかわりとその影響」という150字の論述が思い出される。できるだけ古い問題にも接しておくと，論述問題と空欄問題の関連や重複などが見えてきて，知識の充実に役立つことになるのである。

　空欄 a　　ウラディミル１世　問題文のとおり，10世紀末のキエフ公国の大公で，ビザンツ帝国皇帝の妹のアンナ皇女と結婚し，ギリシア正教を国教として受容した。その結果，国際的地位が高まり，ビザンツ文化の流入は内政の充実にも大きな影響を与えた。

　空欄 b　　イヴァン３世　モスクワ大公国の大公イヴァン３世は分裂していたロシアを統一し，1480年にモンゴルの支配から完全に脱却した。また，ビザンツ帝国最後の皇帝の姪のソフィアと結婚して，「ツァーリ」と自称し，行政機構や法体制の整備を行った。

　問(1)　レオン３世　ビザンツ皇帝レオン３世は，ウマイヤ朝のコンスタンティノープル攻囲を耐え，また726年には聖像崇拝を禁止して，大土地を所有していた教会や修道院勢力の浄化を図ろうとした。しかし，ローマ教皇はゲルマン布教に必要として聖像禁止令に反対し，西方教会はカロリング朝に接近することになった。

　問(2)　キュリロス(メトディオス)　兄のメトディオスとともに「スラヴ人の使徒」と称せられる。９世紀半ばにモラヴィアのスラヴ人に布教するために，ギリシア文字を基盤としたグラゴール文字を作成し，それがキリル文字(スラヴ文字)の基になったのである。

　問(3)　メフメト２世　オスマン朝第７代スルタンで，1453年にコンスタンティノープルを征服して新首都をイスタンブルとした。また，セルビアを併合し，ボスニアを服属させ，ヴェネツィアと抗争するなど，積極的な征服活動を展開した。

　問(4)　カエサル　第１回三頭政治のメンバーの１人となり，ガリア遠征を行い，『ガリア戦記』を著した。クラッススの死後，ポンペイウスと対立して撃破すると，独裁官(ディクタトル)となり，権力を独占して，ユリウス暦を採用するなど改革を進めようとしたが，共和主義者らに暗殺された。カエサルの甥で養子のオクタヴィアヌスが

内乱の 1 世紀を収拾して元首政を始めると,「カエサル」は皇帝を意味する称号の一つとなる。それがロシア語形で「ツァーリ」となった。

　問(5)　チェック人(スロヴァキア人)　西スラヴ系の民族には，ポーランド人・チェック人・スロヴァキア人がいる。彼らはカトリックを受容し，ラテン文字を使用するようになった。

〈スラヴ人の移動〉

　問(6)　イエズス会　対抗宗教改革運動にとりくむため，1534年，イグナティウス＝ロヨラによって創立され，教皇パウルス 3 世により認可された。新大陸や東方への伝道を積極的に行い，特にザビエルはインド，東南アジアで布教した後，日本でも布教活動を推進し，マテオ＝リッチは1583年にまず広州で布教活動を始め，徐光啓ら明の高官の改宗を進めた。

　問(7)　(ア)　コサック　14世紀以降，農奴制から逃れた逃亡農民などが自治的な戦士集団を形成した。「放浪者」とか「冒険者」を意味するトルコ語に由来するロシア語である。ロシア政府は，イェルマークのシベリア遠征やオスマン帝国などとの抗争に彼らの力を利用する一方で，彼らの独自の動きに対しての規制は強化した。

(イ)　**ステンカ゠ラージン**　ステンカ゠ラージンが数千人のコサックとともに1670年春にドン川を出発してヴォルガ川の中・下流域の諸都市を陥落させ，貴族や地方長官の打倒を呼びかけて反農奴制的傾向を強めていった。多数の農民も加わって大勢力となったが，同年10月の政府軍の攻撃で敗れたラージンは71年４月に捕らえられ，弟とともに６月にモスクワで処刑された。

<hr>

Ｂ 人口の変動からみた近代ヨーロッパ

　昨年度の III の論述で出題された「大航海時代の幕開け」以降，西ヨーロッパの人口がどのように変化してきたか？　ということを検証しつつ，西欧の成長を確認させる，という問題である。単に答えを求めることのみに終始せず，問題文そのものを熟読してみよう！

　問(8)　(ア)　**黒死病（ペスト）**　1346〜50年にかけて流行し，特に1348年がそのピークとなった。西ヨーロッパの人口の約３分の１ともいわれる人々が身分を問わず亡くなった。患者の皮膚が皮下出血で黒ずんで見えるので，この名がついた。クリミア半島のカッファから地中海の各海港都市に蔓延して，内陸に浸透していったといわれる。

　(イ)　**ボッカチオ**　1348年のすさまじいペストの大流行を見て，10人の男女による１人１話形式の『デカメロン』を書き上げた。『叙情詩集』を著したペトラルカとの親交を深め，ラテン文学やギリシア文学の研究にも邁進した。

　問(9)　**ハプスブルク家・ヴァロワ家**　ナポリ王国の継承権を主張するフランス王のヴァロワ家のシャルル８世が，1494年にイタリアに侵攻したことから，イタリア戦争が始まった。この後も，オスマン帝国のスレイマン１世と結んだフランソワ１世と神聖ローマ帝国皇帝のハプスブルク家のカール５世が争った。1559年のカトー゠カンブレジ条約で65年に及んだイタリア戦争はようやく終結し，フランスのイタリア支配の思わくは失敗に終わり，ハプスブルク帝国の優位が確立した。

　問(10)　**フロンドの乱**　リシュリューからマザランに継承された大貴族の抑制や王権の強化策に，伝統的特権などの維持を図る高等法院や貴族たちが反発して勃発した。三十年戦争終結前後のパリで，民衆も加わっての反マザラン運動として1648〜53年に展開された。しかし，反乱派それぞれの利害が一致せず，その分裂を利用してマザランはようやく鎮圧した。その結果，王権の絶対化が確立された。

　問(11)　**マルサス**　イギリスの古典派経済学者であるマルサスは『人口論』を著し，人口の自然増加は幾何級数的だが，食料生産の増加は算術級数的で，その結果，貧困と悪徳とが発生するとした。人口の抑制で貧困の問題を解決しようという主張は，当

時の社会に衝撃的な影響を与えた。また，同じ古典派経済学者であるリカードとは穀物法と地代に関する論争を展開している。

問⑿　㋐　**（第1回）万国博覧会**　1851年にロンドンのハイドパークで開かれた第1回万国博覧会では，約40の国が参加し，その会場の水晶宮（クリスタルパレス）への入場者は600万人に及んで，大成功となった。参加各国は最先端の技術を誇示し，それは相互の技術競争をさらに促進させた。イギリスが他の国々の技術発展に初めて重大な脅威を感じたのは，1867年のパリの万国博覧会であった。ちなみに，1889年のパリ万国博覧会の際にはエッフェル塔が，1900年の際にはパリの地下鉄が建造されている。

㋑　**マンチェスター**　産業革命で世界の綿工業の中心として，また商都としても発展した。1830年には世界初のリバプール・マンチェスター鉄道も開通した。自由貿易主義を主張したマンチェスター学派のコブデンやブライトらが反穀物法同盟を結成し，1846年に穀物法を廃止させた。

㋒　**ヴィルヘルム2世**　1890年に宰相ビスマルクを辞任させ，積極的に世界政策を展開した。ロシアとの再保障条約の更新を拒否し，3B政策や建艦競争でイギリスとの対立を深め，フランスともモロッコ問題を引き起こした。第一次世界大戦で敗北し，1918年のドイツ革命でオランダに亡命してドイツ帝国を終焉させた。

問⒀　㋐　**アメリカ合衆国**　アメリカ合衆国は19世紀には西部開拓や南北戦争後の工業化の進展で，多くの労働力を必要とした。ヨーロッパでは，貧困や政治的迫害などによって，アイルランド人やユダヤ人，シチリア島民らが盛んに移住した。19世紀後半になると，黒人奴隷貿易にかわってインドや中国などからのクーリー（苦力）貿易が盛んになり，中国人移民らが増加し，大陸横断鉄道の建設などに従事した。

㋑　**ジャガイモ飢饉**　ほとんどジャガイモだけを主食としていたアイルランドで，1845年から49年にかけてジャガイモの疫病で大飢饉が起こり，その収穫を激減させた。約100万人は飢餓などで死亡し，約60万人がアメリカ合衆国などへ移住したと推定される。ただし，穀物には影響がなく，イギリスへの穀物輸出は続けられていることには留意しておいてほしい。

C　東南アジアの植民地化と独立後の状況

Ⅳにアジア史が組み込まれている，というのも例年にはないことだが，冒頭で示したように，「西欧の拡大からの脱却」という点からみれば，それほど違和感を持つこともないのかもしれない。大枠は従来通りでも，もはやアジアとヨーロッパとの区別がさほど必要でなくなっていくのだろう。

問(14)　**東ティモール**　16世紀にポルトガルがアジアに進出し，モルッカ諸島への中継地としてティモール島を占領した。次いで17世紀にオランダが進出すると，1859年に島を分割して東部をポルトガル，西部をオランダが領有する条約を交わした。1974年のポルトガル本国での民主化革命を受けて，75年に東ティモールは独立宣言を発表したが，インドネシアはこれを併合してしまった。武装組織の対インドネシア独立闘争や，独立反対派と賛成派との争乱を経て，2002年に独立を達成した。

問(15)　**強制栽培制度**　1830年にファン＝デン＝ボスが東インド総督に着任すると，すぐにジャワ島に強制栽培制度を導入した。コーヒー，サトウキビ，藍などを住民に栽培させて，オランダの国家財政は莫大な利益を得たが，住民はその負担に苦しめられ，疲弊した。1862～66年にコーヒーとサトウキビ以外の，利益の低い作物の強制栽培は廃止され，またサトウキビは79～91年の間に廃止され，コーヒーの栽培だけは1917年まで続いた。

問(16)　**錫**　19世紀になると，機関車や自転車などの乗り物や，また長期保存の食料供給の必要から缶詰が発明されるなど，人々の生活が一変した。もっとも身近な鉱物として青銅器時代から使われている錫は，これらの部品に多く使用されることになり，その需要も増大した。マレー半島の豊富な錫の利権を確保したイギリスは，インドや中国からの移民を駆使して，鉱山開発を推進したのである。

問(17)　**サレカット＝イスラーム（イスラーム同盟）**　1911年に中部ジャワで結成されたインドネシア初の民族解放運動の組織である。当初はジャワの商人が華僑に対抗するための相互扶助的な団体であったが，1916年頃からは活発な政治活動を行うようになった。1920年代になると，オランダの弾圧などで急速に衰退していったが，一貫してオランダに対して非協力の立場をとった。

問(18)　**北緯17度線をベトナム民主共和国とベトナム国の暫定的な軍事境界線として，南北統一選挙を行うことを約束した。**

　　問題の要求は，インドシナ戦争の休戦協定の「ベトナムについての合意」である。したがって，カンボジアやラオスのこと，またフランスについての言及は不必要である。ベトナムの北にホー＝チ＝ミン主導の「民主共和国」と，フランスの後援で建国された南の「ベトナム国（阮朝最後の王であるバオダイが主席であったが，1955年にゴ＝ディン＝ディエムに追放され，ベトナム共和国となった）」の分断状況を明記して，統一選挙を行う約束を示せばよい。ちなみに，アメリカはこの調印を拒否し，ゴ＝ディン＝ディエムは統一選挙を拒否した。

問(19)　**スハルト**　1965年の軍部左派のクーデタ事件である九・三〇事件を収拾して実権を握り，スカルノの失脚でインドネシア共和国の第2代大統領となった。西側資

本を導入して，経済開発政策を積極的に推進したが，一族の利益独占や貧富の格差拡大などで，国民の反発を招き，1998年，ついに辞任に追い込まれた。

　問⑳　(ア)　シンガポール　1819年にイギリス東インド会社のラッフルズが，ジョホール王からシンガポールを買収した。ペナン島，マラッカと併せてイギリスは1826年に海峡植民地とした。1867年に直轄地にし，さらに1895年にはマレー連合州を形成した。錫鉱山やゴム＝プランテーションで働くために，中国やインドから多くの移民が来住した。第二次世界大戦後，ペナン，マラッカはマラヤ連邦に含められ，シンガポールはイギリス植民地にとどめられ，次いで1959年，リー＝クワンユーを首相とする自治領となった。1963年には完全独立を宣言し，マレーシア連邦の一州として参加した。しかし，マレー系と中国系との間の対立が激化し，シンガポールの財政負担の強化などの問題が深刻となったため，1965年にシンガポールは連邦を脱退して独立国となった。

　(イ)　先住民のマレー人優先政策に中国系住民が反発した。

　前述したように，植民地時代から民族間の対立の根は存在していた。支配層のイギリス人，中間層の中国人，下層のマレー人という複合社会が形成されていた。イギリスは1948年にマレー人に有利な英領マラヤ連邦を成立させ，57年に正式にマラヤ連邦として独立させたのである。マラヤ連邦・シンガポール・ボルネオ島北部のサバーとサラワクを加えてのマレーシア連邦では，人口的に多数派であるマレー人優遇策がとられた。しかし，シンガポールは中国人が多数派であったためこの政策に反対し，経済的理由も加わって，独立に至ったのである。

〈東南アジアの植民地化〉

〈戦後の東南アジア〉

解答例

A

  a　ウラディミル1世　　b　イヴァン3世

(1)　レオン3世

(2)　キュリロス(メトディオス)

(3)　メフメト2世

(4)　カエサル

(5)　チェック人(スロヴァキア人)

(6)　イエズス会

(7)　(ア)　コサック　　(イ)　ステンカ゠ラージン

B

(8)　(ア)　黒死病(ペスト)　　(イ)　ボッカチオ

(9)　ハプスブルク家・ヴァロワ家

(10)　フロンドの乱

(11)　マルサス

⑿　(ア)　(第 1 回)万国博覧会　　(イ)　マンチェスター　　(ウ)　ヴィルヘルム 2 世

⒀　(ア)　アメリカ合衆国　　(イ)　ジャガイモ飢饉

C

⒁　東ティモール

⒂　強制栽培制度

⒃　錫

⒄　サレカット＝イスラーム(イスラーム同盟)

⒅　北緯17度線をベトナム民主共和国とベトナム国の暫定的軍事境界線として，南北統一選挙を行うことを約束した。

⒆　スハルト

⒇　(ア)　シンガポール

　　(イ)　先住民のマレー人優先政策に中国系住民が反発した。

解答・解説

I

【解説】

問題文を読んでみよう！

　テーマは南アジアの現代史。地域的に南アジア史が I で出題されたのは初めてだが，現代史の出題は比較的多い。近・現代のアジア史をテーマとする問題では，近代化や民族運動が取り上げられやすく，本問も地域の新出に目を奪われるのではなく，民族運動の展開というアジアに共通する側面に注目して考えていきたい。では問題を見てみよう。

> 　19世紀末からのインド亜大陸における民族運動は，ヒンドゥー教徒とイスラム教徒の対立，およびこれを煽るイギリスの政策によって，しばしば困難な局面を迎えた。インド亜大陸におけるヒンドゥー教徒とイスラム教徒の関係や立場の違い，およびこれをめぐるイギリスの政策について，1947年の分離・独立までの変遷を300字以内で説明せよ。解答は所定の解答欄に記入せよ。句読点も字数に含めよ。

問題の中心テーマを確認しよう！

　テーマは「ヒンドゥー教徒とイスラム教徒の関係や立場の違い」と「これをめぐるイギリスの政策」の二点について，その「変遷」を説明すること。「変遷」とはただの流れではなく，変化を含んだ言葉づかいだ。「関係や立場の違い」・「政策」がどう変化していったかということにも注意を払う必要がある。また，本文では「1947年の分離・独立」と終点だけが示されているが，前文には「19世紀末のインド亜大陸における民族運動」とあるから，対象となるのは「19世紀末」から「1947年の分離・独立」までである。なお，"末"という表現は，その世紀の80年代以降を指すのに使われるので，ここでは"1880〜1900年"に該当する事項を想起しよう。

書くべきポイントを列挙してみよう！

　展開を問われた場合，まずは編年体で歴史事項を確認しよう（次ページの表の太線枠内）。範囲は19世紀末（1880〜1900年）〜1947年。ただし，論述では年号にこだわる必要はない。表では説明のために年号・内容も一緒に書いてあるが，自分のメモは順

序通りに事項が挙がっていればとりあえずOKだ。

年代	歴史事項	内容・関連事項など
1885	インド国民会議結成	ボンベイで，対英協調
1905	ベンガル分割令	ヒンドゥー・イスラム両教徒の分裂画策
1906	国民会議派カルカッタ大会	ティラク指導，4綱領採択，対英強硬へ
〃	全インド゠ムスリム連盟結成	イギリスの支援，対英協調
1911	分割令撤廃	
1917	イギリスによる戦争支援要請	戦後自治を約束
1919	ローラット法制定	民族運動弾圧の法規
〃	アムリットサール事件	ローラット法反対の集会への発砲
1920	ガンディーのサティヤーグラハ	非暴力・不服従運動
1929	国民会議派ラホール大会	プールナ゠スワラージ（完全独立）決議
1930	英印円卓会議	3回開催，インド側の懐柔図る → 効果なし
〃	塩の行進	
1935	新インド統治法	各州の自治，州知事の権限大，総督に知事任免権
1947	英アトリー首相の独立許容宣言	インド（連邦）・パキスタンの分権独立

問題文の核心に迫ろう！

　諸事項を挙げることができたら，次にテーマ・条件と内容をつきあわせて吟味しよう。

　テーマは①「ヒンドゥー教徒とイスラム教徒の関係や立場の違い」と②「これをめぐるイギリスの政策」の「変遷」だった。ここで①に注意しよう。教科書では「インドの民族運動」の説明中で，両教徒の立場や関係に言及している。しかし，本問では教科書の説明を両教徒の立場・関係から捉え直さなければならない。あくまでテーマを優先させる発想が，論述問題攻略の鍵になる。この視点を徹底させるため，詳しくインドの民族運動を見てみよう。

　1877年，イギリスはヴィクトリア女王を初代皇帝としてインド帝国を創建した。これはイギリスの支配を強化するための方策だった。しかし，この時期，インドでも民族運動が盛んになりつつあった。そこで，イギリスは民族運動が過激に走らないために，一応インド側の意見も採り入れるというポーズをとる必要が出てきた。1885年に結成されたインド国民会議は，当初，弁護士・官吏・商人など主にヒンドゥー教徒のエリート層を中心としていたから，これを支援することでイギリスはインド側に配慮するという姿勢を見せ，国民会議もイギリスとは協調する態度を採った。

　1905年, イギリスの総督カーゾンはベンガル分割令を発した。分割令はベンガル(ガンジス河口地域)をヒンドゥー教徒中心の西とイスラム教徒中心の東に二分するというもので, 両教徒の居住地域を分けることにより, 両教徒の対立を煽って民族運動の分断を図る意図を持っていた。これに対し, 翌年開催されたヒンドゥー教徒を中心とする国民会議派カルカッタ大会では, 指導者のティラクが分割令に反対し, スワラージ(自治獲得)・英貨排斥・スワデーシ(国産品愛用)・民族教育の4綱領が採択された。これに対して, イギリスは分割令に好意的な者が多いムスリム勢力に働きかけ, 同年, イギリスに協調的な全インド＝ムスリム連盟が結成された。こうして, 次第にヒンドゥー・ムスリム連教徒の間の亀裂が広がることになった。

　第一次世界大戦で苦しい立場におかれたイギリスは, 1917年, 戦争支援の代償としてインドに戦後の自治を約束した。しかし, 大戦終結後の19年に行われた自治法改革はインド側の期待を大きく裏切り, 同年に制定されたローラット法は逮捕状なしの拘禁や裁判抜きの投獄など, あからさまに民族運動を弾圧するものであった。同法に反対して開かれたアムリットサールでの集会では, イギリス側が発砲して多くの死傷者が出る惨事となった。こうしたイギリスの対応に対し, 国民会議派のガンディーが展開したのが有名なサティヤーグラハ(「真理の把持」), つまり非暴力不服従運動である。彼は長く南アフリカで弁護士としてインド系移民の権利擁護運動を行ってきた。そこでの経験から生み出したのがサティヤーグラハであった。また彼はイスラム勢力との協力を図り, ムスリムが進めるキラーファット運動(カリフ制復活運動)にも同調した。こうして民族運動が高揚し, 1929年の国民会議派ラホール大会(議長ネルー)ではプールナ＝スワラージ(「完全独立」)が決議された。

　イギリスは, 1930年より3回にわたって英印円卓会議を開催し, 民族運動の指導者を懐柔しようとした。しかし, イギリスの態度に失望した国民会議派指導者らのボイコットもあって, 会議は効果を生まず, ガンディーは塩の行進(専売とされた塩を自分たちで作ろうとする)など第2次サティヤーグラハを展開した。イギリスは, 1935年, 今度は新インド統治法を制定して, 事態を収拾しようとした。これも各州に自治を認めるが, 知事には州議会に対する拒否権などを与え, 州知事の任命は総督が行うというもので, インドの人々が望んだものにはほど遠かったが, それでも1937年には自治議会のための選挙が実施された。皮肉にも選挙で国民会議派を中心にヒンドゥー教徒勢力が圧勝をおさめたことが, ムスリム勢力の危機感を強めることにつながり, ついにムスリム連盟(議長ジンナー)は, 1940年, 分離・独立を決議した。ここに至って, 両教徒の分離・独立は不可避の状況になっていく。

　第二次世界大戦が終結すると, イギリスの衰退は明らかになり, インドでは独立を

にらんで様々な独立案が提示された。しかし，中央集権的なインド政府樹立を図るネルーら国民会議派と，両教徒それぞれの自治に基づくゆるやかな統合を目指すジンナーらムスリム連盟の考えは相容れなかった。結局，1947年，イギリス首相アトリーの独立許容宣言をうけてヒンドゥー教徒中心のインド連邦とイスラム教徒中心のパキスタンは分離・独立した。分離・独立後も，最後まで統一インドを訴え続けたガンディーは，翌1948年，ヒンドゥー教徒によって暗殺されてしまった。

　以上に述べてきたような細かな経緯は，教科書の記述だけでは分からないだろう。このため両教徒の「関係や立場の違い」が，特に戦間期の部分で書きにくかったかと思われる。解答例では，できるだけ教科書の内容に沿いながら，論述のセオリーを踏まえて要求（テーマ）と制限字数内でのバランスを考えたものを示してみた。京大の論述問題では多少内容上難しいものも出題されてはいるが，教科書の知識だけでも及第点の答案ができるようにちゃんと配慮されている。確かに細かい知識や深い理解があれば書きやすくはあるが，それがないと駄目だということではない。

解答例

当初，イギリスはヒンドゥー教徒の懐柔を図り，穏健路線を採るインド国民会議の結成を支援した。しかし，ベンガル分割令に対し国民会議派がカルカッタ大会で対英強硬路線に転じると，イギリスはイスラム教徒の全インド＝ムスリム連盟を支援し，民族運動の分断を図った。第一次世界大戦後，ガンディーを中心とする国民会議派は非暴力不服従運動を展開し，完全独立を決議するなど運動を激化させた。これに対してイギリスは円卓会議を提唱し，新インド統治法を制定した。この結果，各州での勢力をめぐり両教徒の対立が高まり，第二次世界大戦終結後，ヒンドゥー教徒中心のインド連邦と，イスラム教徒中心のパキスタンがイギリスより分離・独立した。

（300字）

(解説)

A　古代～清代にいたる中国の地図や地理書

空欄 a　**斉の桓公**　「春秋五覇の筆頭」・「a に仕えた政治家管仲」のみがヒントなので難しい。斉の桓公(位 前685～前643)は兄と争って斉の支配者となり，兄に仕えていた管仲を宰相とした。そして，侵入した異民族を撃退し，諸侯と盟約を結び春秋時代(前770～前453/403)最初の覇者となった。

空欄 b　**咸陽**　商鞅が変法を行った戦国時代半ば(前 4 世紀半，孝公時代)，秦は渭水に臨む咸陽に遷都した。咸陽には，**始皇帝**による統一後は帝国の都として有名な阿房宮なども建設されたが，秦末の混乱期に**項羽**により破壊された。その後，前漢の高祖は，咸陽の旧城をも利用しつつ**長安**を建設した。

空欄 c　**班固**　後漢時代の歴史家・儒学者。彼の父は**司馬遷**，『史記』に続く歴史書の編纂を目指していたが果たせず，その遺志を継いで班固が前漢・新代の歴史書である『漢書』を編纂した。彼の弟は，西域都護として勇名をはせた**班超**である。

空欄 d　**書経**　孔子が編纂したとされる古代の王者の言行録。古くは「書」・「尚書」とも称され，五経の一つとして長く重んじられた。文中の「禹貢」は，そのなかの一編である。

空欄 e　**康熙**　「1705年」の皇帝なので，「康熙」帝。康熙帝(位 1661～1722，聖祖)は，清朝第 4 代皇帝として 8 歳で即位した。漢民族風の本名をつけられた初の皇帝であり，中国文化に傾倒し，「康熙字典」などの大編纂事業を行っている。こうした中華文明重視の立場は，**典礼問題**で典礼(中国の伝統儀礼)を容認する**イエズス会**の布教のみを認める背景ともなった。一方で，南部の制圧(鄭氏台湾と三藩の乱平定)，ロシアとの国境確定(ネルチンスク条約)，税制改革(地丁銀制の開始)などを行って，その治世は清朝全盛の始まりとなった。

空欄 f　**『水経注』**　北魏の酈道元(れきどうげん)が著した地理書。黄河・淮河・長江などの水系ごとに河川周辺の地理・風俗・史実など様々な情報を叙述したもので，賈思勰(かしきょう)の著『斉民要術』(農書)とともに北魏時代の実用的文化の代表作として知られる。

問(1)　**南越**　秦末の混乱期の前 3 世紀末，趙佗(ちょうだ)が秦の南海三郡をあわせて建てた王国である。前漢成立後，高祖(劉邦)と和親を結んだが，次第に漢朝と対立するようになり，武帝の遠征をうけて滅亡した。武帝はヴェトナム中部までを支配下におき，南海 9 郡を設けた。

問(2)　**魏・韓**　戦国時代の各国の配置が地図上で頭に浮かべられただろうか？　趙は，韓・魏とともに晋を三分した国で，三国では最北に位置する。一方，秦は春秋時

代以降，晋の西方で拡大した。したがって，秦と趙は「く」の字形に韓・魏を挟むように存在していたことになる。縦横家の蘇秦は趙王に「秦が趙を攻めないのは，その隙に韓・魏が攻めることを恐れるからだ」と説き，韓・魏が秦に屈したら秦の趙侵攻は不可避であると脅して，反秦六国連合に趙を引き込んでいった。これが蘇秦の合従策である。この合従策に秦は苦しんだが，張儀が連衡策を提案して窮地を脱した。

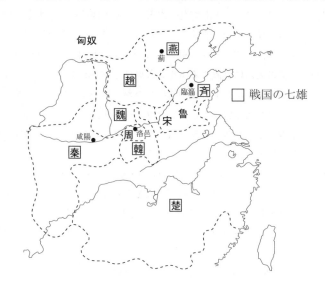

問(3) **洛陽**　河南省の洛陽は黄河の支流に面し，華北平原から西部への交通路の要として発展した。このため，東周が洛邑(洛陽近郊)を都としたのを始まりとして，後漢・魏・西晋・後唐などの都となった。古代中国においては長安(前漢の都，近くに鎬京・咸陽もある)と並ぶ大都市であり，後漢時代にはこの張衡による『東京賦』(洛陽)・『西京賦』(長安)や班固の『両京賦』(洛陽・長安の比較)など詩の題材ともなった。

問(4)　**吐蕃**　7世紀前半，チベット諸族を統一したソンツェン＝ガンポ王により建国された。唐の太宗は和親を図って文成公主を吐蕃に后として嫁がせたが，安史の乱以降，吐蕃は中国にも侵攻し，一時長安も占領した。821～822年，両国間で講和が結ばれ，それが唐蕃会盟碑に記録され残っている。吐蕃王国は，9世紀後半，民衆反乱で滅亡した。

問(5)　**王莽**　伯母が皇后となったことから前漢の外戚として政治の実権を握り，新を建てた(位8～23，都は長安)。しかし，『周礼』を理想とした強引な政策は社会の混乱を招き，農民反乱である赤眉の乱や各地の豪族たちの蜂起が起こり，赤眉軍によっ

て新は滅ぼされた。

　問(6)　**張騫**　匈奴挟撃の同盟を結ぶための使者として，前漢の武帝により大月氏へ派遣された。結局，往復に十年以上を費やした上，大月氏が申し出を拒否したため任務は失敗に終わっている。しかし，彼によって**西域(中央アジア)**の地理や民族についての様々な情報が初めて中国へともたらされ，中国王朝の西域本格進出の端緒をつくった。帰国後も再度烏孫に使いとして赴くなど，武帝の西域政策と大きく関わった。

　問(7)　(ア)　**ホルムズ島**　下線部直後の「1623年に完成」(時期)と問題文の「ペルシアの沖合」(場所)から，サファヴィー朝のアッバース1世(位 1587/88～1629)を想起したい。ペルシア湾の入口に位置するホルムズ島は，ペルシア湾とインド洋を結ぶ海上交易路の要衝。1515年，ポルトガルが進出したが，1622年，アッバース1世がイギリスと結んでポルトガル人を駆逐し，サファヴィー朝が海上交易路を握ることになった。アッバース1世はイギリス・フランス・オランダなどヨーロッパ諸国と同盟を結び，王朝の全盛期を築いた。

　(イ)　**アクバル**　ムガル帝国の第3代皇帝(位 1556～1605)。官僚制であるマンサブダール制などを整えて，中央集権的な国家建設を進める一方，デリーから都をアグラへと遷した。また「万民との平和」を掲げて宗教寛容策を実施し，ジズヤ(非ムスリムへの人頭税)廃止，ヒンドゥー教徒のラージプート貴族の官僚登用などを行った。

B　朝鮮(新羅・高麗・李朝)と中国王朝との関係史

　空欄g　**唐**　隋(煬帝)・唐(太宗)の高句麗遠征が失敗に終わり，7世紀後半になっても高句麗問題は唐にとり悩みの種だった。一方，朝鮮半島では高句麗・百済の関係が接近し，新羅が孤立していた。そこで利害が一致した唐(高宗)と新羅は同盟を結び，百済・高句麗を滅ぼした。しかし，唐が高句麗の故地(中心は平壌)に安東都護府をおいて半島北部の直接支配を図ったことから，新羅と対立するようになった。結果，唐勢力は半島から駆逐され，新羅が大同江以南の朝鮮半島を統一した。

　空欄h　**百済**　百済は4世紀中頃，半島南西部の馬韓勢力が統一されて成立した。その直後から高句麗の圧力を受け続け，中国王朝や新羅，倭国(日本)などと手を結ぶ政策を長く採った。だが7世紀に入って領土問題などから新羅と対立し，次第に高句麗に接近していき，それが新羅・唐の同盟の要因ともなった。百済が660年に滅ぼされると，遺臣らの支援要請を受けた日本が出兵し，663年，唐の水軍との間で白村江の戦いが起こった。

　空欄i　**高句麗**　ツングース系(?)扶余族が建てた国と考えられている。伝説では，前1世紀，朱蒙が中国東北地方で建てたとされる。高句麗は，4世紀，朝鮮半島北部

へと勢力を拡大し，**楽浪郡**を占領した。同世紀末の**好太王**（広開土王）は，新羅を服属させ，百済や半島に進出した倭に攻勢をかけるなど，高句麗の全盛期を築いた（広開土王碑）。対中国政策においては魏晋南北朝期に北魏に臣下の礼をとる一方で，南朝や突厥とも通じるなどしたたかな外交戦略を展開したが，こうした対応は逆に隋・唐が高句麗を危険視することにつながった。

　空欄 j　**五代十国**　907年，唐を滅ぼした節度使の**朱全忠**は，開封（汴京）に都を置いて後梁を創始した。これ以降，華北に継起した五つの節度使政権を五代と呼ぶ。五代では武断政治が行われ，短命政権が続いて，華北は混乱した。一方，江南を中心に同時期に並び立った国々を総称して十国と呼ぶ。こちらは地方政権が割拠した状況ではあったが，経済が発展し，文化的にも宋代につながる動きが見られた。五代十国の混乱は，趙匡胤が建てた宋（北宋）朝が979年に十国最後の北漢を平定して終わった。

　空欄 k　**宋**　後周の武将，趙匡胤（太祖）が960年に創始した王朝（都は開封）。第2代太宗時代に統一を達成する一方，国内では科挙官僚の増員・殿試の設置など**文治主義**による君主独裁体制の構築を図った。しかし，**遼**（契丹）や**西夏**（タングート）との抗争もあって，11世紀半ばには財政難に陥り，それが王安石の新法を喚起することになった。

　空欄 l　**新法**　11世紀半ば，歳入の減少と歳出の増加（官僚層や兵員の増加，軍事支出などが原因）から宋朝は財政難に陥った。11世紀後半，皇帝となった神宗は王安石を抜擢し，彼が宰相となって先の課題に対応するために展開したのが新法である。新法の実施である程度財政の回復には成功したが，地主・大商人の利益を損なうものとして，旧法党（司馬光ら）の反発を受けた。このため，神宗没後，新法の多くは廃止された。

▶**王安石の新法**

法名	内　　容
青苗法	中小農民に政府が低利の融資を行い，高金利で貸し付ける地主を抑制
市易法	中小商人に政府が低利融資や物品購入を行い，大商人の市場独占を抑制
均輸法	各地域から上納される物品の運搬を政府が統制
募役法	負担の重い徭役をやめ，広く免役銭を徴収して，専従者を雇用
保甲法	郷村組織を通じて農家を組織化し，農民からなる民兵組織を結成
保馬法	政府の馬を，平時には農耕馬として民間で使役，戦時には軍馬として徴用

　空欄 m　**明**　1368年，紅巾の反乱勢力から自立した**朱元璋**（洪武帝）は，江南地主らの支持を集め，南京（金陵）を都に明を創建した。直後には元朝を中国から駆逐し，全土を支配下においた。しかし，16世紀末の万暦帝時代，張居正の強権政治をきっかけに東林派・非東林派の党争が激化し，政治は混乱した。豊臣秀吉の朝鮮侵攻などで財

政も悪化し，ヌルハチが建国した後金にも対応を迫られるなど，明の支配は大きく揺らいだ。

　空欄n　清　16世紀後半，ツングース系女真(満州)族は中国東北地方で明の間接統治下におかれていた。女真の建州女直に属したヌルハチは，16世紀末ころ勢力を拡大して女真諸部族を統一し，軍事組織である八旗を創設して体制を整えた。そして，1616年，後金(実際にはかつての女真と同じ"金"を称した)を建て，明軍を破って遼東半島以東を領有するに至った。第2代ホンタイジは内モンゴルのチャハル部を平定し，初めて藩部を設けてモンゴル人の軍事力を統制下におき，遊牧民のハーンの位をも手中に収めた。これをてこに，1636年には女真族・モンゴル人・漢民族三者の推戴を得て，清朝を創始して皇帝となった。同年，清軍は朝鮮半島に侵攻し，この結果，朝鮮王朝も清の属国となった。

　空欄o　李自成　1630年代，凶作から華北では幾つもの農民反乱が起こった。その一つに加わった李自成は，反乱諸勢力を統合し，やがてその指導者となった。1644年，反乱軍は北京へ侵攻し，崇禎帝が自殺して明が滅亡すると，李自成は自ら皇帝に即位した。しかし，既に呉三桂の先導する清軍(順治帝)が接近してきており，即位翌日には北京から撤退したが，逃亡中，部下に裏切られ自殺した。

　問(8)　臣従した周辺諸国の支配者に中国の皇帝が爵位を授け，定期的な朝貢などを義務づけた。

　7世紀の「国際関係を規定する外交上の概念」とは何か？　ここで「冊封」という用語に注目して欲しい。「冊」とは文書(勅書)のことを指し，「冊封」とは「冊書を与えて封建する(地域の支配を認める)」ことをいう。冊封は，漢代に郡国制の方式を周辺諸国にも拡大して始まった東アジア外交の方式で，中国の皇帝が各地の支配者に官位・爵位を授け，臣下としての立場を定めた上で支配を認めるもの。冊封を受けた国は，朝貢(貢物を携えた使者の派遣)や中国と同じ暦の採用などが一応義務づけられた。このうち朝貢はあくまで儀礼として行われるものだったが，実際には貢物と皇帝からの返礼品の交換，すなわち朝貢貿易という経済的関係でもあったから，それを目的に冊封関係を結ぶ勢力もあった。

　問(9)　高句麗の遺民や靺鞨により中国東北地方に成立した渤海が両王朝と国境を接することになったため。

　高句麗が滅ぼされた後の7世紀末，靺鞨の首長が唐より自立して震国を称した。その子(とされる)大祚栄が8世紀初頭に唐より冊封され，渤海を名乗るようになった。渤海は支配下に高句麗の遺民や東北地方の諸民族を含み，南で新羅，西で唐と境を接した。渤海と唐の関係は一時を除けば良好だったが，新羅とは終始緊張した関係が続

いた。このため，新羅は唐との関係を強化し，対抗して渤海は日本に使節を派遣するなど複雑な状況が続いた。渤海は唐の国制を取り入れて機構を整備し，活発な交易活動を行って栄えたが（「海東の盛国」），926年，耶律阿保機率いる契丹（遼）により滅ぼされた。

　　問⑽　豊臣秀吉の朝鮮遠征の際に明は援軍を送り，撃退後の復興にも支援を行ったため。

　14世紀後半，中国で元が明に交替すると，それをうけて朝鮮では親明派の李成桂が高麗を打倒し，朝鮮を建てた。このこともあり朝鮮と明との関係は親密であり，朝鮮は明の属国となり，明で官学化された朱子学が朝鮮でも支配階層に受容された。16世紀末，豊臣秀吉の朝鮮出兵（壬辰・丁酉倭乱）が起こると，朝鮮は明に支援を要請し，これに応えて明は軍を派遣した。この戦乱で引き起こされた荒廃は甚だしかったが，これからの復興にも明は支援を行った。問題の「歴史的事実」という表現から，「特別の恩義」とは秀吉出兵に対する明の支援をまず思い浮かべるべきだろう。

解　答　例

A

　　a　斉の桓公　　b　咸陽　　　c　班固　　　d　書経

　　e　康熙　　　　f　『水経注』

　⑴　南越

　⑵　魏・韓

　⑶　洛陽

　⑷　吐蕃

　⑸　王莽

　⑹　張騫

　⑺　㋐　ホルムズ島　　㋑　アクバル

B

　　g　唐　　　h　百済　　　i　高句麗　　　j　五代十国　　　k　宋

　　l　新法　　m　明　　　n　清　　　　o　李自成

　⑻　臣従した周辺諸国の支配者に中国の皇帝が爵位を授け，定期的な朝貢などを義務づけた。

　⑼　高句麗の遺民や靺鞨により中国東北地方に成立した渤海が両王朝と国境を接することになったため。

⑽　豊臣秀吉の朝鮮遠征の際に明は援軍を送り，撃退後の復興にも支援を行ったため。

Ⅲ

(解説)

問題文を読んでみよう！

　昨年度に続いて二つの用語を与えての，「新大陸」の発見の結果，新・旧世界に生じた変化を問う論述問題である。京大の論述ではあまり取りあげられてこなかったが，テーマとしては非常にオーソドックスなものなので，入念な論述対策をしてきた学生にとっては，ゆとりをもって取り組めた問題ではないだろうか。

> 　コロンブスおよびそれ以降の航海者の探検によって，大西洋の西，アジアとヨーロッパとの間にある陸地は大陸であることが証明された。この「新大陸」の発見の結果，新・旧両世界にひきおこされた直接の変化について300字以内で説明せよ。解答は所定の解答欄に記入せよ。句読点も字数に含めよ。なお解答には，下記の語をかならず使用し，用いた語句には下線をほどこせ。
>
> 　　　　　　　　　　先住民　　　産物

問題の中心テーマを確認しよう！

　要求されているテーマは，「新・旧両世界にひきおこされた直接の変化」である。書くべき時期は「『新大陸』の発見」の前後となる。

　したがって，「発見」の前後の「新・旧両世界の変化」を書かなければならない。何が，どのように変わっていったのか？　社会や経済面に着目して構成を考えていこう。

　また，使用語句の「先住民」と「産物」の確認と，下線を引いているかどうかの確認を忘れずに！

書くべきポイントを列挙してみよう！

①まず，「新大陸」の「発見」前の状況について

　1．アステカ帝国やインカ帝国などの古代文明が存在していた

　2．先住民のみで構成

②「新大陸」の「発見」後の状況について

　1．コルテスやピサロらのコンキスタドール(征服者)によるアステカ・インカなどの破壊，征服

２．エンコミエンダ制のもとで<u>先住民</u>が酷使され，激減

３．労働力確保のため，西アフリカから黒人奴隷を投入

４．人種構成が変化…クリオーリョやメスティソなどが形成される

③「旧大陸」の「前」の状況について

１．ヴェネツィアやジェノヴァなど地中海諸都市が経済の中心であった

２．アウクスブルクの銀が中心

３．ヨーロッパはイスラーム圏を通じて中国やインド，東南アジアとの交易

④「旧大陸」の「後」の状況について

１．新大陸の銀が大量に流入し，価格革命がおこる

２．固定地代で生活する荘園領主は大きな打撃をうける

３．経済の中心は地中海地域から大西洋岸に移動（商業革命）

４．ヨーロッパとインド・中国との直接交易の開始／イスラーム圏を経由しない

５．ジャガイモ・トウモロコシ・サツマイモなどの新大陸の<u>産物</u>がヨーロッパに流入し，生活革命がおこる

６．上記の新大陸の<u>産物</u>が宣教師を通じて中国にも流入

７．新大陸の銀は，アカプルコ貿易を通じアジア諸地域に

問題文の核心に迫ろう！

　ジェノヴァのコロンブスがカスティリア（スペイン）女王のイザベルの援助を得て，1492年にサンサルバドル島に到達して以降，「新大陸」の状況が一変してしまった。コンキスタドール（征服者）であるコルテスが1521年にアステカ帝国を，1533年にはピサロがインカ帝国を滅ぼして，植民地とした。ポルトガルは先にアフリカ経由のインド航路の開拓を行っており，新大陸にはカブラルの漂着によってブラジルのみを獲得していた。

　スペイン領にはエンコミエンダ（委託の意味）制が導入され，征服者は「先住民の保護」と「キリスト教化」を条件に，土地と先住民の支配を委ねられた。その結果，鉱山やプランテーションなどで酷使された先住民は激減し，わずか100年ほどで先住民の人口は5,000万人から400万人になったと推定されている。「変化」については何よりもこの先住民の減少のことを挙げなければならない。代替労働力としては，西アフリカからの黒人奴隷が投入された。このため，本国人の支配層，植民地生まれの白人のクリオーリョ，白人と先住民の混血メスティソ，インディオや白人と黒人の混血のムラート，最下層の黒人という，人種的身分社会が形成されていくことになる。

　中南米原産の産物であるトウモロコシ・ジャガイモ・トマトなどは「旧大陸」に流入し，食文化を改善した。特にジャガイモは東欧やアイルランドの救荒作物となり，

中国では華北でトウモロコシが，サツマイモは江南で栽培されるようになり，米や麦の不足を補った。サツマイモは琉球から日本にも伝播している。

　産物だけではなく，新大陸からは銀ももたらされた。ヨーロッパでは物価が2〜3倍に上昇する**価格革命**がおこり，固定地代で生活する荘園領主は大きな打撃を受け，封建社会の崩壊を促すことになる。また，以前はイタリア商人が中心の地中海経由の**東方交易**が盛んであったが，大西洋交易が主流になり，ジェノヴァやヴェネツィアからリスボンやアントワープなどの大西洋沿岸の諸都市に経済の中心が移った。これが**商業革命**である。

　また，東欧は西欧の商品を購入し，穀物などを輸出する地域となり，輸出用穀物を栽培するグーツヘルシャフトが形成されていった。

　さらに，中国ではアカプルコ貿易で新大陸の銀がもたらされ，日本銀の流入もあいまって，貨幣経済がさらに活性化し，税制も，煩雑であった両税法から，地税と丁税を一括して銀納する**一条鞭法**になった。

　以上のすべてを書き並べることは字数的には難しいかもしれない。しかし，できるだけ多くの要素を入れて，新旧両大陸の時代の変化を示してもらいたい。テーマとしてはオーソドックスであり，基本的な論述問題である。それだけに，論述対策をしっかりしてきているかどうかで点差が大きく開く，ということを忘れないようにしてもらいたい。

〈新旧大陸の状況〉

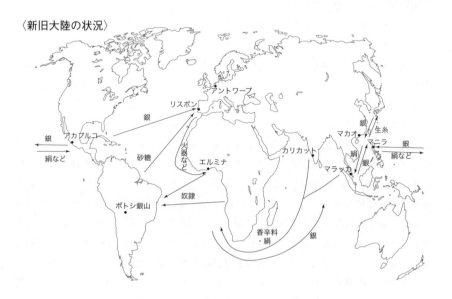

過去問を検討してみよう！

16世紀を中心とした，大西洋を挟む両大陸についての問題は意外に少ない。

2001年　Ⅲ　16世紀から19世紀前半にかけての近代奴隷制の特徴と展開過程

1995年　Ⅳ　B　スペインの時代

2008年　Ⅳ　B　奴隷貿易に関する設問

などが挙げられる。切り口は違っても，エンコミエンダ制や大西洋三角貿易，価格革命や生活革命などのキーワードは共通して根底に存在するので，確実に問題に対処できるように，繰り返し過去問を確認しておこう。

解答例

新大陸では，スペイン人により古代アメリカ	1
文明が破壊され，中南米のほとんどがスペイ	2
ンの植民地になった。エンコミエンダ制のも	3
とで先住民は，銀山の開発などの強制労働に	4
従事させられ，人口が激減した。そのため西	5
アフリカから黒人奴隷が輸入され，人種構成	6
が変化した。他方で旧大陸のヨーロッパでは	7
，新大陸の銀が大量に流入して，物価の高騰	8
する価格革命がおきるとともに，経済の中心	9
は地中海地域から大西洋岸に移動した。新大	10
陸の銀は，アカプルコ貿易を通じメキシコ銀	11
として中国などのアジア諸地域にも流通した	12
。またジャガイモ・トウモロコシ・サツマイ	13
モなどの新大陸の産物は，旧大陸に流入して	14
，ヨーロッパや中国の食糧事情を改善した。	15

（300字）

Ⅳ

解説

A　古代ギリシア・ローマ史

京大古代史の定番ともいえる，ギリシア・ローマ史関連の出題である。過去問のⅢとⅣをしっかりと学習していれば，満点を望める問題である。問(5)で初めて正誤の選択記号問題が出されたが，ローマの共和政と帝政の時代の特徴を把握させる，内容的には容易な，サービス問題である。

問(1)　**リュクルゴスの制**　ドーリア人が先住民を征服して形成されたポリスである
スパルタでは，少数のスパルティアタイ(市民)が多数の隷属農民であるヘイロータイ
を支配していた。その反乱を防ぐ必要性とスパルティアタイの優位保持のためから，
軍国的・鎖国的諸制度が伝説的立法者とされるリュクルゴスによって制定されたとい
われる。

問(2)　**ペリクレス**　前5世紀のアテネの最高指導者で，1999年の□Ⅳ□や1989年の
□Ⅲ□，そして昨年度の2008年の□Ⅲ□でも扱われている，基本的で頻出の人物である。
前443年から約15年間アテネの指導者として，民主政治を完成させた。「市民権の制限」
もよく出されるテーマなので，必ずおさえておいてもらいたい。出題された問題が別
の年度の解答に，また過去の解答が新しい問題に変わることが多いので。また，文化
面では，フェイディアスにパルテノン神殿の建築の総監督を依頼したり，『オイディ
プス王』を著した悲劇詩人のソフォクレスと親交を結んだといわれる。

問(3)　**護民官**　平民会の投票で選出される，平民を保護するための官職である。元
老院やコンスルの決定に拒否権を行使できる，神聖不可侵の存在とされ，前5世紀初
めに創設されたといわれる。

問(4)　**同盟市戦争**　前91〜前88年に起こったもので，戦争鎮圧後に閥族派のスラが
イタリア半島の全自由民に市民権を与えたことで決着した。次いで市民権は，問(5)の
(イ)の問題文にあるように，**212年のアントニヌス勅令で帝国内の全自由民に付与され
た。市民権の拡大についても京大ではよく出されているので**，注意しておこう。

問(5)　(ア)　**パウロ**　元はパリサイ派に属するユダヤ教徒で，キリスト教徒を迫害す
る立場にあった。のちに回心して伝道に努め，「異邦人の使徒」とよばれた。ネロの
迫害によって殉教したと伝えられる。

(イ)　(d)　「3世紀の危機」と称される混乱期であった。(a)は前27年から始まったプ
リンキパトス(元首政)のことである。(b)は284年から始まったドミナトゥス(専制君主
政)のことである。(c)は前1世紀の「内乱の1世紀」の状況の説明である。

問(6)　**フェニキア人**　セム系の商業民族で，シリア沿岸にシドン，ティルスなどの
都市国家を建設し，北アフリカにティルスの植民市のカルタゴが建設された。フェニ
キア文字は，ギリシア文字やラテン文字などのルーツである。

問(7)　**トイトブルクの戦い**　教科書には記載されていないが，問題文にあるように，
後9年のアウグストゥスの時代に，現在のドイツでゲルマン人に**ローマ軍団が全滅さ
せられた**戦いである。この戦闘で，ローマはゲルマニアの経営を断念することになっ
た。

問(8)　(ア)　**ケルト人**　前1200年頃から，西〜中央アジアにかけて存在していたが，

馬と戦車を駆使して，前4世紀頃にはギリシア・ローマに進出していった。インド＝ヨーロッパ語族に属し，ローマではガリア人と称された。オーストリアから出土した前8～前6世紀の鉄器文化のハルシュタット文化に続く，スイスの遺跡の名称から名付けられたラ・テーヌ文化は，カエサルの遠征のころまで維持されて，その後は次第にローマ文化と同化していった。

　㈡　『ガリア戦記』　カエサルによる前58～前51年のガリア遠征の記録で，簡素なラテン語の名文として，またタキトゥスの『ゲルマニア』と並ぶケルト人やゲルマン人についての重要な史料でもある。例えばカエサルは前57年の項目で，ガリアでベルガエ族がもっとも勇猛果敢な部族である，と記しているが，そのケルト語で「戦士」を意味する「ベルガエ」がベルギーの語源である。最近は，新しい翻訳でも出版されているので，興味のある人はぜひとも読んでいただきたい古典である。

B　ヨーロッパにおける種々の民族移動

　ヨーロッパの民族移動についても，基本的な頻出問題である。ただ，短文論述の問いかけにどのように正確に，早く処理することができるか，が大きな課題となる。

　a　ブルガール　トルコ系遊牧民族で，バルカン半島に定着して，7世紀末にブルガリア王国を建国し，先住民の南スラブ人との同化が進み，9世紀にギリシア正教を受容した。9世紀末にシメオン1世が「ブルガリア人とローマ人の皇帝」を自称して(第一次)ブルガリア帝国としたが，ビザンツ帝国マケドニア朝のバシレイオス2世により，滅ぼされた。12世紀にビザンツ帝国の衰退に乗じてアセン1世が第二次ブルガリア帝国を成立させたが，14世紀末にオスマン帝国に併合されて滅亡した。東欧史は案外盲点である。こういう問題をチェックしつつ，知識の充実をはかっていこう。

　b　サラディン　サラーフ＝アッディーン(1138～93)はクルド人の武将で，アイユーブ朝(1169～1250)の創始者である。この人物も京大では頻出である。イェルサレムをヨーロッパ勢から奪回し，第3回十字軍ではイングランド国王のリチャード1世と戦い，その後に和議を結んだ。

　問(9)　アルフレッド大王　829年にイングランドの七王国を統一したウェセックス王エグバートの子孫で，在位は871～899年である。デーン人の侵攻を撃退し，法典の編纂や政治制度の整備に尽力したことで，大王と称される。

　問(10)　両シチリア王国　1130年に，ルッジェーロ2世がナポリとシチリア島を支配して成立した。首都はシチリア島のパレルモで，始まりはフェニキア人の植民市であり，ポエニ戦争後はローマの支配，さらにはイスラームの支配を受けた後，ノルマン

人の支配下に華やかな文化が生み出され，12世紀ルネサンスの拠点の一つともなった。

問(11)　リトアニア＝ポーランド王国　13世紀の東方植民活動で，ドイツ騎士団はバルト海沿岸の古プロイセン地方を征服して領土を広げ，ポーランド王国をも圧迫した。10世紀から始まるピアスト朝最後のカジミエシュ3世の娘ヤドヴィガが，ドイツ騎士団との対抗上，リトアニア大公ヤゲヴォと結婚してヤゲヴォ朝を設立した。1410年，ヤゲヴォはドイツ騎士団をタンネンベルクの戦いで撃破し，これを臣従させた。1572年に断絶するまで，東欧の強国として繁栄した。

問(12)　プロイセン公国　上述したドイツ騎士団の総長は1525年にルター派に改宗して世俗化し，公国を成立させた。1618年にホーエンツォレルン家のブランデンブルク選帝侯国と同君連合を形成し，1701年のスペイン継承戦争の際に，オーストリア側についたことで王国に昇格した。

問(13)　カスティリャ王国とアラゴン王国が統合し，スペイン王国が誕生した。

「イベリア半島の15世紀後半」の状況といえば，カスティリャ王国のイザベルとアラゴン王国のフェルナンドが1469年に結婚し，1479年に両国が統合して，スペイン王国が誕生したことを忘れてはならない。1492年(すなわち15世紀末)にはグラナダを攻略してレコンキスタを完成させ，Ⅲと連動するが，同年にコロンブスがサンサルバドル島に到達して，後の「太陽の沈まぬ国」の基盤ができたのである。

問(14)　皇帝カール5世が一時承認したルター派を再禁止したため，ルター派がシュマルカルデン同盟を結成した。

オスマン帝国のスレイマン1世は1526年のモハーチの戦いに勝利してハンガリーを奪い，また29年にはウィーンに向かっての進撃を開始した。当時宗教改革で揺れていたドイツ帝国では皇帝カール5世が外交・内政共に大きな苦境に陥っていた。フランスのフランソワ1世とのイタリア戦争も行われており，こうした外交的危機に対処するために，1526年にカール5世は第1回シュパイエル帝国議会を開いてルター派を黙認して，危機に対処した。しかし，外交危機が去ると，29年に第2回シュパイエル帝国議会を開いて，ルター派を再禁止した。反発したルター派は抗議書(protestatio プロテスタントの語源となる)を提出し，30年にシュマルカルデン同盟を結成して対立し，のちのシュマルカルデン戦争(1546〜47)に至ったのである。

C　ロシアを軸とした東欧関連史

ドイツ・ロシアの近現代史だが，この2国だけにとどまらず，周辺の複雑な国際関係が問われるので，難しく感じる受験生が多かったのではないだろうか？　20世紀史は今後も各分野で問われるので，しっかりと学習しておこう。

問(15)　スウェーデン　ロシアのピョートル1世はデンマーク・ポーランドと結んで，スウェーデンのカール12世と北方戦争(1700〜21)を戦った。初めはカール12世の圧勝で展開されたが，1709年のポルタヴァの戦いで敗退して以降は形勢が逆転することになった。1718年のカール12世の死で1721年にニスタット条約が結ばれ，その結果ロシアがスウェーデンに代わって「バルト海の覇者」となった。

問(16)　ディドロ(ヴォルテール)　エカチェリーナ2世は典型的な啓蒙専制君主の1人で，『哲学書簡』を著したヴォルテールとの文通で上からの改革の助言を得た。また『百科全書』を編纂・完成させて刊行したディドロとも個人的に交流し，彼への資金援助を行っている。

問(17)　イギリス　1907年の英露協商はカージャール朝の勢力圏を決定し，またアフガニスタンはイギリスの勢力圏とし，チベットについても相互内政不干渉とした。これで1891年の露仏同盟，1904年の英仏協商とで三国協商が成立し，対ドイツ・オーストリア包囲網が完成したのである。

問(18)　(ア)　サライェヴォでオーストリアの皇位継承者夫妻がセルビア人青年に暗殺された。

サライェヴォ事件の説明を要求されている。ボスニア・ヘルツェゴヴィナをオーストリアに併合されるなどで，セルビア人の反オーストリア感情が高まる中，ボスニアの州都サライェヴォで，セルビア人学生がオーストリアの皇位継承者(フランツ＝フェルディナント)夫妻を暗殺した。これが前代未聞の総力戦となる第一次世界大戦への序章となった。

(イ)　ユーゴスラヴィア　第一次世界大戦終結で1918年にセルブ＝クロアート＝スロヴェーン王国として独立を認められたが，複雑な民族問題で紛争が絶えず，29年にセルビア人の国王アレクサンダル1世による独裁でユーゴスラヴィア王国となり，第二次世界大戦ではナチス＝ドイツの侵攻を受けたが，ティトーが率いるパルティザン闘争で自力解放を果たし，45年にユーゴスラヴィア連邦人民共和国となった。63年にユーゴスラヴィア社会主義連邦共和国に改称し，1980年のティトーの死まで独自の社会主義路線と非同盟中立外交路線をとった。しかし，ティトーの没後，「7つの国境，6つの共和国，5つの民族，4つの言語，3つの宗教，2つの文字，1つの国家」といわれたユーゴスラヴィアに民族主義が台頭して利害が対立し，内戦に至るのである。1991年にスロヴェニアとクロアチアとマケドニアが，92年にはボスニアとヘルツェゴヴィナが独立した。

問(19)　ユダヤ人　アーリア人の優越を説く人種論を展開していたナチスが，1932年選挙で政権を獲得すると，ユダヤ人迫害が顕著となった。35年には「ドイツ人の血と

尊厳の保護のための法律」であるニュルンベルク法が制定されて，1/8までの混血をユダヤ人と規定して公職追放や企業経営を禁止して，生活権が否定された。やがては「ユダヤ人問題の最終的解決」としてホロコースト(ユダヤ人大虐殺)が推進されていくのである。

問⒇　スペイン　1936年にアサーニャ人民線内閣が成立すると，それに反発した軍部や教会，地主らに支持されたフランコがスペイン領モロッコで反乱を起こし，内戦が勃発した。イギリスとフランス(ブルム人民戦線内閣であったのだが)は不干渉の立場をとり，ドイツ・イタリアのファシズム国家はフランコを支援し，ソ連と国際義勇軍は人民戦線側を支援した。国際義勇軍にはイギリス人の作家オーウェルやフランス人の作家のマルロー，アメリカ人作家のヘミングウェーらが参加した。また，ピカソは当時フランスにいたが，ドイツ空軍のゲルニカ爆撃の報を知って反戦絵画の「ゲルニカ」を描いている。この絵もよく出題されるので，資料集などで必ず見ておいてほしい。

問㉑　(ア)　キューバ危機　カストロ主導の革命後，キューバは社会主義化してアメリカとの対立が深刻化していった。ソ連との関係を強化し，対米軍事対策のためにソ連製の核ミサイルが配備された。アメリカのケネディ政権は猛反発し，ソ連との全面核戦争の危機に直面することになるが，最終的にソ連のフルシチョフ首相が譲歩して，ミサイルが撤去され，1962年10月15日から13日間続いた危機は解消した。

(イ)　1989年　東ドイツが自国労働者の西ドイツへの亡命を阻止するために，1961年に建設した壁は冷戦を象徴するものであった。しかし，1989年の東欧革命で民主化が進む中で，5月にハンガリーがオーストリアとの国境を開放して，多数の東ドイツ国民の出国を可能にすると，「壁」は有名無実化した。同年10月にホネカー東ドイツ書記長が退任，11月に「壁」は完全に消滅した。

解答例

A
(1)　リュクルゴスの制
(2)　ペリクレス
(3)　護民官
(4)　同盟市戦争
(5)　(ア)　パウロ　　(イ)　(d)
(6)　フェニキア人
(7)　トイトブルクの戦い

(8) (ア)　ケルト人　　(イ)　『ガリア戦記』

B

　a　ブルガール　　b　サラディン

(9)　アルフレッド大王

(10)　両シチリア王国

(11)　リトアニア＝ポーランド王国

(12)　プロイセン公国

(13)　カスティリャ王国とアラゴン王国が統合し，スペイン王国が誕生した。

(14)　皇帝カール5世が一時承認したルター派を再禁止したため，ルター派がシュマ
　　　ルカルデン同盟を結成した。

C

(15)　スウェーデン

(16)　ディドロ(ヴォルテール)

(17)　イギリス

(18)　(ア)　サライェヴォでオーストリアの皇位継承者夫妻がセルビア人青年に暗殺さ
　　　　　　れた。

　　　(イ)　ユーゴスラヴィア

(19)　ユダヤ人

(20)　スペイン

(21)　(ア)　キューバ危機　　(イ)　1989年

解答・解説

Ⅰ

問題文を読んでみよう！

まずは問題を検討してみよう！

> 　宋代以降の中国において，様々な分野で指導的な役割を果たすようになるのは士大夫と呼ばれる社会層である。彼らはいかなる点で新しい存在であったのか。これについて，彼らを生み出すにいたった新しい土地制度と，彼らが担うことになる新しい学術にも必ず言及し，これらをそれ以前のものと対比しつつ300字以内で述べよ。

問題の中心となるテーマを確認しよう！

　時期は「宋代」である。「宋代の士大夫」が問われる対象である。「いかなる点で新しい存在であ」るのか？を考えなければならない。その考えの基盤に「彼らを生み出すにいたった新しい土地制度」と「新しい学術」という要素が不可欠となる。ただし，宋代だけに思考を限定してしまうと，「それ以前のものと対比しつつ」という部分を忘れるという大きな失敗をおかしてしまうので，しっかりと問題を読み込んで，メモを取っておこう。

書くべきポイントを列挙してみよう！

　「それ以前のもの」とはすなわち「唐代」のことである。いわゆる「唐宋変革」の一環として考えるべきである。問題で要求される唐〜宋で変化した「土地制度」や「学術」を考えて「対比（比較）」をメモしてみよう。

唐	対比する項目	宋
貴族は荘園(世襲)	経済的基盤	私有地(官戸として一代限りの特権)
均田制(のちに崩壊)	土地制度	大土地所有制の拡大
奴婢を使役	労働力	佃戸(小作人)
血縁に拠る門閥貴族	支配層	士大夫(科挙に合格して官僚に)
		形勢戸出身が多い
訓詁学	学術	宋学

　こうしたことが整理できれば，あとは自分の知識を総動員して肉付けし，書きやすい構成で文章を組み立てていけばよい。

問題文の核心に迫ろう！

　以上のような大まかな事項がつかめたら，もう少し知識を煮詰めていこう。教科書ではどのように説明されているか？　という検討が不可欠である。

　門閥貴族は，3世紀の三国の魏の時代に官吏登用制度が郷挙里選から九品中正に変わった結果，有力な豪族の子弟のみが高級官僚に推薦されて名門の家柄の固定化につながって形成されたものである。隋代に文帝は門閥貴族の弊害を打破するために，個人の才能を重視する学科試験による科挙制を始めた。しかし，貴族に有利な政策はなお多く存在していた。三省のうちで貴族が拠点とする門下省は，中書省から送られてきた政策や詔勅を審議し，封駁(ふうばく)と称する拒否権を発動したりしたため，政治上の優位を保ち続けたのである。

　土地制度については，上級官僚であり続ける貴族は，均田制の下でも世襲地である官人永業田を支給され，広大な荘園の所有を認められ，隷属的な農民(奴婢)に耕作させていた。

　7世紀末の則天武后による武周革命で積極的に科挙官僚が登用されて以降，安史の乱の激動期を経ると，貴族勢力の衰退は加速し，唐滅亡後の五代十国の混乱期に荘園を失って没落していった。かわって新興地主層が土地を兼併して，それを小作人(佃戸)に貸して小作料を取る方法に転換していった。

　10世紀に趙匡胤が宋を建国して長期にわたった混乱を収拾すると，軍人をおさえて文官を重用する文治主義を統治の基本方針とした。太祖趙匡胤が従来の郷試(地方試験)と省試(中央試験)に加えて，皇帝みずからが面接する殿試を創設し，皇帝が試験の合否に最終の決定権を持ったのである。合格者は皇帝の門生として終生忠誠をつくすことになり，君臣関係が強化されて**君主独裁制の強化**に貢献する結果となった。

　科挙によって大量の知識人層が官僚に登用されると，士大夫階級が政治・社会の指導層として進出する道を開くことになった。士大夫は科挙の受験をめざして儒教の教養を身につけた知識人，読書人で，科挙に合格して官僚となり，国政を担当して人民を統治することを目標とする者であった。彼らは例外もあったが，おもに唐末五代に台頭してきた新興地主階級つまり形勢戸の出身であった。官僚になると，官戸として一代限りではあったが免税特権をはじめとする諸種の特典を享受することができた。しかし，それはあくまで科挙合格者にかぎられるため，官僚を出す家はたえず入れかわり，世襲とはなりえなかった。

　宋代の土地制度は大土地所有制の下で，地主と佃戸の関係は対等な土地の貸借関係から隷属的関係まで種々様々であった。

　最後に学術の問題である。唐代の儒学は経書の字句解釈や注釈を中心とする訓詁学であったが，唐末の韓愈や柳宗元らは古文復興運動や儒学復興運動を展開した。続く宋代の新興の士大夫階級は唐代の貴族文化を否定して，個性的で自由な新しい文化を創造した。それは貴族文化の象徴ともいえる駢儷体を駆逐して古文になり，訓詁学から経書の新しい解釈に基づく宋学を生み出すことになった。宋学の祖と称される周敦頤は，宇宙の生成過程を図式化して説明を加えた『太極図説』を著し，程顥・程頤に継承され，南宋の朱熹にいたって大成された。また，司馬光は編年体で戦国から五代までの歴史を『資治通鑑』に著し，大義名分論を展開した。朱熹は『資治通鑑綱目』で宋学の道徳史観を結集している。士大夫を中心とする文化は書画など他にも注目すべきものがあるが，問題は「学術」に限定されているので，言及する必要はないだろう。

過去問を検討してみよう！

　「唐宋時代の比較」は，入試問題の定番ともいえる問題で，どの大学でも必ずテーマとしてきたものである。京都大学では，1990年に「唐から宋への時代の変化を政治・軍事制度の側面から具体的に300字で述べよ」という問題が出されている。また，その延長線上の問題として考えられるものが，2003年に出題されている。「中国の皇帝独裁制(君主独裁制)は，宋代，明代，清代と時代を経るにしたがって強化された。皇帝独裁制の強化をもたらした政治制度の改変について，各王朝名を明示しつつ300字以内で述べよ」というもので，宋代について述べるときにはやはり唐代との比較が必要になるのである。全く同じ問題は当然出ることはないが，こうした過去問の検討と研究が二次対策に不可欠であることは言うまでもない。

解　答　例

唐代には血縁に拠る門閥貴族が支配階層にあ　1
って，世襲的特権を有し，奴婢を使役する荘　2
園を経済的基盤として優位を占めた。また唐　3
では国家が土地を給付する均田制が施行され　4
たが，唐後半に制度は崩れ土地の私有が広が　5
った。宋代の士大夫は，唐末五代時代の貴族　6
没落と大土地所有拡大を背景に台頭した知識　7
人で，新たに殿試が設けられた科挙に合格し　8
て官僚となり，官戸として一代限りの特権を　9
与えられた。彼らの多くは形勢戸と呼ばれる　10
新興地主層の出身者であり，佃戸と呼ばれる　11
小作人の労働を利用して私有地を運営した。　12
また士大夫は，訓詁学に対抗して生まれた宋　13
学と呼ばれる儒学の一派を奉じ，大義名分論　14
に基づき支配階層としての自覚を強めた。　15

(299字)

Ⅱ

【解説】

A　魏晋南北朝から随・唐時代の中国と北方民族の関係

　問われている用語は教科書に基づいた，極めて基本的な歴史用語なので，受験生はできるだけケアレスミスをしないように心掛けるべきである。Aの分野は Ⅰ と Ⅱ で頻出のテーマでもあり，なかには昨年と同様な設問も見受けられるので，確実に得点したいところである。

　空欄 a　冒頓単于　冒頓は前209年に父の頭曼単于(とうまんぜんう)を倒して即位し，モンゴル高原の諸部族を征圧して統一を果たした。前漢の高祖劉邦を前200年の白登山の戦いで撃破し，屈辱的な講和条約を結ばせたことは，2007年度の Ⅰ の解説にも示している。また，冒頓単于は月氏を西走させてタリム盆地を支配下に置き，東西交易を独占して最盛期を築いた。

　空欄 b　拓跋　鮮卑の一部族である。おそらくは現在の黒竜江省から南下してモンゴル高原に移動し，八王の乱を契機に華北に進出して，五胡十六国時代の混乱期の4世紀末に北魏を建国した。問題文中には空欄 b が2カ所ある。初めの方の空欄でわか

らなくても後の空欄を含む文末に「北魏」とあるので，解答できなければならない。入念に問題文を読むことである。

空欄 c　平城　問題文にあるように，鮮卑の拓跋珪（道武帝）が北魏を建国し，398年に都を現在の山西省大同市の北寄りにある平城に定めた。華北を統一した太武帝の後を受けた文成帝の時代にはその近くに雲崗石窟も建造されたが，のちに孝文帝の漢化政策で北魏は494年に洛陽に遷都した。

空欄 d　北斉　北魏は6世紀前半に東魏と西魏に分裂し，のちに東魏は北斉に，西魏は北周に継承された。北斉は北周に吸収され，北周の外戚である楊堅が隋を建国して華北の再統一がなされ，589年に南朝の陳を滅ぼして中国全土を平定したのである。

空欄 e　ウイグル　突厥のあとをうけて744年，トルコ系ウイグルがモンゴル高原の覇者となった。唐の玄宗代の755年に勃発した安史の乱では鎮圧に協力し，その見返りとしてウイグルは莫大な絹布を要求した。840年にトルコ系のキルギスによってウイグルは滅び，ウイグル人の一部は西走して後にイスラーム化することになる。

空欄 f　耶律阿保機　中国が唐末五代の混乱期であったのに乗じ，モンゴル系の契丹を統率して遼を建国した。その晩年には中国東北地方の東半を領有していた渤海国を滅ぼし，本国への凱旋の途中，吉林省で病没した。阿保機は契丹文字を作らせ，また自国内に移住させた定着農耕民である中国人のために州県制を，遊牧民である契丹人などに対しては従来の部族制によって統治するという二重統治体制を施行した。

空欄 g　後唐　唐を滅ぼした朱全忠によって建国された後梁に次ぐ五代第2の国である。節度使の李克用らが後梁を認めず激しく抗争し，李克用の子の李存勗（りそんきょく）が唐の正統的後継者を自任したものである。後唐は突厥など異民族系の強力な軍事力と鉄や銀，石炭などを有する山西省を基幹として後梁を打倒した。しかし，遼の支援を受けた後晋に936年に取って代わられた。

問(1)　八王の乱　西晋（265〜316）末期に生じた一族の政権抗争である。創設者の司馬炎武帝は一族の諸王に軍事権を与えて軍事封建制を確立したため，第2代の暗愚な恵帝のときに一族の政権抗争である内乱が勃発した。この内乱で諸王が軍事力として北方諸民族を導入したため，乱の後に華北に五胡が自立した。その一つの匈奴が永嘉の乱を起こして西晋王朝は滅亡したのである。この部分についても2007年度の $\boxed{\text{I}}$ の解説を参考にしてもらいたい。

問(2)　楽浪郡　漢の武帝が前108年に衛氏朝鮮を滅ぼして設置した四郡の一つで，楽浪郡は現在の平壌市を中心とした地域に置かれた。他の3郡が統廃合された後も楽浪郡は存続し，後漢や三国の魏，ついで西晋の統治下に置かれた。しかし，西晋末の動乱に乗じて，中国東北地方で台頭して強力となっていた高句麗が南下し，313年に

楽浪郡は滅ぼされたのである。

問(3)　鳩摩羅什　インド人僧を父に，亀茲(クチャ)国王の妹を母に持ち，4世紀半ばに7歳で出家してインド仏教を学んだ。彼の名声は西域から中国にまで及び，一時，前秦の苻堅の命で捕らえられたが，前秦滅亡後，5世紀初頭の混乱する華北の長安に国師として迎えられ，大規模な仏典翻訳に従事した。その翻訳された仏典は南朝でも重用され，仏教の隆盛をもたらした。

問(4)　陶淵明(陶潜)　東晋の詩人で，41歳で官僚を辞め，彼の願望であった郷里の農村での隠遁生活に入り，そのときの心境を『帰去来辞』に著した。田園詩人，また隠遁詩人とも称される。『桃花源記』も彼の代表的な作品である。

問(5)　(ア)　寇謙之　道教を確立し，華北を統一した北魏の太武帝の尊崇を受けて，道教を国家宗教に高め，また政治顧問としても活躍した。その結果，三武一宗の法難の始まりと称される仏教弾圧につながった。

(イ)　柔然　5～6世紀にモンゴル高原を支配したモンゴル系と考えられる遊牧民族である。初め鮮卑の拓跋部に属したが，4世紀にその支配を脱して柔然と号し，北アジアのほぼ全域を掌握し，「可汗」を称した。東西交易路をおさえ，北魏を圧迫したが，6世紀半ばに突厥に敗れて滅亡した。

問(6)　都護府　羈縻(きび)政策という間接支配を行う唐代で，周辺諸民族を統治するために設置された機関である。長官である都護は中央から派遣されて軍政・民政を統括した。安西・北庭・安北・単于・安東・安南の六都護府が中心となる。

問(7)　大祚栄　渤海国の建国者である。高句麗が668年に滅亡した後，698年にツングース系靺鞨(まっかつ)人と高句麗遺民を統合して震国として自立した。後に唐と朝貢関係を持ち，唐から渤海郡王に封ぜられ，日本とも盛んに交流した。

B　13世紀のモンゴル時代の東西交渉

13世紀の東西交渉の問題である。Aに比べて多少とも細かい解答を要求されているが，落ち着いて問題文をよく読めば，Aと同様，前後の文章から判断できるように工夫されている。過去問の焼き直しともいえる設問も多い。あせらずに問題文を深く読み込むことである。

空欄h　フランチェスコ　12～13世紀のイタリアの聖者である「アッシジのフランチェスコ」は，托鉢しながら人々に宣教活動を行い，フランチェスコ修道会を創設した。彼は教会に対するゆらぐことのない忠誠心や平和への熱望を持ち，人間を超えて自然界のすべての創造物にまで及ぶキリスト教的愛を強調した。

空欄ｉ　**ルブルック**（ルブルク）　フランチェスコ会修道士で，フランス王ルイ９世の使者として13世紀半ばにモンゴルに派遣された。フランスを出発し，キプチャク＝ハン国を建てたバトゥの本営を経て，モンケ＝ハンの本営に着き，帝都カラコルムに入った。彼と同じくフランチェスコ派の修道士で教皇インノケンティウス４世の命で彼以前に派遣され，グユク＝ハンのもとに赴いたプラノ＝カルピニの旅行記とルブルックの旅行記とは，ともに13世紀のモンゴル時代の貴重な記録として並び称されている。

空欄ｊ　**ルイ９世**　カペー朝第９代のフランス王である。在位は1226〜70年で「聖王」と呼ばれる。彼の在位時代に南フランスのアルビジョア派を完全に征討し，十字軍の支援要請のためにルブルックをモンゴルに派遣した。しかし，第６回十字軍ではマムルーク朝に敗れて捕虜となり，第７回十字軍遠征途上でアフリカのチュニスで病没した。

空欄ｋ　**バトゥ**（抜都）　チンギス＝ハンの長子ジュチの次男である。モンゴル軍の西征で総大将としてロシア・東欧に侵攻し，1241年のワールシュタット（リーグニッツ）の戦いではドイツ・ポーランド諸侯連合軍を撃破した。ハンガリー攻略中に，オゴタイが亡くなったため，兵を返してヴォルガ川下流域に建設したサライを都にキプチャク＝ハン国を創始した。ロシアの諸侯国を圧迫して，国力の充実に努めた。ちなみに，2007年度は「キプチャク」が解答として要求されている。

空欄ｌ　**モンケ**　モンゴル帝国第４代のハンである。ルブルックと会見し，弟のフビライに大理国を征圧させ，また高麗を服属させた。さらに下の弟のフラグを西征させて，アッバース朝を滅ぼし，イラク・イランをその支配下に置いた。

空欄ｍ　**カラコルム**　オゴタイによってモンゴル帝国の帝都とされ，オルホン川上流に位置する。ただし大ハン自体はそこに常駐せず，通常はその周辺の駐営地を移動していた。しかしフビライがハンの地位につくと，帝都は大都（北京）に遷され，単なる地方都市になってしまった。のちに一時，北元の首都となる。

空欄ｎ　**イェルサレム王国**　1099年に**第１回十字軍**がイェルサレムを占領して建国した。しかし，イェルサレムがキリスト教の支配下にあって約１世紀後に，クルド人のサラーフ＝アッディーン（サラディン）が奪回した。ファーティマ朝に代わってアイユーブ朝を創始したサラーフ＝アッディーンは十字軍との戦争状態の下でも，キリスト教徒のイェルサレム来訪や居住を許可し，ムスリム支配下で十字軍以前のように再びキリスト教徒にもユダヤ教徒にも開かれた都市とした。

問(8)　**マムルーク朝**　アイユーブ朝の奴隷軍団のマムルークがクーデタを起こして1250年に新王朝を樹立した。第５代スルタンのバイバルス１世が王朝の基礎を固め，彼はフラグに滅ぼされたアッバース朝カリフの末裔を保護して国内体制の強化に努め，ルイ９世の十字軍勢力と戦い，またイル＝ハン国の西進を阻止した。カイロを中

心に海上貿易で繁栄したが，1498年のヴァスコ＝ダ＝ガマのインド航路の開拓で，中継貿易に基礎を置くエジプト経済は致命的な打撃を受けた。マムルーク朝は，1516年オスマン帝国のセリム1世に敗れてシリアを失い，翌1517年カイロを占領されて王朝は滅びた。

問(9)　(ア)　**ラテン帝国**　教皇インノケンティウス3世が提唱した**第4回十字軍**が，ヴェネツィアの画策でビザンツ帝国の首都コンスタンティノープルを攻略して，1204年に建設された。コンスタンティノープル市域はラテン皇帝とヴェネツィアに分割され，また旧ビザンツ帝国全域の商業特権をヴェネツィアが独占した。十字軍騎士はすべてラテン皇帝の封建家臣となった。旧ビザンツ貴族はアナトリア(小アジア)にニカイア(ニケーア)帝国に拠ってジェノヴァの支援などを受けた。1261年ニカイア皇帝ミハエル8世の奇襲で，ラテン帝国は滅亡した。

(イ)　**聖ソフィア大聖堂(ハギア＝ソフィア聖堂)**　325年にコンスタンティヌス1世が建立したが，たび重なる火事と地震で崩壊と増改築を繰り返した。6世紀前半には，ユスティニアヌス1世がモザイク壁画と大ドームに特色を持つビザンツ様式で建立した。1453年，オスマン帝国によりコンスタンティノープルが陥落すると，4本のミナレットなどが加えられてモスクに転用され，アヤ＝ソフィアと称されるようになった。

問(10)　**ジャムチ(站赤)**　チンギス＝ハンが導入し，次のオゴタイは一日行程の間隔で設置して宿舎・人員・馬を備えた駅を結ぶ駅伝網を整備した。そうしてこの駅伝路の起点となり，帝国の都となるカラコルムを造営した。使節，役人などの往来や貢物その他の物資の運搬の安全性・迅速さを確保し，帝国の巨大な領域の連絡を緊密にして，統一を確実なものとする意図があった。

問(11)　(ア)　**景教**　大秦景教ともいい，ネストリウス派キリスト教の中国での呼称である。431年のエフェソス公会議で異端と決定され追放された結果，東方に伝わり，ササン朝を経て唐に至った。太宗の時代の635年にペルシア僧のアラホン(阿羅本)達が伝え，布教が許された。781年には「**大秦景教流行中国碑**」が建立されたが，845年武宗が断行した**会昌の廃仏**(三武一宗の法難の一つ)に連座して景教も迫害され，中国本土では急速に衰退した。しかし，西北方の諸民族にはその信仰が維持され，その流れでチンギス＝ハン家でも多くの信者を出した。モンケ・フビライ・フラグ兄弟の母親も熱心な景教徒であったといわれる。元朝代には中国内にもまだ相当数の信徒がいたが，明朝代になるとキリスト教は禁止されて，景教徒も完全に消滅した。

(イ)　**エフェソス公会議**　皇帝テオドシウス2世の招集で431年にアナトリア(小アジア)のエフェソスで開催された公会議である。コンスタンティノープル主教ネストリウスがキリストにおける神性と人性の区別を明確にすべきだと主張したために，激し

い論争が起こった。結局，皇帝の裁可でネストリウスは追放され，ササン朝を経て中国に入り，(ア)の設問にあるように景教として栄えた。

　問(12)　トルコ人　イスラーム化したトルコ人が西進し，北東イランのホラーサーンに11世紀前半にトゥグリル＝ベクがセルジューク朝を建てた。1055年にバグダードに入城してシーア派イラン系のブワイフ朝を倒し，アッバース朝カリフからスルタンの位を受け，再びスンナ派政権となった。セルジューク朝のこの行動は，中央アジアにいた遊牧トルコ人の西アジアへの移住を促進した。彼らの多くはビザンツ帝国領のアナトリアへ侵攻し，1071年にマンジケルト(マラーズギルド)の戦いが行われた。ビザンツ帝国の敗北でトルコ人たちは「大挙してアナトリアへ流入する」ことになったのである。その結果，問(13)の設問にあるように，アナトリアにルーム＝セルジューク朝(1077〜1308)が成立することとなった。

　問(13)　ルーム＝セルジューク朝　アナトリアはビザンツ帝国領であったので，「ルーム(ローマ)」と称される。初めはその都をニカイア(現名イズニク)に置いたが，第1回十字軍の攻撃でコンヤ(イコニウム)に都を遷した。この時期にアナトリアのトルコ化とイスラーム化が進行し，都のコンヤにはモスクやマドラサが数多く建設された。13世紀にはモンゴル軍の侵攻を受け，以降イル＝ハン国に従属し，14世紀初頭には衰亡した。

〈アナトリア〉

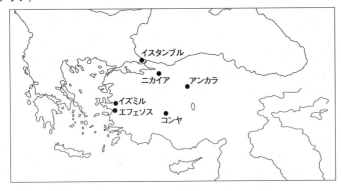

解答例

A
　a　冒頓単于　　b　拓跋　　c　平城　　d　北斉　　e　ウイグル
　f　耶律阿保機　　g　後唐
　(1)　八王の乱
　(2)　楽浪郡

(3)　鳩摩羅什

(4)　陶淵明(陶潜)

(5)　㋐　寇謙之　　㋑　柔然

(6)　都護府

(7)　大祚栄

B

h　フランチェスコ　　i　ルブルック(ルブルク)　　j　ルイ9世

k　バトゥ(抜都)　　l　モンケ　　　　　　m　カラコルム

n　イェルサレム王国

(8)　マムルーク朝

(9)　㋐　ラテン帝国　　㋑　聖ソフィア大聖堂(ハギア＝ソフィア聖堂)

(10)　ジャムチ(站赤)

(11)　㋐　景教　　㋑　エフェソス公会議

(12)　トルコ人

(13)　ルーム＝セルジューク朝

<u>III</u>

解説

問題文を読んでみよう！

　古代ギリシア，アテネの民主政の発展を問う論述問題である。世界史の基本を確実に学習し，長文論述を書く練習をしてきた学生にとっては高得点が得られる問題である。

　古代ギリシアの代表的なポリスであるアテネ(アテナイ)は，紀元前6世紀末からの約1世紀間に独自の民主政を築き，発展させ，さらにその混乱をも経験した。このアテネ民主政の歴史的展開について，その要点を300字以内で説明せよ。句読点も字数に含めよ。説明に当たっては，下記の2つの語句を適切な箇所で必ず一度は用い，用いた語句には下線を付せ。

民会　　衆愚政治

問題の中心テーマを確認しよう！

　要求されているテーマは，「アテネの民主政の歴史的展開」である。また，書くべき時期は「前6世紀末から1世紀間」である。ここを正確に捉えないと思わぬ失敗を

しないとも限らない。要求される時期は「前500年代の終わり頃から前400年代の終わり頃までの100年間」である。アテネの民主政の展開過程をすべて書くのではないことに注意しよう。

　さらに，問題への導入部分に「独自の民主政を築き，発展させ，さらにその混乱をも経験した」とあることにも注意を向けよう。導入の文には論述のヒントになることが書かれていることが多い。この部分の「民主政を築き」は誰のことを指しているのか，「発展させ」とはどういうことなのか，また「混乱を経験した」ということは何のことなのかを考えてみれば，論述の方向がはっきりと見えてくる。

　そして最後に，使用語句[民会]・[衆愚政治]の確認と，答案で下線を付すことを確認しておこう。

書くべきポイントを列挙してみよう！

　まず，①100年間の時期を縦軸にとって，その横にアテネの②歴史的経過を挙げてみよう。その際，[民会]と[衆愚政治]の二つの語句も入れて下線を引いておく。さらに列挙したポイントに，③必要と思われる説明を書きだしてみる。

①	②	③
前500年代末	クレイステネス	部族制度の改革 → 貴族政の打破
		陶片追放 → 僭主政の出現防止
		↓
		民主政の基礎を確立
前500年	ペルシア戦争開始	
前400年代前半	サラミス海戦	無産市民が軍船の漕ぎ手として活躍
		↓
		戦後に発言権が増大
前400年代後半	ペリクレス	民主政の完成
		民会が最高議決機関
		成人男性市民による直接民主政
		官職はほぼすべてが抽選（将軍職などは除く）
前400年代末	ペロポネソス戦争（対スパルタ）開始	
	ペリクレスの死	
		衆愚政治　扇動政治家の出現
		市民軍から傭兵軍へ

問題文の核心に迫ろう！

　アテネの民主政の発展は，前7世紀末のドラコンの法の制定から始まって，調停者ソロンの財産政治，ペイシストラトスの僭主政治を経て，クレイステネスの民主政の基盤の確立を説明するのが一般的だが，（字数の関係もあるのだろうが）このあたりはとばして，クレイステネスからペリクレスの死後までの経過を書かせるという時期設定が，京大らしい出題のしかたである。だからこそ，書くべき時期の把握と，そのポイントをはずさないようにしなければならない。とくに問題で「世紀」で示されているときは注意して，時期の誤解がないかどうかを必ず確認しよう。前6世紀末ということで，クレイステネスがすぐに思い出せたかどうか，このあたりの年代把握が最初の大きなポイントとなるだろう。

　クレイステネスの改革については，「血縁に基づく4部族制を，地縁共同体に基礎をおく10部族制」や「デーモス(区域)にもとづく10部族制」の改革と，僭主になる恐れのある人物を陶片に記して投票する「陶片追放(オストラキスモス)」の制度をあげればいいだろう。部族制の改革で貴族政治の地盤を打破し，陶片追放で僭主の出現を防止することで，民主政の基礎を築いた。

　ペルシア戦争(前500〜前449)については，ここでは戦争の詳しい経過は省いて，民主政の発展に大きな影響をもったサラミス海戦をとりあげておきたい。古代のアテネ(古代ローマも同様だが)では，武装を自費で整えることのできる(武装自弁)市民が重装歩兵として従軍し，そのことを背景に政治参加が次第に認められて，貴族政から民主政へと発展していった。したがって，市民であっても土地を持たず武装を自弁できない市民(無産市民)は政治に参加できなかった。しかし，ペルシア戦争でのサラミス海戦では，これらの無産市民が軍船の漕ぎ手として戦争に参加することができ，ギリシアを勝利へと導くことになったことから，前5世紀後半には無産市民にも参政権が認められることになる。

　ペリクレス時代の民主政の完成については「成年男子市民全員が出席する民会が国政の最高の決定機関」となったこと，また「将軍など一部をのぞき，一般市民から抽選で選ばれた任期1年の役人」が行政を担当したことをあげればいいだろう。民会が国家の最高決定機関となり，市民は貧富の差にかかわらず平等の参政権をもち(女性や奴隷は除外されたが)，またほとんどの官職が抽選で選ばれたことで民主政が完成した。

　しかし最盛期を築いたペリクレスの時代の末期に，アテネを盟主とするデロス同盟とスパルタを盟主とするペロポネソス同盟との間に，ペロポネソス戦争(前431〜前404)が開始され，アテネの混乱が始まった。優れた指導者であったペリクレスは，この戦争の開始直後に疫病によって亡くなったため(前429)，アテネの政治は混乱し，

利益誘導に固執する**扇動政治家**(デマゴーゴス)に操られる，いわゆる**衆愚政治**におちいった。衆愚政治が扇動政治家に操られた民主政の**堕落**した形態であることが書ければいいだろう。

　この問題は論述問題としては，「経過・展開過程」を書かせる基本的な問題であるが，基本的であればあるほど，300字という制限字数内で書くべきポイントを落とさないようにしたい。論述の練習の効果をもっとも端的にあらわすことのできるタイプの問題である。

解答例

前6世紀末クレイステネスは，血縁による部	1
族制にかえてデーモスに基づく部族制を創設	2
した。また僭主の出現防止のために陶片追放	3
の制度を定めて，民主政の基礎を確立した。	4
前5世紀に入るとペルシア戦争が始まり，サ	5
ラミス海戦でペルシア軍を撃破した。この戦	6
いで軍船の漕ぎ手として活躍した無産市民の	7
発言力が高まった。これを背景にペリクレス	8
のもとで，全ての成年男性市民からなる民会	9
が国政の最高決定機関となり，将軍職を除く	10
ほとんど全ての官職が抽選で選ばれるように	11
なって民主政が完成した。しかし前5世紀後	12
半，アテネとスパルタの間でペロポネソス戦	13
争が勃発し，ペリクレスが死去すると，扇動	14
政治家が現れて民主政は衆愚政治に陥った。	15

(300字)

Ⅳ

解説

A　宗教改革以降の宗派間の共存のための取り決め

　問(1)　(ア)　**ウェストファリア条約**　資料の下線部「1648年に締結された講和条約」の年代から判断できる。三十年戦争の終結のために，1645年からドイツのウェストファリア(ドイツ語ではヴェストファーレン)地方の都市ミュンスターとオスナブリュックとに分かれて講和会議が開かれ，1648年にウェストファリア条約が締結された。

　(イ)　**オランダ**(または**スイス**)　この会議の参加国はドイツの領邦国家も一国と数え

て，総計66国で，それまでのヨーロッパ史上最大の国際会議であった。この国際会議でスイスとオランダの独立が正式に承認された。

　問(2)　**1618年**　三十年戦争は1618年から始まって，1648年に終結した。

　問(3)　(ア)　**帝国内の諸侯は，その支配地域でカトリックかルター派のいずれかの宗派を選択できる。**

　資料の下線部「1555年の宗教和議」は，アウクスブルクの宗教和議である。ルターの宗教改革以降，カトリックと対立していたルター派（プロテスタント）はこの会議で公認された。神聖ローマ帝国内の諸侯はカトリックかルター派かのいずれかを採用できるが，領民はそれぞれの諸侯の宗派に従うという原則が確立された。個人の信仰の自由が認められたわけではなく，またカルヴァン派の権利も無視された。

　(イ)　**カルヴァン派**　アウクスブルクの宗教和議では公認されなかったカルヴァン派は，ウェストファリア条約でようやく認められた。

　問(4)　(ア)　**ヨーゼフ2世**　②の資料文は「ヨーゼフ2世の宗教寛容令」とよばれるもので，問題文にあるように1781年に公布されたものである。この年代と「啓蒙思想の影響を受けながらオーストリアの国力を強化しようとした」という設問文から，オーストリアの啓蒙専制君主と判断できる。彼の母であるマリア＝テレジアと混同しないように。

　(イ)　**ポーランド**　プロイセン国王とロシア皇帝の3国により分割されたのはポーランドである。この1772年の第1回ポーランド分割に参加したプロイセン国王はフリードリヒ2世で，ロシア皇帝はエカチェリーナ2世である。この後1793年にプロイセンとロシアの2国によって第2回分割が強行され，コシューシコの抵抗運動も失敗に終わった後，1795年には三たび3国で第3回目の分割が行われ，ポーランドは消滅した。

　問(5)　**審査法**　③の史料は，問題文に「1829年に成立した法律」とあるので，カトリック教徒解放法であることがわかる。このカトリック教徒解放法によって，1673年に制定された審査法以来，国教徒以外に公職への就任を禁止されていたカトリック教徒にも公職就任の機会が与えられた。

　問(6)　**アイルランド**　ケルト系のアイルランド人は古くからのローマ＝カトリック信仰を保持していたのに対し，アングロ＝サクソン系のイングランドでは国教徒が中心であった。1801年の合同法によって，アイルランドがイングランドに併合されても，審査法の規定によってアイルランド人の公職就任が認められないままであった。この宗教的差別に対して抗議運動が行われ，ようやく1828年に審査法が廃止された。しかしなおカトリック教徒の権利はかなり制約されていたので，アイルランド人のオコンネルらの運動によって，翌1829年にカトリック教徒解放法が成立し，カトリック教徒

の公職就任への道が開かれた。

B　イスラーム国家の成立から現代までの西アフリカとヨーロッパとの関係

　問(7)　金　北アフリカの地中海沿岸からサハラ砂漠を越えて西アフリカのニジェール川中流域にいたる交易では（「アフリカの古王国」の地図を参照），地中海世界の産物とサハラ砂漠で採取される塩が西アフリカに運ばれ，西アフリカ産の金と奴隷が地中海に運ばれた。設問文の「西アフリカからサハラ以北にもたらされた」に注意すること。

　問(8)　ムラービト朝　下線部の「11世紀にベルベル人が興したイスラム王朝」から判別できる。ベルベルという呼称は，ギリシア語のバルバロイ，ラテン語のバルバルス（文明化されていない人間を指す）に由来するともいわれる。11世紀にマラケシュを首都にして，モロッコに成立したのがムラービト朝である。12世紀には同じベルベル人のムワッヒド朝に代わるが，両王朝とも北アフリカ西部を支配するとともに，イベリア半島にも進出した。

　問(9)　マリ王国　ニジェール川流域では，8世紀以前から，サハラ縦断交易（問(7)）の中継拠点として，ガーナ王国が栄えていたが，11世紀後半にムラービト朝（問(8)）の攻撃をうけて征服された。これによってニジェール川流域とチャド湖周辺のイスラーム化が進んだ。このガーナ王国の後に成立したのがマリ王国（1240～1473），ソンガイ王国（1464～1591）である（「アフリカの古王国」の地図を参照）。設問の「14世紀に最盛期をむかえた王国」に注意しよう。

〈アフリカの古王国〉

　問(10)　**トンブクトゥ**　マリ王国やソンガイ王国でもサハラ貿易を管理して，イスラーム世界に大量の金を供給した。トンブクトゥはこの中継拠点として繁栄する一方で，イスラーム教の学術の中心地となった。

　問(11)　**ナスル朝**　イベリア半島では後ウマイヤ朝(756～1031)が滅ぶと，小王国が分立し，キリスト教徒によるレコンキスタ(国土回復運動)が次第に活発となった。11世紀にはムラービト朝が，ついで12世紀にはムワッヒド朝が半島に進出して，イスラーム世界の防衛にあたった。さらに13世紀，グラナダを首都にナスル朝が最後の王朝となったが，新たに成立したスペイン王国によって滅ぼされ，いわゆるキリスト教徒によるレコンキスタが完了(1492)した。

　問(12)　(ア)　**リヴァプール**・(イ)　**サトウキビ(甘蔗)**　16世紀からサトウキビを原料とする砂糖の生産が，ポルトガル領のブラジルで盛んとなり，17・18世紀を通じて，コーヒーや紅茶の普及とともに需要が激増して国際的な商品となった。その生産には多くの労働力が必要であったため，西アフリカからの奴隷の輸入と結びつく傾向が大きかった。18世紀にはイギリスのリヴァプールやフランスのボルドーなどから小火器(銃)や綿製品などが西アフリカに輸出され，そこで買い付けられた奴隷がアメリカにもたらされ，かわりに砂糖や綿花がヨーロッパに運ばれる大西洋三角貿易が活発となった(「奴隷貿易」の地図を参照)。設問は「イギリス北西部の都市」とあるのでリヴァプール。またプランテーションで栽培された「商品作物」はサトウキビである。うっかり「砂糖」としないこと。砂糖は製品(商品)である。

　問(13)　**ベニン王国**　下線部の「ギニア湾岸」，設問文の「現在のナイジェリア」や「ポルトガルとの奴隷貿易」で判断する。15世紀末にポルトガル人が訪れて以降，ヨーロッパ人と直接交易を行うようになった。ベニン王国では奴隷，コショウ，象牙などをヨーロッパ人のもたらす小火器(銃)と交換して，この小火器(銃)で北方の森林地帯へも奴隷狩りを拡大して繁栄した(「奴隷貿易」の地図を参照)。

〈奴隷貿易〉

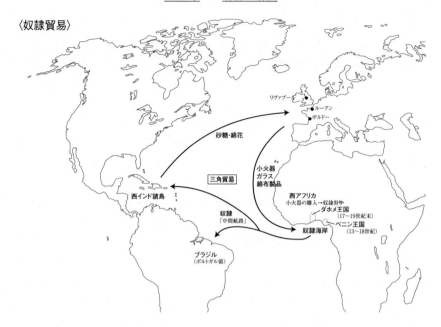

問(14)　(ア)　**モロッコ**　タンジール事件が第1次モロッコ事件(1905)，アガディール事件が第2次モロッコ事件(1911)で，いずれもフランスの勢力範囲とされていたモロッコにドイツが進出しようとして起こった事件である。最終的には1912年の協定でモロッコはフランスの保護下に入った。

　(イ)　**リベリア(共和国)**　第一次世界大戦までに，アフリカはヨーロッパ諸国によって「分割」され植民地となった。植民地化されずに独立を保ちえたのは，東のエチオピアと「西アフリカ」のリベリアの2カ国のみであった。

C　経済・文化面での世界の一体化

問(15)　**グローバリゼーション(グローバル化)**　グローバリゼーションという用語が頻繁に用いられるようになったのは1980年代に入ってからで，その背景には，設問文にあるように「情報技術の革新」によって，国境をこえた経済的・政治的あるいは文化的・社会的な相互依存・交流が拡大したことがある。

問(16)　**ブレトン＝ウッズ体制**　第二次世界大戦後，アメリカ合衆国の圧倒的な経済力のもとで，国際金融の不安定制をなくすしくみとして国際通貨基金(IMF)，戦後の復興と開発のために国際開発復興銀行(IBRD)が構想された。この合衆国のドルを中心とした国際経済体制を，この構想が話し合われた会議(1944)の場所の名をとってブ

レトン＝ウッズ体制とよんでいる。ブレトン＝ウッズはニューハンプシャー州北部の小さな保養地である。

問(17)　**改革開放(改革開放政策)**　設問文の「中国の市場経済化」で判断できるだろう。1976年に周恩来が死去し，続いて毛沢東も死去した。その後鄧小平が実権を握って，工業・農業・国防・科学技術の「四つの現代化」政策に取り組むとともに，経済の開放と自由化を推進した。外資の導入や国営企業の民営化などの市場経済の導入を改革開放(政策)とよんでいる。

問(18)　**中距離核戦力(INF)全廃条約**　1985年にソ連の書記長に就任したゴルバチョフは，ペレストロイカ(改革)，グラスノスチ(情報公開)を掲げてソ連経済の立て直しを進めた。一方で，新思考外交をとなえて軍縮にも努力し，1987年にアメリカのレーガン大統領との間に中距離核戦力(INF)全廃条約を締結した。

問(19)　**世界貿易機関(WTO)**　GATTとは「関税と貿易に関する一般協定」のことである。戦間期の世界恐慌期に各国が保護関税政策をとって，ブロック経済に入ったことがファシズム国家の台頭を生み，ひいては第二次世界大戦勃発の要因となったという反省から，戦後は自由主義の原理に立った貿易秩序の構築を目指して1947年に発足した機関である。1994年のウルグアイ＝ラウンド(GATTが主催した第8回一般関税交渉の通称)をうけて，1995年に世界貿易機関(WTO)として発展改組した。

問(20)　**ワトソン・クリック**　ワトソンはアメリカの，クリックはイギリスの分子生物学者。クリックはワトソンとともにDNAの二重らせん分子構造モデルを完成して，1953年に『ネイチャー』誌に発表した。刷り上がり1ページにまとめられた最初の論文は，その短さにもかかわらず，ダーウィンの『種の起源』とならんで，生物学史上最も影響力の大きい論文と称された。この業績により1962年，クリックはワトソンとともにノーベル生理・医学賞を受賞した。

問(21)　**ラジオ**　1920年代のアメリカ合衆国は，「永遠の繁栄」とよばれる未曾有の経済的繁栄を謳歌した。この時代に大量生産・大量消費を特徴とする「アメリカ的生活様式(American way of life)」が成立し，大衆文化も普及した。これまで劇場やコンサートホールに行く必要があった劇や音楽が，ラジオや映画，レコードで楽しめるようになった。ラジオの世界最初の正式放送は1920年11月2日，アメリカ，ペンシルヴェニア州ピッツバーグのある局が行ったハーディング大統領の選挙報告だとされている。21年にはフランス，22年イギリス，ソ連，23年ドイツ，ベルギー，24年イタリア，そして25年に日本で正式放送がはじまった。

問(22)　(ア)　**持続可能な開発**　国連環境開発会議は，地球環境問題に人類社会が初めて取り組んだ1972年6月の国連人間環境会議(通称ストックホルム会議)から20周年を

記念して，1992年にブラジルのリオデジャネイロで開かれた20世紀最大規模の国連会議である。正式名称は「環境と開発に関する国連会議」で，通称を「地球サミット」という。この会議で確認され，その後の環境問題への取組みの基調となる概念は「持続可能な開発(sustainable development)」であった。

(イ)　京都議定書　局地的な環境破壊に加えて，地球全体に影響を与えかねない問題として，1980年代後半からオゾン層の保護の問題や地球温暖化の問題が注目されるようになり，さまざまな国際会議が開催された。1992年にブラジルのリオデジャネイロでの国連環境開発会議(問㉒の(ア)参照)で，「気候変動枠組み協定」が採択され，これに基づき，1997年に京都市の国立京都国際会館で開かれた第3回気候変動枠組み条約締約国会議(地球温暖化防止京都会議，COP3)で，具体的な温室効果ガス削減目標を定めることを採択したのが通称，京都議定書である。

問㉓　ルワンダ　設問文の「1962年にベルギーから独立」と「1990年代前半に内戦が勃発」からルワンダを判断するのは難しい。現在のルワンダは，第一次世界大戦終結までドイツ植民地であり，ドイツの敗北でベルギー支配となり，1962年に独立した。その後ツチ族による支配が続くが，独立前後からフツ族の抵抗が激しさを増し，1973年にクーデターを起こして，多数派のフツ族が政権を握り少数派のツチ族を支配した。1990年には，ツチ族がルワンダ愛国戦線を組織してルワンダ内戦が起こった。いったん和平合意に至るが，1994年4月に再び対立が生じた。国際連合が介入して停戦にいたったが，政府軍と暴徒化したフツ族によって，7月までのおよそ100日間に80万人から100万人のツチ族と穏健派フツ族が殺害されたと見られている。また大量の難民が周辺国に流れ込み，国際問題となった。

解答例

A

(1)　(ア)　ウェストファリア条約　　(イ)　オランダ(あるいはスイス)

(2)　1618年

(3)　(ア)　帝国内の諸侯は，その支配地域でカトリックかルター派のいずれかの宗派を選択できる。

　　　(イ)　カルヴァン派

(4)　(ア)　ヨーゼフ2世　　(イ)　ポーランド

(5)　審査法

(6)　アイルランド

B

(7)　金

(8)　ムラービト朝

(9)　マリ王国

(10)　トンブクトゥ

(11)　ナスル朝

(12)　(ア)　リヴァプール　　(イ)　サトウキビ(甘蔗)

(13)　ベニン王国

(14)　(ア)　モロッコ　　(イ)　リベリア(共和国)

C

(15)　グローバリゼーション(グローバル化)

(16)　ブレトン＝ウッズ体制

(17)　改革開放(改革開放政策)

(18)　中距離核戦力(INF)全廃条約

(19)　世界貿易機関(WTO)

(20)　ワトソン・クリック

(21)　ラジオ

(22)　(ア)　持続可能な開発　　(イ)　京都議定書

(23)　ルワンダ

解答・解説

I

解説

問題文を読んでみよう！

まずは問題を検討してみよう！

> 　中国の歴代王朝は北方民族の勢力に悩まされ続けてきた。自らの軍事力のみでは北方民族に対抗できなかったので，さまざまな懐柔策や外交政策を用いて関係の安定を図ってきた。歴代の王朝が用いた懐柔策や外交政策について，紀元前2世紀から16世紀に至るまで，できるだけ多くの事例を挙げて300字以内で説明せよ。

問題の中心となるテーマを確認しよう！

　時期は「紀元前2世紀から16世紀まで」。説明しなければならないことは，「歴代中国の北方民族に対する懐柔策や外交政策」である。さらに「できるだけ多くの事例を挙げ」ることが要求されている。各時代・各王朝ごとに中国に脅威を与えた北方民族を列挙して，それに対する中国の歴代王朝の諸政策をどれだけ考えつくことができるだろうか？　まず，できるかぎりの事項を書き出してみよう。教科書を徹底して調べることである。

書くべきポイントを列挙してみよう！

前2世紀　前漢　高祖　前200　白登山の戦いで匈奴の冒頓単于に大敗

→以後，和親策に

　　　　　　　　武帝　高祖以来の対匈奴和親策から**積極策に転換**

　　　　　　　　　　　張騫を匈奴挟撃の目的で大月氏へ派遣

　　　　　　　　　　　衛青（えいせい）・霍去病（かくきょへい）らを匈奴遠征に派遣

　　　　　　　　　　　（この2人の名は最近の教科書にはほとんど掲載されていないが）

後1世紀　後漢　光武帝　南匈奴を服属させる

　　　　　　　　　　班超が北匈奴征討に従軍・西域都護に

　　　　　　　　　　長城地域で南匈奴に**経済援助**→北辺防衛の傭兵に

〈3世紀〜　　三国時代→西晋→五胡十六国時代／東晋→南北朝時代〉

6世紀	隋	文帝	**突厥の東西離間策**→東西突厥に分裂
7世紀	唐	太宗	東突厥を服属させる→**羈縻政策**（族長に自治を容認）
		高宗	西突厥を滅ぼす
8世紀		玄宗	安史の乱の鎮圧にウイグルが支援

絹馬貿易→ウイグルの侵攻に対して

10世紀　五代十国　　契丹は後晋から建国支援の代償に燕雲十六州を獲得

11世紀　北宋　　燕雲十六州をめぐり契丹の遼と対立→1004　澶淵の盟

（宋を兄，遼を弟として毎年銀・絹をおくり，国境は現状維持）

12世紀　　女真の金による靖康の変で北宋滅亡→南宋に

南宋　　高宗　1142　紹興の和議

（金に臣下の礼をとり，毎年銀・絹をおくり，淮河を国境に）

13世紀　元　　　　中国全土がモンゴルの支配下に

14世紀　明　洪武帝　　元を北に駆逐し，北元を滅ぼす

永楽帝　　オイラト・タタールに対してモンゴル親征

15世紀　　正統帝（英宗）　1449　土木の変（オイラトのエセン＝ハンにより捕囚）

16世紀　　1550　庚戌（こうじゅつ）の変（タタールのアルタン＝ハンの北京包囲）

1570　張居正が和議を結ぶ→アルタン＝ハンに順義王の称号を与える

問題文の核心に迫ろう！

　以上のような事項が把握できたら何を書くべきか，改めて考えてみよう。

　前2世紀初めに，前漢の高祖が匈奴の冒頓単于に大敗したことは教科書にも簡単に記載されている。それが白登山の戦いであるという名称を知らなくても，対匈奴「消極策」になったことは，不可欠である。武帝はそれに反発して積極策に出たのである。その結果，匈奴は前1世紀に東西に分裂し，また前漢も武帝の大遠征によって経済が悪化し，衰退につながっていくのである。後漢については山川出版社の詳説世界史に「匈奴が紀元後1世紀半ばに南北に分裂したのち，南匈奴のなかには中国内地に移住するものが増えた。……後漢などの王朝のもとで傭兵として活躍していたが……」とあり，また帝国書院の高等世界史B（ただし，2007年度から廃版となってしまったが）には「南匈奴は後漢に臣属して長城地帯で後漢の経済援助を受け，その北辺防衛部隊に変身した」とある。

　魏晋南北朝の混乱期には北方民族自体が中国内地に政権をたてているので，すぐに隋唐に移行してよいだろう。隋唐といえば，まずは**突厥**対策，それから8世紀以降のウイグル対策となる。東京書籍の世界史Bには「ウイグルは安史の乱の際には唐に援

軍を送るなど強勢を誇り，9世紀はじめにはモンゴル高原から中央アジアまでを支配して，西方の馬を有利な条件で唐の絹と交換した」とある。唐滅亡後はモンゴルの契丹が台頭して，燕雲十六州問題が浮上する。北宋は文治主義をとった結果，軍事力が劣勢となり，遼や西夏に敗北することとなる。この際，「北方民族」という条件から，北西にある西夏ははずした方がよいだろう。いずれにしても，北宋は絹や銀をそれぞれに歳幣としておくことになり，ついには**女真の金**によって滅ぼされた。南宋は金に臣下の礼をとり，歳貢として絹・銀をおくるなどの屈辱的な和議を結び，ついにはモンゴルにより滅亡する。

　モンゴルの元の支配の後に明が成立すると，洪武帝が北元を倒し，モンゴル高原では東部のタタール，西部のオイラトが台頭した。永楽帝はモンゴル親征を繰り返したが，永楽帝の死後は1449年の土木の変や1550年の庚戌の変（この用語は教科書には記載されることが少ないので，「タタールのアルタン＝ハンの北京包囲」と記せばよいだろう）に悩まされることとなる。隆慶帝（万暦帝の父）代末期の1570年に張居正が和議を結び，アルタン＝ハンに順義王の称号とともに貿易の特権を与えた（ただし，これも教科書には記載されていないことが多いので，特に現役の受験生には把握しにくい情報だろう）結果，17世紀に建州女真が台頭するまでの僅かな期間，ようやく北方の安定を得たのである。

過去問を検討してみよう！

　中国の北方民族史関連が出題されたのは，1995年の「明朝の対モンゴル政策」と2002年の「7～9世紀のモンゴル高原・チベット・雲南地方」と過去に2回だけで，意外に少ない。今後もまだ漢民族との関連で出題される余地はおおいにある。中国通史を軸にするだけではなく，モンゴル高原などを主軸にした通史を改めて学習し直しておこう。

解 答 例

前漢の高祖は匈奴に敗北して和親策をとった	1
が，武帝は積極策に転じ，挟撃を図って張騫	2
を大月氏へ派遣した。後漢は南匈奴を服属さ	3
せ，経済援助を行い，北辺の傭兵とした。隋	4
は離間策で突厥を東西に分裂させ，唐は服属	5
した突厥に自治を認め，侵入を繰り返すウイ	6
グルには絹馬貿易で懐柔した。北宋は燕雲十	7
六州をめぐり対立した契丹の遼と澶淵の盟を	8

，南宋は華北を占領した女真の金と紹興の和　9
議を結び歳幣を約し，南宋は金に臣従した。　10
元を駆逐した明は，モンゴルの北元やオイラ　11
ト・タタールに対し積極策で臨んだ。土木の　12
変で正統帝がオイラトのエセン＝ハンに捕ら　13
えられると消極策に転じ，北京を包囲したタ　14
タールのアルタン＝ハンとは和約を結んだ。　15

(300字)

Ⅱ

解説

A　トルコ民族の興亡

　問われているのは極めて基本的な歴史用語なので，受験生には取り組みやすかったのではないか，と思われる。しかし，中央アジアや西アジアに苦手意識を持つ人には苦痛であったろう。点差が大きく開くことになりかねない問題であることは確かなので，しっかりと学習しておこう。

　空欄a　**キルギス**　トルコ系キルギスは840年にウイグルの内紛と天災に乗じて攻撃してこれを滅ぼし，中央アジアのトルコ化の契機とした。13世紀にはモンゴルの支配を受け，後にコーカンド＝ハン国やロシア・ロマノフ朝の支配を経て，大部分がスンナ派のイスラーム教徒で成り立っている現在のキルギス共和国となる。それと国境を接している中国の新疆のキルギス自治州を中心とする地域には現在16万人ほどの人々が住んでいる。

　空欄b　**カラハン**　中央アジアを支配したトルコ系初のイスラーム王朝であるカラハン朝では，チュー河畔のベラサグンを拠点に，10世紀半ば以降トルコ人のイスラーム化が進み，999年にはブハラを占領してイラン系サーマーン朝を滅ぼした。しかし内部抗争のため，11世紀半ばには東西に分裂し，それぞれがセルジューク朝，次いでカラキタイ(西遼)の支配を受け，13世紀初めに西カラハン朝はホラズム＝シャー朝により，また東カラハン朝はナイマン部のクチュルクにより滅ぼされた。

　空欄c　**セルジューク**　トルコ系スンナ派のセルジューク朝では，族長セルジュークの甥のトゥグリル＝ベクが，11世紀半ばにバグダードに入城してアッバース朝カリフからスルタンの称号を受けた。第2代スルタンのアルプ＝アルスラーンは1071年のマンジケルト(マラーズギルド)の戦いでビザンツ帝国軍を撃破し，帝国領のアナトリア(小アジア)侵攻

で十字軍の遠因をつくった。第3代スルタンのマリク＝シャーの時代が最盛期で，この二代のスルタンに仕えたイラン人宰相のニザーム＝アルムルクはバグダードなどにニザーミーヤ学院を創設し，天文学のウマル＝ハイヤームや神学のガザーリーを教授として招いて，スンナ派神学・法学の振興と，国家のための人材養成機関とした。

　空欄d　アイユーブ　ファーティマ朝の宰相であったクルド人のサラーフ＝アッディーンが確立したスンナ派の王朝である。十字軍対策のためにマムルークを多く採用した結果，1250年にマルムーク軍のクーデタによって王朝は滅ぶにいたった。

　空欄e　サマルカンド　現在は中央アジアのウズベキスタン共和国にある都市である。前4世紀のアレクサンドロス大王の時代にはマラカンダ，後5世紀以降の中国人には康国などの名で知られる。その中心となる住民がソグド人であった。また，9〜10世紀のサーマーン朝の時代にイスラーム化が完成した。13世紀のモンゴルの侵入によって荒廃したが，14〜15世紀にティムール朝の首都となると大いに繁栄した。16世紀以降ウズベク人のブハラ＝ハン国の支配下に入り，1868年にロシアに征服され，その領土に編入された。

　空欄f　キプチャク　チンギス＝ハンの長子ジュチの子バトゥによって，ヴォルガ下流のサライを都として創設された。征服者のモンゴル人は少数であったため，統治下のトルコ人の影響をうけて急速にトルコ化した。最盛期のウズベク＝ハン（位1313〜40）はイスラーム教を国教とし，新サライを都と定めて商業・手工業を振興した。しかし，14世紀末にティムールの侵入をうけて国力は急速に衰退していき，15世紀には支配領内からシビル＝ハン国やクリム＝ハン国などの各ハン国が次々に独立し，16世紀初めに滅亡した。

　空欄g　スレイマン1世　オスマン帝国第10代のスルタンで，最盛期を現出したスレイマン1世（位1520〜66）は，帝国内の法制，行政機構，軍制や公共事業を充実させ，立法者（カーヌーニー）とも呼ばれる。また，帝国領土はアジア・アフリカ・ヨーロッパ3大陸にまたがり，1529年の第一次ウィーン包囲で神聖ローマ帝国皇帝カール5世を苦しめ，フランスのフランソワ1世と同盟し，プレヴェザの海戦の勝利で地中海の制海権を掌握したことでも知られる。

　空欄h　カルロヴィッツ　カルロヴィッツ条約は，オーストリア・トルコ戦争で大敗を喫したオスマン帝国がオーストリア・ロシア・ヴェネツィア・ポーランドと1699年1月に結んだ講和条約である。この条約で，オスマン帝国はオーストリアにはハンガリー中央部やトランシルヴァニアなどを，ポーランドにはドニエプル川右岸のウクライナなどを，ヴェネツィアにはダルマツィア沿岸地方などを，ロシアにはアゾフ海を含むドン川河口地帯を割譲した。これがヨーロッパからオスマン帝国が後退する端緒となった。

　問(1)　**スキタイ**　ヘロドトスの記述で有名な騎馬遊牧民族のイラン系スキタイは，前6世紀から前3世紀にかけて，カルパチア山脈からドン川にいたる黒海北方の草原地帯に居住して強大な遊牧国家を建設した。匈奴はその影響を受けて強大化し，前3世紀にはスキタイ式の軍事集団化をほぼ完了したといわれる。

　問(2)　**ソグド人**　中央アジアのソグディアナ地方のイラン系ソグド人は内陸アジアの国際商人として活躍し，ビザンツ帝国から唐の長安までその足跡は及んだ。また，東方のウイグルなどにはソグド文字やマニ教を伝えた。

　問(3)　**ファーティマ朝**　909年にチュニジアで成立したシーア派(イスマーイール派)の王朝で，アッバース朝カリフに対抗して(中)カリフを称した。エジプトを征服して新都カイロを建設し，アズハル学院を創設した。インド洋―紅海―地中海を結ぶ海上貿易で，ファーティマ朝は大きな利益をあげて繁栄したが，十字軍の侵入で領域は縮小し，12世紀後半にはサラーフ＝アッディーンが宰相となって実権を握り，1171年最後のファーティマ朝カリフの死によって王朝は滅亡した。

　問(4)　**イル＝ハン国**　チンギス＝ハンの末子トゥルイの第3子のフラグが，アッバース朝を滅ぼして建国した。フラグの曾孫である第7代ガザン＝ハンは宰相にラシード＝アッディーンを起用してペルシア語で『集史』を編纂させた。またイスラーム教に改宗して国教とし，イラン人との融和をはかり，イラン＝イスラーム文化を成熟させた。しかし，14世紀前半にフラグの直系が絶え，その後の混乱の中でティムールがイル＝ハン国の領土を併合した。

　問(5)　(ア)　**アドリアノープル(エディルネ)**　アドリアノープル(エディルネ)は2世紀初めに，ローマのハドリアヌス帝によりハドリアノポリス(アドリアノープル)として古い都市が再建された。14世紀半ばにオスマン帝国の支配下に入り，1453年のビザンツ帝国滅亡までオスマン帝国の首都であった。第一次世界大戦後ギリシア軍が占領したが，1923年ローザンヌ条約によってトルコ領として復帰した。

　(イ)　**イェニチェリ**　イェニチェリはトルコ語で「新しい兵士」を意味する，オスマン帝国の常備歩兵とその軍団のことである。14世紀後半以降，オスマン帝国のバルカンの領土が拡大する中で，新たな戦力の補給とバルカン諸民族の同化政策とを兼ねて創設された。16世紀末までは，軍の精鋭として帝国の発展に貢献したが，17世紀以後は軍紀が乱れ，たびたび暴動を起こした。そのため，18世紀末以後の帝国軍隊の西欧化改革の進展の中で，マフムト2世によってついに1826年に廃止された。

　問(6)　**ミッレト**　ミッレトはオスマン帝国で公認された非トルコ系非イスラーム教徒の宗教共同体のことである。ギリシア正教徒，アルメニア教会派，ユダヤ教徒の三大ミッレトがとくに重視された。ミッレトは納税などに責任を負い，大幅な自治権を

認められており，その住民は自己の宗教と伝統文化の中で比較的平穏に生活できた。アラブ人のカリフが支配していた時代に，ジンミー（異教徒従属民）に適用された制度を継承し，最大限に活用したとされる。

B　19世紀のヨーロッパ列強の中国・東南アジアへの進出

　イギリスなど列強のアジア進出，という典型的な問題である。従来は中国一国に限られた問題が多かったが，19世紀半ばの同時代史的な問題も出題された。新傾向ということで注目に値する。今後もこういう形式で出題される可能性が大きい。同時代の歴史地図や年表を横に確認するクセもつけておこう！

　空欄 i　綿（木綿）　イギリス産業革命の中心となったのは綿製品である。19世紀初頭にはインドへイギリス綿製品を，中国へはインド産アヘンを，イギリスへ中国茶をという三角貿易が行われており，これがアヘン戦争の背景となる。しかし，問題文にあるように，戦後もイギリス綿製品の輸出量が伸びなかったため，1856年に第2次アヘン戦争，つまり，アロー戦争を起こしたのである。

　空欄 j　内地旅行　アヘン戦争の結果の諸条約（南京条約・虎門寨追加条約）では外国人の内地旅行の自由は認められず，アロー戦争の結果の天津条約・北京条約でようやく認められた。

　空欄 k　天津　1856年に勃発したアロー戦争で，イギリス・フランス軍が天津を占領すると，1858年に天津条約が結ばれた。しかし，清の批准拒否から再び英仏軍が出兵して北京を占領し，円明園を略奪し破壊するなどの行為を行った結果，1860年の北京条約の締結に至った。なお，天津条約には他に，1884年の朝鮮の甲申政変の結果，日清間で締結されたものや，清仏戦争の結果のものがある。

　空欄 l　朝貢　古来，中国では対等で自由な国際外交・互恵貿易の観念に乏しかった。国の民が皇帝に貢物をするように，中国との外交を望む諸外国は，中国側が定める儀礼と貢物を納めれば，希望に応じた位階や文物と十分な返礼が与えられるという形式が，実質的な貿易形態であった。

　空欄 m　ミャンマー（ビルマ）　イギリスとミャンマー（ビルマ）のコンバウン朝との間で，3次にわたるビルマ戦争が行われた。第1次は1824〜26年に，第2回は1852〜53年に，第3回は1885〜86年に行われ，イギリスは国王を捕らえ，全国土がイギリス領とされ，インド帝国に併合された。

　空欄 n　ラオス　ラオスは周囲の強力なビルマ，タイ，ベトナムの圧迫を受け，国土も侵食されていた。19世紀後半からフランスはカンボジアやベトナムの阮朝を保護

国化し，フランス領インドシナ連邦を1887年に形成した。次いで1893年にフランスはタイに圧力をかけて条約を結び，ラオスに対するフランスの保護権を承認させて，1899年ラオスをフランス領インドシナに編入したのである。

空欄 o　コ(ホ)ーカンド　今年は中央アジア関係史がA・Bともによく出されているが，Aとも関わりがあるので，改めて地図も確認しておいてほしい。

キプチャク＝ハン国領内のウズベク人が，シャイバニ朝を形成し，1507年にティムール朝を滅ぼした。その後，ブハラ(ボハラ)＝ハン国や，また別の一派は，16世紀初頭ホラズムにヒヴァ＝ハン国を建設し，18世紀初頭には，フェルガナを中心にコ(ホ)ーカンド＝ハン国が建国された。しかし，やがて3ハン国はロシアの侵入を受けてブハラ＝ハン国が1868年に，ヒヴァ＝ハン国は1873年にそれぞれ保護国とされ，コーカンド＝ハン国は1876年に併合された。

問(7)　**アヘン戦争**　欽差大臣林則徐の広州でのアヘン厳禁策に対して，1840年，イギリス政府が外交と貿易の打開策として起こした戦争である。イギリス軍は広州，厦門(アモイ)などを攻略し，さらに寧波(ニンポー)や上海などを占領して，ついに清は敗北し，道光帝は和議に応じて1842年南京条約を結んだのである。

問(8)　**クリミア戦争**　フランス皇帝ナポレオン3世が聖地イェルサレムにおけるカトリック教徒の特権をトルコに認めさせた。それに対して，ロシア皇帝ニコライ1世がトルコ領内におけるギリシア正教徒の権利の回復を要求したが，トルコが拒否したため1853年に開戦となった。トルコ側にはイギリス，フランスが54年に，さらにサルデーニャが55年に支援した。黒海沿岸のロシア最大の要塞セヴァストーポリが55年8月末に陥落し，ニコライ1世の急死と相俟って，ロシアの黒海支配の終わりとその敗北を決定づけたのである。

問(9)　**1856年**　クリミア戦争に敗れたロシアはオーストリア・プロイセンの調停によって1856年3月パリ条約を結んだ。この結果，ロシアの南下政策は挫折し，約20年ほどはヨーロッパの安定が図られた。

問(10)　**シパーヒーの反乱(インド大反乱)**　1857年5月10日デリー北方のメーラトで，イギリス東インド会社の傭兵シパーヒーがイギリスの支配に反抗して蜂起したことから始まった。ムガル帝国最後の皇帝バハードゥル＝シャー2世を擁立し，また旧来の支配層の一部や農民，商工業者らも参加したため，**全民族的な対英抵抗運動**となった。しかし，イギリスの反撃の中で1858年にムガル帝国は滅亡し，東インド会社は解散となり，59年にようやく反乱は鎮圧された。

問(11)　**南京**　1851年，上帝会の洪秀全を指導者として蜂起した太平天国軍は，1853年に南京を占領して天京と改称して都とした。問題文は「現在の名称」を求めている。

落ち着いて解答すること。

　問⑿　**総理各国事務衙門（総理衙門）**　総理各国事務衙門（総理衙門）は1861年に設立された外交事務官庁で，アロー戦争末期に外交を専門とする中央組織が必要となり，内外からの要請で設立された。その初代首席は恭親王で28年間，次いで慶親王が12年間務め，1901年の北京議定書で総理衙門は廃止された。

　問⒀　**大韓帝国**　大韓帝国は1897年10月に朝鮮王朝（李朝）が改めた国号である。高宗が皇帝に即位し，国号を大韓，年号を光武と定め，自主独立の国家であることを示した。しかし，3次の日韓協約で日本の保護国となり，1910年8月の韓国併合で滅亡した。

　問⒁　**北京議定書（辛丑和約）**　北京議定書（辛丑和約）は1901年9月に義和団事件（1900～01）の結果調印されたものである。清朝と11カ国（イギリス・アメリカ・ドイツ・フランス・ロシア・日本・イタリア・オーストリアの8カ国に加えてスペイン・オランダ・ベルギー）との間で，多額の賠償金のほか，外国軍の北京駐兵権を認めることとなった。これによって中国の半植民地化がほぼ決定的となったのである。

解答例

A

　a　キルギス　　b　カラハン　　c　セルジューク　　d　アイユーブ
　e　サマルカンド　　f　キプチャク　　g　スレイマン1世
　h　カルロヴィッツ
　⑴　スキタイ
　⑵　ソグド人
　⑶　ファーティマ朝
　⑷　イル＝ハン国
　⑸　㋐　アドリアノープル（エルディネ）　　㋑　イェニチェリ
　⑹　ミッレト

B

　i　綿（木綿）　　j　内地旅行　　k　天津　　l　朝貢
　m　ミャンマー（ビルマ）　　n　ラオス　　o　コーカンド（ホーカンド）
　⑺　アヘン戦争
　⑻　クリミア戦争
　⑼　1856年
　⑽　シパーヒーの反乱（インド大反乱）

⑾　南京

⑿　総理各国事務衙門（総理衙門）

⒀　大韓帝国

⒁　北京議定書（辛丑和約）

Ⅲ

解説

問題文を読んでみよう！

戦後の米ソの二極体制から多極化への変化を考えさせる論述問題である。

> 　第二次世界大戦後の世界は，アメリカ合衆国とソヴィエト社会主義共和国連邦（ソ連）がそれぞれ資本主義圏と社会主義圏の盟主として激しく対立する，いわゆる二極時代で幕が開いた。だが1950年代半ばになると二極構造に変化がきざし，1960年代以降，その変化は本格的なものになった。1960年代に世界各地で起きた多極化の諸相を，300字以内で具体的に説明せよ。

問題の中心テーマを確認しよう！

要求されている中心テーマは，「1960年代に世界各地で起きた多極化の諸相」を述べることである。多極化とはどういうことを指すのだろう。問題文の前半を見てみよう。論述問題では導入の文は決して読み流してはいけない。出題者はこの導入文に，書くべきことの的を絞らせ，解答の方向を指し示すことが多いからだ。またそれは，実際に論述する際の重要なヒントになることも多い。

問題文の前半をすこし言い換えてみると，「戦後世界は資本主義圏の盟主アメリカと，社会主義圏の盟主ソ連の二極構造で始まったが，1950年代に変化し始め，1960年代に本格的に変化した」ということになる。すなわち，1950年代から1960年代には資本主義と社会主義の二極構造がくずれて，二極が三極に，あるいは四極にと多極化していったので，その出来事について考えてみよということである。

書くべきポイントを列挙してみよう！

問題の要求である「1960年代の世界各地で起きた諸相（出来事）」を，「変化のきざしがみえた1950年代」も視野に入れてとりあえず挙げてみる。ふだんの学習で得た知識をとにかくそれぞれの時期にあわせて書きだしてみよう。年代はあやふやでもあまり気にしないで。

(1)まず1950年代では

　サンフランシスコ講和　→　日本の主権回復(1951)

　スターリン死去(1953)

　ジュネーブ会議開催　→　インドシナ休戦協定(1954)

　周・ネルー会談(1954)

　ジュネーブ四巨頭会談(1955)

　スターリン批判(1956)　→　ハンガリーとポーランドで反ソ暴動

　　　　　　　　　　　　　→　中ソ論争の契機

　第2次中東戦争(1956)

　EEC発足(1958)

　ド＝ゴールのフランス第五共和政(1958)

　キューバ革命(1959)

(2)1960年代の出来事

　1960　中ソ論争の公然化 → アルバニア・ルーマニアのソ連離れへ

　　　　フランスの核開発

　1961　ベルリンの壁を構築

　　　　非同盟諸国首脳会議(ベオグラード)

　1962　キューバ危機

　　　　中印国境紛争

　　　　アルジェリアの独立(ド＝ゴールの第五共和政下)

　1963　部分的核実験停止条約の締結(米英ソ:仏と中は反対) → 中ソ関係悪化

　　　　アフリカ統一機構(OAU)成立

　1964　フランスの中国承認

　1965　ベトナム戦争(アメリカの北爆開始)

　　　　日韓基本条約締結

　1966　フランスのNATO脱退(軍事部門で)

　　　　中国の文化大革命開始

　1967　ECの発足(ECSC・EEC・EURATOMで)

　　　　第3次中東戦争勃発

　1968　チェコ「プラハの春」をソ連が弾圧

　1969　中ソ国境紛争

┌──────────────────────┐
│ 問題文の核心に迫ろう！ │
└──────────────────────┘

　上に書きあげた1960年代の出来事を，問題の要求「米ソの二極から，多極化への変化」について必要なものをとりあげてみる。一つの極である資本主義圏の盟主アメリカの体制から離れようとする（アメリカ離れ）出来事と，もう一つの極である社会主義圏の盟主ソ連から分離しようとする出来事（ソ連離れ）を探ってみる。その「変化のきざしは1950年代から」あるはずなので，そこにも注意して。それ以外のもの，ここでは第三世界（第三勢力）のことは，思い切って捨てよう。

(1)資本主義圏での多極化

　　　　［1950年代］　　　　　　　　［1960年代の多極化の諸相］
　　　　EECの成立　　　　　　　→　ECの発足 → フランス・西ドイツを中心とする独自の経済圏の構築

　　　　ド゠ゴールの第五共和政　→　核開発・中国承認・NATO脱退（アメリカ離れ）

　　　　日本の主権回復　　　　　→　日本の高度経済成長 → 経済大国に

(2)社会主義圏での多極化

　　　　［1950年代］　　　　　　　　［1960年代の多極化の諸相］
　　　　キューバ革命　　　　　　→　キューバ危機
　　　　　　　　　　　　　　　　　→　部分的核実験停止条約の締結（米・英・ソ）
　　　　　　　　　　　　　　　　　→　ソ連の対米接近に中ソ対立が激化
　　　　　　　　　　　　　　　　　　　フランスも反対

　　　　スターリン批判
　　　　　中ソ論争の契機　　　　→　公開論争 → 中ソ国境紛争
　　　　　　　　　　　　　　　　　　東欧諸国（アルバニア・ルーマニア）のソ連離れ

　　　　　東欧諸国の自由化　　　→　チェコでの自由化運動（「プラハの春」）
　　　　　　　　　　　　　　　　　→　ソ連による弾圧 → 影響力の低下

　戦後の米ソによる冷戦は，1950年代に入ると，スターリンが死去し，アメリカではトルーマンに代わってアイゼンハウアーが大統領に就任して「平和共存」への道が模索され始めた。と同時に，米ソの二極構造がくずれる兆候も見え始める。1960年代に入ると，資本主義圏ではド゠ゴールのフランスが独自の核開発や社会主義中国の承認，

NATO（北大西洋条約機構）の軍事機構からの脱退にみられるように，反米の態度を明らかにして自主外交をすすめた。またEECをECにまとめ上げてイギリスの参加を拒みつつ，米ソに匹敵する経済圏の指導的地位につこうとする。西ドイツも50年代半ばの主権回復後，アデナウアー首相の下で奇跡の経済成長をとげた。同様に日本も60年代末には資本主義国第2位の「経済大国」となった。一方で，アメリカはベトナム戦争での巨額な出費によってその地位が揺らいでいく。

　社会主義圏では，50年代のフルシチョフのスターリン批判を機に中国との関係が悪化しはじめ，60年代はじめの米ソのキューバ危機と，その後の部分的核実験停止条約の締結にみられる米ソの接近は，中ソ対立を激化させ，ついには69年の国境紛争にまで至った。またスターリン批判は，スターリン体制に苦しむ東欧諸国に自由化の動きをもたらした。50年代のポーランド（ポズナニ事件）やハンガリーでの自由化は弾圧されたが，60年代に入ってもチェコスロヴァキアで自由化・民主化の要求が起こり（「プラハの春」），ソ連の東欧諸国への影響力が低下した。ここにも多極化の諸相がみられる。多極とは，政治的には米ソの二極から，米ソ中の三極へ，経済的には日本と西ドイツあるいはECやフランスを加えての多極と理解しておこう。その他，アジア・アフリカ諸国，いわゆる第三世界（第三勢力）の台頭（AA会議，ASEANの結成，非同盟諸国首脳会議，中東アラブ地域とアフリカ統一機構の結成など）も，この時代の大きな特徴ではあるが，問題の要求（二極構造の変化）からは，はずれることに留意しておこう。

　正確な解答を作るためには，出来るだけ多くの情報を集めよう。集めてみると，それらのすべてが必要とは限らないし，必要なものが欠けていることにも気づく。そのためにも，かならず論述問題では情報をメモにとってみよう。問題が難しいときにはなおさらである。その上で問題の中心テーマに沿って「考えて」みる。世界史学習において，出来事を覚えることは必要だが，覚えることが目的ではない。「考える」作業がなくてはとても合格点にはおぼつかない。

　ここまでくれば，あとは，メモを見ながら「1960年代の世界各地の多極化の諸相」を，字数が許す範囲内で「1950年代に変化のきざし」と関連づけながら300字以内でまとめてみよう。

解　答　例

資本主義圏では，フランスが中国を承認して	1
国交を樹立し，ＮＡＴＯの軍事機構からも脱	2
退して，アメリカから離反する独自路線をと	3

った。西ドイツはアデナウアー首相の下で飛　　4

躍的な経済成長を遂げた。また仏と西独を中　　5

心に，米ソに対抗してヨーロッパの経済統合　　6

をめざすECが発足し，アジアでも経済成長　　7

の著しい日本が台頭した。社会主義圏では，　　8

スターリン批判以降，関係が悪化していた中　　9

ソは，キューバ危機とその後の部分的核実験　　10

停止条約の締結による米ソの接近によって，　　11

一層対立を深めて国境紛争に至った。東欧で　　12

はアルバニアやルーマニアが自主外交を進め　　13

てソ連から離れ，チェコスロヴァキアでは「　　14

プラハの春」という民主化運動が生じた。　　15

(299字)

Ⅳ

（解説）

A　世界史に現れた君主や政治的指導者

　問(1)　レピドゥス　第2回三頭政治は，カエサルの暗殺(前44年)後の混乱を収拾す
るために，アントニウス(前44年のコンスル)とオクタヴィアヌス(カエサルの養子)が，
仲立ちのレピドゥスを加えて結んだ政治同盟である。正式には「国家再建のための三
人委員」という。これに対して，カエサル・ポンペイウス・クラッススの三人による
私的な盟約を第1回三頭政治(前60年)とよんでいる。

　問(2)　コンスル　共和政期の最高官職といえば，コンスルである。解答は執政官あ
るいは統領でもいいだろう。コンスルはインペリウムとよばれる強力な軍事指揮権を
もった。そのため任期は1年とし，定員は2名として専制を防いだ。共和政の初期に
はコンスルの地位は貴族(パトリキ)に独占されていたが，リキニウス・セクスティウ
ス法(前367)によって，うち1人は必ず平民(プレブス)から選ばれることが決められた。

　問(3)　奴隷を用いるラティフンディアから，小作人を労働力とするコロナートゥス
へ移行した。

　3世紀の農業・土地制度の変化を問う問題である。コロナートゥスの成立を説明す
ればいいのだが，「変化を述べよ」ということなので，コロナートゥスの成立以前は
どのような制度であったのかも書かなければならない。戦争捕虜を主とする奴隷を労
働力として，ブドウやオリーブなどの商品作物生産を行ったラティフンディア(ラテ

ィフンディウム)から，下層市民や解放奴隷からなる小作人を労働力として穀物生産
を行うコロナートゥスへと変化したことを簡潔にまとめよう。

　問(4)　(ア)　リューリク・(イ)　ロロ　スカンディナビア半島やユトランド半島を原住
とするノルマン人は，ゲルマン人の一派でヴァイキングともよばれ，8世紀後半から
ヨーロッパ各地に移動し始めた。そのうちリューリクに率いられたルーシが，ロシア
のスラヴ人地域に進出してノヴゴロド国を建国した。ついでドニエプル川沿いに南下
してキエフ公国を建国した。また10世紀の初めには，ロロが率いる一派が，北フラン
スのセーヌ川の下流にノルマンディー公国を建てた。彼らの移動は封建社会の成立を
促し，また定着後には交易活動に従事し，11世紀以降の「商業の復活」に影響を与え
たこともおさえておきたい。

〈ノルマン人の移動〉

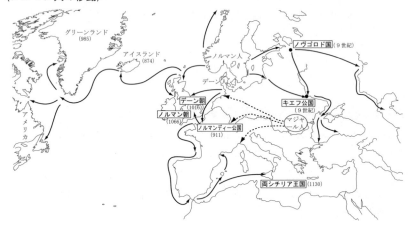

　問(5)　アタナシウス派キリスト教に改宗した。　クローヴィスの軍事的征服以外の
活動といえば，正統派のアタナシウス派キリスト教に改宗したことがすぐに思い起こ
せる。解答は「カトリックへの改宗」でもいいだろう。他のゲルマン人が，ローマ時
代に異端とされたアリウス派に改宗していたのに対して，クローヴィスのアタナシウ
ス派への改宗は，領内の多くのローマ人住民や貴族たちとの関係を円滑にし，またロー
マ教会との関係も強化され，以後のフランク王国の発展の基礎となった。

　問(6)　マジャール人　問題文の「オットー1世」が「レヒフェルトで破った」とあ
ることから，解答に迷うことはないだろう。マジャール人はアジア系の遊牧民(ウラル
語系)で，オットー1世によって進出がはばまれて，ドナウ川の中流域(パンノニア)に
定着した。その後ハンガリー王国を建設するとともに，ローマ＝カトリックに改宗した。

問(7)　ヒンデンブルク　戦間期のヴァイマル共和国の大統領は2人いる。エーベルト(任1919〜25)とヒンデンブルク(任1925〜34)。「第一次世界大戦中の軍功により国民的英雄となった人物」という設問文から正解をひきだそう。東部戦線のタンネンベルクの戦いでロシア軍に大勝して，一躍有名になった軍人である。恐慌後ではナチスの台頭を許し，ヒトラーを首相に任命した大統領でもある。

B　太平洋地域の探険の歴史

空欄a　バルボア　問題文の「スペインの探検家」で，「パナマ地峡の横断」の説明から，バルボアの名前が出てくるだろう。いわゆる「新大陸の発見」については，1492年のジェノヴァ人のコロンブスによるサンサルバドル島への到達，フィレンツェのアメリゴ＝ヴェスプッチの南アメリカ大陸探険，ついでバルボアのパナマ地峡横断による太平洋の発見をおさえておこう。この間ポルトガル人のカブラルが，ブラジルに漂着している。

空欄b　タスマン　問題文の「オランダの探検家」がヒント。問題文の後半にイギリスの探検家クックについての記述が出てくるので，ここでは迷うこともないだろう。東インド会社に入ったタスマンは，ジャワのバタヴィア(ジャカルタ)に赴いてから，新たな交易地の開拓と南アメリカへの安全迅速な航路発見をもとめて航海に出た。1642年にバタヴィアを出帆，オーストラリア南岸を東に向かい，自らの名に由来するタスマニア島を「発見」し，さらに東進を続けて，問題文にあるようにニュージーランド南島に到達した。その後，トンガ諸島，フィジー諸島も「発見」している。

問(8)　(ア)　トルデシリャス条約　スペインとポルトガル両国は大西洋の領土区分をめぐって，1493年に教皇アレクサンデル6世の仲介で大西洋上での分割線を決めたが(教皇子午線または植民地分解線)，再度両国が話し合って，トルデシリャス条約で分割線をさらに西側に設定することとし，この分割線の西側をスペインの，東側をポルトガルの勢力圏と決めた。これによって，後にカブラルによって発見されたブラジルは，ポルトガル領となった。

(イ)　アンボイナ事件　1623年，モルッカ(マルク)諸島のアンボイナ(アンボン)島で起こったオランダ，イギリス両国の商館間の紛争。イギリス商館の日本人傭兵がオランダ商館の様子を調べているのに不審を抱いたオランダ商館長が，イギリスの商館長以下全員を捕らえて拷問を加えた。苦しみに耐えかねた捕虜はついにオランダ商館襲撃の陰謀を企てていたことを自供したので，オランダ商館長はイギリス人10人，日本人9人，ポルトガル人1人を処刑した。この事件でイギリスは香辛料の産地であるインドネシア東部の根拠地を失い，ジャワ西部からも撤退して，インド経営に専念する

ことになる。このあと，17世紀の半ばから両国の関係は一層悪化して，航海法の制定
から三次にわたる英蘭戦争につながったことにも注意しよう。

問(9)　**マオリ人**　オーストラリアの先住民であるアボリジニーとの混同に注意。問
題文にあるように1840年の条約でイギリスの植民地となったが，その後植民地政府の
土地政策をめぐって，イギリス軍との間にマオリ戦争が勃発した。ヨーロッパとの接
触当時は10万ないし15万人と推定される人口も，この植民地化により4万人近くに減
少したといわれている。

問(10)　**ミシシッピ川以東のルイジアナ(あるいはカナダ)**　設問文の「1756年から7
年間にわたって海外の植民地をめぐる戦争」から，フレンチ＝インディアン戦争であ
ることがわかる。フレンチ＝インディアン戦争は，オーストリアのマリア＝テレジア
が，シュレジエンの奪還をめざしてプロイセンのフリードリヒ2世と戦った七年戦争
の際に，北米で行われた英仏植民地抗争である。このときフランスはインドでのプラ
ッシーの戦い(1757)でもイギリスに敗北している。

問(11)　**『百科全書』**　ディドロとともにダランベールが編集の中心となって，ヴォ
ルテールやルソーなど264人の執筆協力者によって成立した百科事典。かれらは百科
全書派とよばれている。フランス革命前夜のアンシャン＝レジーム(旧制度)のもとで，
当時の学問と技術との集大成を実現した啓蒙思想の記念碑的な事業で，権威に対する
批判的な態度をひろめて，革命を準備した思想的意義は大きかったといわれる。

問(12)　**白豪主義(White Australia Policy)**　オーストラリアで実施された白人優先
政策である。中国人労働者の流入によって，白人労働者の地位が危うくなる恐れがあ
ったためにとられた非白人に対する移民制限法で，1901年のオーストラリア連邦成立
とともに全国的に拡大された。第二次世界大戦後，1970年代半ばにこの制限は廃止さ
れた。

問(13)　**グアム島**　米西戦争の結果，パリ条約で，スペインはアメリカにフィリピン・
グアム・プエルトリコを割譲した。そのうち，「マリアナ諸島中の島」ということな
ので，グアム島。同年ハワイも併合されたことで，アメリカの本格的な太平洋への進
出が開始されることになった。

問(14)　**『種の起源』**　ダーウィンの著作といえばすぐに『種の起源』を思い起こせ
るだろう。設問文にあるように，ダーウィンは航海中に訪れた南アメリカ大陸の種々
の化石や現生の動物，ガラパゴス諸島の動植物の観察などから生物進化を強く印象づ
けられた。帰国後，これを理論化し，進化の要因が主に自然淘汰にあると考えた。

C　独立からフロンティアの消滅

問⒂　（ジョン＝）ロック　ジェファソンらによって起草された独立宣言は，ジョン
＝ロックの思想をよりどころにした。その中では，自然法理論をもとに基本的人権が
うたわれ，それを侵害する政府に対する人民の抵抗権（革命権）も主張されている。

問⒃　行政を大統領が，立法を二院制議会が，司法を最高裁判所がつかさどる。

下線部の「連邦統治機構」という表現が何をさすのかあいまいな表現でわかりにく
い。合衆国憲法では，人民主権（共和政）を土台とし，各州に大幅な自治を認めながら
も，強力な中央政府の権限を保障する連邦主義を採用した。その中で，行政権は大統
領の率いる政府が掌握し，立法権は二院制による議会におき，司法権は裁判所が行使
する三権分立の原則を基盤に統治機構が構成された。問題文には「連邦統治機構の構
成と権限」とあるので，解答はこの三権分立による大統領・議会・裁判所とおのおの
の権限についてまとめればいいだろう。

問⒄　㋐　ジャクソニアン＝デモクラシー　西部出身の初の大統領であったジャク
ソン（任 1829〜37）の時代には白人男性普通選挙制が諸州に拡大した。設問文の「西
への進出による政治制度の変化」はこの民主的な改革をさしており，この「新しい政
治のあり方」をジャクソンの民主主義（ジャクソニアン＝デモクラシー）とよんでいる。
このジャクソン支持派が民主党を結成した。ただ民主的改革とはいっても，あくまで
白人を中心としたものであり，先住民に対しては強制移住法を制定して，土地を奪っ
て居留地にとじこめた。強制移住の途中で4分の1の人々が死亡するという，チェロ
キー族の悲劇（「涙の旅路」Trail of Tears）も起こっている。

㋑　マニフェスト＝デスティニー　「明白な天命」，あるいは「膨張の宿命」など
と訳される。当時の一ジャーナリストによって，「年々増加していく幾百万のわが国
民の自由の発展のために，神によって与えられたこの大陸にわれわれが拡大するとい
うマニフェスト・デスティニーの偉大さ…」と書かれたこのことばが，当時の西方へ
の拡大の気運を代弁した。

問⒅　アメリカ＝メキシコ（米墨）戦争　合衆国はミシシッピ川以西のルイジアナを
フランスから（1803），ついでフロリダをスペインから得た（1819）後，テキサス（1845），
さらにマニフェスト＝デスティニーのスローガンのもとで，オレゴン（1846）をイギリ
スから獲得し，アメリカ＝メキシコ戦争に勝利してカリフォルニアを獲得した。

〈アメリカの領土拡大〉

　問⒆　**共和党**　西方への領土拡大は，しだいに北部の自由州と南部の奴隷州の対立を生み出した。新たに州が成立する際に，その州に奴隷制を認めるかどうかで争うようになる。ミズーリ協定(1820)で北緯36度30分以北には奴隷州はつくらないと定められていたが，1854年に北緯36度30分以北にあるカンザス・ネブラスカ両準州が州に昇格する際，奴隷州か自由州となるかは住民の意思によって決定するとの法律(カンザス・ネブラスカ法)が成立したため，南北の対立が激化した。これを機に奴隷制の反対をとなえる北部は共和党を結成した。

　問⒇　**カーネギー**　南北戦争後の工業発展は，巨大な独占企業を生み出した。鉄鋼の分野では「鉄鋼王」とよばれたカーネギー，石油(スタンダード石油)のロックフェラー，鉄鋼(U.S.スティール)・銀行の分野でのモルガンなどは当時の代表的な実業家・財閥である。

　問㉑　**大陸横断鉄道**　南北戦争後の1869年に最初の大陸横断鉄道が完成して，東部の工業地域と，西部の原料供給地および製品市場との結びつきが強まった。以後西部開拓が飛躍的に進展し，1890年代にはフロンティアが消滅した。なお，スエズ運河も，1869年に開通している。

解 答 例

A
　⑴　レピドゥス

(2)　コンスル(統領・執政官)

(3)　奴隷を用いるラティフンディアから，小作人を労働力とするコロナートゥスへ移行した。(40字)

(4)　(ア)　リューリク　　(イ)　ロロ

(5)　アタナシウス派キリスト教(カトリック)に改宗した。

(6)　マジャール人

(7)　ヒンデンブルク

B

　a　バルボア　　　b　タスマン

(8)　(ア)　トルデシリャス条約　　(イ)　アンボイナ事件

(9)　マオリ人

(10)　ミシシッピ川以東のルイジアナ(あるいはカナダ)

(11)　『百科全書』

(12)　白豪主義

(13)　グアム島

(14)　『種の起源』

C

(15)　(ジョン＝)ロック

(16)　行政を大統領が，立法を二院制議会が，司法を最高裁判所がつかさどる。(33字)

(17)　(ア)　ジャクソニアン＝デモクラシー　　(イ)　マニフェスト＝デスティニー

(18)　アメリカ＝メキシコ(米墨)戦争

(19)　共和党

(20)　カーネギー

(21)　大陸横断鉄道

解答・解説

I

[解説]

問題文を読んでみよう！

　20世紀前半，すなわち1910年代から50年代までの中東アラブ地域の動向について考えさせる論述問題である。

> 　16世紀以来オスマン帝国領であった中東アラブ地域のうち，エジプトやクウェートは19世紀末までに英国の保護下に置かれ，第一次世界大戦後，残りの地域も英仏両国により委任統治領として分割された。やがて諸国家が旧宗主国の勢力下に独立し，ついにはその勢力圏から完全に離脱するに至った。1910年代から1950年代までの，この分割・独立・離脱の主要な経緯について300字以内で述べよ。

問題の中心となるテーマを確認しよう！

　20世紀に関する問題である。要求されている地域は，「中東アラブ地域」で，要求されている時期は「1910年代から1950年代まで」である。「英仏の委任統治領として分割」された国々が「旧宗主国の勢力下に独立」し，「その勢力圏から完全に離脱」する経緯を考えなければならない。

　まず，「16世紀以来オスマン帝国領(すなわち，イランは除く，ということ)」であった地域の地理的イメージをしっかり思い浮かべよう。問題文にある，エジプトやクウェートの位置，また英仏の委任統治領はどこであったか，どのような国として独立したのか？　をゆっくりと考えていこう。

　さらに，「離脱」する画期的な事件や出来事を想起しなければならない。大方の受験生が苦手意識を持つ西アジアの，しかも現代史と言うことで，頭を抱える受験生の姿が想像できる。あわてず，一つ一つの関門をクリアしていこう。

書くべきポイントを列挙してみよう！

　まず，年代順に「中東アラブ地域(北アフリカは除く)」の状況を書きだしてみよう。1910年代は，第一次世界大戦の前後で大きく地図が変化する。その契機となる事項を考える。問題文の「分割」の言葉を忘れずに！

1910年代

1914　オスマン帝国が第一次世界大戦に参加

　　　英がエジプトを保護国化

1915　フサイン・マクマホン協定

1916　サイクス・ピコ協定…英仏露でトルコ領の分割，パレスチナの国際管理など

1917　バルフォア宣言

1918　戦争終結

〈これから，イギリスが積極的にトルコ領の分割に動く時期である。〉

戦間期（1920〜30年代）

1920　セーヴル条約

　　シリア・レバノンは仏の委任統治領に

　　イラク・パレスチナ・トランスヨルダンは英の委任統治領に

1922　エジプト王国独立

　　　…英はエジプトの防衛権・スエズ運河地帯駐兵権・スーダン領有権を握る

　　　ムスタファ＝ケマルがスルタン制廃止（ついにオスマン帝国滅亡）

1923　ムスタファ＝ケマルがローザンヌ条約に改訂　→　しかし，委任統治領につ

　　　いての変更はない

1932　イブン＝サウードによりサウジアラビア王国成立

　　　イラク王国独立…フサインの子のファイサルが国王に

1936　エジプト・イギリス同盟条約…エジプトに完全な主権を認めるが，

　　　　　　　　　　　　　　　スーダンとスエズ運河地帯にはイギリス軍が駐屯

〈この段階で英仏による分割が完了した。第二次世界大戦ではイギリス軍の基地とし
て多くの地域が使用された。〉

第二次世界大戦

1943　レバノン共和国独立

1944　シリア共和国独立　→　46　完全独立

〈1940年にドイツ軍がフランスのパリを占領していることに着目〉

第二次世界大戦後

1946　トランスヨルダン王国独立　→　49　ヨルダン＝ハーシム王国に改称

1947　国際連合の総会でパレスチナ分割案決議　→　イスラエル建国（英米の支援）

1948　第一次中東戦争

1951　エジプト・イギリス同盟条約破棄

1952　エジプト革命 → 53　共和国に

1956　ナセルによるスエズ運河国有化宣言

　　　第二次中東戦争…英・仏・イスラエルの共同出兵 → 最終的には撤退へ

1958　**イラク革命**…カセムにより共和国に → **中東条約機構から脱退**

〈勢力圏からの離脱が明確に示される事件が生じている。〉

【改めてメモを構成してみよう。】

第一次世界大戦で

　　英がエジプトを保護国化

　　サイクス・ピコ協定

戦後

　　セーブル条約

　　　シリア・レバノンは仏の委任統治領

　　　イラク・パレスチナ・トランスヨルダンは英の委任統治領

　　エジプト王国独立

　　　しかし英はエジプトの防衛権・スエズ運河地帯駐兵権などを握る

第二次世界大戦前～中～後

　　委任統治領の多くが独立

戦後

　　英米によるイスラエル支援にアラブ諸国が反発

　　中東戦争と革命でエジプトが，また革命でイラクが「勢力圏から離脱」

　　20世紀に入ったとはいえ，英仏が19世紀型の植民地支配を行おうとしたところから，この問題のテーマが生じる。「英仏の分割→英仏の影響下での独立→その英仏からの完全な離脱」の主要な経緯が見えてきただろうか？　京大は20世紀を検証しようという姿勢が明確になっている。現在の混沌としたイラク情勢を見据え，その淵源が「トルコ領の分割」にほかならない，という認識を持ってもらいたい。

　　以下の地図も参考にしながら，文章化してみよう。

〈戦間期〉

〈第二次世界大戦後〉

解答例

第一次世界大戦中に，サイクス＝ピコ協定で　　1

英仏は西アジアの分割を約束し，戦後のセー　　2

ヴル条約でシリアは仏の，イラク・ヨルダン　　3

・パレスチナは英の委任統治領とされた。戦　　4

間期にエジプトは王国として英から独立した　　5

が，英は影響力を保持し続けた。第二次世界　6
大戦前後には委任統治領の大半が独立し，戦　7
後パレスチナにはユダヤ人のイスラエルが建　8
国された。この結果，イスラエルやこれを支　9
持する米英とアラブ系諸国の対立が生じ，中　10
東戦争が勃発した。1950年代，エジプト革命　11
が起こり，ナセル大統領の下でスエズ運河国　12
有化を宣言し，第二次中東戦争の結果，英の　13
影響力を脱した。イラクも革命により共和国　14
となり，米英勢力を離れてソ連に接近した。　15

(300字)

Ⅱ

[解説]

A　五代十国〜元末における中国史

　空欄 a　**黄巣**　875〜884年に山東から起こった塩の密売商人の反乱の指導者の一人である。まず，王仙芝が挙兵し，それに呼応して**黄巣**が立ち上がり，一時は長安を占拠して「大斉」の皇帝を称した。黄巣の部下から一転して節度使となった**朱全忠**らによって反乱は鎮圧された。

　空欄 b　**燕雲十六州**　後晋の石敬瑭が建国支援の代償として契丹の遼に936年に割譲した地域の名称である。現在の北京(燕)〜山西省の大同(雲)にまたがる地域である。地図で確認しておこう。

　空欄 c　**文治主義**　唐の末期から五代十国にかけては，節度使の武断政治(軍事力を背景として行う政治)が中心であった。その反動として，宋は科挙に合格した文人官僚を節度使に代えていったのである。文治主義は君主独裁制の確立には貢献したが，軍事力の弱体化を招いてしまい，遼や西夏などの圧迫に悩むようになった。

　空欄 d　**澶淵の盟**　1004年に河南省の澶州で締結された遼と宋の講和条約である。宋が兄として，弟としての遼に対して，国境は現状維持として，毎年絹20万匹・銀10万両を歳幣として贈ることを決めたものである。結果として，遼は奢侈に流れて脆弱になってしまったといえるだろう。

　空欄 e　**岳飛**　河南省の出身で，金との戦いで活躍した。しかし，和平派の秦檜に対金交渉の妨げになるとして捕らえられ，獄死した。岳飛は救国の英雄として尊崇され，秦檜は姦臣・売国奴の烙印を押されている。

　空欄 f　**色目人**　正式には**諸色目人**と称される。中央アジアや西アジアの人々を指し，ウイグルやタングートなどの諸部族出身者で構成される。高級官僚としてあらゆる面で特権を享受し，文化的にも漢民族の文化と対峙した。

　空欄 g　**印刷**　唐代のころに木版印刷が始まり，宋代に普及した。木版に文字を彫る方法から，11世紀に**畢昇**（ひっしょう）が膠泥（こうでい）活字を発明し，のちには金属活字なども導入された。

　問(1)　**後周**　五代は，後梁・後唐・後晋・後漢・後周からなる。951年に成立した後周の第 2 代世宗は，中央集権化を図り，財政の安定化のために仏教弾圧を行った君主であったが，早くに没した。その子恭帝が幼少であったため，節度使の**趙匡胤**が推戴されて960年に宋を起こした。

　問(2)　**猛安・謀克**　金の完顔阿骨打が創始した軍事・行政制度である**猛安・謀克**は，300戸を 1 謀克，10謀克を 1 猛安として組織した。その長も猛安・謀克といい，世襲であった。戦時には 1 謀克単位に約100名を徴集して軍隊を形成した。

　問(3)　**靖康の変**・問(4)　**杭州**　宋・金が同盟して遼を滅ぼした後，金が宋の違約を怒って靖康の変を起こした。1126年に都開封が陥落，27年には徽宗・欽宗や后妃ら3,000人が北へ連れ去られた。これで北宋が滅び，欽宗の弟の高宗が南京で即位して宋を再建した。しかし，1138年に都は浙江省の**杭州**（問(4)）に移され，臨安とも行在（あんざい）とも称された。

　問(5)　**淮河(淮水)**　南宋の秦檜と金が1142年の紹興の和議で国境としたのが**淮河**（淮水）であった。南宋は金に臣下の礼をとり，銀25万両・絹25万匹を歳貢とする，漢民族にとっては屈辱的な内容の和議であった。

　問(6)　**半両銭**　秦の始皇帝の統一事業として**半両銭**が発行された。以後，貨幣の形や重量を一定にして，鋳造権を政府が握る方向性が決まっていく。

　問(7)　**交鈔**　交鈔は金の貨幣制度を継承した元で，1236年から発行された。問題文にもあるように，製紙業や印刷技術が発達したため，民間でも容易に偽造され，政府の悩みの種ともなった。

　問(8)　**紅巾の乱**　元末に弥勒下生（みろくげしょう）を唱える白蓮教の韓山童が，黄河改修に徴集された農民を扇動して蜂起しようとした。直前に発覚して韓山童は処刑されたが，1351年からの紅巾の乱はその子の韓林児を中心に，大農民反乱に発展した。その混乱の中から台頭したのが，江南に拠って明を建国した**朱元璋**である。

　B　清～戦間期の中国における軍隊

　空欄 h　**モンゴル**　ホンタイジが1635年にチャハル部を平定して，内モンゴルの支

配が確立した。

　空欄 i　**緑営**　緑旗ともいう。1644年の北京進出以後, 漢人で正規軍を結成させて, 中国本土の軍事や警察の役目を負わせた。

　空欄 j　**ジュンガル**　オイラトの一部族であったが, ガルダンのときに最盛期を誇った。康熙帝の親征を受けて撃破され, ガルダンは翌1697年に自殺した。しかし, その後もジュンガルは勢力を維持し続け, 雍正帝を経て乾隆帝の征討によって1758年に完全に滅亡した。

　空欄 k　**郷勇**　八旗・緑営の戦力の劣化は18世紀末に起こった白蓮教徒の乱で明白となった。清朝政府が次々に起こる反乱鎮圧のために郷勇(郷紳の義勇軍)に依存せざるをえなくなったのである。

　空欄 l　**曾国藩**　曾国藩が湖南省湘郷県出身のため, その義勇軍は**湘軍**(湘勇)と称された。安徽省出身の**李鴻章**は淮南地方で兵を募集したので, **淮軍**(淮勇)となった。

　空欄 m　**新軍**　日清戦争敗北後に清が軍制改革を行って創設されたものである。袁世凱が継承した北洋新軍や張之洞の南洋新軍に代表される。

　空欄 n　**湖北**　1911年の鉄道国有化令に反発して起こった四川暴動を鎮圧するべく, 湖北新軍が派遣された。しかし, 10月10日に軍の革命派が武装蜂起して, 辛亥革命の口火をきったのである。

　空欄 o　**国民革命**　1924年, 広州郊外に黄埔軍官学校が国民党によって設立され, 孫文が初代校長に蒋介石を任命した。その学生を中心に編成された国民革命軍は, 校長の蒋介石が総司令を兼ねた。

　問(9)　**呉三桂**　山海関の武将であった呉三桂は, 明が滅亡し, 李自成が北京を占拠すると, 清に投降してその北京入城の先導を果たした。順治帝はその功に報いて, 三藩として, 雲南を呉三桂に, 福建を耿継茂(こうけいも)に, 広東を尚可喜(しょうかき)に与えた。康熙帝が大勢力となった三藩の撤廃の姿勢を示すと, 呉三桂らは1673年に蜂起して三藩の乱を起こしたが, 81年に完全に鎮圧された。清の中国全土支配が確立した。

　問(10)　**衛所**　唐の府兵制を範として明の洪武帝が設立したのが衛所制で, その軍営を衛所という。五軍都督府の下, 都指揮使司に統率された。1衛の兵数は原則として5,600人であった。

　問(11)　**新疆**　新疆とは, 「新しく開拓した領土」という意味である。イスラーム教徒やチベット仏教徒が多く, 現在は新疆ウイグル自治区となっている。

　問(12)　**上帝会(拝上帝会)**　洪秀全が広西省桂平県で組織したのが, 上帝会(拝上帝会)である。のち1851年に金田村で蜂起した**太平天国軍**の基盤となる。

問(13)　**ウォード**　アメリカ人のウォードが上海で1860年に組織したのが始まりで，62年ウォードの戦死後に，イギリス人のゴードンが代わって指揮をとり，李鴻章らとともに太平天国軍を討伐した。

問(14)　**段祺瑞**　北洋軍閥安徽派の**段祺瑞**は，袁世凱の死後に北京の政権を掌握し，1917年には第一次世界大戦に参戦した。一方では露骨な親日策をとり，寺内内閣の下で，西原借款といわれる多額の資金が**段祺瑞**にもたらされた。

問(15)　**八路軍**　第二次国共合作の結果，共産党の軍が華北に配置されたのが**八路軍**であり，長江下流域に配置されたのが**新四軍**(しんしぐん)である。

解 答 例

A

a	黄巣	b	燕雲十六州	c	文治主義	d	澶淵の盟
e	岳飛	f	色目人	g	印刷

(1)　後周

(2)　猛安・謀克

(3)　靖康の変

(4)　杭州

(5)　淮河(淮水)

(6)　半両銭

(7)　交鈔

(8)　紅巾の乱

B

h	モンゴル	i	緑営(緑旗)	j	ジュンガル	k	郷勇
l	曾国藩	m	新軍	n	湖北	o	国民革命

(9)　呉三桂

(10)　衛所

(11)　新疆

(12)　上帝会(拝上帝会)

(13)　ウォード

(14)　段祺瑞

(15)　八路軍

Ⅲ

解説

問題文を読んでみよう！

　4世紀から8世紀の地中海世界の政治的変化を問う論述問題である。

> 　　ベルギーの中世史家アンリ・ピレンヌは，古代の統一的な地中海世界が商業交
> 易に支えられて，8世紀まで存続したと考えた。しかしこの地中海をとりまく地
> 域の政治状況は，8世紀以前，古代末期から中世末期にかけて大きく変化した。
> 紀元4世紀から8世紀に至る地中海地域の政治的変化について，その統一と分裂
> に重点を置き，300字以内で説明せよ。

問題の中心テーマを確認しよう！

　説明を要求されているのは,「地中海地域の政治的変化について」である。その際に,
「統一と分裂」に重点を置いて考えよということ。また要求されている時期は「4世
紀から8世紀」，すなわち301年から800年までの500年間である。問題文の前半に「ピ
レンヌは，古代の統一的な地中海世界が…，8世紀まで存続したと考えた。」とある
ことから，8世紀までに地中海地域がどのような形で分裂にいたったかを考えてみよ
う。

書くべきポイントを列挙してみよう！

　時期は4世紀から8世紀なので，年代順に政治的なできごとを(経済や宗教・文化
などはここでは無視すること)あげてみる。また，地図を念頭において「地中海をと
りまく地域」を西・東にわけて，左から右へメモを取ってみよう。そこでメモをとり
ながら，中心テーマである「統一と分裂」を考えてみよう。

4世紀		ディオクレティアヌスによる専制君主政(284〜)	〈統一〉
		コンスタンティヌス帝即位	
	375	ゲルマン人の大移動始まる	
	395	テオドシウス帝の死後，東西に分裂	〈東西に分裂〉
5世紀			
		ゲルマン諸国家の建国	
	476	西ローマ帝国滅亡　　**東ローマ帝国**は存続	

6世紀

　　　　ヴァンダル・東ゴート王国を征服　←　東ローマ皇帝ユスティニアヌスの旧
　　　　　　　　　　　　　　　　　　　　　　ローマ領回復　　　　　〈再統一〉

7世紀　　　　　　　　｜　　　　　　　　　　　　　　　　　　　　ムハンマド(622)
　　　　　　　　　　　｜　シリア・エジプトを奪取　←　632 正統カリフ時代
　　　　フランク王国　｜　北アフリカを征服　←　661 ウマイヤ朝時代
8世紀

　　　732　　トゥール・ポワティエ間の戦い(カール＝マルテルが撃退)
　　　　　　　(イスラームの進出阻止)
　　　751　　カロリング朝創始(ピピン3世)　　　750　　アッバース朝成立

　　　800　　カールの戴冠　　←→　　東ローマ帝国　　←→　　イスラーム勢力
　　　　　　　西ローマ帝国の復興

　　　　　　　　　　　　　　　　　　　　　　　　　　　　　〈三つの世界に分裂〉

　　　〈西欧世界の成立〉　　　　〈ビザンツ世界〉　　　〈イスラーム世界〉

　　▷ 問題文の核心に迫ろう！

　　上のように年代を追って基本的な政治的事項をあげていくうちに，問題のテーマが
見えてくるだろう。3世紀末にディオクレティアヌス帝から始まる専制君主政(ドミ
ナートゥス)によって，四帝分治制が行われたが，4世紀前半にはコンスタンティヌ
ス帝がキリスト教徒の支援をうけて，ローマ帝国を再統一することができた。しかし，
ゲルマン人の侵入をうけて帝国の統一を維持することがしだいに難しくなり，テオド
シウス帝の死後ローマは東西に分裂した。東の帝国は首都コンスタンティノープルを
中心に繁栄を維持したが，西方のローマは476年にオドアケルによって滅亡した。こ
ののち西方の旧帝国領には多くのゲルマン人国家が建国されたが，6世紀に東の皇帝
ユスティニアヌスが，アフリカのヴァンダル王国・イタリアの東ゴート王国・イベリ
ア半島の海岸地域を征服して，一時的にではあったが地中海のほぼ全域にローマ帝国
を復活させ，再び帝国の統一を実現した。しかし，7世紀初頭にメッカでムハンマド
によって創始されたイスラーム教の勢力は，正統カリフ時代に東ローマからシリアや
エジプトを奪い，ついでウマイヤ朝の時代には北アフリカから，8世紀の初頭にはイ
ベリア半島に進出して，東ローマ帝国から地中海の覇権を奪うに至った。8世紀の後
半には，地中海をとりまく地域は，西のゲルマン人国家であるフランク王国(カロリ

ング朝)と東のローマ帝国(ビザンツ帝国)とそれを取り囲むようにイスラーム勢力の三つの勢力が相対した。8世紀末の800年に，フランクのカール1世が教皇レオ3世から帝冠を受けて，西ローマ帝国を復活させると同時に，東のローマ帝国から自立を果たしたときに，地中海世界は西方の西欧世界，東方のビザンツ世界，そしてそれらを取り囲むようにイスラーム世界の三つの世界に分裂した。

　上にあげたようなメモを書いて，それをみながら各世紀の政治状況を「統一と分裂」に重点をおきながら，300字以内でまとめてみよう。政治的変化という視点からみれば，ローマの統一から東西ローマへの分裂，その後の東ローマによる再統一からイスラームの進出による三つの世界への分裂へと変化していくので，解答の中でこの変化を強調してもいい。また，地中海地域の略図を書きながらメモをとっても，この問題の場合はわかりやすいかもしれない。自分にあったメモの取り方を練習しておこう。

　なお，問題文にあるアンリ・ピレンヌの提示した考え方は，古代世界はゲルマン人の移動によって5世紀に終焉を迎えたとする見解に対して，古代世界の地中海的統一はその後もなお維持されたとし，ようやく8世紀半ばのイスラーム勢力の地中海への進出によって，東方世界が西方世界からきり離され，それとともに地中海的統一に終止符が打たれて古代から中世ヨーロッパへの転換がもたらされたというもので，いわゆる「ピレンヌ・テーゼ」として知られている。ピレンヌは「イスラームなくしては，疑いもなくフランク帝国は存在しなかったであろうし，マホメット(ムハンマド)なくしては，シャルルマーニュ(カール大帝)は考えることはできないであろう。」との言葉で，古代から中世ヨーロッパへの転換の原動力となったのは，イスラーム勢力の進出であったことを示した。(『古代から中世へ　ピレンヌ学説とその批判(創文社歴史学叢書)』・『ヨーロッパ世界の誕生　マホメットとシャルルマーニュ(創文社)』)

　この問題ではヨーロッパの中世世界を考える際に，イスラームの進出も視野に入れておくことが重要である。ヨーロッパだけを考えるのではなく，イスラームの進出も大きな要因となっている，ということに気付いてほしい。

解答例

4世紀初め専制君主政のもとで，ローマ帝国	1
は地中海地域の統一を維持したが，世紀後半	2
から始まったゲルマン人の移動による混乱の	3
中で，帝国は東西に分裂した。5世紀後半に	4

西ロ｜ーマは滅亡したが，6世紀になると東ロ　5
ーマのユスティニアヌス帝が西方のゲルマン　6
諸国を征服して，地中海のほぼ全域を統一し　7
た。しかし7世紀にはイスラーム勢力が東ロ　8
ーマからシリア・エジプトを奪い，8世紀に　9
は，北アフリカからイベリア半島を経てフラ　10
ンク王国にも侵入した。このイスラーム勢力　11
を撃退したフランク王国が，ゲルマン諸族を　12
統一し，カールの戴冠で東ローマから自立す　13
ると，地中海地域は西欧世界と東ローマ世界　14
，イスラーム世界の三つの世界に分裂した。　15

(300字)

Ⅳ

【解説】

A　古代・中世におけるイギリスの農業史

　空欄a　ギルド　文中の「都市の…規制」から，中世都市の特徴の一つである「ギルド規制」の語句がすぐに出てくる。都市内部の手工業では，ギルドの構成員である親方と職人・徒弟との間には厳格な身分序列があり，生産の面でも自由競争は禁じられ，商品の品質・企画・量・価格などさまざまな規制があった。したがって，文中にあるように，イギリスでは，毛織物生産が農村部で行われたため，このような規制をうけず低廉な価格で生産の拡大が見込めた。

　空欄b　飼料　文中の「17世紀後半に始まった…農業の改良」「資本主義的な農業経営」，そのあとに続く「第2次囲い込み」などの表現から，「飼料」作物。しかし，イギリスの農業革命については，教科書にも詳しい説明はないので，難しかったかもしれない。イギリスでは18～19世紀にかけて四輪作農法(ノーフォーク農法)による穀物生産が普及した。この農法は，第2次の囲い込みによって得られた大農地を四つの耕圃に分けて，それぞれ小麦・カブ(かぶら)・大麦・クローバーを輪作するもので，このうちおもにカブやクローバーは家畜の飼料に当てられた。

　問(1)　フランス北部…ジャックリーの乱　イングランド南部…ワット＝タイラーの乱
　封建反動に対して，14世紀に起こった反乱といえば，1358年フランスのジャックリーの乱と，1381年イギリスのワット＝タイラーの乱である。いずれも百年戦争中に起こった反乱で，ジャック jacques とは貴族が農民を指した言葉で，中世農民が短く

貧しい胴衣 jaques を着ていたことに由来する。また，ワット＝タイラーの乱では，反乱を組織化した放浪の説教師ジョン＝ボールが「アダムが耕し，イブが紡いだとき，だれがジェントルマンであったか」と演説した。

問(2)　グーツヘルシャフト　エルベ川以東には，12・13世紀以降行われた「東方植民」で移住した自由な農民が農業に携わっていたが，14世紀以降になると，しだいに領主によって自由を奪われるようになった。とりわけ16世紀以降，西ヨーロッパに輸出する穀物の需要が高まると領主（グーツヘル）は，農民を農奴化して，その賦役労働によって農業生産を拡大しようとした。このような領主による大農場経営をグーツヘルシャフトとよんでいる。

問(3)　三圃制　中世ヨーロッパの「集団による共同耕作と，比較的均等な土地保有とに基盤を置いた伝統的農法」という下線部全体の文から考えると，農民による集団での共同作業をもとに行われた三圃制を思い起こすが，設問文の中世西ヨーロッパに特徴的な，「この農業による土地利用の方式」を何というかという問い方から，開放耕地制とも答えることができる。下線部とそれを指し示す設問文があいまいなので，どちらの解答も可能である。中世の農村では，地条に分けられた農民保有地を，馬を使用して共同耕作を行うため，生垣や石垣，溝など仕切りで囲まない耕地が一般的であった。このような制度を開放耕地制（Open Fields）とよんでいる。この開放耕地制と結びついて三輪作法により三圃制が行われた。

問(4)　ローマ＝カトリック教会からの離脱（首長法の制定）　トマス＝モアは，ロンドンで法律家として活躍し，のちヘンリー8世の外交使節となって大陸に渡った。その余暇に『ユートピア』(1516)を書いた。その出版の翌年，国王の宮廷に出仕し，大法官にまで昇進した。しかし，ルターの宗教改革が起こると，これに反対して論争し，ヘンリー8世の国王至上法（首長法　1534）によるカトリック教会からの離脱に従わず，反逆罪のかどで処刑され，殉教の道を歩んだ。ユートピアutopiaという単語は，モアがギリシア語の ou=no と topos=place とを組み合わせて作った新造語で，「どこにもない場所」を意味している。問題文にある『ユートピア』の一節「羊が人間を食う」の言葉は，第1次囲い込みを批判したことで有名。

問(5)　第1次囲い込みが領主による追放という形をとったのに対し，第2次囲い込みは議会立法にもとづいて合法的に行われた。

第1次の囲い込みは，羊毛生産の拡大のために，封建領主たちが農民を追放し，荘園の開放農地を囲い込んで大牧羊場に転換した。このような第1次の囲い込みは，農民を追放する囲い込みであったのに対して，第2次の囲い込みの方は，穀物生産の拡大のために，残存していた開放耕地や共同放牧地，共同採草地を，議会による立法に

よって囲い込んだ（したがって，議会エンクロージャーともいう）。第2次では，法律による囲い込みとして強制されたから，18世紀後半〜19世紀前半の100年たらずの期間に，件数にして約4500，面積にして255万haちかい土地が囲い込まれ，第1次に比べて大規模に行われた。本文には「牧羊」と「穀物生産」の語句があるので，それ以外の特徴を記さなければならないことに注意しよう。

問(6)　ナポレオンの没落により大陸封鎖令が解除され，イギリスへの穀物輸出の再開が予想されたため。

穀物法は，ナポレオン戦争終結後に大陸からの安い穀物が大量に流入し，地主の利益が損なわれないよう輸入穀物に高関税をかける目的で制定された法律であり，地主の利益を保護するものであった。これに対抗して自由貿易主義を主張する産業資本家は，コブデンやブライトを中心に反穀物法同盟を結成して，1846年に穀物法の廃止を実現した。

B　産業革命期の欧米史

問(7)　チャーティスト運動　第1次選挙法改正で有権者となったのは産業資本家であったため，労働者は選挙権獲得のための運動を起こした。1838年に「人民憲章（People's Charter）」を掲げて，(1)21歳以上の成人男性の普通選挙，(2)議員の財産資格の撤廃，(3)議会の毎年改選，(4)人口調査に基づく平等選挙区，(5)議員への給与支給，(6)無記名投票の六カ条を要求したので，この運動をチャーティスト運動とよんでいる。

問(8)　(ア)　南京条約　アヘン戦争は，1842年の南京条約で終結した。

(イ)　香港(島)　南京条約では，(1)広州，厦門（アモイ），福州，寧波（ニンポー），上海の5港の開港　(2)香港(島)の割譲　(3)公行制度の廃止，(4)賠償金の支払いなどが規定された。

問(9)　(ア)　ルイ＝フィリップ　1848年の二月革命で倒れたのは，七月王政である。1830年の七月革命でシャルル10世にかわって，自由主義者として知られたオルレアン家のルイ＝フィリップが即位した。このルイ＝フィリップが二月革命で亡命して，共和政の臨時政府が樹立された。

(イ)　『共産党宣言』　1847年末にマルクスとエンゲルスが執筆した綱領で1848年2月末ロンドンで刊行された。「これまでの社会の歴史はすべて階級闘争の歴史である」との見地から，近代工業の発展がもたらすブルジョアジー（資本家）とプロレタリアート（労働者）の二大階級の対立を明らかにし，既存の社会組織の転覆による共産主義社会の実現を表明した。この著作は「ヨーロッパに幽霊が出る。共産主義という幽霊である。」との一節から始まり，「万国のプロレタリア団結せよ」という有名な言葉で締

めくくられる（岩波文庫版）。

　問(10)　**ルイ＝ナポレオン**　1848年に始まった第二共和政では，12月の大統領選挙で
ナポレオン1世の甥にあたるルイ＝ナポレオンが当選した。このルイ＝ナポレオンが
1851年にクーデタで独裁権をにぎり，翌52年の国民投票で皇帝となり，ナポレオン3
世となった。これが第二帝政である。

　問(11)　**北部はイギリスから輸入される安価で良質な製品に対抗するために保護関税
政策を主張した。一方，南部はイギリスへ綿花などの農作物を輸出する立場から自由
貿易を主張した。**

　南北戦争前のアメリカの北部と南部の経済的な相違点は重要なので，しっかりとお
さえておこう。工業化を進める北部は，すでに産業革命を発展させていたイギリスか
らの安価な商品の流入を抑えねばならず，**保護関税政策**を主張し，奴隷制による綿花
プランテーションの盛んな南部は，綿花をイギリスに輸出する立場から，**自由貿易政
策**を要求した。この対立は奴隷制の拡大か阻止かの対立と絡み合って，南北戦争を引
きおこす要因となった。

　問(12)　**シェアクロッパー制度（シェアクロッピング制度）**　南北戦争中の1863年にリ
ンカンによって出された奴隷解放宣言は，戦争が終わった65年に憲法修正第13条とし
て明文化された。しかし，解放された奴隷に対する生活の保障はまったく考慮されず，
かれらは地主側から住居や耕地，種子，農具，家畜などの農耕必需品を借り受け，そ
の代償として収穫の1/3から2/3近くを地主に支払うシェアクロッパー制度（分益小作
制）のもとで，苦しい生活を強いられた。

C　ロシア革命〜大戦期のソ連史

　問(13)　**社会革命党（エスエル）**　1917年の11月に開催された憲法制定議会で第1党に
なったのは，革命を指導したボリシェヴィキでなく，社会革命党（エスエル）であった。
このため1918年の1月にレーニンは武力でこの議会を閉鎖して解散した。このときに
ボリシェヴィキ以外の政党は排除されたが，なかでも「主要な」政党といえば，最大
の議席をもっていた社会革命党である。

　問(14)　**コミンテルン（第3インターナショナル）**　レーニンはロシアで社会主義を成
功させるには，先進資本主義国での革命（世界革命）が不可欠と考えて，各国の共産党
を指導する機関としてコミンテルン（共産主義インターナショナル・第3インターナ
ショナル）をモスクワで創設した。

　問(15)　**工業面…私企業の一切の禁止　農業面…穀物の強制徴発**　大戦末期から，ソ
ヴィエト政権は国内の反革命勢力との戦いや，連合国による対ソ干渉戦争によって危

機に立たされた。ソヴィエトは赤軍を組織して対抗したが，危機的な状況を解決するためには，いっさいの私企業の禁止，中小工場の国有化，賃金の現物支給，農民からの食糧の強制徴発などの経済政策をとらざるをえなかった。このような政策を戦時共産主義とよんでいる。

問(16)　**クロンシュタットの反乱**　戦時共産主義による農民からの食糧徴発制は，彼らから労働意欲を奪うとともに，極度の食糧不足を招く結果となって農民の不満を増大させた。この不満が1921年のレニングラードにあるバルト海艦隊の基地であったクロンシュタットでの水兵や労働者の反乱を引きおこした。これを機に戦時共産主義は，小規模の私企業や私営商業をみとめ，食糧徴発制を廃止するネップ（NEP・新経済政策）に転換された。

問(17)　**第１次五カ年計画**　スターリンのもとで行われた計画経済政策は，すべて五カ年計画である。1928年の**第１次五カ年計画**では，工業面では重工業を優先し，農業面では集団化が実施され，コルホーズ（集団農場）やソフホーズ（国営農場）がうまれた。

問(18)　**人民戦線戦術**　1935年のコミンテルン第７回大会で，**人民戦線戦術**が採用された。人民戦線とは，共産党を含めた社会党や社会民主党など，あらゆる自由主義勢力を集結して，内外のファシズムの台頭に対抗しようとした統一戦線のことである。

問(19)　**仏ソ相互援助条約・ドイツの脅威に対する包囲網の形成**　1935年にドイツのヒトラーは，ヴェルサイユ条約を破棄して，再軍備宣言を出し，徴兵制を復活した。このようなドイツの台頭を最も警戒したフランスは，ソ連と東欧各国に接近してフランスの安全をより確かなものにしようとする外交を展開した。その一つが**仏ソ相互援助条約**である。フランス側のねらいはこの条約の締結によって対ドイツ包囲網を形成することにあった。

問(20)　**ラインラントへの進駐**　ロカルノ条約の内容を確認しておこう。1925年にスイスのロカルノで開催された会議で，ヨーロッパの安全保障に関する取り決めがなされた。この会議でラインラントの非武装化をはじめとする地域的集団安全保障の体制が成立した。これをロカルノ体制とよんでいる。ヒトラーによるロカルノ条約で非武装とされたラインラントにドイツ軍を**進駐**させた行動が，ヴェルサイユ体制の破壊を一層推し進めた。

解答例

A
　a　ギルド　　b　飼料
　(1)　フランス北部…ジャックリーの乱

イングランド南部…ワット＝タイラーの乱

(2)　グーツヘルシャフト

(3)　三圃制

(4)　ローマ＝カトリック教会からの離脱(首長法の制定)

(5)　第1次囲い込みが領主による追放という形をとったのに対し，第2次囲い込み
　　は議会立法にもとづいて合法的に行われた。

(6)　ナポレオンの没落により大陸封鎖令が解除され，イギリスへの穀物輸出の再開
　　が予想されたため。

B

(7)　チャーティスト運動

(8)　㋐　南京条約　　　㋑　香港(島)

(9)　㋐　ルイ＝フィリップ　　　㋑　『共産党宣言』

(10)　ルイ＝ナポレオン

(11)　北部はイギリスから輸入される安価で良質な製品に対抗するために保護関税政
　　策を主張した。一方，南部はイギリスへ綿花などの農作物を輸出する立場から
　　自由貿易を主張した。

(12)　シェアクロッパー制度(シェアクロッピング制度)

C

(13)　社会革命党(エスエル)

(14)　コミンテルン(第3インターナショナル)

(15)　工業面…私企業の一切の禁止　　農業面…穀物の強制徴発

(16)　クロンシュタットの反乱

(17)　第1次五カ年計画

(18)　人民戦線戦術

(19)　仏ソ相互援助条約・ドイツの脅威に対する包囲網の形成

(20)　ラインラントへの進駐

解答・解説

I

解説

問題文を読んでみよう！

　今年の中国現代史は，東アジアの現代史を履修していれば，あとは日中関係について考えるだけというものである。まずは問題を検討してみよう。

> 　中国近代史において日中関係は大きな比重を占めるようになる。1911年の辛亥革命から1937年の日中戦争開始までの時期における，日本と中国の関係について，300字以内で述べよ。

問題の中心となるテーマを確認しよう！

　時期は「1911年の辛亥革命から1937年の日中戦争開始まで」。説明しなければならないことは，「日本と中国の関係」である。まあ，この時期はほぼ「日中関係は悪い」のだが，なにが原因で「関係が悪い」のかを，考えてみよう。つまり，日本が中国にどのような態度をとったのか？　以下にできるかぎりの事項を列挙してみよう。

書くべきポイントを列挙してみよう！

	＜中国＞	＜日本＞
1911	辛亥革命	
12		
13		
14		第一次世界大戦に日本参戦　→　青島占領
15		二十一カ条要求（袁世凱政府に対して）
16		
17	中国が協商国側で参戦	
18		
19	五・四運動　→　国民党成立	
20		
21	共産党成立	ワシントン会議
		↓

22	九カ国条約
23	
24	第一次国共合作
25	五・三〇事件 → 広州国民政府
26	北伐開始
27	上海クーデター → 南京国民政府　　山東出兵
28	北伐完成　　　　済南事件・奉天事件(張作霖の爆殺)
29	
30	
31	中華ソヴィエト共和国臨時政府　　柳条湖事件 → 満州事変
32	満州国成立
33	日本の国際連盟脱退
34	長征開始
35	八・一宣言
36	西安事件・長征完了
37	第二次国共合作　　　　盧溝橋事件 → 日中戦争

問題文の核心に迫ろう！

　以上のような事項が把握できたら，問題の核心となる「関係」について整理してみよう。ここでは，日中関係を説明するのに不要なものを思い切って捨ててみること。

＜日中関係＞

第一次世界大戦時	青島占領や二十一カ条要求	日本の進出で悪化
大戦後	五・四運動(反帝国主義)	対日感情悪化
	ワシントン会議で日本の進出抑制	一時安定
1920年代	北伐時に日本の山東出兵・済南事件	日本の再進出
	日本による奉天事件(張作霖を爆殺)	
	→　張学良の反日感情高まる	
1930年代	柳条湖事件・満州事変・満州国建設	東北地方に侵略
	盧溝橋事件　→　日中戦争開始	全面戦争へ

　こうした状況では特に「関係は悪化」と書かなくても，史実で対立関係を明示すれば問題の要求は確保できる。ただ，この時期の東アジア史については事件などが非常に多いので，書くべき事柄を日中関係に絞り込んでおく必要がある。中国の情況や日本の事情について詳しく説明しようとすると，制限字数を超えてしまうので，注意が必要である。

解答例

> 日本は辛亥革命で成立した中華民国への勢力　1
> 拡大を図り，第一次世界大戦勃発時に対独宣　2
> 戦を行って青島を占領し，袁世凱に山東の権　3
> 益継承を含む二十一ヵ条要求を受諾させた。　4
> 大戦後，中国では二十一ヵ条撤廃を求める五　5
> ・四運動が展開され反日感情が高まり，日本　6
> の進出はワシントン会議において一時抑止さ　7
> れた。20年代後半，日本は山東出兵や奉天事　8
> 件で再進出を図り，30年代に入ると中国東北　9
> 地方での支配確立のため柳条湖事件を口実に　10
> 満州事変を起こし，満州国を建国した。中国　11
> 側の提訴で国際連盟は日本の行動は侵略と断　12
> 定したが，日本は国際連盟の脱退で応じた。　13
> さらに日本は華北まで勢力の拡大をめざし，　14
> 盧溝橋事件を契機に日中戦争が開始された。　15

（300字）

Ⅱ

[解説]

A　前漢～明代における長安

　著名な都市を中心に中国史を問う問題としては，過去に遼から元までの北京史（1999年）や，三国時代から宋までの洛陽史（2001年）が出題されている。

　まず，地図で位置関係を確認しておこう。

　空欄a　渭　黄河最大の支流である渭水流域には古くは周がおこり，鎬京を都としたことから長安（現・西安）の歴史は始まる。

　空欄b　王莽　王莽は前漢の外戚であったが，前漢の皇帝を倒して8年に新を建国し，非現実的な復古主義政策を強行した。そのため，18年には農民たちが眉を朱で染めて目印とする，赤眉の乱（問(3)）が山東地方から起こった。混乱の中で23年に新は滅亡している。

空欄 c　**前秦**　五胡十六国時代の351年に，チベット系氐（てい）族の苻健が建国した前秦は，第3代の苻堅の376年に一時華北を統一した。383年の淝水（ひすい）の戦いは淮河の支流での東晋との戦いである。中国の統一をめざして90万の大軍を率いて南下した苻堅は，8万の東晋軍に撃破された。

空欄 d　**府兵**　府兵制は，西魏（535～556）を建国した宇文泰が創始した。孝文帝の漢化政策は結果的に軍事力の低下を招いてしまったため，兵農一致の徴兵制を行ったのである。北周・隋を経て唐で整備されたが，8世紀玄宗の時代に募兵制に切り替えられた。

空欄 e　**楊堅**　北周の外戚の楊堅（文帝）が581年に隋を建国し，589年南朝の陳を滅ぼして統一を達成した。

空欄 f　**大興**　都は問題文にあるとおり，旧長安の東南に建設した大興城である。

空欄 g　**汴**　汴（べん）州こと開封は，907年に節度使の朱全忠が唐を滅ぼして後梁の都として以来，政治・経済の中心地としての重要性を増した。後梁を倒した後唐（問(7)）は，五代の中で唯一洛陽に都をおいている。2001年の(2)のAとして出題された「洛陽史」の問題文の一節を掲載しておこう。

　「黄巣の反乱軍から投降した（空欄 c 朱全忠）が904年に朝廷を洛陽に遷したが，やがて自らの王朝をつくると，洛陽からほど遠からぬ汴（べん）州（開封府）を都とした。洛陽に都を置いた後唐を除き，宋朝に至るまでそれが続く。……」

問(1)　**彩陶**　素焼の土器の表面に，赤，黒色で文様をつけた彩陶（彩文土器）は，河南省仰韶でスウェーデンのアンダーソンによって発見された。陝西省西安の東郊にある半坡遺跡はその彩陶文化の代表的なものの一つである。

問(2)　**商鞅**　前4世紀，秦の孝公に仕えた商鞅は衛の公族の出身で，法治主義に基づいて富国強兵策の大改革を推進した。その結果，秦は強大な国となったが，孝公の死後，反対派により処刑された。

問(3)　**赤眉の乱**　王莽の復古政策に反発して山東から生じた農民反乱である。新の崩壊後も長安を攻略したが，27年に劉秀（光武帝）に鎮圧された。

問(4)　**永嘉の乱**　八王の乱に乗じて自立した匈奴が，洛陽や長安を攻略し，316年西晋をついに滅ぼしてしまったのが，永嘉の乱である。この翌年，江南に東晋が建ち，華北は五胡十六国時代に突入し，南北分断の状況に至る。

問(5)　**太武帝**　太武帝は439年華北を統一し，420年に成立した南の宋と対峙して，南北朝時代を現出した。また，道教の大成者である寇謙之を重用し，仏教弾圧を断行したことでも知られている。

問(6)　**広通渠**　隋の文帝が黄河と長安を結ぶ広通渠を584年に開通させた。文帝と

次の煬帝によって，黄河～淮水を結ぶ通済渠，淮水～長江を結ぶ邗溝（かんこう），黄河～北京を結ぶ永済渠，長江～杭州を結ぶ江南河が連結されて，大運河が完成した。

問(7)　**後唐**　後梁に次いで923年に突厥系の節度使によって建国された。都は洛陽におかれた。936年に梁（契丹）の支援を得た石敬瑭によって滅ぼされた。

問(8)　**李自成**　陝西省の貧農出身で反乱軍の指導者となった李自成は，1643年西安を西京として，大順国を宣言した。1644年には北京を占領して崇禎帝を自殺においやったが，すぐに呉三桂と清軍に敗れてしまった。

B　インダス文明～ムガル帝国期におけるインド史

京大で出題されたインド史は，1997年のⅡＢの奴隷王朝からムガル帝国に関するテーマのみであった。去年の第2回京大実戦模試に出題したので，模試を受けた受験生はとまどうことはなかったのではないだろうか。インド・東南アジアの地図も必ず確認しておいてほしい。ヒンドゥークシュ山脈（空欄ｈ）やベンガル湾（空欄ｍ）などは下の地図で把握しておこう。

空欄ｈ　**ヒンドゥークシュ**　ペルシア語で「インド人殺し」を意味する。アフガニスタンからパキスタンにわたる山脈で，その高さによって古来から交通の障害となっていた。カイバル峠はそのアフガニスタンとパキスタン間の重要な交易路として，存在する。

　空欄 i　カニシカ　クシャーナ朝全盛期の第3代のカニシカ王は，サンスクリット語で第4回仏典結集を行ったことでも知られている。またこの時代に都プルシャプラでガンダーラ美術が発達したことでも重要である。

　空欄 j　アイバク　ゴール朝のマムルークであったアイバクは，1206年（モンゴル高原でのチンギス＝ハンの即位の年）に初の本格的なインド＝イスラーム王朝を始めた。奴隷王朝→ハルジー朝→トゥグルク朝→サイイド朝→ロディー朝（空欄 k）と続く。チンギス＝ハンの血を受け，ティムール（問(12)(ア)）の直系の子孫であるバーブルは1526年，パーニパットの戦いでロディー朝を撃破し，ムガル帝国を建国した。

　空欄 k　ロディー　アフガン系のロディー朝は，15世紀から16世紀にかけて存在したデリー＝スルタン朝の最後の王朝である。1526年にティムールの直系のバーブルとのパーニーパットの戦いで敗れて，ムガル帝国に取って代わられた。

　空欄 l　アウラングゼーブ　ムガル帝国第6代皇帝アウラングゼーブは，最大領土を形成したものの，第3代アクバルの廃止したジズヤを復活させ，スンナ派第一主義を遂行したので，各地で反乱が頻発した。なかでも，デカン地方のマラーター（空欄 o）王国は，反ムガルの中心勢力となったことで重要である。

　空欄 m　ベンガル　ガンジス川下流域に位置する。現在はインドの西ベンガル州と，イスラーム系のバングラデシュに分かれるが，古来から米とジュートの豊かな山地として知られる。

　空欄 n　ヴィジャヤナガル　ヴィジャヤナガル王国は14世紀から海上交易で繁栄したヒンドゥー王国である。イスラーム勢力との抗争で弱体化した。

　空欄 o　マラーター　マラーター王国はシヴァージーが建国したヒンドゥー教国家である。ムガル帝国との抗争で衰退していき，マラーター同盟に移行した。

　問(9)　ハラッパー　パンジャーブ地方にあるハラッパーは，インダス川下流域のシンド地方のモエンジョ＝ダーロ（モヘンジョ＝ダロ）とともにインダス文明の代表的な遺跡である。ハラッパーの位置とモエンジョ＝ダーロの位置を確認しておこう。

　問(10)　ヴァルナ　アーリア人のインド進出に伴って形成されたヴァルナは種姓，または四姓とも称され，基本的には祭祀をつかさどる司祭階級のバラモン，王族・武士階級のクシャトリヤ，農・商工業に従事する庶民階級のヴァイシャ，隷属民のシュードラの四種姓に分けられている。この階級差は，アーリア人と先住の被征服民との肌の色の違いに由来するといわれる。

　問(11)　ナーガールジュナ（竜樹）　大乗仏教の大成者であるナーガールジュナ（竜樹）は，南インドのバラモン出身で，従来の上座部仏教が個人の救済のみを求めたのに反対して，広く大衆の救済をはかった。

問(12)　(ア)　**ティムール**　トルコ化したモンゴル貴族出身で，西チャガタイ＝ハン国から台頭して中央アジア～イラン・イラクにいたる征服活動を展開した。1370年にサマルカンドを都にティムール朝を樹立した。

　(イ)　**ウズベク族**　ウズベク族は中央アジアの西トルキスタンに住むトルコ系民族で，キプチャク＝ハン国の支配下にあった。イスラーム教のスンナ派に属する。

問(13)　(ア)　**ボロブドゥール**　ボロブドゥールはジャワ島中部にある大乗仏教の石像建造物である。8～9世紀にシャイレンドラ朝が建設したもので，東南アジアの仏教遺跡の中では最も壮大である。

　(イ)　**マジャパヒト王国**　ジャワ最後のヒンドゥー教国であるマジャパヒト王国は13世紀の元軍来襲の混乱を機に成立した。海上交易で14世紀半ばに最盛期を迎えている。

解 答 例

A

a　渭　　b　王莽　　c　前秦　　d　府兵　　e　楊堅　　f　大興
g　汴

(1)　彩陶
(2)　商鞅
(3)　赤眉の乱
(4)　永嘉の乱
(5)　太武帝
(6)　広通渠
(7)　後唐
(8)　李自成

B

h　ヒンドゥークシュ　　i　カニシカ　　j　アイバク　　k　ロディー
l　アウラングゼーブ　　m　ベンガル　　n　ヴィジャヤナガル
o　マラーター

(9)　ハラッパー
(10)　ヴァルナ
(11)　ナーガールジュナ(竜樹)
(12)　(ア)　ティムール朝　　(イ)　ウズベク族
(13)　(ア)　ボロブドゥール　　(イ)　マジャパヒト王国

(解説)

問題文を読んでみよう！

　近代のイギリスとフランスの関係を問う論述問題である。

　18世紀後半から19世紀前半にかけて，大西洋をはさんでアメリカ大陸とヨーロッパの双方で戦争と革命があいついで勃発し，この間にヨーロッパ諸国間の関係は大きく変化した。七年戦争からナポレオン帝国の崩壊にいたる時期にイギリスとフランスの関係はどのように変化したか，300字以内で説明せよ。

問題の中心となるテーマを確認しよう！

　時期は「七年戦争からナポレオン帝国の崩壊まで」。説明しなければならないことは，「イギリスとフランスの関係の変化」である。ナポレオン帝国の崩壊という時期をいつまでととらえるのか少し迷うが，1756年の七年戦争の開始から1815年のウィーン体制の成立までを視野にいれて，その時期の英仏関係がどのように変化したかを考えてみよう。この時期の出来事については，問題文の中にヒントがある。「大西洋をはさんでアメリカ大陸とヨーロッパの双方で戦争と革命があいついで勃発し」とあるので，どのような「戦争」や「革命」が起こったのかを想い出してみよう。

問題文のキーワードは？

　この問題のキーワードは「関係」と「変化」ということばである。関係とは，あることと他のあることとのかかわりあいのこと。「関係」にはさまざまな種類がある。たとえば前後関係・主従関係・対立関係・上下関係など。ここではイギリスとフランスの関係だから，友好関係(支援・協調など)と対立関係(戦争・紛争など)を考えてみよう。さらにその関係が変化するということだから，友好関係から敵対関係に，あるいは敵対関係から友好関係に変わったなどの「変化」を，この時期の出来事を述べていく中でできるだけ指摘していこう。

書くべきポイントを列挙してみよう！

　イギリスとフランスの両国に関して，1756年から1815年前後までの出来事を列挙してみよう。
①　まず，問題文をヒントに「戦争」と「革命」を中心に経過を追ってみる。思い出せる範囲で，年代順に経過をメモしてみよう。

1756　　七年戦争開始

　　　　　→ アメリカ大陸でフレンチ＝インディアン戦争

　　　　　→ インドでプラッシーの戦い

1763　　パリ条約

1775　　アメリカ独立戦争開始

1783　　パリ条約（アメリカの独立）

1789　　フランス革命開始

1792　　フランス第一共和政

1793　　ルイ16世処刑 → （第1回）対仏大同盟

1798　　ナポレオンのエジプト遠征

1799　　ナポレオンのブリュメール18日のクーデタ

1802　　アミアンの和約

1804　　第一帝政開始

1805　　（第3回）対仏大同盟・トラファルガーの海戦（フランスの敗北）

1806　　大陸封鎖令

1812　　ナポレオンのロシア遠征

1813　　ライプチヒの戦い（諸国民戦争）

1814　　ナポレオン退位・ブルボン朝復活・ウィーン会議

1815　　ワーテルローの戦い・ウィーン議定書

　　　　　四国同盟・神聖同盟締結

1818　　五国同盟（フランスも加わる）

② 　さて，ここまできたら，「関係」を見ていこう。また，両国の「関係」を述べる
のにあえて不要な事項を思い切って捨てていきながら，その上で「変化」のありかた
を確認してメモを書き加えてみよう。

<英仏関係>

1756　　七年戦争開始　　　　　　　　　　　　　　　　　　　　対立

　　　　　→アメリカ大陸でフレンチ＝インディアン戦争

　　　　　→インドでプラッシーの戦い

1763　　パリ条約（フランスの敗北）

1775　　アメリカ独立戦争開始 → フランスの支援　　　　　　対立

1789　　フランス革命開始

1793　　ルイ16世処刑 → （第1回）対仏大同盟　　　　　　　対立

— 416 —

1798	ナポレオンのエジプト遠征	
1802	ナポレオンとのアミアンの和約	友好・協調
1804	第一帝政開始	
1805	(第 3 回)対仏大同盟・トラファルガーの海戦	対立
1806	大陸封鎖令(対英海上封鎖)	
1814	ナポレオン退位・ブルボン朝復活・ウィーン会議	友好・協調
1815	ワーテルローの戦い・ウィーン議定書	
	四国同盟(→ のち五国同盟)・神聖同盟締結	

　七年戦争時のイギリスとフランスの対立(敵対)関係は，アメリカのイギリスからの独立をフランスが支援したことにより継続し，フランス革命が起こってもなおイギリスは(第 1 回)対仏大同盟を指導して，敵対関係が続いた。その後，ナポレオンが台頭し，エジプト遠征を行うなど両国の対立は続いたが，1802年のアミアンの和約で，一転して友好関係に変化した。しかし，帝政が開始されると，(第 3 回)対仏大同盟が結ばれ，再度対立(敵対)関係に変わり，トラファルガーの海戦・大陸封鎖令の発布からナポレオンの没落までこの対立は続く。しかしナポレオンが没落してブルボン朝が復活すると，ここで両国はウィーン体制のもとで協調・友好関係に転換する。

　問題文の「ナポレオン帝国の崩壊まで」を視野にいれておけば，最後の対立から協調への関係の変化を見極めることができるだろう。この「関係の変化」と，「転機となる重要な出来事」とをうまく盛り込みながら論述してみよう。いざ書いてみると300字という字数制限がきつくて，範囲内におさまらなくて困るはず。制限字数内で書く練習も積んでおこう。

解答例

七年戦争に際して，北米でフレンチ＝インディアン戦争を，インドではプラッシーで両国は争い，イギリスが勝利した。アメリカ独立戦争がおこるとフランスは植民地側を支援しイギリスと戦った。フランス革命が進展すると，イギリスは対仏大同盟を結成してフランスに対抗し敵対関係は続いた。ナポレオン時代にはアミアンの和約によって両国の関係は一時好転したが，彼が皇帝に即位するとイギリスは再び対仏大同盟を結んで敵対した。ト	1 2 3 4 5 6 7 8 9 10

> ラファルガーでフランスは敗退したが，大陸　　*11*
> 封鎖令を発布してイギリスに対抗した。しか　　*12*
> し，ナポレオン帝国が崩壊してブルボン朝が　　*13*
> 復活すると，ウィーン体制のもとでイギリス　　*14*
> ・フランス両国は再び協調関係にはいった。　　*15*

（300字）

Ⅳ

〔解説〕

A　古代・中世におけるヨーロッパの統合の基礎としての「帝国」

問(1)　トラヤヌス帝　紀元 2 世紀の最大版図を実現したローマ皇帝は**トラヤヌス帝**（位 98〜117）である。五賢帝の一人で，ドナウ川をこえてダキア（現在のルーマニア）遠征を行ってローマ領に組み入れ，またパルティアと戦ってメソポタミア地方も一時支配下に置いた。

問(2)　カラカラ帝　ローマ帝国内の全自由民に市民権を付与したのは**カラカラ帝**（位 198 〜217）。カラカラとは，彼がローマに持ち込んで着用を流行させたケルト人の外套にちなむあだ名で，正式にはマルクス・アウレリウス・セウェルス・アントニヌス（Marcus Aurelius Severus Antoninus）という。この212年の市民権付与を認めた布告を，彼の名をとって「アントニヌス勅令」という。そのねらいはローマ市民に課せられる相続税の増収にあったといわれている。

問(3)　ササン朝　下線部にある「四分統治」はディオクレティアヌス帝（位 284〜305）によって実施された政策。したがってこの下線部分の説明は 3 世紀末以降のことなので，当時の「東部でローマ皇帝と抗争した国家」は，**ササン朝**である。パルティアと混同しないように。パルティアは，224年にササン朝によって征服されている。

問(4)　(ア)　c　カール大帝時代の最大領域を確認しておこう。西はピレネー山脈から，東はエルベ川・ドナウ川に接する線までが版図となった。エルベ川流域ではザクセン人を服従させ，また北イタリアからドナウにいたるランゴバルド王国を征服した。したがって，ピレネー山脈以西のスペイン（記号 c）は，カールの帝国には属していない。

〈カール大帝時代のフランク王国〉

(イ)　後ウマイヤ朝のイスラーム勢力　当時のスペインは，後ウマイヤ朝(756〜1031)のイスラーム勢力の下におかれていた。

問(5)　ヨーロッパ文明の成立という言葉には，本来ヨーロッパを構成するはずの東欧のスラブ的要素やギリシア正教が除外されているから。

　問題文の1行目以降に「2004年5月にEU(ヨーロッパ連合)は新たに10カ国を加えて25カ国体制となり，バルカン諸国など一部の国をのぞくヨーロッパの大半の地域が…」とある。この第5次拡大では，ポーランドやハンガリー，チェコ，スロヴァキア，スロベニアなどの東欧諸国が加盟した。このことから「カールの戴冠をヨーロッパ文明の成立を象徴するもの」と見なせば，ビザンツ帝国を中心としたギリシア正教や，その影響を受けた東方のスラヴ的要素は除外されてしまう。このことが「カールの戴冠を，西ヨーロッパに偏った見方」との批判をうみだした。

問(6)　アヴァール人　上の(4)の地図をみておこう。カール大帝は，東方から侵入したモンゴル系アヴァール人の侵入を撃退した。

Ｂ　自然主義・ドレフュス事件・帝国主義

問(7)　(ア)　ゾラ　問題文中の「19世紀後半」・「フランス人の文学者」・「私は告発する」などからエミール＝ゾラを思い浮かべよう。

(イ)　自然主義。人間を科学的に観察し，社会の矛盾や人間性の悪の面を描写しようとする芸術思潮である。

　ゾラの文学的な立場は自然主義。自然主義は，19世紀前半のロマン主義に対する反動としておこった写実主義の思想を受け継ぎながら，現実を支配する自然的・物質的条件をいっそう重視し，生物学的人間観を強く打ち出したといわれる芸術思潮である。この自然主義は，ゾラに代表されるように，1870年前後から20年余りにわたってフランスの小説と演劇を支配した。解答作成にあたっては「自然主義とは写実主義をさらに推進して，人間を科学的に観察し社会の矛盾や人間の悪の面を描写した(山川教科書)」と説明すればよいだろう。

(ウ)　ミレー　絵画における「自然主義を代表」し，「働く農婦の姿など，貧しい農民の生活を正面から凝視して描いた画家」との問題文から，『落穂拾い』や『晩鐘』のミレーを想起しよう。ただ，絵画における自然主義は，文学の自然主義より時期的に少し早いので，「この文芸思潮は絵画にも及んだ」という問題文は，絵画における自然主義を考えよ，という意味にとらえるしかない。

問(8)　ホロコースト　国境を越えて世界各地に居住するユダヤ教徒は，古くから異教徒として差別・迫害を受けてきた。これらのユダヤ教徒は，19世紀後半の国民の民

族的同質性を強調するナショナリズムの高揚のもとで攻撃され，「国民国家の敵」と見なされた。⑽の設問の「ドレフュス事件」やロシアでの大規模なポグロム（集団暴行）はその顕著な例である。この風潮はやがて20世紀のユダヤ人の大虐殺，ホロコーストの悲劇を引き起こす。

問(9)　社会進化論　ハーバート＝スペンサーは，ダーウィンの進化論を人間社会に適用し，「社会も生物と同じように一定の方向に進化していく」という社会進化論をとなえた。この考えは人種理論や優生学と結びついて，反ユダヤ主義を根拠づけるものとなった。「適者生存」という言葉はスペンサーの造語である。

問(10)　ドレフュス事件。ユダヤ人将校ドレフュスがドイツのスパイ容疑で有罪とされた冤（えん）罪事件で，第三共和政に不満をもつ反共和派・反ユダヤ主義者と共和派が対立し，国論を二分する政治問題に発展した。

1894年にドレフュス大尉が軍法会議で，軍事機密漏洩（ろうえい）罪で位階剝奪と流刑を宣告されたことに端を発した冤（えん）罪事件で，ドレフュスがユダヤ人だったことから，反ユダヤ主義の新聞がキャンペーンの材料として利用し，事件は世にひろまった。さらに，ゾラが「私は告発（弾劾・糾弾）する」との大統領宛の公開書簡を新聞紙上に発表したことから，一個人の問題を離れて国論を二分する政治問題となった。図Ⅰからは，現存する共和体制に不満をもつ人々（反ユダヤ主義，愛国主義的右翼，対独復讐をうたう軍国主義）と，共和政擁護の陣営との対立を読みとろう。

問(11)　(ア)　ファショダ事件　「1898年」「ナイル川中・上流」「フランスとイギリスの対立」から，ファショダ事件を思い浮かべよう。マルシャン指揮下のフランス隊と，イギリスのキッチナー将軍がスーダン南部のファショダで対峙した。フランスのアフリカ横断政策とイギリスの縦断政策の対立を象徴する事件となった。外交交渉によってフランス側が譲歩して撤退し，この結果，スーダンはイギリス・エジプトの保護下におかれた。

(イ)　広州湾　中国における租借地は頻出事項。1899年，フランスは広州湾を租借した。またフランスはすでにフランス領インドシナ連邦を構成し，南方から進出している。広州湾の位置を確認しておこう。ちなみに，1898年にドイツは膠州湾，ロシアは遼東半島南部（旅順・大連），イギリスは威海衛・九竜半島を租借している。

C　冷戦期の東西欧とヨーロッパ統合

問(12)　マーシャル＝プラン　戦後の「合衆国からの援助」で，マーシャル＝プランとなる。アメリカの国務長官マーシャルが立案したヨーロッパ経済復興援助計画のことである。

問(13)　イギリスは，超国家的な組織への加盟には反対の立場をとり，イギリス連邦

諸国との貿易関係を優先したためこれらの組織に参加しなかった。

　1958年にEECが設立されたとき，イギリスは，フランス中心となる超国家的機構には反対し，またEECによる共通関税の設定は，特恵関係をもつイギリス連邦諸国との貿易関係を損なうおそれがあるとの理由から参加しなかった。イギリスは1959年（発足は1960年）にEECに対抗して，EFTA（ヨーロッパ自由貿易連合）を結成した。

　問(14)　ティトー　1948年にコミンフォルムから除名されたのは，ティトーが指導するユーゴスラヴィアである。この除名の理由は，第二次世界大戦中の4年にわたるパルチザン戦争を通じて広範な国民の支持を集め，自己の権力基盤に十分の自信をもつティトーが，ソ連に対しても自己の主張を貫こうとしたため，社会主義世界の盟主として君臨していたスターリンの逆鱗（げきりん）に触れたからである。

　問(15)　ハンガリー・チェコスロヴァキア　スターリン時代の抑圧から民主化を求める動きは，1956年のスターリン批判の年にポーランド（ポズナニ暴動）とハンガリー（ハンガリー事件）で，また1968年にチェコスロヴァキアで（「プラハの春」）顕在化した。ポーランドの民主化運動はゴムウカによって収拾されたが，ハンガリーではソ連軍による軍事介入で，改革派のナジ＝イムレが処刑された。また，チェコスロヴァキアでもソ連軍を中心とするワルシャワ条約軍が介入し，ドプチェクの民主化運動を弾圧した。

　問(16)　連帯　ポーランドの自由化の中心となった組織は「連帯」である。この自主管理労組の指導者がワレサである。ノーベル平和賞を受賞（1983）し，東欧革命後の民主化の動きの中で大統領に就任（任 1990〜95）した。

　問(17)　ペレストロイカ　ゴルバチョフによる「改革」をペレストロイカ，「情報公開」をグラスノスチという。

　問(18)　コール　1989年，「東欧革命」に際してベルリンの壁がくずれ，翌1990年に東西ドイツの統一が実現した。これを指導したのがキリスト教民主同盟の党首でもあったコールである。

　問(19)　マーストリヒト　1992年に，オランダのマーストリヒトで締結された条約によりEUが成立した（1993年に発効）。1952年にヨーロッパ石炭鉄鋼共同体（ECSC）が誕生し，1958年には経済統合をめざすヨーロッパ経済共同体（EEC）と，原子力エネルギーの共同開発と共同管理機構であるヨーロッパ原子力共同体（EURATOM）が設立された。さらに，1967年に3共同体は機構的に統一され，以後ヨーロッパ共同体（EC）と呼ばれることになった。これらを基盤としてマーストリヒト条約によってEUが成立する。

解 答 例

A

(1) トラヤヌス帝

(2) カラカラ帝

(3) ササン朝

(4) (ア) c　　(イ) 後ウマイヤ朝のイスラーム勢力

(5) ヨーロッパ文明の成立という言葉には，本来ヨーロッパを構成するはずの東欧のスラブ的要素やギリシア正教が除外されているから。

(6) アヴァール人

B

(7) (ア) ゾラ

  (イ) 自然主義。人間を科学的に観察し，社会の矛盾や人間性の悪の面を描写しようとする芸術思潮である。

  (ウ) ミレー

(8) ホロコースト

(9) 社会進化論

(10) ドレフュス事件。ユダヤ人将校ドレフュスがドイツのスパイ容疑で有罪とされた冤（えん）罪事件で，第三共和政に不満をもつ反共和派・反ユダヤ主義者と共和派が対立し，国論を二分する政治問題に発展した。

(11) (ア) ファショダ事件　　(イ) 広州湾

C

(12) マーシャル＝プラン

(13) イギリスは，超国家的な組織への加盟には反対の立場をとり，イギリス連邦諸国との貿易関係を優先したためこれらの組織に参加しなかった。

(14) ティトー

(15) ハンガリー・チェコスロヴァキア

(16) 連帯

(17) ペレストロイカ

(18) コール

(19) マーストリヒト

解答・解説

Ⅰ

【解説】

(問題文を読んでみよう!)

久々に西アジア・中央アジア史に関する問題である。

> セルジュク朝, モンゴル帝国, オスマン朝は, ともにトルコ系ないしモンゴル
> 系の軍事集団が中核となって形成された国家であり, かつ事情と程度は異なるも
> のの, いずれも西アジアおよびイスラームと深くかかわった。この3つの政権そ
> れぞれのイスラームに対する姿勢や対応のあり方について, 相互の違いに注意し
> つつ300字以内で述べよ。

*セルジュク朝は通常セルジューク朝と表記されるが, ここでは問題の表記をそのま
ま使用する。

(問題の中心となるテーマを確認しよう!)

対象となる国家は「セルジュク朝, モンゴル帝国, オスマン朝」の三つ。「それぞ
れのイスラームに対する姿勢や対応のあり方」について論じなければならない。「姿
勢や対応のあり方」というのは, とらえにくいかもしれないが, イスラームに反発・
迫害したとか, あるいは傾倒・改宗したとかを考えればよい。

(問題文のキーワードは?)

この問題文でのキーワードは,「相互の違いに注意しつつ」というところで, 要す
るに「比較」である。では, 何を比較すればいいのか。三つの政権の成立した地域か
ら西アジアへの進出, そしてイスラームへの関わり方などの特徴を考えてみよう。

(書くべきポイントを列挙してみよう!)

以下のような項目が考えられるだろう。

①成立した地域

　　セルジュク朝　－　中央アジア

　　モンゴル帝国　－　モンゴル高原

　　オスマン朝　－　アナトリア(小アジア)

②成立当初の宗教（宗派）

　　セルジュク朝　－　スンナ派

　　モンゴル帝国　－　非イスラーム

　　オスマン朝　　－　スンナ派

③西アジアおよびイスラームとの関わり

　　セルジュク朝　－　シーア派のブワイフ朝を滅ぼす　シーア派のファーティマ朝
　　　　　　　　　　　と対立

　　モンゴル帝国　－　アッバース朝を滅ぼす　マムルーク朝と対立

　　オスマン朝　　－　エジプトのマムルーク朝を滅ぼす　シーア派サファヴィー朝
　　　　　　　　　　　と対立・抗争

④イスラームに対する姿勢・対応

　　セルジュク朝　－　アッバース朝カリフを奉ずる
　　　　　　　　　　　スルタン位を受ける・世俗の権力を掌握

　　モンゴル帝国　－　アッバース朝を滅ぼして，カリフ制を消滅させる
　　　　　　　　　　　後にイスラームに改宗（イル＝ハン国でのイスラーム国教化）

　　オスマン朝　　－　メッカ・メディナの管理権を獲得
　　　　　　　　　　　スルタンはカリフ政治の後継者に

　特に問題文に「いずれも西アジアおよびイスラームと深くかかわった」とあるので，「西アジア」のどの地域なのかを明確にすることも忘れないように注目しておこう。三つの政権には，いずれも移動しつつ支配圏を拡大していったことに共通点があるのだから。

　必ず三つの政権を対応させながら書いてみよう！

解答例

中央アジアに成立したセルジュク朝はスンナ	1
派を奉じ，シーア派のブワイフ朝を滅ぼして	2
バグダードに入城すると，アッバース朝カリ	3
フよりスルタン位を授けられた。北方から拡	4
大したモンゴル帝国は，当初イスラームを重	5
視せず，アッバース朝を滅ぼして西アジアま	6
でを支配下におき，カリフ制を消滅させた。	7
モンゴル帝国の分裂後は，イランのイル＝ハ	8
ン国でイスラームを国教とするなど，西方の	9
モンゴル人のイスラーム化が進んだ。アナト	10

リアに成立したオスマン朝はスンナ派を信奉　11
し，異教徒には自治を認めたが，東のシーア　12
派サファヴィー朝とは抗争した。またマムル　13
ーク朝を征服し，メッカ・メディナの管理権　14
を獲得して，カリフ政治の後継者となった。　15

（300字）

Ⅱ

解説

A　秦〜明における中国史

　問題文は斬新な設定なので，受験生にとっては難しく感じた設問もあったのではないだろうか。しかし，きちんと問題文を読んでいけば，それほど苦しむことはないだろう。

　空欄 a　高宗　皇后武氏というのは，問題文の「則天文字を作った」という部分から，則天武后と判断をつけよう。その病弱な夫が高宗である。則天文字は日本でも使われており，水戸黄門で有名な水戸光圀の「圀」の字などがその例である。
　空欄 b　『後漢書』　『後漢書』の著者の范曄（はんよう）は南朝宋の人であるが，知らない人が多いだろう。ここはやはり問題文中の「班固」という人名から後漢と見当をつけよう。
　空欄 c　吐蕃　文中の「ラサ」という名称からチベットを，そこからソンツェン＝ガンポ王の建国した吐蕃とすぐにわからなければならない。講和を記念して建立されたのが，唐蕃会盟碑である。
　空欄 d　景教　ネストリウス派キリスト教が景教と称されたことは基本。絶対に落としてはいけない！
　空欄 e　洛陽　「2世紀後半」といえば，後漢の時代。したがって「帝都」は洛陽である。これも基本。
　空欄 f　魏　「241年」ということで，220年に後漢の献帝から禅譲を受けて，曹丕が建国した魏である。しかし，265年に司馬炎に帝位を奪われた。
　問(1)　李斯　始皇帝の丞相といえば，法家の李斯。郡県制や焚書坑儒を実施し，文字は小篆で統一した。始皇帝時代の統一政策も整理しておこう。
　問(2)　柳宗元　唐の韓愈と柳宗元は，儒教精神を表現するために古文復興運動を起こし，当時一般的に流行していた駢文（四六駢儷文）に反対した。この2人に加えて宋の蘇軾や欧陽脩，王安石などをあわせて唐宋八大家と称する。

問(3)　**玄宗**　唐の第6代皇帝**玄宗**(李隆基)の在位期間は，712～756年である。則天武后の息子の1人であった睿宗の子である。治世の前半は「**開元の治**」といわれる改革を推進したが，晩年は**安史の乱**を招いてしまった。

問(4)　**ナーランダー僧院**　玄奘はヴァルダナ朝時代のインドを訪れ，大乗仏教の中心地である**ナーランダー僧院**で学んだことはあまりにも有名。『**大唐西域記**』とともに不可欠な知識である。

問(5)　**王羲之**　「東晋の名筆」である**王羲之**は楷書・行書・草書の三体を完成させ，「蘭亭序」などの作品でよく出題される。太宗李世民は「大唐三蔵聖教序(集王聖教序)」の序文を書き，王羲之の行書の中から字を集めて刻印させた。

問(6)　『**琵琶記**』　元末～明初に成立した『**琵琶記**』は14世紀の高明の作品である。後漢の蔡邕は科挙のために家を捨てて上京し，そこで宰相の娘と結婚し，豪勢な生活をするが，故郷の妻が訪ねてきて，一夫二妻の生活を送るというストーリーである。後漢の官吏登用制度は科挙ではなく，郷挙里選のはず…といったことは，まあ，目をつぶろう。

問(7)　**蘇秦**　戦国時代に活躍した縦横家は，弁舌だけで外交的手腕を発揮した人々。その代表が**合従策**(秦に対抗して六国同盟を提唱)の**蘇秦**と，秦と東方の六国のそれぞれとの同盟をはかる**連衡策**を説いた張儀である。

問(8)　**遼**　燕雲十六州は，北京から大同を含む地域のことで，936年に五代の後晋の石敬瑭が建国援助の代償に契丹(遼)に割譲して以来，12世紀に滅亡するまで**遼**が領有していた。

問(9)　**徐光啓**　明末の政治家であり，学者であった**徐光啓**は，若いときからイエズス会士と親交をもち，キリスト教徒となった。『**農政全書**』は農政・農業関係の総合書で，他にマテオ=リッチとの共訳でエウクレイデスの『**幾何原本**』やアダム=シャールとの「**崇禎暦書**」が重要である。徐光啓の「徐」の字を「除」にしないように。

B　明・清の対外政策

空欄g　**夷**　すぐ後に「(中華思想)」とあるので，華夷思想に思い至ってほしい。漢民族が世界の中心にあって，周辺民族をレヴェルの低いものとして下に置くという考え方である。

空欄h　**鄭和**　雲南省出身のイスラーム教徒である宦官の**鄭和**は，1405～33年の間に7回にわたって大艦隊を率いて南海諸国を歴訪し，その一行はアフリカ東岸のマリンディにまで到達した。

空欄i　**冊封**　**冊封**とは，中国の皇帝が朝貢をしてきた周辺諸国の君主に官号・爵

位などを与えて，君臣関係を結び，彼らにその統治を認めるもので，空欄gの華夷思想につながるものである。

空欄j マラッカ王国・空欄k ポルトガル 東南アジア初のイスラーム教国であったマラッカ王国は，東南アジア随一の海上交易の拠点であったが，1511年ポルトガルの総督アルブケルケによって征服された。

空欄l （後期）倭寇 「16世紀中頃」という時期から，すぐに「北虜南倭」が想起できるだろう。「北虜」はタタールの侵攻で，「南倭」が中国（明）人を中心とした（後期）倭寇のこと。問題文に「東シナ海沿岸」で「猛威をふるった」とあり，海賊行為を示しているため，解答は（後期）倭寇となる。

空欄m イエズス イエズス会は1534年にイグナティウス＝デ＝ロヨラらによって創立され，反宗教改革の一翼を担って特に海外布教に活躍した。明の万暦帝の時代にマテオ＝リッチが初めて来訪し，学術知識を伝えて布教の許可を得て，徐光啓ら高級官僚を改宗させている。

空欄n 藩部 問題文にあるモンゴル・チベットの他に新疆・青海も藩部とされ，理藩院の管轄下で，地域に応じた自治体制に任せた。しかしまた，それぞれの藩部を互いに牽制させて横の連携の阻止を図ったことも，おさえておこう。

空欄o アマースト アマーストは1816年にイギリス東インド会社の対清貿易全権大使として来訪した。しかし，問題文中の「皇帝に対して無礼である」とあるように，三跪九叩頭の礼を拒否し，ついに当時の皇帝嘉慶帝と会見できずに終わってしまった。

問(10) 黎朝は明軍を撃退した黎利（レ＝ロイ）が，ハノイを都に1428年に開いたヴェトナムの王朝。西山（タイソン）党の乱の混乱の中で1789年に滅亡している。

問(11) (ア)土木の変 (イ)エセン＝ハン 1449年の土木の変は，明の正統帝がオイラトのエセン＝ハンによって捕虜にされた事件である。正統帝は解放金を支払って翌年釈放され，弟の景泰帝の死後，改めて天順帝として復位し1464年に没した。一方のエセン＝ハンはオイラトの最盛期を現出したが，1454年部下に暗殺された。

問(12) 華僑 海外移民で中国国籍をもつ者を華僑といい，現地国籍をもつ者を華人と称する。広東・福建両省の出身者が多い。

問(13) 「坤輿万国全図」 「坤輿万国全図」はイエズス会士（空欄m）マテオ＝リッチが作成し，1602年に北京で刊行した漢文の世界地図である。中国のみならず，日本にも伝わって，大きな影響を及ぼした。

問(14) 高宗 李氏朝鮮第26代の高宗李熙（位1863～1907）は，父の大院君が摂政となって，12歳で即位した。1873年からは妃の閔妃一族が政権を握った。高宗の葬儀の日に三・一独立運動が起こったことに，注目しておこう。

解 答 例

A

a　高宗　　　b　『後漢書』　　c　吐蕃　　　d　景教　　　e　洛陽　　　f　魏

(1)　李斯

(2)　柳宗元

(3)　玄宗

(4)　ナーランダー僧院

(5)　王羲之

(6)　『琵琶記』

(7)　蘇秦

(8)　遼

(9)　徐光啓

B

g　夷　　h　鄭和　　i　冊封　　j　マラッカ王国　　k　ポルトガル

l　(後期)倭寇　　m　イエズス　　n　藩部　　o　アマースト

(10)　黎朝

(11)　(ア)　土木の変　　(イ)　エセン＝ハン

(12)　華僑

(13)　「坤輿万国全図」

(14)　高宗

Ⅲ

解説

問題文を読んでみよう！

古代末期のローマ帝国をテーマにした論述問題である。

> 　4世紀のローマ帝国には，ヨーロッパの中世世界の形成にとって重要な意義を有したと考えられる事象が見られる。そうした事象を，とくに政治と宗教に焦点をあてて，300字以内で説明せよ。

問題の中心となるテーマを確認しよう！

時期は，4世紀のローマ帝国。301年から400年までの100年間である。説明しなけ

ればならないことは，ヨーロッパの中世世界の形成にとって重要な意義を有したと考えられる事象。その際，焦点をあてるのは政治と宗教である。

　問題文をわかりやすくいいかえてみると，「ヨーロッパの中世世界の形成にとって重要な意義を持つことになった，4世紀のローマ帝国の政治や宗教に関する出来事を説明せよ」ということである。

問題文のキーワードは？

　この問題文でのキーワードは，「意義」という言葉である。論述問題で「歴史的な意義」とか「歴史的な役割」という言葉がでてきたら，ある事象(出来事)が起こったことによって，以後の歴史に大きな影響を与え，その出来事が契機になって今までの歴史的な流れとは異なった動きが出てくることだと，考えてみる。歴史的な転機，あるいは転換点となるような事象(出来事)を思いうかべてみよう。

書くべきポイントを列挙してみよう！

　とりあえず，「4世紀のローマ帝国の政治と宗教」について，書きだしてみよう。これはそれほど難しくはないと思う。

①政治的な事象(出来事)を年代順にあげてみる。

3世紀末〜	専制君主政の時代へ(ディオクレティアヌス帝が創始)
	四帝分治制(テトラルキア)の実施
330年	コンスタンティノープルへの遷都(コンスタンティヌス帝)
375年	ゲルマンの移動開始(西ゴート族のドナウ渡河)
	→ 政治的な混乱
395年	帝国を東西に分割(テオドシウス帝)

②宗教的な出来事にはどのようなことがあったか，年代を追ってみる。

4世紀初頭	専制君主政による皇帝礼拝の強制 → キリスト教徒の拒否 → 迫害
	(303年〜　ディオクレティアヌス帝の迫害)
313年	ミラノ勅令でキリスト教公認(コンスタンティヌス帝)
325年	ニケーア公会議でアタナシウス派を正統。アリウス派を異端。
4世紀後半	ユリアヌス帝による異教復興の企て → 挫折
392年	キリスト教を国教化(テオドシウス帝)

　ここで，これらの事象(出来事)が，ヨーロッパの中世世界の形成にとってなぜ重要な意義を持ったのかを考える。中世ヨーロッパ世界は，ローマ帝国として一体性を保

っていた地中海世界が〈東西に〉分裂し，おのおの〈異なった歴史的世界を形成〉してい
ったところに特色がある。つまり，西方ヨーロッパ世界は，ローマの古典古代のラテ
ン的な文化を基調に，ゲルマン的なカトリック世界を形成していったのに対して，東
方ヨーロッパ世界は，ギリシア文化とギリシア正教を基調とするビザンツ帝国の形成
に向かっていく。

　この東西に形成されていくヨーロッパ世界を念頭において，4世紀の出来事をふり
かえってみれば，それぞれの事象がもった「重要な歴史的意義」が見えてくる。

4世紀の出来事とその意義を考えよう

①政治面では

(1)　四帝分治制からテオドシウス帝による東西分割→東西二つの世界の成立へ

(2)　コンスタンティノープル遷都　→ 東方世界の中心へ・ギリシア的世界の中心

(3)　ゲルマン人の移動　　　　　　→ 西方への侵入・混乱と地方分権化へ
　　　　　　　　　　　　　　　　　西方世界の担い手

(4)　専制君主政(の開始)　　　　 → 西方では消滅・東方で継承・確立

②宗教面では

ミラノ勅令で迫害から公認へ　→ ローマの神々の信仰に，キリスト教が加わる。

ニケーア公会議による教義の統一→ 宗教政策に皇帝が関与・アタナシウス派正
　　　　　　　　　　　　　　　　統信仰
　　　　　　　　　　　　　　　　皇帝による教会支配は東方で継承

テオドシウス帝の国教化　　　→ 伝統的なローマ諸神への信仰を完全排除
　　　　　　　　　　　　　　　　東西でのキリスト教世界の形成へ

　さあ，ここまでくれば，上のメモを文章化してみよう。書き方は政治的なものを先
に書いて，そのあとに宗教的なものを続けて書いてもいいし，時代的に4世紀の初頭
から重要な事象の説明をしてもいい。書きやすい方で書いてみよう。ただ，その際，
4世紀の出来事の説明だけにとどまらず，その出来事が「中世ヨーロッパ世界の形成
に持った意義」をできるだけ書き出すことに注意をはらおう。この「意義」をどれだ
け文章中に盛り込むかが，この論述のポイントだから。

解答例

> ディオクレティアヌス帝は専制君主政を創始　*1*
> し帝国の統一を回復したが，ゲルマン人の侵　*2*
> 入のために乱され，テオドシウス帝の死後に　*3*
> 帝国は東西に分裂した。このことは，西方で　*4*
> ゲルマン人を中心としたラテン的世界の形成　*5*
> へとつながったのに対し，東方では専制君主　*6*
> 政が維持されて，コンスタンティノープルを　*7*
> 都とする東ローマ帝国のもとでギリシア的性　*8*
> 格を強めていく契機となった。また長く迫害　*9*
> を受けたキリスト教は，コンスタンティヌス　*10*
> 帝によるミラノ勅令で公認され，ニケーア公　*11*
> 会議でアタナシウス派が正統とされて教義が　*12*
> 統一された。さらにテオドシウス帝による国　*13*
> 教化は，キリスト教に基づく東西ヨーロッパ　*14*
> 世界を形成する上で決定的な要因となった。　*15*

(300字)

Ⅳ

解説

A　16〜19世紀のシベリア

　空欄a　**ペテルブルク**　18世紀と問題文にあるので，当時のロシアの首都はペテルブルク。ピョートル1世(位1682〜1725)が北方戦争中に建設を始め，1712年にモスクワから遷都した。

　空欄b　**東清鉄道**　シベリア鉄道のうち，中国領内を通る鉄道を東清鉄道と呼び，1896年にロシアが敷設権を得た。この東清鉄道の支線となるハルビンから南の旅順・大連までの路線(長春以南を南満州鉄道と呼ぶようになる)も，1898年にロシアが敷設権を獲得する。

　問(1)　**イェルマーク**　ドン゠コサックの首領で，シビル゠ハン国の首都を占領したのはイェルマークである。このシビル゠ハン国の名が，シベリアの名称の由来となったといわれている。

　問(2)　**ベーリング**　カムチャッカの探検を行い，アラスカに至ったのはベーリングである。以降，この間の海峡がベーリング海峡の名前で呼ばれるようになる。

　問(3)　**ラクスマン**　エカチェリーナ2世の時代に大黒屋光太夫を送還するために日

本にやってきたロシアの通商使節は，ラクスマンである。根室に来たが，当時の江戸幕府は鎖国を理由に，ロシアとの通商を拒否した。このときの大黒屋光太夫の物語は，井上靖の歴史小説『おろしや国酔夢譚』に詳しく描かれている。

問(4)　**アロー戦争(第2次アヘン戦争)**　1858年の時期に中国に英・仏が行った侵略戦争といえば，アロー戦争(1856～1860)である。第2次アヘン戦争ともいう。この年，天津条約が結ばれているが，同時にロシアとはアイグン条約を結んで，アムール川以北をロシア領とした。

問(5)　**ウラジヴォストーク**　沿海州に建設されたロシアの拠点となる港湾都市は，ウラジヴォストークである。ロシアとの間に結ばれた北京条約で，ウスリー江以東(沿海州)を得て，この港が建設された。

問(6)　**ドイツ帝国**　アナトリア(現在のトルコ)からペルシア湾にいたるまでの鉄道といえば，バグダード鉄道のことである。この敷設権はドイツ帝国が1899年に獲得した。3B政策(ベルリン・ビザンティウム・バグダード)による帝国主義的進出の一環であった。

問(7)　**農民を啓蒙して，ミールを基盤に社会主義社会の建設をめざした。**　ナロードニキは，ミール(農村共同体)を基盤に，農民を啓蒙して社会主義社会の建設をめざした人たちのこと。インテリゲンツィア(知識人)が中心となって「ヴ・ナロード(人民の中へ)」をスローガンに農村へ入ったが，農民には受け入れられず官憲による弾圧によって挫折した。

B　植民地時代～独立におけるアメリカ合衆国の成立過程

空欄c　**タバコ**　17～18世紀に南部の植民地で栽培されたのは，主にタバコ・藍・米などであった。綿花と混同しないように。綿花がプランテーションの主役になるのは19世紀になってからである。

空欄d　**フィラデルフィア**　最初の大陸会議が開かれた場所は，フィラデルフィアである。クエーカー教徒のウィリアム＝ペンが建設したペンシルヴァニア植民地の中心都市で，独立宣言の起草や合衆国憲法の制定などのための重要な会議が開かれた町である。

問(8)　**ニューイングランド**　東北部に建設され，ピューリタンが多く移住した植民地を，ニューイングランドとよんだ。

問(9)　**印紙法**　七年戦争の終結後，本国は重商主義政策によって植民地の商工業の発展をおさえようとし，財政難から植民地への課税を強化した。このため，新たな規制や課税が課せられるようになったが，とりわけ，あらゆる印刷物に印紙をはること

を義務づけた印紙法は植民地人の反発を呼び起こし，「代表なくして課税なし」の主張がとなえられるようになる。

問(10)　フランスは敗北し，ミシシッピー以東をイギリスに割譲して植民地を喪失した。
問題文に「フランスの脅威が取り除かれて」とあるので，七年戦争でフランスが敗北して，アメリカにあるフランス植民地をすべて喪失したことを述べればいい。1763年のパリ条約で，カナダとミシシッピー川以東のルイジアナはイギリス領となった。またミシシッピー川以西のルイジアナはスペインに割譲している。

問(11)　ボストン茶会事件　七年戦争後の時期の抵抗運動なので，茶法に対するボストン茶会事件をあげよう。茶をアメリカに免税で輸出する特権を本国政府が東インド会社に認めたが，これを植民地の自治侵害と感じた市民が同社の船を襲い，積み荷の茶をボストン港に投げ捨てた事件である。

問(12)　『コモン＝センス』　トマス＝ペインの著作は『コモン＝センス』である。1776年の1月に出版されたパンフレットで，独立への気運が一気に高まった。「独立宣言」が起草されるのは，この年の7月4日のことである。

問(13)　連邦派(フェデラリスト)　中央政府の権力の強化を望み，憲法草案を支持した人々を連邦派(フェデラリスト)とよんだ。それに対して，連邦憲法案に反対し，各州の自治権の尊重を主張した人々を反連邦派(反フェデラリスト)とよぶ。

Ｃ　フランス現代史と文化史

問(14)　(ア)カミュ　(イ)『ペスト』　ノーベル文学賞作家で，アルジェリアを舞台に「黒死病」，すなわちペストに仮託して描かれた寓意小説，という問題文から，アルベール＝カミュの名とその作品『ペスト』をあげる。カミュは，フランス統治下の植民地であったアルジェリアに生まれた。この問題の『ペスト』のほか，『異邦人』や『シジフォスの神話』などの作品がある。

問(15)　(ア)　実存主義，近代合理主義に対する批判をうけついで，人間存在の不条理さについて洞察した哲学
カミュの作品が示す文芸・哲学思潮はといえば実存主義だが，これを簡潔に説明せよ，といってもなかなか難しい。実存主義とは，19世紀における合理主義や実証主義の思潮に対する反動としておこった哲学である。近代の合理主義的な人間観そのものが，人間本来のありかたを見失わせているのではないかと考え，現実に生きている一人ひとりの人間の内面的なありかたを問題としながら，内面的変革によって個の確立をめざそうとするのが実存主義である。カミュは，現代社会の機構の中にある矛盾と，現代人の生活の中に潜む不条理の意識を『異邦人』という作品によって，その立場を

示している。ここでは,「人間存在の不条理から人間の生き方を考える哲学(山川教科書　詳説世界史)」,「近代合理主義に対する批判をうけついで,人間存在の不条理さについて洞察した哲学(山川教科書　新世界史)」などの教科書的な説明ができればよしとしよう。

　(イ)　ハイデッガー　ナチスに加担した実存主義のドイツ人哲学者といえば,ハイデッガーである。1933年フライブルク大学総長となったハイデッガーは,不本意ながらもナチスの大学再編にも加担せざるをえなかった。しかし,在任わずか1年でヒトラーの文教政策に失望して辞任する。ナチスに入党し,これに協力したことが戦後に批判の対象となった。

　問(16)　コッホ　ペスト菌を発見した日本人学者は北里柴三郎である。その先生であったドイツの細菌学の祖とよばれる人物は,コッホとなる。

　問(17)　(ア)　**第2次中東戦争(スエズ戦争)**,スエズ運河国有化宣言に反発したイギリス・フランスとともにイスラエルが参戦して,エジプトと戦った。しかし,三国は国際世論の批判を受け,米ソの反対もあって撤退した。

　「1956年の軍事介入」ということから,第2次中東戦争(スエズ戦争)だと判断できる。第2次中東戦争の発端は,1956年エジプトのナセルが,アスワン・ハイ・ダム建設資金を捻出するために,スエズ運河会社の国有化を宣言したことにある。このため,この国有化宣言を自国の権益への挑戦とみたイギリスが,フランスやゲリラの侵入に手を焼くイスラエルと協議を重ねたうえで,イスラエル軍がシナイ半島のエジプト軍に先制攻撃をしかけた。これにともなって英仏両国軍もエジプト侵攻を開始したが,この時点で国連緊急総会が開かれ,停戦決議が採択された。ここにいたってイギリス,フランス,イスラエル三国は米・ソをはじめ国際世論の非難を浴びて孤立し,ついに停戦・撤兵に同意した。一般にはスエズ戦争またはスエズ動乱とも呼ばれ,イスラエルはシナイ作戦と呼んでいる。

　書くべきことは「イスラエルが紛争にどう関わったか」ということと,「第2次中東戦争の終結までの過程」の2点であることに注意しよう。イスラエルはイギリス・フランスとともに参戦し,三国とも国際非難を受けて撤退したことを述べればよい。

　(イ)　ド゠ゴール　アルジェリアのフランスからの独立闘争は,第4共和政政府の崩壊を導き,ド゠ゴールによる第5共和政政府の樹立をもたらした。エヴィアン協定によってアルジェリアの独立を承認したのはド゠ゴール時代のこと(1997年の III の論述問題に出題された)である。

解答例

A

a　ペテルブルク　　b　東清鉄道

(1)　イェルマーク

(2)　ベーリング

(3)　ラクスマン

(4)　アロー戦争（第2次アヘン戦争）

(5)　ウラジヴォストーク

(6)　ドイツ帝国

(7)　農民を啓蒙して，ミールを基盤に社会主義社会の建設をめざした。

B

c　タバコ　　d　フィラデルフィア

(8)　ニューイングランド

(9)　印紙法

(10)　フランスは敗北し，ミシシッピー以東をイギリスに割譲して植民地を喪失した。

(11)　ボストン茶会事件

(12)　『コモン゠センス』

(13)　連邦派（フェデラリスト）

C

(14)　(ア)　カミュ　　(イ)　『ペスト』

(15)　(ア)　実存主義

　　　　近代合理主義に対する批判をうけついで，人間存在の不条理さについて洞
　　　　察した哲学

　　　(イ)　ハイデッガー

(16)　コッホ

(17)　(ア)　第2次中東戦争（スエズ戦争）

　　　　スエズ運河国有化宣言に反発したイギリス・フランスとともにイスラエル
　　　　が参戦して，エジプトと戦った。しかし，三国は国際世論の批判を受け，
　　　　米ソの反対もあって撤退した。

　　　(イ)　ド゠ゴール

解答・解説

Ⅰ

【解説】

問題文を読んでみよう！

今年の Ⅰ は，中国の「皇帝独裁制の強化」についての設問である。

> 中国の皇帝独裁制（君主独裁制）は，宋代・明代・清代と時代を経るにしたがっ
> て強化された。皇帝独裁制の強化をもたらした政治制度の改変について，各王朝
> 名を明示しつつ300字以内でのべよ。

問題の中心となるテーマを確認しよう！

今年の問題では，「宋代・明代・清代」に焦点が絞られている。だからといって，「こ
の三つの王朝の政治制度を書くだけでいいのだ」といった早合点は禁物。「政治制度
の改変」という問題文に注目してみよう。「改変」というのは前の時代の制度を「改め，
変える」こと。したがって，宋の時代の政治制度を考えるときに，その前の唐代とは
どう変わったのか，また明の時代は宋代とどう違うのか，さらに清は明の政治制度を
どう改めたのかを考えてみよう。

書くべきポイントを列挙してみよう！

皇帝政治を強化することになった「政治制度」について整理してみよう。皇帝を支
える官制や官僚制度，官僚を選出する官吏登用制度などを考える。また，軍制面につ
いても忘れてはならない。宋の特徴をみるために，唐代も含めて，メモをとってみよう。

〈王朝〉	〈官制〉	〈官吏登用制度〉	〈軍制その他〉
唐	三省六部 　門下省（貴族権限強い） 　吏部（官吏の選出権保有）	科挙	府兵制から募兵制に 節度使の出現
宋	中書門下省 　（門下省の権限削減）	科挙に殿試を付加	禁軍を整備 （節度使解体）
明	中書省・宰相廃止 六部直属 内閣設置（永楽帝）	科挙実施 　（朱子学を官学化）	衛所制
清	満漢併用策 軍機処設置（雍正帝）	科挙実施 　（反清思想統制は強化）	八旗・緑営

論旨をまとめてみよう。

　メモをとってみて，大体のイメージが整ってきたら，問題の要求と離れた方向に走ってしまうことのないように，書くべきポイントをもう一度チェックしてみよう。

　①宋代の中央集権化政策を，唐代と対比してみる中で確認しておこう。

　唐代では三省六部が整備されていたが，門下省を拠点として貴族が勢力を誇り，高級官僚職を独占していた。皇帝権は強大ではなく，それが唐末五代の混乱の一因ともなったので，宋ではその反省をふまえて君主独裁体制の強化に努力した。

　中央官制は唐のものを形だけ継承し，あらゆる権限を皇帝に集中させた。とくに門下省の権限を削減したことや，また，皇帝を支える官僚機構を充実させ，科挙に皇帝みずからが試験官となって宮中で行う最終試験である殿試を創設したことは，ここでは不可欠である。皇帝が試験の合否に最終の決定権をもち，皇帝と合格者は君臣関係となって，合格者は皇帝に終生忠誠をつくすことになる。軍事面でも節度使の軍事・財政・行政等の権限を取り上げて，皇帝親衛軍である禁軍の強化をはかり，やはり皇帝に直属させた。ここに皇帝独裁制が確立されたといわれる。

　②明代の皇帝独裁制の強化のポイントはどこにあったか。

　明は，元を倒して漢民族の伝統的な支配の復活をめざし，宋代以来の中央集権的体制を大きく改変した。そのための制度としては，中書省と宰相を廃止し，行政の中心である六部を皇帝の直属にしたことは，すぐに書けるだろう。また，科挙を整備し，永楽帝の時代には皇帝の政治を補佐する内閣大学士をおいたことも欠かせない。軍制面でも，皇帝が全軍を統率することになる。衛所制や五軍都督府などが思い浮かべられるだろうか？　また，農民統治の基盤として里甲制を創始し，戦乱によって荒廃した農業生産を復興させ，皇帝独裁制の基盤を充実させた。さらに，朱子学を官学とし，六諭を作成して農民たちに唱和させ，里老人が村の教化のためにその役目を担った。皇帝独裁制をさらに徹底させたのである。

　③清代の政治制度は明代とどのように違ったか。

　明が滅んで清の時代になると，元に次いで再び異民族王朝の支配となる。清では，同じ征服王朝である元とは違って，中央の要職の定員を満州人と漢人と同数とする満漢偶数官制(満漢併用制)をとり，軍制は明代の衛所制にかえて，八旗と緑営が編成された。

　明代で六部が皇帝直属となったものの，皇帝の政務の負担が膨大となってしまい，それを軽減するために内閣制度が定着するようになったが，清では雍正帝が軍機処を設置し，やがてこれが最高政務機関となった。内閣から軍機処へのこの改変は落とせない。さらに漢民族に対して威圧策と懐柔策をとって，思想統制も文字の獄や禁書な

どを強化して，皇帝独裁体制を磐石なものとしたのである。

構成を考えて書いてみよう。

　論述の構成としては，宋・明・清それぞれの時代を大体100字ずつと考えて書いていけばいいだろう。前の時代と比較しながら，各時代の「改変」について書く，ということにとりわけ注意しよう。

解 答 例

宋代は，唐代の三省六部の制度を継承しつつ 　1
も，貴族勢力が強かった門下省の権限を削減 　2
し，科挙に皇帝の面接試験である殿試を加え 　3
て，皇帝と官僚との関係を強化した。軍制で 　4
は節度使の軍事権を奪い，皇帝の親衛軍であ 　5
る禁軍を整備した。明では元代の政治の中枢 　6
であった中書省と宰相を廃止し，皇帝は行政 　7
を司る六部を直属させて，軍事や監察の機関 　8
も直接掌握した。朱子学を官学とし，六諭を 　9
農民に普及させ，軍制として衛所制をしいた 　10
。清では満漢併用制によって漢人を懐柔する 　11
とともに，思想統制による威圧策をとり，明 　12
代以降内閣が持っていた行政権を軍機処に移 　13
して，皇帝直属の最高決定機関とした。軍制 　14
では衛所制にかえて八旗と緑営を整備した。 　15

（299字）

Ⅱ

解説

A　陳独秀と中国現代史

　空欄a　武昌　辛亥革命（第一革命）は1911年10月10日に，武昌で湖北新軍が挙兵したことから始まった。清朝の幹線鉄道国有化宣言に反発して起こった四川暴動を鎮圧するために召集されたのだが，軍隊の革命派を中心とした決起となった。

　空欄b　第二革命　袁世凱は国会選挙で敗北したため，多数派の国民党を弾圧するようになった。それに反発して第二革命が1913年7月，李烈鈞らの蜂起で起こったが，鎮圧された。同年10月，袁世凱は正式に初代大総統に就任した。

空欄 c　パリ講和会議　袁世凱が受諾した二十一カ条の廃棄をパリ講和会議で，という中国側の要求は結局無視され，旧ドイツの山東権益は返還されなかった。それに反発した北京の学生たちのデモから五・四運動が展開されることになる。

空欄 d　蔣介石・e　上海クーデタ　蔣介石（1887～1975）は1925年の孫文死後の国民党右派の最高指導者となり，国民革命軍総司令として26年7月広州から北伐を開始した。浙江財閥と結んでいた蔣介石は，27年4月12日，上海で共産党員や労働者らに攻撃をしかけ，国共合作を破壊した。これが上海クーデタである。

問(1)　1905年　科挙が廃止された1905年には，ポーツマス条約や第一次モロッコ事件など世界的に重要な事項がある。年表で整理しておこう。

問(2)　光緒帝　日清戦争の敗北後，列強の侵略に悩む光緒帝（位 1875～1908）は，康有為や梁啓超を用いて戊戌の変法を断行したが，西太后ら保守派によって弾圧された。光緒帝は幽閉されたが，康有為や梁啓超はかろうじて日本に亡命した。梁啓超が反仏闘争をめざすファン＝ボイ＝チャウに助言を与えたことから，東遊（ドンズー）運動が生まれた。

問(3)　東遊運動（ドンズー運動）　日露戦争はアジア各地の民族運動に大きな影響を与えた。東遊（ドンズー）運動ではフランスからの独立運動をめざしてヴェトナム青年たちの日本留学がさかんになったのだが，1907年の日仏協約で日本は彼らを追放してしまった。ファン＝ボイ＝チャウは改めて広東でヴェトナム光復会を立ち上げることになる。

問(4)　南京条約　アヘン戦争後の1842年の南京条約である。上海・寧波・福州・厦門・広東の5港はぜひとも地図とともに覚えてほしい。

問(5)　胡適　上海出身の胡適（1891～1962）は「こてき」とも「こせき」とも読まれる。白話運動は口語体でわかりやすく表現する，というものだが，それを実践したのが『狂人日記』や『阿Q正伝』で有名な魯迅である。

問(6)　膠州湾　山東半島の膠州湾は地図で確認しておこう！

問(7)　三・一運動　1919年，中国では反日・反帝運動である五・四運動が展開されたが，その2カ月前に，朝鮮半島でパリ講和会議の民族自決の原則に刺激を受けて三・一運動が起こった。徹底的に弾圧されたが，日本もその統治方法に変更を加えざるをえず，武断政治から文化政治にかわった。

問(8)　ホー＝チ＝ミン　ホー＝チ＝ミンは1930年2月に香港でヴェトナム共産党を結成した。1941年にはヴェトミン（ヴェトナム独立同盟）を結成して，抗日ゲリラ活動を展開し，1945年に独立宣言を発表し，ヴェトナム民主共和国の初代大統領となる。インドシナ戦争やヴェトナム戦争でフランスやアメリカと徹底して戦い，撤退させた。

問(9)　西安事件　1936年12月12日に張学良らが蔣介石を監禁するという西安事件が

起こった。日本が華北への侵略を激化させていたにもかかわらず，蒋介石が共産党征討に固執していたことへの反発があったためである。周恩来の仲介で事件は収束し，37年7月7日の盧溝橋事件後の9月に第二次国共合作が成立した。

問(10)　張作霖　上記の張学良の父が張作霖である。奉天軍閥のリーダーとして北京を支配していたが，北伐軍に敗れて奉天に帰還する途上で関東軍によって爆殺された。

B　古代オリエントからイスラーム時代の西アジア

空欄f　ティグリス　ティグリス川についても地図を確認すること。アッシリアの最初の都がアッシュールで，その北方のニネヴェが前8世紀末以降の都となる。

空欄g　メディア・問(12)　(ア)　新バビロニア王国・(イ)　バビロン　メディアは新バビロニア（カルデア王国）と組んでアッシリアを倒し，四王国の分立時代を招いた。それぞれ都をエクバタナ（現ハマダーン）やバビロンにおいて一時栄えたが，ともにメディアから台頭したアケメネス朝のキュロス2世によって滅ぼされてしまった。

空欄h　ダレイオス1世　アケメネス朝第3代のダレイオス1世（位 前552～前486）は，最大版図を形成するとともに，中央集権体制の確立をはかった。また，金・銀2種の鋳造貨幣を制定し，駅伝制も充実させた。

空欄i　パルティア・問(14)　バクトリア王国　イラン系パルティア（中国名は安息）は，ギリシア系のバクトリア（中国名では大夏）とともに，前3世紀半ばにセレウコス朝から自立して成立した。パルティアには，後漢の時代に西域都護であった班超の部下の甘英が来訪している。オアシスの道の要として，東西の文物も流入しておおいに栄えた。また，バクトリアはインドのガンダーラ地方にギリシアの彫刻技術を伝えたことで，ガンダーラ美術が発達した。バクトリアでも仏教の影響を大きく受けている。

空欄j　クシャーナ　パルティア同様オアシスの道の要にあったクシャーナ朝は，大月氏国から自立したイラン系クシャーナ族が1世紀に建設したものである。2世紀のカニシカ王の時代が全盛期で，3世紀にササン朝の攻撃を受けて衰亡した。

空欄k　エフタル　エフタルは中央アジアの遊牧騎馬民族で，グプタ朝に侵攻を繰り返して衰亡させるに至り，ササン朝も一時服属させた。問題文にあるように，ホスロー1世は突厥と結んで6世紀半ばにエフタルを滅ぼした。

空欄l　ウマイヤ　7世紀半ばにウマイヤ朝が成立し，ジハード（聖戦）を推進して大領土を形成した。アラブ人第一主義の下で異民族改宗者らの反発が高まり，750年にアッバース朝に取って代わられた。

問(11)　ヒッタイト王国・(13)　インド=ヨーロッパ語族　ヒッタイトはインド＝ヨーロッパ語族に属し，馬と戦車と鉄製武器で一大勢力を築き，エジプト新王国とも抗争

を繰り返した。海の民の侵入で滅亡した。インド＝ヨーロッパ語族はヨーロッパのほとんどの民族や，ほかにメディアやアケメネス朝ペルシア，パルティア，ササン朝などのイラン系民族がある。

　問(15)　**ウァレリアヌス**　ローマの軍人皇帝ウァレリアヌスがシャープール 1 世に捕らえられた260年のエデッサの戦いは，ローマの「 3 世紀の危機」を象徴する敗戦である。ローマとササン朝の双方からしっかりと整理しておこう。

　問(16)　(ア)　**アラム文字**・(イ)　**ソグド文字**　アラム文字はフェニキア文字とともに表音文字として後世に大きな影響を与えた。フェニキア文字はギリシア＝アルファベットの母体となり，アラム文字はヘブライ文字やアラビア文字，ソグド文字や突厥文字，ウイグル文字，モンゴル文字，満州文字といった東方の諸文字の母体となった。問題(イ)では，「中央アジアで生まれた文字」ということで，解答にはソグド文字をあげた。

解答例

A

　a　武昌　　　b　第二革命　　　c　パリ講和会議　　　d　蔣介石

　e　上海クーデタ

　(1)　1905年

　(2)　光緒帝

　(3)　東遊運動（ドンズー運動）

　(4)　南京条約

　(5)　胡適

　(6)　膠州湾

　(7)　三・一運動

　(8)　ホー＝チ＝ミン

　(9)　西安事件

　(10)　張作霖

B

　f　ティグリス　　　g　メディア　　　h　ダレイオス 1 世　　　i　パルティア

　j　クシャーナ　　　k　エフタル　　　l　ウマイヤ

　(11)　ヒッタイト王国

　(12)　(ア)　新バビロニア王国（カルデア王国）　　　(イ)　バビロン

　(13)　インド＝ヨーロッパ語族

(14)　バクトリア王国

(15)　ウァレリアヌス

(16)　(ア)　アラム文字　　(イ)　ソグド文字

Ⅲ

解説

問題文を読んでみよう！

イギリスのインドとエジプトの植民地政策についての論述問題である。

> 　第一次世界大戦は予想をはるかに越えて長期化し，これにかかわったヨーロッパのおもな国々は本国の大衆を動員しただけではなく，さらには，植民地や保護国を抑えつけながらも，同時にその力を借りて戦わねばならなかった。このことに関して，イギリスを例にとり，インドおよびエジプトに対して大戦中にどのような政策がとられたかを，そのことが戦後に生み出した結果にも触れつつ，300字以内で説明せよ。

問題の中心テーマを確認しよう！

　この問題文の課題は「イギリスを例にとり，インドおよびエジプトに対して大戦中にどのような政策がとられたか」について述べることである。また，「そのことが戦後に生み出した結果にも触れつつ」ということだから，「大戦中から大戦後までの」時期を視野に入れることを確認しておこう。

問題文にヒントがないかどうか，検討しよう！

　問題文の中で，とくに注意を向けたいのは，「植民地や保護国を抑えつけながらも，同時にその力を借りて戦わねばならなかった」という部分である。解答の中にこのあたりを盛り込めるかどうか。「植民地」はインドのこと，「保護国」はエジプトのことだと気がつけば，インドとエジプトには共通した部分があるということを前提に作問されていることがわかるだろう。エジプトの大戦中の動向がわからなくても，「対比」してみてインドの方からエジプトを類推して書くことも可能だ。また，大戦後はどうか。インドで自治が承認されなかったことから，エジプトはどうであったかを「対比」してみれば，今度は違いが見えてくるだろう。

書くべきポイントを列挙してみよう！

　まずはインドを考える。エジプトよりもインドの方がメモをとりやすいだろう。思い出せるものを年表風にあげてみる。教科書的な知識で十分だ。そのあとで，それに対比するような形でエジプトの方も書き出してみる。ここでは少しさかのぼって植民地化の過程から整理してみよう。

〈インド〉		〈エジプト〉	
1857〜59	シパーヒーの反乱（インド反乱）		
1858	ムガル帝国滅亡		
	東インド会社解散・本国の直接統治	1869	スエズ運河開通
1877	インド帝国（植民地化）	1875	イギリスがスエズ運河のエジプトの株式を買収
1885	国民会議（ボンベイ）開催	1881	ウラービー運動
		1882	鎮圧後　イギリスによる軍事占領
1905	ベンガル分割令		
1906	国民会議カルカッタ大会		
	四綱領　反英的		
	全インド＝ムスリム連盟結成（親英的）		
———————		1914　大戦	———————
		1914	エジプトの保護国化を宣言
	イギリスの戦後の自治約束		
	兵員と物資の協力		兵員と物資の協力
———————		1918　大戦終結	———————
	戦後イギリスは自治を与えず約束を破る		
1919	ローラット法制定	1918	ワフド党結成　独立運動
	民族運動激化		
	ガンディーの非暴力・不服従運動		
	全インド＝ムスリム連盟も協力		
	全インド的な民族運動へ発展		
1929	国民会議ラホール大会	1922	エジプトの保護権を廃止
	「プールナ＝スワラジ」		形式的な独立承認
1935	インド統治法	1936	完全独立
			スエズ運河はイギリスが確保

　イギリスのインドの植民地化は，1877年にビクトリア女王が皇帝を兼ねるインド帝国が成立して完成した。植民地となったインドでは，次第にイギリスによるインド人差別に対する不満がおこり，イギリスの植民地支配に批判の目が向けられるようにな

った。1885年，こうした情勢を背景に，ボンベイで第1回の国民会議が開催された。国民会議派は当初は穏健なものであったが，次第に民族運動の中心となり，反英の傾向を強めていく。

　1905年にヒンドゥーとイスラーム両教徒を対立させ，民族運動を分断しようとするベンガル分割令が施行されると，インド側はティラクを先頭にスワラージ（自治獲得）闘争を展開した。1906年カルカッタで開催された国民会議では「英貨排斥・スワデーシ（国産品愛用）・スワラージ・民族教育」の四綱領を採択し，イギリスに真正面から対抗する姿勢を示した。しかし，一方，ヒンドゥー教徒を主体とする国民会議派の運動に少数派としての不安を抱いたイスラーム教徒の有力者たちは，分割統治を目指すイギリスの支援のもとに全インド＝ムスリム連盟を組織した。以後も，このようなイギリスによる「分割統治」による植民地政策は続くが，第一次世界大戦が始まると，問題文にあるようにイギリスは「植民地や保護国を抑えつけながらも，同時にその力を借りて戦わねばならなかった」。大戦中，インド人は多大の犠牲を払ってイギリスに協力し（150万に近い人々が徴募され，そのうち110万人が中東やヨーロッパの戦線で戦った），多数の戦死者を出す中で，その代償として自治権を漸次付与するという公約をかち取った。

　しかし，戦後の1919年に出されたインド統治法は，州行政の一部をインド人に委ねたものの，中央はイギリスが掌握し続けるものであり，自治とはほど遠い内容のものであった。また，これと同時にきわめて強圧的なローラット法（インド政府に令状なしの逮捕，裁判手続き抜きの投獄を認める治安維持法）が制定された。このローラット法への抗議のために，アムリットサール（パンジャーブ州の都市）のジャリアンワーラーの広場に集まった2万の市民に対して，イギリス准将R.E.H.ダイヤー率いる完全武装の軍隊が乗り込み，無差別発砲により1500人以上の死傷者（死傷者は3000人ともいわれる）を出す弾圧事件が起こった。

　この弾圧事件を機に，ガンディーは国民会議派とムスリム連盟を指導して，非暴力・不服従運動（サティヤーグラハ）を大きく進展させていく。イギリスによる弾圧や，国民会議派内部の運動方針の対立・ヒンドゥー教徒とムスリムとの宗派対立に悩みながらも，国民会議派の反英運動は以後も続けられ，1929年のラホール大会では，完全自治（プールナ＝スワラージ）を決議し，30年から34年にかけて再びガンディーの指導下に不服従運動を展開した。しかし，インドの独立は第二次世界大戦後まで達成されず，ムスリムとの対立の激化は，ガンディーの理想とは違ってインドとパキスタンの分離独立という結果に終わった。

　一方，エジプトの方はどうだったか。教科書ではインドに比べてエジプトに関する

記述は少ないが，インドの場合と対比しながら見てみよう。イギリスのエジプトへの
関心は，まさにインドの植民地化と連動している。イギリスのインドへの本格的な進
出は，17世紀半ばから始まったが，エジプトはその中継拠点として重要な位置を占め
た。いわゆる「エンパイアー・ルート」と呼ばれるジブラルタル海峡から，地中海へ，
さらにエジプトを経てアラビア海からインドへと続く通路に位置していた。インドで
のシパーヒーの反乱(1857〜59)鎮圧，東インド会社解散とイギリスの直接統治の開始
(1858)とその直後のスエズ運河の開通(1869)，またその後のエジプト株買収(1875)と
インド帝国の成立(1877)とを対比してみれば，このルートの重要性がよくわかる。こ
のような19世紀後半のイギリスのエジプトへの進出は，インドと同様に民族運動を激
化させた。1881年からウラービーを指導者として起こった反乱は，イギリスによって
弾圧され(1882)，エジプト全土が占領され，以後事実上イギリスの保護下におかれた。
しかし立憲制の確立を求め，「エジプト人のためのエジプト」をスローガンとするウ
ラービー運動は，その後のエジプト民族運動の原点になった。

　第一次世界大戦が始まる以前については，教科書にはほとんど記述はないが，イン
ドと同様に民族運動とイギリスによる弾圧が繰り返された。第一次世界大戦が勃発す
ると，イギリスはエジプトの保護国化を宣言した。インドと同様，大戦中エジプト全
土の労働力と資源の大規模な強制徴発が行われて中東の戦線に投入されたが，一方で
サアド＝ザグルールを指導者として完全独立をめざす運動には，ムスリムもコプト教
徒も，都市も農村も，男も女もこぞって立ち上がり，デモ，ストライキ，ボイコット
など多様な闘争を行った。この運動は，戦後のパリ講和会議にエジプトの民族〈代表団〉
(ワフドwafd)を送ろうとして結成されたワフド党の反英独立運動に受け継がれた。

　1922年，イギリスはエジプトの保護権を放棄したのにともない，エジプト王国が成
立する。しかし，イギリスはいぜんとしてスエズ運河の支配権を保った。1936年エジ
プト＝イギリス同盟条約締結によって，イギリスはエジプトの完全独立を承認したが，
スエズ運河地帯の兵力駐留権は手放さなかった。ウラービー運動の掲げた「エジプト
人のためのエジプト」というスローガンがようやく達成されることになるのは，第二
次世界大戦後の1952年のナギブやナセルらの自由将校団による革命後の共和国の成立
(1953)のときである。

（　書くべきポイントと構成を考えよう。　）

　問題の要求は「大戦中のイギリスの政策と戦後の結果」なので，戦前のことは思い
切って省く。また戦後についても結果を書けばいいので，1920年代前半ぐらいまでで
とめておこう。分量はインドとエジプトおのおの半々が理想だが，どうしてもエジプ

トが少なくなってしまうのは仕方がない。論述の構成は，インドについて書いてから後半をエジプトに費やすのもいいし，対比を意識しながら両者を同時並行的に論述してもいい。

解答例

インドでは大戦前からイギリスに自治を要求	1
する運動がヒンドゥー教徒を中心とする国民	2
会議によって進められた。大戦中にイギリス	3
は戦争協力を条件にこれを認めることを約束	4
したが，戦後はこれを守らず，ローラット法	5
を制定して強圧的な支配を続行した。この結	6
果，従来は親英的だった全インド＝ムスリム	7
連盟も，国民会議と提携し，ガンディーの提	8
唱した非暴力・不服従運動を軸に独立への動	9
きは激化した。一方，イギリスは大戦勃発で	10
正式にエジプトを保護国とし，強制的な徴発	11
を行って戦争に協力させた。戦後，イギリス	12
からの独立を主張するワフド党が結成され，	13
イギリスはスエズ運河地帯の駐兵権などを保	14
持しつつ，エジプト王国の独立を認めた。	15

（299字）

Ⅳ

解説

A　古代・中世ヨーロッパの都市

問(1)　(ア)　**線文字B**　エーゲ文明は前半をクレタ文明，後半をミケーネ文明とよんでいる。いずれも青銅器時代に属し，文字を使用した。クレタ文明で使用された文字は絵文字と線文字があり，ミケーネ文明でも線文字が使用された。この両者の線文字を区別してクレタ文明のものを線文字Aとよび，ミケーネ文明のものを**線文字B**とよんでいる。

(イ)　**ヴェントリス**　クレタ文明の絵文字と線文字Aは未解読だが，線文字Bはイギリス人ヴェントリスによって解読された。

問(2)　**ミレトス**　アケメネス朝の支配に対して，ミレトスを中心としたイオニア地方のギリシア人諸都市が反乱をおこしたことが契機となって「ペルシア戦争」が始まった。

問(3)　ホルテンシウス法　ローマ共和政期の「身分闘争」は頻出テーマである。護民官と平民会の設置(前5世紀初頭)，十二表法(前5世紀半ば)，コンスル2名のうち1人は平民から選出することを決めたリキニウス＝セクスティウス法(前367年)，そして平民会の決議が元老院の承認なしでも法律となることを定めたホルテンシウス法(前287年)はかならずおさえておきたい。

問(4)　奴隷を労働力とし，牧畜・ブドウやオリーブなどの商品作物を栽培する大農地経営をラティフンディウム(ラティフンディア)という。この成立の背景には，設問文にあるように，とりわけ第2次ポエニ戦争以降の軍役の長期化と，属州からの安価な穀物の流入による自作農の没落があった。自作農の没落は武装自弁を原則とするローマ軍の弱体化を招くことにもなった。

問(5)　代表的なローマ時代の都市はおさえておきたい。ライン・ドナウ川の防衛ラインに築かれた軍団駐屯地から発展したケルンはその代表格である。当時はコロニア＝アグリッピネンシスとよばれていたが，略称コロニアにその名が由来する。他にアウクスブルクやウィーン，ロンドン，パリなどもローマ起源の都市である。

問(6)　リューベック　ハンザ同盟の盟主はリューベック。ハンブルクとならんでハンザの重要な都市である。ハンザ同盟の在外商館がおかれた四つの都市，ロンドン・ブリュージュ・ベルゲン・ノヴゴロドも確認しておこう。

問(7)　ミラノ　北欧のハンザ同盟に対して，北イタリアでも都市同盟が締結された。しかし，ロンバルディア同盟は，ドイツ皇帝の強力な支配政策に対抗して北イタリアの主要都市が結成した大同盟である。この中心となったのはミラノで，14，15世紀ヴィスコンティ家のもとで繁栄し，その後スフォルツァ家に継承される。

問(8)　ともに政治的に分裂状態が続き，強力な王権による統一がなかった。　問題文の「イタリア，ドイツの有力都市」とあるのがヒント。イギリスやフランスと違って，イタリアとドイツでは都市や封建諸侯の分立傾向が強く，中世以来強力な王権による統一がなかったことが背景にあった。

B　独・仏・英の宗教改革

空欄a　ヴァロワ　1328年のカペー朝の断絶後に，フィリップ6世が創始した。イングランドとの百年戦争(1339〜1453)，それに勝利した後はハプスブルク家とのイタリア戦争(1494〜1559)を展開し，そうして国内の宗教対立からのユグノー戦争(1562〜98)の渦中に断絶して，ブルボン朝に継承された。

空欄b　アイルランド　ケルト系の人々が居住し，カトリックを信仰して独立を保持していたが，12世紀以降，イングランドの侵攻で次第に服属させられていった。17世紀

のピューリタン革命の主導権を握ったクロムウェルは，アイルランドに侵攻して，徹底してカトリックを弾圧した。人口は激減し，生き残ったアイルランド人の土地は没収された。アイルランド問題は現在においても，複雑な問題を残している。

　問(9)　ミュンツァー　1524年に起こった農民反乱は「ドイツ農民戦争」とよばれる。ルターの影響を受けたトマス＝ミュンツァーが，農奴制の廃止などを掲げて反乱を指導した。

　問(10)　アウクスブルクの和議の内容は，諸侯にカトリック派かルター派かの選択権が与えられたこと。しかし，領民に信教の自由を保障したものではなくそれぞれの諸侯の宗派に従わなければならず，またカルヴァン派など，ルター派以外の新教がこの取り決めから排除されたこともあわせておさえておきたい。

　問(11)　中央党　ドイツ帝国の宰相ビスマルクが内政面で特に憂慮したのが，西南ドイツのカトリック教徒の勢力であった。「文化闘争」はこのカトリック勢力に対するビスマルクの一連の政策を示したものである。カトリック勢力は，1870年に中央党を結成して，ビスマルクの弾圧に対抗した。

　問(12)　スウェーデン・グスタフ＝アドルフ　三十年戦争は，オーストリアの属領ベーメン（ボヘミア）の新教徒が，ハプスブルク家の旧教化政策に反抗したことをきっかけにおこった。新旧の対立軸に，旧教側にスペイン，新教側にデンマーク，スウェーデンが加担して戦われたが，旧教国フランスは反ハプスブルク政策を重視して，新教側に立って戦った。プロテスタントの国名と国王の名は，それぞれデンマークのクリスチャン4世とスウェーデンのグスタフ＝アドルフ（グスタフ2世）。どちらを書いてもいい。

　問(13)　サンバルテルミの虐殺　フランスではカルヴァン派の新教徒はユグノーとよばれていたが，しだいに貴族の中にもユグノーに改宗するものが増え，シャルル9世の母であり摂政でもあったカトリーヌ＝ド＝メディシスのもとで，旧教によるユグノー弾圧を契機に1562年，ユグノー戦争が勃発した。このユグノー戦争中の1572年にパリで「サンバルテルミの虐殺」とよばれる事件が起こった。この戦争中にヴァロア朝が断絶し，かわってアンリ4世が即位してブルボン朝が創始され，ナントの王令でユグノーの信教の自由が認められて終結したこともあわせて確認しておこう。

　問(14)　プレスビテリアン（長老派）　カルヴァン派は，主として西ヨーロッパの商工業者に浸透し，フランスではユグノー，ネーデルラントではゴイセン，イングランドではピューリタン（清教徒），スコットランドではプレスビテリアン（長老派）とよばれた。

　問(15)　オコンネルらによるアイルランド人の民族運動の高まりを沈静化する目的で廃止された。

　アイルランドは，クロムウェルによって植民地化されて以来，1800年の合同法でイギリスに併合されたが，さまざまな差別が残った。とりわけ宗教的な差別として，1673年以来非国教徒の公職就任を禁止していた審査法があった。この審査法に対する反対運動が高まり，民族主義者オコンネルらの運動によってようやく1828年に廃止された。しかしこのときの廃止でも，カトリックの権利はかなりの制約を受けていたため，アイルランドは反乱寸前の状態となった。このためイギリスは，やむなく翌年1829年にカトリック教徒解放法を成立させた。ここにカトリック教徒は国王に忠誠を誓ったうえで，参政権，特定の高官を除く公職につく権利，信仰の自由などの公民権を獲得し，ほぼ解放されるにいたった。このあたりの経緯を簡潔にまとめてみよう。

C　ナポレオン時代とロマン主義

　問(16)　(ア)　『レ＝ミゼラブル』・(イ)　ユゴー　問題文中の「元徒刑囚を主人公とするフランスの歴史小説」と「1862年刊」から判断してほしい。元徒刑囚とは，貧しさと飢えに苦しむ甥たちを救おうとしてパンを盗んだために，19年間も獄中生活を送ったジャン・バルジャンのこと。社会に対する激しい憎しみを抱いて出獄するが，やがて神のようなミリエル司教の慈愛に触れて愛の精神にめざめ，それ以後不幸な人々を救う人類愛の具現者となる。そして哀れな女の一人娘コゼットを養女にし，青年マリユスと幸せな結婚をさせて死んでいくという物語。このユゴー（ユーゴー）の『レ＝ミゼラブル』は日本では1902年に黒岩涙香が『噫無情（ああむじょう）』と題して翻案して以来，好評を博し広く読まれた作品である。

　問(17)　(ア)　ロマン主義・(イ)　古典主義の調和と形式を重視する傾向を打破し，また啓蒙主義の普遍的理性を絶対視する合理主義を批判し，個々人の感性と想像力や民族文化の伝統や歴史を重視した。

　ロマン主義は，18世紀末から19世紀前半にかけてイギリス，ドイツ，フランスを中心にヨーロッパ各地で展開された文学・芸術・思想上の自由解放を信奉する革新的思潮をいう。とくに個々人の感性と想像力の優越を主張し，自我の自由な表現を追求しようとした文芸運動で，民族文化の伝統や歴史を重視した。記述する際には，設問文中に「批判内容に言及した上で」とあることに注意しよう。「批判」とあるのは(ア)の設問の「古典主義と啓蒙主義をロマン主義が批判した」ことを指している。ロマン主義が，古典主義の調和と形式を重視する傾向を打破し，また啓蒙主義の普遍的理性を絶対視する合理主義に対抗した思潮であったことも，あわせて記述すること。

　問(18)　封建地代（封建的貢租）の無償廃止　フランス革命中の土地改革は頻出テーマである。国民議会時代の封建的特権の廃止宣言では，生産物や貨幣で領主におさめる

封建地代の廃止は有償とされたので，農民が土地を獲得することは困難であった。これに対して，公安委員会すなわちジャコバン派政権は封建地代(封建的貢租)の無償廃止を決めた。

　問(19)　アミアンの和約　1802年の条約といえばアミアンの和約。これによってナポレオンのエジプト遠征を機に結ばれた第2回対仏大同盟が解消された。

　問(20)　ワルシャワ大公国　1807年，プロイセンとロシアとの間で結んだティルジット条約で，フランスはプロイセンに莫大な賠償金を課し，ロシアに大陸封鎖に協力することを認めさせた。また，エルベ左岸にウェストファーレン(ウェストファーリア)王国を創り，ナポレオンの弟が君主となること，旧ポーランド領にワルシャワ大公国を建て，ザクセン王が兼ねて支配すること，ダンツィヒを自由市とすることなどを取り決めた。ここでは教科書に記載のあるワルシャワ大公国をあげておこう。

　問(21)　デカブリスト　1825年におこった立憲君主制をめざすロシアの自由主義運動といえば，デカブリストの乱である。専制打倒や農奴制解体などを掲げたが，鎮圧された。

　問(22)　(ア)　アダム＝スミス・(イ)　『諸国民の富(国富論)』　「前世紀にイギリスで誕生した」ことから18世紀の産業革命をすぐに思い起こそう。これを機に登場した「ブルジョワジーがよりどころにした自由主義経済学の創始者」といえば，アダム＝スミスが出てくる。その代表的な著作は『諸国民の富(国富論)』である。

解 答 例

A
　(1)　(ア)　線文字B　　(イ)　ヴェントリス
　(2)　ミレトス
　(3)　ホルテンシウス法
　(4)　属州からの安価な穀物の流入
　(5)　a
　(6)　リューベック
　(7)　ミラノ
　(8)　ともに政治的に分裂状態が続き，強力な王権による統一がなかった。

B
　a　ヴァロワ　b　アイルランド
　(9)　ミュンツァー

(10)　カトリックかルター派かの選択が諸侯に認められた。

(11)　中央党

(12)　スウェーデン・グスタフ＝アドルフ

(13)　サンバルテルミの虐殺

(14)　プレスビテリアン(長老派)

(15)　オコンネルらによるアイルランド人の民族運動の高まりを沈静化する目的で廃止された。

(16)　(ア)　『レ＝ミゼラブル』　　(イ)　ユゴー(ユーゴー)

(17)　(ア)　ロマン主義

　　　(イ)　古典主義の調和と形式を重視する傾向を打破し，また啓蒙主義の普遍的理性を絶対視する合理主義を批判し，個々人の感性と想像力や民族文化の伝統や歴史を重視した。

(18)　封建地代(封建的貢租)の無償廃止

(19)　アミアンの和約

(20)　ワルシャワ大公国

(21)　デカブリスト

(22)　(ア)　アダム＝スミス　　(イ)　『諸国民の富(国富論)』

◆解答解説 執筆者

林秀範・小林勇祐　　（2022〜2020）
川西勝美・林秀範　　（2019〜2009）
池田勝彦・川西勝美　（2008〜2003）

京大入試詳解20年　世界史〈第2版〉

編　　　者	駿 台 予 備 学 校
発 行 者	山 﨑 良 子
印刷・製本	日 経 印 刷 株 式 会 社
発 行 所	駿 台 文 庫 株 式 会 社

〒101-0062　東京都千代田区神田駿河台1-7-4
小畑ビル内
TEL. 編集 03(5259)3302
販売 03(5259)3301
《第2版①－700pp.》

駿台文庫 web サイト
https://www.sundaibunko.jp